한권으로 끝내는

공무원 · 교원 소청심사청구

(경찰공무원, 국가유공자등록신청 포함)

법학박사
행 정 사 김 동 근

행정사 권대원

변호사 고정한

법률출판사

머리말

사회가 복잡다변화 되어감에 따라 행정의 기능과 역할은 날로 확대되어 가고 있다. 그만큼 행정청의 처분과 관련된 법적분쟁도 점차 늘어가고 있는 것이 현실이기도 하다. 하지만 이러한 현실을 반영하여 행정청과의 분쟁 즉 행정심판이나 소청 등을 유효적절하게 수행케 할 길라잡이 역할을 하는 실무서적을 찾아보기 어려운 것이 현실이다.

이에 따라 본서는 행정심판에 대한 기본적인 이론들을 모두 개관함은 물론 특히 공무원, 교원 등이 징계처분이나 본인의 의사에 반하는 처분(파면, 해임, 정직, 강등, 감봉, 견책 등)을 당하고 그에 불복하여 소청을 제기할 때 필요한 소청신청서의 기재례 및 관련 소장들 그리고 관련 법령을 통합하여 정리함으로써 누구라도 손쉽게 소청사건의 준비 및 진행을 할 수 있도록 하는 실무서를 만드는 데 주안점을 두었다.

나아가 소청사건과 관련된 대법원의 핵심판례들 또한 모두 정리하여 각 사건의 내용에 따른 법원의 판단은 어떠한지도 쉽게 파악할 수 있도록 정리하였다는 것에 그 특징이 있기도 하다.

아무쪼록 행정분쟁 특히 실제 징계처분이나 본인의 의사에 반하는 처분을 받은 공무원 등 소송당사자나 관련 실무종사자 또는 행정법 실무를 연구하려는 독자분들께 본서가 길라잡이 역할을 충분히 해낼 수 있기를 바라고, 다만 혹시라도 다소 미흡하거나 부족한 부분들에 대하여는 독자 여러분들의 계속된 지도편달을 바라며, 판을 거듭하면서 이를 보완해 나가고자 한다.

끝으로 여러 어려운 여건 속에서도 본서의 출판을 위하여 불철주야 노력하여 주신 법률출판사 김용성 사장님을 비롯하여 편집자 및 임직원들에게도 깊은 감사를 드리는 바이다.

2018. 3

저자 일동

차 례

한권으로 끝내는

공무원 · 교원 소청심사청구

(경찰공무원, 국가유공자등록신청 포함)

제1장 행정심판이론 일반

Ⅰ. 개 설

1. 의 의

행정심판은 위법 또는 부당한 처분 기타 공권력의 행사 · 불행사 등으로 인하여 권리나 이익을 침해당한 자가 행정기관에 대하여 그 시정을 구하는 절차를 말한다(법 제1조). 행정심판법에 의한 행정심판 이외에 이의신청, 심사청구, 불복신청, 심판청구 등 개별 법률에서 다양한 명칭과 형태로 운영되고 있다.

2. 행정심판과 규사한 제도와의 구별

가. 이의신청과의 구별

행정심판과 이의신청은 그 심판기관과 대상이 다르다. 즉 행정심판은 ①원칙적으로 처분청의 직근 상급행정청에 제기하는 쟁송이지만, 이의신청은 처분청 자체에 제기하는 쟁송이다. ② 행정심판은 원칙적으로 모든 위법 또는 부당한 처분에 대하여 인정되지만 이의신청은 각 개별법에서 정하고 있는 처분에 대해서만 인정된다. ③ 동일한 처분에 대하여 행정심판과 이의신청이 함께 인정되는 경우에 보통 양자가 전심(이의신청), 후심(행정심판)의 관계에 있다. 그러나 양자 중 하나만 허용되는 경우도 있다.

나. 청원과의 구별

청원도 행정청에 대하여 자기반성을 촉구하고 피해의 구제를 도모하기 위한 제도라는 점에서 행정심판과 공통성을 갖는다. 그러나 행정심판은 기본적으로 권리구제를 위한 쟁송제도이지만 청원은 쟁송수단이라기 보다는 국정에 대한 국민의 정치적 의사표시를 보장하기 위한 제도라는 점에서 양자는 그 본질적인 기능면에서 차이를 갖는다.

다. 진정과의 구별

진정도 행정청에 대하여 자기반성을 촉구하고 피해의 구제를 도모하기 위한 제도라는 점에서 공통성을 갖는다. 그러나 진정은 법정의 형식과 절차가 아니라 행정청에 대하여 일정한 희망을 진술하는 행위로서 법의 구속력이나 효과를 발생시키지 않는 사실행위이다. 진정은 행정기관의 회답이 별다른 법적 의미를 가지지 못한다는 점에서 행정심판과 구별된다. 다만 진정이라는 표제를 사용하고 있더라도 그 내용이 일정한 행정행위의 시정을 구하는 것이면 행정심판으로 보아야 한다.

라. 직권재심사와의 구별

직권재심사도 행정작용에 대한 통제수단이라는 점에서 행정심판과 공통성을 갖는다. 그러나 직권재심사는 특별한 법적 근거가 없어도 가능하고 기간의 제약도 받지 않지만, 행정심판은 행정심판법에 의해 여러 가지 법적 제한과 기간의 제약을 받는다. 또한 직권재심사는 행정청 스스로의 판단에 따라 개시되고 불가변력이 발생한 행위에 대해서는 원칙적으로 허용되지 않지만, 행정심판은 개인이 이의제기에 의하여 절차가 개시되고 불가변력이 발생한 처분도 그 대상이 된다는 점에서 양자의 차이가 있다.

마. 국민고충처리와의 구별

국민고충처리제도는 국무총리 소속하에 설치된 국민고충처리위원회가 행정과 관련된 국민의 고충민원에 대하여 상담, 조사 및 처리를 하는 제도이다. 행정심판과는 제기권자, 재기기간, 대상, 절차 및 법적 효과에 있어서 차이가 있다. 국민고충처리절차는 행정소송의 전치절차로서 요구되는 행정심판청구에 해당하는 것으로 볼 수 없다.

바 행정소송과의 구별

(1) 공통점

행정심판과 행정소송의 공통점으로 ① 권리구제 수단으로서의 성질을 갖는 점, ② 일정한 요건을 갖춘 당사자의 신청을 전제로 하여 절차가 개시되는 점, ③ 양당사자가 대등한 입장에서는 대심구조의 형식을 취하고 있는 점, ④ 쟁송사항이 쟁송 제기자와 구별되는 제3자의 기관에 의하여 판정된다는 점, ⑤ 적법한 쟁송의 제기가 있는 한 판정기관은 이를 심리할 의무가 있다는 점, ⑥ 청구의 변경이 인정되고 처분의 집행부정지원칙이 채택되고 있는 점 ⑦ 심리절차에 있어서 직권심리주의, 구술심리, 불이익변경금지의 원칙이 적용되는 점 ⑧ 사정재결, 사정판결이 인정되는 점 ⑨ 쟁송의 원리에 이해관계인의 참여가 인정되는 점 ⑩ 쟁송의 판정행위인 재결, 판결에 일정한 효력이 부여된다는 점 등이 있다.

(2) 차이점

그러나 행정심판과 행정소송에 있어서 행정심판은 약식쟁송이지만 행정소송은 정식쟁송이라는 점, 행정심판은 행정소송보다 행정통제적 측면이 강하다는 점에서 차이가 있다. 이러한 기본적인 차이에서 구체적으로 판정기관, 쟁송사항, 쟁송종류, 쟁송절차 및 심리절차 등에 차이가 있다. 행정심판과 행정소송의 관계는 종래 행정심판을 거치지 않으면 행정소송을 제가할 수 없도록 하는 행정심판전치주의를 취하고 있었으나 임의적 선택주의로 바뀌었다.

3. 행정심판의 법적근거

가. 헌법적 근거

(1) 헌법 제107조 제3항은 '재판의 전심절차로서 행정심판을 할 수 있다. 행정심판의 절차는 법률로 정하되, 사법절차가 준용되어야 한다.'라고 사법절차를 준용하도록 명시하고 있을 뿐만 아니라 행정심판절차의 헌법에 근거를 규정하고 있다. 따라서 이 규정에 의해 행정심판에 관한 일반법으로서 행정심판법이 제정되었다.

(2) 위 헌법 조항은 행정심판절차의 구체적 형성을 입법자에게 맡기고 있지만, 헌법이 직접 행정심판은 재판의 전심절차로서만 기능해야 하고, 행정심판절차에 사법절차가 준용되어야 한다고 규정하고 있으므로 여기에 입법적형성의 한계가 있다. 따라서 ① 입법자가 행정심판을 전심절차가 아니라 종심절차로 규정함으로써 정식재판의 기회를 배제하거나, ② 어떤 행정심판을 필요적전심절차로 규정하면서도 그 절차에 사법절차가 준용되지 않는다면 이는 헌법 제107조 제3항에 위반된다고 할 것이다.

나. 행정심판법

행정심판에 대한 일반법으로서 행정심판법이 헌법의 근거 하에 제정되어 있다. 행정심판법은 행정심판에 대한 일반법이므로 다른 법률에서 특별행정심판이나 행정심판절차에 대한 특례를 정한 경우에도 그 법률에서 규정하지 아니한 사항에 관하여는 행정심판법에서 정하는 바에 따라야 한다.

다. 특별행정심판

사안의 전문성과 특수성을 살리기 위하여 특히 필요한 경우에는 행정심판을 갈음하는 특별한 행정 불복절차의 경우에는 그 범위 안에서 행정심판법의 적용이 배제된다. 각 개별 법률에서 특별한 절차와 방법을 규정하고 있는 경우에는 특별법으로서 그에 따라야 하기 때문이다. 이러한 특별행정심판에는 해양사고심판, 특허심판, 국세심판, 소청심사청구 등이 있다.

4. 행정심판의 존재이유와 문제점

가. 행정심판의 존재이유

(1) 행정의 자기 통제

행정심판은 행정법관계에 대한 법적 분쟁에 대하여 행정청 스스로가 판정기관이 됨으로써 행정의 자기통제 내지 행정감독의 기회를 부여하는데 그 존재 이유가 있다. 이는 행정작용에 대한 제1차적 통제권은 행정의 자율에 맡기는 것이 합리적이라는 것에 그 의미가 있다.

(2) 사법기능보충

현대 산업사회의 새로운 기술, 경제적인 문제에 대해 일반법은 그 전문성이 부족하고 소송에 있어서도 경제적으로 그 분쟁해결에 많은 시간과 비용이 드는 것이 보통이다. 그러므로 이러한 보완책으로 행정쟁송의 전 단계에서라도 전문적, 기술적 문제의 처리에 적합하게 조직된 행정기관으로 하여금 그 분쟁을 심판하도록 할 필요가 있다.

(3) 행정기능의 보장

사법절차에 의한 행정상의 분쟁심판은 심리와 절차가 공정하고 신중하게 이루어지므로 개인의 권리구제에 충실할 수 있다. 그러나 상당한 시일을 요하기 때문에 행정능률에 배치되는 일이 발생한다. 따라서 오늘날과 같이 신속을 요하는 행정의 수행을 위해서는 사법절차에 앞서 신속, 간편한 행정심판을 인정함으로써 행정법관계에 관한 분쟁의 신속한 해결을 도모할 필요가 있다.

나. 현행 행정심판제도의 문제점

(1) 심판기관의 객관성 보장

행정심판법은 위원회의 객관적 지위확보에도 문제를 안고 있다. 따라서 행정심판절차의 사법화를 도모하는 관점에서 본다면 위원회를 개관적인 공정성이 보장되는 제3기관으로 하는 것이 바람직하다.

(2) 청구인적격의 엄격성

행정쟁송에 있어 행정심판의 경우에는 적법성 및 합목적성이 심판대상이 되지만 행정소송의 경우에는 적법성만이 그 심판대상이 된다. 그럼에도 행정심판의 청구인적격을 행정소송의 원고적격과 같이 법률상 이익이 있는 자로 한정함으로써 실제로 행정심판을 통한 행정구제의 기회를 제한하는 결과를 가져올 우려가 있다.

(3) 사정재결

행정심판법은 청구인의 주장이 이유가 있더라도 이를 적용하는 것이 현저히 공공복리에 반하는 경우에는 그 심판청구를 기각하는 재결을 할 수 있도록 하였다. 이러한 사정재결은 공익의 확보를 위하여 인정되는 수단이라고 하더라도 ① 행정쟁송제도의 극히 예외적 조치로서 법치국가에 반하는 성질을 가진다는 점 ② 공공복리 자체가 극히 불확정한 개념으로서 남용될 가능성이 있다는 점 ③ 권리구제를 위한 행정심판제도에서 지나치게 공익을 강조한다는 점 ④ 행정소송법상 이미 인정되고 있는 사정판결을 생각할 때 따로 행정심판절차에서 인정한다는 점들은 문제가 되고 있다.

(4) 집행부정지 원칙

행정심판법은 원칙적으로 집행부정지의 원칙을 채택하면서 예외적으로 집행정지를 할 수 있는 경우를 규정하고 있다. 그러나 이러한 집행정지를 예외적으로 인정하면서 ① 그 요건에 불확정개념인 회복하기 어려운 또는 공공복리 등으로 규정하여 행정청의 자의에 맡겨 놓고 있다는 점,② 공공복리에 중대한 영향을 미칠 우려가 있는 경우에는 집행정지를 인정하지 않아 지나치게 제한 하였다는 점, ③ 이미 내린 집행정지결정도 취소할 수 있도록 하였다는 점에서 실질적으로 국민의 권익에 장애가 되는 경우가 많다고 한다.

(5) 청구인의 자료 요구권

행정심판법은 당사자의 대립구조를 취하면서 청구인의 자료 요구권을 인정하고 있지 않다는 점이다.

5. 행정심판의 성격

가. 행정처분의 성질

행정심판은 일정한 행정적 의사의 발현으로서 행정법관계의 분쟁을 규율하고 일정한 행정질서를 형성, 유지, 소멸시킴으로서 행정목적의 실현을 도모하는 행정작용에 해당한다. 따라서 행정심판의 재결은 행정처분의 성질을 가지며 행정행위가 갖는 일반적 성질인 공정력, 불가변력, 불가쟁력 등을 갖는다.

나. 이중성

행정심판은 행정행위로서의 성질과 준 사법작용으로서 판단작용으로서의 성질을 갖는다. 행정심판작용과 행정행위로서의 이중성 중에서 어느 편에 더 중점을 둘 것인가는 결국 입법정책문제라 하겠다. 우리 헌법은 '재판의 전심절차로서 행정심판을 할 수 있다. 행정심판의 절차는 법률로서 정하되, 사법절차가 준용되어야 한다'고 규정하고 있어 심판 작용으로서의 성격이 강조되고 있다.

Ⅱ. 행정심판의 종류

1. 행정심판제도의 유형

가. 대륙형

대륙형 행정심판은 행정청의 작용에 대한 개인의 권익구제제도로서의 의의를 가지면서도 행정의 합목적성 및 적법성을 행정권 스스로의 기관에 의하여 보장함으로써 행정목적을 효과적으로 달성하려는 행정의 자율적 통제내지 감독제도로서의 의의가 강조된 제도이다. 따라서 국민의 권리구제를 위한 판단 작용이라기보다는 원 처분을 상호 보완하는 제2차적인 행정행위로서의 성격을 강하게 가진다. 그 결과 ① 쟁송절차가 소송절차만큼 엄격하지 못하고 ② 서면심리 또는 구술심리를 취하며, ③ 직권주의가 원칙이고, ④ 심판기관의 독립이나 제3자적지위의 요청도 없었다. 그러나 대륙형 행정심판도 세계 제2차 대전 이후에는 영·미의 예에 따라 행정심판의 권리구제기능을 높이기 위하여 행정심판사항의 확대 및 심리절차의 객관화 등을 위한 입법적 노력을 하였다.

나. 영·미형

영·미형의 행정심판은 사회·경제 상태가 변화됨에 따라 행정 분쟁에 대해 간섭·규제적 작용인 사법절차에 의해서 해결함이 적당하지 않게 되자 이를 대신하기 위해 발달된 제도로서 행정기관의 전문지식을 활용하여 행정상의 분쟁을 저렴하고 신속하게 해결함으로써 보다 실효성 있는 행정구제 제도를 확보하는 사법보완적 기능에 중점이 있는 것이었다. 그 결과 ① 심판기관은 각종 행정위원회로서 통상의 행정조직으로부터 독립성이 보장되고, ② 심리절차가 사법절차와 유사하고, ③ 증거조사 등에 관해 상세한 규정이 있고, ④ 그 사실인정에 종국성을 인정하는 등 국민의 권리를 절차적으로 보장하는 준사법적 절차의 성격을 갖는다.

2. 행정심판의 분류 방법

가. 일반적 분류

행정심판의 종류를 분류할 때 일반적으로 쟁송의 목적에 따라 ① 주관적 쟁송과 객관적 쟁송, 쟁송단계에 따라 ② 시심적 쟁송과 복심적 쟁송, 분쟁의 전제여부에 따라 ③ 실질적 쟁송과 형식적 쟁송, 쟁송주체에 따라 ④ 민중쟁송과 기관쟁송, 형태에 따라 ⑤ 일반행정심판과 특별행정심판, 쟁송의 성질에 따라 ⑥ 항고심판과 당사자심판으로 분류한다.

쟁송성질에 의한 분류
1. 항고 행정심판 이미 시행된 행정처분의 위법·부당을 이유로 그 시정을 구하는 행정심판이다. 행정심판법에서는 행정심판, 개별법에서는 이의신청, 심사청구, 심판청구, 재심청구, 심사청구, 불복신청, 재결신청, 재조사청구 등으로 불리고 있다. 이들은 일괄하여 행정심판이라고도 한다. 모두 복심적 쟁송이다. 이들 행정심판에는 일반행정심판과 특별행정심판이 있다.

2. 당사자 행정심판

가. 의의

당사자심판이란 공권력을 전제로 하지 않고 양 당사자의 대등한 입장에서 행정법관계의 형성 또는 존부에 관하여 다툼이 있는 경우, 일방당사자의 신청에 의하여 권한이 있는 행정기관이 재결을 구하는 행정심판으로 처음부터 소송절차로 행정청의 유권적 판단을 구하는 제도로 시심적 쟁송에 해당한다. 따라서 이는 이미 행하여진 행정처분의 위법 또는 부당을 이유로 그 시정을 구하는 항고심판과는 구별된다.

나. 법적 근거

당사자심판에 있어서 재결신청에 대한 일반법은 없고 개별법에 근거가 존재한다. 그러나 재결의 신청도 행정기관에 심리, 판단의무를 부과하는 것이므로 법적 근거를 필요로 하는 바, 개별법에 근거가 없는 이상 재결신청은 불가능하다.

다. 재결기관

일반행정청이 되는 것이 보통이나 오늘날에는 재결의 신중·공정을 기하기 위하여 특별한 행정위원회를 설치하여 일정한 행정절차를 거치게 하는 경우가 많고, 또 일반행정청이 일정한 심의위원회 또는 조정위원회 등의 의결 또는 심의를 거치는 경우가 있다.

라. 재결의 종류 및 불복

재결에는 확인재결과 형성재결이 있고, 이에 대한 불복은 개별법에서 정한 불복기간 내에 행정소송(당사자소송을) 제기할 수 있다.

마. 민중행정심판과 기관행정심판

민중행정심판은 공익 또는 법규적용의 적정을 도모하기 위하여 선거인 등 일반국민 또는 주민 등이 제기하는 행정심판을 말하며 기관행정심판은 국가 또는 공공단체의 기관 상호간의 분쟁을 해결하기 위해 기관이 당사자가 되어 제기하는 행정심판을 말한다.

나. 우리 행정심판법상 분류

행정심판법 제5조는 ① 취소심판, ② 무효 등 확인심판, ③ 의무이행심판의 3종류를 인정하고 있다. 이들은 모두 항고행정심판에 속한다.

3. 취소심판

가. 의 의

취소심판은 행정청의 위법 또는 부당한 공권력 행사나 거부 그 밖에 이에 준하는 행정작용으로 인하여 권익을 침해당한 자가 그 취소 또는 변경을 구하는 행정심판이다(법 제4조 1항). 취소심판은 공정력 있는 처분의 효력을 다투는 것이므로 일정한 기간 내에 심판청구를 제기하여야 한다.

행정심판법은 행정심판 중 가장 대표적 유형인 취소심판을 중심으로 각 절차적 규정을 마련하고 있다.

나. 성 질

(1) 확인적 쟁송설

취소심판의 성질은 행정행위의 위법성 또는 부당성을 확인하는 확인적 쟁송으로 보는 견해가 있다.

(2) 형성적 쟁송설

취소심판은 일정한 법률관계를 성립시킨 행정행위의 효력을 다툼으로써 당해 행정행위의 취소 또는 변경을 통하여 그 법률관계를 소멸·변경시키는 형성적 쟁송으로 보는 견해가 있다.

(3) 통설 및 판례

형성적 쟁송으로 보는 견해가 통설·판례이다.

다. 재 결

(1) 의 의

재결이란 행정심판청구사건에 대하여 행정심판위원회가 심리의 결과를 판단하는 행위를 말한다.

(2) 성 질

재결은 특정한 처분이나 부작위 등에 관한 분쟁의 제기인 심판청구를 전제로 한 것일 뿐만 아니라 판단의 작용이라는 점에서 준사법행위이고, 준법률행위적 행정행위이며 기속행위이다.

(3) 종 류

1) 각하 또는 기각

취소심판의 청구가 적법하지 않거나 이유 없다고 인정한 때에는 당해 심판청구를 각하(부적법) 또는 기각(이유 없음)하는 재결을 한다. 이는 다른 유형의 행정심판과 같다.

2) 취소심판 인용

그러나 심판청구가 이유 있다고 인정한 때에는 그 심판청구를 인용하는 재결로서 그 심판청구의 대상이 된 처분을 취소변경 하거나(형성적 재결), 처분청에게 취소, 변경을 할 것을 명할 수도 있다(이행적 재결). 따라서 취소심판인용재결에는 ① 처분취소재결 ② 처분변경재결 ③ 처분취소명령재결 ④ 처분변경명령재결이 있게 된다. 변경재결은 단순히 일부취소재결 뿐만 아니라, 처분내용을 적극적으로 변경하는 재결도 가능하다. 다만 심판청구가 이유 있다고 인정하는 경우에도 이를 인용하는 것이 현저히 공익에 적합하지 않다고 인정할 때에는 그 심판청구를 기각하는 사정재결을 할 수 있다.

라. 취소심판의 특수성

취소심판에는 ① 심판청구기간의 제한(원처분이 있음을 안날부터 90일, 처분이 있은 날부터 180일 이내에 청구), ② 집행부정지원칙 ③ 집행정지 외에 임시처분제도 도입 등의 특수성을 가진다.

4. 무효 등 확인 심판

가. 의 의

무효 등 확인심판이란 행정청의 처분의 효력 유무 또는 존재 여부에 대한 확인을 구하는 행정심판이다(법제4조 2호). 무효 등 확인심판은 실제로 처분이 무효인지 취소할 수 있는 것인지를 식별한다는 것이 어렵고 처분으로서의 외형이 존재하거나 존재하는 것처럼 오인됨으로써 행정청에 의하여 집행될 우려도 있으며 또한 반대로 유효하게 존재하는 처분을 무효 또는 부존재라 하여 그것을 부인함으로써 상대방의 법률상의 이익을 침해할 수도 있기 때문이다. 무효등 확인심판에는 구체적으로 ① 무효확인심판, ② 유효확인심판, ③ 실요확인심판, ④ 존재확인심판, ⑤ 부존재확인심판이 포함된다.

나. 적용법규

무효 등 확인심판은 취소심판에서 인정되는 ① 청구기간(제18조 7항), ② 사정재결에 관한 규정(제33조 3항)이 적용되지 아니한다.

다. 성 질

• 무효 등 확인심판의 성질

학설	내 용
확인적 쟁송설	무효 등 확인심판은 적극적으로 처분의 효력을 소멸시키거나 발생시키는 것이 아니라 처분의 효력 유무나 존재 여부를 공적으로 확인, 선언하는데 그친다고 보는 견해이다.
형성적 쟁송설	무효와 취소의 상대화 이론을 전제로 무효등확인심판도 결국 행정권에 의한 작용의 효력관계를 다투는 것으로서 본질적으로 형성적 쟁송으로서의 성질도 갖는 것으로 본다.
준형성적 쟁송설	무효 등 확인심판은 실질적으로 확인적 쟁송이나 형식적으로는 처분의 효력 유무 등을 직접 소송의 대상으로 한다는 점에서 형성적 쟁송으로서의 성질도 갖는 것으로 본다. 준형성적 쟁송설이 현재의 통설적인 견해이다.

라. 재결의 효력

무효 등 확인심판에 있어서 심판청구가 이유 있다고 인정하는 경우에는 심판청구의 대상이 되는 처분의 유효, 무효 또는 존재, 부존재를 확인하는 재결을 하므로 인용재결에는 ① 처분무효확인재결, ② 처분유효확인재결, ③ 처분실효확인재결, ④ 처분존재확인재결, ⑤ 처분부존재확인재결이 있다.

확인재결은 그 대상인 처분의 성질상 사인간의 법률관계를 확인의 대상으로 하는 것과는 달리 당해 행정심판의 당사자는 물론 제3자에게도 그 효력이 미친다고 할 것이다. 판례도 같은 입자이다(민사관계의 확인판결은 당해 소송당사자 및 관계인에게만 효력이 발생하는 점과 다르다).

5. 의무이행심판

가. 의 의

의무이행심판이란 당사자의 신청에 대한 행정청의 위법 또는 부당한 거부처분이나 부작위에 대하여 일정한 처분을 하도록 하는 행정심판을 말한다. 행정심판법은 행정소송과 달리 소극적인 행정작용으로 인한 국민의 권익침해에 대한 구제수단으로서의 의무이행심판을 규정하고 있다. 이는 행정심판기관이 처분청 또는 상급 감독청이므로 사법권의 권력분립상의 한계에서 자유로울 수 있기 때문이다.

나. 법적 성질

학설	내용
이행쟁송설	행정청에 대하여 일정한 처분을 할 것을 명하는 재결을 구하는 행정심판이므로 이행쟁송의 성질을 가진다고 한다(통설).
이행적쟁송과 형성적 쟁송설	신청에 따른 처분을 하는 재결은 형성재결이고 처분할 것을 명하는 재결은 이행재결이라고 하여 이행적 쟁송과 형성적 쟁송의 성질을 갖는다고 한다(소수설)

다. 장래의 의무이행심판의 가부

학설	내용
통설	의무이행심판은 당사자의 신청에 대하여 피청구인이 일정한 처분을 해야 할 법률상 의무의 이행기가 도래하면서 현실화된 경우에 그 이행의무의 존재를 주장하는 행정심판만이 가능하고 장래의 이행쟁송은 허용되지 않는다는 견해이다..
소수설	민사소송법 제229조의 미리 청구할 필요가 있을 경우에 장래의 의무이행심판이 가능하다는 견해이다.

라. 심판청구의 대상

의무이행시판청구의 대상은 행정청의 위법 또는 부당한 거부처분 및 부작위 이다. 거부처분은 개인이 행정청에 대하여 일정한 처분을 신청한 경우 그 신청에 따른 처분을 거부하는 행위로서 소극적 행정행위의 하나이다. 의무이행심판의 대상으로서의 부작위란 행정청이 당사자의 신청에 대하여 일정한 기간 내에 일정한 처분을 하여야 할 법률상 의무가 있음에도 불구하고 이를 하지 아니하는 것을 말한다.

마. 심판청구의 제기

(1) 청구인

의무이행심판청구는 행정청의 거부처분, 또는 부작위에 대하여 일정한 처분을 구할 법률상 이익이 있는 자가 할 수 있다. 여기서의 법률상 이익이란 법률상 보호되는 이익으로 보는 것이 다수설의 입장이다.

(2) 심판청구기간

거부처분에 대한 의무이행심판은 거부처분이 있음을 안날로부터 90일 이내에 제기하여야 하고 처분이 있은 날부터 180일 이내에 제기하여야 한다. 그러나 부작위에 대한 의무이행심판은 처분이 존재하지 아니하므로 그 성질에 비추어 청구기간의 제한이 배제된다.

(3) 문서제출

의무이행심판의 제기는 문서로서 재결청 또는 피청구인 행정청에 제출한다.

(4) 집행정지

의무이행심판의 경우에는 그 성질상 집행정지가 인정되지 않는다.

바. 재 결

(1) 각하재결, 기각재결, 사정재결

위원회는 의무이행심판청구의 제기요건을 결한 경우에는 각하재결, 본안심리의 결과 이유 없다고 인정되는 경우에는 기각재결, 심판청구가 이유가 있다고 인정되는 경우에도 처분을 취소, 변경시에 사정재결을 하게 된다.

(2) 인용재결

위원회는 심판청구가 이유 있다고 인정할 때에는 지체 없이 신청에 따른 재결을 하는데 의무이행심판에서 재결은 재결시를 기준으로 내려진다.

1) 처분재결

가) 의의

의무이행심판에서 위원회는 심판청구가 이유 있다고 인정할 때에는 지체 없이 신청에 따른 처분을 하는데 이를 처분재결이라 한다.

나) 성 질

처분재결은 위원회가 스스로 처분을 하는 것이므로 형성재결이다.

2) 처분명령재결

가) 의의

의무이행심판에서 위원회가 심판청구가 이유 있다고 인정하여 처분청에 처분할 것을 명하는 재결을 처분명령재결이라 한다. 처분명령재결에는 청구인의 신청대로 처분할 것을 명하는 ① 특정처분명령재결과 신청을 방치하지 말고 어떠한 처분이든 하도록 명하는 ② 일정처분명령재결로 구분된다.

나) 성질

처분명령재결은 처분청에게 처분을 명하는 재결이므로 이행재결이다.

다) 처분이 재량행위인 경우

이행적 재결에서 주의할 것은 처분행위가 기속행위인 경우에는 청구인의 신청대로 처분을 할 것을 명하는 특정처분명령재결을 할 수 있지만, 재량행위인 경우에는 성질상 어떤 처분을 할 것을 명하는 일정처분명령재결을 할 수 있을 뿐이다.

라) 직접처분권

처분명령재결의 경우에는 당해 행정청은 지체 없이 재결의 취지에 따라 원신청에 대한 처분을 할 의무를 진다. 이 경우 위원회는 당해 행정청이 처분을 하지 아니하는 때에는 당사자의 신청에 따라 그 기간을 정하여 서면으로 시정을 명하고 그 기간에 이행하지 아니하면 직접 처분을 할 수 있다고 하여 보충적으로 위원회의 직접처분권을 인정하였다.

(3) 재결에 대한 불복

심판청구에 대해 재결이 있는 경우에는 당해 재결 및 동일한 처분 또는 부작위에 대하여 다시 심판청구를 제기할 수 없고(행정심판법 제39조), 다만 거부처분에 대해서는 부작위위법확인소송 또는 재결자체에 고유한 위법이 있으면 재결소송(행정심판법 제19조단서)으로 다툴 수 있다.

Ⅲ. 행정심판의 대상

1. 행정심판 대상에 관한 입법주의

가. 개괄주의

행정심판대상을 개별화하여 제한하지 아니하고 하자있는 행정행위를 모두 일반적으로 행정심판사항으로 인정하는 주의이다. 남용의 가능성과 운영상의 어려움이 있다.

나. 열기주의

행정심판대상을 개별화하여 열기하고 그 열기된 사항만을 행정심판사항으로 인정하는 주의이다. 개괄주의는 사법제도 국가에서, 열기주의는 행정제도국가에서 채택한 바 있으나, 제2차 세계대전 이후에는 개괄주의를 채택하는 것이 일반적 경향이다.

다. 우리행정심판법의 개괄주의 채택

행정심판법 제1조 1항은 행정청의 처분 또는 부작위에 대하여 다른 법률에 특별한 규정이 있는 경우를 제외하고는 이 법에 의하여 행정심판을 제기할 수 있다고 규정하여 모든 처분 또는 부작위에 대하여 행정심판을 제기할 수 있는 개괄주의를 채택하고 있다.

2. 행정청

가. 의 의

행정청이란 처분 또는 부작위를 할 수 있는 권한을 가진 행정기관을 말하는데 행정청에는 행정조직법적 의미의 행정관청뿐만 아니라 널리 국가 또는 지방자치단체의 행정에 관한 의사를 외부에 결정, 표시할 수 있는 권한을 가진 행정기관이 모두 포함된다. 따라서 공기업 및 공공시설기관도 그 권한의 범위 내에서는 행정청이 될 수 있다. 예를 들어 한국토지공사는 공공용지의 취득 및 손실보상에 관한 특례법에 따라 실시하는 이주대책 대상자 선정행위에서 행정청의 지위를 가진다. 또한 법원이나 국회도 행정처분을 하는 범위 내에서는 행정청에 포함된다. 예를 들어 국회 또는 법원의 직원에 대한 징계, 법원장의 법무사 합동법인설립인가 등에 있어서는 법원이나 국회도 행정청의 지위를 가지는 것이다.

• 행정재결판례

> 행정청이라 함은 국가 또는 공공단체에 관한 의사를 결정, 표시할 수 있는 권한을 가진 행정기관을 말하는데 세종대학교총장은 사립대학교 총장으로 행정청이 아니므로 행정청이 공권력의 주체로서 행하는 공법상 행위가 아니므로 이 건 심판청구는 행정심판의 대상이 아닌 사항을 대상으로 하여 제기 된 부적법한 청구라 할 것이다(국행심01-4139)

나. 권한 위임 등에 의한 행정청

(1) 권한의 위임

권한의 우임이란 행정청이 그 권한의 일부를 하급행정청 또는 보조기관이나 지방자치단체의 장에게 이전하여 수임자의 권한으로 행사하도록 하는 것을 말하는데 권한의 위임에 있어서는 그 권한의 위임의 범위 내에서 당해 권한은 수임기관의 것이 되며 수임기관은 그것을 자기의 권한으로서 그의 명의와 책임으로 행사하게 되는 것이므로 수임기관은 그 수임권한에 관한 행정청이 된다.

(2) 권한의 위탁

권한의 위탁이란 행정청이 그 권한의 일부를 그의 보조기관이나 하급행정청이 아닌 다른 행정기관의 장에게 이전하여 수탁자의 권한으로 행사하도록 하는 것을 말하는데 민간위탁이란 행정사무의 수탁자가 행정기관이 아닌 공공법인, 단체 또는 그 기관이나 사인이 되는 것을 말한다. 이러한 권한의 위탁을 받은 행정기관, 공공단체 및 사인의 처분, 부작위도 행정심판의 대상이 된다. 행정심판법은 해석상 의문을 없애기 위하여 이법을 적용함에 있어서 행정청에는 법령에 의하여 '행정권한의 위임 또는 위탁을 받은 행정기관, 공공단체 및 그 기관 또는 사인이 포함된다.' 라고 명시하고 있다.

다. 권한을 승계한 행정청

행정심판에 있어서의 행정청은 당해 처분 또는 부작위를 한 행정청을 가리키는 것이 원칙이나 처분이나 부작위가 있은 뒤에 그 처분이나 부작위에 관한 권한이 다른 행정청에 승계된 때에는 새로이 그 권한을 승계한 행정청이 처분청 또는 부작위청이 된다(법 17조 1항).

3. 처 분

가. 의의

처분이란 "처분"이란 행정청이 행하는 구체적 사실에 관한 법집행으로서의 공권력의 행사 또는 그 거부, 그 밖에 이에 준하는 행정작용을 말한다(법2조 1항).

나. 처분의 요소

처분은 ① 공권력 발동으로서의 행위(공권력성), ② 국민에 대하여 권리설정 또는 의무의 부담을 명하며, 기타 법률상의 효과를 발생하게 하는 행위(법적 효과성), ③ 국민의 권리 의무에 직접 관계가 있는 행위 즉 행정의사를 구체화 하기 위한 일련의 행정과정을 구성하는 행위 중에서 최종적으로 직접적 효과를 발생시키는 행위이고 당해 행위에 의하여 일반적, 추상적인 법상태의 변동이 있는 것만으로는 부족하다는 것(분쟁의 성숙성)을 요소로 들고 있다.

다. 처분의 구체적 내용

(1) 공권력의 행사

1) 의의

구체적 사실에 대한 법집행으로서의 공권력행사란 행정청에 의한 공법행위 내지 우월한 일반적의사의 발동으로 행하는 단독행위를 말한다. 따라서 행정청이 상대방과 대등한 지위에서 하는 공법상계약이나, 행정입법, 공법상합동행위, 행정청의 사법상행위, 대외적으로 아무런 법적효과도 발생하지 않는 내부적 행위, 알선·권유·장려·권장 등 행정지도나 단순한 사실행위 등은 처분적 행위에 해당하지 않는다.

2) 그러나 용도지역변경행위나 개별지가 고시 또는 도시관리계획 결정으로 인하여 특정인의 권리의무에 직접 관계 되는 행정계획, 그리고 일반적·구체적 규율인 일반처분, 또는 다른 집행행위를 기다릴 것 없이 직접 그 자체로서 개인의 권익을 침해하는 결과를 발생케 하는 처분적 법규 및 권력적 사실행위는 행정심판의 대상인 공권력행위에 해당한다.

• 관련판례

> • 국유재산법 제51조 제1항은 국유재산의 무단점유자에 대하여는 변상금부과처분은 순전히 사경제주체로서 행하는 사법상의 법률행위라 할 수 없고 이는 관리청이 공권력을 가진 우월적 지위에서 행한 것으로서 행정소송의 대상이 되는 행정처분이라고 보아야 한다(대법원 1988. 2. 23. 선고 87누1047).
>
> • 적법한 청원에 대하여 국가기관이 이를 수리, 심사하여 그 결과를 청원인에게 통보하였다면 이로서 당해 국가기관은 헌법 및 청원법상의 의무이행을 다한 것이고 그 통보 자체에 의하여 청구인의 권리의무나 법률관계가 직접 무슨 영향을 받는 것은 아니므로 비록 그 통보 내용이 청원인이 기대하는 바에는 미치지 못한다고 하더라도 그러한 통보조치가 헌법소원의 대상이 되는 구체적인 공권력의 행사 내지 불행사라고볼 수는 없다(헌재 2000. 10. 25. 선고 99헌마458 결정)

(2) 거부처분

1) 의의

거부처분은 현재의 법률상태를 변동시키지 않는 의사의 표현으로서 소극적 공권력 행사를 말한다. 소극적 행정행위로서 일정한 적극적 행정행위의 신청이 있는 경우에 그 신청에 따르는 처분을 할 것을 거부하는 내용의 행정행위이다. 거부처분은 신청에 대한 명시적 기각결정은 물론이고, 신청에 대하여 일정기간 내에 처분을 하지 않으면 이를 거부처분으로 본다고 규정하고 있는 경우, 즉 '간주거부'도 이에 포함한다(예를 들어 공공기관의 정보공개에 관한 법률 제9조 제4항). 행정청의 부작위와 구별된다.

2) 처분성 여부

국민의 신청에 대한 행정청의 거부처분이 행정심판의 대상이 되는 행정처분이 되기 위해서는 국민이 행정청에 대하여 그 신청에 따른 행정행위를 해줄 것을 요구할 수 있는 법규상 또는 조리상의 권리가 있어야 한다. 국민이 법령의 규정에 의하여 수익적 처분을 요구하는 경우에 행정청이 신청내용의 당부를 판단하여 신청을 거부하는 처분은 신청자의 권리 이익을 침해하는 것이므로 처분성이 인정된다. 또한 신청내용의 당부를 판단함이 없이 신청절차, 형식 등의 불비를 이유로 신청을 거부하는 절차적 거부처분에 대해서도 행정청의 심사행위를 요구하는 절차적인 신청권이 있는데 불과하지만 그 거부는 신청자의 절차적 이익을 침해하는 것이므로 처분성이 인정된다.

3) 성립시기

거부처분은 행정청이 국민의 처분신청에 대하여 거절의 의사표시를 함으로써 성립되고 그 이후 동일한 내용의 신청에 대하여 다시 거절의 의사표시를 명백히 한 경우에는 새로이 처분이 있는 것으로 보아야 할 것이며 이 경우 행정심판 및 행정소송의 제기기간은 각 처분을 기준으로 진행된다.

(3) 그 밖에 이에 준하는 행정작용

이는 행정작용 중 공권력 행위 작용 또는 거부처분에 해당하지 아니하면서 개인의 권익에 구체적으로 영향을 미치는 행정청의 대외적작용으로 행정구제의 필요성이 인식되는 포괄적 개념이다. 주로 취소심판 및 취소소송의 구제기능의 확대를 중시하여 일정한 행정작용이 엄격한 의미에서 공권력 행사로서의 실체를 갖추지 아니한 것이라고 하더라도 그에 대한 다른 실효적 구제수단이 없는 경우에는 당해 행정작용을 공권력 행사에 준하는 작용으로 보아 그에 대하여는 행정심판의 대상으로 인정하는 것을 말한다. 여기에는 법령이지만 처분적 성질을 갖는 처분적 법령, 권력적 사실행위도 포함된다.

1) 처분적 법령

행정입법은 구체적 사실에 관한 법 집행행위가 아니므로 처분에 해당되지 않지만 다른 행정행위를 기다릴 필요 없이 법규명령 그 자체로서 직접 개인의 권익을 침해하는 효과를 발생시키는 경우에는 그 법규명령, 처분적 법령은 처분으로서 행정쟁송의 대상이 된다.

• 관련판례

> • 행정청의 위법한 처분 등의 취소 또는 변경을 구하는 취소소송의 대상이 될 수 있는 것은 구체적인 권리의무에 관한 분쟁이어야 하고 일반적, 추상적인 법령이나 규칙 등은 그 자체로서 국민의 구체적인 권리의무에 직접적 변동을 초래케 하는 것이 아니므로 그 대상이 될 수 없다(대법원 1992. 3. 10 91누12639 판결).

2) 일반처분, 고시

가) 일반처분

일반처분은 구체적인 사실에 관하여 불특정 다수인을 대상으로 하는 하나의 구체적인 명령을 내용으로 하는 것으로 법의 집행이라는 점에서 행정행위의 일종이라고 할 수 있다.

일반처분의 예로는 도로통행금지, 입산금지, 도로의 공용개시 및 공용폐지 등을 들 수 있다. 일반처분의 내용이 행정청의 우월적인 의사의 발동을 내포하고 있고 또한 대외적으로 영향력을 가진 최종적인 국가의사의 표시행위이기만 하면 그 형식이 일반처분 내지는 법령형식의 행위일지라도 취소송의 대상으로서의 적격성이 인정된다.

나) 고시

고시는 행정청이 그가 결정한 사항 기타 일정한 사항을 일반에게 알리는 것인데, 원칙적으로 일반국민을 구속하는 것은 아니므로 행정심판의 대상이 되지 않는다. 그러나 고시의 형식으로 일반처분의 성질을 가진 행위가 있을 경우에는 행정심판의 대상이 될 수 있을 것이다.

3) 행정계획

가) 의의

행정계획은 특정한 행정목적의 달성을 실현하기 위해 미래에 있게 될 행위에 대한 체계적인 사전준비과정을 거쳐 나타나는 산물로서 행정활동의 기준을 의미한다.

나) 구속적 행정계획

대부분의 행정계획은 행정기관의 구상 또는 행정의 지침에 불과하며 대외적으로 국민에 하여 혹은 대내적으로 행정기관에 대하여 법적구속력을 갖지 않는다. 다만 행정행위의 성격을 띠어 법적구속력을 갖는 것이 있는 바 이를 구속적 행정계획이라 한다. 이러한 구속적 행정계획의 수립에 대해서는 처분성을 인정하여 행정쟁송을 할 수 있게 하고 있다. 그러나 도시계획과 같은 구속적 행정계획이 일단 확정된 후에는 장기성, 종합성이 요구되는 행정계획의 성질상 국민에게 일일이 그 계획의 변경을 청구할 권리를 인정해 줄 순 없고 따라서 이미 확정된 도시계획등과 같은 행정계획을 변경해 달라는 신청은 이를 법규상 조리 상의 권리로서 인정할 수 없다고 하여 이를 변경 내지 폐지해 달라는 청구는 행정쟁송의 대상으로 인정하지 않고 있다.

• 관련판례

> • 토지구획정리사업법 제57조 제62조 등의 규정상 환지예정지 지정이나 환지처분은 그에 의하여 직접 토지소유자 등의 권리의무가 변동되므로 이를 항고소송의 대상이 되는 처분이라고 볼 수 있으나 환지계획은 이와 같은 환지 예정지 지정이나 환지처분의 근거가 될 뿐 그 자체가 직접 토지소유자 등의 법률상의 지위를 변동시키거나 또는 환지예정지 지정이나 환지처분과는 다른 고유한 법률효과를 수반하는 것이 아니어서 이를 항고소송의 대상이 되는 처분에 해당한다고 할 수 없다(대법원 1999. 8. 20. 선고 97누6889 판결).

4) 사실행위

가) 의의

사실행위란 일정한 법률효과의 발생을 목적으로 하는 것이 아니라 직접적으로 사실상의 결과만을 가져오는 행정주체의 행위형식의 전체를 말하며 원칙적으로 행정심판의 대상이 되지 아니한다. 공공시설(도로, 공공건물)등의 설치 유지행위, 예방접종행위, 행정조사, 보고, 경고, 행정지도, 관용차의 운전 등이 이에 해당된다.

나) 권력적 사실행위

그러나 대집행실행행위, 전염병환장의 강제격리, 위법한 관세물품의 영치행위 등은 권력적 사실행위로서 처분성이 인정되므로 행정상 쟁송이 가능하다. 권력적 사실행위는 실제에 있어서는 단기간 내에 행위가 완료되는 경우가 많으므로 행정상 쟁송이 사실상 불가능한 경우가 많다. 그러나 계속적인 권력적 사실행위의 경우에는 행정상 쟁송이 가능하며 계속성이 없는 사실행위라도 집행정지결정을 위한 행정상 쟁송은 가능하다 할 것이다. 행정심판법에는 행정청의 사실행위에 대한 행정심판을 인정하는 명문규정이 없다.

• 관련재결례

> 이 건에 있어서 피청구인이 당산철교를 철거하기로 결정한 행위는 일종의 사실행위에 불과한 것으로서 청구인이나 기타 이해관계인들의 권리의무 내지는 법률상의 지위에 직접적인 변동을 가져오는 행정처분이라고는 할 수 없다(국행심 1997. 5. 16. 의결 97-2029).

4. 부 작 위

가. 의 의

부작위란 행정청이 당사자의 신청에 대하여 상당한 기간 내에 일정한 처분을 하여야 할 법률상의무가 있는데도 처분을 하지 아니하는 것을 말한다. 즉 부작위가 성립하기 위해서는 적법한 신청의 존재, 상당한 기간의 경과, 처분하여야 할 의무의 존재, 아무런 처분도 하지 않을 것이 있어야 한다.

나. 부작위의 성립요건

(1) 당사자의 적법한 신청의 존재

1) 행정청의 부작위가 성립되기 위해서는 먼저 당사자의 적법한 신청이 있어야 한다. 적법한 신청이 존재해야 하므로 '신청'에는 신청권이 법령에 명문으로 규정한 경우뿐만 아니라, 법해석상 특정인에게 신청이 인정되는 경우도 포함된다. 그러므로 쌍방적 행정행위나 특히 제3자효행정행위(복효적 행정행위)에서 중요한 의미를 갖는다.

2) 예컨대 일정한 건축물을 건축 하고자 하는 경우에는 건축허가를 받아야 한다는 건축법 제8조의 규정은 해석상 건축허가신청권의 근거가 된다. 그러나 단순히 행정청의 직권발동을 촉구하는 당사자의 신청 예를 들어 독점규제및공정거래에 관한 법률 제49조제2항의 규정에 의한 공정거래위원회에 대한 위반행위의 신고 등은 이에 해당되지 아니한다. 또한 오로지 행정청의 판단에 따라 그의 책임아래 이루어지는 일방적 행정행위(예를 들어 대집행을 할 것인지의 여부 또는 도시계획결정을 할 것인지의 여부 등)에 대하여는 설혹 그에 대한 신청이 있더라도 그것은 법령에 의거한 적법한 신청이라고는 할 수 없다

(2) 상당한 기간이 경과

1) 부작위가 성립되기 위해서는 당사자의 신청이 있은 후 행정청이 상당한 기간이 지나도록 아무런 처분을 하지 아니하여야 한다. 상당한 기간이란 사회통념상 당해 신청에 대한 처분을 하는데 필요한 것으로 인정되는 기간을 말한다. 응답행위가 지연되는데 대하여 객관적인 정당한 이유가 있으면 이를 참작해야 하지만, 사무량 폭주나 인력부족, 처분결정과 무관한 타사고려를 위한 시일경과는 침작사유가 될 수 없다.

2) 민원사무처리에 관한 법률 제9조에서 민원인의 편의를 위하여 법령, 훈령, 예규, 고시 등에 규정되어 있는 민원사항의 처리기간, 구비서류, 처리절차, 신청방법 등에 관한 사항을 종합한 민원사무처리기준표의 처리기간은 상당한 기간을 판정하는 일응의 기준이 될 수 있을 것이다. 부작위에 대한 의무이행심판을 인정한 현행법 제도하에서는 이들 법정처리기간이 경과된 후에는 특별한 사정이 없는 한 원칙적으로 위법한 부작위가 성립한다고 해야 할 것이다.

(3) 행정청에 일정한 처분을 해야 할 법률상 의무의 존재

1) 처분을 해야 할 법률상 의무

① 법령이 일정요건을 갖춘 때에는 일정한 처분을 할 것을 명하는 뜻의 명문규정이 있는 경우, ② 법령의 취지나 당해 처분의 성질로 보아 기속행위에 해당하는 경우, ③ 재량권이 영으로 수축되는 경우도 포함된다.

2) 의무의 존재

처분을 해야 할 법률상 의무란 처분행위의 성질이 기속적인가 재량적인가를 불문하고 상당한 기간 내에 인용 또는 처분을 내려야 할 의무만 존재하면 충분하다고 본다. 이렇게 해석해야만 재량행위의 부작위에 대하여 가부간에 조속히 어떤 처분을 내려 달라는 취지의 의무이행심판이 인정되는 것을 올바르게 설명할 수 있게 된다. 따라서 처분을 할 의무를 신청에 대하여 적극적인 인용처분을 할 의무, 즉 기속의무로 해석하여서는 아니 된다. 그러나 일정한 처분을 할 것인지 여부가 오로지 행정청의 판단에 맡겨져 있거나 행정청에게 어떠한 처분을 할 수 있는 권한이 있을 뿐 의무는 없는 재량행위의 경우(예를 들어 행정대집행, 도시계획결정)에는 부작위가 성립되지 아니 한다.

(4) 처분의 부존재

1) 처분

적극적, 소극적 처분을 불문하고 부작위는 행정청이 어떠한 처분도 하지 않는 상태를 말한다.

2) 부존재

따라서 처분이 존재하지 아니한다 함은 인용처분 또는 거부처분이 있었다고 볼만한 행위 자체가 외부적으로 없는 것을 말한다. 처분의 부존재와 구별하여야 할 것으로 처분의 무효와 의제거부(간주거부)가 있다 즉 처분이 무효인 경우에는 처분은 당초부터 당연히 효력이 없는 것이기는 하지만 처분은 일단 행하여졌고 행위의 외관은 존재한다고 할 것이기 때문에 부작위와 구별된다. 또한 의제거부(사실상으로는 아무런 처분도 존재하지 아니하는 부작위인 때에도 법령이 일정한 상태에서의 부작위를 거부처분으로 의제한 경우)는 법적으로 거부처분이라는 소극적 처분이 있는 것으로 되므로 부작위가 성립되지 아니한다. 따라서 ① 협의의 행정행위의 부존재, ② 무효인행정행위, ③ 거부처분 및 부작위를 거부처분으로 의제한 때(간주거부)에는 부작위가 아니다.

• 관련판례

> • 토지구획정리사업법 제40조 제1항은 사업시행자에게 필요한 겨우 건축물 등을 이전하거나 제거할 수 있는 권능을 부여한 규정에 지나지 아니할 뿐 t업시행자에게 그러한 의무가 있음을 규정한 것은 아니므로 이 규정을 들어 제자리 환지처분을 받은 토지소유자에게 사업시행자로 하여금 종전 토지위의 건축물 등에 대한 이전 또는 처분철거를 이행하도록 요구 할 수 있는 신청권이 있다고 볼 수 없고 따라서 사업시행자가 토지소유자의 위와 같은 신청을 받아들이지 아니하였다고 하여 항고소송의 대상인 위법한 부작위에 해당한다고 할 수 없는 것이다(대법원 1990. 5. 25. 89누5768).

5. 처분 또는 부작위가 위법 또는 부당한 것이어야 한다.

행정청의 처분 또는 부작위가 「위법 또는 부당」한 것이어야 행정심판을 제기할 수 있다. 여기서 '위법'이란 근거법규 위반뿐만 아니라 행정의 일반법원칙 내지 조리에 위반한 경우를 포함하며, 재량권 일탈·남용의 경우에도 위법이 된다. 행정소송은 권력분립 상 오직 위법한 처분만을 대상으로 하지만, 행정심판은 같은 행정부 내의 상급감독청이 행하는 자기 통제적 심판이므로 행정행위의 합법성이 아닌 '합목적성'까지 심판할 수 있도록 한 것이다. 타당성·합목적성까지 심판할 수 있다는 점에서 행정소송에 대한 행정심판의 제도적 가치도 여기에서 찾을 수 있을 것이다.

6. 심판청구에서 제외되는 내용

가. 대통령의 처분이나 부작위

내동령의 처분이나 부작위에 대하여는 다른 법률에서 행정심판을 청구할 수 있도록 정한 경우 외에는 행정심판을 청구할 수 없다(법 제3조 제2항). 이는 대통령의 처분과 부작위는 대통령이 행정부의 수반인 점을 감안하여 다른 법률에 특별규정이 있는 경우를 제외하고는 행정심판의 실익이 없다고 보아 직접 행정소송을 제기하도록 하였다.

나. 행정심판의 재결

심판청구에 대한 재결이 있으면 그 재결 및 같은 처분 또는 부작위에 대하여 다시 행정심판을 청구할 수 없다고 하여 행정심판재청구의 금지를 규정하고 있다(법 제39조).

행정심판의 재결에 대한 불복이 있는 경우에는 원처분의 위법을 이유로 원처분의 취소·변경 청구소송을 제기하거나, 재결자체의 위법을 이유로 직접 재결취소소송을 제기해야 한다. 따라서 종전에 있었던 심판청구에 대한 재결에 대하여 다시 심판청구가 제기된 경우에는 이 심판청구는 부적법한 심판청구로서 각하된다.

다. 다른 법률에 의한 절차

다른 법률에서 특별한 불복절차를 규정하고 있는 경우 예를 들어 통고처분, 검사의 불기소처분, 공무원에 대한 징계처분, 특허처분 등 행정구제에 관하여 특별규정이 있는 처분은 행정심판대상이 되지 않는 예외사항이다(법 제3조 제1항).

Ⅳ. 행정심판기관

1. 서 설

가. 의 의

행정심판기관이란 행정심판의 청구를 수리하여 이를 심리 재결할 수 있는 권한을 가진 행정기관을 말한다. 행정심판기관을 어떻게 설치할 것인가는 행정조직과 행정심판제도의 취지를 감안하여 결정할 문제이다. 종전에는 행정심판의 객관적인 공정성을 도모함으로서 행정심판의 권리구제제도로서의 실효성을 확보하기 위하여 심리 의결기능과 재결기능을 분리시켜 심리 의결기능은 행정심판위원회에 부여하고 재결기능은 재결청에 부여하고 있었다. 그러나 현재는 행정심판위원회가 행정심판사건에 직접 재결토록하여 재결청의 개념을 없애고 처분청에서 답변서를 행정심판위원회에 바로 송부하도록 하는 등 절차를 간소화하고 창구 일원화의 효과를 극대화하여 신속한 권리구제에 기여할 수 있도록 하고 있다.

나. 행정심판기관의 법적지위

(1) 합의제의결기관

위원회는 심리, 재결의 공정성을 확보하기 위해 합의제의결기관으로 운영된다.

(2) 준 사법절차

헌법 제107조 제3항은 행정심판의 절차에서 사법절차가 준용되어야 한다고 규정하고 있다. 즉 사법절차로서 심판기관의 독립성과 제3기관성이 보장되어야 한다.

2. 행정심판위원회

가. 의 의

행정심판위원회란 행정청의 처분 또는 부작위에 대한 행정심판청구사건을 심리·재결하는 기관이다. 행정심판위원회는 행정심판청구사건의 심리·재결에 대한 중추적 기능을 담당하는 합의체 행정청으로서 심리기관과 재결기관의 성격을 동시에 가진다. 행정심판위원회에는 ① 행정심판위원회와 ② 중앙행정심판위원회가 있다.

나. 행정심판법상의 행정심판위원회

(1) 위원회의 설치

		설치
1	해당 행정청소속의 행정심판위원회(법6조 1항)	1. 감사원, 국가정보원장, 그 밖에 대통령령으로 정하는 대통령 소속기관의 장 2. 국회사무총장 · 법원행정처장 · 헌법재판소사무처장 및 중앙선거관리위원회사무총장 3. 국가인권위원회, 그 밖에 지위 · 성격의 독립성과 특수성 등이 인정되어 대통령령으로 정하는 행정청
2	국민권익위원회에 두는 중앙행정심판위원회	1. 제1항에 따른 행정청 외의 국가행정기관의 장 또는 그 소속 행정청 2. 특별시장 · 광역시장 · 특별자치시장 · 도지사 · 특별자치도지사(특별시 · 광역시 · 특별자치시 · 도 또는 특별자치도의 교육감을 포함한다. 이하 "시 · 도지사"라 한다) 또는 특별시 · 광역시 · 특별자치시 · 도 · 특별자치도(이하 "시 · 도"라 한다)의 의회(의장, 위원회의 위원장, 사무처장 등 의회 소속 모든 행정청을 포함한다)

		3. 「지방자치법」에 따른 지방자치단체조합 등 관계 법률에 따라 국가 · 지방자치단체 · 공공법인 등이 공동으로 설립한 행정청. 다만, 제3항제3호에 해당하는 행정청은 제외한다.
3	시·도지사 소속으로 두는 행정심판위원회 (법6조 3항)	1. 시 · 도 소속 행정청 2. 시 · 도의 관할구역에 있는 시 · 군 · 자치구의 장, 소속 행정청 또는 시 · 군 · 자치구의 의회(의장, 위원회의 위원장, 사무국장, 사무과장 등 의회 소속 모든 행정청을 포함한다) 3. 시 · 도의 관할구역에 있는 둘 이상의 지방자치단체(시 · 군 · 자치구를 말한다) · 공공법인 등이 공동으로 설립한 행정청
4	해당 행정기관의 직근 상급행정기관에 두는 행정심판위원회(법6조 4항)	제2항제1호에도 불구하고 대통령령으로 정하는 국가행정기관 소속 특별지방행정기관의 장의 처분 또는 부작위에 대한 심판청구에 대하여는 해당 행정청의 직근 상급행정기관에 두는 행정심판위원회에서 심리 · 재결한다. 여기서 대통령령으로 정하는 국가행정기관 소속 특별지방행정기관"이란 법무부 및 대검찰청 소속 특별지방행정기관(직근 상급행정기관이나 소관감독행정기관이 중앙행정기관인 경우는 제외한다)을 말한다.

(2) 위원회의 구성

	구성
일반행정심판위원회(§7)	① 행정심판위원회(중앙행정심판위원회는 제외한다. 이하 이 조에서 같다)는 위원장 1명을 포함하여 50명 이내의 위원으로 구성한다. ② 행정심판위원회의 위원장은 그 행정심판위원회가 소속된 행정청이 되며, 위원장이 없거나 부득이한 사유로 직무를 수행할 수 없거나 위원장이 필요하다고 인정하는 경우에는 1. 위원장이 사전에 지명한 위원 2. 제4항에 따라 지명된 공무원인 위원(2명 이상인 경우에는 직급 또는 고위공무원단에 속하는 공무원의 직무등급이 높은 위원 순서로, 직급 또는 직무등급도 같은 경우에는 위원 재직기간이 긴 위원 순서로, 재직기간도 같은 경우에는 연장자 순서로 한다)의 순서에 따라 위원이 위원장의 직무를 대행한다. 다만 시 · 도지사 소속으로 두는 행정심판위원회의 경우에는 해당 지방자치단체의 조례로 정하는 바에 따라 공무원이 아닌 위원을 위원장으로 정할 수 있다. 이 경우 위원장은 비상임으로 한다. ③ 행정심판위원회의 위원은 해당 행정심판위원회가 소속된 행정청이 다음 각 호의 어느 하나에 해당하는 사람 중에서 성별을 고려하여 위촉하거나 그 소속 공무원 중에서 지명한다.
중앙행정심판위원회(§8)	① 중앙행정심판위원회는 위원장 1명을 포함하여 70명 이내의 위원으로 구성하되, 위원 중 상임위원은 4명 이내로 한다. ② 중앙행정심판위원회의 위원장은 국민권익위원회의 부위원장 중 1명이 되며, 위원장이 없거나 부득이한 사유로 직무를 수행할 수 없거나 위원장이 필요하다고 인정하는 경우에는 상임위원(상임으로 재직한 기간이 긴 위원 순서로, 재직기간이 같은 경우에는 연장자 순서로 한다)이 위원장의 직무를 대행한다.③ 중앙행정심판위원회의 상임위원은 일반직공무원으로서 「국가공무원법」 제26조의5에 따른 임기제공무원으로 임명하되, 3급 이상 공무원 또는 고위공무원단에 속하는 일반직공무원으로 3년 이상 근무한 사람이나 그 밖에 행정심판에 관한 지식과 경험이 풍부한 사람 중에서 중앙행정심판위원회 위원장의 제청으로 국무총리를 거쳐 대통령이 임명한다.

	④ 중앙행정심판위원회의 비상임위원은 제7조제4항 각 호의 어느 하나에 해당하는 사람 중에서 중앙행정심판위원회 위원장의 제청으로 국무총리가 성별을 고려하여 위촉한다. ⑥ 중앙행정심판위원회는 심판청구사건중 「도로교통법」에 따른 자동차운전면허 행정처분에 관한 사건(소위원회가 중앙행정심판위원회에서 심리 · 의결하도록 결정한 사건은 제외한다)을 심리 · 의결하게 하기 위하여 4명의 위원으로 구성하는 소위원회를 둘 수 있다.

(3) 위원회의 운영

구분	운영
행정심판위원회	① 행정심판위원회의 회의는 위원장과 위원장이 회의마다 지정하는 8명의 위원(그중 제4항에 따른 위촉위원은 6명 이상으로 하되, 제3항에 따라 위원장이 공무원이 아닌 경우에는 5명 이상으로 한다)으로 구성한다. 다만, 국회규칙, 대법원규칙, 헌법재판소규칙, 중앙선거관리위원회규칙 또는 대통령령(제6조제3항에 따라 시 · 도지사 소속으로 두는 행정심판위원회의 경우에는 해당 지방자치단체의 조례)으로 정하는 바에 따라 위원장과 위원장이 회의마다 지정하는 6명의 위원(그중 제4항에 따른 위촉위원은 5명 이상으로 하되, 제3항에 따라 공무원이 아닌 위원이 위원장인 경우에는 4명 이상으로 한다)으로 구성할 수 있다. ② 행정심판위원회는 제5항에 따른 구성원 과반수의 출석과 출석위원 과반수의 찬성으로 의결한다. ③ 행정심판위원회의 조직과 운영, 그 밖에 필요한 사항은 국회규칙, 대법원규칙, 헌법재판소규칙, 중앙선거관리위원회규칙 또는 대통령령으로 정한다.
중앙행정심판위원회	① 중앙행정심판위원회의 회의(제6항에 따른 소위원회 회의는 제외한다)는 위원장, 상임위원 및 위원장이 회의마다 지정하는 비상임위원을 포함하여 총 9명으로 구성한다. ② 중앙행정심판위원회 및 소위원회는 구성원 과반수의 출석과 출석위원 과반수의 찬성으로 의결한다. ⑧ 중앙행정심판위원회는 위원장이 지정하는 사건을 미리 검토하도록 필요한 경우에는 전문위원회를 둘 수 있다. ③ 중앙행정심판위원회, 소위원회 및 전문위원회의 조직과 운영 등에 필요한 사항은 대통령령으로 정한다.

다. 행정심판법상 위원

(1) 위원의 자격

대한민국 국민이 아닌 사람, 국가공무원법 제33조 각호의 어느 하나에 해당하는 사람은 제6조에 따른 행정심판위원회의 위원이 될 수 없으며, 위원이 이에 해당하게 된 때에는 당연히 퇴직한다(법제9조 4항).

(2) 위원의 임기

1) 행정심판위원회 위원

가) 행정심판위원회의 위원은(해당 행정심판위원회가 소속된 행정청이 다성별을 고려하여 위촉하거나, 그 소속 공무원 중에서 지명한)의 경우는 그 직에 있는 동안 재임한다(법제9조 1항).

나) 위촉된 위원(해당 행정심판위원회가 소속된 행정청이 위촉하거나, 중앙행정심판위원회 위원장의 제청으로 국무총리가 성별을 고려하여 위촉한)의 임기는 2년으로 하되, 2차에 한하여 연임할 수 있다. 다만, 제6조제1항제2호에 규정된 기관에 두는 행정심판위원회의 위촉위원의 경우에는 각각 국회규칙, 대법원규칙, 헌법재판소규칙 또는 중앙선거관리위원회규칙으로 정하는 바에 따른다(법제9조 3항).

다) 위촉된 위원은 금고(禁錮) 이상의 형을 선고받거나 부득이한 사유로 장기간 직무를 수행할 수 없게 되는 경우 외에는 임기 중 그의 의사와 다르게 해촉(解囑)되지 아니한다(법제9조 5항).

2) 중앙행정심판위원회 위원

중앙행정심판위원회 상임위원위원(중앙행정심판위원회의 상임위원은 일반직공무원으로서 「국가공무원법」 제26조의5에 따른 임기제공무원으로 임명하되, 3급 이상 공무원 또는 고위공무원단에 속하는 일반직공무원으로 3년 이상 근무한 사람이나 그 밖에 행정심판에 관한 지식과 경험이 풍부한 사람 중에서 중앙행정심판위원회 위원장의 제청으로 국무총리를 거쳐 대통령이 임명한다)의 임기는 3년으로 하며, 1차에 한하여 연임할 수 있다(법제9조 3항).

(3) 위원의 제척·기피·회피

1) 개 설

행정심판법은 위원에 대한 제척, 기피, 회피 제도를 두고 있다. 이는 행정심판청구사건에 대한 위원회의 심판청구사건을 심리·재결함에 있어서 그 공정성을 보장하기 위한 것이다. 민사소송법과 형사소송법의 경우와 같이 행정심판위원회 및 중앙행정심판위원회의 위원에 제척·기피·회피 제도를 두고 있을 뿐만 아니라 위원회의 심리·재결에 관한 사무에 관

하여는 '직원'에게도 이를 준용하고 있다(법제10조 7항)

2) 제 척

가) 의 의

제척이란 위원 등이 당사자 또는 사건의 내용과 특수 관계가 있는 경우에 그 사건에 관하여 그 직무집행을 할 수 없도록 하는 것을 말한다.

나) 제척사유

행정심판법은 제척사유로 ① 위원 또는 그 배우자나 배우자이었던 사람이 사건의 당사자이거나 사건에 관하여 공동 권리자 또는 의무자인 경우 ② 위원이 사건의 당사자와 친족이거나 친족이었던 경우 ③ 위원이 사건에 관하여 증언이나 감정(鑑定)을 한 경우 ④ 위원이 당사자의 대리인으로서 사건에 관여하거나 관여하였던 경우 ⑤ 위원이 사건의 대상이 된 처분 또는 부작위에 관여한 경우를 규정하고 있다(법 10조 1항).

다) 제척신청

위원에 대한 제척신청이나 기피신청은 그 사유를 소명(疏明)한 문서로 하여야 한다. 다만, 불가피한 경우에는 신청한 날부터 3일 이내에 신청 사유를 소명할 수 있는 자료를 제출하여야 한다. 제척신청이나 기피신청이 제3항을 위반하였을 때에는 위원장은 결정으로 이를 각하한다(법제10조 3항, 4항).

라) 효과

제적사유가 있는 위원이 관여한 심리, 의결은 본질적인 절차상의 하자가 있으므로 무효가 된다. 제척의 효과는 당사자의 주장 여부나 행정심판위원회의 결정 여부에 관계없이 법률상 당연히 발생한다.

3) 기 피

가) 의 의

기피란 위원에게 법률상 정하여진 제척원인 이외의 심리·의결의 공정을 기대하기 어려운 사정이 있는 경우에 당사자의 신청을 기다려 위원회의 위원장은 위원회의 의결을 거치지 아니하고 결정하여 위원이 심리·재결에서 배세되는 것을 말한다(법10조 2항).

나) 공정을 기대하기 어려운 사정

위원회에게 심리, 의결의 공정을 기대하기 어려운 사정이란 통상인의 판단으로서 위원과 사건과의 관계에서 편파적이고 불공정한 심리, 의결을 하지 않을 까 하는 염려를 일으킬 수 있는 객관적 사정을 의미하므로 주관적인 의혹만으로는 기피사유에 해당하지 않는다.

다) 기피신청

위원회에 대한 기피신청은 그 사유를 소명한 문서로 하여야 하며, 위원장은 기피신청의 대상이 된 위원에게서 그에 대한 의견을 받을 수 있다(법제10조 3항, 4항)

라) 효과

위원장이 위원회의 의결을 거치지 아니하고 행하는 기피의 결정은 제척과 는 달리 형성적이다.

4) 회 피

가) 의 의

회피란 위원이 스스로 제척 또는 기피의 사유가 있다고 인정하여 자발적으로 당해 사건의 심리·재결을 회피하는 것을 말한다(법제10조 6항).

나) 사유소명

위원장에게 사유소명회의에 참석하는 위원이 회피하고자 하는 위원은 위원장에게 그 사유를 소명하여야 한다(법제10조 6항).

5) 준 용

사건의 심리·의결에 관한 사무에 관하여는 위원 아닌 직원에게도 제척·기피·회피에 관한 규정이 준용된다(법10조 7항).

라. 행정심판위원회의 권한

(1) 개 설

행정심판위원회의 권한으로 중심적인 것은 심판청구사건에 대하여 심리하고 의결하는 권한이다. 그 밖에 심리권에 부수된 권한, 시정조치권, 진술권 등이 있다.

(2) 심 리 권

1) 의의

위원회는 행정청으로부터 송부되거나 제출된 행정심판청구사건에 대한 심리권을 가진다.

2) 심리의 방식

행정심판의 심리는 구술심리나 서면심리로 한다. 다만, 당사자가 구술심리를 신청한 경우에는 서면심리만으로 결정할 수 있다고 인정되는 경우 외에는 구술심리를 하여야 한다(법제40조 1항). 심리는 각 심판청구사건을 단위로 하는 것이 원칙이다. 그러나 필요하다고 인정할 때에는 청구를 병합하거나 분리하여 심리할 수 있다. 이는 심리의 능률성과 합리성을 확보하기 위한 것이다.

(3) 심리권에 부수된 권한

행정심판위원회는 심판청구사건에 대한 심리권을 효율적으로 행사하기 위해 여러 부수적인 권한을 갖는다. 이러한 부수적 권한으로 ① 대표자 선정권고(청구인들이 선정대표자를 선정하지 아니한 경우에 위원회는 필요하다고 인정하면 청구인들에게 선정대표자를 선정할 것을 권고할 수 있다. 법제15조 1항), ② 청구인의 지위 승계허가권법(심판청구의 대상과 관계되는 권리나 이익을 양수한 자는 위원회의 허가를 받아 청구인의 지위를 승계할 수 있다. 법제16조 5항), ③ 대리인허가권(청구인은 법정대리인 외에 위원회의 허가를 받은 자를 대리인으로 선임할 수 있다. 법제18조1항 5호) ④ 심판참가허가 및 요구권(위원회는 참가신청을 받으면 허가 여부를 결정한다. 법제20조 5항, 위원회는 필요하다고 인정하면 그 행정심판 결과에 이해관계가 있는 제3자나 행정청에 그 사건 심판에 참가할 것을 요구할 수 있다. 법제21조), ⑤청구변경불허가권(위원회는 청구변경 신청에 대하여 허가할 것인지 여부를 결정한다. 법제29조 6항), ⑥ 보정명령권(위원회는 심판청구가 적법하지 아니하나 보정(補正)할 수 있다고 인정하면 기간을 정하여 청구인에게 보정할 것을 요구할 수 있다. 법제32조 1항)등이 있다.

(4) 의 결 권

1) 재결할 내용을 의결할 권한

행정심판위원회는 심판청구사건에 대한 심리를 마치면 그 심판청구에 대하여 재결한 내용을 의결할 권한을 갖는다. 따라서 부적합한 것인 때에는 각하재결, 이유가 없는 것인 때에는 기각재결, 이유가 있는 것인 때에는 인용재결을 한다. 그리고 취소심판청구의 경우는 취소·변경재결, 무효확인 심판청구의 경우는 무효확인재결, 의무이행심판청구의 경우는 의무이행재결을 한다(법제43조).

2) 그 밖의 의결권

행정심판위원회는 그 밖에 ① 사정재결(위원회는 심판청구가 이유가 있다고 인정하는 경우에도 이를 인용(認容)하는 것이 공공복리에 크게 위배된다고 인정하면 그 심판청구를 기각하는 재결을 할 수 있다. 법제44조), ②집행정지결정권(위원회는 처분, 처분의 집행 또는 절차의 속행 때문에 중대한 손해가 생기는 것을 예방할 필요성이 긴급하다고 인정할 때에는 직권으로 또는 당사자의 신청에 의하여 처분의 효력, 처분의 집행 또는 절차의 속행의 전부 또는 일부의 정지를 결정할 수 있다. 법제30조 2항), ③ 취소권(법위원회는 집행정지를 결정한 후에 집행정지가 공공복리에 중대한 영향을 미치거나 그 정지사유가 없어진 경우에는 직권으로 또는 당사자의 신청에 의하여 집행정지 결정을 취소할 수 있다. 제30조 4항)를 결정할 수 있다, ④ 임시처분권(위원회는 처분 또는 부작위가 위법 · 부당하다고 상당히 의심되는 경우로서 처분 또는 부작위 때문에 당사자가 받을 우려가 있는 중대한 불이익이나 당사자에게 생길 급박한 위험을 막기 위하여 임시지위를 정하여야 할 필요가 있는 경우에는 직권으로 또는 당사자의 신청에 의하여 임시처분을 결정할 수 있다. 법제31조) 갖는다.

(5) 시정조치요구권

중앙행정심판위원회는 심판청구를 심리·재결함에 있어서 처분 또는 부작위의 근거가 되는 명령 등이 법령에 근거가 없거나 상위법령에 위배되거나 국민에게 과도한 부담을 주는 등 현저하게 불합리하다고 인정되는 경우에는 관계행정기관에 대하여 당해 명령 등의 개정·폐지 등 적절한 시정조치를 요청할 수 있다. 시정요청을 받은 관계행정기관은 정당한 사유가 없는 한 이에 따라야 한다.

(6) 증거조사권

행정심판위원회는 심판청구 사건에 대한 심리를 위하여 필요하다고 인정할 때에는 당사자의 신청이나 직권에 의하여 증거조사를 할 수 있는 권한을 가진다. 위원회는 필요하다고 인정할 때에는 위원회가 소속된 행정청의 직원 또는 다른 행정기관에 촉탁하여 증거조사를 하게 할 수 있고(법제36조 2항), 관계행정기관에 대하여 필요한 서류의 제출 또는 의견을 진술할 것을 요구하거나 의견서를 제출할 것을 요구할 수 있다.

(7) 의견제출·진술권

중앙행정심판위원회에서 심리·재결하는 심판청구의 경우는 소관중앙행정기관의 장은 의견서를 제출하거나 위원회에 출석하여 의견을 진술할 수 있다(법제35조 4항).

Ⅴ. 행정심판의 당사자 및 관계인

1. 행정심판의 당사자

가. 개념

(1) 행정심판도 쟁송이므로 기본적으로 두 당사자의 대립되는 이해관계에 의한다. 행정심판법은 헌법 제107조 3항의 취지에 따라 행정심판절차의 사법화를 도모하기 위하여 대심구조를 취함을 원칙으로 하고 있으므로 행정심판의 절차는 청구인과 피청구인을 당사자로 하여 이들이 어느 정도 대등한 지위에서 심리를 진행한다.

(2) 당사자 적격

특정의 심판사건에서 당사자가 될 수 있는 자격을 말하는 것으로서 유효하게 심판을 수행하고 재결을 받기 위해서는 청구인적격과 피청구인적격이 있어야 한다.

나. 청구인

(1) 의 의

행정심판의 청구인은 심판청구의 대상인 처분 또는 부작위에 불복하여 그의 취소 또는 변경 등을 구하는 심판청구를 제기하는 자를 말한다. 즉, 행정청의 처분 등에 불복하여 그의 취소 또는 변경을, 처분의 효력유무 또는 존재여부에 대한 확인을 , 그리고 거부처분이나 부작위에 대하여는 일정한 처분을 각각 구할 '법률상 이익 있는자'가 청구할 수 있다.

(2) 청구인 능력

청구인은 처분의 상대방 또는 제3자에 관계없이 자연인 또는 법인이어야 한다. 그러나 법인격 없는 사단 또는 재단으로서 대표자나 관리인이 있을 때에는 그 이름으로 청구인이 될 수 있다.

(3) 청구인 적격

1) 의 의

청구인 적격이란 구체적사건의 행정심판절차에서 자신의 권리를 주장하고 심판을 받을 수 있는 정당한 자격을 말한다.

2) 취소심판의 청구인 적격

가) 법률상 이익이 있는 자

취소심판은 처분의 취소 또는 변경을 구할 법률상 이익이 있는 자가 청구인적격을 가진다.

① 학설

여기에서 말하는 '법률상 이익'이 무엇을 의미하는 가에 관하여는 견해가 나뉘고 있다.

㉠ 법률상 보호이익설

실정법규의 해석상 청구인이 주장하는 이익이 당해 법규에 의하여 보호되고 있는 것으로 인정되는 경우라고 보는 견해이다.

㉡ 보호할 가치있는 이익설

청구인이 주장하는 이익이 처분의 근거가 된 실체법규에 의해 보호되는 이익이 아니라도 쟁송절차에 의하여 보호할 만한 이익이 있으면 법률상 이익이 있다고 보는 견해이다.

② 소결

현재는 처법률상보호이익설이 통설·판례이나 점차로 보호가치이익설 방향으로 확장추세에 있다. 따라서 법률상 이익이 없는 자가 제기한 취소심판은 부적법한 것으로 그 심판청구는 각하된다.

나) 처분의 효과가 소멸될 때

행정심판법은 처분의 효과가 기간의 경과, 처분의 집행, 그 밖의 사유로 소멸된 뒤에도 그 처분의 취소로 인하여 회복되는 법률상이익이 있는 자에게도 청구인 적격을 인정하고 있다. 따라서 처분의 효과 자체는 이미 소멸되었어도 그 처분의 취소로 인해 회복되는 법률상

이익이 있는 경우에는(예컨대 전에 영업정지처분을 받은 경우에는 추후에 다시 위반행위를 하면 가중사유로 작용하게 된다고 할 경우) 청구인 적격이 인정된다. 다만, 그러한 청구인적격의 인정은 특별한 경우에 해당하므로 청구인이 주장·입증하여야 한다.

3) 무효 등 확인심판의 청구인 적격

가) 확인을 구할 법률상 이익

① 무효등확인심판은 처분의 효력 유무 또는 존재 여부의 확인을 구할 법률상 이익이 있는 자가 청구할 수 있다(법제13조 2항).

② 여기에서 말하는 확인을 구할 법률상 이익이라 함은 처분의 효력 유무 또는 존재 여부에 관하여 당사자 사이에 다툼이 있어서 재결로 공권적인 확정을 하는 것이 청구인의 법적 지위의 불안정상태를 제거하기위해 필요한 경우에 인정된다.

나) 성질

행정심판으로서의 무효 등 확인심판은 민사소송에 있어서의 확인의소와는 달리 항고쟁송의 성질을 갖는다. 그러므로 무효 등 확인심판의 법률상 이익은 그 재결의 결과로서 얻어지는 법적 이익까지 포함하여 종합적 입체적으로 판단하여야 한다는 견해가 있다.

4) 의무이행 심판의 청구인적격

가) 처분을 구할 법률상 이익

의무이행심판은 처분을 신청한 자로서 행정청의 거부처분 또는 부작위에 대하여 일정한 처분을 구할 법률상 이익이 있는 자가 청구할 수 있다(법제13조 3항).

나) 관계법규 및 헌법규정

① 관계법규

이때의 법률상의 이익이 인정되기 위해서는 청구인이 권리로서 일정한 내용의 행정작용을 신청할 수 있는 것이 관계법규에 의해 보장되어야 한다. 그러나 이 경우에도 개인은 행정청에 대하여 특정처분을 구할 수 있는 것은 아니다. 그 신청의 대상행위가 기속행위인 때에는 특정한 처분을 구할 권리가 인정되지만, 재량행위인 경우에는 행정기관의 재량권이 영으로 수축되는 경우 이외에는 단지 어떠한 내용이든 재량행위를 행할 것을 청구할 수 있기 때문이다.

② 헌법규정
이런 한 처분을 구할 법률상 이익은 헌법의 기본권규정에서도 도출될 수 있다는 견해도 있다.

(4) 청구인의 지위승계

1) 당연승계
가) 행정심판을 제기한 후에 청구인이 사망한 경우에는 상속인이나 그 밖에 법령에 따라 심판청구의 대상에 관계되는 권리나 이익을 승계한 자가 청구인의 지위를 승계한다(법제16조 1항).

나) 법인 또는 법인격 없는 사단이나 재단인 청구인이 다른 법인등과 합병한 때에는 합병 후 존속하는 법인 등이나 또는 합병에 의하여 설립된 법인 등이 청구인의 지위를 승계한다(법제16조 2항). 이 경우 승계인의 지위를 승계한자는 위원회에 사망 등에 의한 권리·이익의 승계 또는 합병사실을 증명하는 서면을 첨부하여 관계행정심판위원회에 제출하여야 한다(법제16조 3항).

2) 지위승계의 허가
가) 행정심판을 제기된 뒤에 당해 심판청구의 대상인 처분에 관계되는 권리·이익을 양수한 자는 관계행정심판위원회의 허가를 받아 청구인의 지위를 승계할 수 있다(법제16조 5항).

나) 위원회는 허가여부를 결정하고, 지체 없이 신청인에게는 결정서정본을, 당사자와 참가인에게는 결정서 등본을 송달하여야 한다.(법제16조 7항).

다) 지위승계에 대한 이의신청
① 지위승계를 허가하지 아니하면 신청인은 결정서 정본을 받은 날부터 7일 이내에 위원회에 이의신청을 할 수 있다(법제16조 8항).
② 이의신청은 그 사유를 소명하여 서면으로 하여야 한다.
③ 위원회가 이의신청을 받은 때에는 이를 지체 없이 위원회의 회의에 상정하여야 한다.
④ 위원회는 이의신청에 대한 결정을 한 후 그 결과를 신청인, 당사자 및 참가인에게 각각

통지하여야 한다(규칙 제13조).

다. 피청구인

(1) 의의

피청구인은 심판청구를 제기 받은 당사자를 말한다. 피청구인인 행정청은 답변서제출, 답변서에 대한 보충서면 제출, 증거서류 기타 증거물의 제출, 증거조사나, 구술심리의 신청을 할 수 있다.

(2) 피청구인 적격

1) 행정심판은 처분을 한 행정청(의무이행심판의 경우에는 청구인의 신청을 받은 행정청)을 피청구인으로 하여 청구하여야 한다. 다만, 심판청구의 대상과 관계되는 권한이 다른 행정청에 승계된 경우에는 권한을 승계한 행정청을 피청구인으로 하여야 한다.
(법제17조 1항). 행정청은 국가나 지방자치단체의 기관이므로 원칙적으로 국가나 지방자치단체 등(권리주체)이 피청구인이 되어야 하지만, 행정소송과 마찬가지로 소송기술상의 편의에서 행정청을 피청구인으로 한 것이다.

2) 행정청은 국가나 지방자치단체의 기관이므로 원칙적으로 국가나 지방자치단체 등 피청구인이 되어야 하지만, 행정소송과 마찬가지로 소송기술상의 편의에서 행정청을 피청구인으로 한 것이다.

(3) 피청구인의 경정

1) 의 의

청구인이 피청구인을 잘못 지정한 경우 또는 행정심판이 청구된 후에 심판청구의 대상과 관계되는 권한이 다른 행정청에 승계된 경우 당사자의 신청에 의하여 또는 직권으로 위원회는 결정으로써 피청구인을 경정(更正)할 수 있다(법제17조 2항, 5항).

2) 절 차

가) 위원회는 직권으로 또는 당사자의 신청에 의하여 결정으로써 피청구인을 경정(更正)한다.

나) 위원회는 피청구인을 경정하는 결정을 하면 결정서 정본을 당사자(종전의 피청구인과 새로운 피청구인을 포함한다다)에게 송달하여야 한다(법제17조 3항).

3) 효 과

이러한 결정이 있으면 종전의 피청구인에 대한 심판청구는 취하되고 새피청구인에 대한 심판청구가 처음에 심판청구를 한때에 소급하여 제기된 것으로 간주된다. 피청구인의 경정제도는 행정조직의 복잡성으로 정당한 피청구인을 명확히 판단할 수 없는 경우가 많음을 고려하여 청구인의 권리구제의 길을 확보하는데 그 의의가 있다.

4) 이의신청

당사자는 결정서 정본을 받은 날부터 7일 이내에 위원회에 이의신청을 할 수 있다(법제17조 6항). 이의신청의 처리에 관하여는 제13조, 제14조의 규정을 준용한다(규칙 제14조).

2. 행정심판의 관계인

가. 참가인

(1) 의 의

참가인이란 계속 진행 중인 행정심판절차에 당사자 이외의 제3자가 자기의 권리와 이익을 보호하기 위해 참가하는 것을 말한다. 이때 참가인으로서 참가할 수 있는 자는 심판결과에 대하여 이해관계 있는 제3자 또는 행정청이다.

1) 이해관계 있는 제3자

이해관계가 있는 제3자란 당해 처분 자체에 대하여 이해관계가 있는 자뿐만 아니라(예컨대 체납처분으로서의 공매처분의 목적물인 재산의 소유자) 재결내용에 따라서 불이익을 받게 될 자(예견대 공매처분의 취소를 구하는 심판청구가 제기된 경우의 당해 공매재산의 매수자)도 포함된다.

• 관련판례

• 소송사건에서 당사자의 일방을 보조하기 위하여 보조참가를 하려면 당해 소송의 결과에 대하여 이해관계가 있어야 할 것인 바, 여기서 말하는 이해관계란 사실, 경제상 또는 감정상의 이해관계가 아니라 법률상의 이해관계를 말한다(대법원 1997. 12. 26. 96다51714 판결).

2) 행정청

심판청구에 참가할 수 있는 행정청은 당해 처분이나 부작위에 대한 관계행정청을 말한다.

(2) 참가의 방법

1) 신청에 의한 참가

가) 행정심판의 결과에 대하여 이해관계 있는 제3자 또는 행정청은 해당 심판 청구에 대한 위원회나 소위원회의 의결이 있기 전까지 그 사건에 대하여 심판참가를 할 수 있다(법제20조 1항).

나) 심판 참가를 하려는 자는 참가의 취지와 이유를 적은 참가 신청서를 위원회에 제출하여야 한다. 참가 신청서를 받은 위원회는 참가신청서 부본을 당사자에게 송달하고 참가신청허가여부를 결정해서, 지체없이 신청인에게는 결정서정본을, 당사자와 다른 참가인에게는 결정서등본을 송달하여야 한다(법제20조 2항, 3항).

다) 위원회는 기간을 정하여 당사자와 다른 참가인에게 제3자의 참가신청에 대한 의견을 제출하도록 할 수 있으며, 당사자와 다른 참가인이 그 기간에 의견을 제출하지 아니하면 의견이 없는 것으로 본다(법제20조 4항).

라) 위원회는 참가신청을 받으면 허가 여부를 결정하고, 지체 없이 신청인에게는 결정서 정본을, 당사자와 다른 참가인에게는 결정서 등본을 송달하여야 한다(법제20조 5항).

마) 이의신청

신청인은 참가허가여부결정에 대하여 송달받은 날부터 7일 이내에 이의 신청을 할 수 있다(법제20조 6항).

2) 요구에 의한 참가

이해관계인의 신청이 없는 경우에도 관계행정심판위원회는 직권으로 이해관계인에 대하여 당해 심판청구에 참가할 것을 요구할 수 있다. 이때 그 요구를 받은 이해관계인은 당연히 참가인이 되는 것이 아니라 참가 여부를 스스로 결정할 수 있으며 그 참가 여부의 의사를 관계행정심판위원회에 통지하여야 한다(법16조 3항).

(3) 참가인의 지위

행정심판절차에서 당사자가 할 수 있는 심판절차상의 행위를 참가인도 할 수 있으므로, 당사자가 위원회에 서류를 제출하거나 위원회가 당사자에게 통지를 할 때에는 참가인에게도 송달되고 통지되어야 한다.

나. 행정심판의 대리인

(1) 의 의

심판청구의 당사자인 청구인이나 피청구인은 대리인을 선임하여 심판청구에 관한 행위를 하게 할 수 있다. 이때 그 대리인을 행정심판의 대리인이라 한다.

(2) 대리인으로 선임할 수 있는 자

1) 청구인의 경우(법제18조 1항)

가) 법정대리인

나) 청구인의 배우자, 청구인 또는 배우자의 사촌이내의 혈족

다) 청구인이 법인이거나 청구인능력 있는 법인 아닌 사단 또는 재단인 경우 그 소속임원직

라) 변호사

마) 다른 법률에 따라 심판청구를 대리할 수 있는 자

바) 그 밖에 위원회의 허가를 받은 자

2) 피청구인의 경우(법제18조 2항)

피청구인은 그 소속직원 또는 변호사, 다른 법률에 따라 심판청구를 대리할 수 있는 자, 그 밖에 위원회의 허가를 받은 자의 어느 하나에 해당하는 자를 대리인으로 선임할 수 있다.

(3) 대리인의 권한

대리인은 심판청구의 취하를 제외하고는 본인을 위하여 당해사건에 관한 모든 행위를 할 수 있다. 다만 심판청구를 취하하려면 다른 청구인들의 동의를 받아야 하며, 이 경우 동의받은 사실을 서면으로 소명하여야 한다(법제18조 3항).

Ⅵ. 행정심판청구의 제기

1. 의 의

행정심판은 제기는 ① 청구인 적격이 있는 자가 처분청 등을 피청구인으로 하여 ② 심판청구사항인 구체적인 처분이나 부작위를 대상으로 ③ 청구기간 내에 ④ 소정의 방식을 갖추어 ⑤ 처분청 또는 관할 행정심판위원회에 제기하여야 한다.

행정청의 잘못된 고지 또는 불고지
행정청이 처분을 서면으로 하는 경우에는 그 상대방에게 처분에 대하여 행정심판을 청구할 수 있는지, 행정심판을 청구하는 경우의 심판청구절차 및 심판청구기간을 알려주도록 규정하고 있다(법제58조 1항). 그럼에도 불구하고 행정청이 이러한 고지를 하지 않거나 잘못 알려서 청구인이 심판청구서를 다른 행정기관에 제출한때에는 당해 행정기관은 그 심판청구서를 지체없이 정당한 권한 있는 피청구인에게 송부하여야 한다(법제23조 2항). 이 경우에는 처음의 제출기관에 심판청구서가 제출된 때에 심판청구가 제기된 것으로 본다(법제23조 3항). 문제는 고지의 대상이 아닌자가 다른 행정기관에 심판청구서를 제출한 경우에 대하여는 명문규정이 없다. 그러나 이러한 경우에도 당해 행정기관은 지체없이 정당한 권한 있는 행정기관에 심판청구서를 송부하여야 할 것이고, 그 경우에는 처음의 행정기관에 심판청구서가 제출된 때에 심판청구가 제기된 것으로 보아야 한다(대법원 1975. 12. 24. 선고 74누134 판결).

2. 행정심판의 제기요건

행정심판의 제기요건은 본안심리를 받기 위한 요건으로 이러한 심판청구의 제기요건들은 행정심판을 청구하는 데에 필요한 형식적 요건으로서 요건심리 결과 그 요건들이 충족되지 않는 심판청구는 부적법한 심판청구로서 각하를 받게 된다.

가. 청구인

심판청구의 청구인이 될 수 있는 것은 당해 심판청구에 대하여 법률상 이익이 있는 자로서, 청구인은 당해 심판청구의 대상인 처분이나 부작위의 상대방 또는 제3자에 관계없이 자연인 또는 법인을 모두 포함한다.

나. 심판청구의 대상

(1) 행정청의 위법 또는 부당한 처분

행정청의 처분 또는 부작위에 대하여는 다른 법률에 특별한 규정이 있는 경우 외에는 이 법에 따라 행정심판을 청구할 수 있다. 대통령의 처분 또는 부작위에 대하여는 다른 법률에서 행정심판을 청구할 수 있도록 정한 경우 외에는 행정심판을 청구할 수 없다(법제3조 1항, 2항).

(2) 행정청의 처분

행정청의 처분이란 행정청이 행하는 구체적 사실에 관한 법집행으로서의 공권력행사를 의미하고, 공권력행사란 행정청에 의한 공법행위 내지 우월한 일반적의사의 발동으로 행하는 단독행위를 말하므로 행정청이 상대방과 대등한 지위에서 하는 공법상계약이나, 행정입법, 공법상합동행위, 행정청의 사법상행위, 대외적으로 아무런 법적효과도 발생하지 않는 내부적 행위, 알선·권유·장려·권장 등 행정지도나 단순한 사실행위 등은 행정심판의 대상에 포함되지 않는다.

다. 심판청구기간

(1) 개 설

1) 의 의

행정심판의 청구는 소정의 청구기간 내에 제기하여야 한다. 심판청구기간에 관한 문제는 '취소심판청구'와 '거부처분에 대한 의무이행심판청구'에만 해당된다. 무효등확인심판과 부작위에 대한 의무이행심판청구는 그 성질에 비추어 청구기간의 제한이 배제되기 때문이다.

2) 입법 취지

행정심판법이 처분을 다투는 심판청구에 기간의 제한을 두는 것은 처분은 그 상대방뿐만 아니라 일반대중과 이해관계가 크기 때문에 처분의 효과 등 법률관계를 가능한 빨리 안정시키기 위해서이다.

(2) 원칙적인 심판청구기간

1) 행정심판은 처분이 있음을 알게 된 날부터 90일 이내에 청구하여야 하고(법제27조 1항), 처분이 있었던 날부터 180일이 지나면 청구하지 못한다. 다만, 정당한 사유가 있는 경우에는 그러하지 아니하다(법제27조 3항). 위 90일의 청구기간은 불변기간(不變期間)으로 한다(법제27조 4항). 따라서 직권조사사항이다. 이들 두 기간 중 어느 하나라도 기간이 지나면 행정심판청구를 제기하지 못한다.

2) 처분이 있음을 알게 된 날

가) '처분이 있음을 알게 된 날'이란 통지·공고 기타의 방법에 의하여 그 처분이 있었던 사실을 현실적으로 안 날을 의미 한다.

나) 처분을 서면으로 하는 경우에는 그 서면이 상대방에게 도달한 날, 공시송달의 경우는 서면이 상대방에게 도달한 것으로 간주되는 날을 말한다. 그러나 처분이 공고 또는 고시의 방법으로 통지하는 경우에 상대방이 이러한 처분 또는 공고를 보자 못한 경우라도 고시를 보지 못한 경우에는 행정업무의 효율적 운영에 관한 규정 제6조 3항에서 '특별규정이 있는 경우를 제외하고는 고시 또는 공고가 있은 후에 5일이 경과한 날부터 효력이 발생한다고' 하고 있고, 판례 또한 고시 또는 공고의 효력발생일에 관한 명문규정이 없는 경우에는 사무관리규정이 적용되어 공고·고시에 의한 행정처분은 5일이 경과한 후 알았다고 보아야 한다고 하고 있다.

3) 처분이 있은 날

'처분이 있은 날'이란 처분이 법적으로서 효력을 발생한 날을 말한다(대판1977. 11. 22. 77누195 판결).

(3) 예외적인 심판청구기간

1) 불가항력의 경우

청구인이 천재지변, 전쟁, 사변, 그 밖의 불가항력으로 인하여 90일의 기간내에 심판청구를 할 수 없었을 때에는 그 사유가 소멸한 날부터 14일(국외에서는 30일) 이내에 행정심판을 청구할 수 있다(법제18조 2항). 이기간은 불변기간이다.

2) 정당한 사유가 있는 경우

정당한 사유가 있으면 처분이 있은 날로부터 180일을 경과한 뒤에도 심판청구를 제기할 수 있다(법제18조 3항). 이때의 정당한 사유란 처분이 있었던 날부터 180일 이내에 심판청구를 하지 못함을 정당화할만한 객관적 사유를 말하며, 불가항력보다 넓은 개념을 의미한다.

3) 오고지·불고지의 경우

행정청이 서면에 의하여 처분을 하는 경우에 그 처분의 상대방에게 행정심판청구에 관한 사항을 고지하도록 되어 있는데, 행정청이 심판청구기간을 처분이 있음을 알게 된 날부터 90일보다 긴 기간으로 잘못 알려줘서 그로인해 청구인이 잘못 알린 기간에 심판청구를 하게되면 그 심판청구는 90일 내에 제기된 것으로 본다(법제27조 5항).

행정청의 잘못된 고지 또는 불고지

행정청이 서면에 의하여 처분을 하는 경우에는 그 처분의 상대방에게 처분에 대하여 행정심판을 청구할 수 있는지, 행정심판을 청구하는 경우의 심판청구절차 및 심판청구기간을 알려주도록 규정하고 있다. 그럼에도 불구하고 행정청이 이러한 고지를 하지 않거나 잘못 알려서 청구인이 심판청구서를 다른 행정기관에 제출한때에는 당해 행정기관은 그 심판청구서를 지체없이 정당한 권한 있는 피청구인에게 송부하여야 한다(§23.②). 이 경우에는 처음의 제출기관에 심판청구서가 제출된 때에 심판청구가 제기된 것으로 본다(§23.④). 문제는 고지의 대상이 아닌자(제3자효행정행위로 인하여 권리가 침해되는 제3자)가 다른 행정기관에 심판청구서를 제출한 경우에 대하여는 명문규정이 없다. 그러나 이러한 경우에도 당해 행정기관은 지체없이 정당한 권한 있는 행정기관에 심판청구서를 송부하여야 할 것이고, 그 경우에는 처음의 행정기관에 심판청구서가 제출된 때에 심판청구가 제기된 것으로 보아야 한다(대판1975.12.24, 74누134).

(4) 복효적 행정행위의 심판청구기간

1) 복효적 행정행위에 있어서 처분의 직접상대방이 아닌 제3자가 행정심판을 제기한 경우에도 심판제기기간은 원칙적으로 처분이 있음을 안 날로부터 90일 이내, 처분이 있은 날

로부터 180일 이내로 한다. 따라서 제3자가 처분이 있었음을 안 경우에는 90일의 기간 제한이 적용된다.

2) 그러나 현행법은 처분을 제3자에게 통지하도록 규정하고 있지 않기 때문에 통상적인 경우에는 제3자가 처분이 있었음을 알 수 없다. 따라서 이 경우 행정심판제기기간은 '처분이 있은 날로부터 180일 이내'가 기준이 된다.

3) 행정처분의 직접 상대방이 아닌 제3자는 일반적으로 처분이 있는 것을 바로 알 수 없는 처지에 있으므로 심판청구기간 내에 심판청구를 제기하지 아니하였다고 하더라도 그 기간 내에 처분이 있는 것을 알았거나 쉽게 알 수 있었기 때문에 심판청구를 제기 할 수 있었다고 볼만한 특별한 사정이 없는 한 위 법조항 본문의 적용을 배제할 '정당한 사유가' 있는 경우에 해당한다(대법원 1992. 7. 28. 91누12844 판결).

(5) 특별법상의 심판청구기간

특별법에서는 심판청구기간에 관하여 특별규정을 두는 경우가 많다(국세기본법 등) 이들 특례규정은 행정심판법에 우선한다.

라. 심판청구의 방식

(1) 서면주의

1) 의 의

행정심판청구는 일정한 사항을 기재한 서면(심판청구서)으로 한다. 심판청구를 서면으로만 하게 한 것은 청구의 내용을 명확하게 하고 구술로 하는 경우에 생길 수 있는 지체와 복잡을 피하는데 있다. 따라서 일정사항을 기재하여 서면으로 하는 요식행위이며, 서면심리주의이다. 입법론적으로는 심판청구인의 편의를 위하여 일정한 경우에 구술로 제기하는 특례가 검토되어야 한다는 의견도 있다.

2) 전자정보처리조직을 통한 방식(법제52조)

행정심판 절차를 밟는 자는 심판청구서와 그 밖의 서류를 전자문서화 하고 이를 정보통신망을 이용하여 위원회에서 지정 · 운영하는 전자정보처리조직(행정심판 절차에 필요한 전자문서를 작성 · 제출 · 송달할 수 있도록 하는 하드웨어, 소프트웨어, 데이터베이스, 네트워크, 보안요소 등을 결합하여 구축한 정보처리능력을 갖춘 전자적 장치를 말한다. 이하 같다)을 통하여 제출할 수 있다. 제출된 전자문서는 제출된 것으로 보며, 부본을 제출할 의무는 면제된다. 제출된 전자문서는 그 문서를 제출한 사람이 정보통신망을 통하여 전자정보처리조직에서 제공하는 접수번호를 확인하였을 때에 전자정보처리조직에 기록된 내용으로 접수된 것으로 본다.

3) 기재사항

가) 필요적 기재사항

	내용	비 고
필요적 기재사항	① 청구인의 이름 및 주소 또는 사무소 ② 피청구인과 위원회, ③ 심판청구의 대상이 되는 처분의 내용, ④ 처분이 있음을 안게된 날, ⑤ 심판청구의 취지와 이유, ⑥ 피청구인의 행정심판 고지 유무와 그 내용,	부작위에 대한 심판청구의 경우에는 위의 ①②⑤의 사항과 그 부작위의 전제가 되는 신청의 내용과 날짜를 적어야 하며(법제28조3항), 청구인이 법인이거나 능력 있는 비법인사단 또는 재단이거나 행정심판이 선정대표자나 대리인에 의하여 청구되는 것일 때에는 필요적 기재 사항과 함께 그 대표자·관리인·선정대표자 또는 대리인의 이름과 주소를 적어야 한다(법28조4항). 심판청구서에는 청구인·대표자·관리인·선정대표자 또는 대리인이 서명하거나 날인하여야 한다(법28조5항)

① 행정심판 청구서에 비록 행정심판청구서라는 명칭을 사용하지 아니하고 이의 신청 등의 다른 용어를 사용했더라도 적법한 행정심판청구로 보아야 한다. 그리고 심판청구서의 기재사항 등에 결함이 있는 경우에는 행정심판위원회는 상당한 기간을 정하여 그 보정을 요구하거나 직권으로 보정할 수 있다. 그러나 보정명령에 따르지 아니하거나 보정이 불가능한 경우에는 이를 각하 하여야 한다.

② 행정심판청구의 방식은 행정심판법 시행규칙 별지 제30호 서식에 규정되어 있지만, 엄격한 형식을 요하지 아니하는 서면행위이므로 행정청의 위법·부당한 처분으로 인하여 권익을 침해당한 사람이 당해 행정청에 그 처분의 취소나 변경을 구하는 취지의 서면을 제출하였다면 서면의 표제나 형식여하에 불구하고 행정심판청구로 봄이 타당하다(대법원 1999. 6. 22. 99두2772 판결).

나) 임의적 기재사항

청구인에게 유리한 사유나 증거가 있으면 기재할 수 있으나 이를 기재하지 않더라도 문제가 되지 않는다.

마. 심판청구의 제출절차

(1) 제출기관

행정심판을 청구하려는 자는 심판청구서를 작성하여 피청구인이나 위원회에 제출하여야 한다. 이 경우 피청구인의 수만큼 심판청구서 부본을 함께 제출하여야 한다(법제23조). 심판청구 기간을 계산할 때에는 피청구인이나 위원회에 심판청구서가 제출되었을 때에 행정심판이 청구된 것으로 본다.

(2) 피청구인에게 심판청구서가 제출된 경우의 처리

1) 위원회에 답변서 제출

피청구인이 심판청구서를 접수하거나 송부 받으면 10일 이내에 심판청구서와 답변서를 위원회에 보내야 한다. 다만, 청구인이 심판청구를 취하한 경우에는 그러하지 아니하다. 피청구인이 심판청구서를 보낼 때에는 심판청구서에 위원회가 표시되지 아니하였거나 잘못 표시된 경우에도 정당한 권한이 있는 위원회에 보내야 한다. 답변서를 보낼 때에는 청구인의 수만큼 답변서 부본을 함께 보내되, 답변서에는 처분이나 부작위의 근거와 이유, 심판청구의 취지와 이유에 대응하는 답변 사항을 명확하게 적어야 한다(법제24조).

2) 처분의 상대방에게 송달

피청구인은 처분의 상대방이 아닌 제3자가 심판청구를 한 경우에는 지체 없이 처분의 상대방에게 그 사실을 알려야 한다. 이 경우 심판청구서 사본을 함께 송달하여야 한다. 이 경우에 피청구인은 송부 사실을 지체 없이 청구인에게 알려야 한다(법제24조).

3) 중앙행정심판위원회에서 심판하는 경우

중앙행정심판위원회에서 심리·재결하는 사건인 경우 피청구인은 심판청구서를 접수하거나 송부받으면 10일 이내에 심판청구서와 답변서를 위원회에 보내야 하는데, 심판위원회에 심판청구서 또는 답변서를 보낼 때에는 소관 중앙행정기관의장에게도 그 심판청구·답변의 내용을 알려야 한다.

4) 피청구인의 직권취소 등

피청구인이 청구인이나 위원회로부터 심판청구서를 받은 때에 그 심판청구서가 이유 있다고 인정하면 심판청구의 취지에 따라 직권으로 처분을 취소·변경하거나 확인을 하거나 신청에 따른 처분을 할 수 있다. 이 경우 서면으로 청구인에게 알려야 한다. 피청구인이 직권취소 등을 하였을 때에는 청구인이 심판청구를 취하한 경우가 아니면 심판청구서·답변서를 보낼 때 직권취소 등의 사실을 증명하는 서류를 위원회에 함께 제출하여야 한다.

(3) 위원회에게 심판청구서가 제출된 경우의 처리

1) 심판청구서 부본을 피청구인에게 송부

위원회가 심판청구서를 받으면 지체 없이 피청구인에게 심판청구서 부본을 보내야 한다(법제26조 1항).

2) 답변서 부본을 청구인에게 송달

위원회는 피청구인으로부터 답변서가 제출되면 답변서 부본을 청구인에게 송달하여야 한다(법제26조 2항).

(4) 제3자가 심판청구를 한 경우

위원회는 처분의 상대방이 아닌 제3자가 심판청구를 한 경우에는 지체 없이 처분의 상대방에 알려야 하고 이 경우 심판청구서 사본을 함께 송달해야 하며, 위원회는 송부사실을 지체 없이 청구인에게 알려야 한다.

3. 심판청구의 변경 및 취하

가. 심판청구의 변경

(1) 의 의

심판청구의 변경이란 심판청구의 계속 중에 청구인이 당초에 청구한 심판사항을 변경하는 것을 말한다. 행정심판법은 심판청구인은 청구의 기초에 변경이 없는 범위 안에서 청구의 취지 또는 이유를 변경할 수 있으며, 심판청구 후에 처분청인 피청구인이 그 심판 대상인 처분을 변경한 경우에는 청구인은 변경된 처분에 맞추어 청구의 취지 또는 취지를 변경할 수 있도록 규정하고 있다. 이는 당사자 간의 분쟁해결의 편의를 도모하기 위한 것으로 여기에서 청구의 기초에 변경이 없는 범위란 청구한 사건의 동일성을 깨뜨리지 않는 범위를 의미한다.

(2) 청구변경의 형태

청구의 변경에는 추가적 변경과 교환적 변경의 두 가지 형태가 있다. 추가적 변경은 종전의 청구를 유지하면서 거기에 별개의 청구를 추가, 병합하는 것을 말하고 교환적 변경은 종전의 청구 대신에 신규 청구에 관한 심판을 구하는 것으로 이는 추가적 변경과 종전의 청구취소와의 결합 형태이다.

(3) 청구변경의 요건

청구의 변경이 있으면 그 변경의 범위 내에서 신 청구가 생기게 되는 것이므로 그 신 청구에 대하여 심판청구의 일반적 요건을 갖추어야 한다. 그리고 신, 구 청구 사이에는 ① 청구의 기초에 변경이 없는 범위 내에서 하여야 하고, ② 심판청구가 계속 중이고, ③ 행정심판위원회의 의결 전이어야 하고 ④ 위원회의 허가를 얻어야 하는데 위원회는 청구의 변경이 이유 없다고 인정할 때에는 상대방인 당사자의 신청이나 직권에 의하여 결정함으로써 그 변경을 허가하지 아니할 수 있다.

(4) 청구변경의 절차 등

청구의 변경은 서면으로 신청하여야 하며 그 부본을 상대방인 당사자에게 송달하여야 한다. 청구의 변경은 행정심판위원회가 그 허가권을 가지는 점을 고려할 경우 명문의 규정은 없지만 청구변경의 신청은 행정심판위원회에 제기하여야 한다. 위원회는 청구변경 신청에 대하여 허가할 것인지 여부를 결정하고, 지체 없이 신청인에게는 결정서 정본을, 당사자 및 참가자에게는 결정서 등본을 송달하여야 한다. 행정심판위원회는 청구의 변경이 이유 없다고 인정할 때에는 상대방인 당사자의 신청이나 직권에 의해 그 청구의 변경을 불허 할 수 있다. 이 경우에는 피청구인이 답변서를 제출한 후에도 그의 동의를 필요로 하지 않는다. 신청인은 송달받은 날부터 7일 이내에 이의신청을 할 수 있다.

(5) 변경의 효과

청구의 변경결정이 있으면 처음 행정심판이 청구되었을 때부터 변경된 청구의 취지나 이유로 행정심판이 청구된 것으로 본다(법제29조 8항).

(6) 새로운 처분 또는 처분변경으로 인한 변경

행정심판이 청구된 후에 피청구인이 새로운 처분을 하거나 심판청구의 대상인 처분을 변경한 경우에는 청구인은 새로운 처분이나 변경된 처분에 맞추어 청구의 취지나 이유를 변경할 수 있다(법제29조 2항).

나. 심판청구의 취하

(1) 의 의

심판청구의 취하란 청구인과 참가인이 심판청구에 대한 의결이 있을 때까지 심판청구 또는 참가신청을 일방적으로 철회하는 의사표시를 말한다.

참가인은 심판청구에 대하여 제7조제6항 또는 제8조제7항에 따른 의결이 있을 때까지 서면으로 참가신청을 취하할 수 있다(법제42조 2항).

(2) 요 건

심판청구의 취하는 ① 위원회의 의결이 있을 때까지는 언제든지 서면으로 심판청구를 취하할 수 있고, ② 피청구인이 답변서를 제출한 후에도 그의 동의를 요하지 않고 취하할 수 있다. 이점이 민사소송에서의 소의 취하와 다르다. ③ 취하서에는 청구인이나 참가인이 서명하거나 날인하여야 한다(법제42조 3항).

(3) 절 차(법제42조)

1) 서면신청

참가인은 심판청구에 대하여 위원회의 의결이 있을 때까지 서면으로 참가신청을 취하할 수 있다.

2) 서명 또는 날인

취하서에는 청구인이나 참가인이 서명하거나 날인하여야 한다.

다) 피청구인 또는 위원회에 제출

청구인 또는 참가인은 취하서를 피청구인 또는 위원회에 제출하여야 한다.

3) 사실 통보

피청구인 또는 위원회는 계속 중인 사건에 대하여 취하서를 받으면 지체 없이 다른 관계기관, 청구인, 참가인에게 취하 사실을 알려야 한다.

(4) 효 과

심판청구는 취하로 인해 소급적으로 소멸한다.

4. 행정심판청구의 효과

가. 처분청 및 행정심판위원회에 대한 효과

(1) 처분청의 심판청구서 등 송부의무

1) 피청구인인 처분청은 심판청구가 이유 있다고 인정되는 때를 제외하고 심판청구서를 접수하거나 송부 받으면 10일 이내에 심판청구서(제23조제1항 · 제2항의 경우만 해당된다)와 답변서를 위원회에 보내야 한다. 다만, 청구인이 심판청구를 취하한 경우에는 그러하지 아니하다(법제24저 1항).

2) 피청구인은 처분의 상대방이 아닌 제3자가 심판청구를 한 경우에는 지체 없이 처분의 상대방에게 그 사실을 알려야 한다. 이 경우 심판청구서 사본을 함께 송달하여야 한다(법제24조 2항).

(2) 위원회의 심리 · 재결의무

위원회는 제출받은 행정심판청구사건에 대하여 심리·재결할 의무를 진다.

나. 처분에 대한 효과

(1) 행정심판법상 규정

행정심판법은 행정의 신속성과 국민의 권리구제 중 행정의 신속성을 중시하여 집행부정지를 원칙으로 하고 예외적으로 국민의 권리보호를 위할 필요가 있는 경우에 집행정지 및 임시처분을 결정할 수 있도록 하고 있다(법제30조).

(2) 집행부정지의 원칙

행정심판법은 원칙적으로 행정소송법과 마찬가지로 '심판청구는 처분의 효력이나 그 집행 또는 절차의 속행(續行)에 영향을 주지 아니한다.'라고 규정하여(법제30조 1항), 집행부정지를 원칙으로 하고 있다.

(3) 집행정지

1) 의 의

행정심편법은 원칙적으로 행성심판이 제기되어도 처분의 효력 등을 정지시키는 효력은 없으나 그 처분의 집행 등으로 인하여 중대한 손해가 생기는 것을 예방할 필요성이 긴급하다고 인정할 때에는 당사자의 권리·이익을 보전하기 위하여 예외적으로 위원회가 처분의 효력이나 그 집행 또는 절차의 속행의 전부 또는 일부를 잠정적으로 정지할 수 있게 하였는데 이를 집행정지라 한다.

2) 정지요건

가) 적극적 요건

① 집행정지대상인 처분의 존재

집행정지의 대상인 처분이 존재해야 한다. 왜냐하면 처분의 집행이 이미 완료되었거나 그 목적이 달성된 경우에는 집행정지 대상인 처분의 실체가 없으므로 집행정지는 불가능하기 때문이다.

② 심판청구의 계속

처분에 대한 집행정지는 취소심판 등 본안 행정심판이 계속 중에 있어야 한다.

③ 회복하가 어려운 손해발생의 가능성

회복하기 어려운 손해발생의 우려가 있어야 한다. 회복하기 어려운 손해란 금전보상이 불능인 경우뿐만 아니라 금전보상으로는 사회통념상 당사자가 참고 견디기 현저히 곤란한 손해를 의미한다.

④ 긴급한 필요의 존재

회복하기 어려운 손해의 발생이 시간적으로 절박하거나 이미 시작되어서 본안 재결을 기다릴 만한 시간적 여유가 없어야 한다.

위와 같은 요건을 갖춘 경우 당사자의 신청 또는 직권에 의하여 위원회가 집행정지결정을 할 수 있다.

나) 소극적 요건

① 공공복리에 중대한 영향을 미칠 우려가 있는 경우

처분의 집행정지는 공공복리에 중대한 영향을 미칠 우려가 있는 경우에는 허용되지 않는다. 공공복리에 대한 영향이 중대한 것인지의 여부는 일반적인 공익개념에 따라 추상적으로 판단할 것이 아니라 공공복리와 청구인의 손해를 비교 형량 하여 개별 구체적으로 판단하여야 한다.

② 본안 청구가 이유 없음이 명백한 경우

본안 소송에서의 처분의 취소 가능성이 없음에도 처분의 효력이나 집행의 정지를 인정한다는 것은 제도의 취지에 반하기 때문이다.

3) 집행정지 결정의 절차

가) 행정심판위원회에 서면제출

집행정지신청을 하려는 당사자는 심판청구와 동시에 또는 심판청구에 대한 위원회나 소위원회의 의결이 있기 전까지, 신청의 취지와 원인을 적은 서면을 위원회에 제출하여야 한다. 다만, 심판청구서를 피청구인에게 제출한 경우로서 심판청구와 동시에 집행정지 신청을 할 때에는 심판청구서 사본과 접수증명서를 함께 제출하여야 한다(법제30조 5항).

나) 행정심판위원회의 집행정지 결정

위원회는 처분, 처분의 집행 또는 절차의 속행 때문에 중대한 손해가 생기는 것을 예방할 필요성이 긴급하다고 인정할 때에는 직권으로 또는 당사자의 신청에 의하여 처분의 효력, 처분의 집행 또는 절차의 속행의 전부 또는 일부의 정지를 결정할 수 있다. 다만, 처분의 효력정지는 처분의 집행 또는 절차의 속행을 정지함으로써 그 목적을 달성할 수 있을 때에는 허용되지 아니한다(법제30조 2항).

다) 위원장의 갈음 결정

그러나 위원회의 심리 · 결정을 기다릴 경우 중대한 손해가 생길 우려가 있다고 인정되면 위원장은 직권으로 위원회의 심리 · 결정을 갈음하는 결정을 할 수 있다. 이 경우 위원장은 지체 없이 위원회에 그 사실을 보고하고 추인(追認)을 받아야 하며, 위원회의 추인을 받지 못하면 위원장은 집행정지 또는 집행정지 취소에 관한 결정을 취소하여야 한다(법제30조 6항).

4) 집행정지의 내용과 대상

집행정지결정의 내용은 처분의 효력이나 그 집행 또는 절차의 속행의 전부 또는 일부의 정지이다.

가) 처분의 효력정지

처분의 효력정지란 처분의 효력을 잠시 정지시킴으로서 이후로부터 처분 자체가 존재하지 않은 상태에 두는 것을 말한다(예를 들어 영업허가의 취소나 정지처분에 대한 처분의 효력정지 결정이 있으면 본안 재결시까지 잠정적으로 영업을 계속할 수 있게 된다). 다만 처분의 효력정지는 처분의 집행 또는 절차의 속행을 정지함으로써 집행정지의 목적을 달성할 수 있는 경우에는 허용되지 않는다.

나) 처분의 집행정지

처분의 집행정지란 예컨대 강제퇴거명령에 집행정지결정에 이루어지면 강제퇴거를 시킬 수 없는 경우와 같이 처분의 집행을 정지시킴으로써 처분의 내용이 실현되지 않는 상태로 두는 것을 말한다.

다) 절차의 집행정지

절차의 집행정지란 당해 처분이 유효함을 전제로 하여 법률관계가 이어질 경우에 그 전제가 되는 처분의 효력을 박탈하여 후속되는 법률관계의 진행을 정지시키는 것을 말한다. 예컨대 행정대집행절차 중 대집행의 계고처분의 효력은 유지시키되 후속절차인 대집행영장에의 통지를 정지시키는 것이다.

5) 정지결정의 효력

가) 형성력

처분의 효력정지는 처분의 여러 구속력을 우선 정지시킴으로써 당해 처분이 없던 것과 같은 상태를 실현 시키는 것이다. 그러므로 그 범위 내에서 형성력을 가지는 것을 볼 수 있다.

나) 대인적 효력

집행정지 결정은 당사뿐만 아니라 관계행정청과 제3자에게도 효력을 미친다고 보아야 한다.

다) 시간적 효력

집행정지결정의 효력은 당해 결정의 주문에 정해진 시기까지 존속한다.

라) 적용영역

집행정지결정의 적용영역은 처분을 그 대상으로 하는 취소심판·무효 등확인 심판에서 인정되고, 거부처분이나 부작위를 그 대상으로 하는 의무이행 심판에는 적용되지 않는다.

6) 집행정지결정의 취소

위원회는 집행정지를 결정한 후에 집행정지가 공공복리에 중대한 영향을 미치거나 그 정지사유가 없어진 경우에는 직권으로 또는 당사자의 신청에 의하여 집행정지 결정을 취소할 수 있다(법제30조 4항). 위원회는 집행정지 또는 집행정지의 취소에 관하여 심리 · 결정하면 지체 없이 당사자에게 결정서 정본을 송달하여야 한다(법제30조 7항).

7) 집행정지신청례

① 신청취지 기재례

피신청인이 2015. ㅇ. ㅇㅇ.자로 신청인에 대하여 한 사회복무요원소집처분의 효력은 신청인, 피신청인 사이의 귀원 20ㅇㅇ 구합 ㅇㅇㅇ호 징병신체검사 신체등위4급 판정처분 취소사건의 본안 판결 확정시까지 이를 정지한다. 라는 결정을 구합니다.

② 신청서

[서식] 사회복무요원소집처분 효력정지신청

사회복무요원소집처분 효력정지신청

신 청 인	○○○ (주민등록번호) ㅇㅇ시 ㅇㅇ구 ㅇㅇ길 ㅇㅇ(우편번호) 전화·휴대폰번호: 팩스번호, 전자우편(e-mail)주소:
피신청인	○○○지방병무청장 ○○시 ○○구 ○○길 ○○(우편번호)

관련 본안사건 : ○○지방법원 20○○구합○○○호 징병신체검사신체등위4급판정처분취소

신 청 취 지

피신청인이 2015. ○. ○○.자로 신청인에 대하여 한 사회복무요원소집처분의 효력은 신청인, 피신청인 사이의 귀원 20○○ 구합 ○○○호 징병신체검사 신체등위4급 판정처분 취소사건의 본안판결 확정시까지 이를 정지한다.
라는 결정을 구합니다.

신 청 이 유

1. 이 사건 처분의 경위

가. 신청인은 2005. 5.경 이후 장기간 조울병과 우울병 등 정신과적 진료를 받아오면서 전문의로부터 자살과 자해충동으로 일상적인 활동을 하기 힘든 상태임을 기술한 병사용진단서를 제출하였으나, 피신청인은 2013. 5. 15.자로 신청인에 대하여 제2형 양극성 장애병명으로 징병신체검사 결과 통보서상 신체등위를 4급으로 판정하고, 같은 날짜로 '공익근무요원소집대상 병역처분'을 하였습니다.

나. 신청인은 이에 불복하여 2013. 7. 29. 행정심판을 청구하였으나, 2014. 2. 25.자로 신청인의 청구를 기각하는 중앙행정심판위원회의 재결서를 2014. 2. 28.자로 송달받았고, 이에 신청인이 불복하여 귀원 2014구합 1934호로 위 '공익근무요원소집대상 병역처분'의 취소를 구하는 행정소송을 제기하여 현재 귀원에 소송이 계속 중에 있습니다.

다. 그런데, 피신청인은 위 '공익근무요원소집대상 병역처분'에 근거하여 신청인에

대하여 2015. 3. 23.자로 2015. 5. 26. 09:00부로 대전지방법원 천안지원 아산시법원에서 복무를 명하는 내용의 '사회복무요원 소집 처분'(이하 '이 사건 사회복무요원 소집 처분'이라 합니다.)을 하였습니다.

2. 이 사건 '공익근무요원소집대상 병역처분'의 위법 및 부당성

가. 그러나, 피신청인의 신청인에 대한 2013. 5. 15.자 '공익근무요원소집대상 병역처분'은 다음과 같은 사유로 위법, 부당하다 할 것입니다.

나. 병역법 제12조(신체등위의 판정) 제1항은 신체검사를 한 징병검사전담의사 등은 신체 및 심리상태가 건강하여 현역 또는 보충역 복무를 할 수 있는 사람은 신체 및 심리상태의 정도에 따라 1급·2급·3급 또는 4급을 판정하고(제1호), 현역 또는 보충역 복무를 할 수 없으나 제2국민역 복무를 할 수 있는 사람은 5급(제2호)으로 판정하도록 규정하고 있습니다.

또한, 위 법 및 동법 시행령의 위임을 받아 구체적인 신체검사 등급 판정기준을 규정하고 있는 징병 신체검사 등 검사규칙의 [별표 2] "질병·심신장애의 정도 및 평가기준"에서는 "제2형 양극성장애(97-나항)"의 경우 '경도(과거력이 있거나 현증인 경우)'는 "4급", '중등도(6개월 이상의 정신건강의학과적 치료 경력이 있거나 1개월 이상의 정신건강의학과적 입원력이 확인된 사람 가운데 진단을 내리기에 충분한 여러 가지 증상이 있거나 몇 가지의 심각한 증상이 있어서 군복무에 상당한 지장이 초래된다고 판단되는 경우)'는 "5급"을 판정하도록 되어 있습니다.

다. 그런데, 신청인이 피신청인에게 신체검사 당시 제출한 진단서 및 진료기록 등을 보건대, 신청인은 약 9년 동안(2005. 5. 25.부터 신청일까지) 정신과 치료를 받았고, 2차례에 걸친 정신병동 입원(2008. 9. 30.부터 10. 30., 2012. 10. 2.부터 11. 17.)을 한 사실이 인정되는 바, 위 [별표2] "질병·심신장애의 정도 및 평가기준"에 의하면, 97-나-3항의 "중등도(6개월 이상의 정신건강의학과적 치료 경력이 있거나 1개월 이상의 정신건강의학과적 입원력이 확인된 사람 가운데 진단을 내리기에 충분한 여러 가지 증상이 있거나 몇 가지의 심각한 증상이 있어서 군복무에 상당한 지장이 초래된다고 판단되는 경우) : 5급"에 해당한다고 할 것입니다.

라. 그럼에도 피신청인은 신청인의 정신과적 질병상태를 면밀하게 검토하지 아니하고, 신청인에 대하여 위 "질병·심신장애의 정도 및 평가기준" 97-나-2항의 "경도(과거력이 있어나 현증인 경우"인 4급으로 판정하고, '공익근무요원소집대상 병역처분'을 하였는바, 이는 신청인이 현재 겪고 있는 정신과적 질환을 제대로 판정하지 못한 오해에서 비롯된 위법, 부당한 처분이라 할 것입니다.

3. 이 사건 '사회복무요원 소집 처분'의 집행정지의 필요성

가. 위에서 보듯이, 신청인이 피신청인에 대하여 신체등위 4급으로 판정하고, '공익근무요원소집대상 병역처분'을 한 것은 위법, 부당하여 마땅히 취소되어야 할 것입니다.

나. 한편, 피신청인은 위 '공익근무요원소집대상 병역처분'을 근거로 피신청인에 대하여 2015. 5. 26.까지 소집을 명하는 이 사건 '사회복무요원 소집 처분'을 내렸는바, 만일 피신청인의 신청인에 대한 이 사건 '사회복무요원 소집 처분'의 효력이 그대로 유지된다면, 후일 신청인이 귀원 2014 구합 1934호 징병신체검사 신체등위 4급 판정처분 취소 소송의 본안판결에서 승소하더라도 신청인이 막대한 피해를 입을 것이 명백하다 할 것입니다.

다. 그러므로, 신청인은 위 행정사건의 본안판결 확정시까지 신청인이 입을 피해를 미연에 방지하자 부득이 이건 신청에 이르게 되었습니다.

4. 결 론

따라서, 피신청인의 신청인에 대한 2013. 5. 15.자 '공익근무요원소집대상 병역처분'은 위법, 부당한 처분으로 마땅히 취소되어야 할 것인바, 만일 위 처분에 기한 피신청인의 이사건 사회복무요원 소집 처분이 계속하여 효력을 유지한다면 신청인은 본안 소송에서 승소를 하더라도 피할 수 없는 막대한 손해를 입게 되므로, 부득이 귀원 2014 구합 1934호 사건의 판결이 확정될 때까지 처분의 효력을 정지시키고자 이건 신청에 이르게 되었습니다.

소 명 방 법

1. 소갑제1호증	징병신체검사결과 통보서(서울병무청)
1. 소갑제2호증	중앙행정심판위원회 재결서
1. 소갑제3호증	병사용진단서
1. 소갑제4호증의 1내지 3	의무기록사본발행 증명서
1. 소갑제5호증	사회복무요원 소집통지서

첨 부 서 류

1. 위 소명방법	각 1통
1. 접수증명원	1통
1. 납부서	1통
1. 소송대리위임장	1통

20○○. ○. ○.

위 신청인 ○○○ (서명 또는 날인)

○○지방법원 귀중

(4) 임시처분

1) 개설

가) 의 의

위원회는 처분 또는 부작위가 위법, 부당하다고 상당히 의심되는 경우로서 처분 또는 부작위 때문에 당사자가 받을 우려가 있는 중대한 불이익이나 당사자에게 생길 급박한 위험을 막기 위하여 임시지위를 정하여야 할 필요가 있는 경우에는 직권으로 또는 당사자의 신청에 의하여 임시처분을 결정할 수 있다.

나) 법적 성격

임시처분은 보전의 필요성이 인정되는 범위 내에서 임시지위를 정하는 것으로 가처분의 일종에 해당한다. 민사집행법은 계쟁물에 관한 가처분과 다툼이 있는 권리관계에 대하여 임시지위를 정하기 위한 가처분을 인정하고 있다. 행정심판법은 이러한 임시처분제도를 도입함으로써 집행정지에 비해 보다 적극적으로 당사자의 임시적 권익보호에 기여할 수 있게 되었다.

2) 임시처분 요건

가) 적극적 요건

처분 또는 부작위가 위법 · 부당하다고 상당히 의심되는 경우로서 처분 또는 부작위 때문에 당사자가 받을 우려가 있는 중대한 불이익이나 당사자에게 생길 급박한 위험을 막기 위하여 임시지위를 정하여야 할 필요가 있는 경우여야 한다.

나) 소극적 요건

임시처분은 집행정지로 목적을 달성할 수 있는 경우에는 허용되지 아니한다.

3) 임시처분결정절차(법제31조)

가) 위원회가 직권 또는 당사자의 신청에 의하여 심리·결정한다.

나) 위원회는 지체 없이 결정서를 당사자에게 송달하여야 한다.

다) 임시처분결정의 절차에는 집행정지결정의 절차에 관한 규정이 준용된다.

4) 임시처분결정의 효력

가) 임시의 지위를 정하는 가처분

임시의 지위를 정하는 가처분은 당사자 간에 현재 다툼이 있는 권리관계 또는 법률관계가 존재하고 그에 대한 확정판결이 있기 까지 현상의 진행을 그대로 방치한다면 권리자에게 뚜렷한 손해 또는 급박한 위험 등 불안한 상태가 발생될 수 있는 경우에 권리자에게 임시의 지위를 주어 그와 같은 손해나 위험을 피할 수 있게 하는 보전처분이다.

나) 청구인과 피청구인뿐만 아니라 관계 행정청과 제3자에게도 미치는 대인적 효력과 결정의 주문에 정한 시기까지 임시처분의 효력이 존속하는 시간적 효력이 있다.

다) 임시처분결정의 적용영역은 처분을 대상으로 하는 취소심판·무효 등 확인심판뿐만 아니라 거부처분이나 부작위를 대상으로 하는 의무이행심판 등 모두 적용되지만, 집행정지로 목적을 달성할 수 있는 경우에는 허용되지 아니한다.

5) 임시처분결정의 취소

위원회는 임시처분을 결정한 후에 임시처분이 공공복리에 중대한 영향을 미치거나 그 정지사유가 없어진 경우에는 직권으로 또는 당사자의 신청에 의하여 임시처분 결정을 취소할 수 있다.

Ⅶ. 행정심판의 심리

1. 개 설

가. 의 의

행정심판의 심리란 재결의 기초가 될 사실관계 및 법률관계를 명백히 하기위하여 당사자 및 관계인의 주장과 반박을 듣고 증거 그 밖의 자료를 수집·조사하는 일련의 절차를 말한다. 이러한 행정심판의 심리는 행정심판위원회의 권한에 속하고 있다.

나. 심리절차의 사법화 등

행정심판법은 헌법규정에 따라 행정심판위원회가 제3자적 입장에서 심리를 진행하게 함으로써 심리절차의 사법화를 도모하고 있다.

(1) 헌법규정

헌법 제107조 제3항은 '심판의 전심 절차로서 행정심판을 할 수 있다. 행정심판의 절차는 법률로 정하되 사법절차가 준용되어야 한다.'라고 규정하여 심리·재결 과정에서 공정성과 권리구제를 요구하고 있다.

(2) 행정심판법규정

헌법 제107조 제3항에 따라 행정심판법은 심리 및 재결기관의 공정성을 확보하기 위해 청구인과 피청구인인 행정청을 대립되는 양당사자로 대치시킨 다음, 이들이 각각 공격·방어방법으로 의견진술과 증거 등을 제출할 수 있도록 함으로써 심리·재결절차의 사법화를 도모하였을 뿐만 아니라, 신속한 권리구제를 위해 행정심판위원회가 행정심판사건에 대하여 직접 재결하도록 하고, 행정청의 직근 상급행정기관 등 소속으로 심리·재결기관인 행정심판위원회를 두어 절차간소화를 통해 신속한 권리구제를 구하고 있다.

2. 심리의 내용과 범위

가. 심리의 내용

(1) 요건심리

1) 의 의

요건심리란 행정심판을 제기하는데 필요한 요건을 충족하고 있는가에 관한 심리를 의미한다. '형식적 심리' 또는 '본안전 심리'라고도 한다.

2) 심리 사항

요건심리 사항으로는 행정심판의 대상인 처분 또는 부작위의 존재여부, 권한 있는 재결청에의 제기여부, 필요한 절차의 경유여부, 심판청구기간의 준수 여부 및 심판청구기재사항의 구비 여부 등이 있다.

3) 보 정

위원회는 심판청구가 적법하지 아니하거나 보정할 수 있다고 인정하면 기간을 정하여 청구인에게 보정을 요구할 수 있다. 다만, 경미한 사항은 직권으로 보정할 수 있다. 청구인은 보정요구를 받으면 서면으로 보정하여야 한다. 이 경우 다른 당사자의 수만큼 보정서 부본을 함께 제출하여야 하고 위원회는 제출된 보정서 부본을 지체 없이 다른 당사자에게 송달하여야 한다. 이와 같이 보정을 한 경우에는 처음부터 적법하게 행정심판이 청구된 것으로 보며 보정기간은 재결 기간에 산입하지 아니한다.

4) 결 정

요건심리는 본안재결 전까지는 언제든지 가능한데 위원회는 심판청구가 적법하지 아니하면 그 심판청구를 재결로 각하한다. 다만 보정을 요구할 수 있다.

(2) 본안심리

1) 의 의

본안심리란 심판청구인의 청구가 옳은 것인지 그른 것인지에 관하여 심리하는 것으로 요건심리 결과 심판청구를 적법한 것으로 수리한 것을 전제로 당해 심판청구의 취지를 인용할 것인지 아니면 기각할 것인지 판단하기 위한 심리를 말한다.

2) 결 정

위원회는 심판청구가 이유가 없다고 인정하면 그 심판청구를 기각하고, 심판청구가 이유가 있다고 인정하면 그 심판청구를 인용한다. 본안심리는 요건심리의 결과 당해 심판청구가 형식적 요건을 갖추었음을 전제로 하는 것이 원칙이다. 그러나 요건심리가 항상 본안심리보다 시간적으로 선행되어야 하는 것은 아니며 본안심리 도중에도 형식적 요건을 갖추지 못한 것이 판명되는 경우에는 언제든지 각하 할 수 있다.

나. 심리의 범위

(1) 불고불리 및 불이익변경금지 적용여부

행정심판의 심리 · 재결에 불고불리의 원칙 및 불이익변경금지 원칙이 적용되는가의 여부에 대해 행정심판법은 행정심판의 행정구제적 기능을 살리기 위하여 행정심판의 재결에 이 원칙들의 적용을 인정하였다 따라서 행정심판위원회는 소제기가 없는 사건에 대해 심리할 수 없으며, 소제기가 있는 사건에 대해서도 당사자의 청구범위를 넘어서 심리 · 재결할 수 없다. 또한 심판청구의 대상이 되는 처분보다 청구인에게 불이익한 재결을 할 수 없다. 다만, 예외적으로 위원회는 필요하면 당사자가 주장하지 아니한 사실에 대하여도 심리할 수 있다.

(2) 법률문제와 사실문제

행정심판의 심리에 있어서 심판청구의 대상인 처분이나 부작위에 관한 적법, 위법의 판단인 법률문제뿐만 아니라 당·부당의 재량문제를 포함한 사실문제도 심리할 수 있다. 따라서 행정심판은 당·부당의 문제까지 심리할 수 있다는 점에서 행정소송보다 국민의 권리구제에 더 효과적이다.

(3) 불합리한 법령 등의 시정조치요청

중앙행정심판위원회는 심판청구를 심리·재결할 때에 처분 또는 부작위의 근거가 되는 명령 등이 법령에 근거가 없거나 상위법령에 위반되거나 국민에게 과도한 부담을 주는 등 크게 불합리하면 관계행정기관에 그 명령 등의 개정·폐지 등 적절한 시정조치를 요청할 수 있다. 시정조치요청을 받은 관계행정기관은 정당한 사유가 없으면 이에 따라야 한다.

3. 심리의 절차

가. 심리절차상의 기본원칙

(1) 대심주의

1) 의의

대심주의는 서로 대립되는 당사자 쌍방에게 대등한 공격, 방어방법을 제출할 수 있는 기회를 보장하는 제도를 말한다. 행정심판법은 행정심판절차에 사법절차가 준용되어야 한다는 헌법의 취지에 따라 심판청구의 당사자를 청구인과 피청구인의 대립관계로 정립한 다음 서로 대등한 입장에서 공격 방어 방법을 제출할 수 있게 하고 행정심판위원회가 제3자적 입장에서 심리를 하도록 하는 대심주의를 채택하고 있다.

2) 구체적 내용

가) 자료제출 요구권

위원회는 사건 심리에 필요하면 관계행정기관이 보관중인 관련 문서, 장부, 그밖에 필요한 자료를 제출할 것을 요구할 수 있다.

나) 의견진술 및 의견서제출 요구권

위원회는 필요하다고 인정하면 사건과 관련된 법령을 주관하는 행정기관이나 그 밖의 행정기관의장 또는 그 소속 공무원에게 위원회회의에 참석하여 의견을 진술할 것을 요구하거나 의견서를 제출할 것을 요구할 수 있으며, 관계행정기관의장은 특별한 사정이 없으면 위원회의 요구에 따라야 한다. 그리고 중앙행정심판위원회에서 심리·재결하는 심판청구의 경우 소관중앙행정기관의장은 의견서를 제출하거나 위원회에 출석하여 의견을 진술할 수 있다.

(2) 서면심리주의와 구술심리주의

1) 의 의

행정심판의 심리방식에는 서면심리주의와 구술심리 주의가 있다. 행정심판법은 '행정심판의 심리는 구술심리나 서면심리로 한다. 다만, 당사자가 구술심리를 신청한 경우에는 서면심리만으로 결정할 수 있다고 인정되는 경우 외에는 구술심리를 하여야 한다.'고 규정하고 있다(법제40조).

2) 양자의 관계

이 규정의 의미에 대해 구술심리가 서면심리의 보충적인 것이라고 보는 견해(서면심리우선설)와 구술심리가 서면심리에 우선하는 것이라는 견해(구술심리 우선설)가 대립하고 있는데 현행 행정심판법은 서면심리의 단점을 보완하기 위해 심판절차에 구술심리를 적극적으로 활용하기 위한 것으로 구술심리를 확대한 것으로 보아야 한다는 견해가 타당하다.

(3) 직권심리주의

행정심판법은 당사자주의를 원칙으로 하면서도 심판청구의 심리를 위하여 필요하다고 인정되는 경우에는 심리기관인 행정심판위원회로 하여금 당사자가 주장하지 않은 사실에 대해서도 심리하고 증거조사를 할 수 있도록 하고 있다. 그러나 행정심판법은 동시에 불고불리의 원칙도 채택하고 있으므로 직권심리라 하더라도 심판청구의 대상이 되는 처분 또는 부작위 이외의 사항에 대하여는 미칠 수 없다 할 것이다.

(4) 비공개주의

비공개주의란 심판청구의 심리·재결을 일반인이 방청할 수 없는 상태에서 행하는 것을 말한다. 행정심판법에는 이에 관한 명문의 규정은 없으나 서면심리주의, 직권심리주의 등을 채택한 동법의 구조로 보아 비공개주의를 원칙으로 한다. 이에 대해서 행정심판이 구술심리를 우선시킨 것으로 보아 공개주의를 채택하고 있다는 입장도 있다.

나. 당사자의 절차적 권리

(1) 답변서 제출권

피청구인은 심판청구서를 접수하거나 위원회로부터 심판청구서부본을 송부 받으면 10일 이내에 심판청구서와 답변서를 위원회에 보내야 한다. 다만, 청구인이 심판청구를 취하한 경우에는 그러하지 아니하다(법제24조 1항).

피청구인은 답변서를 보낼 때에는 청구인의 수만큼 답변서 부본을 함께 보내되, 답변서에는 ① 처분이나 부작위의 근거와 이유 ② 심판청구의 취지와 이유 ③ 처분의 상대방의 이름 · 주소 · 연락처와 의무 이행 여부의 답변사항을 명확하게 적어야 한다.

중앙행정심판위원회에서 심리 · 재결하는 사건인 경우 피청구인은 위원회에 심판청구서 또는 답변서를 보낼 때에는 소관 중앙행정기관의 장에게도 그 심판청구 · 답변의 내용을 알려야 한다. 위원회는 피청구인으로부터 답변서가 제출되면 답변서부본을 청구인에게 송달하여야 한다.

(2) 위원·직원에 대한 기피신청권(법제10조)

당사자는 위원에게 공정한 심리 · 의결을 기대하기 어려운 사정이 있으면 위원장에게 기피신청을 할 수 있다. 위원에 대한 제척신청이나 기피신청은 그 사유를 소명(疏明)한 문서로 하여야 한다. 다만, 불가피한 경우에는 신청한 날부터 3일 이내에 신청 사유를 소명할 수 있는 자료를 제출하여야 한다. 위원장은 제척신청이나 기피신청의 대상이 된 위원에게서 그에 대한 의견을 받을 수 있다. 위원장은 제척신청이나 기피신청을 받으면 제척 또는 기피 여부에 대한 결정을 하고, 지체 없이 신청인에게 결정서 정본(正本)을 송달하여야 한다. 사건의 심의·의결에 관한 사무에 관하여는 위원 아닌 직원에게도 규정을 준용한다.

(3) 구술심리 신청권

행정심판의 심리는 구술심리나 서면심리로 한다. 다만, 당사자가 구술심리를 신청한 경우에는 서면심리만으로 결정할 수 있다고 인정되는 경우 외에는 구술심리를 하여야 한다. 위원회는 구술심리 신청을 받으면 그 허가 여부를 결정하여 신청인에게 알려야 하고 그 통지는 간이통지방법으로 할 수 있다(법제40조).

(4) 보충서면제출권

당사자는 심판청구서 · 보정서 · 답변서 · 참가신청서 등에서 주장한 사실을 보충하고 다른 당사자의 주장을 다시 반박하기 위하여 필요하면 위원회에 보충서면을 제출할 수 있다. 이 경우 다른 당사자의 수만큼 보충서면 부본을 함께 제출하여야 한다. 위원회는 필요하다고 인정하면 보충서면의 제출기한을 정할 수 있다. 위원회는 보충서면을 받으면 지체 없이 다른 당사자에게 그 부본을 송달하여야 한다(법제33조).

(5) 물적 증거 제출권

당사자는 심판청구서 · 보정서 · 답변서 · 참가신청서 · 보충서면 등에 덧붙여 그 주장을 뒷받침하는 증거서류나 증거물을 제출할 수 있다. 증거서류에는 다른 당사자의 수만큼 증거서류 부본을 함께 제출하여야 한다. 위원회는 당사자가 제출한 증거서류의 부본을 지체 없이 다른 당사자에게 송달하여야 한다(법제34조).

(6) 증거조사 신청권(법제36조)

1) 위원회는 사건을 심리하기 위하여 필요하면 직권으로 또는 당사자의 신청에 의하여 ① 당사자나 관계인(관계 행정기관 소속 공무원을 포함한다. 이하 같다)을 위원회의 회의에 출석하게 하여 신문(訊問)하는 방법 ② 당사자나 관계인이 가지고 있는 문서 · 장부 · 물건 또는 그 밖의 증거자료의 제출을 요구하고 영치(領置)하는 방법 ③ 특별한 학식과 경험을

가진 제3자에게 감정을 요구하는 방법 ④ 당사자 또는 관계인의 주소 · 거소 · 사업장이나 그 밖의 필요한 장소에 출입하여 당사자 또는 관계인에게 질문하거나 서류 · 물건 등을 조사 · 검증하는 방법에 따라 증거조사를 할 수 있다.

2) 위원회는 필요하면 위원회가 소속된 행정청의 직원이나 다른 행정기관에 촉탁하여 증거조사를 하게 할 수 있다.

3) 증거조사를 수행하는 사람은 그 신분을 나타내는 증표를 지니고 이를 당사자나 관계인에게 내보여야 한다.

4) 당사자 등은 위원회의 조사나 요구 등에 성실하게 협조하여야 한다.

다. 심리의 병합과 분리

행정심판법은 행정심판사건에 대한 심리의 신속성과 경제성을 도모하기 위하여 심리의 병합과 분리를 인정하고 있다. 행정심판위원회는 필요하면 관련되는 심판청구를 병합하여 심리하거나 병합된 관련청구를 분리하여 심리할 수 있고, 행정심판위원회는 필요하다고 인정할 때에는 병합된 관련청구를 분리하여 심리할 수 있다(법제37조).

Ⅷ. 행정심판의 재결 및 효력

1. 개 설

가. 의의

재결이란 행정심판청구사건에 대하여 행정심판위원회가 심리, 의결한 개요에 따라 행정심판위원회가 행하는 종국적 판단인 의사표시를 말한다.

나. 성질

(1) 확인행위

재결은 행정법상 법률관계에 관한 분쟁에 대하여 위원회가 일정한 절차를 거쳐서 판단, 확정하는 행위이므로 확인행위로서의 성질을 갖는다.

(2) 준사법행위

또한 심판청구를 전제로 한 것일 뿐만 아니라 판단의 작용이라는 점에서 판결과 성질이 비슷하므로 준사법행위에 해당한다고 볼 수 있다. 재결도 하나의 처분이고 행정심판법 제2조 제3호에서 '재결이란 행정심판의 청구에 대하여 제6조에 따른 행정심판위원회가 행하는 판단을 말한다.'라고 정의하고 있으므로 재결자체에 고유한 위법이 있으면 취소소송의 대상이 된다.

2. 재결의 절차

가. 재결기간

재결은 피청구인 또는 위원회가 심판청구서를 받은 날부터 60일 이내에 하여야 한다. 다만, 부득이한 사정이 있는 경우에는 위원장이 직권으로 30일을 연장할 수 있다. 다만 연장할 경우에는 재결 기간이 끝나기 7일 전까지 당사자에게 알려야 한다(법제45조). 위의 재결기간에 보정기간은 산입되지 않는다.

행정심판법이 재결기간을 명문으로 규정한 것은 행정법관계의 조속한 확정과 신속한 심리, 재결을 도모하기 위한 것이다. 그러나 이러한 재결기간은 훈시규정으로 보기 때문에 기간이 경과한 후에 재결이 이루어지더라도 효력을 갖는다.

나. 재결의 형식

재결은 서면으로 하여야 하고 재결서에는 ① 사건번호와 사건명 ② 당사자 · 대표자 또는 대리인의 이름과 주소 ③ 주문 ④ 청구의 취지 ⑤ 이유 ⑥ 재결한 날짜 등이 포함되어야 하고, 재결서에 적는 이유에는 주문 내용이 정당하다는 것을 인정할 수 있는 정도의 판단을 표시하여야 한다(법제46조). 즉 재결의 기초가 되는 사실자료를 기초로 증거에 의하여 사실관계를 인정하고 그에 관한 법률의 해석, 적용을 명백히 하고 주문에 나타난 판단의 경로를 구체적으로 표시하여야 한다.

다. 재결의 범위

(1) 불고불리 및 불이익변경금지의 원칙

행정심판법은 불고불리의 원칙과 불이익변경금지의 원칙을 명문화하여 행정심판의 권리구제의 기능을 높였다. 위원회는 심판청구의 대상이 되는 처분 또는 부작위 외의 사항에 대하여는 재결하지 못하고, 위원회는 심판청구의 대상이 되는 처분보다 청구인에게 불리한 재결을 하지 못한다. 다만 여기에 대하여 행정의 자기 통제적 시각에서 적법한 행위를 보장하기 위해서는 청구인에게 불이익한 처분도 가능할 필요가 있음을 지적하는 입장도 있다.

(2) 재량기간에 대한 판단

행정심판은 행정소송과 달리 위법한 처분이나 부작위뿐만 아니라 부당한 처분이나 부작위도 그 대상이 된다. 따라서 위원회는 재량행위와 관련하여 재량의 일탈, 남용 등과 같은 재량권 행사의 위법 여부뿐만 아니라 재량 한계 내에서의 재량권 행사의 당부(當否)에 대해서도 판단할 수 있다.

라. 재결의 송달과 공고 등

(1) 재결의 송달과 효력발생

1) 위원회가 재결을 한 때에는 위원회는 지체 없이 당사자에게 재결서의 정본을 송달하여야 한다. 이 경우 중앙행정심판위원회는 재결 결과를 소관 중앙행정기관의 장에게도 알려야 한다(법제46조 1항).

2) 위원회는 재결서의 등본을 지체 없이 참가인에게 송달하여야 한다(법제46조3항).

3) 처분의 상대방이 아닌 제3자가 심판청구를 한 경우 위원회는 재결서의 등본을 지체 없이 피청구인을 거쳐 처분의 상대방에게 송달하여야 한다(법제46조 4항).

4) 법령의 규정에 따라 공고·고시한 처분이 재결로써 취소되거나 변경되면 처분을 한 행정청은 지체없이 그 처분이 취소 또는 변경되었다는 것을 공고하거나 고시하여야 한다(법제49조 4항)

5) 법령의 규정에 따라 처분의 상대방 외의 이해관계인에게 통지된 처분이 재결로써 취소되거나 변경되면 처분을 한 행정청은 지체없이 그 이해관계인에게 그 처분이 취소 또는 변경되었다는 것을 알려야 한다(법제49조 5항).

6) 재결은 청구인에게 송달되었을 때에 그 효력이 생긴다(법제46조 2항).

(2) 공고

법령의 규정에 따라 공고하거나 고시한 처분이 재결로써 취소되거나 변경되면 처분을 한 행정청은 지체 없이 그 처분이 취소 또는 변경되었다는 것을 공고하거나 고시하여야 한다(법제49조 4항). 법령의 규정에 따라 처분의 상대방 외의 이해관계인에게 통지된 처분이 재결로써 취소되거나 변경되면 처분을 한 행정청은 지체 없이 그 이해관계인에게 그 처분이 취소 또는 변경되었다는 것을 알려야 한다(법제49조 5항).

3. 재결의 종류

가. 각하재결

(1) 의 의

각하재결이란 위원회가 요건심리의 결과 심판청구의 제기요건을 결여(예를 들어 청구인적격이 없는 자가 행정심판을 청구한 경우)한 부적법한 심판청구라 하여 본안에 대한 심리를 거절하는 재결을 말한다. 흔히 요건 재결이라고도 한다.

(2) 구체적인 예

부적법한 심판청구에 해당하는 경우는 ① 청구인적격 또는 법률상이익이 없는 자가 행정심판을 제기한 경우 ② 법정기간 경과 후에 제기한 경우 ③ 청구의 대상인 행정처분 또는 부작위가 없는 경우 ④ 처분이 소멸한 경우 ⑤ 대통령의 처분·부작위에 관한 심판청구 ⑥ 재심판청구 즉, 행정심판재청구등이다. 다만, 처분이 소멸한 뒤에도 그 처분의 취소로 인하여 회복되는 법률상이익이 있는 경우에는 본안심리를 해야 한다. 본안심리에 들어간 후에도 심판청구의 제기요건이 결여된 것이 인정된 때에는 각하재결을 할 수 있다.

나. 기각재결

이는 본안심리의 결과 그 심판청구가 이유 없다고 인정하여 청구를 배척하고 원처분을 지지하는 재결을 말한다(법제43조 2항). 기각재결은 원처분을 시인하는 것일 뿐 그 효력을 확정하거나 강화하는 것은 아니므로 기각재결이 있은 후에도 위원회는 직권으로 원래의 처분을 취소 변경할 수 있다. 따라서 재결의 기속력은 기각재결에는 인정되지 않는다.

다. 사정재결

(1) 의의

위원회는 심판청구가 이유가 있다고 인정하는 경우에도 이를 인용(認容)하는 것이 공공복리에 크게 위배된다고 인정하면 그 심판청구를 기각하는 재결을 할 수 있는데 이를 사정재결이라 한다. 이 경우 위원회는 재결의 주문(主文)에서 그 처분 또는 부작위가 위법하거나 부당하다는 것을 구체적으로 밝혀야 한다(법제44조 1항). 정책적인 입장에서 공익과 사익의 조절제도로 기능하는데 예를 들어 댐건설을 위한 하천점용허가처분에 대하여 어업권자로부터 취소심판이 제기된 경우가 그 예에 해당한다.

(2) 요 건

1) 심판청구의 이유가 인정됨에도 공공복리에 부적합한 경우

사정재결은 심판청구가 이유 있다고 인정됨에도 불구하고, 당해 행정심판청구를 인용하는 것이 현저히 공공복리에 적합하지 않다고 인정되는 경우여야 한다.

2) 피청구인의 청구 또는 위원회의 직권

사정재결은 피청구인의 청구가 있는 경우는 물론 위원회의 직권으로도 할 수 있다.

3) 재결의 주문에 위법·부당의 명시

사정재결을 할 때에는 재결의 주문에 그 처분 또는 부작위가 위법 또는 부당함을 구체적으로 밝혀야 한다. 이는 사정재결을 하더라도 위법 또는 부당한 처분이 적법처분으로 전환되는 것은 아니라는 것을 명백히 하기 위한 것이다. 동시에 원래의 처분에 대하여 행정소송을 제기하거나 국가배상청구소송을 제기하는 경우에 의미를 갖게 된다.

(3) 구제방법

사정재결을 하는 경우에는 위원회는 청구인에 대하여 상당한 구제방법을 취하거나 상당한 구제방법을 취할 것을 피청구인에게 명할 수 있다(법제44조 2항).이때의 '명할 수 있

다'는 것은 '명하여야 한다.'는 취지로 본다. 따라서 위원회는 재결의 하나로 손해배상·재해시설의 설치 기타의 구제방법을 직접 강구할 수 있고, 일정한 구제방법을 하도록 처분청이나 부작위행정청에 명할 수도 있다. 청구인은 사정재결에 대하여 행정소송을 제기할 수 있음은 물론이다.

(4) 적용범위

사정재결은 취소심판 및 의무이행심판에만 적용되고 무효 등 확인심판에는 인정되지 않는다(법제44조3항).

라. 인용재결

인용재결은 본안심리의 결과 심판청구가 이유 있고, 원처분이나 부작위가 위법 또는 부당하다고 인정하여 청구취지를 받아들이는 내용의 재결이다.

(1) 취소·변경재결

1) 의 의

취소심판의 청구가 이유 있다고 인정하여 당해 처분의 취소나 변경을 위원회가 직접 하거나(처분재결), 피청구인 처분청에게 그 취소 또는 변경을 명하는 내용의 재결(처분명령재결)을 한다.

2) 성 질

취소 변경재결에는 처분취소재결, 처분변경재결과 처분취소명령재결, 처분변경명령재결이 있다. 이 중 처분취소재결, 처분변경재결은 형성적 재결이고, 처분취소명령재결, 처분변경명령재결은 이행적 재결이라 할 수 있다.

3) 내 용

가) 처분을 취소하거나 취소를 명하는 재결은 당해 처분의 전부취소와 일부취소에 관한 것이다.

나) 변경재결은 단순히 소극적인 일부취소는 물론이고, 원처분에 갈음하여 새로운 처분으로 대체한다는 적극적의미의 변경도 포함된다(예컨대 면허취소처분을 면허정지처분으로 변경). 이러한 해석은 '취소'와 함께 '변경'을 따로 인정함과 아울러 의무이행재결을 인정하고 있는 행정심판법의 취지에 근거한 것이다.

(2) 확인재결

1) 의 의

확인재결이란 처분의 효력유무 또는 존재여부를 확인하는 재결을 말한다. 이러한 확인재결에는 처분유효확인재결, 처분무효확인재결, 처분존재확인재결, 처분부존재확인재결, 처분실효확인재결이 있다.

2) 효력

확인재결은 행정행위의 무효나 부존재 등을 확인하는 것이므로 형성적 효과는 발생하지 않는다.

(3) 이행재결

1) 의무이행재결

가) 의의

의무이행재결이란 의무이행심판의 청구가 이유가 있다고 인정할 때에 신청에 따른 처분을 위원회가 직접 하거나 처분할 것을 피청구인에게 명하는 재결을 말한다(법43조 5항).

나) 종 류

① 처분재결

신청에 따른 처분을 하는 처분재결은 형성적 성질을 가진 이행재결이다. 통설은 신청에 따른 처분은 반드시 청구인의 신청내용대로의 처분이라고 해석하지 않는다.

② 처분명령재결

처분명령재결은 처분청에 처분할 것을 명하는 재결로서 행정청은 지체 없이 그 재결의 취지에 따라 원신청에 대한 처분을 하여야 한다. 처분명령재결에는 특정처분명령재결과 일정처분명령재결이 있다.

2) 처분재결과 처분명령재결 중 어느 것에 의해야 하는지 여부

가) 문제의 소재

당사자의 신청을 거부한 처분이나 부작위로 방치한 처분에 대해 의무이행심판이 청구된 경우에 위원회가 형성적 성질을 가진 처분재결과 이행적 성질을 가진 처분명령재결 중 어떠한 재결을 하여야 하는지에 대하여 견해 대립이 있다.

나) 학 설

학설은 이에 대하여

① 재결청에 재량이 부여되어 있으나 당사자의 신속한 권리구제의 측면에서 재결청이 구체적인 처분을 할 수 있을 정도로 충분한 심사를 한 경우에는 처분재결을 원칙으로 함이 타당하다는 견해와

② 처분청의 처분권을 존중해야 하므로 재결정은 원칙적으로 처분명령재결을 하고 처분청이 동 재결을 따르지 않는 경우에만 예외적으로 처분재결을 해야 한다는 견해

③ 재결청은 법적으로 처분재결과 처분명령재결의 선택에 있어서 재량권을 가지지만 재량행위의 경우에는 처분명령재결을 하여 처분청이 부관을 붙일 수 있는 여지를 주는 것이 타당하다는 견해가 있다.

다) 소 결

처분재결과 처분명령재결 중 어떠한 재결을 하여야 하는가에 관하여는 견해가 대립 되고 있으나 실무상으로는 대부분 처분명령재결을 하고 있고, 처분재결을 하는 예는 극히 드물다.

3) 재결의 내용이 특정한 행위를 대상으로 하는지 여부

가) 문제의 소재

재결청이 특정한 처분을 직접 하거나 처분청에 대하여 특정한 처분을 명하는 경우와 신청을 방치하지 말고 어떠한 처분을 할 것을 명하는 경우가 있는데 재결청이 이 가운데 어느

것을 택할 것인지 문제된다. 특히 청구대상의 행위가 재량행위인 경우에 견해가 대립한다.

나) 기속처분인 경우

청구대상의 행위가 기속행위인 경우에는 위원회는 재결로 청구인의 내용대로 처분을 하거나 처분할 것을 명하여야 한다. 다만, 피청구인이 관계법령에서 정하고 있는 일정한 절차를 거치지 아니한 경우나 또는 예외적으로 위원회가 쟁점에 관한 해명을 한정적으로 정하고 처분청으로 하여금 다시 관련법규의 구체적인 적용을 행하도록 하는 재결이 불가능한 것은 아니라 할 것이다.

다) 재량처분인 경우

청구의 대상이 행정청의 행위가 재량행위인 경우 학설은 견해가 나뉘고 있다

① 일정처분명령재결설

재량행위의 경우에는 신청을 방치하지 말고 지체 없이 어떤 처분을 하도록 명하는 재결을 해야 한다는 견해이다.

② 위법·부당 구별설

위법, 부당의 경우를 구별하여 위원회는 행정청의 거부처분 또는 부작위의 위법을 이유로는 청구인의 청구내용대로 처분을 하거나 하도록 명할 수는 없고 부당을 이유로 하는 경우는 청구내용대로의 처분을 하거나 하도록 명할 수 있다고 보는 견해이다.

③ 재량권존중설

재결시를 기준으로 특정처분을 해야 할 것이 명백한 경우에는 신청에 따른 적극적 처분을 하거나 하도록 명하고 명백하지 않다면 처분청의 재량권을 존중하여 재량의 일탈 남용 및 부당을 명시하여 하자 없는 재량행사를 명하는 재결을 해야 한다는 견해이다.

④ 결어

행정청의 거부처분 또는 부작위에 대하여 원칙적으로 일정처분 명령재결을 함이 타당하

다. 행정심판의 대상인 재량행위에 대하여 처분청에게 고유의 판단권이 있기 때문이다.

4. 재결의 효력

가. 의 의

재결은 위원회가 청구인에게 재결서 정본이 송달되었을 때 효력이 생긴다. 재결의 효력은 당해 심판청구의 대상인 처분이나 부작위에 대하여 발생한다. 행정심판법에 규정된 취소재결, 변경재결 및 처분재결에는 형성력이 발생하고, 재결은 행정행위이므로 재결 일반에 대하여 행정행위에 특수한 효력인 공정력, 불가변력, 불가쟁력 등이 인정된다.

나. 형 성 력

(1) 형성력의 의의

재결의 형성력이란 재결의 내용에 따라 기존의 법률관계에 변동을 가져오는 효력을 말한다. 처분을 취소하는 내용의 재결이 있으면 처분의 효력은 처분청의 별도의 행위를 기다릴 것 없이 처분시에 소급하여 소멸되고, 변경재결에 의하여 원래의 처분은 취소되고 이를 대신하는 별도의 처분이 이루어진 뒤에도 새로운 처분의 효력이 즉시 발생하게 되는 것은 모두 재결의 형성력의 효과인 것이다. 판례도 형성적 재결이 있은 경우에는 그 대상인 행정처분은 재결자체에 의하여 당연히 취소되어 소멸된다(대법원 1999. 12. 16. 98두18619)고 한다. 형성력에 의한 법률관계는 제3자에게도 미친다. 그러므로 형성력은 대세적 효력이 있다.

(2) 형성력 있는 재결의 종류

형성력 있는 재결에는 취소재결, 변경재결, 처분재결이 있다.

1) 처분취소재결

원처분청에 의한 별도의 취소, 처분 변경 없이 처분시에 소급하여 취소된 처분의 효력이 소멸되고 그에 따른 기존 법률관계가 변동되는 것을 말한다.

2) 변경재결

변경재결로 인한 새로운 처분은 제3자 권익을 침해하지 않는 한 소급하여 효력을 발생하고 원처분은 효력을 상실한다.

3) 의무이행재결 중 처분재결

의무이행재결 중 처분재결은 성질상 소급하지 않기 때문에 장래에 향하여 재처분의 효력이 발생한다.

4) 일부취소재결

취소된 부분에 한하여 소급적으로 효력을 상실하고 취소되지 않은 부분은 효력을 유지한다.

5) 처분취소명령재결, 처분변경명령재결, 처분명령재결

취소·변경명령재결 또는 의무이행명령재결은 형성력은 없고 기속력에 의하여 목적이 달성된다.

(3) 대세적 효력

형성력에 의한 법률관계의 변동은 심판청구의 당사자뿐만 아니라 제3자 등 모든 자에게 효력이 있는바, 이를 대세적 효력이라 한다.

(4) 인용재결에만 인정

형성력 있는 재결은 취소처분·변경처분·의무이행심판에 있어서의 처분재결이다. 따라서 각하·기각재결이 있은 후에도 정당한 사유가 있으면 처분청은 직권으로 원처분을 취소·변경·철회할 수 있다.

다. 불가쟁력과 불가변력

(1) 불가쟁력

재결이 있으면 그 재결 및 같은 처분 또는 부작위에 대하여 다시 행정심판을 청구할 수 없다. 재결에 고유한 위법이 있는 경우에 한하여 행정소송의 제기가 가능하지만(행정소송법 제19조), 그 경우에도 제소기간이 경과하면 더 이상 그 효력을 다툴 수 없게 되는데 이를 재결의 불가쟁력이라 한다.

(2) 불가변력

재결은 다른 일반 행정행위와는 달리 쟁송절차에 의해 이루어진 판단행위이므로 분쟁을 종국적으로 해결하는 효과를 가져야 한다. 따라서 재결이 일단 이루어진 경우에는 그것이 위법 또는 부당하다고 생각되는 때에도 오산, 오기, 기타 이와 유사한 형식상의 오류가 있는 경우를 제외하고는 재결청 자신도 임의로 취소·변경할 수 없는 효력이 발생한다. 이를 재결의 불가변력이라 한다.

라. 기속력

(1) 의 의

심판청구를 인용하는 재결은 피청구인과 그 밖의 관계 행정청을 기속(羈束)한다(법제49조 1항). 재결의 기속력은 이와 같이 피청구인인 행정청이나 관계행정청으로 하여금 재결을 취지에 따라 행동할 의무를 발생시키는 효력을 말한다. 따라서 재결의 기속력을 재결의 구속력이라 부르기도 한다. 기각재결은 청구인의 심판청구를 배척하는데 그치고, 관계행정청에 원처분을 유지할 의무를 부과하는 것은 아니기 때문에 재결의 기속력은 인용재결에 한하고 기각 또는 각하재결에는 인정되지 않는다.

(2) 내 용

1) 반복금지의무(소극적 의무)

청구인용재결이 있게 되면 행정청은 그 재결을 준수해야한다. 그러므로 그 재결에 저촉되는 행위를 할 수 없다. 즉 관계행정청은 당해재결의 내용에 모순되는 내용의 동일한 처분을 동일한 사실관계에 하에 반복할 수 없다는 것이다.

2) 재처분의무(적극적 의무)

가) 내 용

당사자의 신청을 거부하거나 부작위로 방치한 처분의 이행을 명하는 재결이 있으면 행정청은 지체 없이 이전의 신청에 대하여 재결의 취지에 따라 처분을 하여야 한다(법제49조 2항). 이때 기속행위 또는 영으로 수축되는 재량행위의 경우에는 신청한 대로 처분을 하여야 한다. 그러나 일반적으로 재량행위의 경우에는 청구인이 신청한 대로 처분할 필요는 없고, 다시 하자 없는 내용의 재량행위를 발령하는 것이 그 내용이 된다.

나) 거부처분에 대한 재처분의무 문제

① 문제의 소재

현행 행정심판법은 재처분의무를 의무이행심판의 경우에 한정하여 규정하나 거부처분에 대하여는 의무이행심판과 거부처분취소심판을 제기할 수 있다는 점에서, 만약 거부처분에 대하여 의무이행심판을 제기하지 않고 거부처분취소심판을 제기하여 그것이 인용되어 거부처분취소재결이 있는 경우에 처분청의 재처분의무를 인정하는 명시적 규정이 없어서 과연 이를 인정할 수 있는가가 문제된다.

② 긍정설

행정심판법 제49조 제1항은 재결의 기속력에 관한 일반적 규정이고, 재처분의무는 기속력의 일부를 이루는 것으로 볼 수 있으므로, 취소심판에서 거부처분이 취소된 경우에도 처분청은 재결의 취지에 따른 재처분의무를 진다고 보는 견해이다.

③ 부정설

행정심판법 제5조 제3호, 제49조 제2항 및 제3항에서 이행재결, 절차의 위법 또는 부당을 이유로 한 취소재결에 한하여 처분의 의무를 규정하고 있으므로 반대해석에 의해 그 이외의 인용재결의 경우에는 처분의무를 인정할 수 없으며 행정청에게 적극적인 의무를 인정하기 위하여는 명문의 근거가 필요하다는 견해이다.

④ 위법설

행정심판법상 거부처분은 의무이행심판의 대상이지 취소심판의 대상이 아니기 때문에 청구인이 거부처분에 대하여 취소심판을 청구한다면, 위원회는 청구인에게 의무이행심판으로 변경하여 청구하도록 해야 할 것이고 만약 거부처분에 대한 취소심판청구가 있고, 이에 대해 인용재결이 이루어진다면 그러한 인용재결은 위법하다는 견해이다.

3) 직접처분제도

가) 의의

직접처분이란 위원회가 피청구인인 행정청이 처분의 이행을 명하는 재결에도 불구하고

처분을 하지 아니하는 경우에는 당사자가 신청하면 기간을 정하여 서면으로 시정을 명하고 그 기간에 이행하지 아니하면 직접 처분을 할 수 있는 것을 말한다. 다만, 그 처분의 성질이나 그 밖의 불가피한 사유로 위원회가 직접 처분을 할 수 없는 경우에는 그러하지 아니하다(법제50조 1항).

나) 직접처분과 처분재결의 구별

직접처분은 처분청이 이행명령재결을 이행하지 않는 경우에 그 실효성을 확보하기 위하여 위원회가 처분청이 행할 처분을 직접 행하는 것이고, 처분재결은 의무이행심판에 대하여 처음부터 위원회가 재결로써 처분을 행하는 것이다.

다) 요 건

① 처분명령재결이 있었을 것

② 위원회가 당사자의 신청에 따라 기간을 정하여 시정을 명령하였을 것

③ 당해 행정청이 그 기간 내에 시정명령을 이행하지 아니하였을 것

라) 효 과

직접처분을 할 수 있는 범위는 처분청이 의무이행재결 취지에 따라 처분을 하지 않는 모든 경우에 인정된다. 그러나 처분청의 모든 사항을 확인 할 수 없으므로 직접처분에도 내적인 한계가 있다. 예컨대 당해 행정청만이 보유하고 있는 정보의 공개청구에 대해 이행재결 등 당해 처분의 성질 기타 불가피한 사유로 재결청이 처분할 수 없는 경우에는 지체없이 당사자에게 그 사실 및 사유를 각각 통지하여야 한다.

마) 자치사무의 직접처분에 대한 불복 문제

지방자치단체가 자치권침해를 이유로 자치사무에 관한 직접처분의 취소를 구할 원고적격이 있는가에 대하여 견해가 나뉘고 있다.

① 부정설

직접처분은 성질상 처분재결이므로 지방자치단체가 불복할 수 없다는 견해와

② 긍정설

지방자치단체의 자치권을 지방자치단체의 법률상 이익으로 볼 수 있고, 지방자치단체는 독립된 법주체이기 때문에 자치권의 침해를 이유로 직접처분의 취소를 구할 수 있다는 견해가 있다.

(3) 기속력의 범위

1) 주관적 범위

재결은 청구인, 참가인, 피청구인과 그 밖의 관계 행정청을 기속(羈束)한다.

2) 객관적 범위

기속력의 객관적 범위는 재결의 주문 및 재결이유 중 그 전제가 된 요건사실의 인정과 처분의 효력의 판단에 미치고, 이와 직접 관계없는 다른 처분에는 영향을 주지 않는다.

3) 기속력의 시간적 범위

통설 판례는 처분의 위법성판단의 기준 시점을 처분 시로 보고 있기 때문에 기속력은 처분 시까지의 사유를 판단의 대상으로 한다. 따라서 처분시 이후의 새로운 법률관계나 사실관계는 재결의 기속력이 미치지 않는다.

5. 재결에 대한 불복

가. 재심판청구의 금지

행정심판법은 심판청구에 대한 재결이 있으면 그 재결 및 같은 처분 또는 부작위에 대하여 다시 행정심판을 청구할 수 없다(법제51조 1항)라고 규정하여 행정심판의 단계를 단일화 하였다. 따라서 재결에 불복이 있는 경우에는 행정소송에 의한다. 다만, 국세기본법과 같이 각 개별법에서 다단계의 행정심판이 인정되고 있는 경우는 그에 의한다.

나. 재결에 대한 행정소송

재결도 행정행위의 일종인 이상 재결자체에 고유한 위법이 있음을 이유로 재결의 취소, 변경을 구하거나 재결에 무효사유가 있음을 이유로 무효확인을 구하는 행정소송을 제기할 수 있다(행소법 19조). 행정심판 재결에 대하여 불복하는 자는 행정소송을 제기할 수 있는데, 이때 행정소송의 대상은 재결이 아니라 원처분을 대상으로 제기하여야 한다. 재결내용에 불복이 있더라도 원처분의 위법성을 가지고 행정소송에서 다투어야 한다.

Ⅸ. 고지제도

1. 개 설

가. 의 의

고지제도란 행정청이 처분을 함에 있어서 그 상대방에게 당해 처분에 대하여 행정심판을 제기할 경우 필요한 사항(청구절차, 청구기간, 불복여부 등)을 아울러 고지할 의무를 지우는 제도를 말한다.

나. 제도의 취지

고지제도는 다분히 계몽적인 의의를 가진다. 이는 직접적으로는 관계인에게 행정심판을 제기하는 것에 대한 지식과 정보를 제공함으로서 행정심판청구의 기회를 보장하고 행정의 신중, 적정화를 도모하기 위한 제도로서 의미가 클 뿐만 아니라 행정심판제도의 활성화에도 이바지하는 기능을 갖는다.

다. 성 질

(1) 사실행위

고지는 사실행위이다 이는 행정청의 일정한 개념이나 의사를 알리는 것이 아니라 기존법규의 내용을 구체적으로 알리는 비권력적 사실행위로서 그 자체로서 아무런 법적 효력도 수반하지 않는다. 따라서 고지 그 자체는 행정소송의 대상이 되지 않는다.

(2) 강행규정, 의무규정

한편 행정심판법상의 고지에 관한 규정은 강행규정이나 의무규정의 성질을 갖는다고 보는 것이 일반적 견해이다. 따라서 불고지나 오고지인 경우에도 당해 처분의 효력에는 영향이 없지만 절차법상 제재적 효과가 따르며, 불복고지 또는 오고지로 손해가 발생한 경우는 국가배상청구를 할 수 있다.

(3) 고지요청을 거부하는 행위

당사자로부터 행정심판에 관련된 사항에 대한 고지요청을 받은 경우 이를 거부하는 행위는 거부처분으로서 행정행위의 성질을 갖는다고 보아 행정쟁송의 대상이 된다.

라. 법적근거와 입법례

현재 우리나라의 고지제도는 행정심판법 제58조 이외에 행정절차법 제26조, 공공기관의 정보공개에 관한 법률 제13조에서 규정하고 있다.

2. 고지의 종류

가. 직권에 의한 고지

행정청이 처분을 할 때에는 처분의 상대방에게 ① 해당 처분에 대하여 행정심판을 청구할 수 있는지 ② 행정심판을 청구하는 경우의 심판청구 절차 및 심판청구 기간에 관한 사항을 알려야 한다(법제58조 1항).

(1) 고지의 주체

고지의 주체는 국가나 지방자차단체의 행정청이다. 이때의 행정청에는 법령에 의하여 행정권한의 위임 또는 위임을 받은 행정기관, 공공단체 및 그 기관 또는 사인도 포함 된다.

(2) 고지의 상대방

고지의 상대방은 처분의 직접 상대방에 대하여 고지하여야 한다. 복효적행정행위에는 침해받는 제3자가 있는 때에는 그 제3자에게도 직권으로 고지하는 것이 바람직하다.

(3) 고지의 방법 및 시기

고지방법에는 명시적 규정이 없으나 고지의 유무·내용에 분쟁을 방지하기 위해서는 서면으로 함이 원칙이고, 고지 시기는 원칙으로 처분 시에 행해야한다. 다만, 처분 시에 하지 않고 처분 후에 고지한 경우에는 불고지의 하자가 치유되고, 그 고지의 효과에는 영향이 없다고 본다.

(4) 고지의 대상

1) 서면에 의한 처분

고지의 대상은 서면에 의한 처분이다. 따라서 구술에 의한 처분은 고지의 대상이 아니다.

2) 처 분

고지의 대상이 되는 처분은 행정심판법상의 심판청구의 대상이 되는 처분에 국한 되는 것이 아니라 다른 법률에 의한 행정심판의 대상이 되는 서면에 의한 처분도 포함된다고 보는 것이 통설이다. 상대방에게 부담을 주는 처분의 경우는 원칙으로 고지를 요한다. 신청을 거부하는 거부처분이나 수익적처분이라도 부관부행정행위는 고지해야 한다. 그러나 처분이 아닌 사경제적작용은 처분이 아니므로 고지할 필요가 없고. 처분의 내용이 당사자에게 수익적인 경우, 신청대로 행한 처분, 행정심판의 재결에는 고지를 요하지 않는다.

(5) 고지의 내용

행정심판 처분의 상대방에게 해당 처분에 대하여 행정심판을 청구할 수 있는지, 행정심판을 청구하는 경우의 심판청구 절차 및 심판청구 기간, 기타 필요한 사항을 고지해야 한다.

나. 청구에 의한 고지

처분의 이해관계인이 고지를 요청하면 당해 행정청은 지체 없이 고지를 하여야 한다(법제58조 4항).

(1) 고지의 청구권자

고지의 청구권자는 당해 처분에 대한 이해관계인이다. 여기서 이해관계인이란 당해 처분에 의하여 직접 자기의 법률상의 이익이 침해되었다고 주장하는 제3자가 보통이지만 처분의 상대방으로서 고지를 받아야 함에도 불구하고 고지를 받지 못한 자도 포함된다. 고지를 청구한 자는 당해 처분에 대하여 이해관계가 있음을 밝혀야 한다.

(2) 고지의 대상

청구에 의한 고지의 대상은 직권에 의한 경우와 달리 서면에 의한 처분에 한하지 않고 모든 처분이 그 대상이 될 수 있다.

(3) 고지의 내용

고지의 내용은 당해 처분이 행정심판의 대상이 되는 처분인지, 행정심판의 대상이 되는 경우 소관위원회 및 심판청구기간을 알려주어야 한다.

(4) 고지의 방법 및 시기

고지의 방법에서 구두로도 가능하나, 서면으로 알려줄 것을 요구받은 때에는 서면으로 알려주어야 한다. 고지의 요구를 받은 행정청은 지체 없이 고지하여야 한다.

	직권고지	신청에 의한 고지
주체	행정청	행정청
상대방	처분의 직접 상대방	이해관계인
신청여부	불요	이해관계인의 신청을 요함
대상	서면처분	모든 처분
내용	심판제기 가부, 심판청구절차, 청구기간	심판대상 여부, 청구기간
방법	서면	서면요구시 서면
시기	처분시	신청받고 지체 없이

3. 불고지 · 오고지의 효과

행정청이 고지를 하지 않거나 잘못 고지한 경우에는 고지의무를 위반한 것이 되며 행정심판법상 일정한 효과가 발생하게 된다. 이때의 고지의무위반에 대하여 행정심판법은 제출기관과 청구기간에 미치는 효과를 다음과 같이 정하고 있다.

가. 불고지의 효과

(1) 제출기관

행정청이 고지를 하지 아니하여 청구인이 심판청구서를 다른 행정기관에 제출한 때에는 그 행정기관은 그 심판청구서를 지체 없이 정당한 권한 있는 피청구인에게 보내야 한다. 심판청구서를 보낸 행정기관은 지체 없이 그 사실을 청구인에게 알려야 한다. 이 경우 심판청구기간계산은 다른 행정기관에 제출된 때에 심판청구가 제기된 것으로 본다(법제23조 2항, 3항).

(2) 청구기간

원래 심판청구는 처분이 있음을 안 날로부터 90일 이내에 제기하여야 한다. 그러나 행정청이 청구기간을 고지하지 아니한 때에는 처분이 있었던 날부터 180일 이내에 행정심판청구를 하면 된다(법제27조 6항). 이 경우에는 청구인이 처분이 있은 것을 알았는지의 여부와 심판청구기간에 관하여 알고 있었는지 여부는 문제되지 않는다.

나. 오고지의 효과

(1) 제출기관

고지를 한 행정청이 잘못 고지하여 청구인이 그 고지에 따라 심판청구서를 다른 행정기관에 잘못 고지한 경우는 위의 불고지의 경우와 같이 그 심판청구서를 접수한 행정기관은 그 행정기관은 그 심판청구서를 지체 없이 정당한 권한이 있는 피청구인에게 보내야 하고(법제23조 2항) 그 사실을 청구인에게 통지하여야 한다.

(2) 청구기간

행정청이 심판청구기간을 소정의 심판기관보다 긴 기간으로 잘못 알린 경우 그 잘못 알린 기간에 심판청구가 있으면 소정의 심판기간에 청구된 것으로 본다(법제27조 5항).

다. 불고지, 오고지 경우의 당해 처분의 효력

불고지나 오고지가 당해 처분에 영향을 미치는지 문제되나 고지의무 위반의 효과는 불고지, 오고지라는 의사 그 자체의 흠결에 기인한 것이 아니라 고지제도의 실효성 확보를 위하여 행정심판법에서 특별히 규정한 것으로서 당해 처분 자체의 효력에 직접 영향을 미치지 않는다고 본다.

Ⅹ. 행정심판에 대한 특별절차

1. 행정심판법의 일반법적 지위

일반적 심판절차로서의 행정심판법상의 행정심판에 대하여 광범위한 행정 분야에서 특례규정을 두고 있다. 이에 대해서 행정심판법 4조는 '사안(事案)의 전문성과 특수성을 살리기 위하여 특히 필요한 경우 외에는 이 법에 따른 행정심판을 갈음하는 특별한 행정 불복절차(이하 "특별행정심판"이라 한다)나 이 법에 따른 행정심판 절차에 대한 특례를 다른 법률로 정할 수 없다.'라고 하여 특별절차의 남설 금지조항을 두고 있음에도 불구하고 행정의 다양한 분야에서 특례절차가 광범위하게 인정되고 있는 것은 그 타당성을 인정하기 어렵다고 보고 시급히 이들 특례절차를 정비 내지 개혁하여야 한다고 한다.

2. 특별행정심판

가. 특별행정심판의 의의

특별행정심판이란 사안의 전문성과 특수성을 살리기 위하여 필요한 경우에 개별 법률에서 행정심판법에 따른 행정심판을 갈음하는 특별한 절차와 방법을 규정하고 있는 경우에는 특별법으로서 그에 따라야 하며 이를 총칭하여 특별행정심판이라 한다.

나. 유 형

(1) 특별행정심판절차

특별행정심판은 심판사항의 기술성·전문성·특수성을 고려하여 예외적으로 채택된 제도로서 특수형태적인 행정심판을 말하는바, 국세심판, 소청심사청구, 특허심판, 해양사고심판, 중앙노동위원회의 재심, 감사원에의 심사청구, 보험급여결정 등에 대한 근로복지공단에의 심사청구 등을 들 수 있다.

(2) 약식절차(이의신청)

토지거래불허가처분에 대한 이의신청, 지방자치단체의 사용료 등의 부과처분에 대한 이의신청 등이 이에 해당한다.

다. 심 급

(1) 대법원 관할

해양사고심판의 재결에 대한 소송은 대법원의 관할에 전속시키고 있다.

(2) 2심제

특허심판은 특허법원 및 대법원에서 재판하도록 2심제를 취하고 있다.

(3) 3심제

그러나 특별행정심판은 사안의 전문성과 특수성을 살리기 위해 필요한 경우에 개별 법률에서 행정심판법에 따른 행정심판을 갈음하는 특별한 심판이기 때문에 국세심판, 소청심사청구, 중앙노동위원회의 처분, 감사원에의 심사청구 및 보험급여결정 등에 대한 근로복지공단에의 심사청구의 재결 등에 대한 소는 모두 3심제를 채택하고 있다.

라. 특별행정심판과 행정심판과의 관계

개별 법률에서 특별행정심판을 규정하고 있는 경우 일반적으로는 행정심판을 갈음하는 것이 통상적이지만, 개별 법률에서 이의신청을 규정하고 있는 경우 그 이의신청과 행정심판과의 관계가 문제되는데 이의신청이 인정되는 경우에는 그 이의신청은 임의절차화 되어있는 것이 보통이며 따라서 이의신청의 결정에 대하여 불복하는 자는 다시 행정심판을 제기할 수도 있고, 또한 다시 행정심판을 제기함이 없이 바로 행정소송을 제기할 수 있다.

마. 행정소송과의 관계

행정심판을 갈음하는 특별행정심판의 경우는 사법절차가 준용되어야 하고, 일반적으로 필요적 전치주의를 취하고, 소의 대상은 재결주의를 취하는 경우가 있다. 예컨대 노동위원회의 처분에 대한 재심의 판정, 감사원의 변상판정에 대한 재심의 판정, 특허의 심결에 대한 소, 해양심판의 재결, 교원 소청심사위원회에 대한 사립학교 교원이 신청한 재심결정을 들 수 있다.

제2장 공무원법

제1절 개설

Ⅰ. 공무원의 개념

1. 최광의

국가 또는 공공단체의 기관구성자로서의 일체의 공무원을 말하며, 헌법 제7조에서 사용되고 있는 공무원의 개념, 국가배상법상 공무원의 개념[1], 형법상의 공무원이 이에 해당한다.

2. 광 의

국가 또는 지방자치단체와 공법상 근무관계를 맺고 공무를 담당하는 기관구성자를 말하며 대통령, 국회의원 등의 정치적 공무원이나 명예직 공무원(각종 자문기관의 민간인 · 위원) 등이 여기에 해당한다.

3. 협 의

광의의 공무원 중에서 대통령이나 국회의원 등 정치적 공무원 및 자문기관의 민간인 · 의원 등이 제외된 국가 또는 지방자치단체와 특별권력관계를 맺고 공무를 담당하는 기관구성자이다. 공무원법상의 공무원은 원칙적으로 협의의 공무원을 뜻하나 경우에 따라서는 최광의 또는 광의의 공무원도 포함될 때가 있다. 이렇듯 공무원의 개념 내지 범위는 모든 법률에서 동일하게 정하고 있는 것은 아니다. 즉, 각 실정법은 그 법률의 목적에 비추어 공무원의 범위를 다르게 정하고 있기 때문에 공무원의 범위는 일률적으로 정할 수 없고, 각 개별법에 따라 구체적으로 정하는 수밖에 없다.[2]

1) 국가배상법상 공무원은 공무원법상의 공무원뿐만 아니라 널리 사실상 공무를 수행하는 자를 의미한다.
2) 집행관, 별정우체국장이나 공무수탁사인, 행정보조자, 행정대행자, 재개발·재건축조합장 등과 같이 공무를 수행하지만 행정조직을 구성하지 않는 자나 사인으로서 공무수행의 협력하는 공무협력자는 형법적용에 있어서는 공무원으로 보지만 공무원법상 공무원은 아님에 주의하여야 한다.

• 관련판례

【판시사항】

지방계약직공무원에 대하여 지방공무원법 등에 정한 징계절차에 의하지 않고 보수를 삭감할 수 있는지 여부(대법원 2008. 6. 12. 선고 2006두16328 판결)

【판결요지】

[1] 근로기준법 등의 입법 취지, 지방공무원법과 지방공무원징계및소청규정의 여러 규정에 비추어 볼 때, 채용계약상 특별한 약정이 없는 한, 지방계약직공무원에 대하여 지방공무원법, 지방공무원징계및소청규정에 정한 징계절차에 의하지 않고서는 보수를 삭감할 수 없다고 봄이 상당하다.

【판시사항】

국립공원관리공단의 임직원이 구 변호사법 제78조 소정의 공무원인지 여부(대법원 1994. 5. 10. 선고 94도474 판결)

【판결요지】

자연공원법 제49조의12의 규정 취지는 국립공원관리공단의 임직원에게 형법이나 자연공원법 등에 의한 벌칙을 적용하는 경우에 이들 임직원을 공무원으로 의제한다는 의미에 불과하고 그 이외의 경우에 있어서도 국립공원관리공단의 임직원이 당연히 공무원으로 의제된다거나 공무원의 신분을 보유한다는 취지는 아니므로, 국립공원관리공단의 임직원은 구 변호사법(1993.3.10. 법률 제4544호로 개정되기 전의 것) 제78조에서 규정하는 공무원이라고 할 수 없다.

【판시사항】

국가나 지방자치단체에 근무하는 청원경찰에 대한 징계처분에 대한 불복방법(대법원 1993. 7. 13. 선고 92다47564 판결)

【판결요지】

국가나 지방자치단체에 근무하는 청원경찰은 국가공무원법이나 지방공무원법상의 공무원은 아니지만, 다른 청원경찰과는 달리 그 임용권자가 행정기관의 장이고, 국가나 지방자치단체로부터 보수를 받으며, 산업재해보상보험법이나 근로기준법이 아닌 공무원연금법에 따른 재해보상과 퇴직급여를 지급받고, 직무상의 불법행위에 대하여도 민법이 아닌 국가배상법이 적용되는 등의 특질이 있으며 그외 임용자격, 직무, 복무의무 내용 등을 종합하여 볼때, 그 근무관계를 사법상의 고용계약관계로 보기는 어려우므로 그에 대한징계처분의 시정을 구하는 소는 행정소송의 대상이지 민사소송의 대상이 아니다.

Ⅱ. 공무원의 종류

공무원의 종류에는 임용주체, 담당사무를 기준으로 국가공무원과 지방공무원으로, 실적과 자격에 의하여 임용되는 경력직 공무원, 기술 · 연구 또는 행정일반에 대한 업무를 담당하는 일반직 공무원, 법관, 검사 등의 특정직 공무원, 경력직 공무원 외에 선거 등으로 취임하는 정무직 공무원, 비서관 · 비서 등 보좌업무를 담당하는 별정직 공무원 등으로 구분된다.

1. 국가공무원과 지방공무원

국가공무원과 지방공무원은 그 임명주체, 담당사무, 비용부담주체 및 적용법규 등의 기준에 따라 나뉜다. 다시 말해, 국가공무원은 국가에 의해 임명되고 국가의 사무를 담당하며 국가로부터 보수를 받고[3] 국가공무원법·공무원임용령 등이 적용되는 반면 지방공무원은 이와 달리 지방자치단체에 의하여 임명되고 자치단체 사무를 담당하며 자치단체로부터 보수가 지급되고 지방공무원법·지방공무원임용령 등이 적용된다는 점에서 차이가 있다.[4]

2. 경력직 공무원과 특수 경력직 공무원

가. 경력직 공무원과 특수 경력직 공무원의 분류기준

국가직 공무원 중 경력직 공무원은 실적과 자격에 따라 임명되고 그 신분이 보장되며 평생 공무원으로 근무할 것이 예정되는 공무원과 그 외 선거 등으로 취임되는 특수경력직 공무원 등으로 구분되는데, 그 분류기준은 아래와 같다.

---

3) 국가공무원의 보수·기타 경비는 국가가 부담하는 것이 원칙이다. 그러나 지방기관에 파견된 국가공무원의 경우와 같이 지방자치단체가 부담하는 경우도 있고 또한 반대로 지방공무원의 보수기타 경비는 지방자치단체가 부담함이 원칙이지만 경우에 따라서는 예를 들어, 지방자치단체에 두는 국가공무원의 정원에 관한 법률에 의해 지방자치단체에 국가공무원이 배치되기도 하는데 이럴 경우 지방자치단체가 그 비용을 부담하는 경우가 있다..

4) 그러나 선거에 의해 취임되는 자도 있고, 지방공무원이 국가위임사무의 처리와 같이 국가사무를 담당하는 경우도 있고, 또 그와 반대의 경우도 있기 때문에 실무상 양자 구별은 공무원이 근로의무를 지는 행정주체와 경비부담주체를 기준으로 판단하는 것이 타당하다.

구별기준	경력직공무원	특수 경력직 공무원
개념	실적과 자격에 따라 임명되고 그 신분이 보장되며, 평생 공무원으로 근무할 것이 예정되는 공무원을 말한다	경력공무원 외의 공무원으로 선거로 취임하거나 보좌업무 등 특정업무를 수행하는 공무원을 말한다.
구분	– 일반직 공무원 기술·연구 또는 행정일반에 대한 업무를 담당하며 직군 · 직렬별로 분류되는 공무원이다.	– 정무직 공무원 선거로 취임하거나 임명할 때 국회의 동의가 필요한 공무원, 고도의 정책결정업무를 담당하거나 이러한 업무를 보조하는 공무원으로서 법률이나 대통령령(대통령비서실 및 국가안보실의 조직에 관한 대통령령만 해당)에서 정무직으로 지정한 공무원을 말한다.
	– 특정직 공무원 법관, 검사, 외무공무원, 경찰공무원, 소방공무원, 교육공무원, 군인, 군무원, 헌법재판소 헌법연구관, 국가정보원의 직원과 특수분야의 업무를 담당하는 공무원으로서 다른 법률에서 특정직 공무원으로 지정하는 공무원을 말한다.	– 별정직 공무원 비서관·비서 등 보좌업무 등을 수행하거나 특정한 업무수행을 위하여 법령에서 별정직으로 지정하는 공무원이다.

• 관련법규

국가공무원법 제2조의2 (고위공무원단)

① 국가의 고위공무원을 범정부적 차원에서 효율적으로 인사관리하여 정부의 경쟁력을 높이기 위하여 고위공무원단을 구성한다.

② 제1항의 "고위공무원단"이란 직무의 곤란성과 책임도가 높은 다음 각 호의 직위(이하 "고위공무원단 직위"라 한다)에 임용되어 재직 중이거나 파견 · 휴직 등으로 인사관리되고 있는 일반직공무원, 별정직공무원 및 특정직공무원(특정직공무원은 다른 법률에서 고위공무원단에 속하는 공무원으로 임용할 수 있도록 규정하고 있는 경우만 해당한다)의 군(群)을 말한다.

1. 「정부조직법」 제2조에 따른 중앙행정기관의 실장 · 국장 및 이에 상당하는 보좌기관
2. 행정부 각급 기관(감사원은 제외한다)의 직위 중 제1호의 직위에 상당하는 직위
3. 「지방자치법」 제110조제2항 · 제112조제5항 및 「지방교육자치에 관한 법률」 제33조제2항에 따라 국가공무원으로 보하는 지방자치단체 및 지방교육행정기관의 직위 중 제1호의 직위에 상당하는 직위
4. 그 밖에 다른 법령에서 고위공무원단에 속하는 공무원으로 임용할 수 있도록 정한 직위

③ 인사혁신처장은 고위공무원단에 속하는 공무원이 갖추어야 할 능력과 자질을 설정하고 이를 기준으로 고위공무원단 직위에 임용되려는 자를 평가하여 신규채용 · 승진임용 등 인사관리에 활용할 수 있다.

나. 적용법규

경력직과 특수경력직공무원은 그 적용법규가 다르다. 경력직 공무원의 경우 국가공무원법(또는 지방공무원법)이 적용되나, 특수경력직 공무원에 대하여는 '보수 및 복무'에 관한 규정 이외에는 원칙적으로 이 법률이 적용되지 않고 각 개별법규정이 적용된다(국가공무원법 제3조, 지방공무원법 제3조). 이는 특수경력직 공무원의 경우 그에 적용되는 특별법(경찰공무원법, 교육공무원법 등)이 많기 때문이다.

또한, 정무직공무원의 경우 국가공무원법 제33조의 결격사유 와 제69조의 당연퇴직은 적용되지 않으며, 특수경력직 공무원에게는 제65조의 정치운동금지규정 및 제66조의 집단행위금지규정은 적용되지 않는다. 그 외 별정직공무원과 계약직 공무원의 채용조건·임용절차·근무상한 연령, 그밖에 필요한 사항은 국회규칙, 대법원규칙, 헌법재판소규칙, 중앙선거관리위원회규칙 또는 대통령령으로 정한다(국가공무원법 제2조 4항).

Ⅲ. 공무원법의 법원

공무원에 관한 실정법은 헌법·법률·법규명령(대통령령, 총리령, 부령) 등의 형식으로 존재한다. 국가공무원에 관한 일반법으로 국가공무원법, 공무원교육훈련법, 지방공무원에 관한 일반법으로 지방공무원법, 지방공무원교육훈련법, 국가공무원과 지방공무원을 통합한 공무원연금법(군인과 선거에 의해 취임하는 공무원은 제외한다),공무원의 노동조합설립 및 운영 등에 관한 법률, 그리고 각 공무원의 종류에 따른 개별법으로 검찰청법, 경찰법, 법원조직법, 사법시험법, 경찰공무원법, 소방공무원법, 외무공무원법, 교육공무원법, 군인사법, 군무원인사법, 군인보수법, 군인연금법 등이 있다.

대통령령으로는 국가공무원에 관한 일반령으로 공무원임용령, 국가공무원 복무규정, 공무원보수규정, 공무원 수당 등에 관한 규정, 공무원인사기록·통계 및 인사사무처리규정, 공무원성과 평가 등에 관한 규정, 공무원징계령, 소청절차 규정 등이 있고, 지방공무원에 관한 일반령으로 지방공무원임용령, 지방공무원복무규정, 지방공무원 수당 등에 관한 규정, 지방공무원 인사기록·통례 및 인사사무처리규정, 지방공무원 평정규정, 지방공무원 징계 및 소청규정 등이 있다. 각 공무원의 종류에 따른 개별령으로 경찰공무원임용령, 경찰공무원 임용규정, 경찰공무원 복무규정, 경찰공무원 교육훈령규정, 경찰공무원징계령, 교육공무원임용령, 교육공무원 징계령, 군근무성적평정규정, 군인사법시행령, 군인징계령 등이 있다.

제 2 절 일반론

Ⅰ. 공무원의 본질

헌법 제7조 1항은 '공무원은 국민전체에 대한 봉사자이며, 국민에 대하여 책임을 진다.'라고 규정하여 공무원이 국민전체에 대한 봉임자임을 명시하고 있다. 따라서 공무원은 국민전체의 의사에 따라 국민의 공무원이어야 하므로 국민가운데 어느 일부 또는 개인의 봉임자가 되어서는 아니된다. 이렇듯 공무원은 정치적으로 주권자인 국민의 대표자·수임자로서, 국민전체에 봉사하고, 국민에 대하여 책임을 지는 것을 본질로 한다.

Ⅱ. 민주적공무원제도

민주적 공무원제도와 관련하여 헌법 제7조 1항은 '공무원은 국민 전체에 대한 봉사자이며, 국민에 대하여 책임을 진다.'고 규정하고 있고, 같은 법 1조 2항은 '대한민국의 주권은 국민에게 있고, 모든 권력은 국민으로부터 나온다.'라고 규정하고 있으며, 그 외 같은 법 제24조에서는 '모든 국민은 법률이 정하는 바에 의하여 선거권을 가진다'고 규정하고, 또 같은 법 제25조에서는 '모든 국민은 법률이 정하는 바에 의하여 공무담임권을 가진다'라고 규정하여 국민의 공무원선거권 및 공무담임권을 보장함으로써 민주적공무원제를 확립하였다.

1. 국민 전체에 대한 봉사자

공무원은 국민 전체에 대한 봉사자이다. 국민전체에 대한 봉사자라는 것은 공무원의 근무관계가 공평무사한 직무수행의무의 원칙 및 국민전체의 이익을 위하여 근무하여야 함을 뜻한다. 공무원은 임명권자에 대한 봉사자가 아님은 물론 집권정당이나 기타 일당일파의 봉사자도 아니며, 각종의 부분사회의 봉사자도 아니다.

2. 국민에 대한 책임

공무원은 국민에 대한 책임을 진다. 헌법에서 규정한 공무원의 국민에 대한 책임은 단순한 도의적·윤리적 책임이 아니라 헌법이 직접 인정하는 헌법적 책임이며, 책임의 구체적인 내용은 입법자에 의해 형성된다.

3. 공무담임의 기회균등

모든 국민은 성별·종교·사회적 신분 등에 의하여 차별을 받지 아니하고 평등한 공무담임의 권리를 보장받으며(헌법 제11조 1항, 제25조), 평등선거·인사행정의 민주적통제가 인정된다.

Ⅲ. 직업공무원제도

1. 의 의

헌법 제7조 제2항은 '공무원의 신분과 정치적 중립성은 법률이 정하는 바에 의하여 보장된다'고 규정하여 직업공무원제도를 택하고 있다. 이는 공무원의 임명과 승진이 정권교체와 관계없이 행정의 일관성과 독자성 유지를 위해 집권당의 당파적 정실에 의하여 행하는 제도인 '엽관제'를 배제하고 본인의 능력에 따라 이루어지는 제도인 '성적제'에 기반하게 하는 제도이다. 직업공무원제도가 확립되기 위해서는 공무원의 신분보장, 공무원의 정치적중립성, 성적주의 등이 요구된다.

2. 신분의 보장

공무원의 신분보장은 연관주의의 폐단을 방지하고 국민전체의 봉사자로서 공무원이 공무에 전념하는 능률적인 사무처리와 아울러 공무의 영속성을 확보하고자함에 있다. 헌법 제7조 제2항에 근거하여 국가공무원법(제68조)과 지방공무원법(제60조)은 '공무원은 형의 선고·징계 또는 이법이 정하는 사유에 의하지 아니하고는 본인의 의사에 반하여 휴직·강임 또는 면직을 당하지 아니한다. 다만, 1급 공무원과 국가공무원법 제23조에 따라 배정된 직무등급이 가장 높은 등급의 직위에 임용된 고위공무원단에 속하는 공무원은 그러하지 아니하다'고 하여 신분보장을 제도화하고 있다.

• 관련판례

【판시사항】
공무원의 종류 및 신분보장에 관한 법령의 위헌 · 무효 여부의 판단 기준(출처 : 대법원 1997. 3. 14. 선고 95누17625 판결)

【판결요지】
헌법 제7조 제2항이 직업공무원제도가 정치적 중립성과 신분보장을 중추적 요소로 하는 민주적이고 법치주의적인 공직제도임을 천명하고 그 구체적 내용을 법률로 정하도록 위임하고 있으므로, 이와 같은 헌법의 위임 및 기속적 방향제시에 따라 지방공무원법이 지방공무원의 종류 및 신분보장에 관하여 구체적 내용을 정하거나 변경하는 것은 직업공무원제도의 본질적 내용을 침해하거나 비례의 원칙(과잉금지의 원칙) 또는 신뢰보호의 원칙에 위반되지 아니하는 한 입법재량의 범위 내에 있는 것으로서 이를 위헌 · 무효의 규정이라고 할 수 없다.

3. 정치적 중립성

정치적 중립성이란 정치적 활동의 금지를 의미하는데, 헌법 제7조 2항은 '공무원의 정치적 중립성은 법률이 정하는 바에 의하여 보장된다'고 하여 공무원의 정치적 중립을 보장하고 있다. 이에 근거하여 국가공무원법 및 지방공무원법은 공무원은 정당이나 그 밖의 정치단체의 결성에 관여하거나 이에 가입할 수 없고, 선거에서 특정정당 또는 특정인을 지지 또는 반대를 위한 행위 등 일련의 정치운동을 금지하고 있고, 공무원은 다른 공무원에게 정치운동금지행위에 위배되는 행위를 요구하거나, 정치적 행위에 대한 보상 또는 보복으로서 이익 또는 불이익을 약속하여서는 안 된다(국가공무원법 65조, 지방공무원법 57조). 한편 공무원의 정치적 중립성을 이유로 공무원의 일반적 정치적 자유권을 무조건 부인될 수 없으며, 이는 필요 최소한의 범위 내에서의 정치행위의 제한이라는 의미로 해석되어야 한다.

4. 성적주의

성적주의란 공무원의 임면·승진에 정치세력에 의한 간섭 없이 개인의 성적(능력과 실적)에 따라 인사행정이 행하여지는 제도를 말한다. 엽관제[5]에 대립되는 실적제는 능력원칙·

5) 엽관제란 공무원의 임면·승진을 정당에 대한 공헌이나 당파적 정실 또는 인사권자와의 개인적인 연고 즉, 혈연, 지연, 학벌, 정당관계 등을 기준으로 행하는 인사행정제도를 말한다.

중립성원칙·기회균등원칙 등을 그 요소로 한다. 성적주의는 국가공무원법(제26조)과 지방공무원법(제25조) 등 여러 법률에서 '공무원의 임용은 시험성적·근무성적 그 밖의 능력의 실증에 따라 행한다'고 규정하여 성적제를 취하고 있으며(교육공무원법 제10조, 경찰공무원법 제11조), 이러한 성적주의는 신규채용뿐만 아니라 승진의 경우에도 적용된다.

5. 직위분류제

가. 의 의

계급제가 사람을 중심으로 공무원 한명이 보유하는 지위와 권한을 기준으로 공직을 분류하는 방법이라면 직위분류제는 사람이 아닌 공무원이 수행하는 업무 등을 중심으로 공직을 분류하는 방법이다. 직위분류를 할 때는 모든 대상 직위를 직무의 종류·곤란성·책임도 및 자격요건에 따라 직군·직렬·직급 또는 직무등급별로 분류하되, 같은 직무등급에 속하는 직위에 대하여는 동일하거나 유사한 보수가 지급되도록 분류하여야 한다. 결국 일의 종류와 난이도, 책임도에 따라 직급이 같더라도 서로 다른 보수를 받고 권한과 책임의 영역이 명확하며, 객관적인 실적평가가 가능한 공직분류제이다. 이러한 직위분류제는 직위를 체계적으로 분류하고 표준화함으로써 행정사무의 능률과 전문화 등을 도모하기 위한 것이다.

나. 직위분류제와 계급제의 비교

직위분류제(직계제 또는 직급제)	계급제(계층제)
- 직위분류제는 공무원이 수행하는 직무와 책임 등을 중심으로 공직을 분류하는 방법을 의미한다. - 직위분류제는 직무의 유사성과 차별성 등을 기반으로 특정 직무의 특성을 고려하여 직무수행을 위한 집단의 직군을 위한 집단의 직군과 직렬을 구분한 후 직무의 나이도 및 책임의 수준과 중요도 등을 바탕으로 직무등급을 구분하는 분류체계이다. - 일(직책)중심으로 종류·곤란성·책임도·자격요건에 따라 직렬 및 직급별로 분류하는 제도(국공법 §22, §24)이다.	- 계급제는 사람을 중심으로 공무원 한명이 보유하고 있는 지위와 권한 기준으로 공직을 분류하는 개념이다. - 계급제에 의해서 공직을 분류할 경우, 특정공무원이 하나의 계급을 부여받으면 해당 계급 내의 보직이 가능한 어떤 직위로도 이동이 가능하며, 그 직위에 어울리는 대우를 받는 특징이 있다. - 사람(인물)중심으로 학력·경력·능력을 기준해서 공무원을 '계급'으로 분류하는 제도. 1급에서 9급으로 구분된다(국공법 §4).

구분		계급제	직위분류제
채용	인적자원확보	직급별 선발	직위별 선발
승진 및 보직 관리	채용시 자격요건	- 일반적이고 상식적인 능력 및 사고 - 높은 잠재력을 지닌 젊은 사람을 선호	- 구체적 직무전문성
	승진의 경로	폐쇄형	개방형(공직내외 개방) 강조
	인사이동	순환보직으로 유동성 고려	담당업무에 장기근무
	경력개발	일반행정가의 다양한 경력 중시	전문분야의 경력중시
		- 우선순위는 관리역량 개발 - 업무현장에서의 전문성 개발 강조	- 우선순위는 직무역량 개발 - 경력개발제도 설계에 따라 관리역량 개발의 필요성
평가 및 보상	성과측정	측정곤란	측정용이
	성과기준	연공/서열/능력(직급으로 표현되는 잠재역량)	- 직무의 난이도와 책임도 - 실적주의(실현된 성과)
	보수책정	계급별 호봉제(생활급/연공급 강조)	직무급 / 성과급 중심
인사관리의 내재적 동기부여 강조점		- 조직몰입	- 직무몰입

[한국행정연구원 2015 참조]

제 3 절 공무원법관계의 변동(발생·변경·소멸)

Ⅰ. 공무원법관계의 발생

1. 임명행위

가. 임명의 개념

임명이란 특정인에게 공무원의 신분을 부여하여 공무원법관계를 발생시키는 행위를 말한다. 이와 구별하여야 하는 개념으로 임용이란 공무원관계를 발생·변경 및 소멸하게 하는 일체의 행위를 말한다. 즉, 임용이란 공무원관계를 발생시키는 임명행위 등 신규채용, 공무원관계를 변경시키는 승진임용, 전직, 전보, 겸임, 파견, 강임, 휴직, 직위해제, 정직, 복직, 공무원관계를 소멸시키는 면직, 해임 및 파면을 포함하는 넓은 개념이다. 그 외 보직의 개념 또한 임명과 구별되는데, 보직이란 공무원의 신분을 가진 자에게 일정한 직위를 부여하여 일정한 직무를 담당하도록 명하는 행위를 말한다. 임명과 보직은 논리상 동시에 이루어지는 경우도 있고 그렇지 아니한 경우도 있지만, 보직은 임명이 있음을 전제로 하며, 보직행위가 없는 한 구체적인 공무담임행위는 성립하지 않는다.

나. 임명의 법적성질

공무원 임명행위의 법적성질에 대하여 다수설은 상대방의 동의를 요하는 행정행위 즉, 쌍방적 행정행위로 본다. 판례 또한 경력직공무원의 임명은 쌍방적 행정행위라고 보나[6], 전문직에 종사하는 고용직공무원의 경우는 공법상계약으로본다.[7] 따라서 공무원이 되고자 하는 자의 신청이나 동의가 결여된 경우 그 임명행위는 무효이고, 임명행위는 행정행위이므로 그에 대한 분쟁은 항고소송이 된다.

• 관련판례

【판시사항】
대학교원의 신규채용에 있어서 유일한 면접심사 대상자로 선정된 임용지원자에 대한 교원신규채용 중단조치가 항고소송의 대상이 되는 행정처분에 해당하는지 여부(대법원 2004. 6. 11. 선고 2001두7053 판결)

【판결요지】
구 교육공무원법(1999. 1. 29. 법률 제5717호로 개정되기 전의 것) 및 구 교육공무원임용령(1999. 9. 30. 대통령령 16564호로 개정되기 전의 것) 등 관계 법령에 대학교원의 신규임용에 있어서의 심사단계나 심사방법 등에 관하여 아무런 규정을 두지 않았다고 하더라도, 대학 스스로 교원의 임용규정이나 신규채용업무시행지침 등을 제정하여 그에 따라 교원을 신규임용하여 온 경우, 임용지원자가 당해 대학의 교원임용규정 등에 정한 심사단계 중 중요한 대부분의 단계를 통과하여 다수의 임용지원자 중 유일한 면접심사 대상자로 선정되는 등으로 장차 나머지 일부의 심사단계를 거쳐 대학교원으로 임용될 것을 상당한 정도로 기대할 수 있는 지위에 이르렀다면, 그러한 임용지원자는 임용에 관한 법률상 이익을 가진 자로서 임용권자에 대하여 나머지 심사를 공정하게 진행하여 그 심사에서 통과되면 대학교원으로 임용해 줄 것을 신청할 조리상의 권리가 있다고 보아야 할 것이고, 또한 유일한 면접심사 대상자로 선정된 임용지원자에 대한 교원신규채용업무를 중단하는 조치

6) 대법원 1962. 11. 8. 선고 62누163 판결.
7) 대법원 1952. 9. 23. 선고 4285행상3 판결.

는 교원신규채용절차의 진행을 유보하였다가 다시 속개하기 위한 중간처분 또는 사무처리절차상 하나의 행위에 불과한 것이라고는 볼 수 없고, 유일한 면접심사 대상자로서 임용에 관한 법률상 이익을 가지는 임용지원자에 대한 신규임용을 사실상 거부하는 종국적인 조치에 해당하는 것이며, 임용지원자에게 직접 고지되지 않았다고 하더라도 임용지원자가 이를 알게 됨으로써 효력이 발생한 것으로 보아야 할 것이므로, 이는 임용지원자의 권리 내지 법률상 이익에 직접 관계되는 것으로서 항고소송의 대상이 되는 처분 등에 해당한다.

다. 임용청구권 인정여부

특정행위청구권으로서 개인적 공권인 임용청구권은 인정되지 아니한다. 다만 적법한 재량행사를 청구할 수 있는 권리 즉, 무하자재량행사청구권은 인정될 수 있다. 그러나 이 또한 공무원임용을 위한 판단은 대체로 사법통제가 곤란한 행정청의 판단의 여지가 작용되는 부분이기 때문에 사실상 행정소송으로 관철되기가 어렵다.

- 관련판례

【판시사항】

구 교육공무원법에 의하여 기간제로 임용되어 임용기간이 만료된 국·공립대학의 교원이 재임용 여부에 관하여 심사를 요구할 신청권을 갖는지 여부(대법원 2011. 1. 27. 선고 2009다30946 판결 [손해배상(기)])

【판결요지】

구 교육공무원법(2005. 1. 27. 법률 제7353호로 개정되기 전의 것)에 의하여 기간제로 임용되어 임용기간이 만료된 국·공립대학의 교원도 교원으로서의 능력과 자질에 관하여 합리적인 기준에 의한 공정한 심사를 받아 기준에 부합하면 특별한 사정이 없는 한 재임용되리라는 기대를 가지고 재임용 여부에 관하여 심사를 요구할 법규상 또는 조리상 신청권을 가진다. 그런데 이러한 국·공립대학 교원에 대한 재임용거부처분이 재량권을 일탈·남용한 것으로 평가되어 그것이 불법행위가 됨을 이유로 국·공립대학 교원 임용권자에게 손해배상책임을 묻기 위해서는 당해 재임용거부가 국·공립대학 교원 임용권자의 고의 또는 과실로 인한 것이라는 점이 인정되어야 한다. 그리고 위와 같은 고의·과실이 인정되려면 국·공립대학 교원 임용권자가 객관적 주의의무를 결하여 그 재임용거부처분이 객관적 정당성을 상실하였다고 인정될 정도에 이르러야 한다.

2. 임용요건

가. 능력요건

결격사유에 해당하는 공무원은 임용될 수 없다. 결격사유는 국가공무원법 제33조, 지방공무원법 제31조에 규정되어 있는데, 그 사유인 다음의 어느 하나에 해당하는 자는 공무원으로 임용될 수 없다. 만일 이에 위반하여 임용되는 경우라도 그 임용행위는 당연무효이다.

① 금치산자 또는 한정치산자, ② 파산선고를 받고 복권되지 아니한자, ③ 금고이상의 실형을 선고받고 그 집행이 종료되거나 집행을 받지 아니하기로 확정된 후 5년이 지나지 아니한자, ④ 금고이상의 형을 선고받고 그 집행유예기간이 끝난 날로부터 2년이 지나지 아니한자, ⑤ 금고이상의 형의 선고유예를 받은 경우에 그 선고유예기간에 있는 자, ⑥ 법원의 판결 또는 다른 법률에 따라 자격이 상실되거나 정지된 자, ⑦ 공무원으로 재직기간 중 직무와 관련하여 형법 제355조(횡령, 배임) 및 제356조(업무상 횡령, 배임)에 규정된 죄를 범한 자로서 300만원 이상의 벌금형을 선고받고 그 형이 확정된 후 2년이 지나지 아니한 자, ⑧ 징계로 파면처분을 받은 때부터 5년이 지나지 아니한 자, ⑨ 징계로 해임처분을 받은 때부터 3년이 지나지 아니한 자.

• 관련판례

【판시사항】

직위해제 중에 자격정지 이상의 형의 선고유예를 받아 당연퇴직된 경찰공무원에게 임용권자가 복직처분을 한 상태에서 선고유예기간이 경과된 경우, 경찰공무원의 신분이 회복되는지 여부(대법원 1997. 7. 8. 선고 96누4275 판결)

【판결요지】

[1] 경찰공무원이 재직 중 자격정지 이상의 형의 선고유예를 받음으로써 경찰공무원법 제7조 제2항 제5호에 정하는 임용결격사유에 해당하게 되면, 같은 법 제21조의 규정에 의하여 임용권자의 별도의 행위(공무원의 신분을 상실시키는 행위)를 기다리지 아니하고 그 선고유예 판결의 확정일에 당연히 경찰공무원의 신분을 상실(당연퇴직)하게 되는 것이고, 나중에 선고유예기간(2년)이 경과하였다고 하더라도 이미 발생한 당연퇴직의 효력이 소멸되어 경찰공무원의 신분이 회복되는 것은 아니며, 한편 직위해제처분은 형사사건으로 기소되는 등 국가공무원법 제73조의2 제1항 각 호에 정하는 귀책사유가 있을 때 당해 공무원에게 직위를 부여하지 아니하는 처분이고, 복직처분은

직위해제사유가 소멸되었을 때 직위해제된 공무원에게 국 가공무원법 제73조의2 제2항의 규정에 의하여 다시 직위를 부여하는 처분일 뿐, 이들 처분들이 공무원의 신분을 박탈하거나 설정하는 처분은 아닌 것이므로, 임용권자가 임용결격사유의 발생 사실을 알지 못하고 직위해제되어 있던 중 임용결격사유가 발생하여 당연퇴직된 자에게 복직처분을 하였다고 하더라도 이 때문에 그 자가 공무원의 신분을 회복하는 것은 아니다.

나. 자격요건(성적요건)

공무원의 임용은 일정한 자격을 가춘 자라야 한다. 그 자격은 시험성적·근무성적·경력평정 기타 능력의 실증에 의하여 행한다(국가공무원법 제26조, 지방공무원법 제25조). 경력직공무원의 신규채용은 공개경쟁시험에 의함을 원칙으로 하며, 예외적으로 경력 경쟁채용에 의할 수 있다(국가공무원법 제28조 1, 2항, 지방공무원법 제27조 1, 2항). 이때 공개경쟁에 의한 채용시험은 동일한 자격을 가진 모든 국민에게 평등하게 공개해야 한다(국가공무원법 제35조, 지방공무원법 제33조).

다. 요건결여의 효과

(1) 능력요건(결격요건)이 결여

능력요건이 결여된 자에 대한 임용은 취소사유로 보는 견해도 있지만 당연무효라고 보는 것이 다수설의 입장이다. 이때 국가(임용권자의 과실)의 과실 즉, 임용권자가 임용결격자임을 밝혀내지 못하였다 하여도 그 임용행위는 당연 무효이며, 판례도 같은 입장이다.

- 관련판례

【판시사항】

임용권자의 과실에 의한 임용결격자에 대한 경찰공무원 임용행위의 효력(대법원 2005. 7. 28. 선고 2003두469 판결)

【판결요지】

경찰공무원법에 규정되어 있는 경찰관임용 결격사유는 경찰관으로 임용되기 위한 절대적인 소극적 요건으로서 임용 당시 경찰관임용 결격사유가 있었다면 비록 임용권자의 과실에 의하여 임용결격자임을 밝혀내지 못하였다 하더라도 그 임용행위는 당연무효로 보아야 한다.

또한 재직 중에 능력요건을 결여하게 되더라도 당연 퇴직사유가 된다. 판례도 같은 입장이다. 이때 당연퇴직 통보는 퇴직사유를 공적으로 확인하여 알려주는 사실의 통보에 불과하므로 항고소송의 대상이 되는 행정처분이 아니다.[8)]

- 관련판례

【판시사항】

직위해제 중에 자격정지 이상의 형의 선고유예를 받아 당연퇴직된 경찰공무원에게 임용권자가 복직처분을 한 상태에서 선고유예기간이 경과된 경우, 경찰공무원의 신분이 회복되는지 여부(대법원 1997. 7. 8. 선고 96누4275 판결)

【판결요지】

경찰공무원이 재직 중 자격정지 이상의 형의 선고유예를 받음으로써 경찰공무원법 제7조 제2항 제5호에 정하는 임용결격사유에 해당하게 되면, 같은 법 제21조의 규정에 의하여 임용권자의 별도의 행위(공무원의 신분을 상실시키는 행위)를 기다리지 아니하고 그 선고유예 판결의 확정일에 당연히 경찰공무원의 신분을 상실(당연퇴직)하게 되는 것이고, 나중에 선고유예기간(2년)이 경과하였다고 하더라도 이미 발생한 당연퇴직의 효력이 소멸되어 경찰공무원의 신분이 회복되는 것은 아니며, 한편 직위해제처분은 형사사건으로 기소되는 등 국가공무원법 제73조의2 제1항 각 호에 정하는 귀책사유가 있을 때 당해 공무원에게 직위를 부여하지 아니하는 처분이고, 복직처분은 직위해제사유가 소멸되었을 때 직위해제된 공무원에게 국 가공무원법 제73조의2 제2항의 규정에 의하여 다시 직위를 부여하는 처분일 뿐, 이들 처분들이 공무원의 신분을 박탈하거나 설정하는 처분은 아닌 것이므로, 임용권자가 임용결격사유의 발생 사실을 알지 못하고 직위해제되어 있던 중 임용결격사유가 발생하여 당연퇴직된 자에게 복직처분을 하였다고 하더라도 이 때문에 그 자가 공무원의 신분을 회복하는 것은 아니다.

(2) 결격사유의 판단기준

공무원 임용결격사유가 있는지 여부는 채용후보자 명부에 등록된 때가 아니라 공무원의 관계가 설정되는 임용당시에 시행되던 법률의 기준으로 판단해야 한다[9)].

(3) 퇴직금지급문제

임용행위가 당연무효인 경우 그 공무원이 사실상 근무하여 왔다고 하여도 퇴직금청구권은 발생하지 않는다.

8) 대법원 1985. 7. 23. 선고 84누374 판결.
9) 대법원 1987. 4. 14. 선고 86누459 판결.

• 관련판례

【판시사항】
임용결격자가 공무원으로 임용되어 사실상 근무하여 온 경우, 공무원연금법 소정의 퇴직급여 등을 청구할 수 있는지 여부(대법원 1996. 2. 27. 선고 95누9617 판결)

【판결요지】
공무원연금법에 의한 퇴직급여 등은 적법한 공무원으로서의 신분을 취득하여 근무하다가 퇴직하는 경우에 지급되는 것이고, 당연무효인 임용결격자에 대한 임용행위에 의하여 공무원의 신분을 취득할 수는 없으므로, 임용결격자가 공무원으로 임용되어 사실상 근무하여 왔다고 하더라도 적법한 공무원으로서의 신분을 취득하지 못한 자로서는 공무원연금법 소정의 퇴직급여 등을 청구할 수 없으며, 나아가 임용결격사유가 소멸된 후에 계속 근무하여 왔다고 하더라도 그때부터 무효인 임용행위가 유효로 되어 적법한 공무원의 신분을 회복하고 퇴직급여 등을 청구할 수 있다고 볼 수는 없다.

3. 임명의 형식과 효력발생 등

가. 임명권자

행정부 소속 공무원의 경우 국가공무원은 대통령이, 지방직공무원은 지방자치단체의 장이 임명하는 것이 원칙이다.

나. 임명의 형식

공무원의 임명은 임용장이나 임용통지서의 교부가 유효요건은 아니나 통상 임용장이나 임용통지서의 교부에 의함이 원칙이다. 이러한 임용장 또는 임용통지서는 임용행위를 확인하고 증명하는 정도의 의미를 갖는다는 것이 통설이다.

다. 효력발생시기

도달주의 원칙에 따라 임용의 의사표시가 공무원에게 도달하여야 임용의 효력이 발생한다. 즉 공무원은 공무원임명장 또는 임용통지서에 기재된 날짜에 임용된 것으로 본다. 다만, 사망으로 인한 면직은 사망한 다음날에 면직된 것으로 본다(공무원임용령 제6조 제1항 및 지방공무원임용령 제5조 1, 3항).[10]

Ⅱ. 공무원법관계의 변경

공무원관계의 변경이란 공무원의 신분을 유지하면서 공무원관계의 내용에 일시적 또는 영구적변경이 생기는 것을 말한다. 공무원관계의 변경은 공무원임명행위와는 달리 일방적 단독행위로 행하여진다.

1. 승진 - 상위직급으로 변경

승진이란 동일직렬 내의 하위직급에서 바로 상위직급으로 임용되는 것을 말한다. 직급에 따라 승진의 의미내용에 다소 차이가 있지만, 개인적 공권으로서 일반적인 승진청구권은 인정되지 않지만 확약의 경우는 다르다. 또한, 승진은 공무원의 법적지위에 변경을 가져오는 행위이므로 처분이며 행정쟁송의 대상이 되지만, 승진결정은 재량행위이므로 재량권의 일탈이나 남용이 없는 한 위법하지 않다.

- 관련판례

【판시사항】

4급 공무원이 당해 지방자치단체 인사위원회의 심의를 거쳐 3급 승진대상자로 결정되고 임용권자가 그 사실을 대내외에 공표한 경우, 그 공무원에게 승진임용 신청권이 있는지 여부(대법원 2008. 4. 10. 선고 2007두18611 판결)

【판결요지】

지방공무원법 제8조, 제38조 제1항, 지방공무원임용령 제38조의3의 각 규정을 종합하면, 2급 내지 4급 공무원의 승진임용은 임용권자가 행정실적 · 능력 · 경력 · 전공분야 · 인품 및 적성 등을 고려하여 하되 인사위원회의 사전심의를 거치도록 하고 있는바, 4급 공무원이 당해 지방자치단체 인사위원회의 심의를 거쳐 3급 승진대상자로 결정되고 임용권자가 그 사실을 대내외에 공표까지 하였다면, 그 공무원은 승진임용에 관한 법률상 이익을 가진 자로서 임용권자에 대하여 3급 승진임용 신청을 할 조리상의 권리가 있다.

10) 공무원의 임용은 그 임용일자를 소급해서는 안된다. 다만, ① 재직중 공적이 현저한자가 공무로 사망한 때 그 사망일의 전날을 임용일자로 하여 추서하는 경우, ② 휴직기간의 만료 또는 휴직사유가 소멸 된 뒤에도 직무에 복귀하지 않거나 직무를 감당할 수 없을 경우에의 직권면직하는 때에 휴직기간의 만료일 또는 휴직사유의 소멸일을 임용일자로 하여 직권 면직하는 경우는 예외이다(공무원임용령 제7조, 지방공무원임용령 제6조).

가. 승진의 요건

승진임용은 근무성적평정·경력평정, 그 밖의 능력의 실증에 따르는데(국가공무원법 제40조 1항), 1급 공무원으로서의 승진은 바로 하급 공무원 중에서, 2급 및 3급 공무원으로의 승진은 같은 직군 내의 바로 하급 공무원 중에서 각각 임용하거나 임용제청하며, 고위공무원단 직위로의 승진임용은 대통령령으로 정하는 자격, 경력, 등을 갖춘 자 중에서 임용하거나 임용제청한다(국가공무원법 제40조의2 제1항, 지방공무원법 제38조 제1항). 한편 승진소요연수와 승진후보자 명부상의 순위에 의한 제한을 받지 않고, 다른 공무원의 귀감이 되는 자, 행정발전에 큰 공헌을 한 자, 예산절감 등 행정운영 발전에 뚜렷한 실적이 있는 자, 재직 중 공적이 뚜렷한 자가 공무로 사망한 자 등 우수한 공무원 등에 수여하는 특별 승진도 있다(국가공무원법 제40조의4, 공무원임용령 제35조의2).

나. 승진의 제한

공무원은 징계처분요구 또는 징계의결요구, 직위해제, 휴직 또는 시보임용기간 중에 있는 경우 등에는 승진임용 될 수 없고, 징계처분집행이 끝난 날부터 강등·정직은 18개월, 감봉은 12개월, 견책은 6개월의 기간이 경과하지 아니한 경우에는 승진임용 될 수 없다(공무원임용령 제32조 1항).

다. 징계사유 있는 자의 승진임용의 위법여부

공무원이 징계사유에 해당함에도 징계의결 요구를 하지 아니하고 승진임용한 것은 임용권자의 승진임용에 대한 재량권을 일탈·남용한 것으로 위법하다.[11]

2. 동일직급내의 변경 – 전직·전보·복직

가. 전 직

전직이란 예를 들어 행정사무관을 외무사무관으로 임용하는 경우와 같이 직렬을 달리하는 임명을 말한다. 전직은 직위분류제의 원칙에 예외가 되므로 공무원을 전직임용하려는 때에는 전직시험을 거쳐야 한다(국가공무원법 제5조 5호, 제28조의3, 공무원임용령 제29조). 다만, 일정한 경우에는 시험의 전부 또는 일부를 면제할 수 있다(국가공무원법 제제2

11) 대법원 2007. 3. 22. 선고 2005추62 판결.

8조의3, 지방공무원법 제29조의2).

나. 전 보

전보란 같은 직급내에서 보직변경 또는 고위공무원단 직위간의 보직변경을 말한다(국가공무원법 제5, 6조)(예: 세무 1과장을 세무 2과장으로 임용하는 경우). 공무원은 해당직위에 임용된 날로부터 2년 이내에 다른 직위에 전보될 수 없다. 이는 정실인사의 악용을 방지하고 일정기간동안 안정적으로 업무를 수행하기 위한 것이다. 그러나 같은 직위에서의 장기근무로 침체를 방지하여 창의적으로 직무를 수행할 수 있게 하기 위한 전보는 정기적으로 실시된다(공무원임용령 제44조).

다. 복 직

복직이란 휴직, 직위해제, 정직 중이거나 강등으로 직무에 종사하지 못한 공무원을 직위에 복직시키는 임용행위를 말한다. 휴직기간 중 그 사유가 없어지면 30일 이내에 임용권자 또는 임용제청권자는 지체없이 복직을 명하여야 한다. 휴직기간이 끝난 공무원이 30일 이내에 복귀신고를 하면 당연히 복직된다. 휴직의 경우는 복직이 보장된다. 직위해제 중인 공무원의 직위해제사유가 소멸되면 임용권자는 지체없이 직위를 부여하여야한다. 즉, 복직시켜야 한다(국가공무원법 제73조의3 2항).

3. 하위직급으로 변경 - 강임

가. 강임

강임이란 같은 직렬 내에서 하위직급에 임명하거나 하위직급이 없어 다른 직렬의 하위직급으로 임명하거나 고위공무원단에 속하는 일반직공무원을 고위공무원단 직위가 아닌 하위직에 임명하는 것을 말한다(국가공무원법 제5조 4호). 강임은 불이익처분이므로 본인의 의사에 반하여 할 수 없는 것이 원칙이다. 다만, 임용권자는 직제 또는 정원의 변경이나 예산의 감소 등으로 직위가 폐직되거나 하위의 직위로 변경되어 과원이 된 경우 또는 본인이 동의한 경우에는 소속공무원을 강임할 수 있다. 다만 이에 따라 강임된 공무원은 상위 직급 또는 고위공무원단 직위에 결원이 생기면 우선 임용된다(국가공무원법 제73조의4 2항, 지방공무원법 제65조의4 제2항).

나. 강등

강등은 1계급 아래로 지급을 내리는 징계처분이다. 공무원의 신분은 유지하나 3개월간 직무에 종사하지 못하여 그 기간 중 보수의 전액을 감한다(국가공무원법 제80조 1항).

4. 이중직위의 부여 등 - 겸임, 파견

가. 겸임

겸임이란 직위와 직무의 내용이 유사하고 담당직무수행에 지장이 없다고 인정되는 경우에 일반직 공무원을 그 직위를 보유한채 특정직 공무원이나 특수전문분야의 일반직 공무원 또는 별정직 공무원 등으로 임용하는 것을 말한다(국가공무원법 제32조의3).

나. 파견

파견이란 국가적 사업의 수행 또는 그 업무수행과 관련된 행정지원이나 연수 그 밖에 능력개발 등을 위하여 자기 본래의 직무를 떠나 다른 국가기관·공공단체·정부투자기관·국내외교육기관·연구기관 그 밖의 기관에 일정기간 근무하는 것을 말한다(국가공무원법 제32조의4).

5. 무직위로의 변경

가. 휴 직

(1) 의의

휴직이란 공무원의 신분을 보유하게 하나 직무에 종사하지 못하게 하는 것을 말한다(국가공무원법 제73조 1항). 휴직에는 공무원 의사에도 불구하고 임용권자가 직권으로 행하는 직권휴직(국가공무원법 제71조 제1항)과 공무원 본인의 원에 의하여 임용권자가 행하는 의원휴직(국가공무원법 제73조 제1항, 지방공무원법 제65조 제1항)이 있다.[12)]

---

12) - 직권휴직(강제휴직) 사유·기간(국가공무원법 제71·①, 지방공무원법 제63·①)
① 신체·정신상의 장애로 장기 요양이 필요할 때 1년 이내로 한다(공무원연금법에 따른 공법상 질병 또는 부상으로 인한 휴직기간은 3년이내).
② 병역법에 따른 병역복무를 마치기 위하여 직접 또는 소집될 때 복무기간이 끝날 때까지
③ 천재지변이나 전시·사변, 그 밖의 사유로 생사 또는 소재가 불명확하게 될 때 3개월 이내
④ 그 밖에 법률의 규정에 따른 의무를 수행하기 위하여 직무를 이탈하게 된 때 복무기간이 끝날 때까지
⑤ 「공무원의노동조합설립및운영등에관한법률」 제7조에 따라 노동조합 전임자로 종사하게 된 때 전임기간
- 의원휴직사유·기간(국가공무원법 제71·②, 지방공무원법 제63·②)
① 국제기구, 외국기관, 국내외의 대학·연구기관, 다른 국가기관 또는 대통령령으로 정하는 민간기업, 그 밖의

(2) 효 력

휴직중인 공무원은 신분은 보유하나 직무에 종사하지 못한다. 휴직기간 중 그 사유가 없어지만 30일 이내에 임용권자 또는 임용제청권자에게 신고하여야 하며, 이 경우 임용권자는 지체 없이 복직을 명하여야 한다. 휴직 기간이 끝난 공무원이 30일 이내에 복귀신고를 하면 당연히 복직된다(국가공무원법 제73조, 지방공무원법 제65조). 다만, 휴직기간은 승진소요연수에 산입되지 아니하는 것이 원칙이다(공무원임용령 제31조 2항).

한편, 휴직기간 중에는 봉급을 지급하지 않는 것이 원칙이다(공무원보수규정 제28조 3항). 그러나 ㉮ 신체상·정신상의 장애로 장기요양을 위하여 휴직한 공무원에게는 그 기간 중 봉급의 70퍼센트를 지급한다. 단, 결핵성 질환으로 인하여 휴직한 경우에는 그 기간 중 봉급의 80퍼센트를 지급하며, 공무상 질병으로 휴직한 경우에는 그 기간중 봉급전액을 지급한다. ㉯ 외국유학 또는 1년 이상의 국외연수를 위하여 휴직한 경우에는 그 기간 중 봉급의 50퍼센트를 지급할 수 있다. 이 경우 교육공무원을 제외한 공무원에 대한 지급기간은 3년을 초과할 수 없다.

나. 직위해제

(1) 의의 및 법적성질

직위해제란 공무원 본인에게 직위를 계속 보유하게 할 수 없는 일정한 귀책사유가 있어 그 공무원에게 직위를 부여하지 않는 것을 말한다. 직위해제는 휴직과는 달리 본인에게 귀책사유가 있을 때에 행하는 것이므로 제재적인 성격을 갖지만 징계는 아니다. 따라서 동일사유로 직위해제처분하고 다시 감봉처분을 한 경우에 일사부재리원칙에 위배된다고 할 수 없다.

기관에 임시로 채용될 때 그 채용기간(다만, 민간기업이나 그 밖의 기관에 채용되면 3년 이내로 한다).

② 국외유학을 하게 된 때 3년 이내로 하되 부득이한 경우는 2년의 범위에서 연장할 수 있다

③ 중앙인사기관의 장이 지정하는 연구기관이나 교육기관 등에서 연수하게 된 때 2년 이내

④ 만8세 이하(취학중인 경우에는 초등학교 2학년 이하를 말한다)의 자녀를 양육하기 위하여 필요하거나 여성공무원이 임신 또는 출산하게 된 때 자녀 1명에 대하여 1년(여성공무원은 3년) 이내(이 경우는 대통령령으로 정하는 특별한 사정이 없으면 휴직을 명하여야하고, 휴직을 이유로 인사에 분리한 처우를 해서는 아니된다).

⑤ 사고나 질병 등으로 장기간 요양이 필요한 부모, 배우자, 자녀 또는 배우자의 부모를 간호하기 위하여 필요한 때 1년 이내로 하되, 재직기간 중 총3년을 넘을 수 없다.

⑥ 외국에서 근무·유학 또는 연수하게 되는 배우자를 동반하게 된 때 3년 이내로 하되, 부득이한 경우에는 2년의 범위에서 연장할 수 있다.

• 관련판례

【판시사항】

동일사유로 직위해제처분하고 다시 감봉처분을 한 경우와 일사부재리원칙(대법원 1983. 10. 25. 선고 83누184 판결)

【판결요지】

직위해제처분이 공무원에 대한 불이익한 처분이긴 하나 징계처분과 같은 성질의 처분이라 할 수 없으므로 동일한 사유로 직위해제 처분을 하고 다시 감봉처분을 하였다 하여 일사부재리원칙에 위배된다 할 수 없다.

(2) 직위해제사유

임용권자는 ① 직무수행능력이 부족하거나 근무성적이 극히 나쁜자, ② 파면·해임·강등 또는 정직에 해당하는 징계의결이 요구 중인자 , ③ 형사사건으로 기소된 자, ④ 고위공무원단에 속하는 일반직공무원으로서 제70조의 2 제1항 제2호 및 제3호의 사유로 적격심사를 요구받은 자에게는 직위를 부여하지 아니할 수 있다. 직위해제가 되면 직무에 종사하지 못하며 출근 의무도 없다. 직위해제여부는 의무에 합당한 재량으로 결정해야 한다(국가공무원법 제73조의3 1항, 지방공무원법 제65조의365의3 1항).

(3) 직위해제 처분

임용권자는 직위해제사유의 어느 하나에 해당하는 자에게는 직위를 부여하지 아니할 수 있다. 즉, 직위해제여부는 임용권자의 재량에 속한다. 다만, 「직위해제사유」 중 ①·②·③의 사유가 경합하면 ② 또는 ③의 사유로 직위해제처분을 하여야 한다.

(4) 직위해제의 절차

처분권자는 직위해제처분사유를 적은 설명서를 교부하여야 하고, 소속기관의 장은 직위해제된 공무원에게 인사발령 통지서를 준다. 직위해제사유통보는 직위해제와 동시에 또는 직위해제 후 지체없이 서면으로 해야 할 것이며, 그 당시의 전후사정에 의하여 스스로에 대한 구체적인 직위 해제사유를 알고 있다고 볼만한 특별한 사정이 없는 한, 그 사유는 사실관계의 동일성을 판별할 수 있을 정도로 통보되어야 한다. 인사규정에 의한 직위해제사유통보를 흠결한 직위해제는 그 효력이 부정된다.[13)]

(5) 직위해제의 효력

직위해제중인 공무원은 ① 일정기간 직무에 종사하지 못하며, ② 임용권자는 직무수행능력이 부족하거나 근무성적이 극히 나쁜자에 대하여 3개월의 범위에서 대기를 명하고, 대기명령을 받은 자에게 능력회복이나 근무성적의 향상을 위한 교육훈련 또는 특별한 연구과제의 부여 등 필요한 조치를 하여야한다(국가공무원법 제73조의3 제3, 4항, 지방공무원법 제65조의3 제3, 4항). 그러나 대기명령을 받은 자가 그 기간에 능력 또는 근무성적의 향상을 기대하기 어렵다고 인정된 때에는 임용권자는 직권으로 면직시킬 수 있다. 다만 대법원은 직위를 해제한 후 직권면직처분을 한 경우 직위해제와 직권면직은 하나의 법률효과를 목적으로 하지 않기 때문에 직위해제에 하자가 있다고 하더라도 직권면직에 하자가 승계되지는 않는다고 본다.[14]

(6) 직위해제기간만료 후의 소의 이익

직위해제기간이 만료 되었다 하더라도 그것이 무효 또는 취소되어 소급하여 효력이 소멸되지 않는 한 직위해제기간동안 승진소요연수의 불산입 및 보수감액지급부분 등은 그대로 남아 있기 때문에, 그 회복을 위해 직위해제의 무효확인 또는 취소가 필요하다. 따라서 그 효력을 다툴 소의 이익이 있지만, 판례는 소의 이익을 부정하고 있다[15].

Ⅲ. 공무원관계의 소멸

공무원관계의 소멸은 공무원의 신분이 해소되어 공무원으로서의 법적지위에서 벗어나는 것을 말하며, 공무원관계의 소멸원인에는 퇴직과 면직의 두 가지가 있다.

1. 당연퇴직

(1) 의 의

당연퇴직이란 법률에서 규정하고 있는 일정한 사유가 발생하면 별도의 처분없이 당연히 공무원법관계가 소멸하는 것을 말한다. 따라서 행정청의 당연퇴직의 통보는 퇴직된 사실

---

13) 대법원 1992. 7. 28. 선고 91다30729 판결.
14) 대법원 1983. 10. 25. 선고 83누340 판결.
15) 대법원 1993. 9. 10. 선고 93다10743 판결, 대법원 2007. 12. 13. 선고 2006다33999 판결.

을 알리는 관념의 통지로 확인행위에 불과한 사실행위이기 때문에 행정소송의 대상이 되는 독립한 행정처분이 아니다.[16)]

(2) 퇴직사유

(가) 결격사유가 발생한 때

- 결격사유 (국공법§33, 지공법§31)

다음 각 호의 어느 하나에 해당하는 자는 공무원으로 임용될 수 없다 1. 금치산자 또는 한정치산자 2. 파산선고를 받고 복권되지 아니한 자 3. 금고이상의 실형을 선고받고 그 집행이 종료되거나 집행을 받지 않기로 확정된 후 5년이 지나지 아니한 자 4. 금고이상의 형을 선고받고 그 집행유예기간이 끝난 날부터 2년이 지나지 아니한 자 5. 금고이상의 형의 선고유예를 받은 경우에 그 선고유예 기간 중에 있는 자 6. 법원의 판결 또는 다른 법률에 따라 자격이 상실되거나 정지된 자 6의2. 공무원으로 재직기간 중 직무와 관련하여 「형법」 제355조 및 제356조에 규정된 죄를 범 한 자로서 300만원 이상의 벌금형을 선고 받고 그 형이 확정된 후 2년이 지나지 아니한 자 7. 징계로 파면처분을 받은 때부터 5년이 지나지 아니한 자 8. 징계로 해임처분을 받은 때부터 3년이 지나지 아니한 자

공무원이 공무원임명의 소극적 요건인 「결격사유」 중 어느 하나에 해당할 때에는 당연히 퇴직한다. 다만, 제33조 제5호는 「형법」 제129조부터 제132조까지 및 직무와 관련하여 「형법」 제355조 및 제356조에 규정된 죄를 범한 자로서 금고이상의 형의 선고유예를 받은 경우에만 해당한다(국가공무원법 제69조).

(나) 사망·임기만료·정년

사망, 임기만료, 정년은 당연퇴직사유이다. 공무원의 정년은 다른 법률에 특별규정이 있는 경우를 제외하고는 60세로 한다(국가공무원법 제74조, 지방공무원법 제66조). 공무원은 정년에 이른 날이 1월부터 6월 사이에 있으면 6월 30일에, 7월부터 12월 사이에 있으면 1

16) 대법원 1992. 1. 21. 선고 91누2687 판결.

2월 31일에 각각 당연히 퇴직된다(국가공무원법 제74조 4항, 지방공무원법 제66조 2항).

(다) 국적상실

공무원이 국적을 상실한 때, 다만, 외국인도 임명될 수 있는 직에 근무하고 있었던 경우에는 국적상실로 당연히 퇴직되는 것은 아니라 할 것이다. 그러나 법률에서 명문으로 대한민국 국적을 가지지 아니한 자는 공무원의 결격사유로 정하고 있는 경우에는 공무원이 대한민국의 국적을 상실하였을 때는 당연히 퇴직된다.

(라) 명예퇴직

공무원으로 20년 이상 근속한 자가 정년 전에 스스로 퇴직하면 예산의 범위에서 명예퇴직 수당을 지급할 수 있다(국가공무원법 제74조의 1항, 지방공무원법 제66조의2 1항). 직제와 정원의 개폐 또는 예산의 감소 등에 따라 폐직 또는 과원이 되었을 때에 20년 미만 근속한 자가 정년 전에 스스로 퇴직하면 예산의 범위에서 수당을 지급할 수 있다(국가공무원법 제74조의 2항, 지방공무원법 제66조의2 2항).

(3) 효 과

당연퇴직의 사유가 발생하면 별도의 처분이 없어도 공무원법관계는 당연 소멸되어 그 시점부터 공무원 신분을 상실한다. 따라서 당연퇴직된 자가 행한 행위는 원칙상 무권한자의 행위가 된다. 그러나 이러한 경우에도 국민의 신뢰보호와 법적안정성을 위해 사실상 공무원이론[17]에 따라 유효한 행위로 보아야 할 때도 있다. 그러나 퇴직된 공무원이 국가 등을 상대로 사실상 공무원이론을 근거로 공무원의 권리를 주장할 수 없다.

(4) 권리 구제

당연퇴직의 사유가 없음에도 불구하고 퇴직발령통보를 받은 경우에는 공무원 지위의 확인을 구하는 「공법상 당사자 소송」을 제기하여야 한다.

---

17) 사실상 공무원이론이란 외관상 공무원의 행동을 신뢰하여 법률관계가 형성된 경우 상대방의 신뢰보호와 법적안정성을 위하여 그 행위를 유효한 행위로 인정하는 것을 말한다.

2. 면 직

면직에는 의원면직과 강제면직이 있다.

가. 의원면직

(1) 의의 및 성질

의원면직이란 공무원 자신의 자유로운 사직의 의사표시에 의거하여 임용권자가 공무원의 공무원관계를 소멸시키는 행위를 말한다. 의원면직은 상대방의 신청을 요건으로 하는 '쌍방적 행정행위'이므로 자신의 의사를 표시하는 것만(사인의 공법행위)으로 공무원관계가 소멸하는 것은 아니고, 면직처분이 있기까지는 공무원관계가 유지된다.[18] 이때 사직의 의사표시는 정상적인 의사작용에 의한 것이어야 한다. 권고사직, 명예퇴직은 의원면직에 속한다.

(2) 사직의 의사표시

공무원의 사직의 의사표시는 '사인의 공법행위'로서 정상적인 의사에 의해 행하여진 것이어야 한다. 사직원 제출은 공무원 자신의 자유로운 의사에 의한 것이어야 한다. 따라서 사직원의 제출이 강요에 의해 의사결정의 자유가 박탈된 상태하에서 행하여진 경우에는 그에 의거한 면직처분은 무효이다. 또한 사직의 의사표시에 민법 107조(비진의의사표시)가 적용되지 아니하며, 사직원의 제출 또는 그 철회는 대리에 친하지 않은 행위이므로 사직원의 제출 또는 그 철회는 대리가 허용되지 않는다고 보아야 한다.

18) 판례도 같은 입장이다. 즉, 경찰서 수사과 형사계 반장이 검찰의 뇌물수수사건 수사를 피하기 위하여 제출한 사직원이 수리되지 아니한 상태에서 3개여월동안 출근하지 아니한 경우, 직장이탈을 이유로 한 파면처분이 재량권의 남용 또는 일탈에 해당하지 않는다고 한다(대법원 1991. 11. 22. 선고 91누3666 판결). 의원면직은 징계처분이 아니므로 징계절차를 거칠 필요 없다(대법원 1996. 7. 22. 선고 83누43 판결).

• 관련판례

【판시사항】
공무원이 사직의 의사표시를 하여 의원면직된 경우, 그 사직의 의사표시에 민법 제107조가 준용되는지 여부(대법원 1997. 12. 12. 선고 97누13962 판결)

【판결요지】
[1] 공무원이 사직의 의사표시를 하여 의원면직처분을 하는 경우 그 사직의 의사표시는 그 법률관계의 특수성에 비추어 외부적·객관적으로 표시된 바를 존중하여야 할 것이므로, 비록 사직원제출자의 내심의 의사가 사직할 뜻이 아니었다고 하더라도 진의 아닌 의사표시에 관한 민법 제107조는 그 성질상 사직의 의사표시와 같은 사인의 공법행위에는 준용되지 아니하므로 그 의사가 외부에 표시된 이상 그 의사는 표시된 대로 효력을 발한다.

(3) 사직원의 철회·취소의 시기

사직의 의사표시는 형정절차법 제17조 제8항에 의거하여 사직원이 수리되기 전까지는 철회할 수 있다. 그러나 일단 면직처분이 있고 난 후에는 철회나 취소할 여지가 없다.[19)]

나. 강제면직

강제면직이란 공무원 본인의 의사와 관계없이 임용권자가 일방적인 의사에 따라 공무원관계를 소멸시키는 단독행위를 말한다. 이러한 강제면직에는 징계면직과 직권면직이 있다.

(1) 징계면직(파면·해임)

징계면직이란 공무원의 공무원법상 요구되는 의무를 위반할 때, 그에 대한 징계로서 가해지는 공무원의 신분을 박탈하는 행위로서 파면과 해임을 의미한다.

(2) 직권면직

(가) 직권면직이란 일정한 법정 사유에 해당하는 경우에 본인의 의사에 불구하고 임용권자가 직권으로 행하는 면직처분을 말한다. 직권면직은 징계면직과는 달리 징계처분이 아니다.

---

19) 대법원 2001. 8. 24. 선고 99두9971 판결.

(나) 직권면직사유

직권면직사유는 국가공무원법 제70조(지방공무원법 제62조)에 규정되어 있다.

• 관련법규

> 제70조(직권면직): 임용권자는 공무원이 다음 각 호의 어느 하나에 해당하면 직권으로 면직시킬 수 있다.
> 1. 삭제
> 2. 삭제
> 3. 직제와 정원의 개폐 또는 예산의 감소 등에 따라 폐직 또는 과원이 되었을 때
> 4. 휴직기간이 끝나거나 휴직사유가 소멸된 후에도 직무에 복귀하지 아니하거나 직무를 감당할 수 없을 때
> 5. 제73조의3 제3항에 따라 대기명령을 받은 자가 그 기간에 능력 또는 근무성적의 향상을 기대하기 어렵다고 인정된 때
> 6. 전직시험에 3번 이상 불합격한 자로서 직무수행능력이 부족하다고 인정된 때
> 7. 징병검사·입영 또는 소집의 명령을 받고 정당한 사유없이 이를 기피하거나 군복무를 위하여 휴직 중에 있는 자가 군복무 중 군무를 이탈하였을 때
> 8. 해당직급에서 직무를 수행하는 데 필요한 자격증의 효력이 없어지거나 면허가 취소되어 담당직무를 수행할 수 없게 된 때
> 9. 고위공무원단에 속하는 공무원이 제70조의2에 따른 적격심사결과 부적격결정을 받은 때

(다) 면직처분의 효력발생

면직발령장 또는 면직통지서에 기재된 일자에 공무원 신분이 상실된다. 판례는 면직의 효력발생도 임용의 경우와 마찬가지로 면직발령장 또는 면직통지서에 기재된 일자에 면직의 효과가 발생하여 그 날 영시(00:00)부터 공무원의 신분을 상실하는 것으로 보고 있다.

• 관련판례

【판시사항】

공무원의 면직시기(대법원 1985. 12. 24. 선고 85누531 판결)

【판결요지】

공무원임용령 제6조 제1항 본문의 규정에 의하면 공무원의 임용시기에 관하여 공무원은 임용장 또는 임용통지서에 기재된 일자에 임용된 것으로 본다고 되어 있고 이는 임용장 또는 임용통지서에 기재된 일자에 임용의 효과가 발생함을 말하는 것이므로, 임용중 면직의 경우(동령 제2조 제1호 참조)에는 면직발령장 또는 면직통지서에 기재된 일자에 면직의 효과가 발생하여 그날 영시(00:00)부터 공무원의 신분을 상실한다.

제 4 절 공무원의 권리

Ⅰ. 신분상 권리

1. 신분보장권

공무원은 법이 정하는 사유와 절차에 따르지 않는 한 공무원의 신분을 박탈당하지 아니할 권리를 갖는데, 헌법 제7조 제2항은 '공무원의 신분과 정치적 중립성은 법률이 정하는 바에 의하여 보장된다'고 규정하고 있다, 이에 따라 국가공무원법 제68조는 '공무원은 형의 선고, 징계처분 또는 이법에서 정하는 사유에 따르지 아니하고는 본인의 의사에 반하여 휴직·강임 또는 면직을 당하지 아니한다. 다만, 1급 공무원과 제23조에 따라 배정된 직무등급이 가장 높은 등급의 직위에 임용된 고위공무원단에 속하는 공무원은 그러하지 아니하다'고 규정하고 있다. 그러나 법관, 검사 등은 일반공무원에 비하여 더 강력하게 신분이 보장되기도 한다. 이러한 신분보장권은 원칙상 경력직공무원에 한하여 보장되며, 특수경력직 공무원은 신분보장권을 받지 못함이 원칙이다.

2. 직위보유권

공무원은 임용시 법령에서 따로 정하는 경우를 제외하고는 자신에게 적합한 직위를 보유할 권리와 자신에게 부여된 직위가 법정절차에 의하지 않고 박탈당하지 않을 직위보유권을 가진다(국가공무원법 제32조의5 제1항).

3. 고충심사청구권

가. 개념

공무원은 누구나 인사조직·처우 등 각종 직무조건과 그 밖에 신상문제에 대하여 인사상담이나 고충심사를 청구할 수 있다(국가공무원법 제76조의2 제1항). 그러나 고충심사의 결과는 관계기관의 장을 기속하지 않는다는 점에서 소청심사제도와 구별된다.

나. 법적근거

공무원의 고충처리에 관한 법률규정으로는 국가공무원법 제76조의2, 동법 제76조의3, 경찰공무원법 제25조, 소방공무원법 제22조, 교육공무원법 제49조가 있다. 또한 이러한 법률규정에 근거하여 공무원의 인사상담 및 고충심사에 관한 고충심사위원회의 구성과 심사절차 등을 규정하기 위해 공무원고충처리규정이 제정되어 있기도 하다. 한편, 지방공무원의 경우는 지방공무원법 제67조의2에 규정되어 있다.

다. 청구권자와 청구대상

공무원이면 누구나 각종 직무조건 그 밖에 신상문제에 대하여 인사상담이나 고충의 심사를 청구할 수 있으며, 청구대상은 위법·부당한 처분에 한정되지 아니한다.

4. 소청제기권

가. 행정공무원 등

행정기관 소속 공무원의 징계처분, 그 밖에 그의 의사에 반하여 불이익한 처분이나 부작위에 대한 소청을 심사결정하기 위하여 인사혁신청에 소청심사위원회를 두며(국가공무원법 제9조 1항), 국회, 법원, 헌법재판소 및 선거관리위원회 소속 공무원의 소청에 관한 사항을 심사 · 결정하게 하기 위하여 국회사무처, 법원행정처, 헌법재판소사무처 및 중앙선거관리위원회사무처에 각각 해당 소청심사위원회를 둔다(국가공무원법 제9조 2항).

나. 교원

각급학교 교원의 징계처분과 그 밖에 그 의사에 반하는 불리한 처분(「교육공무원법」 제11조의4제4항 및 「사립학교법」 제53조의2제6항에 따른 교원에 대한 재임용 거부처분을 포함한다. 이하 같다)에 대한 소청심사를 하기 위하여 교육부에 교원소청심사위원회를 둔다(교원지위향상을 위한 특별법 제7조 제1항).

[고충처리제도와 소청심사제도의 비교]

	고충처리제도	소청심사제도
행정소송과의 관계	행정소송의 전심절차가 아님	행정소송의 전심절차
심사의 대상	근무조건, 처우 등 일상의 모든 신상문제	주로 신분상 불이익처분
관할행정청	복수기관(중앙인가기관의 장, 임용권자 등)	소청심사위원회
결정의 효력(기속력)	기속력이 없다	기속력이 있다

5. 행정소송제기권

공무원의 신분에 관한 위법한 처분이 행해지면 행정소송을 제기할 수 있는 권리를 갖는다. 쟁송제기권은 권익침해를 받은 일반국민에 인정되는 것이므로, 이를 공무원의 고유한 권리라고 할 수는 없다.

가. 행정공무원 등

공무원에 대하여 징계처분 등을 할 때나 강임 · 휴직 · 직위해제 또는 면직처분, 그 밖에 본인의 의사에 반한 불리한 처분이나 부작위에 관한 행정소송은 소청심사위원회의 심사 · 결정을 거치지 아니하면 제기할 수 없으며(필요적 전치주의), 이에 따른 행정소송을 제기할 때에는 대통령의 처분 또는 부작위의 경우에는 소속 장관(대통령령으로 정하는 기관의 장을 포함한다. 이하 같다)을, 중앙선거관리위원회위원장의 처분 또는 부작위의 경우에는 중앙선거관리위원회사무총장을 각각 피고로 한다(국가공무원법 제16조).

나. 교원

심사위원회는 소청심사청구를 접수한 날부터 60일 이내에 이에 대한 결정을 하여야 하며(다만, 심사위원회가 불가피하다고 인정하면 그 의결로 30일을 연장할 수 있다), 이에 따른 심사위원회의 결정에 대하여 교원, 「사립학교법」 제2조에 따른 학교법인 또는 사립학교 경영자 등 당사자는 그 결정서를 송달받은 날부터 90일 이내에 「행정소송법」으로 정하는 바에 따라 소송을 제기할 수 있다(교원지위향상을 위한 특별법 제10조).

Ⅱ. 재산상의 권리

1. 보수청구권

가. 보수의 의의

공무원은 국가가 지방자치단체에 대하여 보수를 청구할 권리를 갖는다. 여기서 보수란 봉급과 그 밖의 각종수당을 합산한 금액을 말한다. 다만, 연봉제 적용대상공무원은 연봉과 그 밖의 각종수당을 합산한 금액을 말한다.

나. 보수의 성격

공무원의 보수는 노동에 대한 반대급부의 성격과 공무원의 생활보장을 위한 생활자금의 성격을 모두 갖는다. 즉, 직무에 대한 반대급부적인 성질과 생활보장적인 성질을 가지고 있다. 따라서 보수를 결정함에 있어서는 직무의 곤란성과 책임의 정도와 일반의 표준생계비, 물가수준, 그 밖의 사정을 고려하여 정하되, 민간부문의 임금수준과 적절한 균형을 유지하도록 하여야 한다(국가공무원법 제46조, 지방공무원법 제44조).

다. 보수청구권의 성질 - 공법상 권리

공무원의 보수에 관한 분쟁은 이를 민사소송에 의할 것인지 행정소송에 의할 것인지 문제되지만, 판례는 이를 공법상 권리를 본다. 따라서 보수지급청구소송이나 보수청구확인소송은 행정소송 중 당사자 소송에 의하여야 한다.

• 관련판례

【판시사항】

교육부장관(당시 문교부장관)의 권한을 재위임 받은 공립교육기관의 장에 의하여 공립유치원의 임용기간을 정한 전임강사로 임용되어 지방자치단체로부터 보수를 지급받으면서 공무원복무규정을 적용받고 사실상 유치원 교사의 업무를 담당하여 온 유치원 교사의 자격이 있는 자에 대한 해임처분의 시정 및 수령지체된 보수의 지급을 구하는 소송이 행정소송의 대상인지 여부(대법원 1991. 5. 10. 선고 90다10766 판결)

【판결요지】

교육부장관(당시 문교부장관)의 권한을 재위임 받은 공립교육기관의 장에 의하여 공립유치원의 임용기간을 정한 전임강사로 임용되어 지방자치단체로부터 보수를 지급받으면서 공무원복무규정을 적용받고 사실상 유치원 교사의 업무를 담당하여 온 유치원 교사의 자격이 있는 자는 교육공무원에 준하여 신분보장을 받는 정원 외의 임시직 공무원으로 봄이 상당하므로 그에 대한 해임처분의 시정 및 수령지체된 보수의 지급을 구하는 소송은 행정소송의 대상이지 민사소송의 대상이 아니다.

라. 보수청구권의 압류 및 시효 등

보수청구권은 봉급을 법령에 정하고 있으므로 포기할 수 없는 것으로 보아야 하고, 노동대가적성격은 물론이고 생활보장적 성격을 가지므로 양도가 금지되며, 압류가 제한되는 것으로 보아야 한다. 현행법상 보수청구권의 압류는 2분의 1까지로 제한된다(민사집행법 제246조, 국세징수법 제33조). 공무원의 보수청구권은 공법상채권이며, 보수청구권은 국가에 대한 권리로서 금전급부를 목적으로 하는 것이므로 시효에 관하여 다른 법률에 규정이 없으면 5년간 행사하지 않으면 시효로 인하여 소멸한다(국가재정법 제96조, 지방재정법 제32조).

2. 연금청구권

가. 의의

공무원 연금이란 공무원 및 그 유족의 생활안정과 복리향상을 목적으로 공무원이 일정기간 근무 후 또는 부상·질병으로 퇴직 또는 사망한 경우 공무원 또는 유족에게 지급되는 급여를 말한다.

나. 성 질

공무원연금에 대하여는 연금은 지급이 연기된 봉급이라고 보는 '봉급연불설', 연금은 퇴직 공무원과 그 가족에 대한 사회보장을 위한 급여라고 보는 '사회보장설', 연금은 국가로부터 은혜적으로 지급되는 금품이라고 보는 '은혜설' 등으로 학설이 나뉘나, 판례는 공무원연금법상 각종 급여는 퇴직수당과 같이 후불임금의 성격이 강한 것도 있고 그렇지 않는 것도 있지만, 기본적으로 모두 사회보장적 급여로서의 성격을 가짐과 동시에 공로보상 내지 후불임금으로서의 성격도 함께 가진다고 본다.[20]

다. 양도·압류 등 금지와 시효

(1) 압류 등 금지

공무원법상의 각종 급여는 기본적으로 사법상의 급여와는 달리 퇴직공무원 및 그 유족의 생활안정과 복리향상을 위한 사회보장적 급여로서의 성질을 가지므로, 본질상 일신전속성이 강하여 권리자로부터 분리되기 어렵고, 사적 거래의 대상으로 삼기에 적합하지 아니할 뿐만 아니라 압류를 금지할 필요성도 훨씬 크다. 따라서 이를 양도·압류·담보로 제공할 수 없다. 다만, 국세징수법, 지방세기본법 그 밖의 법률에 따른 체납처분의 대상으로 할 수 있다(공무원연금법 제22조).

(2) 시효소멸

공무원연금법상 급여를 받을 권리는 그 급여의 사유가 발생한 날부터 단기급여는 3년, 장기급여는 5년간 행사하지 아니하면 시효로 인하여 소멸한다(공무원연금법 제81조 1항).

라. 권리보호

(1) 심사의 청구

급여에 관한 결정, 기여금의 징수, 그 밖에 이 법에 따른 급여(위험직무순직유족급여는 제외한다)에 관하여 이의가 있는 자는 공무원연금급여 재심위원회에 그 심사를 청구할 수 있으며, 이에 따른 심사 청구는 급여에 관한 결정 등이 있었던 날부터 180일, 그 사실을 안 날부터 90일 이내에 하여야 한다. 다만, 그 기간 내에 정당한 사유가 있어 심사 청구를

20) 헌재 2002. 7. 18. 2000헌바57 결정.

할 수 없었던 것을 증명한 경우에는 예외로 한다(공무원연금법 제80조).

(2) 행정소송

연금청구권은 공권이다. 따라서 지급결정된 연금의 지급청구소송이나 미지급퇴직연금의 지급을 구하는 소송 등 금액에 관한 결정에 불복하면 행정소송 중 당사자 소송에 의하여야 한다.[21].

3. 실비변상청구권

공무원은 보수 외에 직무수행에 필요한 실비변상인 출장비, 여비 등의 청구를 할 수 있는 권리가 있다. 공무원은 공무로 여행할 때 공무원여비규정에 의해 운임·일비·숙박비·식비·이전비·가족여비 및 준비금 등 여비가 지급된다. 그 외에도 공무원이 소속 기관장의 허가를 받아 본래의 업무 수행에 지장이 없는 범위에서 담당 직무 외에 특수한 연구과제를 위탁받아 처리하면 그 보상을 지급받을 수 있다.

Ⅲ. 공무원의 노동법상 권리(노동기본권)

헌법 제33조 제2항은 '공무원인 근로자는 법률이 정하는 자에 한하여 단결권·단체교섭권·단체행동권을 가진다'라고 규정하여, 그에 따라 국가공무원법 제66조 제1항은 '공무원은 노동운동이나 그 밖에 공무 외의 일을 위한 집단행동을 하여서는 아니된다. 다만 사실상 노무에 종사하는 공무원은 예외로 한다'라고 규정한다.

1. 공무원의 노동조합·설립운영권

가. 노동조합의 설립

국가공무원법 제2조 및 지방공무원법 제2조에서 규정하고 있는 공무원은 노동조합을 설립할 수 있다. 다만, 국가공무원법 제66조 제1항 단서 및 지방공무원법 제58조 제1항 단서에 따른 사실상 노무에 종사하는 공무원과 「교원의 노동조합설립및운영에관한법률의 적용을 받는 교원인 공무원은 제외한다(공무원의 노동조합 설립 및 운영 등에 관한 법률 제2조).

---

21) 대법원 2004. 12. 24. 선고 2003두15195 판결.

나. 설립단위

공무원노동조합은 국회·법원·헌법재판소·선거관리위원회·행정부·특별시·광역시·도·특별자치도·시·군·구 및 특별시·광역시·도·특별자치도의 교육청을 최소단위로 한다. 노동조합을 설립하려는 사람은 고용노동부장관에게 설립신고서를 제출해야 한다(공무원의 노동조합 설립 및 운영 등에 관한 법률 제5조).

다. 가입범위

노동조합에 가입할 수 있는 공무원의 범위는 6급 이하의 일반직 공무원 및 이에 상당하는 일반직공무원, 특정직 공무원 중 6급 이하의 일반직 공무원에 상당하는 외무행정, 외교정보관리직 공무원, 6급 이하의 일반직 공무원에 상당하는 별정직 공무원이다(공무원의 노동조합 설립 및 운영 등에 관한 법률 제6조 1항).

2. 단체교섭 및 단체협약체결권

가. 단체교섭 등

노동조합의 대표자는 그 노동조합에 관한 사항 또는 조합원의 보수 · 복지, 그 밖의 근무조건에 관하여 국회사무총장 · 법원행정처장 · 헌법재판소사무처장 · 중앙선거관리위원회사무총장 · 인사혁신처장(행정부를 대표한다) · 특별시장 · 광역시장 · 특별자치시장 · 도지사 · 특별자치도지사 · 시장 · 군수 · 구청장(자치구의 구청장을 말한다) 또는 특별시 · 광역시 · 특별자치시 · 도 · 특별자치도의 교육감 중 어느 하나에 해당하는 사람(이하 "정부교섭대표"라 한다)과 각각 교섭하고 단체협약을 체결할 권한을 가진다. 다만, 법령 등에 따라 국가나 지방자치단체가 그 권한으로 행하는 정책결정에 관한 사항, 임용권의 행사 등 그 기관의 관리 · 운영에 관한 사항으로서 근무조건과 직접 관련되지 아니하는 사항은 교섭의 대상이 될 수 없다(공무원의 노동조합 설립 및 운영 등에 관한 법률 제8조 1항). 정부교섭대표는 법령 등에 따라 스스로 관리하거나 결정할 수 있는 권한을 가진 사항에 대하여 노동조합이 교섭을 요구할 때에는 정당한 사유가 없으면 이에 응해야 한다(같은 조 2항).

나. 단체협약의 효력

교섭절차에 따라 체결된 단체협약의 내용 중 법령·조례 또는 예산에 의하여 규정되는 내용과 법령 또는 조례에 의하여 위임을 받아 규정되는 내용은 단체협약으로서의 효력을 가지지 아니한다. 정부교섭대표는 이에 따라 단체협약으로서의 효력을 가지지 아니하는 내용에 대하여는 그 내용이 이행될 수 있도록 성실히 노력하여야 한다(공무원의 노동조합 설립 및 운영 등에 관한 법률 제10조).

3. 청치활동과 쟁의행위 금지

노동조합과 그 조합원은 다른 법령에 의하여 공무원에게 금지되는 정치활동을 하여서는 아니 되며(공무원의 노동조합 설립 및 운영 등에 관한 법률 제4조), 노동조합과 그 조합원은 파업·태업·그 밖에 업무의 정상적인 운영을 저해하는 일체의 행위를 하여서는 아니된다(공무원의 노동조합 설립 및 운영 등에 관한 법률 제11조).

4. 교원의 노동조합

「교원의 노동조합설립 및 운영 등에 관한 법률」은 교원의 노동조합설립 및 운영, 단체교섭 단체협약체결, 노동쟁의 조정·중재 등에 관하여 규정하고 있다.

Ⅳ. 공무원 직장협의회설립·운영권

1. 설 립

「공무원직장협의회의 설립·운영에 관한 법률」에 따라 국가기관, 지방자치단체 및 그 하부기관에 근무하는 공무원은 근무환경개선, 업무능률향상 및 고충처리 등을 위한 '직장협의회'를 설립할 수 있다. 협의회는 기관단위로 설립하되, 하나의 기관에는 하나의 협의회만을 설립할 수 있다. 협의회를 설립한 경우 그 대표자는 소속기관의 장에게 설립사실을 통보해야 한다..

2. 가입범위

공무원직장협의회에 가입할 수 있는 공무원의 범위는 1. 6급 이하의 일반직공무원 및 이에 준하는 일반직공무원, 2 특정직 공무원 중 재직 경력 10년 미만의 외무영사직렬·외교정보기술직렬 외무공무원, 3 기능직공무원, 4 제1항의 일반직공무원에 상당하는 별정직

공무원 등이다(공무원직장협의회의 설립·운영에 관한 법률 제3조 1항).

제 5 절 공무원의 의무

Ⅰ. 개 설

공무원의 근로관계는 사법상 공용관계와는 달리 공무원은 국민 전체의 봉사자로서 공익을 위해 근무를 하므로 기본적인 자신의 임무수행과 관련하여 각종의 의무를 진다, 공무원의 의무는 자기 목적적인 것이 아니라는 근무관계의 특수성으로 법령에서 공무원의 의무를 규정하고 있다.

Ⅱ. 일반적 의무

1. 선서의무

공무원은 취임할 때에 소속기관장 앞에 국회규칙·대법원규칙·헌법재판소규칙·중앙선거관리위원회 규칙 또는 대통령령이 정하는 바에 따라 선서를 하여야 한다(국가공무원법 제55조). 다만, 불가피한 사유가 있을 때에는 취임 후에 선서를 하게 할 수 있다(같은 조 단서).

2. 성실의무

모든 공무원은 법령을 준수하며 성실히 직무를 수행하여야 한다(국가공무원법 제56조). 이는 공무원에게 부과된 가장 기본적인 의무이다. 성실의무는 단지 법령을 준수하고, 상관의 명령에 복종하는 것만으로는 충분하지 않고, 보다 적극적으로 법령이 허용하는 범위 안에서 국가의 이익을 도모할 것을 요구하는 자발적·능동적 직무태도이다. 따라서 성실의무는 상관의 명령에 대해서만 수동적 직무태도인 복종의무와 구별된다. 이러한 성실의무가 미치는 범위는 성실의무는 경우에 따라서는 근무시간 외에 근무지 밖까지 미칠 수 있다.[22]. 즉, 성실의무는 때와 장소를 가리지 않는다.

---

22) 대법원 1997. 2. 11. 선고 96누2125 판결.

Ⅲ. 공무원의 직무상의무

1. 법령준수의무

모든 공무원은 직무집행에 있어서 법령을 준수하여야 한다(국가공무원법 제56조, 지방공무원법 제48조). 법령준수의무는 법치국가 공무원이 부담하는 기본적인 의무중 하나이다. 법령위반의 경우에는 위법행위 또는 불법행위가 되어 무효·취소사유가 되고, 내부적으로 징계사유가 됨은 물론이고 외부적으로 손해배상이나 처벌의 사유가 된다. 여기서 법령이란 행정법의 법원이 되는 모든 법을 말한다.

2. 복종의무

가. 의의

공무원은 직무를 수행할 때 소속상관의 직무상 명령에 복종하여야 한다. 여기서 소속상관이란 신분상 상관이 아니라 지휘·감독권을 가진 관청의 상관과 보조기관인 상관을 포함한다. 이때 둘 이상의 상관으로부터 서로 모순되는 직무명령이 발령된 때에는 행정조직의 계층적 질서에 비추어 바로 직근상관의 명령에 복종하여야 할 것이다.

나. 직무명령

(1) 의의 및 구별개념 등

직무명령이란 소속상관이 직무에 관하여 부하공무원에게 발하는 명령이다. 직무명령은 소속상관이 부하공무원에게 발하는 명령이라는 점에서 상급관청이 하급관청에게 발하는 훈령과 구별된다. 다시 말해, 직무명령은 특정의 상하공무원간의 문제이므로 그 특정 상하공무원의 지위상실 등으로 인하여 효력이 소멸되지만, 훈령은 상하관청 사이의 문제이므로 상급관청이나 하급관청의 기관구성자의 변경에 불구하고 효력을 가진다. 그러한 훈령은 하급행정청에 발하는 명령이므로 하급행정청에 소속된 공무원을 구속하여 당연히 직무명령으로서의 성격도 갖지만 직무명령은 훈령으로서의 성질을 당연히 갖는 것은 아니다.

(2) 요 건

직무상 권한 있는 소속상관이 발하고, 부하공무원의 직무범위에 속하는 사항이어야 하고, 법정의 형식·절차가 있으면 이를 갖추어야 하며, 부하공무원의 직무상 독립된 범위에 속하는 사항이 아니어야 한다. 또한 그 내용이 실현이 가능하고, 명백하며, 법령과 공익에 적합하여야 한다.

다. 복종의무의 한계(심사권)

상급공무원의 위법, 부당한 직무명령이 있는 경우 하급공무원이 이에 복종할 의무가 있는지 여부에 대한 다툼이 있다.

(1) 형식적 요건과 한계

형식적 요건은 그 충족여부가 외관상 명백한 것이므로 부하공무원은 이를 심사할 수 있고, 그 요건이 결여되었으면 복종을 거부할 수 있다 할 것이다.

(2) 실질적 요건과 한계

실질적 요건에 관해서는 법령준수의무와 명령복종의무가 충돌하는 경우로서 법령준수의무를 우선시 하는 견해, 명령복종의무를 우선시하는 견해 등 대립된다. 이에 대하여 판례는 '하관은 소속상관의 적법한 명령에 복종할 의무가 있으나 그 명령이 가혹행위를 가하라는 등과 같이 명백히 위법 내지 불법한 명령인 때에는 이는 벌써 직무상 지시명령이라 할 수 없으므로 이에 따라야 할 의무는 없다'라고 판시하여 절충설의 입장을 취하고 있다.[23)]

3. 직무전념의무

가. 직장이탈금지

공무원은 소속상관의 허가 또는 정당한 사유가 없으면 직장을 이탈하지 못한다. 이는 근무 시간 중에 한하여 적용된다. 직장이탈금지의무는 소속상관이 시간외근무를 명한 경우에도 인정될 수 있다. 또한, 이러한 의무는 소속상관의 허가가 있거나 정당한 사유가 있으면 문제되지 아니한다.

---

23) 대법원 1988. 2. 23. 선고 87도2358 판결.

나. 영리업무 종사금지 및 겸직금지

공무원은 공무외에 영리를 목적으로 하는 업무에 종사하지 못한다. 허가를 받아도 영리업무는 종사하지 못한다. 이러한 금지되는 영리업무의 범위는 공무원에 대해서 기본권의 주체로서 인정되는 재산권 행사 등에 비추어 제한적으로 해석하여야 한다.

4. 영예제한

공무원이 외국정부로부터 영예나 증여를 받을 경우에는 대통령의 허가를 받아야 한다. 외국정부란 우리나라의 국교수립여부와 관계없이 국제법상 주권을 가진 독립된 국가의 정부를 말하고, 외국의 공법인·사법인은 이에 해당되지 않는다. 따라서 외국대학으로부터 학위를 받은 행위는 영예제한대상에서 제외된다.

5. 정치운동의 금지(정치적 중립의무)

공무원은 정치적 중립성을 보장하기 위하여 공무원에게 일정한 내용의 정치운동이 금지된다. 다만 예외적으로 정치운동이 허용되는 공무원도 있다. 정치운동금지의무의 내용으로 정당결정 등 금지, 선거운동의 금지, 다른 공무원에 대한 운동금지가 있다.

6. 집단행동금지

헌법 제33조제2항은 '공무원인 근로자가 법률이 정하는 자에 한하여 단결권·단체교섭권 및 단체행동권을 가진다'라고 규정하고, 이에 의거한 국가공무원법 제66조제1항은 '공무원은 노동운동이나 그 밖에 공무외의 일을 위한 집단행위를 하여서는 아니된다. 다만, 사실상 노무에 종사하는 공무원은 예외로 한다'. 제2항은 사실상 노무에 종사하는 공무원의 범위'는 대통령령 등으로 정한다고 규정하고 있다. 따라서 ① 사실상 노무에 종사하는 공무원, ② 대통령령으로 정하는 공무원은 집단적 행위가 가능하다.

7. 종교중립의무

공무원의 복무조항에 종교중립의무를 신설하고, 종교중립의무에 위배되는 상관의 직무상 명령을 거부할 수 있도록 함으로써 헌법이 보장하는 종교의 자유와 평등권침해를 예방하고 정·교 분리의 원칙에 따른 정부와 종교의 바람직한 역할 구분 및 협력관계를 재정립하여 국가발전과 국민화합에 기여하려는 것이다.

8. 친절·공정의무

공무원은 국민전체에 대한 봉사자로서 친절·공정히 직무를 행하여야 한다. 이는 단순한 도덕상 의무가 아니고 법적의무이며 이를 위반하면 징계사유가 된다.

9. 비밀엄수의무

가. 의 의

공무원은 재직 중은 물론 퇴임 후에도 직무상 지득한 비밀을 엄수하여야 한다. 여기서 '직무상 비밀'은 공무원 본인이 취급한 직무에 관한 비밀뿐 아니라 직무와 관련하여 알게 된 비밀도 포함된다. 비밀의 대상은 개인이나 사기업에 관한 것도 포함될 수 있으며 반드시 공적인 것에 한정되지 않는다.

나. 비밀의 범위

무엇을 비밀로 볼 것인가에 관하여 형식설과 실질설로 대립되고 있다.

(1) 직무상 비밀

직무상 비밀이란 직무에 관한 비밀 뿐만 아니라 직무와 관련해서 알게 된 비밀도 포함한다. 그리고 비밀은 행정기관이 비밀로 정한 사항은 모두 비밀로 보는 형식설이 있지만, 다수설과 판례 비밀은 객관적, 실질적으로 보호가치가 있는 것으로 하여야 한다는 실질설을 취하고 있다.

(2) 비밀의 엄수

비밀의 엄수란 비밀누설금지를 말한다. 다만 공무원 또는 공무원이었던 자가 그 직무에 관하여 알게 된 사실에 관하여 증인이나 감정인으로서 심문을 받을 경우에는 소속기관의 장의 승인을 빋은 사항에 관해서만 진술할 수 있다(형사소송법 제147조). 이러한 의무는 재직 중은 물론 퇴직 후에도 준수되어야 할 의무이다.

다. 비밀엄수의무위반이 효과

비밀누설은 행정상 징계사유가 될 뿐만 아니라, 형사상 피의사실공표죄(형법 제126조) 또는 공무상 비밀침해죄(형법 제127조)를 구성한다. 공무원이 퇴직한 후 비밀유지의무에 위반이 있는 경우에는 징계책임은 물을 수 없으나, 형사책임 또는 이후의 공무원임용에 있어서 불이익을 당하게 된다.

Ⅳ. 공무원의 신분상 의무(직무외의무)

1. 품위유지의무

공무원은 직무의 내·외를 불문하고 그 품위가 손상되는 행위를 하여서는 아니된다. 여기서 품위란 주권자인 국민의 수임자로서 국민전체의 봉사자인 직책을 수행함에 손색이 없는 인품을 뜻한다. 품위유지의무는 공직의 체면·위신·신용을 유지하기 위한 것으로 축첩·도박·아편흡식·알콜중독 등과 같이 공직의 체면·위신·신용에 직접 영향이 있는 행위를 말한다. 그러므로 품위유지의무는 단순한 방탕과 같이 공직의 체면·위신·신용에 직접적 영향이 없는 사생활에는 미치지 아니한다.

2. 청렴의무

공무원은 직무와 관련하여 직접적이든 간접적이든 사례, 증여 또는 향응을 주거나 받을 수 없다, 그리고 공무원은 직무상의 관계가 있든 없든 그 소속 상관에게 증여하거나 소속 공무원으로부터 증여를 받아서는 아니된다(국가공무원법 제61조). 이 의무위반은 징계원인이 될 뿐 아니라 일정한 경우 형법상의 증·수뢰죄를 구성한다. 청렴의무의 입법취지는 사전에 부정한 청탁이 있었는지의 여부나 금품수수의 시기 등을 가릴 것 없이 공무원의 직무와 관련한 금품수수행위를 방지하여 공무원의 순결성과 직무행위의 불가매수성을 보호하고 공무원의 직무집행의 적정성을 보장하려는데 있다.[24)]

---

24) 대법원 2004. 11. 12. 선고 2002두11813 판결.

제5절 공무원의 책임 및 불이익처분에 대한 구제

공무원에 대한 징계처분 기타 그 의사에 반하는 불리한 처분에 대한 구제수단으로는 고충처리, 소청, 행정소송이 있다.

Ⅰ. 공무원의 책임

공무원의 책임이란 공무원이 그 의무에 위반함으로써 법률상의 제재 또는 불이익을 받게 되는 지위를 말한다.

Ⅱ. 공무원법상의 책임

1. 징계책임

가. 의 의

징계란 공무원의 의무위반에 대하여 공무원관계의 질서유지를 위하여 공무원법상 과해지는 제재를 말한다. 불이익한 법적제재로서의 벌을 징계벌, 그 벌을 받을 지위를 징계책임, 징계벌을 과하는 행위를 징계처분이라 한다.

나. 징계벌과 형벌

(1) 징계벌과 형벌의 차이

공무원의 공무원관계법상의 의무위반행위가 징계벌의 대상이 됨과 동시에 형벌의 대상이 되는 경우가 있다. 양자는 권력적 기초, 행사목적, 내용, 대상 등에서 차이가 있다. 징계벌은 공무원을 대상으로 행정조직 내부의 질서유지를 목적으로 하는 반면 형벌은 일반국민을 대상으로 국가와 사회의 질서유지를 목적으로 한다는 점에 차이가 있고, 징계벌은 고의, 과실을 요하지 아니하는 반면 형벌은 고의, 과실을 요한다는 점에 차이가 있으며, 그 외 징계벌은 신분상의 이익의 박탈을 그 내용으로 하지만, 형벌은 신분상 이익 외에 재산적 이익이나 신체의 자유에 대한 박탈도 그 내용으로 한다는 점에서 차이가 있다.

(2) 병과여부

징계벌과 형벌은 목적, 내용을 달리하기 때문에 양자는 병과될 수 있으며, 병과되어도 이중처벌이 아니다.

다. 징계벌과 일사부재리

일사부재리의 원칙은 징계벌에도 적용되어 동일한 징계원인으로 거듭하여 징계할 수는 없다. 하지만, 직위해제와 징계처분은 그 성질이 상이하므로 직위해제 후 징계처분을 하여도 일사부재리원칙에 반하지 아니한다.[25)]

2. 징계의 원인 등

가. 국가공무원의 경우 (국공법§78, 지공법§69)

공무원의 공무원법상의 의무위반이 징계사유이다. 공무원이 다음의 어느 하나에 해당하면 징계 의결을 요구하여야 하고 그 징계 의결의 결과에 따라 징계처분을 하여야 한다. (1) 국가공무원법 및 동법에 따른 명령을 위반한 경우, (2) 직무상의 의무(다른 법령에서 공무원의 신분으로 인하여 부과된 의무를 포함한다)를 위반하거나 직무를 태만히 한 때, (3) 직무의 내외를 불문하고 그 체면 또는 위신을 손상하는 행위를 한 때 등이 징계의 원인이 된다.[26)] 다만, 위와 같은 공무원의 책임발생에 공무원의 고의나 과실이 있을 것을 요하는 것은 아니며, 그렇다고 무과실책임을 요구하는 것도 아니어서, 만일 징계사유가 공무원의 불가항력적인 사유로 인하여 발생한 것이라면 그 책임은 면제될 수 있다.[27)]

한편, 징계에 관하여 다른 법률의 적용을 받는 공무원이 이 법의 징계에 관한 규정을 적용받는 공무원으로 임용된 경우에 임용 이전의 다른 법률에 따른 징계 사유는 그 사유가 발생한 날부터 이 법에 따른 징계 사유가 발생한 것으로 본다. 또한 특수경력직공무원이 경력직공무원으로 임용된 경우에 임용 전의 해당 특수경력직공무원의 징계를 규율하는 법령상의 징계 사유는 그 사유가 발생한 날부터 이 장(章)에 따른 징계 사유가 발생한 것으로 본다.

---

25) 대법원 2001. 11. 9. 선고 2001두4148 판결.

26) ④ 제1항의 징계 의결 요구는 5급 이상 공무원 및 고위공무원단에 속하는 일반직공무원은 소속 장관이, 6급 이하의 공무원은 소속 기관의 장 또는 소속 상급기관의 장이 한다. 다만, 국무총리·인사혁신처장 및 대통령령 등으로 정하는 각급 기관의 장은 다른 기관 소속 공무원이 징계 사유가 있다고 인정하면 관계 공무원에 대하여 관할 징계위원회에 직접 징계를 요구할 수 있다.

27) 대법원 1990. 5. 22. 선고 89누7368 판결.

나. 특별법의 경우

개별법률이 특정직공무원의 징계원인에 관해 따로 특별히 규정하기도 한다. 법관징계법 제2조, 검사징계법 제2조, 교육공무원법 제51조 제1항, 군인사법 제56조, 군무원인사법 제37조 외무공무원법 제28조, 경찰공무원법 제27조 등이 그 예이다.

다. 징계사유의 발생시점

(1) 재직중발생

징계사유는 공무원의 재직 중에 발생한 것이어야 한다.

(2) 임용전의 행위인 경우

임명전의 행위가 재직중의 징계원인이 될 수 있는지에 관하여 다수설과 판례는 '이론상 원칙적으로 징계원인이 될 수 없으나 임명전의 행위가 재직을 허용하지 못할만한 중대한 것인 경우에는 임명행위를 취소 또는 철회할 수 있을 뿐이다'라는 입장이다.[28]

(3) 징계사유의 시효(기산점)

(가) 징계권소멸시효

징계사유가 발생한날부터 3년이 경과하면 징계권이 소멸한다. 다만, 금품 및 향응수수, 공금의 횡령·유용의 경우는 5년이다(국가공무원법 제83조의2 1항, 지방공무원법 제73조의2 1항). 한편, 임용전에 징계사유가 발생한 경우에 있어서 징계시효의 기산점은 공무원으로 임용된 때이다.[29]

(나) 감사원·수사기관에서 조사·수사 중인 사건

감사원이나 수사기관에서 조사나 수사 중인 사건에 대하여 징계절차를 진행하지 못하여 시효기간이 지나거나 그 남은 기간이 1개월 미만인 경우에는 조사나 수사의 종료통보를 받은 날부터 1개월이 지난날에 끝나는 것으로 본다(국가공무원법 제83조의2 2항, 지방공무원법 제73조의2 2항).

---

28) 대법원 1990. 5. 22. 선고 89누7368 판결.

29) 대법원 1990. 5. 22. 선고 89누7368 판결, 대법원 1996. 3. 3. 선고 95누8536 판결.

(다) 소청심사위원회나 법원에서 징계처분의 무효나 취소의 경정·판결의 경우

징계위원회의 구성·징계의결 기타 절차상의 하자나 징계양정 및 징계부가금의 과다를 이유로 소청심사위원회나 법원에서 징계처분의 무효 또는 취소의 결정이나 판결을 한 때에는 시효기간이 지나거나 그 남은 기간이 3개월 미만인 경우에도 그 결정이나 판결이 확정된 날부터 3개월 이내에는 다시 징계의결 등을 요구할 수 있다(국가공무원법 제83조의2 3항, 지방공무원법 제73조의2 3항).

3. 징계사유 및 징계의 종류

가. 징계사유 및 징계기준(공무원 징계령 시행규칙)

(1) 징계 또는 징계부가금의 기준

(가) 기준

징계위원회는 징계 또는 「국가공무원법」 제78조의2에 따른 징계부가금(이하 "징계부가금"이라 한다) 혐의자의 비위(非違)의 유형, 비위의 정도 및 과실의 경중과 평소의 행실, 근무성적, 공적(功績), 규제개혁 및 국정과제 등 관련 업무 처리의 적극성, 뉘우치는 정도 또는 그 밖의 정상 등을 참작하여 별표 1의 징계기준, 별표 1의2의 청렴의 의무 위반 징계기준, 별표 1의3의 음주운전 징계기준 및 별표 1의4의 징계부가금 부과기준에 따라 징계 또는 징계부가금 사건을 의결하여야 한다(공무원 징계령 시행규칙 제2조 1항).
이에도 불구하고 비위의 정도가 약하고 과실로 인한 비위로서 다음 각 호의 어느 하나에 해당되는 경우에는 징계의결 또는 징계부가금 부과 의결을 하지 아니할 수 있다.

1) 국가적으로 이익이 되고 국민생활에 편익을 주는 정책 또는 소관 법령의 입법목적을 달성하기 위하여 필수적인 정책 등을 수립 · 집행하거나, 정책목표의 달성을 위하여 업무처리 절차 · 방식을 창의적으로 개선하는 등 성실하고 능동적으로 업무를 처리하는 과정에서 발생한 것으로 인정되는 경우

2) 국가의 이익이나 국민생활에 큰 피해가 예견되어 이를 방지하기 위하여 정책을 적극적으로 수립 · 집행하는 과정에서 발생한 것으로서 정책을 수립 · 집행할 당시의 여건 또는

그 밖의 사회통념에 비추어 적법하게 처리될 것이라고 기대하기가 극히 곤란했던 것으로 인정되는 경우

3) 제4조제2항에 따른 감경 제외 대상이 아닌 비위 중 직무와 관련이 없는 사고로 인한 비위로서 사회통념에 비추어 공무원의 품위를 손상하지 아니하였다고 인정되는 경우

(나) 비위관련자 처벌

징계위원회가 징계등 사건을 의결할 때에는 비위와 부조리를 척결함으로써 공무집행의 공정성 유지와 깨끗한 공직사회의 구현 및 기강 확립에 주력하고, 그 의결 대상이 다음 각 호의 어느 하나에 해당하는 경우에는 그 비위행위자는 물론 다음에 규정된 사람에 대해서도 엄중히 책임을 물어야 한다.

1) 의결 대상이 직무와 관련한 금품수수 비위 사건인 경우: 해당 비위와 관련된 감독자 및 그 비위행위의 제안 · 주선자

2) 부작위 또는 직무태만으로 국민의 권익을 침해하거나 국가 재정상의 손실을 발생하게 한 비위 사건인 경우: 해당 비위와 관련된 감독자

[별표 1]

징계기준(제2조제1항 관련)

비위의 정도 및 과실 여부 / 비위의 유형	비위의 정도가 심하고 고의가 있는 경우	비위의 정도가 심하고 중과실이거나, 비위의 정도가 약하고 고의가 있는 경우	비위의 정도가 심하고 경과실이거나, 비위의 정도가 약하고 중과실인 경우	비위의 정도가 약하고 경과실인 경우
1. 성실 의무 위반				
가. 「국가공무원법」 제78조의2 제1항제2호에 해당하는 비위	파면	파면-해임	해임-강등	정직-감봉
나. 직권남용으로 타인 권리침해	파면	해임	강등-정직	감봉
다. 부작위 · 직무태만(라목에 따른 소극행정은 제외한다) 또는 회계질서 문란	파면	해임	강등-정직	감봉-견책
라. 소극행정	파면	파면-해임	강등-정직	감봉-견책
마. 직무 관련 주요 부패행위의 신고 · 고발 의무 불이행	파면-해임	강등-정직	정직-감봉	감봉-견책
바. 부정청탁에 따른 직무수행	파면	파면-해임	강등-정직	감봉-견책
사. 부정청탁	파면	해임-강등	정직-감봉	견책
아. 성과상여금을 거짓이나 부정한 방법으로 지급받은 경우	파면-해임	강등-정직	정직-감봉	감봉-견책
자. 기타	파면-해임	강등-정직	감봉	견책
2. 복종의 의무 위반				
가. 지시사항 불이행으로 업무추진에 중대한 차질을 준 경우	파면	해임	강등-정직	감봉-견책
나. 기타	파면-해임	강등-정직	감봉	견책
3. 직장 이탈 금지 위반				
가. 집단행위를 위한 직장 이탈	파면	해임	강등-정직	감봉-견책
나. 무단결근	파면	해임-강등	정직-감봉	견책
다. 기타	파면-해임	강등-정직	감봉	견책
4. 친절 · 공정의 의무 위반	파면-해임	강등-정직	감봉	견책
5. 비밀 엄수의 의무 위반				
가. 비밀의 누설 · 유출	파면	파면-해임	강등-정직	감봉-견책
나. 개인정보 부정이용 및 무단유출	파면-해임	해임-강등	정직	감봉-견책
다. 비밀 분실 또는 해킹 등에 의한 비밀 침해 및 비밀유기 또는 무단방치	파면-해임	강등-정직	정직-감봉	감봉-견책

라. 개인정보 무단조회 · 열람 및 관리 소홀 등	파면-해임	강등-정직	감봉	견책
마. 그 밖의 보안관계 법령 위반	파면-해임	강등-정직	감봉	견책
6. 청렴의 의무 위반	별표 1의2와 같음			
7. 품위 유지의 의무 위반				
가. 성폭력(업무상 위력 등에 의한 성폭력, 미성년자 또는 장애인 대상 성폭력)	파면	파면-해임	해임-강등	강등-정직
나. 그 밖의 성폭력	파면	파면-해임	강등-정직	감봉-견책
다. 성희롱	파면	파면-해임	강등-감봉	감봉-견책
라. 성매매	파면-해임	해임-강등	정직-감봉	견책
마. 기타	파면-해임	강등-정직	감봉	견책
8. 영리 업무 및 겸직 금지 의무 위반	파면-해임	강등-정직	감봉	견책
9. 정치 운동의 금지 위반	파면	해임	강등-정직	감봉-견책
10. 집단 행위의 금지 위반	파면	해임	강등-정직	감봉-견책

※ 비고

1. 제1호다목에서 "부작위"란 공무원이 상당한 기간 내에 이행해야 할 직무상 의무가 있는데도 이를 이행하지 아니하는 것을 말한다.
2. 제1호라목에서 "소극행정"이란 공무원의 부작위 또는 직무태만으로 국민의 권익침해 또는 국가 재정상의 손실이 발생하게 하는 업무행태를 말한다.
3. 제1호마목에서 "주요 부패행위"란 「국가공무원법」 제83조의2제1항에서 정한 징계 및 징계부가금 부과 사유의 시효가 5년인 비위를 말한다.
4. 제1호바목에서 "부정청탁에 따른 직무수행"이란 「부정청탁 및 금품등 수수의 금지에 관한 법률」 제6조의 부정청탁에 따른 직무수행을 말한다.
5. 제1호사목에서 "부정청탁"이란 「부정청탁 및 금품 등 수수의 금지에 관한 법률」 제5조에 따른 부정청탁을 말한다.
6. 제1호아목에서 "성과상여금"이란 「공무원수당 등에 관한 규정」 제7조의2제10항에 따른 성과상여금을 말한다.
7. 제7호가목에서 "업무상 위력 등"이란 업무, 고용이나 그 밖의 관계로 인하여 자기의 보호 또는 감독을 받는 사람에 대하여 위계 또는 위력을 행사한 경우를 말한다.
8. 제7호다목에서 "성희롱"이란 「국가인권위원회법」 제2조제3호라목에 따른 성희롱을 말한다.
9. 제7호마목의 규정에도 불구하고 음주운전에 대한 징계기준은 별표 1의3과 같다.

(2) 청렴의무 위반의 징계기준

공무원의 금품 · 향응 등 재산상의 이익, 득하는 비위의 유형 및 그에 따른 징계기준은 아래 별표 1의2와 같다.

[별표 1의2] 〈신설 2015.12.29.〉

청렴의 의무 위반 징계기준(제2조제1항 관련)

금품 · 향응 등 재산상 이익 / 비위의 유형	100만원 미만		100만원 이상
	수동	능동	
1. 위법、부당한 처분과 직접적인 관계없이 금품、향응 등 재산상 이익을 직무관련자 또는 직무관련공무원으로부터 받거나 직무관련공무원에게 제공한 경우	강등-감봉	해임-정직	파면-강등
2. 직무와 관련하여 금품、향응 등 재산상 이익을 받거나 제공하였으나, 그로 인하여 위법、부당한 처분을 하지 아니한 경우	해임-정직	파면-강등	파면-해임
3. 직무와 관련하여 금품、향응 등 재산상 이익을 받거나 제공하고, 그로 인하여 위법、부당한 처분을 한 경우	파면-강등	파면-해임	파면

※ 비고
1. "금품、향응 등 재산상 이익"이란 「국가공무원법」 제78조의2제1항제1호에 따른 금전, 물품, 부동산, 향응 또는 그 밖에 「공무원 징계령」 제17조의2제1항에서 정하는 재산상 이익(금전이 아닌 재산상 이득의 경우에는 금전으로 환산한 금액을 말한다)을 말한다.
2. "직무관련자"와 "직무관련공무원"이란 「공무원 행동강령」 제2조제1호에 따른 직무관련자와 같은 조 제2호에 따른 직무관련공무원을 말한다.

(3) 음주운전 징계기준

공무원의 음주운전 유형 및 그에 따른 징계기준은 아래 별표 1의3과 같다.

[별표 1의3] 〈개정 2015.12.29.〉

음주운전 징계기준(제2조제1항 관련)

<table>
<tr><th colspan="2">음주운전 유형</th><th>처리기준</th><th>비고</th></tr>
<tr><td rowspan="2">최초 음주운전을 한 경우</td><td>혈중알코올농도가 0.1퍼센트 미만인 경우</td><td>감봉 – 견책</td><td rowspan="12">1. "음주운전"이란 「도로교통법」 제44조제1항을 위반하여 음주운전을 한 것을 말한다.
2. "음주측정 불응"이란 「도로교통법」 제44조제2항을 위반하여 음주측정에 불응한 것을 말한다.
3. "중상해"란 뇌 또는 주요 장기에 대한 중대한 손상, 사지절단 등 신체 중요부분의 상실 · 중대변형, 신체기능의 영구상실 등 완치 가능성이 희박한 불구 · 불치의 부상 · 질병 또는 이에 상응하는 부상 · 질병을 말한다.
4. "운전업무 관련 공무원"이란 운전직류 및 집배운영직류 공무원 등 운전을 주요 업무로 하는 공무원을 말한다. 다만, 운전업무 관련 공무원이 음주운전을 하였더라도 운전면허취소나 운전면허정지 처분을 받지 않은 경우에는 혈중알코올농도에 따른 징계 처리기준을 적용한다.</td></tr>
<tr><td>혈중알코올농도가 0.1퍼센트 이상인 경우 또는 음주측정불응의 경우</td><td>정직 – 감봉</td></tr>
<tr><td colspan="2">2회 음주운전을 한 경우</td><td>해임 – 정직</td></tr>
<tr><td colspan="2">3회 이상 음주운전을 한 경우</td><td>파면 – 해임</td></tr>
<tr><td colspan="2">음주운전으로 운전면허가 정지 또는 취소된 상태에서 운전을 한 경우</td><td>정직 – 감봉</td></tr>
<tr><td colspan="2">음주운전으로 운전면허가 정지 또는 취소된 상태에서 음주운전을 한 경우</td><td>해임 – 정직</td></tr>
<tr><td rowspan="4">음주운전으로 인적 · 물적 피해가 있는 교통사고를 일으킨 경우</td><td>경상해 또는 물적 피해의 경우</td><td>정직 – 감봉</td></tr>
<tr><td>중상해의 경우</td><td>해임 – 정직</td></tr>
<tr><td>사망사고의 경우</td><td>해임 – 강등</td></tr>
<tr><td>사고 후 「도로교통법」 제54조제1항에 따른 조치를 하지 않은 경우</td><td>파면 – 정직</td></tr>
<tr><td rowspan="2">운전업무 관련 공무원이 음주운전을 한 경우</td><td>면허취소 처분을 받은 경우</td><td>파면 – 해임</td></tr>
<tr><td>면허정지 처분을 받은 경우</td><td>강등 – 정직</td></tr>
</table>

(4) 징계부가금 부과기준

공무원의 비위정도 및 과실 여부에 따른 징계부가금의 부과기준은 아래 별표 1의4와 같다.

[별표 1의4] 〈개정 2015.12.29.〉

징계부가금 부과 기준(제2조제1항 관련)

비위의 정도 및 과실 여부 / 비위의 유형	비위의 정도가 심하고 고의가 있는 경우	비위의 정도가 심하고 중과실이거나, 비위의 정도가 약하고 고의가 있는 경우	비위의 정도가 심하고 경과실이거나, 비위의 정도가 약하고 중과실인 경우	비위의 정도가 약하고 경과실인 경우
1. 「국가공무원법」 제78조의2제1항제1호의 행위	금품비위 금액등의 4 ~ 5배	금품비위 금액등의 3 ~ 4배	금품비위 금액등의 2 ~ 3배	금품비위 금액등의 1 ~ 2배
2. 「국가공무원법」 제78조의2제1항제2호의 행위	금품비위 금액등의 3 ~ 5배	금품비위 금액등의 2 ~ 3배	금품비위 금액등의 2배	금품비위 금액등의 1배
※ 비고 1. "금품비위금액등"이란 「국가공무원법」 제78조의2제1항 각 호의 어느 하나에 해당하는 행위로 취득하거나 제공한 금전 또는 재산상 이득(금전이 아닌 재산상 이득의 경우에는 금전으로 환산한 금액을 말한다)을 말한다. 2. 징계부가금 배수는 정수(整數)를 기준으로 한다. 다만, 징계부가금 감면 의결의 경우에는 정수로 하지 아니할 수 있다.				

(5) 비위행위자와 감독자에 대한 문책기준

같은 사건에 관련된 행위자와 감독자에 대해서는 업무의 성질 및 업무와의 관련 정도 등을 참작하여 별표 2의 비위행위자와 감독자에 대한 문책기준에 따라 징계의결등을 하여야 한다. 이에도 불구하고 별표 2에 따른 문책 정도의 순위 1에 해당하지 아니하는 사람이 다음의 어느 하나에 해당하는 경우에는 징계의결 등을 하지 아니할 수 있다.

(가) 해당 비위를 발견하여 보고하였거나 이를 적법 · 타당하게 조치한 징계등 사건

(나) 비위의 정도가 약하고 경과실인 징계등 사건

(다) 철저하게 감독하였다는 사실이 증명되는 감독자의 징계사건

[별표 2] 〈개정 2009.3.30〉

비위행위자와 감독자에 대한 문책기준(제3조 관련)

업무의 성질 \ 업무 관련도	비위행위자 (담당자)	직상(直上) 감독자	2단계 위의 감독자	최고감독자 (결재권자)
ㅇ 정책 결정사항				
· 중요 사항(고도의 정책사항)	4	3	2	1
· 일반적인 사항	3	1	2	4
ㅇ 단순 · 반복 업무				
· 중요 사항	1	2	3	4
· 경미 사항	1	2	3	
ㅇ 단독행위	1	2		

* 1, 2, 3, 4는 문책 정도의 순위를 표시함

(6) 징계의 감경

(가) 원칙

징계위원회는 징계의결이 요구된 사람에게 다음의 어느 하나에 해당하는 공적이 있는 경우에는 별표 3의 징계의 감경기준에 따라 징계를 감경할 수 있다. 다만, 그 공무원이 징계처분이나 이 규칙에 따른 경고를 받은 사실이 있는 경우에는 그 징계처분이나 경고처분 전의 공적은 감경 대상 공적에서 제외한다.

1) 「상훈법」에 따른 훈장 또는 포장을 받은 공적

2) 「정부표창규정」에 따라 국무총리 이상의 표창(공적상 및 창안상만 해당한다. 이하 이 호에서 같다)을 받은 공적. 다만, 비위행위 당시 6급 이하 공무원, 연구사, 지도사와 기능직공무원은 중앙행정기관장인 청장(차관급 상당 기관장을 포함한다) 이상의 표창을 받은 공적

3) 「모범공무원규정」에 따라 모범공무원으로 선발된 공적

(나) 예외

① 위 (가)항에도 불구하고 징계사유가 다음의 어느 하나에 해당하는 경우에는 해당 징계를 감경할 수 없다. [신설 2017.1.10]

1) 「국가공무원법」 제83조의2제1항에 따른 징계 사유의 시효가 5년인 비위

2) 「성폭력범죄의 처벌 등에 관한 특례법」 제2조에 따른 성폭력범죄

3) 「성매매알선 등 행위의 처벌에 관한 법률」 제2조제1항제1호에 따른 성매매

4) 「국가인권위원회법」 제2조제3호라목에 따른 성희롱

5) 「도로교통법」 제44조제1항에 따른 음주운전 또는 같은 조 제2항에 따른 음주측정에 대한 불응

6) 「공직자윤리법」 제8조의2제1항 또는 제22조에 따른 등록의무자에 대한 재산등록 및 주식의 매각 · 신탁과 관련한 의무 위반

7) 부작위 또는 직무태만

② 또한, 징계위원회는 징계의결이 요구된 사람의 비위가 성실하고 능동적인 업무처리 과정에서 과실로 인하여 생긴 것으로 인정되거나, 위 (나).항에 따른 감경 제외 대상이 아닌 비위 중 직무와 관련이 없는 사고로 인한 비위라고 인정될 때에는 그 정상을 참작하여 별표 3의 징계의 감경기준에 따라 징계를 감경할 수 있다

[별표 3] 〈개정 2009.3.30〉

징계의 감경기준(제4조 관련)

제2조제1항 및 제3조에 따라 인정되는 징계	제4조에 따라 감경된 징계
파면	해임
해임	강등
강등	정직
정직	감봉
감봉	견책
견책	불문(경고)

(7) 공무원 비위사건 처리규정

공무원의 비위사건에 대한 처리기준은 별표 1부터 별표 3까지와 같다(공무원 비위사건 처리규정 제3조).

[별표 1] 〈개정 2016.8.31., 2017.1.10〉

공무원 비위사건 처리기준

비위의 정도 및 과실 여부 / 비위의 유형	비위의 정도가 심하고 고의가 있는 경우	비위의 정도가 심하고 중과실이거나, 비위의 정도가 약하고 고의가 있는 경우	비위의 정도가 심하고 경과실이거나, 비위의 정도가 약하고 중과실인 경우	비위의 정도가 약하고 경과실인 경우
1. 성실 의무 위반				
가. 「국가공무원법」 제78조의2 제1항제2호에 해당하는 비위	중징계 의결 요구	중징계 의결 요구	중징계 의결 요구	중징계ㆍ경징계 의결 요구
나. 직권남용으로 타인의 권리 침해	중징계 의결 요구	중징계 의결 요구	중징계 의결 요구	경징계 의결 요구
다. 부작위ㆍ직무태만(라목에 따른 소극행정은 제외한다) 또는 회계질서 문란	중징계 의결 요구	중징계 의결 요구	중징계 의결 요구	경징계 의결 요구
라. 소극행정	중징계 의결 요구	중징계 의결 요구	중징계 의결 요구	경징계 의결 요구
마. 직무 관련 주요 부패행위의 신고ㆍ고발 의무 불이행	중징계 의결 요구	중징계 의결 요구	중징계ㆍ경징계 의결 요구	경징계 의결 요구
바. 부정청탁에 따른 직무수행	중징계 의결 요구	중징계 의결 요구	중징계 의결 요구	경징계 의결 요구
사. 부정청탁	중징계 의결 요구	중징계 의결 요구	중징계ㆍ경징계 의결 요구	경징계 의결 요구
아. 성과상여금을 거짓이나 부정한 방법으로 지급받은 경우	중징계 의결 요구	중징계 의결 요구	중징계ㆍ경징계 의결 요구	경징계 의결 요구
자. 기타	중징계 의결 요구	중징계 의결 요구	경징계 의결 요구	경징계 의결 요구
2. 복종의 의무 위반				
가. 지시사항 불이행으로 업무 추진에 중대한 차질을 준 경우	중징계 의결 요구	중징계 의결 요구	중징계 의결 요구	경징계 의결 요구
나. 기타	중징계 의결 요구	중징계 의결 요구	경징계 의결 요구	경징계 의결 요구
3. 직장 이탈 금지 위반				
가. 집단행위를 위한 직장이탈	중징계 의결 요구	중징계 의결 요구	중징계 의결 요구	경징계 의결 요구
나. 무단결근	중징계 의결	중징계	중징계ㆍ	경징계

	요구	의결 요구	경징계 의결 요구	의결 요구
다. 기타	중징계 의결 요구	중징계 의결 요구	경징계 의결 요구	경징계 의결 요구
4. 친절 · 공정의 의무 위반	중징계 의결 요구	중징계 의결 요구	경징계 의결 요구	경징계 의결 요구
5. 비밀 엄수의 의무 위반				
가. 비밀의 누설 · 유출	중징계 의결 요구	중징계 의결 요구	중징계 의결 요구	경징계 의결 요구
나. 개인정보 부정이용 및 무단 유출	중징계 의결 요구	중징계 의결 요구	중징계 의결 요구	경징계 의결 요구
다. 비밀 분실 또는 해킹 등에 의한 비밀침해 및 비밀유기 또는 무단방치	중징계 의결 요구	중징계 의결 요구	중징계 · 경징계 의결 요구	경징계 의결 요구
라. 개인정보 무단 조회 · 열람 및 관리소홀 등	중징계 의결 요구	중징계 의결 요구	경징계 의결 요구	경징계 의결 요구
마. 그 밖에 보안관계 법령 위반	중징계 의결 요구	중징계 의결 요구	경징계 의결 요구	경징계 의결 요구
6. 청렴의 의무 위반	별표 2와 같음			
7. 품위 유지의 의무 위반				
가. 성폭력(업무상 위력 등에 의한 성폭력, 미성년자 또는 장애인 대상 성폭력)	중징계 의결 요구	중징계 의결 요구	중징계 의결 요구	중징계 의결 요구
나. 그 밖의 성폭력	중징계 의결 요구	중징계 의결 요구	중징계 의결 요구	경징계 의결 요구
다. 성희롱 라. 성매매	중징계 의결 요구	중징계 의결 요구	중징계 · 경징계 의결 요구	경징계 의결 요구
마. 기타	중징계 의결 요구	중징계 의결 요구	경징계 의결 요구	경징계 의결 요구
8. 영리업무 및 겸직금지 의무 위반	중징계 의결 요구	중징계 의결 요구	경징계 의결 요구	경징계 의결 요구
9. 정치 운동의 금지 위반	중징계 의결 요구	중징계 의결 요구	중징계 의결 요구	경징계 의결 요구
10. 집단 행위의 금지 위반	중징계 의결 요구	중징계 의결 요구	중징계 의결 요구	경징계 의결 요구

※ 비고

1. 제1호다목에서 "부작위"란 공무원이 상당한 기간 내에 이행해야 할 직무상 의무가 있는데도 이를 이행하지 아니하는 것을 말한다.
2. 제1호라목에서 "소극행정"이란 공무원의 부작위 또는 직무태만으로 국민의 권익침해 또는 국가 재정상의 손실이 발생하게 하는 업무행태를 말한다.
3. 제1호마목에서 "주요 부패행위"란 「국가공무원법」 제83조의2제1항에서 정한 징계 및 징계부가금 부과

사유의 시효가 5년인 비위를 말한다.
4. 제1호바목에서 "부정청탁에 따른 직무수행"이란 「부정청탁 및 금품등 수수의 금지에 관한 법률」 제6조의 부정청탁에 따른 직무수행을 말한다.
5. 제1호사목에서 "부정청탁"이란 「부정청탁 및 금품등 수수의 금지에 관한 법률」 제5조에 따른 부정청탁을 말한다.
6. 제1호아목에서 "성과상여금"이란 「공무원수당 등에 관한 규정」 제7조의2제10항에 따른 성과상여금을 말한다.
7. 제7호가목에서 "업무상 위력 등"이란 업무, 고용이나 그 밖의 관계로 인하여 자기의 보호 또는 감독을 받는 사람에 대하여 위계 또는 위력을 행사한 경우를 말한다.
8. 제7호다목에서 "성희롱"이란 「국가인권위원회법」 제2조제3호라목에 따른 성희롱을 말한다.
9. 제7호마목의 규정에도 불구하고 음주운전에 대한 처리기준은 별표 3과 같다.

[별표 2] 〈개정 2015.12.29.〉

청렴의 의무 위반 처리기준

금품 · 향응 등 재산상 이익 / 비위의 유형	100만원 미만		100만원 이상
	수동	능동	
1. 위법 · 부당한 처분과 직접적인 관계없이 금품 · 향응 등 재산상 이익을 직무관련자 또는 직무관련공무원으로부터 받거나 직무관련공무원에게 제공한 경우	경징계 · 중징계 의결 요구	중징계 의결 요구	중징계 의결 요구
2. 직무와 관련하여 금품 · 향응 등 재산상 이익을 받거나 제공하였으나, 그로 인하여 위법 · 부당한 처분을 하지 아니한 경우	중징계 의결 요구	중징계 의결 요구	중징계 의결 요구
3. 직무와 관련하여 금품 · 향응 등 재산상 이익을 받거나 제공하고, 그로 인하여 위법 · 부당한 처분을 한 경우	중징계 의결 요구	중징계 의결 요구	중징계 의결 요구

※ 비고
1. "금품 · 향응 등 재산상 이익"이란 「국가공무원법」 제78조의2제1항제1호에 따른 금전, 물품, 부동산, 향응 또는 그 밖에 「공무원 징계령」 제17조의2제1항에서 정하는 재산상 이익(금전이 아닌 재산상 이득의 경우에는 금전으로 환산한 금액을 말한다)을 말한다.
2. "직무관련자"와 "직무관련공무원"이란 「공무원 행동강령」 제2조제1호에 따른 직무관련자와 같은 조 제2호에 따른 직무관련공무원을 말한다.

[별표 3] 〈개정 2015.8.19.〉

음주운전 사건 처리기준

<table>
<tr><th colspan="2">음주운전 유형</th><th>처리기준</th><th>비고</th></tr>
<tr><td rowspan="2">최초 음주운전을 한 경우</td><td>혈중알코올농도가 0.1퍼센트 미만인 경우</td><td>경징계
의결 요구</td><td rowspan="12">1. "음주운전"이란 「도로교통법」 제44조제1항을 위반하여 음주운전을 한 것을 말한다.
2. "음주측정 불응"이란 「도로교통법」 제44조제2항을 위반하여 음주측정에 불응한 것을 말한다.
3. "중상해"란 뇌 또는 주요 장기에 대한 중대한 손상, 사지절단 등 신체 중요부분의 상실 · 중대변형, 신체기능의 영구상실 등 완치 가능성이 희박한 불구 · 불치의 부상 · 질병 또는 이에 상응하는 부상 · 질병을 말한다.
4. "운전업무 관련 공무원"이란 운전직류 및 집배운영직류 공무원 등 운전을 주요 업무로 하는 공무원을 말한다. 다만, 운전업무 관련 공무원이 음주운전을 하였더라도 운전면허취소나 운전면허정지 처분을 받지 않은 경우에는 혈중알코올농도에 따른 징계 처리기준을 적용한다.</td></tr>
<tr><td>혈중알코올농도가 0.1퍼센트 이상인 경우 또는 음주측정불응의 경우</td><td>중징계 · 경징계
의결 요구</td></tr>
<tr><td colspan="2">2회 음주운전을 한 경우</td><td rowspan="2">중징계
의결 요구</td></tr>
<tr><td colspan="2">3회 이상 음주운전을 한 경우</td></tr>
<tr><td colspan="2">음주운전으로 운전면허가 정지 또는 취소된 상태에서 운전을 한 경우</td><td>중징계 · 경징계
의결 요구</td></tr>
<tr><td colspan="2">음주운전으로 운전면허가 정지 또는 취소된 상태에서 음주운전을 한 경우</td><td>중징계
의결 요구</td></tr>
<tr><td rowspan="4">음주운전으로 인적 · 물적 피해가 있는 교통사고를 일으킨 경우</td><td>경상해 또는 물적 피해의 경우</td><td>중징계 · 경징계
의결 요구</td></tr>
<tr><td>중상해의 경우</td><td rowspan="2">중징계
의결 요구</td></tr>
<tr><td>사망사고의 경우</td></tr>
<tr><td>사고 후 「도로교통법」 제54조제1항에 따른 조치를 하지 않은 경우</td><td>중징계
의결 요구</td></tr>
<tr><td rowspan="2">운전업무 관련 공무원이 음주운전을 한 경우</td><td>면허취소 처분을 받은 경우</td><td rowspan="2">중징계
의결 요구</td></tr>
<tr><td>면허정지 처분을 받은 경우</td></tr>
</table>

(8) 징계부가금 부과 처리기준

징계위원회는 징계 또는 「국가공무원법」 제78조의2에 따른 징계부가금 혐의자의 비위(非違)의 유형, 비위의 정도 및 과실의 경중과 평소의 행실, 근무성적, 공적(功績), 규제개혁 및 국정과제 등 관련 업무 처리의 적극성, 뉘우치는 정도 또는 그 밖의 정상 등을 참작하여 별표 1의 징계기준, 별표 1의2의 청렴의 의무 위반 징계기준, 별표 1의3의 음주운전 징계기준 및 별표 1의4의 징계부가금 부과기준에 따라 징계 또는 징계부가금사건을 의결하여야 한다.

[별표 4] 〈신설 2015.12.29.〉

징계부가금 부과 처리기준

비위의 정도 및 과실 여부 / 비위의 유형	비위의 정도가 심하고 고의가 있는 경우	비위의 정도가 심하고 중과실이거나, 비위의 정도가 약하고 고의가 있는 경우	비위의 정도가 심하고 경과실이거나, 비위의 정도가 약하고 중과실인 경우	비위의 정도가 약하고 경과실인 경우
1. 「국가공무원법」 제78조의2제1항제1호의 행위	금품비위 금액등의 4 ~ 5배	금품비위 금액등의 3 ~ 4배	금품비위 금액등의 2 ~ 3배	금품비위 금액등의 1 ~ 2배
2. 「국가공무원법」 제78조의2제1항제2호의 행위	금품비위 금액등의 3 ~ 5배	금품비위 금액등의 2 ~ 3배	금품비위 금액등의 2배	금품비위 금액등의 1배

※ 비고
1. "금품비위금액등"이란 「국가공무원법」 제78조의2제1항 각 호의 어느 하나에 해당하는 행위로 취득하거나 제공한 금전 또는 재산상 이득(금전이 아닌 재산상 이득의 경우에는 금전으로 환산한 금액을 말한다)을 말한다.
2. 징계부가금 배수는 정수(整數)를 기준으로 한다.

나. 징계의 종류

징계에는 파면, 해임, 강등, 정직, 감봉, 견책으로 구분된다. 그리고 파면·해임·강등 또는 정직을 중징계라 하고, 감봉·견책을 경징계라 한다(공무원징계령 제1조의2).

(1) 파 면

파면이란 공무원의 신분을 박탈하여 공무원관계를 배제하는 징계처분이다. 징계로 파면처분을 받은 자는 5년간 공무원이 될 수 없다(국가공무원법 제33조 7호, 지방공무원법 제31조 7호). 그리고 파면의 경우는 퇴직급여를 ½(5년 이상 근무자) 또는 ¼ 감액(5년 이하 근무자)하고, 퇴직수당을 ½ 감액한다(공무원연금법 제64조 1항, 같은법 시행령 제55조 1항).

(2) 해 임

해임이란 파면과 같이 공무원신분을 박탈하여 공무원관계를 배제하는 징계처분이다. 다만, 징계로 해임처분을 받은 자는 3년간 공무원이 될 수 없다는 점과 퇴직급여 및 퇴직수당의 삼액이 없는 점이 파면이 다르다(국가공무원법 제33조 3호, 지방공무원법 제31조 3호). 단, 금품 및 향응수수, 공금의 횡령·유용으로 징계해임된 경우는 퇴직급여 및 퇴직수당의 일부를 감액하여 지급한다(공무원연금법 제64조 1항).

(3) 강 등

강등이란 1계급 아래로 직급을 내리고 공무원신분은 보유하나 3개월간 직무에 종사하지 못하며 그 기간 중 보수의 전액을 감한다. 고등교육법 제 14조에 해당하는 교원 및 조교에 대하여는 강등을 적용하지 아니한다(국가공무원법 제80조 2항 2호, 지방공무원법 제71조 1항).

(4) 정 직

정직이란 공무원의 신분은 보유하되 일정기간 직무에 종사하지 못하게 하는 징계처분이다. 정직기간은 1개월 이상 3개월 이하의 기간이고 직무에 종사하지 못하며 보수의 전액을 감한다(국가공무원법 제80조 3항, 지방공무원법 제71조 2항).

(5) 감 봉

감봉이란 1개월 이상 3개월 이하의 기간동안 보수의 3분의 1을 감하는 징계처분이다(국가공무원법 제80조 4항, 지방공무원법 제71조 3항).

(6) 견 책

견책이란 전과에 대하여 훈계하고 회개하게 하는 징계처분이다(국가공무원법 제80조 5항, 지방공무원법 제71조 4항). 견책은 집행종료한 후 6개월 기간동안 승진과 승급이 제한되고 승진소요최저연수에도 산입되지 않게 된다(공무원보수규정 제14조 1항, 지방공무원보수규정 제13조 1항).

4. 징계절차

가. 징계권자

(1) 징계요구권자 및 징계요구의 기속성

징계의결요구는 5급 이상 공무원 및 고위공무원단에 속하는 일반직 공무원은 소속장관이, 6급 이하 공무원 및 기능직공무원은 소속기관의장 또는 소속상급기관의 장이 한다. 다만, 국무총리·안전행정부장관 및 국회규칙, 대법원규칙, 헌법재판소규칙, 중앙선거관리위원회 규칙 또는 대통령령으로 정하는 각급기관의 장은 다른 기관 소속 공무원이 징계 사유가 있다고 인정하면 관계공무원에 대하여 관할징계위원회에 직접징계를 요구할 수 있다(국가공무원법 제78조 4항).[30] 한편, 공무원에게 징계사유가 발생하면, 반드시 징계의결을 요구하여야 하고, 그 징계의결의 결과에 따라 징계처분을 하여야 한다(국가공무원법 제78조 1항, 지방공무원법 제69저 1항). 징계의결의 요구는 기속적이다.[31]

(2) 징계처분권자

국가공무원의 징계는 징계위원회의 의결을 거쳐 징계위원회가 설치된 소속기관의 장이 하되, 국무총리 소속하에 설치된 징계위원회에서 행한 징계의결에 대하여는 중앙행정기관의 장이 한다(국가공무원법 제82조 1항). 지방공무원의 징계는 인사위원회의 의결을 거쳐 임용권자가 행한다. 다만, 5급 이상 공무원 또는 이와 관련된 하급직공무원의 징계와 소속기관을 달리하는 동일사건에 관련되는 자의 징계는 시·도의 인사위원회의 의결로 행한다(지방공무원법 제72조 1항).

(3) 징계권자의 재량권 일탈 · 남용의 판단기준 등

가) 재량권 일탈 · 남용 판단기준

징계권자가 피징계권자의 비위행위에 대하여 행하여진 징계행위가 법령상 주어진 재량의 한계를 벗어나거나 또는 징계사유가 존재하지 아니함에도 불구하고 징계를 한 경우 그리고 주어진 재량권의 범위 내라고 하더라도 평등원칙이나 비례원칙에 반하는 경우에는 재량권을 일탈 · 남용한 것으로 위법이 된다.

---

30) 대통령이나 국무총리의 명령에 따른 감사결과 징계 등 사유가 있다고 인정되는 공무원에 대하여는 국무총리가 직접 관할징계위원회에 징계의결 등을 요구할 수 있다(공무원징계령 제8조 1항). 또한 국무총리·안전행정부장관 및 국회규칙·대법원규칙·헌법재판소규칙·중앙선거관리위원회규칙 또는 대통령령으로 정하는 각급기관의 장은 다른 기관소속 공무원이 징계사유가 있다고 인정되면 관계 공무원에 대하여 관할징계위원회에 직접 징계를 요구할 수 있다(국가공무원법 제78조 4항단서). 행정기관의 장이 징계의결요구권을 갖지 아니하는 공무원에 대하여 징계사유가 있다고 인정한 때에는 그 행정기관의 장은 징계의결요구권을 갖는 행정기관의 장에게 그 징계사유를 입증할 수 있는 관계자료를 첨부하여 이를 통보하여야 한다(공무원징계령 제67조 2항). 지방공무원의 경우는 임용권자가 인사위원회에 소속공무원에 대한 징계의결을 요구해야 한다(지방공무원법 제72조 1항). 징계의결의 요구는 징계사유에 대한 충분한 조사를 행한 후에 입증에 필요한 관계증빙서류를 첨부하여 서면으로 하되, 징계요구권자는 중징계와 경징계로 구분하여 요구하여야 한다(공무원징계령 제7조 6항, 지방공무원징계 및 소청규정 제1조의2). 보통징계위원회가 설치된 행정기관의 장은 징계 등 사건의 내용이 중대하거나 그 기관에 설치된 징계위원회에서는 공정한 의결을 못할 우려가 있다고 인정할 때에는 바로 위 상급행정기관에 설치된 보통징계위원회에 징계의결 등을 요구할 수 있다(공무원징계령 제7조 5항).

31) 대법원 2007. 7. 12. 선고 2006도1390 판결.

• 관련판례

【판시사항】

징계재량권의 한계를 벗어난 징계처분의 효력 및 그 판단 기준(대법원 1999. 11. 26. 선고 판결)

【판결요지】

공무원인 피징계자에게 징계사유가 있어서 징계처분을 하는 경우 어떠한 처분을 할 것인가는 징계권자의 재량에 맡겨진 것이고, 다만 징계권자가 재량권의 행사로서 한 징계처분이 사회통념상 현저하게 타당성을 잃어 징계권자에게 맡겨진 재량권을 남용한 것이라고 인정되는 경우에 한하여 그 처분을 위법하다고 할 수 있고, 공무원에 대한 징계처분이 사회통념상 현저하게 타당성을 잃었다고 하려면 구체적인 사례에 따라 징계의 원인이 된 비위사실의 내용과 성질, 징계에 의하여 달성하려고 하는 행정목적, 징계 양정의 기준 등 여러 요소를 종합하여 판단할 때에 그 징계 내용이 객관적으로 명백히 부당하다고 인정할 수 있는 경우라야 하고, 징계권의 행사가 임용권자의 재량에 맡겨진 것이라고 하여도 공익적 목적을 위하여 징계권을 행사하여야 할 공익의 원칙에 반하거나 일반적으로 징계사유로 삼은 비행의 정도에 비하여 균형을 잃은 과중한 징계처분을 선택함으로써 비례의 원칙에 위반하거나 또는 합리적인 사유 없이 같은 정도의 비행에 대하여 일반적으로 적용하여 온 기준과 어긋나게 공평을 잃은 징계처분을 선택함으로써 평등의 원칙에 위반한 경우에 이러한 징계처분은 재량권의 한계를 벗어난 처분으로서 위법하다 할 것이다.

나) 비례의 원칙위반 여부

징계사유에 해당하는 행위가 있더라도, 징계권자가 그에 대하여 징계처분을 할 것인지, 징계처분을 하면 어떠한 종류의 징계를 할 것인지는 징계권자의 재량에 맡겨져 있다고 할 것이나, 그 재량권의 행사가 징계권을 부여한 목적에 반하거나, 징계사유로 삼은 비행의 정도에 비하여 균형을 잃은 과중한 징계처분을 선택함으로써 비례의 원칙에 위반하거나 또는 합리적인 사유 없이 같은 정도의 비행에 대하여 일반적으로 적용하여 온 기준과 어긋나게 공평을 잃은 징계처분을 선택함으로써 평등의 원칙에 위반한 경우에는, 그 징계처분은 재량권의 한계를 벗어난 것으로서 위법하고, 징계처분에 있어 재량권의 행사가 비례의 원칙을 위반하였는지 여부는, 징계사유로 인정된 비행의 내용과 정도, 그 경위 내지 동기, 그 비행이 당해 행정조직 및 국민에게 끼치는 영향의 정도, 행위자의 직위 및 수행직무의 내용, 평소의 소행과 직무성적, 징계처분으로 인한 불이익의 정도 등 여러 사정을 건전한 사회통념에 따라 종합적으로 판단하여 결정하여야 한다.[32)]

다) 소결

청구인은 소청심사시 위 나)항의 징계양정의 적법상 판단에 있어 여러 요소들이 절차적으로 적법하게 반영되었는지 여부를 꼼꼼히 판단하여 관련 내용에 대한 주장 · 입증을 하여야 할 것이다.

- 관련판례

【판시사항】
징계양정에 있어서의 참작자료(대법원 1991. 2. 12. 선고 판결)

【판결요지】
공무원인 피징계자에게 징계사유가 있어 징계처분을 하는 경우 어떠한 처분을 할것인가 하는 것은 징계권자의 재량에 맡겨진 것이고, 다만 징계권자가 징계권의 행사로서 한 징계처분이 사회통념상 현저하게 타당성을 잃어 징계권자에 맡겨진 재량권을 남용한 것이라고 인정되는 경우에 한하여 위법한 것이다. 한편, 징계권자가 법정의 징계종류 중 어느 것을 선택하느냐 하는 것은 구체적인 그 징계사유의 내용과 성질이 그 표준이 됨은 물론이나 그전에 어떠한 사유로 어떠한 종류의 징계처분을 몇번이나 받은 사실이 있는가의 점도 그 징계종류 선택에 있어서의 자료가 되며, 징계종류선택의 자료로서 피징계자인 공무원의 평소의 소행과 근무성적 등도 참작하여야 하므로 당해 징계양정에 있어서의 참작자료가 될수 있다.

나. 징계절차

공무원에 대한 징계는 소속기관장의 징계의결요구, 징계위원회의 의결, 징계권자의 집행으로 행한다.

(1) 징계의결요구

징계요구권자는 공무원이 징계사유에 해당할 때 관할 징계위원회에 반드시 징계의결을 요구하여야 한다. 징계권자의 징계요구여부는 기속행위이다.

---

32) 대법원 2001. 8. 24. 선고 2000두7704 판결.

(2) 징계위원회의 의결

(가) 징계위원회의 종류

공무원의 징계는 의결기관인 관할 징계위원회의 의결을 거쳐야 한다. 징계위원회는 중앙징계위원회(국무총리 소속으로 둔다)와 보통징계위원회(5급 이상공무원, 연구관 및 지도관을 장으로 하는 행정기관에 둔다)의 2종이 있다(공무원징계령 제2, 3조). 보통징계위원회는 6급 이하 공무원·연구사·지도사 및 기능직공무원의 징계 등 사건을 심의·의결한다(공무원징계령 제2조 3항).

(나) 징계의결요구서 송부

징계의결요구권자가 징계의결요구서를 관할 징계의결기관에 송부할 때에는 동시에 그 사본을 징계혐의자에게 송부하여야 한다(공무원징계령 제7조 7항). 이는 행정절차법상 처분의 사전통지에 해당하는 것으로서 징계혐의자로 하여금 자신의 혐의사실을 확인하고 이에 대한 방어준비를 하게 하려는 것이다. 따라서 징계의결요구서를 징계혐의자에게 사본의 송부 없이 진행된 징계절차는 징계혐의자의 방어권 준비 및 행사에 지장이 없었다거나 징계혐의자가 이의 없이 징계위원회에 출석하여 변명하였다는 등의 특단의 사정이 인정되지 않는 이상 위법하다.[33)]

(다) 징계의결 기간

징계위원회는 징계의결 등 요구서를 접수한 날부터 30일, 중앙징계위원회의 경우는 60일 이내에 징계의결을 하여야 하며, 부득이한 사유가 있을 때에는 해당 징계위원회의 의결로 30일(중앙징계위원회의 경우는 60일)의 범위에서 그 기간을 연장할 수 있다(공무원징계령 제9조).

(라) 진술기회 부여

징계위원회는 징계사건을 심의할 때는 반드시 징계혐의자를 출석시켜 진술의 기회를 부여해야 하며, 진술의 기회를 주지 아니하고 한 징계의결은 원칙적으로 무효이다(국가공무원법 제13조 2항, 지방공무원법 제18조 2항). 위 절차 진행시 증거제출권·증거신청권 등의 절차적 권리가 보장되어 있다.

33) 대법원1993. 6. 25. 선고 92누17426 판결.

(마) 징계위원회의 제척, 기피. 회피제도 및 비밀누설의무

그 외 징계위원회의 제척·기피·회피제도 적용되며, 징계위원회의 회의는 공개하지 아니하고, 징계위원회의 회의에 참여한 자는 직무상 안 비밀을 누설하여서는 아니된다.

(바) 재심사청구

징계의결을 요구한 기관의 장은 징계위원회의 의결이 가볍다고 인정한 때는 그 처분을 하기 전에 징계의결을 통보받은 15일 이내에 직근상급기관에 설치된 징계위원회에 심사 또는 재심사를 청구할 수 있다(국가공무원법 제82조 2항, 지방공무원법 제72조 2항).

- 관련판례

【판시사항】

절차 위반의 하자가 있는 징계처분에 대한 재심절차에 중대한 하자 등이 있어 재심의 효력을 인정할 수 없는 경우, 그 징계처분의 하자가 치유되는지 여부(출처 : 대법원 2002. 12. 26. 선고 2002다57201 판결)

【판결요지】

징계처분에 대한 재심절차는 원래의 징계절차와 함께 전부가 하나의 징계처분절차를 이루는 것으로서 그 절차의 정당성도 징계과정 전부에 관하여 판단되어야 할 것이므로 원래의 징계과정에 절차 위반의 하자가 있더라도 재심과정에서 보완되었다면 그 절차 위반의 하자는 치유되지만, 그 재심절차를 전혀 이행하지 않거나 재심절차에 중대한 하자가 있어 재심의 효력을 인정할 수 없는 경우에는 그 징계처분이 무효가 된다.

(3) 징계의 집행

징계처분 등의 처분권자는 징계 등 의결서 또는 징계부가금감면 의결서를 받은 날부터 15일 이내에 징계처분 등을 하여야 한다(공무원징계령§19·①).

(4) 처분사유설명서 교부

공무원에 대하여 징계처분 등을 할 때나 강임··휴직·직위해제 또는 면직처분을 할 때에는 그 처분권자 또는 처분제청권자는 치분사유를 적은 설명서를 교부하여야 한다. 하지만 본인의 원에 따른 강임·휴직 또는 면직처분은 그렇지 않다(국가공무원법 제75조, 지방공

무원법 제67조 1항). 이때 처분사유설명서는 징계처분이 공무원의 신분에 미치는 중대한 영향 및 징계처분의 제재적 성격에 비추어 일반적인 이유부기 보다는 처분사유를 구체적으로 기술하여야 한다고 본다(행정절차법 제23조).[34] 또한, 원칙상 징계처분서와는 별도로 징계처분권자가 징계처분사유설명서를 징계의결서 또는 징계부가금 감면의결서의 사본을 첨부하여 교부하여야 한다(공무원징계령 제19조 2항). 이 경우 징계처분의 통지는 피처분자가 볼 수 있는 상태에 놓여지면 처분설명서의 교부가 없이도 그 행정처분은 유효하다고 본다.

• 관련판례

【판시사항】
지방공무원법 제67조 제1항 소정의 처분사유설명서의 교부가 처분의 효력발생요건인지 여부(대법원 1991. 12. 24. 선고 90누1007 판결)

【판결요지】
지방공무원법 제67조 제1항의 규정은 징계처분이 정당한 이유에 의하여 한 것이라는 것을 분명히 하고 또 피처분자로 하여금 불복이 있는 경우에 출소의 기회를 부여하는 데 그 법의가 있다고 할 것이므로 그 처분사유설명서의 교부를 처분의 효력발생요건이라고 할 수 없을 뿐만 아니라 직권에 의한 면직처분을 한 경우 그 인사발령통지서에 처분사유에 대한 구체적인 적시 없이 단순히 당해 처분의 법적 근거를 제시하는 내용을 기재한 데 그친 것이더라도 그러한 기재는 위 법조 소정의 처분사유 설명서로 볼 수 있다.

(5) 재징계의결 등의 요구

(가) 재징계의결 사유

처분권자는 법령의 적용, 증거 및 사실 조사에 명백한 흠이 있는 경우, 징계위원회의 구성 또는 징계의결 등, 그 밖에 절차상 흠이 있는 경우, 징계양정 및 징계부가금이 과다한 경우에는 소청심사위원회 또는 법원에서 징계처분 등의 무효 또는 취소의 결정이나 판결을 받은 경우에는 다시 징계의결 또는 징계부가금부과의결을 요구하여야 한다(국가공무원법 제78조의3 1항, 지방공무원법 제69조의3 1항).

---

34) 헌재 2006.5.25. 선고 2004헌바12결정.

(나) 기간

처분권자는 소청심사위원회의 결정 또는 법원의 판결이 확정된 날부터 3개월 이내에 관할 징계위원회에 재징계의결 등을 요구하여야 하며, 관할 징계위원회에서는 다른 징계사건에 우선하여 징계의결 등을 하여야 한다(국가공무원법 제73조의3 2항, 지방공무원법 제69조의3 2항).

(6) 징계의결의 효력

국가공무원법상 특별한 규정이 있는 경우(국가공무원법 제83조의2 3항)를 제외하고는 그 결정의 효력은 일사부재리의 원칙이 적용되며, 형식적 쟁송절차를 거쳐 이루어지므로 징계위원회 스스로도 변경할 수 없는 불가변력이 발생한다.

다. 징계에 대한 구제

(1) 소 청

(가) 의 의

소청심사제도란 공무원이 징계처분 그 밖에 그의 의사에 반하는 불리한 처분이나 부작위에 대하여 이의를 제기하는 경우 이의를 심사하고 결정하는 행정심판제도의 일종으로서, 위법 · 부당한 인사상 불이익 처분에 대한 구제라는 사법 보완적 기능을 통하여 직접적으로 공무원의 신분보장과 직업공무원제도를 확립하고, 간접적으로는 행정의 자기통제효과를 도모하는 일종의 특별행정심판제도이다.

(나) 소청사유

1) 사유

국가공무원법 제9조 1항 및 지방공무원법 제13조는 소청의 대상을 「…징계처분, 그밖에 그 의사에 반하는 불리한 처분이나 부작위」라고 규정하고 있다. 이때 징계처분에는 파면·해임·강등·정직·감봉·견책의 6종류가 있고, "의사에 반하는 불리한 처분"에는 강임·휴직·직위해제·면직처분 및 복직거부는 물론이고, 의원면직형식에 의한 면직·대기명령·전보·전직, 불리한 경력평정도 그에 포함된다.

2) 제외 사항

공무원의 신분 변동에 해당되지 않는 처분 (예 : 변상명령), 일반적, 추상적 행정법령 개정 요구, 행정청 내부적 의사결정 단계의 행위, 행정청의 알선, 권고, 견해표명 등과 같이 법적 효과를 발생하지 않는 행위 등은 제외된다.

(다) 소청심사위원회

소청사항에 대한 심사는 합의제기관인 소청심사위원회가 행한다. 소청심사위원회는 행정기관소속공무원과 관련하여 인사혁신처에, 국회 · 법원 · 헌법재판소 및 선거관리위원회소속공무원과 관련하여 각각 국회사무처 · 법원행정처 · 헌법재판소사무처 및 선거관리위원회사무처에 둔다(국가공무원법 제제9조 1,2항). 소청심사위원에게는 제척, 기피, 회피제도가 적용되며, 만일 위원의 제척, 기피, 회피 등으로 심사 · 결정에 참여할 수 있는 위원수가 3인 미만이 된 경우에는 3인이 될 때까지 국회사무총장, 법원행정처장, 헌법재판소사무처장, 중앙선거관리위원회사무총장 또는 행정안전부장관은 임시위원을 임명하여 해당 사건의 심사 · 결정에 참여하도록 하여야 한다(국가공무원법 제14조의2 1항).

(다) 소청절차

1) 소청제기

국가공무원법 제75조(공무원에 대하여 징계처분 등을 할 때나 강임 · 휴직 · 직위해제 또는 면직처분을 할 때에는 그 처분권자 또는 처분제청권자는 처분사유를 적은 설명서를 교부하여야 한다. 다만, 본인의 원에 따른 강임 · 휴직 또는 면직처분은 그러하지 아니하다.)에 따른 처분사유설명서를 받은 공무원이 그 처분에 불복할 때에는 그 설명서를 받은 날부터, 본인의 의사에 반하는 불리한 처분을 받았을 때에는 그 처분이 있은 것을 안 날부터, 각각 30일 이내에 소청심사위원회에 심사를 청구할 수 있다(국가공무원법 제76조). 이 경우 공무원은 심사청구를 이유로 불이익한 처분이나 대우를 받지 아니한다(국가공무원법 제76조 6항).

가) 후임자보충발령유예

본인의 의사에 반하는 파면·해임이나 제70조 제1항 제5호에 따른 면직처분으로 인한 경우는 그 처분을 한 날부터 40일 이내에는 후임자의 보충발령을 하지 못하며,[35] 소청심사위원회는 그 청구를 접수한 날부터 5일 이내에 당해사건의 최종결정이 있을 때까지 후임자의 보충발령을 유예하게 하는 임시결정을 행할 수 있고, 이에 따른 임시결정을 한 경우에는 임시결정을 한 날부터 20일 이내에 최종결정을 하여야 하며 각 임용권자는 그 최종결정 있을 때까지 후임자를 보충발령하지 못한다(국가공무원법 제76조 2,3,4항). 또한, 임시결정을 한 경우 외에는 소청심사청구를 접수한 날로부터 60일 이내에 이에 대한 결정을 하여야하며, 불가피하다고 인정되면 소청심사위원회의 의결로 30일 연정할 수 있다(같은 조 5항).

나) 심사청구유형

소청심사청구에는 처분의 취소 또는 변경을 구하는 심사청구, 처분의 효력유무 또는 존재여부에 대한 확인을 구하는 심사청구, 위법 또는 부당한 거부처분이나 부작위에 대하여 의무이행을 구하는 심사청구가 있다(국가공무원법 제14조 5항).

2) 심 사

소청심사위원회가 소청을 접수하였을 때에는 지체없이 이를 심사하여야 한다. 그리고 소청심사위원회는 심사를 할 때 필요한 경우에는 검증·감정 그 밖에의 사실조사를 하거나 증인을 소환하여 질문하거나 관계서류의 제출을 명할 수 있다(국가공무원법 제12조). 위원회가 소청사건을 심사할 때에는 반드시 소청인 또는 그 대리인에게 진술의 기회를 주어야 하며, 진술기회를 주지 아니한 결정은 이를 무효로 한다(국가공무원법 제13조, 지방공무원법 제18조).

3) 결 정

가) 결정기간

소청사건의 결정은 재적위원 3분의2 이상의 출석과 출석위원과반수의 합의에 따르되, 의견이 나뉠 때에는 출석위원과반수에 이를 때까지 소청인에게 가장 불리한 의견에 차례로

35) 다만, 인력 관리상 후임자를 보충하여야 할 불가피한 사유가 있고, 제3항에 따른 소청심사위원회의 임시결정이 없는 경우에는 국회사무총장, 법원행정처장, 헌법재판소사무처장, 중앙선거관리위원회사무총장 또는 행정안전부장관과 협의를 거쳐 후임자의 보충발령을 할 수 있다.

유리한 의견을 더하여 그 중 가장 유리한 의견을 합의된 것으로 본다(국가공무원법 제14조 1항, 지방공무원법 제19조 1항). 소청심사위원회는 소청심사청구를 접수한 날부터 임시결정을 한 경우 외에는 60일 이내에 이에 대한 결정을 하여야 한다. 다만, 불가피하다고 인정되면 소청심사위원회의 의결로 30일을 연장할 수 있다(국가공무원법 제76조 5항).

나) 결정의 유형

소청심사위원회의 결정에는 심사청구가 이 법이나 다른 법률에 적합하지 아니한 것이면 그 청구를 각하하고, 심사청구가 이유없다고 인정되면 그 청구를 기각하고, 처분의 취소 또는 변경을 구하는 심사청구가 이유있다고 인정되면 처분을 취소 또는 변경하거나 행정청에 취소 또는 변경할 것을 명하고, 처분의 효력유무 또는 존재여부에 대한 확인을 구하는 심사청구가 이유있다고 인정되면 처분의 효력유무 또는 존재여부를 확인하고, 위법 또는 부당한 거부처분이나 부작위에 대한 의무이행을 구하는 심사청구가 이유있다고 인정되면 지체없이 청구에 따른 처분을 하거나 이를 할 것을 명한다(국가공무원법 제14조 5항, 지방공무원법 제19조 3항).

다) 결정의 형식과 효력

소청심사위원회의 결정은 그 이유를 구체적으로 밝힌 결정서로 하여야 하며(국가공무원법 제14, 지방공무원법 제19조). 이 결정은 처분행정청을 기속한다(국가공무원법 제15조). 또한 소청심사위원회가 징계처분 또는 징계부가금 부과처분을 받은 자의 청구에 따라 소청을 심사하는 경우에는 원징계처분보다 무거운 징계 또는 원징계부가금 부과처분보다 무거운 징계부과금을 부과하는 결정을 하지 못한다(불이익변경금지의 원칙)(국가공무원법 제14조 7항). 그 외 소청심사위원회의 취소명령 또는 변경명령 결정은 그에 따른 징계나 그 밖의 처분이 있을 때까지는 종전에 행한 징계처분 또는 징계부과금 부과처분에 영향을 미치지 아니한다(국가공무원법 제14조 6항).

• 관련판례

【판시사항】

교원소청심사위원회의 소청심사결정 중 임용기간이 만료된 교원에 대한 재임용거부처분을 취소하는 결정의 효력 및 그 결정의 기속력에 기하여 재임용심사의무가 있는 학교법인 등이 그 의무를 이행하지 않는 경우 그러한 사정만으로 바로 불법행위로 인한 임금 상당 재산상 손해의 배상책임이 발생하는지 여부(대법원 2010. 9. 9. 선고 2008다6953 판결[임금등])

【판결요지】

'교원지위향상을 위한 특별법' 제7조 제1항, 제10조 제2항에 의하면, 교원소청심사위원회는 각급 학교 교원에 대한 징계처분과 그 밖에 그 의사에 반하는 불리한 처분(임용기간이 만료된 교원에 대한 재임용거부처분을 포함한다)에 대한 소청을 심사하고 그 소청심사결정은 처분권자를 기속한다. 이와 같은 교원소청심사위원회의 소청심사결정 중 임용기간이 만료된 교원에 대한 재임용거부처분을 취소하는 결정은 재임용거부처분을 취소함으로써 학교법인 등에게 해당 교원에 대한 재임용심사를 다시 하도록 하는 절차적 의무를 부과하는 데 그칠 뿐 학교법인 등에게 반드시 해당 교원을 재임용하여야 하는 의무를 부과하거나 혹은 그 교원이 바로 재임용되는 것과 같은 법적 효과까지 인정되는 것은 아니다.

4) 불 복

소청심사위원회의 결정에 불복이 있는 경우에는 행정소송으로 다투어야 한다(국가공무무원법 제16조). 이 경우 소청심사위원회의 결정을 다투는 것이 아니고 원처분을 다투는 것이라 할 수 있으므로 행정소송의 피고는 소청심사위원회가 아니라 원처분청이 된다.

라. 징계의 감경 및 가중

(1) 징계의 감경

인사위원회는 징계의결이 요구된 사람에게 다음 각 호의 어느 하나에 해당하는 공적이 있는 경우에는 별표 6의 징계의 감경기준에 따라 징계를 감경할 수 있다. 다만, 그 공무원이 징계처분이나 이 규칙에 따른 경고를 받은 사실이 있는 경우에는 그 징계처분이나 경고 전의 공적은 감경 대상 공적에서 제외한다(지방공무원 징계규칙 제5조).

(2) 감경사유

(가) 「상훈법」에 따른 훈장 또는 포장을 받은 공적

(나) 「정부표창규정」에 따라 국무총리 이상의 표창(공적상 및 창안상만 해당한다. 이하 이 호에서 같다)을 받은 공적. 다만, 비위행위 당시 6급 이하 공무원, 연구사 및 지도사는 중앙행정기관의 장인 청장(차관급 상당 기관장을 포함한다) · 특별시장 · 광역시장 · 특별자치시장 · 도지사 · 특별자치도지사 및 교육감 이상의 표창을 받은 공적

(다) 「모범공무원규정」에 따라 모범공무원으로 선발된 공적

(라) 「청백봉사상 운영규정」에 따른 청백봉사상

(3) 감경불가사유

다음의 어느 하나에 해당하여 징계의결이 요구된 경우에는 징계를 감경할 수 없다. 다만, 인사위원회는 징계의결이 요구된 사람의 비위가 성실하고 능동적인 업무처리 과정에서 과실로 인하여 생긴 것으로 인정되거나, 아래의 감경 제외 대상이 아닌 비위 중 직무와 관련이 없는 사고로 인한 비위라고 인정될 때에는 그 사정을 고려하여 별표 6의 징계의 감경기준에 따라 징계를 감경할 수 있다.

(가) 「지방공무원법」 제73조의2제1항에 따른 징계 사유의 시효가 5년인 비위

(나) 「도로교통법」 제44조에 따른 음주운전

(다) 「성폭력범죄의 처벌 등에 관한 특례법」 제2조에 따른 성폭력범죄

(라) 「성매매알선 등 행위의 처벌에 관한 법률」 제2조에 따른 성매매

(마) 「국가인권위원회법」제2조제3호라목에 따른 성희롱

(바) 「공직자윤리법」 제8조의2제1항제4호 또는 제22조에 따라 등록의무자에 대하여 재산등록 또는 주식의 매각 · 신탁과 관련한 의무 위반

(사) 「공직선거법」 위반으로 벌금형 이상의 형을 선고받은 비위

(아) 부작위 또는 직무태만

[별표 6]

징계의 감경기준(제5조 관련)

제2조제1항, 제3조 및 제4조에 따라 인정되는 징계	제5조에 따라 감경된 징계
파 면	해 임
해 임	강 등
강 등	정 직
정 직	감 봉
감 봉	견 책
견 책	불문(경고)

(4) 징계의 가중

(가) 둘이상의 비위 경합

인사위원회는 서로 관련 없는 둘 이상의 비위가 경합될 경우에는 그 중 책임이 무거운 비위에 해당하는 징계보다 1단계 위의 징계로 의결할 수 있다(지방공무원 징계규칙 제6조).

(나) 징계의결 기간 중 재징계의결 요구

인사위원회는 징계처분을 받은 사람에 대하여 「지방공무원임용령」 제34조에 따른 승진임용 제한기간 중에 발생한 비위로 다시 징계의결이 요구된 경우에는 그 비위에 해당하는 징계보다 2단계 위의 징계로 의결할 수 있고, 승진임용 제한기간이 끝난 후부터 1년 이내에 발생한 비위로 징계의결이 요구된 경우에는 1단계 위의 징계로 의결할 수 있다.

(5) 행정소송(항고소송)

(가) 원처분주의

소청심사위원회의 결정에 불복이 있는 자는 행정소송을 제기할 수 있다. 만약, 소청심사위원회의 결정에 고유한 위법이 있다면 위원회의 결정을 소의 대상으로 할 수 있지만, 그 결정에 고유한 위법이 없다면 원처분주의 원칙에 따라 원징계처분을 소청의 대상으로 하여야 한다(행정소송법 제19조 단서). 그리고 원징계처분도 위법하며 소청심사위원회의 결정에도 고유한 위법이 있다면 관련청구소송으로 병합하여 제기할 수도 있다(행정소송법 제10조).

(나) 소청심사전치주의(필요적 전치주의)

국가공무원법 제75조에 따른 처분, 그 밖에 본인의 의사에 반한 불리한 처분이나 부작위에 관한 행정소송은 소청심사위원회의 심사·결정을 거치지 아니하면 제기할 수 없다(국가공무원법 제16조 1항, 지방공무원법 제 20조의2).

(다) 행정소송의 피고

공무원에 대한 징계처분, 그 밖의 본인의 의사에 반하는 불리한 처분이나 부작위에 관한 행정소송의 피고는 대통령의 처분 또는 부작위의 경우는 소속장관(대통령령으로 정하는 기관의 장을 포함한다), 중앙선거관리위원회 위원장의 처분 또는 부작위의 경우는 중앙선거관리위원회 사무총장을 각각 피고로 한다(국가공무원법 제16조 2항). 또한 국회의장·대법원장·헌법재판소장이 행한 처분에 대해서는 각각 국회사무총장·법원행정처장·헌법재판소 사무처장을 피고로 한다(국회사무처법 제4조 3항, 법원조직법 제70조, 헌법재판소법 제17조 5항).

(6) 헌법재판소에 헌법소원

위법한 징계처분으로 기본권을 침해받은 자는 헌법재판소에 헌법소원 심판을 청구할 수 있다.[36)]

(7) 징계처분 취소 시 보수의 지급

징계처분이 소청심사위원회의 결정으로 취소된 경우 피청구인은 그 효과로서 청구인에게 그간의 임금 및 제수당 등의 지급을 청구할 수 있으며, 만일 그 지급을 청구하지 아니한 경우 청구인은 이를 민사소송을 통하여 별도로 청구할 수 있다.

---

36) (헌재결 1993.12.23, 92헌마247) 헌재 1993. 12. 23. 선고 92헌마247 결정.

• 관련판례

【판시사항】
고위공무원에 대한 징계처분이 취소된 경우 또는 고위공무원이 형사사건으로 기소되어 직위해제처분을 받았다가 무죄판결이 선고된 경우, 원래 연봉을 기준으로 한 연봉 전액 또는 차액을 소급 지급해야 하는지 여부(대법원 2014. 7. 24. 선고 2013두13167 판결)

【판결이유】
원심은 제1심판결을 인용하여, ① 고위공무원단에 속하는 공무원(이하 '고위공무원'이라 한다)인 원고가 2008. 2. 29. 특정범죄가중처벌 등에 관한 법률위반(뇌물)의 공소사실로 기소되었음을 이유로 직위해제처분을, 2009. 3. 24. 위 공소사실 기재 뇌물을 받았다는 이유로 해임처분을 각각 받았는데, 2011. 7. 28. 위 공소사실에 대한 무죄판결이 확정된 사실, ② 공무원소청심사위원회가 2011. 10. 26. 원고가 직무관련자로부터 받은 1억 원이 뇌물이 아니라 무이자의 차용금이어서 위 공소사실에 대하여 무죄를 선고받았다 하더라도 청렴의무의 위반이라는 이유로 위 해임처분을 정직 3월(2009. 3. 24. ~ 2009. 6. 23.)의 처분으로 변경한 사실, ③ 그 후 통일부장관이 원고가 직위를 부여받지 못한 기간이 2년에 이른다는 이유로 구 국가공무원법(2014. 1. 7. 법률 제12202호로 개정되기 전의 것, 이하 구 국가공무원법이라 한다) 제70조의2 제1항 제3호에 따라 원고에 대한 적격심사를 요구하였고, 그 적격심사에서 원고가 부적격 결정을 받자, 대통령이 2012. 1. 7. 원고에게 직권면직처분을 한 사실을 인정한 다음, 피고의 주장, 즉 고위공무원이 직위를 부여받지 못한 경우에는 공무원보수규정 제49조 제2항은 준용되지 아니하고, 공무원보수규정 제71조 제1항 제3호가 적용되어야 한다는 주장을 배척하고, 피고는 원고에게 공무원보수규정 제49조에 따라 원고가 직위해제처분과 해임처분이 없었다면 받았을 원래의 연봉과 원고가 받은 연봉과의 차액을 지급할 의무가 있다고 판단하였다

(8) 부당징계로 인한 손해배상

국가공무원에 대하여 징계를 할 경우 국가공무원법 및 관련 법령이 정한 바에 따라 국가공무원에 대한 징계권자가 징계위원회에 징계의결의 요구를 하고 징계위원회는 소정의 절차를 거쳐 징계의결을 한 다음 그 통고를 받은 징계권자가 그 의결내용에 따른 징계처분을 한 경우에 그 징계처분이 징계위원들이나 징계권자의 자율적인 판단에 따라 행하여진 것이고 실제로 인정되는 징계사유에 비추어 그 정도의 징계를 하는 것도 무리가 아니라고 인정되는 경우라면, 비록 그 징계양정이 결과적으로 재량권을 일탈한 것으로 인정된다고 하더라도 이는 특별한 사정이 없는 한 법률전문가가 아닌 징계위원들이나 징계권자

가 징계의 경중에 관한 법령의 해석을 잘못한 데 기인하는 것이라고 보아야 하므로, 이러한 경우에는 징계의 양정을 잘못한 것을 이유로 불법행위책임을 물을 수 있는 과실이 없다(대법원 1996. 4. 23. 선고 95다6823 판결 등 참조).

그러나 징계권자가 징계처분을 할 만한 사유가 없는데도 오로지 공무원에 대하여 불이익을 가하려는 의도하에 고의로 명목상의 징계사유를 내세우거나 만들어 징계라는 수단을 동원하여 불이익한 처분을 가하려 하거나, 그 징계사유로 된 사실이 징계처분의 사유에 해당한다고 볼 수 없음이 객관적으로 명백하고 조금만 주의를 기울이면 이와 같은 사정을 쉽게 알아볼 수 있는데도 징계에 나아간 경우와 같이 징계권의 행사가 우리의 건전한 사회통념이나 사회상규에 비추어 용인될 수 없음이 분명한 경우에 그 징계는 그 효력이 부정됨에 그치지 아니하고 위법하게 상대방에게 정신적 고통을 가하는 것이 되어 해당 공무원에 대한 관계에서 불법행위를 구성하게 된다(대법원 2002. 9. 24. 선고 2001다44901 판결 등 참조).

Ⅲ. 변상책임

1. 의 의

변상책임이란 공무원의 의무위반행위로 인하여 국가 또는 지방자치단체가 재산상 손해를 입게된 경우 국가 또는 지방자치단체에 대하여 이를 변상해야 할 책임을 말한다. 변상책임에는 「국가배상법」에 의한 변상책임과 「회계관계직원 등의 책임에 관한 법률」에 의한 회계관계직원 등의 변상책임이 있다.

2. 국가배상법에 의한 변상책임

가. 국가배상법 제2조

공무원이 그 직무를 행함에 있어 고의 또는 과실로 타인에게 손해를 가하였을 때 국가 또는 지방자치단체가 그 손해를 배상할 책임이 있고, 이 경우에 국가는 공무원에게 고의 또는 중대한 과실이 있을 때에는 구상할 수 있다(국가배상법 제2조 1항).

나. 국가배상법 제5조

영조물의 설치나 관리에 하자가 있기 때문에 타인에 손해를 발생케 하였을 때에는 국가 또는 지방자치단체가 배상책임이 있고, 이 경우에 공무원에게 그 원인에 대한 책임이 있을 때에는 국가 또는 지방자치단체는 그 공무원에게 구상할 수 있다(국가배상법 제5조 1,2항).

3. 회계관계직원 등의 변상책임

회계관계직원 등의 책임에 관한 법률에 따라 회계관계직원 등은 고의 · 중과실로 국가 등에게 재산상 손해를 입힌 경우 변상책임을 부담한다.

가. 일반법

국가회계법은 회계관계공무원 등의 책임에 관하여는 '다른 법률로 정하는 바에 따른다'(국가회계관계법 제28조)고 규정하고 있고, 물품관리법도 물품관리공무원 · 물품출납공무원과 물품출납을 보관하는 자 · 물품을 사용하는 공무원 등의 변상책임을 '따로 법률로 정한다'(물품관리법 제45조)고 규정하고 있으며, 군수품관리법도 물품관리법과 유사한 규정을 두고 있다(군수품관리법 제28조, 제29조). 이 상의 법률에 의거 제정된 법률이 회계관계직원 등의 책임에 관한 법률이다, 따라서 동법은 회계관계직원 등의 변상책임에 관하여 일반법의 지위에 선다. 한편 지방재정법도 회계관계공무원의 책임에 관해 특별한 규정을 두고 있다(지방재정법 제94조). 또한, 국유재산법은 국유재산의 관리사무의 위임을 받은 자의 변상책임에 관하여는 "회계관계직원 등의 책임에 관한 법률"상 회계관계직원의 변상책임에 관한 규정을 준용하고 있다(국유재산법 제79조).

2) 회계관계직원의 범위

'회계관계직원'이란 다음 각 호의 어느 하나에 해당하는 사람을 말한다(회계관계책임에관한법률 제2조).

제1호 「국가재정법」, 「국가회계법」, 「국고금관리법」 등 국가의 예산 및 회계에 관계되는 사항을 정한 법령에 따라 국가의 회계사무를 집행하는 사람으로서 다음 각 목의 어느 하나에 해당하는 사람

가. 수입징수관, 재무관, 지출관, 계약관 및 현금출납 공무원

나. 유가증권 취급 공무원

다. 선사용자금출납명령관

라. 기금의 회계사무를 처리하는 사람

마. 채권관리관

바. 물품관리관, 물품운용관, 물품출납 공무원 및 물품 사용 공무원

사. 재산관리관

아. 국세환급금의 지급을 명하는 공무원

자. 관세환급금의 지급을 명하는 공무원

차. 회계책임관

카. 그 밖에 국가의 회계사무를 처리하는 사람

타. 가목부터 카목까지에 규정된 사람의 대리자, 분임자(分任者) 또는 분임자의 대리자

제2호 「지방재정법」 및 「지방회계법」 등 지방자치단체의 예산 및 회계에 관계되는 사항을 정한 법령에 따라 지방자치단체의 회계사무를 집행하는 사람으로서 다음 각 목의 어느 하나에 해당하는 사람

가. 징수관, 재무관, 지출원, 출납원, 물품관리관 및 물품 사용 공무원

나. 가목에 규정되지 아니한 사람으로서 제1호 각 목에 규정된 사람이 집행하는 회계사무에 준하는 사무를 처리하는 사람

제3호 「감사원법」에 따라 감사원의 감사를 받는 단체 등의 회계사무를 집행하는 사람으로서 다음 각 목의 어느 하나에 해당하는 사람

가. 관계 법령, 정관, 사규(社規) 등에 규정된 사람

나. 관계 법령, 정관, 사규 등에 따라 임명된 사람

다. 가목 또는 나목의 대리자, 분임자 또는 분임자의 대리자

제4호 제1호부터 제3호까지에 규정된 사람의 보조자로서 그 회계사무의 일부를 처리하는 사람

4. 변상책임의 성립요건

가. 직무상의무위반

회계관계직원은 법령, 그 밖의 관계규정 및 예산에 정하여진 바에 따라 성실하게 직무를 수행하여야 한다(회계관계직원 등의 책임에 관한 법률 제3조).

나. 주관적요건

회계관계직원은 '고의 또는 중대한 과실'로 법령이나 그 밖의 관계규정 및 예산에 정하여진 바를 위반하여야 한다. 다만, 현금 또는 물품을 출납·보관하는 회계관계직원은 '선량한 관리자로서의 주의를 게을리하여' 그가 보관하는 현금 또는 물품이 망실되거나 훼손된 경우에는 변상책임이 있다(회계관계직원 등의 책임에 관한 법률 제조). 이 경우 현금 또는 물품을 출납·보관하는 회계관계직원은 스스로 사무를 집행하지 아니한 것을 이유로 그 책임을 면할 수 없다.

다. 국가·지방자치단체 등의 재산에 대한 손해발생

회계관계직원의 변상책임은 국가·지방자치단체 그 밖에 감사원의 감사를 받는 단체 등의 재산에 손해를 끼친 때, 또는 회계관계직원이 보관하는 현금 또는 물품이 망실되거나 훼손된 때에 성립한다(회계관계직원 등의 책임에 관한 법률 제3조 1,2항).

5. 변상책임의 유형 및 통지의무

가. 회계관계직원 등의 책임

회계관계직원은 고의 또는 중대한 과실로 법령이나 그 밖의 관계규정 및 예산에 정하여진 바를 위반하여 국가 또는 지방자치단체, 그 밖에 감사원의 감사를 받는 단체 등의 재산에 손해를 끼친 경우에는 변상할 책임이 있다(회계관계직원 등의 책임에 관한 법률 제4조 1항).

나. 현금·물품의 출납·보관자의 책임

현금 또는 물품을 출납·보관하는 회계관계직원은 선량한 관리자로서의 주의를 게을리하여 그가 보관하는 현금 또는 물품이 망실되거나 훼손된 경우에는 변상할 책임이 있다(히계관계직원 등의 책임에 관한 법률 제4조 2항). 이 경우 현금 또는 물품의 출납·보관하는 회계관계직원은 스스로 사무를 집행하지 아니한 것을 이유로 그 책임을 면할 수 없다(회계관계직원 등의 책임에 관한 법률 제4조 3항).

다. 통지의무

중앙관서의 장, 지방자치단체의 장, 감독기관의 장 또는 해당기관의 장은 제4조제1항 또는 제2항에 따른 변상책임이 있는 손해가 발생한 경우는 지체없이 기획재정부장관과 감사원에게 알려야 한다(회계관계직원 등의 책임에 관한 법률 제7조).

6. 변상책임의 강제집행

변상책임자가 감사원이 정한 날까지 변상의 책임을 이행하지 아니하였을 때에는 소속장관 또는 감독기관의 장은 관계세무서장에게 위탁하여 「국세징수법」중 체납처분의 규정을 준용하여 이를 집행한다(감사원법 제31조 5항). 감사원의 판정 전의 회계관계직원에 대한 변상명령의 경우에는 소속행정기관의 변상명령에 대한 강제집행에 관한 규정이 없다. 그리고 그 변상명령은 내부행위이며 변상의무를 발생시키는 법적행위는 아니다. 따라서 상대방이 이행하지 않더라도 강제집행을 할 수 없고 소속기관의 장 등은 감사원에 변상판정을 청구하는 수밖에 없다.

7. 당해 공무원의 불복(행정구제)

변상명령을 받은 회계관계직원은 이의가 있으면 감사원장이 정하는 판정청구서에 의하여 감사원에 판정을 청구할 수 있다(회계관계직원 등 책임에 관한 법률 제6조 3항).

Ⅳ. 형사상의 책임

1. 의 의

공무원의 형사상 책임이란 공무원의 의무위반행위가 동시에 형사적인 제재의 대상이 되는 경우를 말한다. 여기에는 형사벌책임과 행정벌책임이 있다.

2. 형사벌책임

형사벌책임이란 공무원의 의무위반 행위가 동시에 형법상의 공무원의 직무에 관한 죄를 구성하는 경우의 형사책임을 말한다. 형법이 정하는 공무원의 범죄는 직권을 남용하는 등 공무원의 직무행위 그 자체가 법익을 침해하여 죄를 구성하는 '직무범죄'와 뇌물을 수수하는 등 공무원의 신분 때문에 또는 그러한 행위가 직무집행과 관련된 것이기 때문에 범죄를 구성하는 '준직무범죄'가 있다. 「특정범죄가중처벌등에 관한 법률」 제2조에서는 '준직무범죄' 중 수뢰죄, 제3자 뇌물제공죄 및 알선수뢰죄에 있어서 공무원이 수수·요구 또는 약속한 뇌물의 가액이 일정한도를 넘는 경우에는 가중처벌하도록 규정하고 있다.

3. 행정벌책임

행정벌책임이란 공무원의 의무위반행위가 동시에 행정법상의 과거의무위반에 대하여 일반통치권에 기하여 과하는 제재로서의 처벌을 말한다. 공무원법상의 공무원의 정치운동이나 집단행위에 대한 처벌규정이 그 예이다(국가공무원법 제44, 45, 65, 66, 84조).

Ⅴ. 민사상 책임

공무원이 직무집행을 하는 과정에서 국민에 대한 민사상 손해배상책임을 지는지가 문제되는데, 대법원은 공무원에게 경과실이 있는 경우에는 공무원은 대외적으로 배상책임을 지지 않지만, 공무원에게 고의 · 중과실이 있는 경우에는 공무원은 대외적으로 배상책임을 진다고 본다.

• 관련판례

【판시사항】

공무원이 직무수행 중 불법행위로 타인에게 손해를 입힌 경우, 공무원 개인의 손해배상책임 유무(=제한적 긍정설)(대법원 1996. 2. 15. 선고 95다38677 전원합의체 판결)

【판결요지】

[다수의견] 공무원이 직무수행 중 불법행위로 타인에게 손해를 입힌 경우에 국가 등이 국가배상책임을 부담하는 외에 공무원 개인도 고의 또는 중과실이 있는 경우에는 불법행위로 인한 손해배상책임을 진다고 할 것이지만, 공무원에게 경과실뿐인 경우에는 공무원 개인은 손해배상책임을 부담하지 아니한다고 해석하는 것이 헌법 제29조 제1항 본문과 단서 및 국가배상법 제2조의 입법취지에 조화되는 올바른 해석이다.

Ⅵ. 고충처리(고충심사청구)

1. 고충심사의 의의 및 목적

공무원이 근무조건, 인사관리, 기타 신상 문제에 대하여 불만이 있는 경 에 책임 있는 인사권자에게 고충심사를 청구하여 심사 및 인사 상담을 거쳐 고충에 대한 적절한 해결책을 강구하여 주는 제도로서, 심사 기관이 제 3자적 입장에서 고충 사안이 원만히 해결되도록 주선하고 권고하는 조정자적 역할을 수행하는 제도이다. 고충심사제도는 공무원의 근무여건에 애로사항으로 작용하는 여러 문제점들을 살피고, 이를 해소함으로써 공무원의 권익을 보다 확실하게 보장하여 사기를 진작시키고 직무의 능률을 향상시키고자 하는데 목적이 있다.

2. 고충심사위원회의 구성

중앙고충심사위원회의 기능은 인사혁신처 소청심사위원회에서 관장한다. 현재 인사혁신처 중앙고충심사위원회는 위원장 1명을 포함한 상임위원 5명과 비상임위원 4명으로 구성되어 있고, 위원회 사무를 처리하기 위하여 행정과를 두고 있다.

3. 고충심사의 대상 등

가. 심사절차

심사청구(청구기간 제한이 없음, 재심청구는 그 결정서를 받은 날부터 30일 이내 직접, 우편, 팩스, 온라인, 이메일 등) ➡ 답변서(변명서) 제출요구 ➡ 사실조사(서류, 현지) ➡ 심사(청구인, 소송기관장의 대리인 / 당사자는 필요시 출석함) ➡ 결정

(1) 고충심사의 대상

구분	세부사항
근무조건	– 봉급, 수당 등 보수에 관한 사항 – 근무시간, 휴식, 휴가에 관한 사항 – 업무량, 작업도구, 시설안전, 보건위생 등 근무환경에 관한 사항 – 주거, 교통 및 식사편의 제공 등 후생복지에 관한 사항
인사관리	– 승진, 전직, 전보 등 임용에 관한 사항으로서 임용권자의 재량에 속하는 사항 – 근무성적평정, 경력평정, 교육훈련, 복무 등 인사행정의 기준에 관한 사항 – 상훈, 제안 등 업적 성취에 관한 사항
신상문제	– 성별, 종교별, 연령별 등에 관한 차별대우 – 기타 개인의 정신적, 심리적, 신체적 장애로 인하여 발생되는 직무수행과 관련된 사항

(2) 관할

(가) 국가공무원

<table>
<tr><th colspan="2">위원회별</th><th>설치기관</th><th>관할</th></tr>
<tr><td colspan="2">중앙고충심사위원회</td><td>중앙인사관장기관
(인사혁신처
소청심사위원에서 기능을
관장)</td><td>–보통고충심사위원회의 심사를 거친 재심청구
–5급 이상 공무원(고위공무원단에 속하는 일반직 공무원 포함)
–국가공무원법의 적용을 받는 자와 다른 법률의 적용을 받는 자가 서로 관련되는 경우 경정이상의 공무원
–소방령 이상의 소방공무원급 이하 공무원의 고충 중 임용권자를 달리하는 둘 이상의 기관에 관련된 경우</td></tr>
<tr><td colspan="2">행정기관소속
보통고충심사위원회</td><td>임용권자 또는
임용제청권자 단위</td><td>–설치기관 소속 6급 이하 공무원, 연구원, 지도자 또는 이에 해당하는 일반직 공무원
불복시 : 중앙고충심사위원회에 재심청구</td></tr>
<tr><td colspan="2">경찰공무원
보통고충심사위원회</td><td>경찰청, 지방경찰청 및
대통령령으로 정하는
경찰기관</td><td>–경감 이하의 경찰공무원
불복시 : 중앙고충심사위원회에 재심청구</td></tr>
<tr><td colspan="2">소방공무원
보통고충심사위원회</td><td>국민안전처 및
대통령령으로 정하는
소방기관</td><td>–소방경 이하의 국가소방공무원
불복시 : 중앙고충심사위원회에 재심청구</td></tr>
<tr><td rowspan="2">교육
공무원</td><td>중앙
고충심사
위원회</td><td>교육부
(교원소청심사위원회)</td><td>–보통고충심사위원회의 심가를 거친 재심청구
–부교수이상의 대학교원과 교육공무원법 제29조 1항 및 제19조의2 1항에 따라 대통령령이 임용하는 장학권, 교육연구권 및 교장, 원장
–임용권자를 달리하는 둘 이상의 기관에 관련된 고충심사</td></tr>
<tr><td>보통
고충심사
위원회</td><td>교육부 소속에 임용권자
또는 임용제청권자 단위</td><td>–조교수 이하의 대학교원
–교육공무원법 제58조에 따라 교육감이 임용하는 장학관과 교육연구관 중 교육행정기관에 근무하는 과장급 이상의 직위에 해당하는 사람, 교육연수기관의 장, 교육연구기관의 장
–교육공무원법 제58조에 따라 교육감이 임용하는 교육전문직원(중앙고충심사위원의 심사대상이 되는 자 제외)</td></tr>
</table>

* 별정직, 고용직 등 특수경력직공무원도 다른 법률에 특별한 규정이 있는 경우를 제외하고는 국회규칙 · 대법원규칙 · 헌법재판소규칙 · 중앙선거관리위원회규칙 또는 대통령령으로 정하는 바에 따라 그에 상응하는 계급의 경력직공무원의 예에 의한 고충청구

(나) 지방공무원

구분	위원회별	관할
일반공무원	각 지자체의 임용권자별 설치된 인사위원회	각 임용권자 소속 일반, 기능직 공무원
소방공무원	특별시, 광역시, 도 인사위원회	-지방소방령 이상의 지방소방공무원 -소방공무원 고충심사위원회의 심사를 거친 경우 -지방소방경 이하의 지방소방공무원의 고충심사청구사건
	시,군,구 인사위원회	지방소방경 이하의 지방소방공무원
교육공무원	특별시, 광역시, 도 교육청 인사위원회	각 교육청 소속 5급 이상 지방공무원
	지역교육청 교육인사위원회	소속 6급 이하 지방공무원

* 지방공무원에 대한 고충심사는 지방자치단체에 임용권자(지방자치단체 의장 및 시 · 도의 교육감)단위로 설치되어 있는 인사위원회에서 담당하고 있음

4. 고충심사위원회의 종류

공무원의 고충을 심사하기 위하여 중앙인사관장기관에 중앙고충심사위원회를, 임용권자 또는 임용제청권자 단위로 보통고충심사위원회를 각각 둔다. 중앙고충심사위원회의 기능은 소청심사위원회에서 관장한다(국가공무원법 제76저의2 3항).

5. 심사대상공무원

중앙고충심사위원회는 보통고충심사위원회의 심사를 거친 재심청구와 5급 이상 공무원 및 고위공무원단에 속하는 일반직 공무원의 고충을, 보통고충심사위원회는 소속6급 이하 공무원과 기능직 공무원의 고충을 각각 심사한다(국가공무원법 제76조의2 4항).

6. 심사청구의 제출·결정

고충심사청구는 그 설치기관의 장에게 제출하며, 고충심사위원회는 청구서 접수일로부터 30일 이내에, 부득이한 경우에는 30일 연장가능하며, 고충심사에 대한 결정을 하여 설치기관의 장에게 송부하여야 한다(공무원고충처리규정 제4, 7, 11조).

7. 심사결과의 처리

중앙인사관장기관의 장, 임용권자 또는 임용제청권자는 심사결과 필요하다고 인정되면 처분청이나 관계기관의 장에게 그 시정을 요청할 수 있으며, 요청받은 처분청이나 관계기관의 장은 특별한 사유가 없으면 이를 이행하고 그 처리결과를 알려야 한다. 다만, 부득이한 사유로 이행하지 못하면 그 사유를 청구인에게 알려야 한다(국가공무원법 제76조의2 6항, 공무원고충처리규정 제12조). 한편, 고충심사결정은 행정소송 및 헌법소원의 대상이 되는 행정처분이 아니다.

• 관련판례

【판시사항】
지방공무원법 제67조의2 소정의 고충심사결정이 행정상 쟁송의 대상이 되는 행정처분인지 여부 (대법원 1987. 12. 8. 선고 87누657 판결)

【판결요지】
지방공무원법 제67조의2에서 규정하고 있는 고충심사제도는 공무원으로서의 권익을 보장하고 적정한 근무환경을 조성하여 주기 위하여 근무조건 또는 인사관리 기타 신상문제에 대하여 법률적인 쟁송의 절차에 의하여서가 아니라 사실상의 절차에 의하여 그 시정과 개선책을 청구하여 줄 것을 임용권자에게 청구할 수 있도록 한 제도로서, 고충심사결정 자체에 의하여는 어떠한 법률관계의 변동이나 이익의 침해가 직접적으로 생기는 것은 아니므로 고충심사의 결정은 행정상 쟁송의 대상이 되는 행정처분이라고 할 수 없다.

8. 징계처분 기록의 말소

공무원 인사기록 · 통계 및 인사사무 처리규정은 징계 등의 처분을 받은 공무원이 법령상 규정된 각종 불이익이나 제한을 받은 일정한 기간 성실하게 업무에 종사하였음에도 불구하고 인사 및 성과관리카드에 등재된 관리기록으로 인하여 장래 인사상의 불이익을 받게 되는 것을 방지하기 위하여 징계 등 처분기록을 말소하는 제도를 두고 있으며, 그 기간제한이 경과하면 관련기록이 삭제된다.

처분	강등	정직	감봉	견책	직위해제	불문경고
말소제한기간	9년	7년	5년	3년	2년	1년

Ⅶ. 소청심판청구서 작성례

1. 심판취지 - 파면취소

피청구인이 20○○. ○. ○.결정한 청구인에 대한 파면처분은 이를 취소한다. 라는 재결을 구합니다.

1. 피고가 20○○. ○. ○. 원고에 대하여 한 견책처분은 이를 취소한다. 2. 소송비용은 피고의 부담으로 한다. 라는 판결을 구합니다.

2. 심판청구서 작성례

[서식] 파 면 처 분 취 소 심 판 청 구

파 면 처 분 취 소 심 판 청 구

청 구 인　　　　○ ○ ○(주민등록번호)
　　　　　　　　소 속 : ○○시청 ○○과
　　　　　　　　○○시 ○○구 ○○길 ○○ (우편번호 ○○○ - ○○○)

피청구인　　　　△△시장

파면처분취소심판청구

심판청구의 내용 : 「청구인을 파면에 처한다.」라는 처분의 내용
(징계처분 사유설명서를 통지받은 날 : 20○○. ○. ○.)

신 청 취 지

피청구인이 20○○. ○. ○.결정한 청구인에 대한 파면처분은 이를 취소한다.
라는 재결을 구합니다.

심판청구의 이유

1. 이건 징계의결 이유서에서 심판청구인 ○○○은 20○○. ○. ○.경 ○○에서 ☆☆건설회사 과장 김□□으로부터 식사비 명목으로 ○○○원을 받은 등 총 ○회에 걸쳐 합계 금 ○○○만원을 직무와 관련하여 금품을 수수하였다고 하였는바, 이는 사실과 전혀 다른 내용임과 동시에 의결내용도 청구인에게는 심히 과다하여 재량권을 일탈한 행위라 아니할 수 없습니다.

2. 청구인은 이건 금품수수에 관하여는 위 김□□으로부터 직무와 관련하여 직·간접적으로 어떠한 대가도 요구받은 사실이 없으며, 단지 ☆☆건설회사 과장 김□□은 청구인과 평소 친하게 지내는 사이로 같이 서너 차례 식사를 하였던 것이며, 청구인이 금품을 수수한 사실은 전혀 사실과 다릅니다.

3. 이는 ☆☆건설회사 과장 김□□의 사실확인서 및 함께 같은 장소에서 식사를 자주 해왔던 청구외 이□□의 사실확인서가 이를 입증해 주고 있듯이 직무와 관련하여서는 어떠한 향응이나 대가를 받은 적이 없습니다.

4. 따라서 청구인은 피청구인이 결정한 파면처분에 대하여 심히 부당하므로 신청취지와 같은 심판을 구하고자 본 청구에 이르게 된 것입니다.

입 증 방 법

1. 소갑 제1호증 자술서
1. 소갑 제2호증 사실확인서
1. 소갑 제3호증 징계사유설명서
1. 소갑 제4호증 주민등록증

첨 부 서 류

1. 위 입증방법 각 1부
1. 심판청구서부본 1통

20○○년 ○월 ○일

위 청구인 ○ ○ ○ (인)

△△시 ○○공무원 소청심사위원회 귀 중

참고

제출기관	소청심사위원회 (국가공무원법 76조1항)	청구기간	처분이 있음을 안 날로부터 30일내 (국가공무원법 76조1항)
소 청 인	피처분자	피소청인	행정처분을 한 행정청
제출부수	청구서 및 부본 각 1부	관련법규	국가공무원법
기 타	소청인은 기각 결정 등 소청인의 주장이 인용되지 아니한 경우에는 원행정처분에 대하여 행정소송으로 다툴 수 있음(행정소송법 18조)		

[서식] 견책처분 취소청구의 소

소 장

원 고 ○ ○ ○(주민등록번호)
○○시 ○○구 ○○길 ○○ (우편번호 ○○○-○○○)

피 고 △ △ 시장
○○시 ○○구 ○○길 ○○ (우편번호 ○○○-○○○)

견책처분 취소청구의 소

청 구 취 지

1. 피고가 20○○. ○. ○. 원고에 대하여 한 견책처분은 이를 취소한다.
2. 소송비용은 피고의 부담으로 한다.

라는 판결을 구합니다.

청 구 원 인

1. 당사자의 관계

   원고는 공무원 경력 10년의 ○○시 소속 7급 직원으로 민원담당 부서에서 근무하고 있으며 피고는 원고에게 견책처분이라는 징계를 한 행정청입니다.

2. 원고는 평소 공무원으로서 긍지와 사명감을 가지고 그 직분을 충실히 수행해온 성실한 직원입니다. 그러나 민원부서에서 각양, 각색의 민원들을 접하다보니 나름대로의 원칙과 소신을 견지할 필요가 있었고 이로 인해 차가운 사람이라는 평을 듣는 경우도 있었습니다.

3. 20○○. ○월경 ○○시의 지방세 부과처분에 대해 이의를 가지고 있던 납세의무자 소외 정□□이 원고에게 찾아와 잘 부탁한다면서 제3의 장소에서 한번 만나줄 것을 거듭 요구하였습니다. 평소 성실하며 업무처리 면에서 만큼은 소신을 뚜렷이 하던 원고에게 민원인의 요구는 청탁을 하겠다는 의사로 비추어졌기에 그 자리에서 단호한 거절의 의사표시를 하였습니다. 원고의 단호한 거절에 당황한 민원인은 원고의 민원처리 태도에 불만을 토로하기 시작했으며 급기야 시장에게 원고를 징계해달라는 취지의 민원을 내기에 이르렀습니다. 당시 민원인은 숙박업소 협의회 회장이라는 감투를 가지고 있었으며 이러한 그의 배경이 민선자치단체장에게는 암암리에 압력으로 작용했는지 다음날 즉시 원고에게 질책이 내려졌습니다. 누구보다 친절해야 할 민원부서 공무원이 오히려 민원을 야기했다는 이유였습니다.

4. 이 일로 인해 원고는 견책처분을 받았고, 소청까지 했으나 받아들여지지 않았습니

다. 비록 원고가 본의 아니게 민원인에게 고지식하게 굴어 불친절한 인상을 주었다고 하나 이는 민원인 측에서 업무에 관한 청탁을 하겠다는 인상을 주었기에 발단이 된 것이고, 민원서의 내용도 진위파악이 되지 않은 상태이기에 평소 원고의 성실함을 고려한다면 단순한 주의 조치로도 시정이 가능했으리라 판단되는데 공무원으로서 승진 및 승급에 제한이 따르는 견책처분은 사회통념상 현저하게 타당성을 잃어 징계권자에게 주어진 재량권을 남용했다고 판단됩니다.

5. 따라서 원고는 청구취지와 같은 판결을 구하고자 이건 청구에 이른 것입니다.

입 증 방 법

1. 갑 제1호증 견책처분통고서

첨 부 서 류

1. 위 입증방법 사본 1통
1. 소장부본 1통
1. 납부서 1통

20○○. ○. ○.

원고 ○ ○ ○ (인)

○ ○ 행 정 법 원 귀 중

참고 1. 관할법원(행정소송법 9조)

가. 취소소송의 제1심 관할법원은 피고의 소재지를 관할하는 행정법원임. 다만, 중앙행정기관 또는 그 장이 피고인 경우의 관할법원은 대법원 소재지의 행정법원임

나. 토지의 수용 기타 부동산 또는 특정의 장소에 관계되는 처분 등에 대한 취소소송은 그 부동산 또는 장소의 소재지를 관할하는 행정법원에 이를 제기할 수 있음.

3. 제소기간(행정소송법 20조)

가. 취소소송은 처분 등이 있음을 안 날부터 90일 이내에 제기하여야 함. 다만, 다른 법률에 당해 처분에 대한 행정심판의 재결을 거치지 아니하면 취소소송을 제기할 수 없다는 규정이 있는 때와 그밖에 행정심판청구를 할 수 있는 경우 또는 행정청이 행정심판청구를 할 수 있다고 잘못 알린 경우에 행정심판 청구가 있는 때의 기간은 재결서의 정본을 송달받은 날부터 기산함.

나. 취소소송은 처분 등이 있은 날부터 1년(제1항 단서의 경우는 재결이 있은 날부터 1년)을 경과하면 이를 제기하지 못함. 다만, 정당한 사유가 있는 때에는 그러하지 아니함.

제3장 경찰행정작용법
(경찰법: 질서행정법)

제 1 절 경찰의 개념

Ⅰ. 경찰의 개념

1. 형식적 의미의 경찰

형식적의미의 경찰이란 실정법상 · 제도상 보통경찰기관의 권한에 속하는 모든 작용(작용의 성질여하는 불문)을 말한다. 이에는 일반공안유지의 목적을 위한 권력적 · 명령강제적 작용 이외에 복리행정상 질서유지를 위한 권력작용, 준법률행위적 작용(경찰상의 확인, 공증, 통지, 수리), 비권적 사실행위(호구조사, 수난구조) 등이 포함된다. 우리나라는 경찰법 제3조에서 경찰의 임무를 국민의 생명·신체 및 재산의 보호, 범죄의 예방·진압 및 수사, 경비·요인 경호 및 대간첩 작전수행, 치안정보의 수집·작성 및 배포, 교통의 단속과 위해의 방지, 그 밖의 공공의 안녕과 질서유지에 국한하여 일반공안유지와 사법경찰로 제한하여 규정하고 있는데, 이것이 형식적 의미의 경찰개념에 해당한다.

2. 실질적 의미의 경찰

가. 의 의

실질적 의미의 경찰이란 공공의 안녕과 질서를 위협하는 위험으로부터 개인이나 공중을 보호하거나, 공공의 안녕과 질서에 대한 장해를 제거하기 위한 권력적 국가작용을 말한다. 따라서 실질적 의무의 경찰은 경찰행정기관에 의해서만 수행되는 것은 아니고, 일반행정기관이 행하는 예를 들어 구청소속 공무원이 수행하는 무허가건축물 단속행위와 같은 경찰작용도 포함된다.

나. 목 적

경찰은 사회공공의 안녕과 질서유지를 위한 위해방지를 직접 목적으로 하는 사회목적성과 소극목적성을 갖는다, 이러한 점에서 국가목적을 갖는 조직, 외고, 재정, 군사행정과 다르고, 적극적으로 사회공공의 복리증진을 목적으로 하는 급부행정과도 다르며, 직접적으로 법적 질서유지를 목적으로 하는 사법작용과 구별된다.

다. 권력적 기초 및 대상

경찰은 국가의 일반통치권에 그 권력의 기초를 둔 작용이다, 그러므로 특별한 행정법관계에서 특별권력에 기초한 법정경찰, 의원경찰과 구별된다. 또한 질서행정은 일반통치권에 근거한 작용이므로 통치권의 지배를 받는 자는 모두 질서행정의 대상이 된다.

라. 수단 및 성질

경찰은 권력으로 국민에게 '명령·강제'하는 것을 수단으로 한다. 이러한 점에서 비권력적 관리작용인 급부작용과 구별된다. 여기서 명령이란 법규 또는 행정처분에 의하여 국민에게 작위·부작위·수인·급부의무를 명하거나 이를 해제하는 명령적 행정행위인 법률적 행위를 말하고, 강제란 개인의 재산·신체·가택 등에 실력을 가하여 사실상 필요한 상태를 실현하는 사실적 행위를 말한다. 양자 모두 국민의 자연적 자유를 대상으로 한다는 공통점이 있다.

제 2 절 경찰의 종류

Ⅰ. 경찰의 종류

1. 행정경찰과 사법경찰

행정경찰이란 공공의 안녕과 질서에 대한 위해를 방지하는 실질적 의미의 경찰을 말하며, 사법경찰은 범죄의 수사·피의자의 체포 등을 위한 작용을 말한다. 우리나라는 일반경찰기관에서 양자 모두를 관장하고 있으며, 행정경찰은 실질적 의미의 경찰에 속하고, 사법경찰은 형식적 의미의 경찰에 속한다.

2. 보안경찰과 협의의 행정경찰

보안경찰이란 다른 행정작용에 부수하지 않고 그 자체가 독립하여 보통경찰기관에 의해 행하여지는 일반적인 공공의 안녕과 질서유지를 위한 행정작용을 말하며(경비, 방법, 교통, 소방, 풍속, 해양 등), 협의의 행정경찰이란 다른 행정작용에 부수하여 각각의 행정목적을 달성하기 위한 예를 들어 사법경찰, 보건경찰, 어업경찰 등과 같은 특수경찰활동을 말한다. 보안경찰은 고유의 경찰로서 실질적 · 형식적 경찰에 속하나, 협의 행정경찰은 실질적 의무의 경찰이나 형식적 의미의 경찰은 아니다.

3. 예방경찰과 진압경찰

예방경찰은 공공의 안녕과 질서유지를 위하여 위해발생 이전에 위험을 방지하기 위하여 발동되는 경찰을 말하고, 진압경찰은 위해발생 이후에 이를 제거하기 위한 경찰작용을 말한다. 예방경찰은 행정경찰의 한 내용이 되며, 진압경찰은 행정경찰의 의미 외에 사법경찰의 의미도 갖는다.

4. 국가경찰과 자치경찰

국가경찰이란 국가사무로서의 경찰사무를 수행하기 위해 국가가 설치 · 유지하는 경찰을 말하고, 이에 반해 자치경찰이란 지방자치단체사무로서의 경찰사무를 수행하기 위해 지방자치단체가 설치 · 유지하는 경찰을 말하다. 현재 우리나라는 국가경찰을 원칙으로 하면서 소방경찰에 대하여 광역지방자치단체의 관장을 인정하고 있고, 제주특별자치도 설치 및 국제자유도시 조성을 위한 특별법에 근거하여 제주특별자치도에 자치경찰제가 실시되고 있기도 하다.

5. 기타

이 밖에 경찰은 평시경찰, 비상경찰, 일반경찰, 청원경찰 등으로 구분되기도 하는데, 평시경찰이란 평상시에 일반경찰법규에 의하여 공공의 안녕과 질서의 유지 작용을 말하고, 비상경찰이란 천재 · 지변이나 전쟁 등 국가의 비상시에 특별한 경찰법규에 근거하여 특별한 경찰기관에 의해 이루어지는 경찰을 말한다. 또한 일반경찰이란 제도적 의미의 경찰에 의해 이루어지는 일반적인 경찰을 말하고, 청원경찰이란 청원경찰법에 의해 이루어지는 경찰을 말한다.

Ⅱ. 사인에 의한 경찰작용(위험방지)

1. 경찰권의 사인에의 부과

예외적으로 사인이 위험방지를 위해 고권적으로 행하는 경우가 있다. 여기서 고권적이란 법률이나 법률에 근거한 행정행위를 통해 경찰권이 사인에게 부과된 경우를 말한다.

2. 종류

가. 법률의 규정

예를 들어 선박의 선장, 항공기의 조종사, 철도차량의 기관사 등과 같이 법률의 규정에 의하여 경찰권이 사인에게 부과되는 경우가 있다.

나. 행정행위

예를 들어, 행정행위를 통해 위험방지목적의 어업감시, 사냥감시, 삼림감시 등의 업무를 부여하는 경우가 있다.

제 3 절 경찰작용법

Ⅰ. 경찰작용의 법적 근거

경찰작용은 공공의 안녕·질서유지를 위해 명령·강제하는 권력적, 침익적 작용이므로 경찰작용에 있어서는 당연히 법률상 근거를 요한다. 여기서 법률상 근거라 함은 원칙적으로 의회에 의해 제정된 형식적 의미의 법률이어야 하며, 이에 따라서만 경찰권이 발동될 수 있다. 현행법상 대통령의 긴급명령은 법률유보의 원칙에 대한 예외이며, 조약, 명령, 자치법규에 근거하여서도 경찰권이 발동될 수 있지만 관습법은 경찰권 발동의 근거가 될 수 없다.

Ⅱ. 법률유보의 방식

권력적 · 침익적 경찰작용을 행사함에 있어 법적근거의 방식은 단계적으로 검토되어야 한다. 법기술상 특별경찰법상의 특별조항(식품위생법, 공중위생관리법 등의 규정), 일반경찰법상 특별조항, 일반경찰법상 일반조항의 순으로 검토되어야 한다. 특별경찰법상 특별조합과 일반경찰법상 특별조항은 우리법률에서 일반적으로 인정하고 있지만, 일반경찰법상 일반조항은 인정여부에 관하여 다툼이 있다.

1. 특별경찰법상 특별조항

가. 특별경찰법의 의의

특별경찰법이란 공공의 안녕과 질서유지를 위한 경찰작용의 근거가 일반경찰법인 경찰관 직무집행법 및 경찰법 이외에 의료법, 식품위생법, 도로교통법, 건축법 등의 특별경찰법에 의해 규정된 것을 말한다. 이러한 규정에 의거하여 경찰기관 이외의 일반행정기관도 경찰작용을 발동할 수 있는 것이다.

나. 일반경찰법과 특별경찰법과의 관계

특별경찰법이 적용되는 경우 일반경찰법의 적용은 배제된다(특별법 우선의 원칙).

다. 특별수권의 유형

특별경찰법상 특별수권은 건강(의료법, 식품위생법, 약사법, 감염예방방법), 환경보호(산림법, 야생동식물보호법), 교통안전 · 교통질서(도로교통법, 선박법, 항공법), 건축상 안전(건축법), 영업상 안전(직업안정법, 식품위생법), 무기 · 폭발물(총포 · 도검 · 화약류 등 단속법), 집회(집회와 시위에 관한 법률), 외국인(출입국관리법), 재산보호 등과 관련하여 인정된다.

2. 일반경찰법상 특별조항

경찰관직무집행법은 경찰행정기관에 의한 경찰작용에 대해 특별구성요건을 인정하며, 불심검문, 보호조치, 위험발생의 방지, 범죄의 예방과 제지, 위험방지를 위한 출입, 확인을 위한 출석요구 등을 규정하고 있다. 그 결과 경찰행정기관은 특별경찰법상 특별조항이 없어도 해당 조항을 근거로 경찰권을 발동할 수 있다.

3. 불심검문

가. 의의

불심검문이란 거동이 수상한 사람을 정지시켜 조사하는 것을 말한다(경찰관직무집행법 제3조).

나. 내용

경찰관직무집행법은 불심검문의 방법으로 질문, 동행요구, 흉기소지 여부의 조사에 관하여 규정하고 있다.

(1) 질문

경찰관은 수상한 행동이나 그 밖의 주위 사정을 합리적으로 판단하여 볼 때 어떠한 죄를 범하였거나 범하려 하고 있다고 의심할 만한 상당한 이유가 있는 사람 또는 이미 행하여진 범죄나 행하여지려고 하는 범죄행위에 관한 사실을 안다고 인정되는 사람을 정지시켜 질문할 수 있다(경찰관직무집행법 제3조 1항). 이 경우 질문을 받는 자는 그 의사에 반하여 답변을 강요당하지 아니한다(경찰관직무집행법 제3조 7항).

(2) 동행요구

경찰관은 위 (1)에 따라 사람을 정지시킨 장소에서 질문을 하는 것이 그 사람에게 불리하거나 교통에 방해가 된다고 인정될 때에는 질문을 하기 위하여 가까운 경찰서 · 지구대 · 파출소 또는 출장소(지방해양경찰관서를 포함한다)로 동행할 것을 요구할 수 있다. 이 경우 동행을 요구받은 사람은 그 요구를 거절할 수 있으며(경찰관직무집행법 제3조 2항), 만일 동행시 동행한 사람을 6시간을 초과하여 경찰관서에 머물게 할 수 없다(같은 조 제6항).

(3) 흉기휴대 조사

경찰관은 위 (1)에 해당하는 사람에게 질문을 할 때에 그 사람이 흉기를 가지고 있는지를 조사할 수 있다(경찰관직무집행법 제3조 3항).

다. 증표의 제시 등

경찰관은 질문을 하거나 동행을 요구할 경우 자신의 신분을 표시하는 증표를 제시하면서 소속과 성명을 밝히고 질문이나 동행의 목적과 이유를 설명하여야 하며, 동행을 요구하는 경우에는 동행 장소를 밝혀야 한다.

라. 신체구속 및 답변강요의 금지

질문을 받거나 동행을 요구받은 사람은 형사소송에 관한 법률에 따르지 아니하고는 신체를 구속당하지 아니하며, 그 의사에 반하여 답변을 강요당하지 아니한다(경찰관직무집행법 제3조 7항).

마. 친지에 고지 등

경찰관은 동행요구에 따라 동행한 사람의 가족이나 친지 등에게 동행한 경찰관의 신분, 동행 장소, 동행 목적과 이유를 알리거나 본인으로 하여금 즉시 연락할 수 있는 기회를 주어야 하며, 변호인의 도움을 받을 권리가 있음을 알려야 한다(경찰관직무집행법 제3조 5항).

4. 보호조치

가. 의의

경찰관은 수상한 행동 그 밖의 주위 사정을 합리적으로 판단해 볼 때 응급구호가 필요하다고 믿을 상상당한 이유가 있는 사람(이하 "구호대상자"라 한다)을 발견하였을 때에는 보건의료기관이나 공공구호기관에 긴급구호를 요청하거나 경찰관서에 보호하는 등 적절한 조치를 할 수 있다. 이에는 권력적 사실행위인 강제보호와 비권력적 사실행위인 임의보호가 있다.

나. 요건

경찰관은 수상한 행동이나 그 밖의 주위 사정을 합리적으로 판단해 볼 때 정신착란을 일으키거나 술에 취하여 자신 또는 다른 사람의 생명 · 신체 · 재산에 위해를 끼칠 우려가 있는 사람, 자살을 시도하는 사람, 미아, 병자, 부상자 등으로서 적당한 보호자가 없으며 응급구호가 필요하다고 인정되는 사람(다만, 본인이 구호를 거절하는 경우는 제외한다.)에 해당하는 것이 명백하고 응급구호가 필요하다고 믿을 만한 상당한 이유가 있는 사람을 발견하였을 때에는 보건의료기관이나 공공구호기관에 긴급구호를 요청하거나 경찰관서에 보호하는 등 적절한 조치를 할 수 있다(경찰관직무집행법 제4조 1항).

다. 내용

(1) **보호조치**

경찰관은 응급구호가 필요하다고 믿을 만한 상당한 이유가 있는 사람을 발견하였을 때에는 보건의료기관이나 공공구호기관에 긴급구호를 요청하거나 경찰관서에 보호하는 등 적절한 조치를 할 수 있다(경찰관직무집행법 제4조 3항) 이 경우 구호대상자를 경찰관서에서 보호하는 기간은 24시간을 초과할 수 없다(같은 조 제7항).

(2) **임시영치**

경찰관은 보호조치를 하는 경우에 구호대상자가 휴대하고 있는 무기 · 흉기 등 위험을 일으킬 수 있는 것으로 인정되는 물건을 경찰관서에 임시로 영치(領置)하여 놓을 수 있다(경찰관직무집행법 제4조 3항). 이에 따라 물건을 경찰관서에 임시로 영치하는 기간은 10일을 초과할 수 없다(같은 조 7항).

3) **통지 및 인계**

경찰관은 보호조치를 하였을 때에는 지체 없이 구호대상자의 가족, 친지 또는 그 밖의 연고자에게 그 사실을 알려야 하며, 연고자가 발견되지 아니할 때에는 구호대상자를 적당한 공공보건의료기관이나 공공구호기관에 즉시 인계하여야 한다(경찰관직무집행법 제4조 4항). 경찰관은 이에 따라 구호대상자를 공공보건의료기관이나 공공구호기관에 인계하였을 때에는 즉시 그 사실을 소속 경찰서장이나 해양경찰서장에게 보고하여야 한다(같은 조 제5항).

5. 위험발생의 방지조치

가. 의의

경찰관은 사람의 생명 또는 신체에 위해를 끼치거나 재산상에 중대한 손해를 끼칠 우려가 있는 경우 이를 방지하기 위한 조치를 할 수 있는데, 경찰관직무집행법에서는 이를 위험발생의 방지라 부른다.

나. 요건

경찰관은 사람의 생명 또는 신체에 위해를 끼치거나 재산에 중대한 손해를 끼칠 우려가 있는 천재(天災), 사변(事變), 인공구조물의 파손이나 붕괴, 교통사고, 위험물의 폭발, 위험한 동물 등의 출현, 극도의 혼잡, 그 밖의 위험한 사태가 있을 때에는 그 장소에 모인 사람, 사물(事物)의 관리자, 그 밖의 관계인에게 필요한 경고를 하는 것, 매우 긴급한 경우에는 위해를 입을 우려가 있는 사람을 필요한 한도에서 억류하거나 피난시키는 것, 그 장소에 있는 사람, 사물의 관리자, 그 밖의 관계인에게 위해를 방지하기 위하여 필요하다고 인정되는 조치를 하게 하거나 직접 그 조치를 하는 조치를 할 수 있다(경찰관직무집행법 제5조 1항).

6. 범죄의 예방과 제지

가. 의의

경찰관은 범죄행위가 목전(目前)에 행하여지려고 하고 있다고 인정될 때에는 이를 예방하기 위하여 관계인에게 필요한 경고를 하고, 그 행위로 인하여 사람의 생명 · 신체에 위해를 끼치거나 재산에 중대한 손해를 끼칠 우려가 있는 긴급한 경우에는 그 행위를 제지할 수 있다(경찰관 직무집행법 제6조).

나. 방법

범죄의 예방과 제지의 수단으로 행하는 경고란 범죄행위로 나아가지 말 것을 통지 또는 권고하는 행위를 말하고 그 방법에는 제한이 없다. 또한 제지란 경찰관이 직접 신체적상의 힘 또는 경찰장구를 이용하여 범죄행위를 실행에 옮기지 못하게 하는 것을 말한다.

7. 위험방지를 위한 출입

가. 의의

경찰관은 위험한 사태가 발생하여 사람의 생명 · 신체 또는 재산에 대한 위해가 임박한 때에 그 위해를 방지하거나 피해자를 구조하기 위하여 타인의 토지 등에 출입할 수 있다.

나. 방법

(1) 긴급출입

경찰관은 위험한 사태가 발생하여 사람의 생명 · 신체 또는 재산에 대한 위해가 임박한 때에 그 위해를 방지하거나 피해자를 구조하기 위하여 부득이하다고 인정하면 합리적으로 판단하여 필요한 한도에서 다른 사람의 토지 · 건물 · 배 또는 차에 출입할 수 있다(경찰관직무집행법 제7조 1항).

(2) 예방출입

흥행장(興行場), 여관, 음식점, 역, 그 밖에 많은 사람이 출입하는 장소의 관리자나 그에 준하는 관계인은 경찰관이 범죄나 사람의 생명 · 신체 · 재산에 대한 위해를 예방하기 위하여 해당 장소의 영업시간이나 해당 장소가 일반인에게 공개된 시간에 그 장소에 출입하겠다고 요구하면 정당한 이유 없이 그 요구를 거절할 수 없다(경찰관직무집행법 제7조 2항).

(3) 증표의 제시

경찰관은 긴급출입 및 예방출입 등의 이유로 필요한 장소에 출입할 때에는 그 신분을 표시하는 증표를 제시하여야 하며, 함부로 관계인이 하는 정당한 업무를 방해해서는 아니 된다(경찰관직무집행법 제7조 4항).

8. 사실의 확인 등

가. 사실의 조회

경찰관서의 장은 직무 수행에 필요하다고 인정되는 상당한 이유가 있을 때에는 국가기관이나 공사(公私) 단체 등에 직무 수행에 관련된 사실을 조회할 수 있다. 다만, 긴급한 경우에는 소속 경찰관으로 하여금 현장에 나가 해당 기관 또는 단체의 장의 협조를 받아 그 사실을 확인하게 할 수 있다(경찰관직무집행법 제8조 1항).

나. 출석요구

경찰관은 미아를 인수할 보호자 확인, 유실물을 인수할 권리자 확인, 사고로 인한 사상자(死傷者) 확인, 행정처분을 위한 교통사고 조사에 필요한 사실 확인 등의 직무를 수행하기 위하여 필요하면 관계인에게 출석하여야 하는 사유 · 일시 및 장소를 명확히 적은 출석 요구서를 보내 경찰관서에 출석할 것을 요구할 수 있다(경찰관직무집행법 제8조 2항).

9. 경찰장구의 사용

가. 의의

경찰관은 직무수행 중 경찰장비를 사용할 수 있다. 다만, 사람의 생명이나 신체에 위해를 끼칠 수 있는 경찰장비를 사용할 때에는 필요한 안전교육과 안전검사를 받은 후 사용하여야 한다(경찰관직무집행법 제10조 1항). 여기서 '경찰장비'란 무기, 경찰장구(警察裝具), 최루제(催淚劑)와 그 발사장치, 살수차, 감식기구(鑑識機具), 해안 감시기구, 통신기기, 차량·선박·항공기 등 경찰이 직무를 수행할 때 필요한 장치와 기구를 말한다(같은 조 제2항).

- 관련판례

【판시사항】

경찰관의 무기 사용 요건 충족 여부의 판단 기준(대법원 2004. 5. 13. 선고 2003다57956 판결)

【판결요지】

경찰관은 범인의 체포, 도주의 방지, 자기 또는 타인의 생명·신체에 대한 방호, 공무집행에 대한 항거의 억제를 위하여 무기를 사용할 수 있으나, 이 경우에도 무기는 목적 달성에 필요하다고 인정되는 상당한 이유가 있을 때 그 사태를 합리적으로 판단하여 필요한 한도 내에서 사용하여야 하는 바{ 구 경찰관직무집행법(1999. 5. 24. 법률 제5988호로 개정되기 전의 것) 제11조}, 경찰관의 무기 사용이 이러한 요건을 충족하는지 여부는 범죄의 종류, 죄질, 피해법익의 경중, 위해의 급박성, 저항의 강약, 범인과 경찰관의 수, 무기의 종류, 무기 사용의 태양, 주변의 상황 등을 고려하여 사회통념상 상당하다고 평가되는지 여부에 따라 판단하여야 하고, 특히 사람에게 위해를 가할 위험성이 큰 권총의 사용에 있어서는 그 요건을 더욱 엄격하게 판단하여야 한다.

나. 내용

(1) 경찰장구의 사용

제10조의2(경찰장구의 사용) ① 경찰관은 현행범이나 사형·무기 또는 장기 3년 이상의 징역이나 금고에 해당하는 죄를 범한 범인의 체포 또는 도주 방지, 자신이나 다른 사람의 생명·신체의 방어 및 보호, 공무집행에 대한 항거(抗拒) 제지 등의 직무를 수행하기 위하여 필요하다고 인정되는 상당한 이유가 있을 때에는 그 사태를 합리적으로 판단하여 필요한 한도에서 경찰장구를 사용할 수 있다. 여기서 '경찰장구'란 경찰관이 휴대하여 범인 검

거와 범죄 진압 등의 직무 수행에 사용하는 수갑, 포승(捕繩), 경찰봉, 방패 등을 말한다(경찰관직무집행법 제10조의2 1,2항).

(2) 분사기 등의 사용

경찰관은 범인의 체포 또는 범인의 도주 방지, 불법집회 · 시위로 인한 자신이나 다른 사람의 생명 · 신체와 재산 및 공공시설 안전에 대한 현저한 위해의 발생 억제 등의 직무를 수행하기 위하여 부득이한 경우에는 현장책임자가 판단하여 필요한 최소한의 범위에서 분사기(「총포 · 도검 · 화약류 등의 안전관리에 관한 법률」에 따른 분사기를 말하며, 그에 사용하는 최루 등의 작용제를 포함한다.) 또는 최루탄을 사용할 수 있다(경찰관직무집행법 제10조의3).

(3) 무기의 사용

(가) 원칙

경찰관은 범인의 체포, 범인의 도주 방지, 자신이나 다른 사람의 생명 · 신체의 방어 및 보호, 공무집행에 대한 항거의 제지를 위하여 필요하다고 인정되는 상당한 이유가 있을 때에는 그 사태를 합리적으로 판단하여 필요한 한도에서 무기를 사용할 수 있다.

(나) 예외

다만, 다음 각 호의 어느 하나에 해당할 때를 제외하고는 사람에게 위해를 끼쳐서는 아니 된다(경찰관직무집행법 제10조의4).

제1호 「형법」에 규정된 정당방위와 긴급피난에 해당할 때

제2호 다음 각 목의 어느 하나에 해당하는 때에 그 행위를 방지하거나 그 행위자를 체포하기 위하여 무기를 사용하지 아니하고는 다른 수단이 없다고 인정되는 상당한 이유가 있을 때

가목. 사형 · 무기 또는 장기 3년 이상의 징역이나 금고에 해당하는 죄를 범하거나 범하였다고 의심할 만한 충분한 이유가 있는 사람이 경찰관의 직무집행에 항거하거나 도주하려고 할 때

나목. 체포 · 구속영장과 압수 · 수색영장을 집행하는 과정에서 경찰관의 직무집행에 항거하거나 도주하려고 할 때

다목. 제3자가 가목 또는 나목에 해당하는 사람을 도주시키려고 경찰관에게 항거할 때

라목. 범인이나 소요를 일으킨 사람이 무기 · 흉기 등 위험한 물건을 지니고 경찰관으로부터 3회 이상 물건을 버리라는 명령이나 항복하라는 명령을 받고도 따르지 아니하면서 계속 항거할 때

Ⅲ. 일반경찰법상의 일반조항(개괄조항)

1. 의의

일반적수권조항이란 경찰권 발동을 위한 개별적인 법률규정이 없는 경우, 결찰권발동의 보충적 근거 법규로서 마련된 일반적·포괄적 내용의 수권조항을 말한다. 이러한 일반적인 법적근거조항을 개괄조항 또는 일반조항이라고도 한다.

2. 일반조항의 보충성

일반조항은 특별경찰법상 특별조항 및 일반경찰법상 특별조항이 없는 경우 보충적으로 적용되어야 한다.

3 일반적수권조항의 인정여부

일반적수권조항의 인정여부에 대하여 긍정설과 부정설이 대립하나 경찰관직무집행법 제2조 제6호의 「기타 공공의 안녕과 질서유지」에 관한 규정을 우리의 실정법상 경찰권발동에 대한 일반적수권조항으로 볼 수 있다. 다만, 이 견해는 동조항을 개별적수권조항이 없는 경우에 한하며 제2차적·보충적 수권조항이라고 본다는 것이 다수설의 견해이며, 판례도 청원경찰의 무허가 주택건축과 관련된 사건에서 경찰관직무집행법 제2조 7호를 일반조항으로 보며 긍정설의 입장을 취하고 있다.

• 관련판례

> 【판시사항】
> 청원경찰관의 직무집행을 방해한 경우 공무집행방해죄의 성부(대법원 1986. 1. 28. 선고 85도2448 판결)
>
> 【판결요지】
> 청원경찰관법 제3조, 경찰관직무집행법 제2조 규정에 비추어 보면 군 도시과 단속계 요원으로 근무하고 있는 청원경찰관이 허가없이 창고를 주택으로 개축하는 것을 단속하는 것은 그의 정당한 공무집행에 속한다고 할 것이므로 이를 폭력으로 방해하는 소위는 공무집행방해죄에 해당된다.

4. 일반조항의 적용요건

가. 공공의 안녕과 관련될 것

공공의 안녕이란 법질서와 국가 및 국가시설 그리고 개인적 법익에 대한 불가침을 말한다

나. 공공의 질서와 관련될 것

공공의 질서란 법규범을 제외한 공동체를 위한 불문규범의 총체를 말한다.

다. 공공의 안녕과 공공의 질서에 대한 위해가 존재할 것

Ⅳ. 경찰권의 한계

1. 의 의

법치행정의 원리상 경찰권은 법령이 정하는 범위 안에서 합목적적으로 행사되어야 적법·타당한 것으로 인정되고 관계자를 구속하는 힘을 갖는다. 이와 같이 경찰권의 발동은 적법·타당한 행위로서 효과를 발생할 수 있는 한계를 경찰권의 한계라 부르는데, 경찰권의 한계는 법규상 한계와 경찰법의 일반원칙상의 한계로 나뉜다.

2. 법규상 한계

가. 의의

법률유보의 원칙상 경찰권은 반드시 법규의 근거가 있어야 하고 동시에 법규에 의하여 허용된 범위 내에서만 발동되어야 한다. 따라서 법률의 근거나 없거나 범위를 벗어나는 침익적인 경찰권의 행사는 당연히 위법한 것이 된다. 즉 법률은 이러한 침익적인 경찰권 발동의 근거가 되고 그 한계를 구성한다.

나. 판단의 여지와 재량

경찰작용은 명령과 강제를 위주로 하는 전형적인 권력작용이다. 따라서 반드시 법률의 근거에 따라 행하여져야 하고, 법령에 위반·저촉되어 행사되어도 아니 된다. 그런데 경찰관직무집행법과 대부분의 경찰작용에 대한 근거법의 구성요건이 불확정개념들을 사용하고 있다. 그렇다고 하여 그것이 경찰행정청의 판단의 자유를 부여하고 있는 것은 아니다. 다만, 판단여지가 인정되는 범위 안에서 경찰행정청에 판단의 자유가 주어진다고 볼 수는 있을 것이다. 그러나 경찰관청은 구체적인 위해방지작용에 있어서 판단여지와 재량이 부여된다고 하더라도 그 한계를 준수하여야 한다. 재량의 일탈이나 남용, 재량의 해태 시에는 위법이 되며, 재량의 영으로의 수축 시에는 특정의무가 발생한다.

3. 경찰법원리상 한계(조리상 한계)

경찰법상 일반적법원칙으로는 ① 경찰공공의 원칙, ② 경찰비례의 원칙, ③ 경찰책임의 원칙, ④ 경찰소극목적의 원칙, ⑤ 경찰평등의 원칙, ⑥ 보충성원칙이 있다.

가. 경찰공공의 원칙

(1) 의 의

경찰권은 사회공공의 안녕과 질서유지를 위해서만 발동할 수 있고, 사회질서에 직접적인 영향이 없는 개인의 사익에 관한 사항에 발동될 수 없는 원칙을 말한다.

(2) 사생활불간섭의 원칙

경찰권은 공공의 안녕과 질서에 관계가 없는 개인의 사생활영역에는 개입할 수 없다는 원칙을 말하며, 이러한 사생활은 헌법상으로도 보호되는 영역이기도 하다(헌법 제17조). 그러나 특정인의 사생활을 방치하는 것이 공공의 안녕이나 질서에 중대한 위해를 주는 경우는 경찰권 발동의 대상이 된다. 예컨대 질병의 예방·치료는 사생활이지만, 전염병의 경우 강제접종·강제격리를 실시하고, 남녀교제가 풍기문란이 되는 경우, 미성년자가 음주·흡연할 경우, 정신착란이나 주취로 인하여 자기 또는 타인의 생명·신체·재산에 위해를 미칠 우려가 있는 경우 등은 단속대상이 된다.

(3) 사주소불가침의 원칙

사주소불가침의 원칙이란 경찰권은 사인의 주소 내에서 일어나는 행위에 대해서는 관여할 수 없다는 원칙이다. 여기서 사주소는 개인의 주거용의 주택에 한하지 않고, 회사, 회사공장, 사무실, 연구실 등이 포함된다. 그러나 사주소내의 행위라 그것이 공공의 안녕과 질서에 중대한 위해를 야기시키는 경우는 그 한도 내에서 경찰권 발동의 대상이 된다. 예컨대 외부에서 관망할 수 있는 사주소 내의 나체, 전염병, 화기, 과도한 소음행위는 간섭할 수 있다.

(4) 민사관계불간섭의 원칙

민사관계 내지 법률관계는 그것이 직접 공공의 안녕과 질서에 위해를 가하는 행위가 아니므로 원칙적으로 경찰권이 개입해서는 안 된다는 원칙이다. 그러나 당사자의 사익에 그치지 아니하고 공중의 안전·위생·풍속·교통 기타 사회공공의 안녕과 질서에 관계되는 경우에는 관여할 수 있다. 예컨대 자릿세징수나 암표매매행위의 경우는 그 범위에서 경찰권 발동의 대상이 된다.

나. 경찰비례의 원칙

(1) 의 의

비례의 원칙이란 행정목적과 이를 실현하는 수단 사이에는 적정한 비례관계가 있어야 한다는 원칙이다. 경찰관직무집행법 제1조 2항은 이를 명시적으로 규정하고 있는데, 경찰비례의 원칙이란 '경찰권 발동에 의한 국민의 자유와 권리의 침해는 달성코자 하는 경찰목적에 적합하고 합리적인 관련성 있는 수단을 선택해야 하며, 그중에서도 최소 침해를 가져오는 필요한 수단을 선택해야 하며, 침해로 인해 달성되는 공익과 침해되는 사익 간에 상당한 비례가 유지돼야 한다는 원칙을 말한다'.

(2) 내용

비례의 원칙은 적합성원칙, 필요성원칙 및 상당성원칙을 그 내용으로 한다.

(가) 적합성원칙

적합성의 원칙이란 경찰기관이 취한 수단은 경찰목적을 달성하는데 있어 가장 적합한 수단이어야 한다는 것이다.

(나) 필요성원칙

필요성원칙이란 경찰기관의 조치가 비록 위험방지의 목적을 달성하는데 적합한 것일지라도 당해 목적을 달성하기 위하여 필요한 최소한의 범위 내에서만 경찰권 발동이 허용되어야 한다는 원칙으로, 최소침해의원칙이라고 한다. 따라서 목적달성을 위하여 적합한 수단이 여러 가지가 있는 경우에 경찰은 그 중에서 상대방에게 가장 적은 부담을 주는 수단을 선택하여야 한다.

(다) 상당성원칙

상당성원칙이란 경찰기관의 조치가 목적달성에 적합하고 또한 상대방을 최소로 침해하는 조치라 할지라도, 그 조치를 통하여 추구하는 공익이 상대방이 받는 불이익보다 큰 경우에만 당해 조치를 취할 수 있다는 원칙이다. 이를 협의의비례원칙이라고도 한다.

Ⅴ. 경찰책임의 원칙(경찰작용의 상대방)

1. 의 의

경찰책임이란 경찰목적의 달성을 위해 법률이나 법률에 근거한 행위로 직접적인 책임을 질 지위에 있는 자에 대하여서만 발동할 수 있고 그 밖에 제3자에 대하여는 발동할 수 없다는 원칙이다. 즉, 경찰권발동의 상대방이 누구인가에 대한 문제이다.

2. 경찰책임의 주체

가. 자연인과 사법상 법인

자연인과 사법상 법인은 당연히 경찰책임자가 될 수 있다. 자연인의 경우는 행위능력이나 불법행위 능력 유무를 불문하고, 국적과도 무관하여 내국인·외국인 등을 묻지 않는다. 다만, 행위무능력자의 경우에는 무능력자 자신이외에도 그들의 법정대리인이 부가적인 책임을 진다. 그리고 법인의 실체를 갖추고 있으면서 법인격을 취득하지 않은 권리능력 없는 사단도 경찰책임의 주체가 된다.

나. 공법상 법인의 경찰책임

(1) 실질적 경찰책임[37)]

모든 국가기관은 헌법과 법에 구속되며, 모든 국가작용은 경찰법 등을 비롯하여 법질서의 예외자가 될 수 있다는 점에서 공권력의 주체도 실질적 경찰책임의 주체가 될 수 있다. 다만, 공법인에 속하는 국가기관은 수행하는 공적임무의 특수성으로 인해 경우에 따라서는 경찰상의무이행에서 면제되어야 할 경우가 존재한다(예 : 도로교통법상 긴급자동차의 속도제한 준수의무 배제).

(2) 형식적 경찰책임

경찰행정청이 공공의 안녕과 질서에 대한 위해를 제거하기 위기 위하여 공권력주체에게 경찰권의 발동을 할 수 있는지가 문제되는데, 이를 긍정하는 견해는 공권력주체의 공적인 임무의 수행과 경찰상의 위해발생의 방지라는 공법상의 가치들 간에 우열이 정해질 수 있음을 전제로 비교형량이 가능하다고 보지만, 실제 그 가치 간의 우열을 가리기는 쉽지 아니하기 때문에, 이를 부정하는 부정설의 견해가 타당한 것으로 보인다.

(3) 사법작용의 경우

국가기관이 국고작용(물건의 구매 등)을 수행하는 과정에서 경찰상 위해를 야기한 경우에는 직접적 행정목적 달성과는 무관하기 때문에 경찰행정청의 명령에 복종하여야 한다.

---

37) 실질적 경찰책임이란 성문, 불문의 모든 경찰법규를 준수, 유지해야 하는 책임을 말한다. 반면 형식적 경찰책임이란 실질적 경찰책임을 불이행한 자가 공공의 안녕과 질서의 회복을 위한 경찰책임의 명령에 복종해야 하는 책임을 말한다. 자연인, 사법상 법인은 실질적 경찰책임과 형식적 경찰책임을 모두 부담한다.

3. 경찰책임의 유형

경찰책임의 유형에는 행위책임, 상태책임 그리고 이들의 병합적 책임 즉 3가지로 구분할 수 있다.

가. 행위책임

(1) 의의

자연인이나 법인이 자신의 행위 또는 자신을 위해 행위 하는(지배관계에 있는) 타인의 행위로 인해 공공의 안녕이나 질서에 대한 위험을 야기시킴으로써 발생되는 경찰책임을 말한다.

(2) 인과관계

행위와 위험 사이에 인과관계가 있어야 한다. 구체적인 경우 여러 학설의 대립이 있지만, 경찰위반 상태를 직접 야기한 행위자만이 경찰책임을 지고 간접적인 원인제공자는 경찰책임을 지지 않는다는 직접원인제공설이 일반적인 견해이다.

(3) 행위책임의 주체

행위책임은 원칙적으로 행위자이다. 만일, 타인에 대한 감독의무가 있는 경우에는 피감독자의 행위에 대해서 감독자도 행위책임을 지지만, 이 경우 피감독자가 감독자의 지시에 종속하는 관계이어야 한다.

나. 상태책임

(1) 의 의

상태책임이란 토지, 공작물, 동물, 식물 등 물건으로 인해 위험이나 장해를 야기시킴으로써 발생되는 경찰책임을 말한다. 상태책임은 물건의 속성에 의한 것으로서, 질서를 교란하는 물건의 사실상의 지배자와 관련되어 있다.

(2) 인과관계

상태와 위험 사이에 인과관계가 있어야 한다. 구체적인 경우 여러 학설의 대립이 있지만, 경찰위반 상태를 직접 야기한 물건의 소유자 등만이 경찰책임을 진다는 직접원인제공설이 일반적인 견해이다.

(3) 상태책임의 주체

상태책임의 주체는 원칙적으로 물건의 소유자[38]이다. 다만 사실상 지배권자가 있는 경우에는 그 자가 되며, 이차적으로 소유자도 경찰책임자가 될 수 있다.

(4) 경찰책임자의 경합

(가) 의 의

경찰책임자 경합이란 경찰상 위해가 다수인의 행위에 의해 발생하거나 다수의 상태책임자가 있는 경우 또는 행위책임자와 상태책임자의 경합에 의해 발생되는 경우를 말한다. 결국 경찰책임자 경합이란 이러한 경우에 경찰권 발동을 어떻게 행사할 것인가의 문제이다.

(나) 책임자 경합시 경찰권 상대방 결정

경찰명령은 위험이나 장해를 가진 가장 신속하고도 효과적으로 제거할 수 있는 위치에 있는 자에게 행하여져야 한다. 원칙적으로 시간적으로나 장소적으로 위험에 가장 근접해 있는 자가(그러한 자가 대개 시간적으로 그리고 장소적으로 위해에 가장 근접한 사람일 것이다) 처분의 상대방이 될 것이지만, 종국적으로 그것은 비례의 원칙을 참작하여 의무에 합당한 재량으로 결정할 문제이다.

(다) 비용청구권의 문제

경찰행정청에 의해 특정한 행위가 요구된 경찰책임자가 그러한 행위가 요구되지 않는 다른 경찰책임자에게 비용의 일부의 상환을 요구할 수(구상권) 있는지가 문제되는데, 이에 관하여 학설은 긍정설과 부정설, 절충설 등의 다툼이 있지만, 경찰책임자가 경합되는 경우 경찰행정청이 특정한 자를 경찰처분의 상대방으로 지정하였다면 그 자가 진정한 경찰책임자이므로 다른 경찰책임자에게 비용상환청구를 할 수 없다고 보는 부정설이 타당하다. 다만, 경찰의 재량행사에 하자가 있었거나 경찰처분의 대상으로 정해진 것이 오로지 우연에 의한 것이라면 사정이 다르다.

38) 원칙적으로 상태책임의 인정되는 범위에 제한이 없다. 따라서 원칙적으로는 원인에 상관없이 해당 물건의 상태로부터 발생한 위해에 대해 상태책임자는 전적인 책임이 있고, 이는 소유권을 포기한다고 하더라도 소멸되지 아니한다.

4. 경찰책임의 승계

경찰책임의 승계란 경찰책임자가 사망하거나 영업 또는 물건을 양도하면 경찰상 책임이 상속인이나 양수인에게 이전되는지가 문제된다.

가. 행위책임의 승계

행위책임은 특정인의 행위에 대한 법적평가이므로 행위책임에 있어서는 경찰하명에 의하여 부과된 의무가 대체적 성격을 갖는지 또는 비대체적 성격을 갖는지 여부에 구분된다. 비대체적 인적책임으로 '일신전속적의무'인 경우는 법률에 특별규정이 없는 한 법적 승계인에게 승계되지 않지만, 도로의 청소의무, 무단 폐기한 오염물질의 제거의무 등은 대체적 성격을 갖고 있기 때문에 승계가능성이 인정될 것이다.

나. 상태책임의 승계

상태책임은 사람의 개성과는 무관한 물건의 상태에 관한 것이다. 이렇듯 상태책임은 물적 책임의 성질을 가지므로 물건의 이전과 함께 경찰책임도 이전된다. 그리하여 행정행위에 의해 명하여진 상태책임의 경우에는 승계인에게 의무를 명하는 새로운 행정행위를 발함이 없이 피승계인에게 이미 발하여진 행정행위를 근거로 하여, 법령에서 구체화 된 책임의 경우에는 당해 법령을 근거로 하여 각각 집행을 할 수 있게 된다는 승계긍정설이 지배적 견해이다.

• 관련판례

【판시사항】

석유판매업이 양도된 경우, 양도인의 귀책사유로 양수인에게 제재를 가할 수 있는지 여부(대법원 1986. 7. 22. 선고 86누203 판결)

【판결요지】

석유사업법 제12조 제3항, 제9조 제1항, 제12조 제4항 등을 종합하면 석유판매업(주유소)허가는 소위 대물적 허가의 성질을 갖는 것이어서 그 사업의 양도도 가능하고 이 경우 양수인은 양도인의 지위를 승계하게 됨에 따라 양도인의 위 허가에 따른 권리의무가 양수인에게 이전되는 것이므로 만약 양도인에게 그 허가를 취소할 위법사유가 있다면 허가관청은 이를 이유로 양수인에게 응분의 제재조치를 취할 수 있다 할 것이고, 양수인이 그 양수 후 허가관청으로부터 석유판매업허가를 다시 받았다 하더라도 이는 석유판매업의 양수도를 전제로 한 것이어서 이로써 양도인의 지위승계가 부정되는 것은 아니므로 양도인의 귀책사유는 양수인에게 그 효력이 미친다.

5. 제3자의 경찰책임(경찰상 긴급상태)

가. 의 의

제3자의 경찰책임이란 공공의 안전이나 질서에 대한 위해방지나 장애제거를 위하여 당해 위해나 장애발생에 관계없는 제3자에 대해 경찰권의 발동이 이루어지는 상태를 말한다.

나. 요 건

제3자가 경찰책임을 부담하려면, 현재의 장애 및 급박한 위험을 제거하기 위한 것일 것, 경찰책임자에 대한 처분으로는 위해의 제거가 불가능하며, 다른 방법에 의한 위해방지가 불가능 할 것, 경찰책임 없는 제3자에게 수인가능성이 있을 것 등이 요구된다.

다. 권리구제

제3자에 대한 경찰권 발동은 아주 예외적인 상황에서만 허용되는 제3자의 기본권을 침해하는 행위이기 때문에 엄격한 법률의 근거가 있어야 한다. 소방기본법 제24조 2항은 '시 · 도지사는 제1항 전단에 따라 소방활동에 종사한 사람이 그로 인하여 사망하거나 부상을 입은 경우에는 보상하여야 한다'라고 규정하고 있기도 하다. 따라서 경찰책임을 부담하는 제3자는 손실보상 또는 희생보상을 청구하거나 결과제거 청구권을 행사하거나, 경우에 따라서는 경찰에 대하여 결과제거청구권과 손실보상청구권을 동시에 행사할 수 있다고 본다.

Ⅵ. 경찰작용의 행위형식

1. 경찰상 법규명령

가. 의 의

경찰명령이란 공공의 안녕과 질서에 대한 위해 방지를 위하여 법규명령에 의하여 직접 일정한 경찰의무를 발생케 되는 경찰작용을 말하며, 이러한 특성으로 인해 위험방지명령이라고 한다. 경찰명령의 규율대상은 경찰의 개념상 불특정 다수의 사건, 불특정 다수인에게 행해진 경찰상의 위험방지를 목적으로 하는 명령과 금지이다.

나. 성 질

경찰명령은 일반적·추상적 규율로서 개별적·구체적 규율인 경찰처분과 구별된다. 또한, 경찰명령은 위해방지를 위하여 불특정다수의 사건과 불특정다수인을 규율하는 명령 또는 금지를 의미하며, 외부적 효력을 갖는 법규명령으로서 원칙적으로 내부적 효력을 갖는 경찰상의 행정규칙과는 구별된다. 또한, 효력범위가 외부에 미친다는 점[39]에서 외부적 효과가 없는 행정규칙과도 구별된다.

다. 요 건

경찰명령은 발령권의 주체에 따라 대통령령·총리령·부령으로 분류되고, 그 내용에 따라 위임명령과 집행명령으로 분류되며, 이러한 경찰권의 발동은 법규명령의 경우와 마찬가지로 수권규정을 필요로 하며, 그 내용은 상위법령의 내용에 반하지 않는 범위 내에서 명확하고 구체적으로 규정되어야 한다.

라. 효 력

경찰명령은 법규명령이므로 대외적구속력을 가지며, 일반성·추상성으로 인하여 그 효력이 불특정다수인에게도 미친다. 또한 경찰명령의 위법여부가 구체적 사건에서 재판의 전제가 된 경우에는 사법심사의대상이 되며(헌법 제107조 2항), 경찰명령이 형식상으로는 법규명령이나 실질적으로 개별적·구체적 규율로서 행정행위의 성격을 갖는 경우(이른바 처분적 법규명령)에는 항고소송의 대상이 될 수 있다.

---

39) 실질적으로는 행정처분으로서의 성질을 가지는 것이므로, 처분법규의 성질을 가지는 법규명령의 규정은 항고대상이 된다.

2. 경찰상 하명 – 경찰처분

가. 의 의

경찰처분이란 특정인 또는 불특정다수인에게 작위·부작위·급부·수인의 의무를 명하는 행위를 말한다. 경찰하명이라고도 한다. 경찰처분은 경찰하명 또는 질서하명이라 불기기도 하며, 경찰명령과는 처분의 성격이 개별적·구체적인 점, 대상인 인적범위가 특정된다는 점, 발령형식이 행정행위에 의한다는 점에서 차이가 있다.

나 성 질

경찰처분은 법적행위라는 점에서 실력적 사실작용인 경찰강제와 구별되고, 명령적 행위인 점에서 형성적 행위와 구별되며, 경찰상 목적을 위한 하명인 점에서 재정하명, 군정하명과 구별되고, 일반통치권에 의거한 하명인 점에서 특별행정법관계에서의 하명과 구별된다.

다. 성립요건 등

경찰처분도 적법하게 성립하고 효력이 발생하기 위해 주체·내용·형식·절차 등의 요건을 갖추고 그 내용이 상대방에게 고지되어야 한다.

라. 경찰처분의 효과

경찰처분도 행정행위로서의 성질을 갖는 이상, 행정행위의 일반적 효력인 구속력, 공정력, 확정력 및 강제력 등을 갖게 된다. 또한 그 내용에 따라 상대방에게 일정한 작위·부작위·수인·급부 등 의무를 부과시키며, 이러한 의무의 불이행에 대해서는 경찰상의 강제집행이나 경찰벌의 제재가 따르게 된다.

3. 경찰상 허가

가. 의 의

경찰허가란 경찰목적을 위한 상대적인 금지를 특정한 경우에 해제함으로써 금지되어 있던 행위를 적법하게 할 수 있도록 자연의 자유를 회복시켜 주는 행정행위이다.

나. 경찰허가의 대상 등

경찰허가는 상대방의 사실행위에 대하여 행하여짐이 원칙이지만, 법률행위를 그 대상으로 하는 경우도 있으며, 그것이 공법상 행위인 경우도 있고, 사법상 행위인 경우도 있다. 또한 경찰허가는 신청한 특정인에 부여하는 것이 원칙이다. 하지만, 야간통행금지해제처분등과 같이 신청 없이 직권에 의한 경찰허가 또는 불특정다수인에 대하여 행하여 질 수도 있다.

다. 경찰허가의 요건

경찰허가는 상대방의 신청을 필요로 하는 쌍방적 행정행위이다. 따라서 신청 없는 허가는 무효가 원칙이다. 다만, 예외적으로 특정외래품수입금지의 일반적 해제의 경우와 같이 신청 없이도 직권으로 허가할 때가 있다. 경찰허가시 법률 또는 이에 따른 명령에 의거하여 수수료 또는 조세 등을 납부를 하여야 한다.

라. 경찰허가의 종류

경찰허가는 대인적 경찰허가, 대물적 경찰허가, 혼합적 경찰허가로 구분된다. 대인적 허가는 인적·주관적 사정에 기인한 허가로서 그 효과는 허가 받은 자에 국한되고, 타인에 이전·양도·상속이 될 수 없다. 그 외 대물적 허가는 물건의 객관적 내용·상태 등이 허가심사의 기준이며, 그에 따른 허가는 타인에게 이전·양도·상속이 될 수 있다. 그리고 혼합적 경찰허가 위의 두가지 요소를 모두 고려하여 행하여지는 경찰허가로서 이러한 허가의 경우는 당연히 양도·상속되는 것은 허용되지 않고 양수인·상속인에게 새로운 허가를 받게 하고 있다.

마. 경찰허가의 효과

경찰허가는 사회적 장애 발생의 방지를 위한 일반적·상대적 금지를 해제하여 금지되어 있던 행위의 자유를 회복시켜 주는 것에 불과하다. 따라서 개인에게 어떠한 권리·능력 기타 법률상의 힘을 설정하여 주는 것이 아니기 때문에 설권행위인 특허와는 구별된다. 또한, 경찰허가는 금지되었던 행위의 자유를 회복시켜 주는데 불과하기 때문에 법률행위로서의 효력발생여부에는 영향을 받지 않는다. 다시 말해, 허가를 받고 하여야 될 행위를 허가 없이 한 경우 그것은 위법으로써 경찰상 강제집행이나 경찰벌의 대상은 될 수 있어도, 그 행위자체는 법률행위로서 유효일 수도 있고, 반대로 허가받고 한 행위라도 법률행위로서는 무효인 때도 있다.

Ⅶ. 경찰작용의 실용성 확보

경찰작용의 실효성을 확보하기 위한 수단으로는 경찰벌(경찰형벌, 경찰질서벌), 경찰상 강제집행, 경찰상 즉시강제, 권력적 조사 등이 있다.

1. 경찰강제

가. 의의

경찰강제란 경찰상의 실력행사로서 경찰상 목적 실현을 확보하기 위하여 개인의 신체·재산 또는 가택에 실력을 가하여 필요한 상태를 실현하는 권력적 사실작용이다. 경찰강제에는 경찰상 강제집행과 경찰상 즉시강제가 있다.

나. 종 류

(1) 경찰상 강제집행

(가) 의의

경찰에 의해 발해진 처분(또는 의무)을 경찰의무자가 준수하지 아니할 경우 경찰권 자신이 처분을 강제적으로 시키거나 의무이행이 있었던 것과 동일한 상태를 실현시키는 작용이다.

(나) 실정법적근거

경찰상 강제집행은 기본권의 침해를 의미하므로 그것은 법률의 근거가 있어야 한다. 그에 대한 일반법으로 행정대집행법과 국세징수법이 있으며 그 외 단행법으로 출입국관리법, 건축법(이행강제금) 등이 있다.

(2) 경찰상 즉시강제

(가) 의의

목전에 급박한 경찰상 장애를 예방 또는 제거하기 위하여 의무를 명할 시간적 여유가 없거나 성질상 의무를 명하여서는 경찰목적을 달성할 수 없는 경우에 직접 국민의 신체·재산에 실력을 가하여 경찰상 필요한 상태를 실현하는 작용이다.

(나) 실정법적 근거

경찰상 즉시강제는 일반법으로 경찰관직무집행법, 기타 단행법으로 소방기본법, 수난구호법, 총포 · 도검 · 화약류단속법, 식품위생법, 도로교통법 등이 있다.

다. 경찰강제의 수단

(1) 경찰상 강제집행의 수단

경찰상 강제집행에 관한 일반법인 행정대집행법에서 대집행을 규정하고 있고, 금전적의무의 강제집행수단으로서 경찰상 강제징수에 관한 일반법인 국세징수법에서 강제징수절차를 규정하고 있으며, 개별법으로는 경찰상금전급부의무에 관하여는 도로교통법(제160조 과태료), 건축법(제113조 과태료) 등에서 각각 규정하고 있다.

(2) 경찰상 즉시강제

(가) 경찰상 즉시강제와 영장제도

헌법상의 영장제도는 사법권뿐만 아니라 경찰상의 즉시강제에도 동일하게 적용되어야 하는 것이 원칙이다. 그러나 헌법 제12조 제3항 단서에서 영장주의 예외를 인정한 취지와 행정상 즉시강제의 특징을 고려하여 정당성과 행정목적 달성을 위하여 불가피하다고 인정할 만한 합리적인 사유가 있는 경우에 한하여 영장주의의 적용이 배제될 수 있다.

(나) 경찰상 즉시강제의 수단

경찰상의 즉시강제 수단으로는 경찰관직무집행법상의 불심검문, 보호조치, 위험 발생 방지조치 등이 있고 대인적 즉시강제 수단으로 강제격리, 교통차단, 강제수용 등이 있으며, 대물적 즉시강제 수단으로는 임시영치, 위험발생 방지조치 등이 있으며, 대가택 즉시강제 수단으로는 가택출입금지, 압수수색 등이 있다.

라. 경찰상 즉시강제의 조리 상 한계

경찰상 즉시강제는 경찰장애가 목전에 급박하였을 것(긴급성), 급박한 위험의 제거내지 예방이라는 소극목적을 위해 발동될 것(소극성), 경찰보호의 목적달성을 위해 필요할 것(필요성), 그 외 다른 수단으로는 목적달성이 불가능할 것(보충성) 및 그 목적달성에 필요한 최소한도에 그칠 것(비례성, 최소침해의원칙) 등의 요건을 갖추어야 하며, 이러한 한계를 일탈한 즉시강제는 위법이 된다.

마. 경찰강제에 대한 구제

(1) 적법한 경찰강제에 대한 구제

경찰강제가 적법한 경우에도 그로 인하여 귀책사유 없이 수인의 정도를 넘어 특별한 손해를 입은 자에 대하여 법률이 정하는 바에 따라 행정상 손실보상청구권이 인정된다(소방기본법 제25조).

(2) 위법한 경찰강제에 대한 구제

(가) 행정쟁송

즉시강제는 권력적 사실행위로서 행정쟁송의 대상인 처분에 해당한다. 그러나 통상적인 경우 즉시강제는 단시간 내에 종료되므로 소의 이익이 부인되는 경우가 대부분이다. 하지만 침해행위가 비교적 장기에 걸쳐 계속되거나 또는 취소로 인하여 회복될 수 없는 법률상의 이익이 있는 경우에는 취소소송을 통하여 구제될 수 있다.

(나) 행정상 손해배상

경찰작용으로 인하여 신체 또는 손해가 발생한 경우는 물론이고 경찰권의 불행사로 인하여 손해가 발생한 경우에도 손해를 입은 자는 국가 또는 공공단체에 대하여 국가배상을 청구할 수 있다(국가배상법 2조).

(다) 형사상 구제- 정당방위

위법상 행정상의 즉시강제에 대하여는 형법상의 정당방위의 법리에 의거한 항거가 가능하며, 항거하는 경우에도 형법상의 공무집행방해죄는 성립하지 아니한다.

(라) 결과제거청구권

행정상 즉시강제로 위법한 결과가 야기된 경우에 결과제거청구가 가능하다.

(마) 기타

사후적 · 간접적 구제수단으로 처분청의 취소 · 정지, 공무원의 징계책임, 공무원의 형사책임, 청원, 고발, 고소 등을 들 수 있다.

2. 경 찰 벌

가. 의 의

경찰벌이란 경찰법상의 의무 위반에 대한 제재로서 일반통치권에 근거하여 과하는 벌로써 행정벌의 일종이다. 경찰벌이 과하여지는 경찰의무위반행위를 경찰범이라 한다. 경찰벌은 경찰의무위반에 대한 제재라는 점에서 경찰의무불이행에 대하여 행해지는 경찰강제와 구별된다.

나. 근 거

경찰형벌은 형법상의 형벌이 과하여지는 것으로서 원칙적으로 형법총칙이 적용되나 관계법에 특별한 규정이 있는 때에는 그에 따른다. 경찰질서벌은 경찰의무의 위반에 대한 제재로서 형법상 형벌이 아닌 벌, 즉 과태료를 과하는 경찰벌로써 여기에는 형법이 적용되지 아니한다. 경찰벌은 원칙적으로 법률에 근거가 있어야 하나 예외로서 법률의 특별위임으로 명령과 같은 행정입법으로서도 근거를 규정할 수 있으며 지방자치단체의 자치사무에 대하여는 조례로 일정한도의 벌칙을 정할 수 있다.

다. 종 류

(1) 경찰형벌

경찰형벌은 경찰법상 의무위반에 대한 제재로서 형법에 형명이 있는 형벌을 과하는 경찰벌이다. 경찰형벌에 관하여는 형법총칙의 규정이 적용되며, 관련 법령에 특별한 규정이 있는 경우는 이에 따른다.

(2) 경찰질서벌

경찰질서벌은 경찰의무위반에 대하여 형법상의 형이 아닌벌, 즉 '과태료'를 과하는 경찰벌이다. 경찰질서벌이 처벌대상으로 하는 의무위반행위는 공공의 안녕·질서에 의하여 보호되는 법익을 직접적으로 침해하는 행위가 아니라 일정한 신고·보고·등록·장부비치 등 경찰 의무를 해태함으로써 간접적으로 경찰목적실현에 장애가 되는 행위를 뜻한다. 경찰질서벌에 대하여는 「질서위반행위규제법」에서 총칙을 규정하고 있다.

라. 경찰벌의 과벌절차

경찰형벌의 과벌절차는 일반형법과 같은 것으로, 원칙적으로 형사소송법이 정하는 바에 따라 법원의 선고에 의하여 과하여지고 경찰질서벌의 과벌절차는 다른 행정질서벌과 마찬가지로 비송사건절차법이 정하는 바에 의한다.

(1) 통고처분제도

통고처분은 형사절차인 정식재판에 갈음하여 절차의 간이·신속을 위하여 행정청이 상대방의 승복을 조건으로 일정한 벌금 또는 과료에 상당하는 금액의 납부를 명하는 준사법적 행정행위이다. 행정청이 형벌을 대신하여 금전적제재인 범칙금을 과하고 행정범을 범한 자가 그 금액을 납부하면 형사처벌을 받지 아니하고, 만일 지정된 기간 내에 금액을 납부하지 않으면 형사소송절차에 따라 형벌을 과하도록 하는 절차이다. 통고처분은 조세범, 관세범, 출입국사범, 교통사범에 대하여 인정하고 있다.

(2) 즉결심판제도

즉결심판은 20만 원 이하의 벌금·구류 또는 과료의 행정형벌은 경찰서장의 즉결심판청구에 의해 판사의 즉결심판에 의하여 과하여지며, 그 형은 경찰서장에 의해 집행된다. 즉결심판에 불복이 있는 피고인은 고지를 받은 날로부터 7일 이내에 소관지방법원에 정식재판을 청구할 수 있다.

(3) 경찰질서벌

과태료는 형벌이 아니므로 형법총칙과 형사소송법의 적용이 없고, 법률에 특별규정이 없는 한 과태료에 처할 자의 소재지를 관할하는 지방법원이 비송사건절차법에 의하여 과한다.

마. 경찰작용에 대한 권리구제

(1) 손해배상청구 및 손실보상청구

위법한 경찰작용으로 인해 손해를 입은 자는 손해배상을 청구할 수 있고, 적법한 경찰작용으로 특별한 희생을 입은 자는 손실보상을 청구할 수 있다.

(2) 결과제거청구권 등 행정쟁송

위법한 사실상태의 제거를 구하는(결과제거청구) 청구를 하거나 행정쟁송을 제기할 수도 있다.

(3) 기타

최근 경찰관직무집행법은 손실보상에 대한 조항을 신설하였다. 예를 들면, 경찰관의 적법한 직무집행으로 인하여 손실발생의 원인에 대하여 책임이 없는 자가 재산상의 손실을 입은 경우, 손실발생의 원인에 대하여 책임이 있는 자가 자신의 책임에 상응하는 정도를 초과하는 재산상의 손실을 입은 경우에 국가가 정당한 보상을 해야한다고 신설하였다(경찰관직무집행법 제11조의2 1항). 다만, 보상을 청구할 수 있는 권리는 손실이 있음을 안 날부터 3년, 손실이 발생한 날로부터 5년간 행사하지 아니하면 시효의 완성으로 소멸한다(경찰관직무집행법 제11조의2 2항).

Ⅷ. 소청심사

[소청심사 등 절차에 관한 내용은 제5장 소청심판절차의 개관 참조]

1. 소청의 대상

국가공무원법상 소청심사의 대상에는 징계처분{파면, 해임, 정직, 감봉, 견책(징계부가금 포함)}, 기타 의사에 반하는 불리한 처분{(강임, 휴직, 직위해제, 면직, 전보, (기각)계고, (불문)경고}, 부작위(복직청구 등) 등이 있고, 구체적으로 어떠한 것이 포함되는지 여부는 사안의 성격과 내용에 따라 결정될 수 있다. 다만, 경찰공무원의 신분 변동에 해당되지 않는 처분(예 : 변상명령) 및 일반적, 추상적 행정법령 개정 요구, 행정청 내부적 의사결정 단계의 행위- 행정청의 알선, 권고, 견해표명 등과 같이 법적 효과를 발생하지 않는 행위는 소청심사의 대상에서 제외된다.

2. 관할

경찰공무원에 대한 소청심사는 인사혁신처 소청심사위원회가 관할한다.

3. 경찰공무원의 징계처분을 받은 경우 소청제기기간의 기산점 등

가. 기산점

경찰공무원이 파면처분을 받은 경우에 그 소청제기기간의 기산일은 그 처분사유설명서를 받은 날이며 단순한 파면 통지를 받은 날이거나 파면된 사실을 안 날이 아니다.[40]

나. 경찰공무원징계령 제12조 제1항 소정의 출석통지없이 한 징계절차의 적부

경찰공무원징계령 제12조 제1항 소정의 징계심의대상자에 대한 출석통지는 징계심의대상자로 하여금 징계심의가 언제 개최되는가를 알게 함과 동시에 자기에게 이익되는 사실을 진술하거나 증거자료를 제출할 기회를 부여하기 위한 조치에서 나온 강행규정이므로 위 출석통지없이 한 징계심의 절차는 위법하다.[41]

다. 경찰공무원징계령 제12조 소정의 출석통지의 방식

경찰공무원징계령 제12조 제1항 소정의 출석통지는 소정의 서면에 의하지 아니하더라도 구두, 전화 또는 전언등 방법에 의하여 징계심의 대상자에게 전달되었으면 출석통지로서 족하다.[42]

4. 공적사항이 제시되지 않은 상태에서 결정한 징계처분의 효력

공무원징계령 제7조 제6항 제3호에 의하면, 공무원에 대한 징계의결을 요구할 때는 징계사유의 증명에 필요한 관계 자료뿐 아니라 '감경대상 공적 유무' 등이 기재된 확인서를 징계위원회에 함께 제출하여야 하고, 경찰 공무원 징계양정 등에 관한 규칙 제9조 제1항 제2호 및 [별표 10]에 의하면 경찰청장의 표창을 받은 공적은 징계양정에서 감경할 수 있는 사유의 하나로 규정되어 있다. 위와 같은 관계 법령의 규정 및 기록에 비추어 보면, 징계

---

40) 대법원 1978. 9. 26. 선고 78누223 판결.
41) 대법원 1985. 10. 8. 선고 84누251 판결.
42) 대법원 1985. 10. 8. 선고 84누251 판결.

위원회의 심의과정에 반드시 제출되어야 하는 공적사항이 제시되지 않은 상태에서 결정한 징계처분은 징계양정이 결과적으로 적정한지 그렇지 않은지와 상관없이 법령이 정한 징계절차를 지키지 않은 것으로서 위법하다.[43)]

5. 행정사건의 이송과 소제기의 효력발생시기

행정사건이 관할권없는 법원에 제기된 뒤 관할법원에 이송된 경우 그 사건의 소제기의 효력은 이송에 의하여 적법한 관할법원에 접수된 때에 발생한다.[44)]

Ⅸ. 경찰공무원의 의무위반행위의 종류 및 징계양정 등

1. 의무위반행위의 종류

가. 성실의무위반

(1) 공금횡령 · 유용, 업무상 배임

(2) 기타 예산·회계 관련 질서 문란

(3) 인사 관련 부정행위

(4) 직무유기 또는 직무태만

- 지연처리·보고
- 확인소홀, 허위 · 축소보고
- 보고결략, 사건은폐
- 사건묵살, 편파, 격하처리

(5) 직권남용으로 타인 권리침해 및 구타·가혹행위, 불법체포감금

(6) 총기관리 소홀

- 도난, 분실, 대여, 오발 등
- 총기사용 규정 위반

(7) 피의자·유치인 관리 소홀

- 사망·자해, 도주
- 관리규정 위반 등

---

43) 대법원 2012. 6. 28. 선고 2011두20505 판결.
44) 대구고등법원 1980. 7. 29. 선고 80구47 특별부판결 : 확정.

(8) 시설 및 물품관리 태만

(9) 문서·기록 등 관리소홀

(10) 내부결속 저해행위

- 하극상, 모략행위
- 위계질서, 내부질서 문란

(11) 거짓정보 공개, 공개청구 대상 정보 은폐

- 거짓정보 공개, 공개청구 대상 정보 은폐
- 불복절차 결과에 따른 정보공개 의무 불이행

(12) 부패 · 공익신고 방해 및 신고자 보호 의무 위반

- 신고자 비밀보장의무 위반
- 신고자 불이익조치 금지 위반
- 신고 방해 및 신고취소 강요

(13) 직무 관련 주요 부패행위의 신고・고발 의무 불이행

• 관련판례

【판시사항】

경찰관이 허무인 명의로 경쟁관계에 있는 간부직 경찰관의 비리내용에 관한 진정서를 제출한 것이 국가공무원법 제78조 제1항 제1호, 제2호 소정의 징계사유에 해당하는지 여부(적극) (서울행정법원 1998. 11. 6. 선고 98구7151 판결 : 확정)

【판결요지】

경찰관이 동료경찰관의 비리 내지 범죄혐의를 알게 되어 임명권자와 수사책임자에게 이를 신고하여 적절한 조치를 취하도록 하는 행위는 수긍될 수 있으나(형사소송법 제234조 제2항은 공무원이 그 직무를 행함에 있어서 범죄가 있다고 사료하는 때에는 고발하여야 한다고 규정하고 있다), 그 비리내용을 신고함에 있어 허무인의 명의를 이용하여 진정서를 제출한 것은 그 내용이 사실이더라도 징계권 내지 수사권 발동을 저해하는 것이고, 특히 경쟁관계에 있는 간부직 경찰공무원에 대한 고발로서는 경찰공무원복무규정 제7조 제2호 소정의 정정당당하지 못한 경솔한 행동일 뿐만 아니라 국가공무원법 제56조 소정의 성실의무에 위배된 행위로 보기에 충분하고 이는 국가공무원법 제78조 제1항 제1호, 제2호 소정의 징계사유에 해당한다.

나. 복종의무위반

복종의무 위반이란 지시사항 불이행으로 업무추진에 중대한 차질을 준 경우를 말한다.

- 관련판례

【판시사항】

혈중 알코올 농도 0.039% 상태에서 운전한 경찰공무원에 대하여 '음주운전금지'라는 직무상 명령에 위반한 것으로 보아 감봉 1월의 징계처분을 한 것은 재량권의 한계를 넘어 위법하다고 한 사례(인천지방법원 2006. 8. 17. 선고 2006구합1504 판결 : 확정)

【판결요지】

혈중 알코올 농도 0.039% 상태에서 운전한 경찰공무원에 대하여 '음주운전금지'라는 직무상 명령에 위반한 것으로 보아 감봉 1월의 징계처분을 한 것은 재량권의 한계를 넘어 위법하다고 한 사례.

다. 직장 이탈 금지 위반

(1) 집단행위를 위한 직장이탈

(2) 무단결근 등

라. 친절 · 공정의무 위반

(1)불친절에 의한 물의 야기

(2) 불공정에 의한 물의 야기

마. 비밀엄수의무 위반

(1) 비밀의 누설·유출

(2) 개인정보 부정이용 및 무단유출

(3) 비밀 분실이나 해킹 등에 의한 비밀 침해 및 비밀유기 또는 무단방치

(4)개인정보 무단조회·열람 및 관리 소홀 등

(5) 그 밖에 보안관계 법령 위반

바. 청렴의무 위반

(1) 직무와 관련하여 금품이나 향응 등을 수수하고, 위법 · 부당한 처분을 한 경우

(2)직무와 관련하여 금품이나 향응 등을 수수하고, 위법·부당한 처분은 하지 않은 경우

(3) 의례적인 금품이나 향응 등을 수수한 경우

사. 품위유지의무 위반

(1) 성폭력(업무상 위력 등에 의한 성폭력, 미성년자 또는 장애인 대상 성폭력)

(2) 그 밖의 성폭력

(3) 성희롱

(4) 성매매

(5) 음주운전

- 관련판례

【판시사항】
유부녀와의 상간이 공무원의 품위유지의무에 위반되는 행위인지 여부(긍정)(서울고등법원 1987. 10. 28. 선고 86구1375 제3특별부판결 : 상고)

【판결요지】
소사업무와 관련하여 알게된 유부녀와 상간한 행위는 국가공무원법 제63조에 규정된 공무원으로서의 품위유지의무에 위반되는 행위에 해당한다.

【판시사항】
경찰공무원인 갑이 관내 단란주점내에서 술에 취해 소란을 피우는 등 유흥업소 등 출입을 자제하라는 지시명령을 위반하고 경찰공무원으로서 품위유지의무를 위반하였다는 이유로 경찰서장이 징계위원회 징계 의결에 따라 갑에 대하여 견책처분을 한 사안에서, 징계처분이 위법하다고 본 원심판단을 정당하다고 한 사례(대법원 2012. 6. 28. 선고 2011두20505 판결)

【판결요지】
경찰공무원인 갑이 관내 단란주점내에서 술에 취해 소란을 피우는 등 유흥업소 등 출입을 자제하라는 지시명령을 위반하고 경찰공무원으로서 품위유지의무를 위반하였다는 이유로 경찰서장이 징계위원회 징계 의결에 따라 갑에 대하여 견책처분을 한 사안에서, 위 징계처분은 징계위원회 심의과정에서 반드시 제출되어야 하는 공적(공적) 사항인 경찰총장 표창을 받은 공적이 기재된 확인서가 제시되지 않은 상태에서 결정한 것이므로, 징계양정이 결과적으로 적정한지와 상관없이 법령이 정한 절차를 지키지 않은 것으로서 위법하고 이와 같은 취지의 원심판단은 정당하다.

아. 영리업무 및 겸직금지의무 위반

자. 정치운동 및 집단행위금지 위반

차. 행동강령위반

• 관련판례

> 【판시사항】
> 일시적 오락행위라고 볼 수 없는 도박의 예다. 도박을 한 경찰관에 대한 파면처분의 적부 (대법원 1983. 6. 28. 선고 82누544 판결)
>
> 【판결요지】
> 경찰관이 다방 내실에서 19:00경부터 다음날 01:00경까지 동료경찰관 5명과 1회에 500원 내지 30,000원씩 걸고 화투놀이를 하여 동료경찰관으로 하여금 667만여원의 공금을 소비하게 하였다면, 도박자의 신분, 도박을 하게 된 경위, 도박을 한 시간, 그 규모나 결과 등에 비추어 이를 일시적 오락행위라고 볼 수 없다.

2. 행위자의 징계양정 기준

가. 양정기준

징계의결요구권자 또는 징계위원회는 행위자에 대한 의무위반행위의 유형 · 정도, 과실의 경중, 평소의 행실, 근무성적, 공적, 뉘우치는 정도 또는 그 밖의 정상을 참작하여 별표 1, 별표 2, 별표 3, 별표 5, 별표 6의 징계양정기준에 따라 징계의결 요구 또는 징계의결하여야 한다. 단, 징계의결요구권자는 공금횡령·유용 및 업무상 배임의 금액이 300만원 이상일 경우에는 중징계 의결을 요구하여야 한다(경찰공무원 징계양정 등에 관한 규칙 제4조 제1항).

나. 감경사유 등

징계요구권자 또는 징계위원회는 다음의 어느 하나에 해당하는 사유가 있을 때에는 징계책임을 감경하여 징계의결 요구 또는 징계의결하거나 징계책임을 묻지 아니할 수 있다(같은 조 제2항).

(1) 과실로 인하여 발생한 의무위반행위가 다른 법령에 의해 처벌사유가 되지 않고 비난

가능성이 없는 때

(2) 국가 또는 공공의 이익을 증진하기 위해 성실하고 능동적으로 업무를 처리하는 과정에서 부분적인 절차상 하자 또는 비효율, 손실 등의 잘못이 발생한 때

(3) 업무매뉴얼에 규정된 직무상의 절차를 충실히 이행한 때

(4) 의무위반행위의 발생을 방지하기 위해 최선을 다하였으나 부득이한 사유로 결과가 발생하였을 때

(5) 발생한 의무위반행위에 대하여 자진신고하거나 사후조치에 최선을 다하여 원상회복에 크게 기여한 때

(6) 간첩 또는 사회이목을 집중시킨 중요사건의 범인을 검거한 공로가 있을 때

(7) 제9조제3항에 따른 감경 제외 대상이 아닌 의무위반행위 중 직무와 관련이 없는 사고로 인한 의무위반행위로서 사회통념에 비추어 공무원의 품위를 손상하지 아니한 때

【별표1】 〈2015. 10. 19. 개정〉

행위자의 징계양정 기준(제4조 관련)

의무위반행위 및 과실의 정도 / 의무위반행위유형	의무위반행위의 정도가 심하고 고의가 있는 경우	의무위반행위의 정도가 심하고 중과실이거나, 의무위반행위의 정도가 약하고 고의가 있는 경우	의무위반행위의 정도가 심하고 경과실이거나, 의무위반행위의 정도가 약하고 중과실인 경우	의무위반행위의 정도가 약하고 경과실인 경우
1. 성실의무 위반				
가. 공금횡령ㆍ유용, 업무상 배임	파면	파면~해임	해임~강등	정직~감봉
나. 기타 예산회계 관련 질서 문란	파면	해임	강등~정직	감봉~견책
다. 인사관련 부정행위	파면~해임	강등~정직	감봉	견책
라. 직무유기 또는 직무태만 - 지연처리·보고 - 확인소홀, 허위ㆍ축소보고 - 보고결략, 사건은폐 - 사건묵살, 편파, 격하처리	파면	해임	강등~정직	감봉~견책
마. 직권남용으로 타인 권리침해 및 구타가혹행위, 불법체포감금	파면	해임	강등~정직	감봉
바. 총기관리 소홀 - 도난, 분실, 대여, 오발 등 - 총기사용 규정 위반	파면~해임	강등~정직	감봉	견책

사. 피의자·유치인 관리 소홀 – 사망·자해, 도주 – 관리규정 위반 등	파면~해임	강등~정직	감봉	견책
아. 시설 및 물품관리 태만	파면~해임	강등~정직	감봉	견책
자. 문서·기록 등 관리소홀	파면~해임	강등~정직	감봉	견책
차. 내부결속 저해행위 – 하극상, 모략행위 – 위계질서, 내부질서 문란	파면~해임	강등~정직	감봉	견책
카. 거짓정보 공개, 공개청구 대상 정보 은폐 – 거짓정보 공개, 공개청구 대상 정보 은폐 – 불복절차 결과에 따른 정보공개 의무 불이행	파면~해임	강등~정직	정직~감봉	견책
타. 부패 · 공익신고 방해 및 신고자 보호 의무 위반 – 신고자 비밀보장의무 위반 – 신고자 불이익조치 금지 위반 – 신고 방해 및 신고취소 강요	파면~해임	강등~정직	감봉	견책
파. 직무 관련 주요 부패행위의 신고 · 고발 의무 불이행	파면~해임	강등~정직	정직~감봉	감봉~견책
하. 기타	파면~해임	강등~정직	감봉	견책
2. 복종의무 위반				
가. 지시사항 불이행으로 업무추진에 중대한 차질을 준 경우	파면	해임	강등~정직	감봉~견책
나. 기타	파면~해임	강등~정직	감봉	견책
3. 직장 이탈 금지 위반				
가. 집단행위를 위한 직장이탈	파면	해임	강등~정직	감봉~견책
나. 무단결근 등	파면	해임~강등	정직~감봉	견책
4. 친절 · 공정의무 위반				
가. 불친절에 의한 물의 야기	파면~해임	강등~정직	감봉	견책
나. 불공정에 의한 물의 야기	파면~해임	강등~정직	감봉	견책
5. 비밀 엄수 의무 위반				
가. 비밀의 누설·유출	파면	파면~해임	강등~정직	감봉~견책
나. 개인정보 부정이용 및 무단유출	파면~해임	해임~강등	정직	감봉~견책
다. 비밀 분실이나 해킹 등에 의한 비밀 침해 및 비밀유기 또는 무단방치	파면~해임	강등~정직	정직~감봉	감봉~견책
라. 개인정보 무단조회·열람 및 관리 소홀 등	파면~해임	강등~정직	감봉	견책

마. 그 밖에 보안관계 법령 위반	파면~해임	강등~정직	감봉	견책
6. 청렴의무 위반	별표 2와 같음			
7. 품위유지 의무 위반				
가. 성폭력(업무상 위력 등에 의한 성폭력, 미성년자 또는 장애인 대상 성폭력)	파면	파면~해임	해임~강등	강등~정직
나. 그 밖의 성폭력	파면	파면~해임	강등~정직	감봉~견책
다. 성희롱	파면	파면~해임	강등~감봉	감봉~견책
라. 성매매	파면~해임	해임~강등	정직~감봉	견책
마. 음주운전	별표 3과 같음			
바. 기타	파면~해임	강등~정직	감봉	견책
8. 영리 업무 및 겸직 금지 의무 위반	파면~해임	강등~정직	감봉	견책
9. 정치운동 및 집단행위 금지 위반	파면	해임	강등~정직	감봉~견책
10. 행동강령 위반	파면~해임	강등~정직	감봉	견책

※ 비고
- 제1호(성실의무 위반) 파.목에서 "주요 부패행위"란 「국가공무원법」 제83조의2제1항에서 정한 징계 및 징계부가금 부과 사유의 시효가 5년인 비위를 말한다.
- 제7호(품위유지의무위반) 가.목에서 "업무상 위력 등"이란 업무, 고용이나 그 밖의 관계로 인하여 자기의 보호 또는 감독을 받는 사람에 대하여 위계 또는 위력을 행사한 경우를 말한다.
- 제7호(품위유지의무위반)에서 "성희롱"이란 「국가인권위원회법」 제2조제3호라목에 따른 성희롱을 말한다.

【별표 2】 〈2015. 10. 19. 개정〉

청렴의무 위반 징계양정 기준(제4조 관련)

<table>
<tr><th rowspan="2">구 분</th><th colspan="2">직무와 관련하여 금품이나 향응 등을 수수하고, 위법·부당한 처분을 한 경우</th><th colspan="2">직무와 관련하여 금품이나 향응 등을 수수하고, 위법·부당한 처분은 하지 않은 경우</th><th colspan="2">의례적인 금품이나 향응 등을 수수한 경우</th></tr>
<tr><th>능동</th><th>수동</th><th>능동</th><th>수동</th><th>능동</th><th>수동</th></tr>
<tr><td>100만원 미만</td><td>해임~강등</td><td>강등~정직</td><td>정직</td><td>감봉</td><td>감봉~견책</td><td>견책</td></tr>
<tr><td>100만원 이상 300만원 미만</td><td>파면~해임</td><td>해임</td><td>해임~강등</td><td>강등~정직</td><td>정직</td><td>정직~감봉</td></tr>
<tr><td>300만원 이상 500만원 미만</td><td rowspan="3">파면</td><td rowspan="3">파면</td><td>파면~해임</td><td>해임</td><td>해임~강등</td><td>강등</td></tr>
<tr><td>500만원 이상 1,000만원 미만</td><td rowspan="2">파면</td><td rowspan="2">파면</td><td>파면~해임</td><td>해임</td></tr>
<tr><td>1,000만원 이상</td><td>파면</td><td>파면</td></tr>
</table>

※ 비고

1. 금품 또는 향응을 수수하지 아니하였더라도 금품이나 향응을 요구한 경우에도 위의 징계기준에 따라 처분한다.
2. 다른 경찰공무원에게 금품 또는 향응 수수를 제안 · 주선한 자에 대해서는 위의 기준보다 1단계 위로 징계의결을 할 수 있다.
3. 금품 또는 향응 수수 횟수가 3회 이상에 해당하거나 사건 및 인사 청탁과 관련한 수수의 경우에는 위의 기준보다 1단계 위로 징계의결을 할 수 있다.

【별표 3】 〈2015. 10. 19. 개정〉

음주운전 징계양정 기준(제4조 관련)

유형별	처리기준
단순 음주운전으로 1회 적발된 경우	정직
음주운전으로 2회 적발된 경우	해임 ~ 강등
음주운전으로 인적 또는 물적 피해가 있는 교통사고를 일으킨 경우	
음주운전으로 물적 피해가 있는 교통사고를 일으킨 후 「도로교통법」 제54조제1항에 따른 조치를 하지 않고 도주한 경우	
음주측정을 거부한 경우	
운전면허 취소처분에 해당하는 음주운전으로 2회 적발된 경우	파면 ~ 해임
음주운전으로 3회 이상 적발된 경우	
음주운전으로 인적피해가 있는 교통사고를 일으킨 후 「도로교통법」 제54조제1항에 따른 조치를 하지 않고 도주한 경우	
음주운전으로 사망사고를 일으킨 경우	
무면허 상태에서 음주운전을 한 경우(사고유무 불문)	
근무시간 중 음주운전을 한 경우	

〈비고〉
1. "음주운전"이란 「도로교통법」 제44조제1항을 위반하여 혈중알코올농도가 0.05퍼센트 이상인 상태에서 운전한 것을 말한다.
2. "운전면허 취소처분에 해당하는 음주운전"이란 혈중알코올농도 0.10퍼센트 이상인 상태에서 운전한 것을 말한다.
3. "음주운전으로 적발된 경우"란 음주운전여부에 대한 호흡조사 또는 혈액채취 등으로 음주운전 사실이 확인된 경우를 말한다.
4. 음주운전으로 적발된 횟수는 경찰공무원등으로 임용된 이후 음주운전으로 적발된 경우부터 기산하며, 음주측정을 거부한 경우는 음주운전으로 적발된 것으로 본다.
5. "무면허 상태"란 도로교통법 제80조에 따라 지방청장으로부터 운전면허를 받지 아니하거나 운전면허의 효력이 정지된 경우를 말한다.

【별표 4】 〈2010. 7. 1 개정〉

감독자의 징계양정 기준(제5조 관련)

의무위반행위유형	행위자 징계양정	감독자 징계양정	
		직상(1차)	차상(2차)
공금횡령·유용, 업무상 배임	경징계	경고	
	중징계	견책	경고
예산·회계 관련 질서 문란	강등·정직	경고	
	해임·파면	견책	경고
인사 관련 부정행위	강등·정직	경고	
	해임·파면	견책	경고
직무태만, 직무유기	강등·정직	경고	
	해임·파면	견책	경고
공문서 위·변조, 파기 망실 허위문서 작성, 입력	강등·정직	경고	
	해임·파면	견책	경고
직권남용으로 타인 권리침해 및 구타·가혹행위, 불법 체포·감금	경징계	경고	
	중징계	견책	경고
총기관리 소홀	경징계	경고	
	중징계	견책	경고
피의자·유치인 관리 소홀	경징계	경고	
	중징계	견책	경고
시설 및 물품관리 태만 공용물 사적사용	강등·정직	경고	
	해임·파면	견책	경고
청사 화재	경징계	경고	
	중징계	견책	경고
문서·기록 및 비밀관리 소홀	강등·정직	경고	
	해임·파면	견책	경고
불친절, 불공정 물의 야기	강등·정직	경고	
	해임·파면	견책	경고
개인·공용정보 관리소홀 및 직무상 비밀누설	강등·정직	경고	
	해임·파면	견책	경고
직무관련 금품향응 수수	경징계	경고	
	중징계	견책	경고
직장내 성희롱, 근무중 또는 직무관련자에 대한 성범죄	경징계	경고	
	중징계	견책	경고
음주운전	해임·강등	경고	
	파면	견책	경고

※ 비고 : '직무관련자'란 「경찰청 공무원 행동강령규칙」에 따른 '직무관련자'를 말하며, '성범죄'란 「성폭력범죄의 처벌 등에 관한 특례법」에 따른 '성폭력범죄', 「성매매 알선 등 행위의 처벌에 관한 법률」 제4조의 금지행위를 말한다.

【별표 5】 〈2016. 1. 24. 시행〉

의무경찰 및 감독자의 징계양정 기준(제4조 및 제5조 관련)

의무위반 행위유형	행위자 징계양정		감독자 징계양정		
	징계양정	해당여부	직상(1차)	차상(2차)	최종(3차)
1. 급 량 및 보 급 품 유용행위	근 신	○			
	휴가제한	○	경 고		
	영 창	○	경 고		
	정 직	○	경 고		
	강 등	○	견 책	경 고	
	구 속	○	감 봉	견 책	경 고
2. 금품각출 행 위	근 신	○			
	휴가제한	○	경 고		
	영 창	○	경 고		
	정 직	○	경 고		
	강 등	○	견 책	경 고	
	구 속	○	감 봉	견 책	경 고
3. 부 당 한 휴가, 외출, 외박행위	근 신	○			
	휴가제한	○			
	영 창	○			
	정 직	○	견 책		
	강 등	○	견 책	경 고	
	구 속	○	견 책	경 고	경 고
4. 운전원의 안전수칙 위반으로 교통사고 야 기	근 신	○			
	휴가제한	○	경 고		
	영 창	○	경 고		
	정 직	○	견 책	경 고	
	강 등	○	견 책	경 고	
	구 속	○	견 책	경 고	
5. 기 타 파렴치한 행 위 로 인 한 물의야기	근 신	○			
	휴가제한	○	경 고		
	영 창	○	경 고		
	정 직	○	경 고		
	강 등	○	견 책	경 고	
	구 속	○	견 책	경 고	
6. 각종 지시명령 및 복무규율 위반	근 신	○			
	휴가제한	○	경 고		
	영 창	○	경 고		
	정 직	○	경 고		
	강 등	○	견 책	경 고	
	구 속	○	견 책	경 고	

【별표 6】 〈2016. 1. 24. 시행〉

의무경찰의 구타 및 가혹행위에 대한 징계양정 기준(제4조 및 제5조 관련)

의무위반 행위유형	행위자 징계양정		감독자 징계양정			
	징계양정	해당여부	직 상(1차)		차상(2차)	최종(3차)
			의무경찰	경찰관		
구 타 및 가혹행위	근 신					
	휴가제한					
	영 창	○	근 신	견 책	경 고	
	정 직	○	휴가제한	견 책	경고	
	강 등	○	영 창	감 봉	견 책	경 고
	구 속	○	영 창	감 봉	견 책	경 고

3. 감독자의 징계양정 기준

가. 양정기준 기준

징계요구권자 또는 징계위원회는 감독자에 대한 감독의무위반 정도 등을 고려하여 별표 4, 별표 5, 별표 6, 별표 9의 기준에 따라 징계의결 요구 또는 징계의결하여야 한다. 다만, 감독자가 부하직원의 의무위반행위를 묵인·방조하거나 은폐·비호하였을 때에는 행위자와 동일한 양정으로 징계의결 요구 또는 징계의결하여야 한다(경찰공무원의 징계양정 등에 관한 규칙 제5조 제1항).

나. 징계책임 감경 등

징계요구권자 또는 징계위원회는 감독자에게 다음의 어느 하나에 해당하는 사유가 있을 때에는 징계책임을 감경하여 징계의결 요구 또는 징계의결하거나 징계책임을 묻지 아니할 수 있다(같은 조 제2항).

(1) 부하직원의 의무위반행위를 사전에 발견하여 적법 타당하게 조치한 때

(2) 부하직원의 의무위반행위가 감독자 또는 행위자의 비번일, 휴가기간, 교육기간 등에 발생하거나, 소관업무와 직접 관련 없는 등 감독자의 실질적 감독범위를 벗어났다고 인정된 때

(3) 부임기간이 1개월 미만으로 부하직원에 대한 실질적인 감독이 곤란하다고 인정된 때

(4) 교정이 불가능하다고 판단된 부하직원의 사유를 명시하여 인사상 조치(전출 등)를 상신하는 등 성실히 관리한 이후에 같은 부하직원이 의무위반행위를 야기하였을 때
(5) 기타 부하직원에 대하여 평소 철저한 교양감독 등 감독자로서의 임무를 성실히 수행하였다고 인정된 때

【별표 4】 〈2010. 7. 1 개정〉

감독자의 징계양정 기준(제5조 관련)

의무위반행위유형	행위자 징계양정	감독자 징계양정	
		직상(1차)	차상(2차)
공금횡령·유용, 업무상 배임	경징계	경고	
	중징계	견책	경고
예산·회계 관련 질서 문란	강등·정직	경고	
	해임·파면	견책	경고
인사 관련 부정행위	강등·정직	경고	
	해임·파면	견책	경고
직무태만, 직무유기	강등·정직	경고	
	해임·파면	견책	경고
공문서 위·변조, 파기 망실 허위문서 작성, 입력	강등·정직	경고	
	해임·파면	견책	경고
직권남용으로 타인 권리침해 및 구타·가혹행위, 불법 체포·감금	경징계	경고	
	중징계	견책	경고
총기관리 소홀	경징계	경고	
	중징계	견책	경고
피의자유치인 관리 소홀	경징계	경고	
	중징계	견책	경고
시설 및 물품관리 태만 공용물 사적사용	강등·정직	경고	
	해임·파면	견책	경고
청사 화재	경징계	경고	
	중징계	견책	경고
문서·기록 및 비밀관리 소홀	강등·정직	경고	
	해임·파면	견책	경고
불친절, 불공정 물의 야기	강등·정직	경고	
	해임·파면	견책	경고
개인·공용정보 관리소홀 및 직무상 비밀누설	강등·정직	경고	
	해임·파면	견책	경고
직무관련 금품향응 수수	경징계	경고	
	중징계	견책	경고
직장내 성희롱, 근무중 또는 직무관련자에 대한 성범죄	경징계	경고	
	중징계	견책	경고
음주운전	해임·강등	경고	
	파면	견책	경고

※ 비고 : '직무관련자'란 「경찰청 공무원 행동강령규칙」에 따른 '직무관련자'를 말하며, '성범죄'란 「성폭력범죄의 처벌 등에 관한 특례법」에 따른 '성폭력범죄', 「성매매 알선 등 행위의 처벌에 관한 법률」 제4조의 금지행위를 말한다.

【별표 5】 〈2016. 1. 24. 시행〉

의무경찰 및 감독자의 징계양정 기준(제4조 및 제5조 관련)

의무위반 행위유형	행위자 징계양정		감독자 징계양정		
	징계양정	해당여부	직상(1차)	차상(2차)	최종(3차)
1. 급량 및 보급품 유용행위	근신	○			
	휴가제한	○	경고		
	영창	○	경고		
	정직	○	경고		
	강등	○	견책	경고	
	구속	○	감봉	견책	경고
2. 금품갹출 행위	근신	○			
	휴가제한	○	경고		
	영창	○	경고		
	정직	○	경고		
	강등	○	견책	경고	
	구속	○	감봉	견책	경고
3. 부당한 휴가, 외출, 외박행위	근신	○			
	휴가제한	○			
	영창	○			
	정직	○	견책		
	강등	○	견책	경고	
	구속	○	견책	경고	경고

4. 운전원의 안전수칙 위반으로 교통사고 야 기	근신	○			
	휴가제한	○	경고		
	영창	○	경고		
	정직	○	견책	경고	
	강등	○	견책	경고	
	구 속	○	견책	경고	
5. 기 타 파렴치한 행 위 로 인 한 물의야기	근신	○			
	휴가제한	○	경고		
	영창	○	경고		
	정직	○	경고		
	강등	○	견책	경고	
	구 속	○	견책	경고	
6. 각종 지시명령 및 복무규율 위반	근신	○			
	휴가제한	○	경고		
	영창	○	경고		
	정직	○	경고		
	강등	○	견책	경고	
	구 속	○	견책	경고	

【별표 6】 〈2016. 1. 24. 시행〉

의무경찰의 구타 및 가혹행위에 대한 징계양정 기준(제4조 및 제5조 관련)

의무위반 행위유형	행위자 징계양정		감독자 징계양정			
	징계양정	해당여부	직 상(1차)		차상(2차)	최종(3차)
			의무경찰	경찰관		
구 타 및 가혹행위	근 신					
	휴가제한					
	영 창	○	근 신	견 책	경 고	
	정 직	○	휴가제한	견 책	경고	
	강 등	○	영 창	감 봉	견 책	경 고
	구 속	○	영 창	감 봉	견 책	경 고

【별표 9】 〈2010. 7. 1 개정〉

일반직 · 기능직 공무원 등의 감독책임 범위(제7조 관련)

감독계열 / 기능별	징계구분	행위자	감독책임 범위	
			직 상	차 상
일반직, 기능직 공무원 직무관련 의무위반행위	견 책	○		
	감 봉	○		
	정 직	○	경 고	
	강 등	○	경 고	
	해 임	○	견 책	경 고
	파 면	○	견 책	경 고

4. 의무경찰의 의무위반행위에 대한 감독자 감독책임 범위

의무경찰의 의무위반행위에 대한 감독책임의 범위는 별표 7과 같다. 다만, 의무위반행위가 구타 및 가혹행위 관련된 경우의 감독책임 범위는 별표 8과 같다(경찰공무원 징계양정 등에 관한 규칙 제6조).

【별표 7】

의무경찰의 의무위반행위에 대한 감독책임 범위 (제6조 관련)

감독계열 / 기능별	직 상 (1차)	차 상 (2차)	최 종 (3차)
기 동 대	부 관	소 대 장	중 대 장
의무경찰대	부소대장	소 대 장	중 대 장
방범순찰대	부 관	소 대 장	중 대 장

【별표 8】

의무경찰의 구타 및 가혹행위에 대한 감독책임 범위(제6조 관련)

감독계열 / 기능별	구 분	직 상 (1차)	차 상(2차)	최 종(3차)
상설부대 (의경 기동대, 방순대)	주·야간	부소대장 소대부관	소대장	중대장
112타격대	주간	타격대장	경비계장	경비과장

	야간	타격대장	상황부실장	상황실장
검 문 소 (경찰초소)	주·야간	조 장 (초소장)	파출소장 또는지구대장	소속과장
행정보조요원	주간	담당직원	소속계장	소속과장
	야간	타격대장	상황부실장	상황실장

5. 일반직 공무원 등의 감독책임 범위

경찰기관 소속 일반직 공무원의 의무위반행위에 대한 감독책임의 범위는 별표 9와 같다(경찰공무원 징계양정 등에 관한 규칙 제7조).

【별표 9】 〈2010. 7. 1 개정〉

일반직·기능직 공무원 등의 감독책임 범위(제7조 관련)

감독계열 / 기능별	징계구분	행 위 자	감독책임 범위	
			직 상	차 상
일반직, 기능직 공무원 직무관련 의무위반행위	견 책	○		
	감 봉	○		
	정 직	○	경 고	
	강 등	○	경 고	
	해 임	○	견 책	경 고
	파 면	○	견 책	경 고

6. 징계의 가중

가. 서로 관련 없는 2개 이상의 의무위반행위 경합

징계의결요구권자 또는 징계위원회는 서로 관련이 없는 2개 이상의 의무위반행위가 경합될 때에는 그 중 책임이 중한 의무위반행위에 해당하는 징계보다 1단계 위의 징계의결 요구 또는 징계의결을 할 수 있다(경찰공무원 징계양정 등에 관한 규칙 제8조 제1항).

나. 하나의 행위가 동시에 여러 의무위반행위에 해당

하나의 행위가 동시에 여러 종류의 의무위반행위에 해당될 때에도 위 가.항과 같다.

다. 징계처분을 받은 자

징계위원회는 징계처분을 받은 사람에 대하여 「경찰공무원 승진임용 규정」 제6조에 따른 승진임용 제한기간 중에 발생한 비위로 다시 징계의결이 요구된 경우에는 그 비위에 해당하는 징계보다 2단계 위의 징계로 의결할 수 있고, 승진임용 제한기간이 끝난 후부터 1년 이내에 발생한 비위로 징계의결이 요구된 경우에는 1단계 위의 징계로 의결할 수 있다.

7. 징계의 감경

가. 감경사유

(1) 원칙

징계위원회는 징계의결이 요구된 자가 다음의 어느 하나에 해당하는 공적이 있는 경우 별표 10에 따라 징계를 감경할 수 있다(경찰공무원 징계양정 등에 관한 규칙 제9조 제1항).

(가) 「상훈법」에 따라 훈장 또는 포장을 받은 공적

(나) 「정부표창규정」에 따라 국무총리 이상의 표창을 받은 공적 다만, 경감이하의 경찰공무원등은 경찰청장 또는 중앙행정기관 차관급 이상의 표창을 받은 공적

(다) 「모범공무원규정」에 따라 모범공무원으로 선발된 공적

(2) 예외

위 가.항에도 불구하고 의무위반행위의 내용이 다음의 어느 하나에 해당하는 경우에는 징계를 감경할 수 없다.

(가) 직무와 관련한 금품 및 향응 수수, 공금횡령·유용

(나) 「국가인권위원회법」 제2조제3호라목에 따른 성희롱

(다) 「성매매알선 등 행위의 처벌에 관한 법률」 제2조제1호의 성매매, 같은 조 제2호의 성매매 알선, 같은 조 제3호의 성매매 목적 인신매매

(라) 「성폭력범죄의 처벌 등에 관한 특례법」 제2조에 따른 성폭력범죄

(마) 「도로교통법」 제44조제1항에 따른 음주운전

(바) 「공직자윤리법」 제22조에 따른 재산등록 및 주식의 매각·신탁 관련 의무위반행위

나. 감경제외 사유

경찰공무원등이 징계처분 또는 징계위원회의 권고에 의한 경고를 받은 사실이 있는 경우에는 그 징계처분 또는 경고처분 전의 공적은 위 가.항에 따른 감경대상 공적에서 제외한다(같은 조 제2항).

【별표 10】 〈2011. 11. 1 개정〉

징계양정 감경기준 (제9조 관련)

제4조 및 제5조에 따라 인정되는 징계양정	제9조에 따라 감경된 징계양정
파 면	해 임
해 임	강 등
강 등	정 직
정 직	정직 처분 개월수 변경 또는 감봉
감 봉	감봉 처분 개월수 변경 또는 견책
견 책	불문경고

X. 주요판결례

1. 구 경찰공무원법상 소청심사청구 없이 직위해제 처분의 위법을 다툴 수 있는지 여부 및 선행 직위해제 처분의 위법사유를 들어 후행 면직처분의 효력을 다툴 수 있는지 여부

구 경찰공무원법(1982.12.31 법률 제3606호로 개정되기 전의 법) 제50조 제1항 제1호(직무수행능력의 부족) 제2호 (소속부하에 대한 지휘감독능력의 현저한 부족) 소정의 부적격 사유가 있는 자에 해당한다 하여 직위해제처분을 받은 자가 그 처분에 대하여 동법 제52조의 규정에 따라 소청심사위원회에 심사청구를 한 바 없다면 그 처분에 설사 위법사유가 있다 하더라도 그것이 당연무효 사유가 아닌 한 다툴 수 없다. 또한, 구 경찰공무원법 제50조 제1항에 의한 직위해제처분과 같은 제3항에 의한 면직처분은 후자가 전자의 처분을 전제로 한 것이기는 하나 각각 단계적으로 별개의 법률효과를 발생하는 행정처분이어서 선행직위 해제처분의 위법사유가 면직처분에는 승계되지 아니한다 할 것이므로 선행된

직위해제 처분의 위법사유를 들어 면직처분의 효력을 다툴 수는 없다.[45)]

2. 7회의 내무부장관(현 행정자치부장관) 표창을 받았으나 상습도박죄로 유죄판결이 확정된 경찰공무원에 대한 해임처분의 당부

도박행위를 일선에서 적발하고 단속, 독려하여야 할 지위에 있는 경위인 경찰공무원이 더군다나 도박행위를 근절하라는 국무총리의 특별지시가 있었음에도 이를 어기고 종전에 근무하던 관내의 여자를 낀 주민 등과 어울려 도박행위를 상습적으로 해오다 구속되고 유죄판결이 선고되어 확정되었다면 그에 대한 해임처분은 사건의 경위나 경찰공무원의 성실의무, 품위유지의무 등에 비추어 비록 그가 과거 근무기간중 7회의 내무부장관표창을 받는 등의 참작사유가 있다 하더라도 그 징계양정은 상당하다.[46)]

3. 형사재판과 징계절차의 진행

징계사유와 동일한 피의사실에 대하여 공소가 제기되어 공판에 계속중이라도 징계절차를 진행하지 못하는 것은 아니다.[47)]

4. 공무원이 의례적인 범위의 결혼축의금을 받은 경우의 파면처분의 적법성

공무원이 직무와 관련된 자로부터 금원을 결혼축의금으로 받았다면 그것이 의례적인 것의 범위를 넘어서 축의금을 빙자한 뇌물수수인지의 여부를 가려 파면처분의 적법성 여부를 판단하여야 한다.[48)]

---

45) 대법원 1984. 9. 11. 선고 84누191 판결.
46) 대법원 1984. 8. 21. 선고 84누399 판결.
47) 대법원 1980. 3. 25. 선고 79누375 판결.
48) 대법원 1977. 10. 11. 선고 77누82 판결.

5. 수사기관에서의 수사와 징계의결요구

징계의결의 요구는 징계사유가 발생한 날로부터 2년을 경과한 때에는 행하지 못함을 원칙으로 하되 다만 징계의결을 요구할 사건이 검찰, 경찰 기타 수사기관에서 수사중이어서 징계절차를 진행하지 못한 경우에는 위 2년의 기간이 경과한 후에라도 그 사유가 종료한 날로부터 1월 이내에 징계의결을 요구할 수 있다.[49]

6. 경기장 외곽지대의 경비경찰을 맡은 경찰관의 주의의무

경기장 외곽지대의 경비경찰을 맡은 경찰관으로서의 경기장 정문 앞에 모인 군중의 수와 혼란한 사태로 보아서 큰문을 열면 군중들이 한꺼번에 밀어닥쳐 인명의 피해 등 불상사가 발생할 것임을 예견할 수 있는 경우 경비경찰관을 증파하여 군중의 질서를 회복하여 정연한 입장질서가 유지되기 전에는 큰문을 개방하지 아니함으로써 인명피해 등의 사고발생을 미연에 방지할 업무상의 주의의무가 있다.[50]

7. 경찰공무원에게 부여된 권한의 불행사가 직무상의 의무를 위반하여 위법하게 되는 경우

경찰은 범죄의 예방, 진압 및 수사와 함께 국민의 생명, 신체 및 재산의 보호 등과 기타 공공의 안녕과 질서유지도 직무로 하고 있고, 그 직무의 원활한 수행을 위하여 경찰관직무집행법, 형사소송법 등 관계 법령에 의하여 여러 가지 권한이 부여되어 있으므로, 구체적인 직무를 수행하는 경찰관으로서는 제반 상황에 대응하여 자신에게 부여된 여러 가지 권한을 적절하게 행사하여 필요한 조치를 취할 수 있는 것이고, 그러한 권한은 일반적으로 경찰관의 전문적 판단에 기한 합리적인 재량에 위임되어 있는 것이나, 경찰관에게 권한을 부여한 취지와 목적에 비추어 볼 때 구체적인 사정에 따라 경찰관이 그 권한을 행사하여 필요한 조치를 취하지 아니하는 것이 현저하게 불합리하다고 인정되는 경우에는 그

49) 서울고등법원 1976. 9. 14. 선고 75구437 제1특별부판결 : 확정.
50) 서울고등법원 1968. 2. 1. 선고 67나2339 제10민사부판결 : 확정

러한 권한의 불행사는 직무상의 의무를 위반한 것이 되어 위법하게 된다.[51]

8. 공무원의 직무상 의무 위반행위와 제3자의 손해 사이의 상당인과관계 유무의 판단 기준

공무원이 법령에서 부과된 직무상 의무를 위반한 것을 계기로 제3자가 손해를 입은 경우에 제3자에게 손해배상청구권이 발생하기 위하여는 공무원의 직무상 의무 위반행위와 제3자의 손해 사이에 상당인과관계가 있어야 하고, 상당인과관계의 유무를 판단함에 있어서는 일반적인 결과발생의 개연성은 물론 직무상 의무를 부과한 법령 기타 행동규범의 목적이나 가해행위의 태양 및 피해의 정도 등을 종합적으로 고려하여야 한다.[52]

9. 경찰공무원으로서의 권한행사 여부

경찰공무원이 무허가 유흥주점이 소재한 섬에 근무할 당시 그 주점의 종업원들이 성매매를 한다는 점이나 그 업주가 허가를 받지 않고 위 종업원들을 고용하여 근무하게 하였다는 점을 알고 있었으면서도 이를 단속하지 않은 사실만으로는 그 경찰공무원이 업주로부터 상납과 향응을 받고 그 대신 업주가 위 종업원들을 섬에서 육지로 자유롭게 나가지 못하게 감금하고 성매매를 강요하며 급여를 지급하지 않고 화대를 착취하는 등 부당한 대우와 학대를 하는 것을 알면서도 이를 방치 또는 묵인하여 현저히 불합리하게 경찰공무원으로서의 권한을 행사하지 않았다고 인정하기 부족하다고 한 사례.[53]

10. 성실의무 위반 여부

광역수사대 팀장으로 근무하던 경찰공무원 갑이 부하직원과 음주 회식을 하던 중 부하직원이 만취상태로 운전하여 귀가하는 것을 방임하고 그 직원의 음주교통사고 사실을 상관에게 지연 보고하여 직무를 태만히 한 행위가 국가공무원법상 성실의무를 위반하여 같은

51) 서울중앙지방법원 2005. 12. 15. 선고 2004가합36241 판결 : 항소
52) 서울중앙지방법원 2005. 12. 15. 선고 2004가합36241 판결 : 항소.
53) 서울중앙지방법원 2005. 12. 15. 선고 2004가합36241 판결 : 항소.

법 제78조 제1항 제1호, 제2호에 해당한다는 이유로 지방경찰청장이 갑에 대하여 견책처분을 한 사안에서, 부하직원이 자리를 비운 사실을 확인한 후 귀가하고 있던 부하직원과 3회 전화 통화를 하였다거나 대리운전비용을 팀 운영비에서 사용하라고 말했다는 사실만으로는 팀장으로서 음주운전을 하지 않도록 적극적으로 확인하여야 할 관리 · 감독의무를 충분히 이행한 것으로 보기 어려운 점 등에 비추어 보면 갑이 직근 상급자이자 1차 감독책임자로서 부하직원에 대한 충분한 감독책임을 다하지 못하였고, 보고 지연의 경위 등에 비추어 보면 갑이 부하의 비위사실을 즉시 상관에게 보고하여야 할 의무를 위반하여 국가공무원법 제56조의 성실의무를 위반하였으며, 처분을 통하여 달성하고자 하는 공직기강 확립이나 경찰공무원 전체에 대한 국민적 신뢰 회복 등의 공익에 비하여 갑에게 지나치게 가혹한 결과가 초래되었다거나 처분이 형평의 원칙 또는 비례원칙 등에 위배되어 현저히 타당성을 잃어 재량권의 범위를 벗어났다고 보기 어렵다.[54)]

11. 공무원에 대한 징계처분이 재량권의 일탈·남용에 해당하는지 여부에 관한 판단 기준

공무원인 피징계자에게 징계사유가 있어 징계처분을 하는 경우, 어떠한 처분을 할 것인가 하는 것은 징계권자의 재량에 맡겨진 것이고, 다만 징계권자가 재량권의 행사로서 한 징계처분이 수행 직무의 특성, 징계의 원인이 된 비위사실의 내용과 성질, 징계에 의하여 달성하려는 행정목적 및 징계양정의 기준 등 여러 가지 요소를 종합하여 사회통념상 현저하게 타당성을 잃어 징계권자에게 맡겨진 재량권을 남용하였거나 그 범위를 일탈한 것이라고 인정되는 경우에는 위법하게 된다.[55)]

---

54) 의정부지방법원 2017. 6. 22. 선고 2016구합10010 판결 : 확정.
55) 서울행정법원 1998. 11. 6. 선고 98구7151 판결 : 확정 .

12. 경찰관 갑, 을이 체포영장이 발부된 피의자의 주거지에서 압수수색영장을 집행하는 과정에서 피의자가 투신하여 사망한 사고와 관련하여 지방경찰청장이 갑, 을에 대하여 수사경과를 해제하고 일반경과로 변경하는 처분을 한 사안에서, 위 처분이 재량권의 범위를 일탈·남용하였다고 보기 어렵다고 한 사례

경찰관 갑, 을이 상습절도혐의로 체포영장이 발부된 피의자의 주거지에서 압수수색영장을 집행하는 과정에서 피의자가 아파트 7층에서 투신하여 사망한 사고와 관련하여 체포영장을 집행하지 않고 감시를 소홀히 하여 피의자가 자살하는 결과가 발생하였다는 이유로 지방경찰청장이 갑, 을에 대하여 수사경과를 해제하고 일반경과로 변경하는 처분을 한 사안에서, 수사경과제도의 도입 취지에 비추어 수사경찰 인사운영규칙 제7조 제1항 제4호의 '수사업무능력부족이 현저한 자'를 해석 및 평가할 때에는 범죄의 진상을 밝히고 범죄자를 검거하는 등의 업무능력도 중요하지만 이에 못지않게 수사과정에서 발생할 수 있는 인권침해의 요소나 기타 다양한 돌발적인 상황의 발생을 사전에 인식하고 이를 방지하려는 자세나 능력 또한 중요한 점 등 제반 사정을 종합해 보면, 위 처분이 재량권의 범위를 일탈 · 남용하였다고 보기 어렵다.[56]

XI. 소청심청구서 작성례

1. 소청취지

피소청인이 20○○. ○. ○. 소청인에 대하여 한 감봉 3월의 징계처분을 취소한다.

라는 재결을 구합니다.

56) 서울행정법원 2013. 5. 10. 선고 판결 : 항소.

2. 심판청구서

소 청 심 사 청 구 서

소 청 인 ㅇ ㅇ ㅇ(주민등록번호)
ㅇㅇ시 ㅇㅇ구 ㅇㅇ길 ㅇㅇ (우편번호 ㅇㅇㅇ – ㅇㅇㅇ)
소 속 ㅇㅇ 경찰서
직 명 ㅇ ㅇ
생년월일 19ㅇㅇ. ㅇ. ㅇ.

피 소 청 인 ㅇㅇ지방경찰청장

소 청 취 지

피소청인이 20ㅇㅇ. ㅇ. ㅇ. 소청인에 대하여 한 감봉 3월의 징계처분을 취소한다.
라는 재결을 구합니다.

소 청 이 유

1. 처분의 경위

(1) 소청인은 19ㅇㅇ. ㅇ. ㅇ.부터 ㅇㅇ경찰서 ㅇㅇ과 ㅇㅇ계에 근무하는 자 로서, 20ㅇㅇ. ㅇ. ㅇ. 23 : 20 경 서울 ㅇㅇ구 ㅇㅇ길 소재 ㅇㅇ사거리 부근에서 음주단속을 피하기 위하여 신호위반을 하고 도주하다가 순찰차에 검거된 김ㅁㅁ를 순찰차로부터 인수하여 후에 사례를 하겠다고 하면서 연락처를 알려주자 단속을 하지 않고 훈방한 후 선처의 대가로 금100,000원을 받았으며,

(2) 부하 경찰관 이ㅁㅁ가 위 같은 날 22:10 경 관할구역 내 소재 ☆☆교통주식회사 전무로부터 식사비 명목으로 금7만원을 직무와 관련하여 수수한 비위로 감봉 1월의 징계처분을 받은 데 대한 감독자로서 평소 부하 경찰관에 대한 교양감독을 소홀히 한 잘못이 있다하여,

(3) 국가공무원법 제56조, 동법 제61조 제1항에 위배되어 동법 제78조 제1항 제1호, 제2호에 해당하는 징계사유라 하여 20○○. ○. ○. 감봉 3월의 징계처분을 하였습니다.

2. 이 사건 처분의 위법, 부당성

(1) 소청인은 위 김ㅁㅁ로부터 위 금100,000원을 받은 사실이 없음에도 부당하게 이 건 징계를 하였으므로 이를 밝히기 위해 위 김ㅁㅁ와 대질심문을 요구하였으나 거부되었으며,

(2) 소청인이 금품수수사실을 시인하지 않았음에도 위 김ㅁㅁ에게는 소청인이 금품을 수수한 사실을 시인하였으므로 이를 시인하지 않으면 좋지 못할 것이라고 협박·회유하여 김ㅁㅁ로 하여금 허위의 진술을 하게 하였으며,

(3) 위 김ㅁㅁ에 대하여 음주측정을 한 결과 혈중 알콜수치가 0.02%로 단속수치에 미치지 않아 금품을 수수할 이유가 없으며,

(4) 위 김ㅁㅁ가 금품을 지급했다고 진술하는 경찰관에 대한 인상착의 등이 소청인의 인상착의와는 전혀 다르고,

(5) 부하 경찰관 이ㅁㅁ의 금품수수행위에 대해서는 소청인이 책임질 사안이 아니라고 할 것이며,

(6) 그럼에도 불구하고 소청인을 감봉 3월의 처분을 한 것은 사실을 오인하거나 재량권을 일탈한 것으로서 위법하다 할 것입니다.

입 증 방 법

1. 소갑 제1호증　　　증인 ○○○의 진술서
1. 소갑 제2호증　　　증인 ○○○의 대화내용 녹취서
1. 소갑 제3호증　　　차량사진

첨 부 서 류

1. 위 입증방법　　　각 1통
1. 심판청구서부본　　　1통

20○○년 ○월 ○일

위 소청인 ○ ○ ○ (인)

안전행정부 소청심사위원회 귀중

•참고

제출기간	소청심사위원회 (국가공무원법 76조 1항)	청구기간	처분이 있음을 안날부터 30일 (국가공무원법 제76조 1항)
소 청 인	피처분자 또는 지위승계자	피소청인	행정처분을 한 행정청
제출부수	청구서 및 부본 각 1부	관련법규	국가공무원법
기 타	소청인은 기각 결정 등 소청인의 주장이 인용되지 아니한 경우에는 원행정처분에 대하여 행정소송으로 다툴 수 있음(행정소송법 18조)		

제4장 국 · 공립교원 사립학교 교원

Ⅰ. 사립학교 교원

1. 교원에 대한 예우

국가, 지방자치단체, 그 밖의 공공단체는 교원이 사회적으로 존경받고 높은 긍지와 사명감을 가지고 교육활동을 할 수 있는 여건을 조성하도록 노력하여야 하며, 교원이 학생에 대한 교육과 지도를 할 때 그 권위를 존중받을 수 있도록 특별히 배려하여야 한다. 또한, 국가, 지방자치단체, 그 밖의 공공단체는 그가 주관하는 행사 등에서 교원을 우대하여야 한다. 그 외에 교원에 대한 예우에 필요한 사항은 대통령령으로 정한다(교원의 지위 향상 및 교육활동 보호를 위한 특별법 제2조).

2. 교원의 불체포 특권

교원은 현행범인인 경우 외에는 소속 학교의 장의 동의 없이 학원 안에서 체포되지 아니한다(교원의 지위 향상 및 교육활동 보호를 위한 특별법 제3조).

3. 교원의 신분보장 등

가. 교원의 신분보장

교원은 형(刑)의 선고, 징계처분 또는 법률로 정하는 사유에 의하지 아니하고는 그 의사에 반하여 휴직 · 강임(降任) 또는 면직을 당하지 아니하며, 해당 학교의 운영과 관련하여 발생한 부패행위나 이에 준하는 행위 및 비리 사실 등을 관계 행정기관 또는 수사기관 등에 신고하거나 고발하는 행위로 인하여 정당한 사유 없이 징계조치 등 어떠한 신분상의 불이익이나 근무조건상의 차별을 받지 아니한다(교원의 지위 향상 및 교육활동 보호를 위한 특별법 제6조).

나. 교원의 임기에 관한 사립학교법 규정이 성격

교원의 임기에 관한 사립학교법 제53조의2 제3항 1문은 학문의 자유와 교원의 신분보장을 위하여 반드시 준수해야 할 강행규정이다.

• 관련판례

【판시사항】

[1] 교원의 임기에 관한 사립학교법 제53조의2 제3항이 강행규정인지 여부(적극) 및 그 규정의 위임에 따른 정관에서 정한 것과 달리 조교수의 임기를 단축하는 약정의 효력(무효)

[2] 임용기간이 만료된 사립대학 교원에게 재임용 여부에 관하여 합리적인 기준에 따라 공정한 심사를 요구할 권리가 있는지 여부(적극) 및 임용권자가 재임용을 신청한 교원에게 한 재임용거부결정이 무효가 되는 경우

[3] 사립대학이 학급 · 학과를 폐지하는 과정에서 폐직 · 과원이 되었다는 이유로 교원을 직권면직할 경우 국가공무원법 제70조 제3항, 지방공무원법 제62조 제3항을 유추하여 정한 면직기준에 의한 심사결과에 따라 면직 여부를 결정하여야 하는지 여부(원칙적 적극) 및 이러한 심사절차를 밟지 않고 직권면직할 수 있는 경우

[4] 대학교원 기간임용제에 따라 임용된 사립대학 교원에게 사립학교법에서 정한 면직사유가 발생하였으나 면직처분을 하지 않고 재임용을 거부하는 형식으로 임용계약을 종료시킨 경우, 사회통념상 부당한 방법으로 재임용을 거부한 것인지 여부(원칙적 소극)(대법원 2017. 2. 15. 선고 2016두52545 판결)

【판결요지】

[1] 교원의 임기에 관한 사립학교법 제53조의2 제3항 1문은 학문의 자유와 교원의 신분보장을 위하여 반드시 준수해야 할 강행규정이다. 따라서 그 규정의 위임에 따른 정관에서 정한 바와 달리 조교수의 임기를 단축하는 약정은 효력이 없다.

[2] 사립학교법의 관련 규정에 따르면, 사립대학 교원이 대학교원 기간임용제에 따라 임용되어 임용기간이 만료되는 경우에 교원으로서의 능력과 자질에 관하여 합리적인 기준에 따라 공정한 심사를 받아 위 기준에 부합하면 특별한 사정이 없는 한 재임용되리라는 기대를 하고 재임용 여부에 관하여 합리적인 기준에 따라 공정한 심사를 요구할 권리를 가지고 있다. 임용권자가 재임용신청을 한 교원에게 재임용을 거부한 경우에, 재임용거부의 객관적 사유, 즉 재임용심사기준에 미달한다는 사유가 전혀 없거나 사유가 있더라도 교원으로서의 능력과 자질을 검증하여 적격성 여부를 심사하기 위한 재임용심사에서 허용될 수 있는 정도의 재량권을 일탈 · 남용한 결과 합리적인 기준에 기초한 공정한 심사를 하지 않은 것으로 인정되어 사법상의 효력 자체를 부정하는 것이 사회통념상 타당하다고 인정된다면 재임용거부결정은 무효이다.

[3] 헌법 제31조 제6항, 사립학교법 제56조 제1항, 교육공무원법 제43조 제2항, 제53조 제3항, 제57조 제3항, 구 교원지위향상을 위한 특별법(2016. 2. 3. 법률 제13936호 교원의

지위 향상 및 교육활동 보호를 위한 특별법으로 개정되기 전의 것) 제6조 제1항, 국가공무원법 제70조 제1항 제3호, 제3항, 지방공무원법 제62조 제1항 제1호 (나)목, 제3항 등에 비추어 보면, 사립대학이 학급 · 학과를 폐지하고 그에 따라 폐직(폐직) · 과원(과원)이 되었음을 이유로 교원을 직권면직할 경우에, 학교법인 산하 다른 사립학교나 해당 학교의 다른 학과 등으로 교원을 전직발령이나 배치전환을 함으로써 면직을 회피하거나 면직대상자를 최소화할 여지가 있으면 국가공무원법 제70조 제3항, 지방공무원법 제62조 제3항을 유추하여 임용형태 · 업무실적 · 직무수행능력 · 징계처분사실 등을 고려한 면직기준을 정하고 그 기준에 의한 심사결과에 따라 면직 여부를 결정하여야 함이 원칙이지만, 사립대학 사정상 전직발령이나 배치전환 등에 의한 교원의 면직회피 가능성이 전혀 없으면 그와 같은 심사절차를 밟지 않고 바로 직권면직을 할 수 있다.

[4] 대학교원 기간임용제에 따라 임용된 사립대학 교원에게 사립학교법에서 정한 면직사유가 발생한 경우 곧바로 면직처분을 하지 않고 임용기간의 만료를 기다려 재임용을 거부하는 형식으로 임용계약을 종료시켰다고 하더라도, 이러한 처분이 교원에게 불리하다고 볼 수 없는 이상 임용기간 만료 당시 재임용거부의 사유가 없다거나 학교법인이 재량권을 일탈 · 남용하여 사회통념상 부당한 방법으로 재임용을 거부한 것이라고 말할 수 없다.

4. 사립학교 교원에 대한 불이익처분의 구제

가. 교원에 대한 불이익처분의 성질 등

(1) 대상 교원

(가) 대상교원

국 · 공 · 사립을 망라하여 유치원에서 대학에 이르기까지 유아교육법 제20조, 초 · 중등교육법 제19조, 고등교육법 제14조에 명시된 교원이면 누구나 소청심사청구를 할 수 있다.

(나) 교원소청심사위원회 결정에 대하여 학교의 장도 행정소송을 제기할 수 있는지 여부

교원지위 향상을 위한 특별법 제10조 제3항, 대학교원 기간임용제 탈락자 구제를 위한 특별법 제10조 제2항, 사립학교법 제53조의2 제1항, 제2항 규정들의 내용 및 원래 교원만이 교원소청심사위원회의 결정에 대하여 행정소송을 제기할 수 있도록 한 구 교원지위 향상을 위한 특별법(2007. 5. 11. 법률 제8414호로 개정되기 전의 것) 제10조 제3항이 헌법재판소의 위헌결성(헌법재판소 2006. 2. 23. 선고 2005헌가7, 2005헌마1163 전원재판

부 결정)에 따라 학교법인 및 사립학교 경영자뿐 아니라 소청심사의 피청구인이 된 학교의 장 등도 행정소송을 제기할 수 있도록 현재와 같이 개정된 경위, 학교의 장은 학교법인의 위임 등을 받아 교원에 대한 징계처분, 인사발령 등 각종 업무를 수행하는 등 독자적 기능을 수행하고 있어 이러한 경우 하나의 활동단위로 특정될 수 있는 점까지 아울러 고려하여 보면, 교원소청심사위원회의 결정에 대하여 행정소송을 제기할 수 있는 자에는 교원지위 향상을 위한 특별법 제10조 제3항에서 명시하고 있는 교원, 사립학교법 제2조에 의한 학교법인, 사립학교 경영자뿐 아니라 소청심사의 피청구인이 된 학교의 장도 포함된다고 보는 것이 타당하다.[57]

(2) 불이익처분의 성질

사립학교 교원에 대한 불이익처분은 임용권자에게 재량이 허용되는 재량행위이다.[58] 따라서 사립학교 교원에 대한 징계처분에 대하여는 징계사유의 유무, 징계절차 위반 여부, 당해 징계처분이 사회통념상 현저하게 타당성을 잃어 재량권을 남용하였는지가 주된 심사대상이 된다.

• 관련판례

【판시사항】

사립학교 교원이 임용기간 만료 후에도 계속 근무하던 중 학교법인으로부터 신규임용을 취소한다는 통지를 받은 경우, 이에 대하여 교원소청심사를 청구할 법률상 이익이 있는지 여부(적극) (대법원 2012. 6. 14. 선고 2011두29885 판결)

【판결요지】

사립학교 교원이 교원소청심사를 청구하기 전 이미 임용기간이 만료되었다고 하더라도, 임용기간이 만료된 경우에는 사립학교법과 학교법인의 정관 규정에 따라 재임용 여부에 관하여 교원인사위원회의 심의를 받을 권리 및 심의를 거쳐 재임용 여부를 결정해 줄 것을 임면권자에게 요구할 권리가 인정되는 반면, 임용취소통지에 의하여 신규임용이 무효로 인정되는 경우에는 그러한 권리가 인정되지 않아 법률상 지위에 차이가 있게 되고, 특히 교원이 임용 후 임용취소통지일까지 기간에 대하여 전혀 교육경력을 인정받지 못하게 됨으로써 대학교원 자격기준 등에 관한 규

57) 대법원 2011. 6. 24. 선고 2008두9317 판결.
58) 대법원 2008. 2. 1. 2007두20997 판결.

정 제2조 제1호 및 같은 규정 [별표]에 정해진 자격기준에 필요한 연구실적 연수(연수) 및 교육경력 연수(연수)를 갖추었는지에 영향을 미쳐 교원으로 임용되는 데 법령상 제약으로 작용할 수도 있는 등 불이익을 입을 수 있으므로, 위와 같은 권리 또는 법률상 지위에 대한 위험이나 불안을 제거하기 위하여 임용취소통지에 대한 소청심사를 청구할 법률상 이익이 있다고 보는 것이 타당하다.

나. 소청의 개념 등

(1) 소청의 개념

소청이란 공무원이 신분에 관한 불이익한 처분을 받았을 경우, 이를 다툴 수 있는 특별한 행정심판제도이다. 또 이러한 행정심판절차를 거쳐야만 행정소송을 제기할 수 있다. 다시 말해, 사립학교 교원 등에 대한 불이익한 처분에 대하여는 행정심판(소청)을 거쳐야 행정소송을 제기할 있다고 규정하고 있다.

(2) 소청심사의 장점

교원이 소청심사를 할 경우 소청심사위원회는 소청심사청구의 대상이 되는 처분보다 청구인에게 불이익한 결정을 할 수 없으며 (교원소청에관한규정 제16조제4항), 소청심사청구를 하는데 비용이 들지 않고, 소청심사결정이 민사소송 등 다른 구제방법보다 빨리(60일 이내 결정, 30일 연장 가능) 이루진다 (교원지위향상을위한특별법 제10조제1항). 또한 파면 또는 해임이나 면직처분을 받은 경우, 소청심사청구를 하면 소청심사결정이 있을 때까지 청구인의 후임자를 보충발령하지 못한다(교원지위향상을위한특별법 제9조제2항)는 등의 장점이 있다.

(3) 청구의 대상

(가) 징계처분

1) 국・공립학교 교원이 국가공무원법 제78조제1항 각호에 해당되어 징계의결 요구되고 징계위원회의 의결의 결과에 따라 받은 파면 · 해임 · 강등 · 정직 · 감봉 · 견책처분.
2) 사립학교 교원이 사립학교법 제61조제1항 각호에 해당되어 징계의결 요구되고 징계위원회 의결의 결과에 따라 받은 파면 · 해임 · 정직 · 감봉 · 견책처분.

3) 국·공립학교의 교원이 교육공무원징계양정등에관한규칙 제4조제3항에 근거하여 받은 불문경고.

• 관련법규

국가공무원법 제78조(징계사유) 공무원이 다음 각 호의 어느 하나에 해당하면 징계 의결을 요구하여야 하고 그 징계 의결의 결과에 따라 징계처분을 하여야 한다.
· 이 법 및 이 법에 따른 명령을 위반한 경우
· 직무상의 의무(다른 법령에서 공무원의 신분으로 인하여 부과된 의무를 포함한다)를 위반하거나 직무를 태만히 한 때
· 직무의 내외를 불문하고 그 체면 또는 위신을 손상하는 행위를 한 때

제79조 (징계의 종류) 징계는 파면·해임·강등·정직(停職)·감봉·견책(譴責)으로 구분한다.

(나) 사립학교법(제61조)에 따른 징계의 사유 및 종류

사립학교의 교원이 다음의 어느 하나에 해당하는 때에는 당해 교원의 임면권자는 징계의결 요구를 하여야 하고, 징계의결의 결과에 따라 징계처분을 하여야 한다. 이때 징계는 파면·해임·정직·감봉·견책으로 한다.

1) 이 법과 기타 교육관계법령에 위반하여 교원의 본분에 배치되는 행위를 한 때

2) 직무상의 의무에 위반하거나 직무를 태만히 한 때

3) 직무의 내외를 불문하고 교원으로서의 품위를 손상하는 행위를 한 때

(다) 그 밖에 그 의사에 반하는 불리한 처분

1) 재임용거부

국·공립대학 교원이 교육공무원법 제11조의3제4항에 의해 임용권자로부터 받은 재임용거부처분(재임용하지 아니하겠다는 의사와 재임용 거부사유의 통지) 및 사립학교 교원이 사립학교법 제53조의2제6항에 의해 임용권자로부터 받은 재임용거부처분(재임용하지 아니하겠다는 의사와 재임용 거부사유의 통지).

• 관련판례

【판시사항】
교원소청심사위원회의 소청심사결정 중 임용기간이 만료된 교원에 대한 재임용거부처분을 취소하는 결정의 효력 및 그 결정의 기속력에 기하여 재임용심사의무가 있는 학교법인 등이 그 의무를 이행하지 않는 경우 그러한 사정만으로 바로 불법행위로 인한 임금 상당 재산상 손해의 배상책임이 발생하는지 여부(대법원 2010. 9. 9. 선고 2008다6953 판결)

【판결요지】
'교원지위향상을 위한 특별법' 제7조 제1항, 제10조 제2항에 의하면, 교원소청심사위원회는 각급학교 교원에 대한 징계처분과 그 밖에 그 의사에 반하는 불리한 처분(임용기간이 만료된 교원에 대한 재임용거부처분을 포함한다)에 대한 소청을 심사하고 그 소청심사결정은 처분권자를 기속한다. 이와 같은 교원소청심사위원회의 소청심사결정 중 임용기간이 만료된 교원에 대한 재임용거부처분을 취소하는 결정은 재임용거부처분을 취소함으로써 학교법인 등에게 해당 교원에 대한 재임용심사를 다시 하도록 하는 절차적 의무를 부과하는 데 그칠 뿐 학교법인 등에게 반드시 해당 교원을 재임용하여야 하는 의무를 부과하거나 혹은 그 교원이 바로 재임용되는 것과 같은 법적 효과까지 인정되는 것은 아니다. 나아가 재임용거부처분을 취소한 소청심사결정의 기속력에 기하여 재임용심사의무가 있는 학교법인 등이 그 의무를 이행하지 아니하였다고 하더라도 그러한 사정만으로 바로 불법행위로 인한 임금 상당 재산상 손해의 배상책임이 발생하는 것은 아니고, 재심사 결과 해당 교원이 재임용되었을 것임이 인정되는 경우에 한하여 위와 같은 손해배상책임을 긍정할 수 있다.

2) 직권면직

국・공립학교 교원이 국가공무원법 제70조제1항 각호 및 교육공무원법 제53조제3항에 해당되어 받은 직권면직처분 및 사립학교 교원이 사립학교법 제58조제1항각호에 해당되어 받은 직권면직처분.

• 관련법규

국가공무원 법 제70조 (직권면직)
임용권자는 공무원이 다음 각 호의 어느 하나에 해당하면 직권으로 면직시킬 수 있다.
· 삭제 〈1991.5.31〉

· 삭제 〈1991.5.31〉
· 직제와 정원의 개폐 또는 예산의 감소 등에 따라 폐직(廢職) 또는 과원(過員)이 되었을 때
· 휴직 기간이 끝나거나 휴직 사유가 소멸된 후에도 직무에 복귀하지 아니하거나 직무를 감당할 수 없을 때
· 제73조의3제3항에 따라 대기 명령을 받은 자가 그 기간에 능력 또는 근무성적의 향상을 기대하기 어렵다고 인정된 때
· 전직시험에서 세 번 이상 불합격한 자로서 직무수행 능력이 부족하다고 인정된 때
· 징병검사 · 입영 또는 소집의 명령을 받고 정당한 사유 없이 이를 기피하거나 군복무를 위하여 휴직 중에 있는 자가 군복무 중 군무(軍務)를 이탈하였을 때
· 해당 직급에서 직무를 수행하는데 필요한 자격증의 효력이 없어지거나 면허가 취소되어 담당 직무를 수행할 수 없게 된 때
· 고위공무원단에 속하는 공무원이 제70조의2에 따른 적격심사 결과 부적격 결정을 받은 때

교육공무원법 제53조 (국가공무원법과의 관계)
「국가공무원법」 제70조제1항제3호에서의 직제의 개폐와 같은 법 제73조의4제1항에서의 직제의 변경은 「초 · 중등교육법」 제2조 및 「고등교육법」 제2조에 따른 각급학교(공립대학은 제외한다)의 학교 · 학과 또는 학부의 폐지를 포함하는 것으로 본다.

사립학교법 제58조 (면직의 사유)
사립학교의 교원이 다음 각호의 1에 해당할 때에는 당해 교원의 임면권자는 이를 면직시킬 수 있다.
· 휴직 기간이 끝나거나 휴직 사유가 소멸된 후에도 직무에 복귀하지 아니하거나 직무를 감당할 수 없을 때
· 근무성적이 극히 불량한 때
· 정부를 파괴함을 목적으로 하는 단체에 가입하고 이를 방조한 때
· 정치운동을 하거나 집단적으로 수업을 거부하거나 또는 어느 정당을 지지 또는 반대하기 위하여 학생을 지도 · 선동한 때
· 인사기록에 있어서 부정한 채점 · 기재를 하거나 허위의 증명이나 진술을 한 때

3) 직위해제

국 · 공립학교 교원이 국가공무원법 제73조의3제1항각호에 해당되어 받은 직위해제처분 및 사립학교 교원이 사립학교법 제58조의2제1항각호에 해당되어 받은 직위해제처분.

• 관련법규

국가공무원 법 제73조의3 (직위의 해제) 임용권자는 다음 각 호의 어느 하나에 해당하는 자에게는 직위를 부여하지 아니할 수 있다.
· 삭제
· 직무수행 능력이 부족하거나 근무성적이 극히 나쁜 자
· 파면 · 해임 · 강등 또는 정직에 해당하는 징계 의결이 요구 중인 자
· 형사 사건으로 기소된 자(약식명령이 청구된 자는 제외한다)
· 고위공무원단에 속하는 일반직공무원으로서 제70조의2제1항 제2호 및 제3호의 사유로 적격심사를 요구받은 자

사립학교법 제58조의2 (직위의 해제) 사립학교의 교원이 다음 각호의 1에 해당할 때에는 당해 교원의 임면권자는 직위를 부여하지 아니할 수 있다.
· 직무수행능력이 부족하거나 근무성적이 극히 불량한 자, 또는 교원으로서 근무태도가 심히 불성실한 자
· 징계의결이 요구중인 자
· 형사사건으로 기소된 자(약식명령이 청구된 자는 제외한다)

4) 휴직

국 · 공립학교 교원이 교육공무원법 제44조제1항각호에 해당되어 받은 휴직처분이나 휴직거부처분 및 사립학교의 교원이 사립학교법 제59조제1항각호에 해당되어 받은 휴직처분이나 휴직거부처분

• 관련법규

교육공무원법 제44조 (휴직) ① 교육공무원이 다음 각 호의 어느 하나에 해당하는 사유로 휴직을 원하면 임용권자는 휴직을 명할 수 있다. 다만, 제1호부터 제4호까지 및 제11호의 경우에는 본인의 의사와 관계없이 휴직을 명하여야 하고, 제7호 및 제7호의2의 경우에는 본인이 원하면 휴직을 명하여야 한다.
· 신체상 · 정신상의 장애로 장기요양이 필요할 때(불임 · 난임으로 인하여 장기간의 치료가 필요한 경우를 포함한다)
· 「병역법」에 따른 병역 복무를 위하여 징집되거나 소집된 경우

· 천재지변이나 전시 · 사변 또는 그 밖의 사유로 생사(生死)나 소재(所在)를 알 수 없게 된 경우
· 그 밖에 법률에 따른 의무를 수행하기 위하여 직무를 이탈하게 된 경우
· 학위취득을 목적으로 해외유학을 하거나 외국에서 1년 이상 연구 또는 연수를 하게 된 경우
· 국제기구, 외국기관, 국내외의 대학 · 연구기관, 다른 국가기관, 재외교육기관(「재외국민의 교육지원 등에 관한 법률」 제2조제2호의 재외교육기관을 말한다) 또는 대통령령으로 정하는 민간단체에 임시로 고용되는 경우
· 만 8세 이하(취학 중인 경우에는 초등학교 2학년 이하를 말한다)의 자녀를 양육하기 위하여 필요하거나 여성 교육공무원이 임신 또는 출산하게 된 경우
· 만 19세 미만의 아동(제7호에 따른 육아휴직의 대상이 되는 아동은 제외한다)을 입양(入養)하는 경우
· 교육과학기술부장관 또는 교육감이 지정하는 연구기관이나 교육기관 등에서 연수하게 된 경우
· 사고 또는 질병 등으로 장기간 요양이 필요한 부모, 배우자, 자녀 또는 배우자의 부모를 간호하기 위하여 필요한 경우
· 배우자가 국외 근무를 하게 되거나 제5호에 해당하게 된 경우
· 「교원의 노동조합 설립 및 운영 등에 관한 법률」 제5조에 따라 노동조합 전임자로 종사하게 된 경우

② 대학에 재직 중인 교육공무원이 교육공무원 외의 공무원으로 임용되어 휴직을 원하면 임용권자는 휴직을 명할 수 있다. 이 경우 휴직기간은 그 공무원으로 재임하는 기간으로 한다.

사립학교법 제59조 (휴직의 사유) 사립학교의 교원이 다음 각 호의 어느 하나에 해당하는 사유로 휴직을 원하는 경우에는 당해 교원의 임면권자는 휴직을 명할 수 있다. 다만, 제1호 내지 제4호 및 제11호의 경우에는 본인의 의사에 불구하고 휴직을 명하여야 하고, 제7호의 경우에는 본인이 원하는 경우 휴직을 명하여야 한다.

· 신체 · 정신상의 장애로 장기요양을 요할 때
· 「병역법」에 의한 병역의 복무를 위하여 징집 또는 소집된 때
· 천재 · 지변 또는 전시 · 사변이나 기타의 사유로 인하여 생사 또는 소재가 불명하게 된 때
· 기타 법률의 규정에 의한 의무를 수행하기 위하여 직무를 이탈하게 된 때
· 학위취득을 목적으로 해외유학을 하거나 외국에서 1년 이상 연구 또는 연수하게 된 때
· 국제기구, 외국기관, 국내외의 대학 · 연구기관, 국가기관, 재외교육기관(「재외국민의 교육지원 등에 관한 법률」 제2조제2호의 재외교육기관을 말한다) 또는 정관으로 정하는 민간단체에 임시로 고용될 때
· 만 8세 이하(취학 중인 경우에는 초등학교 2학년 이하를 말한다)의 자녀를 양육하기 위하여 필

요하거나 여교원이 임신 또는 출산하게 된 때
· 교육과학기술부장관이 지정하는 국내의 연구기관이나 교육기관 등에서 연수하게 된 때
· 사고 또는 질병 등으로 장기간의 요양을 요하는 부모, 배우자, 자녀 또는 배우자의 부모의 간호를 위하여 필요한 때
· 배우자가 국외근무를 하게 되거나 제5호에 해당하게 된 때
· 「교원의 노동조합설립 및 운영 등에 관한 법률」 제5조의 규정에 의하여 노동조합 전임자로 종사하게 된 때
· 기타 정관이 정하는 사유가 있는 때

5) 강임

국・공립학교 교원이 국가공무원법 제73조의4제1항 및 교육공무원법 제53조제3항에 해당되어 받은 강임처분 및 사립학교의 교원의 강임을 직접 적시한 규정은 없으나 사립학교법 제56조에 해당되어 받은 강임처분.

• 관련법규

국가공무원법 제73조의4 (강임)
임용권자는 직제 또는 정원의 변경이나 예산의 감소 등으로 직위가 폐직되거나 하위 직위로 변경되어 과원이 된 경우 또는 본인이 동의한 경우에는 소속 공무원을 강임할 수 있다.

교육공무원법 제53조(국가공무원법과의 관계)
「국가공무원법」 제70조제1항제3호에서의 직제의 개폐와 같은 법 제73조의4제1항에서의 직제의 변경은 「초 · 중등교육법」 제2조 및 「고등교육법」 제2조에 따른 각급학교(공립대학은 제외한다)의 학교 · 학과 또는 학부의 폐지를 포함하는 것으로 본다.

사립학교법 제56조(의사에 반한 휴직.면직 등의 금지)
사립학교 교원은 형의 선고 · 징계처분 또는 이 법에 정하는 사유에 의하지 아니하고는 본인의 의사에 반하여 휴직 또는 면직 등 불리한 처분을 받지 아니한다. 다만, 학급 · 학과의 개폐에 의하여 폐직이나 과원이 된 때에는 그러하지 아니하다.

6) 기타

전보처분, 학과이동처분, 수업금지처분, 의원면직처분, 호봉정정거부처분, 임용취소처분

등에 위법 · 부당한 점이 있을 경우 소청대상이 된다.

• 교원소청심사대상이 아닌 경우

· 교원이 아닌 교육공무원, 조교, 초 · 중등학교 기간제 교사, 학교의 행정직원들이 받은 처분

· 교원의 신분과 관련 없이 행정청으로부터 받은 처분

(나) 징계양정의 적정성 판판 기준

소청심서청구서가 접수된 경우 위원회에서는 청구권자에 대한 징계절차가 적법하게 이루어졌는지, 합당한 징계사유가 존재하는지, 존재한다면 징계양정은 적정한지 등에 대하여 순차적으로 심사를 한다. 다만 징계양정이 적정한지 여부에 대하여는 공무원인 피징계자에게 징계사유가 있어서 징계처분을 하는 경우 어떠한 처분을 할 것인가는 징계권자의 재량에 맡겨진 것이므로, 그 징계처분이 위법하다고 하기 위해서는 징계권자가 재량권의 행사로서 한 징계처분이 사회통념상 현저하게 타당성을 잃어 징계권자에게 맡겨진 재량권을 남용한 것이라고 인정되는 경우에 한한다. 그리고 공무원에 대한 징계처분이 사회통념상 현저하게 타당성을 잃었는지 여부는 구체적인 사례에 따라 직무의 특성, 징계의 원인이 된 비위사실의 내용과 성질, 징계에 의하여 달성하려고 하는 행정목적, 징계 양정의 기준 등 여러 요소를 종합하여 판단하여야 하고, 특히 금품수수의 경우는 수수액수, 수수경위, 수수시기, 수수 이후 직무에 영향을 미쳤는지 여부 등이 고려되어야 한다.[59]

(다) 징계감경 제외 대상 징계사유

1) 징계위원회는 징계의결이 요구된 사람에게 다음 각 호의 어느 하나에 해당하는 공적이 있는 경우에는 징계를 감경할 수 있다. 다만, 교육공무원이 징계처분이나 이 규칙에 따른 경고를 받은 사실이 있는 경우에는 그 징계처분이나 경고처분 전의 공적은 감경대상 공적에서 제외한다(교육공무원 징계 양정 등에 관한 규칙 제4조).

제1호 「상훈법」에 따른 훈장 또는 포장을 받은 공적

제2호 「정부표창규정」에 따라 국무총리 이상의 표창을 받은 공적[교사의 경우에는 중앙

---

59) 대법원 2006. 12. 21. 선고 2006두16274 판결.

행정기관의 장인 청장(차관급 상당 기관장을 포함한다) 이상 또는 교육감 이상의 표창을 받은 공적]

제3호 「모범공무원규정」에 따라 모범공무원으로 선발된 공적

2) 감경제외 사유

위 1)에도 불구하고 다음 각 호의 어느 하나에 해당하는 경우에는 징계를 감경할 수 없다.

제1호 「국가공무원법」 제83조의2제1항에 따라 징계의결 요구 시효가 5년인 징계 사유에 해당하는 비위

제2호 「공무원 징계령 시행규칙」 제2조제2항에 따른 직무와 관련한 금품수수(金品授受) 비위

제3호 시험문제를 유출하거나 학생의 성적을 조작하는 등 학생 성적과 관련한 비위 및 학교생활기록부 허위사실 기재 또는 부당 정정(訂正)과 관련한 비위

제4호 다음 각 목의 범죄 또는 행위로 징계의 대상이 된 경우

가. 「성폭력범죄의 처벌 등에 관한 특례법」 제2조에 따른 성폭력범죄 행위

나. 「아동 · 청소년의 성보호에 관한 법률」 제2조제2호에 따른 아동 · 청소년대상 성범죄 행위

다. 「성매매알선 등 행위의 처벌에 관한 법률」 제2조제1항제1호에 따른 성매매 행위

라. 「국가인권위원회법」 제2조제3호라목에 따른 성희롱 행위

제4의2호 「도로교통법」 제44조제1항에 따른 음주운전 또는 같은 조 제2항에 따른 음주측정에 대한 불응

제5호 학생에게 상습적이고 심각한 신체적 폭력 행위를 하여 징계의 대상이 된 경우

제6호 신규채용, 특별채용, 전직(轉職), 승진, 전보(轉補) 등 인사와 관련된 비위

제7호 「학교폭력예방 및 대책에 관한 법률」에 따른 학교폭력을 고의로 은폐하거나 대응하지 아니한 경우

제8호 「국가인권위원회법」 제2조제3호라목에 따른 성희롱 행위 등 소속 기관 내의 성(性) 관련 비위를 고의로 은폐하거나 대응하지 아니한 경우

제9호 「공직선거법」상 처벌 대상이 되는 행위로 징계의 대상이 된 경우

제10호 「공직자윤리법」제8조의2제1항 또는 제22조에 따른 등록의무자에 대한 재산등록

및 주식의 매각 · 신탁과 관련한 의무 위반

제11호 부작위 또는 직무태만

3) 업무처리과정에서 발생한 비위 감경

징계위원회는 징계의결이 요구된 사람의 비위가 성실하고 능동적인 업무처리 과정에서 과실로 생긴 것으로 인정되거나, 위 2)에 따른 감경 제외 대상이 아닌 비위 중 직무와 관련이 없는 사고로 인한 비위라고 인정될 때에는 그 정상을 참작하여 징계를 감경할 수 있다.

4) 징계의 감경기준

위 1)과 3)의 경우에 징계의 감경기준에 관하여는 「공무원 징계령 시행규칙」 별표 3을 준용한다.

[별표 3] 〈개정 2009.3.30〉

징계의 감경기준(제4조 관련)

제2조제1항 및 제3조에 따라 인정되는 징계	제4조에 따라 감경된 징계
파면	해임
해임	강등
강등	정직
정직	감봉
감봉	견책
견책	불문(경고)

다. 교원에 대한 징계와 구제절차

(1) 교원소청심사위원회의 설치

각급학교 교원의 징계처분과 그 밖에 그 의사에 반하는 불리한 처분(「교육공무원법」 제11조의4제4항 및「사립학교법」 제53조의2제6항에 따른 교원에 대한 재임용 거부처분을 포함.)에 대한 소청심사(訴請審査)를 하기 위하여 교육부에 교원소청심사위원회(이하 "심사위원회"라 한다)를 두며, 심사위원회는 위원장 1명을 포함하여 둔다(교원의 지위 향상 및 교육활동 보호를 위한 특별법 제7조).

(2) 심사위원의 자격과 임명

(가) 위원의 임명

심사위원회의 위원(위원장을 포함한다)은 다음 어느 하나에 해당하는 자 중에서 교육부장관의 제청으로 대통령이 임명한다(교원의 지위 향상 및 교육활동 보호를 위한 특별법 제8조).

1) 판사, 검사 또는 변호사의 직에 5년 이상 재직 중이거나 재직한 자

2) 교육 경력이 10년 이상인 교원 또는 교원이었던 자

3) 교육행정기관의 3급 이상 공무원 또는 고위공무원단에 속하는 일반직공무원이거나, 3급 이상 공무원 또는 고위공무원단에 속하는 일반직공무원이었던 자

4) 사립학교를 설치 · 경영하는 법인의 임원이나 사립학교 경영자

5) 「교육기본법」 제15조제1항에 따라 중앙에 조직된 교원단체에서 추천하는 자

(나) 임기

심사위원회 위원의 임기는 3년으로 하되, 1차에 한하여 연임할 수 있다.

(다) 겸업금지

심사위원회의 위원장과 상임위원은 대통령령으로 정하는 다른 직무를 겸할 수 없다.

(3) 소청심사의 청구 등

(가) 심사청구 및 기간

1) 소청심사청구

가) 청구

교원이 징계처분 그 밖에 그 의사에 반하는 불리한 처분(「교육공무원법」 제11조의3제4항 및 「사립학교법」 제53조의2제6항의 규정에 의한 교원에 대한 재임용 거부처분을 포함한다. 이하 "처분"이라 한다)을 받고 「교원의 지위 향상 및 교육활동 보호를 위한 특별법」 제9조제1항의 규정에 의하여 교원소청심사위원회에 소청심사를 청구하는 때에는 다음의 사항을 기재한 소청심사청구서와 그 부본 1부를 심사위원회에 제출하여야 한다(교원소청에 관한 규정 제2조). 또한 청구인이 처분에 대한 사유설명서 또는 인사발령통지시를 받은 경우에는 그 사본 1부를 제1항의 소청심사청구서에 첨부하여야 한다.

㉠ 소청심사를 청구하는 자(이하 "청구인"이라 한다)의 성명 · 주민등록번호 · 주소 및 전화번호
㉡ 청구인의 소속학교명 또는 전 소속학교명과 직위 또는 전 직위
㉢ 피청구인(소청심사의 대상이 되는 처분의 처분권자를 말하되, 대통령이 처분권자인 경우에는 처분제청권자를 말한다. 이하 같다)
㉣ 소청심사청구의 대상이 되는 처분의 내용
㉤ 소청심사청구의 대상이 되는 처분이 있음을 안 날
㉥ 소청심사청구의 취지
㉦ 소청심사청구의 이유 및 입증방법

〈제2호 서식〉

소청심사청구서

1. 사 건 명 : ○○처분취소청구
2. 청 구 인 :

<table>
<tr><td colspan="2">성명</td><td></td><td>생년월일</td><td></td></tr>
<tr><td colspan="2">소속 학교명</td><td></td><td>(전)직위</td><td></td></tr>
<tr><td rowspan="2">주소</td><td>주민등록
등(초)본 주소</td><td colspan="3"></td></tr>
<tr><td>우편물수령
희망 주소</td><td colspan="3">(우편번호 :)</td></tr>
<tr><td rowspan="2">연락처</td><td>전화번호
(휴대폰번호)</td><td colspan="3"></td></tr>
<tr><td>전자우편
(이메일)</td><td colspan="3"></td></tr>
<tr><td colspan="2">대리인</td><td colspan="3"></td></tr>
</table>

※ 주민등록등(초)본 주소는 당사자 확인을 위해 작성하는 사항입니다.

※ 대리인 선임 시 소송 위임장을 별지로 첨부해 주시기 바랍니다.

3. 피청구인 :

4. 처분이 있은 것을 안 날 :

5. 청구취지 :

※ (예) 피청구인이 0000년 00월 00일 청구인에게 한 00처분의 취소(또는 감경)를 구합니다.

6. 청구이유 :

※ 구체적인 청구이유는 별지로 작성하여 제출하셔도 됩니다.

위와 같이 청구합니다.

20 . . .

위 청구인 (서명)

교원소청심사위원회 귀중

나) 기간제 교원의 재임용심사 신청권 인정여부 등

㉠ 재임용심사신청권 인정여부

구 교육공무원법(2005. 1. 27. 법률 제7353호로 개정되기 전의 것)에 의하여 기간제로 임용되어 임용기간이 만료된 국 · 공립대학의 교원도 교원으로서의 능력과 자질에 관하여 합리적인 기준에 의한 공정한 심사를 받아 기준에 부합하면 특별한 사정이 없는 한 재임용되리라는 기대를 가지고 재임용 여부에 관하여 심사를 요구할 법규상 또는 조리상 신청권을 가진다. 그런데 이러한 국 · 공립대학 교원에 대한 재임용거부처분이 재량권을 일탈 · 남용한 것으로 평가되어 그것이 불법행위가 됨을 이유로 국 · 공립대학 교원 임용권자에게 손해배상책임을 묻기 위해서는 당해 재임용거부가 국 · 공립대학 교원 임용권자의 고의 또는 과실로 인한 것이라는 점이 인정되어야 한다. 그리고 위와 같은 고의 · 과실이 인정되려면 국 · 공립대학 교원 임용권자가 객관적 주의의무를 결하여 그 재임용거부처분이 객관적 정당성을 상실하였다고 인정될 정도에 이르러야 한다.[60]

ⓛ 재임용 심의기준

• 관련법규

> **사립학교법 제53조의2(학교의 장이 아닌 교원의 임용)**
>
> ⑦ 교원인사위원회가 제6항의 규정에 의하여 당해 교원에 대한 재임용 여부를 심의함에 있어서는 다음 각호의 사항에 관한 평가 등 객관적인 사유로서 학칙이 정하는 사유에 근거하여야 한다. 이 경우 심의과정에서 15일 이상의 기간을 정하여 당해 교원에게 지정된 기일에 교원인사위원회에 출석하여 의견을 진술하거나 서면에 의한 의견제출의 기회를 주어야 한다. 〈신설 2005.1.27., 2017.11.28.〉
>
> 1. 학생교육에 관한 사항
> 2. 학문연구에 관한 사항
> 3. 학생지도에 관한 사항

사립학교법 제53조의2 제7항 전문에서 재임용심의사유를 학칙이 정하는 객관적인 사유에 근거하도록 규정한 취지는, 대학교원으로서의 재임용 자격 내지 적격성의 유무가 임용권자의 자의가 아니라 학생교육에 관한 사항, 학문연구에 관한 사항과 학생지도에 관한 사항에 대한 평가 등 객관적인 사유에 의하여 심의되어야 할 뿐만 아니라 해당 교원에게 사전에 심사방법의 예측가능성을 제공하고 사후에는 재임용거부결정이 합리적인 기준에 의하여 공정하게 이루어졌는지를 심사할 수 있도록 재임용심사기준이 사전에 객관적인 규정으로 마련되어 있어야 함을 요구하는 것으로 해석된다. 따라서 대학이 이러한 재임용심의사유에 관하여 위와 같은 요구에 부합되게 사전에 객관적인 규정을 마련하는 것으로 그 규정 목적은 충분히 달성되고, 그러한 재임용심의사유의 규정형식은 학교법인의 자율적 선택에 맡겨져 있다. 그렇다면 학교법인이 고등교육법 시행령 제4조가 정한 제 · 개정절차나 사립학교법 제26조의2 제1항에 따른 대학평의원회의 심의를 거쳐야 하는 고등교육법 제6조의 학교규칙(사립학교법 제26조의2 제1항에서 규정한 '학칙'은 고등교육법상의 학교규칙과 같은 의미로 해석된다)이 아니라 학교법인의 정관에 근거를 두고 교원인사규

60) 대법원 2011. 1. 27. 선고 2009다30946 판결.

정 내지 그 시행세칙 등과 같은 다른 규정형식으로 재임용심의사유를 마련하였더라도 이러한 규정 역시 사립학교법 제53조의2 제7항이 규정한 학칙에 포함되며, 그 규정형식에 따른 제·개정절차에서 다른 흠이 없다면 이를 적용한 재임용거부결정이 사립학교법 제53조의2 제7항을 위반하여 무효라고 할 수는 없다.

• 관련판례

【판시사항】

학교법인의 정관에 근거한 교원인사규정도 사립학교법 제53조의2 제7항의 '학칙'에 해당하는지 여부(적극) 및 그 규정을 적용한 재임용거부결정이 무효인지 여부(대법원 2011. 1. 13. 선고 2010두1835 판결)

【판결요지】

2005. 1. 27. 법률 제7352호로 개정된 사립학교법의 전체적 입법 경과, 대학교원 재임용의 법적 성격과 사립학교법이 규정한 대학 내 재임용심의의 구조, 재임용거부결정에 대한 사후구제절차와 사법심사의 범위 등의 사정을 종합하면, 사립학교법 제53조의2 제7항 전문에서 재임용심의사유를 학칙이 정하는 객관적인 사유에 근거하도록 규정한 취지는, 대학교원으로서의 재임용 자격 내지 적격성의 유무가 임용권자의 자의가 아니라 학생교육에 관한 사항, 학문연구에 관한 사항과 학생지도에 관한 사항에 대한 평가 등 객관적인 사유에 의하여 심의되어야 할 뿐만 아니라 해당 교원에게 사전에 심사방법의 예측가능성을 제공하고 사후에는 재임용거부결정이 합리적인 기준에 의하여 공정하게 이루어졌는지를 심사할 수 있도록 재임용심사기준이 사전에 객관적인 규정으로 마련되어 있어야 함을 요구하는 것으로 해석된다. 따라서 대학이 이러한 재임용심의사유에 관하여 위와 같은 요구에 부합되게 사전에 객관적인 규정을 마련하는 것으로 그 규정 목적은 충분히 달성되고, 그러한 재임용심의사유의 규정형식은 학교법인의 자율적 선택에 맡겨져 있다. 그렇다면 학교법인이 고등교육법 시행령 제4조가 정한 제·개정절차나 사립학교법 제26조의2 제1항에 따른 대학평의원회의 심의를 거쳐야 하는 고등교육법 제6조의 학교규칙(사립학교법 제26조의2 제1항에서 규정한 '학칙'은 고등교육법상의 학교규칙과 같은 의미로 해석된다)이 아니라 학교법인의 정관에 근거를 두고 교원인사규정 내지 그 시행세칙 등과 같은 다른 규정형식으로 재임용심의사유를 마련하였더라도 이러한 규정 역시 사립학교법 제53조의2 제7항이 규정한 학칙에 포함되며, 그 규정형식에 따른 제·개정절차에서 다른 흠이 없다면 이를 적용한 재임용거부결정이 사립학교법 제53조의2 제7항을 위반하여 무효라고 할 수는 없다.

2) 기간

교원이 징계처분과 그 밖에 그 의사에 반하는 불리한 처분에 대하여 불복할 때에는 그 처분이 있었던 것을 안 날부터 30일 이내에 심사위원회에 소청심사를 청구할 수 있다. 이 경우에 심사청구인은 변호사를 대리인으로 선임(選任)할 수 있다. 또한, 본인의 의사에 반하여 파면 · 해임 · 면직처분을 하였을 때에는 그 처분에 대한 심사위원회의 최종 결정이 있을 때까지 후임자를 보충 발령하지 못한다. 다만, 전항의 기간 내에 소청심사청구를 하지 아니한 경우에는 그 기간이 지난 후에 후임자를 보충 발령할 수 있다(교원의 지위 향상 및 교육활동 보호를 위한 특별법 제9조 1항).

(나) 청구기간의 진행정지 및 보충발령금지

1) 청구기간의 진행정지

천재 · 지변 · 전쟁 · 사변 그 밖에 불가항력 등 청구인의 책임 없는 사유로 소청심사를 청구할 수 없는 기간은 소청심사청구기간에 산입하지 아니하며, 이에 따른 책임이 없는 사유의 여부는 심사위원회가 결정한다(교원소청에 관한 규정 제3조).

2) 보충발령금지

본인의 의사에 반하여 파면 · 해임 · 면직처분을 하였을 때에는 그 처분에 대한 심사위원회의 최종 결정이 있을 때까지 후임자를 보충 발령하지 못한다. 다만, 전항의 기간 내에 소청심사청구를 하지 아니한 경우에는 그 기간이 지난 후에 후임자를 보충 발령할 수 있다(교원의 지위 향상 및 교육활동 보호를 위한 특별법 제9조 2항).

(4) 피청구인의 답변서 제출 및 소청심사 기간 등

심사위원회는 소청심사청구를 접수한 날부터 60일 이내에 이에 대한 결정을 하여야 한다. 다만, 심사위원회가 불가피하다고 인정하면 그 의결로 30일을 연장할 수 있으며, 심사위원회의 결정은 처분권자를 기속한다.

〈제7호 서식〉

심사기일 연기신청서

ㅇ 사　　건 :

ㅇ 청 구 인 :

ㅇ 피청구인 :

ㅇ 심사기일 :

(피)청구인은 아래와 같은 부득이한 사유로 위 심사기일에 참석할 수 없어 . . .까지 심사 연기를 신청합니다.

- 사　유 -

첨부 : 불참사유에 대한 입증자료 1부.

20 . . .

신청인　　　　(서명)

교원소청심사위원회 귀중

(가) 피청구인의 답변서 제출

심사위원회가 소청심사청구서를 받은 때에는 그 부본 1부를 피청구인에게 송부하고, 필요한 경우 답변서를 제출하도록 요구할 수 있다. 이 경우 피청구인은 지정된 기일 내에 답변서와 청구인의 수에 따른 부본을 심사위원회에 제출하여야 하며, 심사청구서에는 소청심사청구의 취지와 이유에 대한 답변 및 이에 대한 입증자료가 포함되어야 한다. 심사위원회는 제출된 답변서 부본을 지체 없이 청구인에게 송달하여야 한다(교원소청에 관한 규정 제5조).

(나) 보정요구 등

심사위원회는 소청심사청구서에 흠이 있다고 인정할 때에는 청구서를 접수한 날부터 7일 이내에 상당한 기간을 정하여 청구인에게 보정을 요구하여야 한다. 다만, 그 흠이 경미한 때에는 심사위원회가 직권으로 이를 보정할 수 있다. 만일, 청구인의 소재가 분명하지 아니한 경우 심사위원회는 청구인에게 보정을 요구하는 취지를 관보에 게재하는 것으로 그 보정요구의 송달에 갈음할 수 있다. 이 경우 관보에 보정요구의 취지를 게재한 날부터 10일이 경과하는 날에 그 보정요구는 청구인에게 도달된 것으로 본다(교원소청에 관한 규정 제6조).

(다) 소청심사청구의 취하

청구인은 심사위원회의 결정이 있을 때까지는 소청심사청구의 일부 또는 전부를 취하할 수 있다(교원소청에 관한 규정 제8조).

[별지 제16호 서식] 〈개정 2013.3.24., 2014.11.19.〉

소청청구 취하서

1. 사건명 :   -   ㅇㅇ처분 △△청구
2. 소청인
   - 성 명 :
   - 소 속 :
   - 주 소 :
3. 피소청인 :
4. 취하 취지 및 사유
   -

소청절차규정 제7조에 따라 위와 같이 소청청구를 취하합니다.

년 월 일

소 청 인 (서명 또는 인)

인사혁신처 소청심사위원회 위원장 귀하

(5) 소청심사위원회의 심사절차

(가) 심사일시 등의 지정 통지 등

1) 심사일시 지정 통지

심사위원회가 소청심사청구사건을 심사할 때에는 청구인과 피청구인이 심사위원회에 출석할 수 있도록 당사자에게 심사일시 및 장소를 통지하여야 한다. 이 경우 심사일시 등의 통지를 받은 자가 정당한 사유로 출석할 수 없는 때에는 심사위원회에 심사연기를 요청할 수 있고, 심사위원회는 다시 심사일시 및 장소를 정하여 당사자가 출석할 수 있도록 하여야 한다(교원소청에 관한 규정 제9조).

2) 소속기관 장의 공가허가

통지를 받고 심사위원회에 출석하는 자가 공무원 또는 사립학교 교직원인 경우 그 소속기관의 장은 공가를 허가하여야 한다.

3) 소재불분명 – 관보게재

당사자의 소재가 분명하지 아니한 경우 심사위원회는 통지의 취지를 관보에 게재하는 것으로 그 통지를 갈음할 수 있다. 이 경우 심사일시 등의 통지를 관보에 게재한 날부터 10일이 경과하는 날에 그 통지가 당해 당사자에게 도달된 것으로 본다.

(나) 심사위원회의 심사 등

1) 심사

심사위원회는 청구서를 접수한 때에는 지체 없이 이를 심사하여야 한다(교원소청에 관한 규정 제11조).

2) 감정의뢰 등

심사위원회는 심사를 하는데 필요하다고 인정하는 경우에는 전문적인 지식과 경험을 갖춘 자에게 검정 · 감정을 의뢰하거나 소속 직원으로 하여금 당해 소청사건과 관련된 사실조사를 하게 할 수 있다.

3) 증인소환 및 서류제출 요구

심사위원회는 소청사건의 심사에 필요하다고 인정하는 경우에는 당해 소청사건과 관련된 증인을 불러 질문을 하거나 관계 기관 등에 필요한 서류의 제출을 요구할 수 있고, 이 경우 그 기관은 지정된 기간 내에 이를 제출하여야 한다. 또한 심사위원회가 소청사건을 심사하기 위하여 청구인에 대한 징계요구기관 또는 관계 기관의 소속직원을 증인으로 소환할 경우에는 당해 기관의 장은 이에 응하여야 한다.

[별지 제14호 서식] 〈개정 2013.3.24., 2014.11.19.〉

증인소환 · 질문신청서

사　건 :　　–　　○○처분 △△청구
소 청 인 :
피소청인 :

위 사건의 (피)소청인은 아래 증인의 증언을 통하여 (피)소청인의 주장이 사실임을 입증하기 위하여 아래와 같이 증인의 소환·질문을 신청합니다.

증인의 표시

증 인　　　성 명 :
　　　　　　소 속 :　　　　　　직 위 :
　　　　　　주 소 :

첨부 : 증인소환·질문 사항 1부.

년　월　일
신청인　　　　　(서명 또는 인)

인사혁신처 소청심사위원회 위원장　귀하

〈제10호 서식〉

자료제출명령신청서

ㅇ 사 건 :
ㅇ 청 구 인 :
ㅇ 피청구인 :

위 사건에 관하여 청구인(피청구인)은 다음 자료의 제출을 명령하여 줄 것을 신청합니다.

가. 자료의 표시
나. 자료의 내용
다. 자료의 소지자
라. 증명할 사실

20 . . .
신청인 (서명)

교원소청심사위원회 귀중

(다) 심사의 범위

심사위원회는 소청심사청구의 원인이 된 사실 외의 사실에 대하여 심사하지 못한다(교원소청에 관한 규정 제12조).

(라) 청구인 등의 진술

1) 서면진술의 원칙

가) 서면진술

심사위원회가 소청사건을 심사할 때에는 청구인 또는 그 대리인에게 진술의 기회를 부여하여야 한다. 다만, 소청심사청구기간의 경과 등 소청심사의 청구가 부적법하여 각하결정을 하는 때와 소청심사청구의 대상이 되는 처분의 절차상 하자가 명백하여 그 처분의 취소결정을 하는 때는 당사자의 서면진술만으로 결정할 수 있다(교원소청에 관한 규정 제13조).

나) 구술신문 등

심사위원회는 출석한 당사자의 진술을 청취하여야 하고, 필요하다고 인정하는 때에는 구술로 신문할 수 있다.

2) 진술 없이 결정할 수 있는 경우

형사사건으로 구속되거나 그 밖의 사유로 인하여 심사위원회에 출석할 수 없는 청구인이 제9조제1항의 규정에 의하여 지정한 기일 또는 심사위원회가 특히 서면에 의한 진술을 위하여 지정한 기일 안에 서면에 의한 진술을 하지 아니한 때에는 심사위원회는 청구인의 진술 없이 당해 소청사건에 대하여 결정을 할 수 있다.

(마) 증거제출 등

1) 증거제출

당사자는 증거물 그 밖에 당해 소청사건의 심사에 필요한 자료를 심사위원회에 제출할 수 있다(교원소청에 관한 규정 제14조).

2) 당사자의 증거신청

당사자는 증인의 소환 또는 증거물 그 밖에 심사위원회의 심사에 필요한 자료의 제출명령을 심사위원회에 신청할 수 있다. 이 경우 심사위원회는 당사자의 증인소환 또는 자료제출명령 신청에 대한 채택 여부를 결정하여야 한다.

〈제9호 서식〉

증인신청서

ㅇ 사　건 :

ㅇ 청 구 인 :

ㅇ 피청구인 :

위 사건의 (피)청구인은 아래 증인의 증언을 통하여 (피)청구인이 하였던 주장이 사실임을 입증하기 위하여 아래와 같이 증인을 신청합니다.

증인의 표시

증 인　　　성 명 :

소 속 :　　　　　직 위 :

주 소 :

첨부 : 증인신문 사항 1부.

20 .　.　.

신청인　　　　(서명)

교원소청심사위원회 귀중

3) 소속기관장의 공가허가

심사위원회가 채택한 증인이 공무원 또는 사립학교 교직원인 경우 그 소속기관의 장은 공가를 허가하여야 한다.

(바) 심사위원회의 결정

1) 결정 의결정족수

소청사건의 결정은 심사위원회 재적위원 3분의 2 이상의 출석과 재적위원 과반수의 합의에 의하되, 의견이 나뉘어 위원 과반수의 합의에 이르지 못할 경우에는 재적위원 과반수에 이를 때까지 청구인에게 가장 불리한 의견에 차례로 유리한 의견을 더하여 그 중 가장 유리한 의견을 합의된 의견으로 본다(교원소청에 관한 규정 제16조).

2) 결정의 구분

심사위원회의 결정은 다음과 같이 구분한다.

가) 소청심사청구가 부적법한 것인 때에는 그 청구를 각하한다.

나) 소청심사청구가 이유 없다고 인정하는 때에는 그 청구를 기각한다.

다) 처분의 취소 또는 변경을 구하는 소청심사청구가 이유 있다고 인정하는 때에는 처분을 취소 또는 변경하거나 처분권자에게 그 처분의 취소 또는 변경을 명한다.

라) 처분의 효력 유무 또는 존재 여부에 대한 확인을 구하는 소청심사청구가 이유있다고 인정하는 때에는 처분의 효력유무 또는 존재여부를 확인한다.

마) 위법 또는 부당한 거부처분에 대하여 의무이행을 구하는 소청심사청구가 이유있다고 인정하는 때에는 그 거부처분을 취소하거나 소청심사청구의 취지에 따른 의무이행을 명한다.

3) 징계의결 기간

심사위원회의 결정이 소청심사의 대상이 된 처분에 있어서 법령의 적용, 증거 및 사실조사에 명백한 흠이 있거나 징계위원회의 구성 또는 징계의결 그 밖에 절차상의 흠이 있음을 이유로 한 경우 처분권자는 다시 청구인에 대한 징계절차를 밟아 심사위원회의 결정서를 받은 날부터 3월 이내에 징계절차를 끝내야 한다. 이 경우 심사위원회가 소청심사청구의 대상이 되는 처분에 대하여 한 취소 또는 변경명령 결정은 그에 따른 징계 그 밖의 처분이 있을 때까지 종전에 행한 처분의 효력에 영향을 미치지 아니한다.

4) 불이익변경금지

심사위원회는 소청심사청구의 대상이 되는 처분보다 청구인에게 불이익한 결정을 하지 못한다.

• 관련판례

【판시사항】

소청심사위원회가 절차상 하자가 있다는 이유로 의원면직처분을 취소하는 결정을 한 후 징계권자가 징계절차에 따라 당해 공무원에 대하여 징계처분을 하는 경우, 국가공무원법 제14조 제6항에 정한 불이익변경금지의 원칙이 적용되는지 여부((대법원 2008. 10. 9. 선고 2008두11853,11860 판결)

【판결요지】

국가공무원법 제14조 제6항은 소청심사결정에서 당초의 원처분청의 징계처분보다 청구인에게 불리한 결정을 할 수 없다는 의미인데, 의원면직처분에 대하여 소청심사청구를 한 결과 소청심사위원회가 의원면직처분의 전제가 된 사의표시에 절차상 하자가 있다는 이유로 의원면직처분을 취소하는 결정을 하였다고 하더라도, 그 효력은 의원면직처분을 취소하여 당해 공무원으로 하여금 공무원으로서의 신분을 유지하게 하는 것에 그치고, 이때 당해 공무원이 국가공무원법 제78조 제1항 각 호에 정한 징계사유에 해당하는 이상 같은 항에 따라 징계권자로서는 반드시 징계절차를 열어 징계처분을 하여야 하므로, 이러한 징계절차는 소청심사위원회의 의원면직처분취소 결정과는 별개의 절차로서 여기에 국가공무원법 제14조 제6항에 정한 불이익변경금지의 원칙이 적용될 여지는 없다.

5) 결정의 방법

심사위원회의 결정은 그 이유를 명시한 결정서로 하여야 한다.

(사) 결정서의 작성

심사위원회는 소청사건에 대하여 결정을 한 때에는 다음의 사항을 기재한 결정서를 작성하고 위원장과 출석한 위원이 이에 서명 또는 날인하여야 한다(교원소청에 관한 규정 제17조).
1) 당사자의 표시, 2) 결정주문, 3) 결정이유의 개요, 4) 증거의 판단

(아) 결정의 경정

심사위원회는 소청사건에 대한 결정에 오기 · 착오 그 밖에 이와 비슷한 잘못이 있는 것이 명백한 경우 직권 또는 당사자의 신청에 따라 경정결정을 할 수 있다(교원소청에 관한 규정 제18조).

(자) 결정서의 송부

1) 결정서 송부

결정서(제18조의 규정에 의하여 경정결정을 한 경우 그 경정결정서를 포함한다.)는 그 정본을 작성하여 지체 없이 당사자에게 송부하여야 한다. 이에 따라 심사위원회가 결정서를 송부하였으나 그 결정서가 심사위원회의 과실 없이 청구인에게 송달되지 아니한 경우에는 청구인의 주소 · 성명과 결정주문을 관보에 게재하는 것으로 결정서의 송부를 갈음할 수 있다. 이 경우 관보에 심사위원회의 결정 결과를 게재한 날부터 14일이 경과하는 날에 그 결정서는 청구인에게 도달된 것으로 본다(교원소청에 관한 규정 제19조).

2) 결정서의 내용

징계결정서에는 징계사유로 된 사실관계와 이에 해당하는 의무위반의 사유가 무엇인지를 인식할 수 있을 정도로 적시하면 족하고 모든 증거와 적용법령을 구체적으로 일일이 나열하여야 하는 것은 아니다.

• 관련판례

【판시사항】

사립학교법 제66조 제1항 소정의 징계의결서 작성시 이유의 설시 정도(대법원 1993. 9. 10. 선고 93누5741 판결)

【판결요지】

가. 행정상 법률관계에 있어서 신뢰보호의 원칙이 적용되기 위해서는, 첫째 행정청이 개인에 대하여 신뢰의 대상이 되는 공적인 견해표명을 하여야 하고, 둘째 행정청의 견해표명이 정당하다고 신뢰한 데 대하여 개인에게 귀책사유가 없어 그 신뢰가 보호가치 있는 것이어야 하며, 셋째 개인이 견해표명을 신뢰하고 이에 따라 어떠한 행위를 하였어야 하고, 넷째 행정청이 위 견해표명에 반하는 처분을 함으로써 견해표명을 신뢰한 개인의 이익이 침해되는 결과가 초래되어야 하며, 이러한 요건을 충족할 때에는 행정청의 처분은 신뢰보호의 원칙에 반하는 행위로서 위법하다.

나. 사립학교법시행령 제26조에서 징계의결서의 이유에 증거의 판단과 적용법령을 명시하도록 한 취지는 피징계자로 하여금 어떠한 근거에서 징계가 이루어졌는지를 알 수 있도록 하여 줌으로써 징계의 공정을 기하고 그로 하여금 불복할 수 있는 쟁점을 밝혀 주고자 하는 데 있는 것으로 보여지는 점에 비추어, 그 설시의 정도는 그러한 목적을 달성할 수 있는 범위 내에서 징계사유로

된 사실관계와 이에 해당하는 의무위반의 사유가 무엇인지를 인식할 수 있을 정도로 적시하면 족하고 모든 증거와 적용법령을 구체적으로 일일이 나열하여야 할 것은 아니다.

(6) 기속력

위원회가 교원의 심사청구를 인용하거나 원 징계처분을 변경하는 처분을 한 때에는 처분권자는 이에 기속된다. 위원회의 결정은 처분청에 대하여 기속력을 가지고 이는 그 결정의 주문에 포함된 사항 뿐만 아니라 그 전제가 된 요건사실의 인정과 판단, 즉 처분 등의 구체적 위법사유에 관한 판단에까지 미친다. 따라서 위원회가 사립학교 교원의 소청심사청구를 인용하여 징계처분을 취소한 데 대하여 행정소송이 제기되지 않으면 위원회의 결정의 주문과 그 전제가 되는 이유에 관한 판단은 처분청을 기속한다.

(7) 소청청구서 작성요령

가) 사건명

처분권자에게 받은 처분 뒤에 우리 위원회에서 받고자 하는 결정의 종류(취소, 감경, 무효확인등)를 붙여 사건명을 작성하면 된다.

예) 해임처분취소청구, 재임용거부처분취소청구, 휴직처분취소청구

나) 청구인

대리인은 변호사를 선임한 경우만 기재한다.

다) 피청구인

처분을 한 자의 직위, 법인명 등을 기재하면 된다.

라) 처분이 있는 것을 안 날

처분서를 수령한 날짜나 처분이 있음을 알게 된 날짜를 기재하면 된다.

예) ○○년 ○○월 ○○일, ○○처분에 대한 사유설명서를 송달받음.

마) 소청심사청구의 취지

우리 위원회에서 받기를 원하는 결정의 종류를 기재하면 된다.

예) 피청구인이 ○○년 ○○월 ○○일 청구인에게 한 해임처분의 취소를 구합니다.

바) 소청심사청구 이유

○○처분이 취소되어야 하는 이유를 처분사유를 중심으로 항목별로 기술 절차상의 문제는 별도의 항목으로 기술하면 된다

사) 입증자료

본 건과 관계있는 제반증거를 증거번호를 붙여 순서대로 첨부하면 되고(분량이 많을 때는 별첨함), 처분에 대한 사유설명서 또는 인사발령통지서를 받았을 때에는 그 사본(2부 송부요청)을 반드시 첨부하여야 한다. 또한, 변호사를 대리인으로 선임하였을 경우 반드시 위임장을 첨부하여야 한다.

[서식] 소청심사청구서〈제2호 서식〉

소청심사청구서

1. 사 건 명 : ㅇㅇ처분취소청구
2. 청 구 인 :

<table>
<tr><td colspan="2">성명</td><td></td><td>생년월일</td><td></td></tr>
<tr><td colspan="2">소속 학교명</td><td></td><td>(전)직위</td><td></td></tr>
<tr><td rowspan="2">주소</td><td>주민등록
등(초)본 주소</td><td colspan="3"></td></tr>
<tr><td>우편물수령
희망 주소</td><td colspan="3">(우편번호 :)</td></tr>
<tr><td rowspan="2">연락처</td><td>전화번호 (휴대폰 번호)</td><td colspan="3"></td></tr>
<tr><td>전자우편
(이메일)</td><td colspan="3"></td></tr>
<tr><td colspan="2">대리인</td><td colspan="3"></td></tr>
</table>

※ 주민등록등(초)본 주소는 당사자 확인을 위해 작성하는 사항입니다.

※ 대리인 선임 시 소송 위임장을 별지로 첨부해 주시기 바랍니다.

3. 피청구인 :
4. 처분이 있은 것을 안 날 :
5. 청구취지 :
※ (예) 피청구인이 0000년 00월 00일 청구인에게 한 00처분의 취소(또는 감경)를 구합니다.
6. 청구이유 :
※ 구체적인 청구이유는 별지로 작성하여 제출하셔도 됩니다.

위와 같이 청구합니다.

20 . . .

위 청구인 (서명)

교원소청심사위원회 귀중

(7) 처리절차

소청심사청구

(처분이 있은 것을 안 날부터 30일 이내에 청구)

⬇

소청심사청구서 접수 및 사건 배정 (즉시)

(청구서가 우리 위원회에 접수되면 심사과장은 담당조사관을 지정)

⬇

청구서 접수통지 및 답변서 제출 요구 (3일)

(피청구인에게 청구서 부본을 송부하고 기한을 정하여 답변서의 제출을 요구)

※ 청구서에 흠이 있을 경우 보정을 요구 (7일이내)

⬇

답변서 접수 및 청구인에게 송달 (20일)

(접수된 답변서의 부분을 청구인에게 송달)

⬇

증거제출 및 사실조사 등 (횟수와 내용에 따라 유동적임)

(당사자의 추가 증거제출, 증인신청 등
우리 위원회의 사실조사, 검정 · 감정 의뢰 등)

⬇

심사기일지정 및 통보 (심사 1주일 전 통보)

(정당한 사유로 인한 연기신청시 다시 심사기일 지정 및 통보)

⬇

심사 및 결정 (60일 이내, 30일 연장 가능)

(결정: 취소, 변경, 무효확인, 기각, 각하 등)

⬇

결정서 송부 (결정일 15일 이내)

(결정서가 작성되면 당사자에게 송부함)

라. 행정소송에 의한 구제

심사위원회의 결정에 대하여 교원,「사립학교법」 제2조에 따른 학교법인 또는 사립학교 경영자 등 당사자는 그 결정서를 송달받은 날부터 90일 이내에 「행정소송법」으로 정하는 바에 따라 소송을 제기할 수 있다.

(1) 심판의 대상

학교법인 등의 징계처분은 행정처분성이 없고 그에 대한 소청심사청구에 따라 위원회가 한 결정이 행정처분이 된다. 따라서 교원이나 학교법인 모두가 결정에 대하여 행정소송으로 다툴 수 있고, 심판대상은 학교법인 등의 원징계처분이 아니라 위원회의 결정이 된다.

(2) 판결의 내용

위원회가 징계사유 자체가 인정되지 않는다는 이유로 징계양정의 당부에 대한 판단없이 징계처분취소결정을 한 경우, 그에 대하여 학교법인 등이 제기한 행정소송 절차에서 법원이 징계사유 중 일부사유는 인정된다고 판단했다면 법원은 위원회의 결정을 취소하여야 한다. 또한 법원이 인정한 징계사유를 기준으로 하더라도 징계처분을 취소한 위원회 결정이 결론에 있어 타당하더라도 위원회의 결정을 취소하여야 한다.

(3) 취소판결의 효력

법원이 위원회의 결정을 취소한 판결이 확정되더라도 위원회가 다시 그 소청심사청구사건을 재심사하게 될 뿐 학교법인 등이 곧바로 위 판결의 취지에 다라 재징계 등을 하여야 할 의무는 없다.

마. 민사소송을 통한 구제

사립학교 교원은 학교법인 또는 사립학교 경영자에 의하여 임면되는 것으로서 사법행위의 성질을 띠고 있다. 따라서 학교법인을 상대로 한 불복은 민사소송절차에 의하여 권리구제를 받을 수 있다.[61] 이 경우 피고는 징계처분을 한 학교법인이 된다.

5. 사립대학 교원에 대한 재임용거부결정의 절차적 하자를 이유로 그 효력을 부정할 수 있는 경우 및 그 하자의 정도

사립대학 교원에 대한 재임용거부결정의 절차와 관련하여 2005. 1. 27. 법률 제7352호로 개정된 사립학교법이 적용 내지 소급적용되는 경우에는 학교법인이 개정 사립학교법 제53조의2 제4항 내지 제7항에 규정된 사전절차를 준수하지 아니함으로써 재임용 여부에 관하여 합리적인 기준에 의한 공정한 심사를 요구할 권리가 실질적으로 침해되었다고 평가될 정도에 이르면 그 재임용거부결정은 그와 같은 절차적 흠만으로도 효력이 부정될 수 있다.[62]

---

61) 대법원 1993.02.12. 선고 92누13707 판결.
62) 대법원 2010.07.29. 선고 2007다42433 판결.

Ⅱ. 국·공립학교 교원에 대한 불이익처분과 행정소송

1. 의의

국공립학교 교원에 대한 불이익처분은 그 자체가 행정처분이므로 그 불이익처분에 대한 소송형태는 행정소송뿐이다. 다만 그 소송의 형태는 소송의 대상 및 당사자, 심리 내용 등에 따라 달라진다.

2. 징계절차

가. 심판의 대상

국공립학교 교원에 대한 징계처분은 그 자체가 행정처분이므로 심판대상은 교육감 등에 의한 원징계처분이 되는 것이 원칙이며, 다만 위원회의 심사절차에 위법사유가 있다는 등 고유의 위법이 있는 경우에 한하여 위원회의 결정이 소송에서의 심판의 대상이 된다.

나. 소송대상 및 당사자

(1) 취소소송

(가) 개념

교원의 불이익처분에 대한 행정소송은 행정심판전치의 적용을 받는다. 따라서 행정소송을 제기하기 위해서는 필요적으로 그 처분이 있음을 안 날로부터 30일 이내에 교원소청심사위원회에 심사청구를 하여야 하고, 그 결정에 불복이 있을 경우 그 결정서 송달일부터 90일 이내에 취소소송을 제기하여야 한다. 이에 대한 소송은 원칙적으로 교육감 등 원처분청의 불이익처분 자체가 행정소송의 대상이 되지만, 교원소청심사위원회의 심사결정 자체에 주체, 절차, 형식 또는 내용상 고유한 위법이 있는 경우 이를 이유로 삼아 교원소청심사위원회를 상대로 심사결정의 취소를 구하는 소송을 제기할 수 있음은 일반 행정심판의 경우와 같다.[63]

(나) 심리범위 및 판결내용

법원은 원처분의 위법 여부가 판단대상이 된다. 따라서 위원회의 결정의 결론과 상관없이 원처분에 적법한 처분사유 존부, 징계양정의 적정 여부를 판단하며, 거기에 위법사유가

---

63) 대법원 2013. 7. 25. 선고 2012두12297 판결.

있다고 인정되면 징계처분을 취소한다.

(다) 취소판결의 기판력

원 징계처분을 한 처분청은 판결의 기속력에 따라 징계를 하지 않거나 재징계를 하여야 한다.

(2) 무효확인소송

국공립학교 교원은 재임용거부를 포함하여 그 의사에 반하는 불이익한 처분에 대하여 그 하자가 중대 · 명백함을 이유로 무효확인을 구하는 행정소송을 제기할 수 있다. 이 경우 소송의 대상은 불이익처분 자체이고 피고는 원처분청이다.

Ⅲ. 대법원 주요판결례

1. 사립학교법 제53조의2 제1항 제1호에 정한 '임면'에서 '면직'의 의미 및 기간을 정하여 임용된 교원의 경우 그 기간이 만료되면 교원의 신분을 상실하는지 여부

사립학교법 제53조의2 제1항 제1호에서 이사회의 의결이 요구되고 있는 교원의 '임면'은 임용과 면직을 의미하고, 이때의 면직은 본인의 의사에 반하는 면직, 즉 직권면직만을 의미한다. 한편 기간임용제 자체는 합헌이므로 기간을 정하여 임용된 교원은 정관이나 인사규정 또는 임용계약에 재임용강제조항이 있거나 그 외 임용계약이 반복 갱신되는 등 특별한 사정이 없는 이상 임용기간의 만료로 교원의 신분을 상실한다.[64]

2. 학교법인이 2년의 임용기간이 만료되는 교원에 대하여 교원인사위원회의 심의를 거쳐 강의평가결과, 동료교수들의 의견, 조교와 학생회장의 탄원서 내용 등을 종합적으로 고려하여 재임용하지 않은 사안에서, 그 재임용거부처분이 위법하지 않다고 한 사례

학교법인이 2년의 임용기간이 만료되는 교원에 대하여 교원인사위원회의 심의를 거쳐 강의평가결과, 동료교수들의 의견, 조교와 학생회장의 탄원서 내용 등을 종합적으로 고려하

64) 대법원 2009. 12. 24. 선고 2007두18475 판결.

여 재임용하지 않은 사안에서, 재임용심사를 할 때 강의평가결과, 동료교수들의 의견, 탄원서의 내용 등을 종합평가의 하나의 요소로 삼은 것이 부당하다고 볼 수 없어 그 재임용거부처분이 위법하지 않다.[65)]

3. 대학의 정규교원으로 임용되기 전에 1년간 상근강사로 근무하여 적격판정을 받은 자만을 임용하는 제도 하에서 상근강사로 채용된 자의 법률상 지위

서울교육대학에서 전임강사 이상의 신규교원을 임용함에 있어 학장이 소정의 전형을 거쳐 임용후보자를 최종 결정하여 1년을 기한으로 상근강사로 근무시킨 뒤, 교수로서의 자질, 능력, 학생지도실적 및 근무상황 등을 평가하여 그 중 적격판정을 받은 자만을 대학인사위원회의 동의를 얻어 정규교원으로 임용하게 되어 있는 제도에 의하여 그 대학의 상근강사로 채용된 자는 교육법시행령 제35조 제2항 소정의 정원 이외에 교원의 직무를 보조하기 위하여 상시 근무하는 전임강사를 의미하는 것이나, 이는 교육법 제75조 제1항 제2호 소정의 정규교원인 전임강사와는 구별되는 것이므로 위 상근강사제도는 교육법이나 교육공무원법상의 명문의 근거를 둔 교원의 임용방법은 아니고, 국가공무원법상의 이른바 시보임용제도에 의하여 조건부로 채용된 공무원에 해당한다고 보아야 할 것인바, 상근강사로 채용된 자는 그 시보임용 내지 조건부채용시 장차 소정의 조건부 채용기간 중 근무성적이 양호하여 적격판정을 받는 것을 조건으로, 특별한 사정이 없는 한 위 기간의 종료와 더불어 바로 정규공무원으로 임용될 권리를 취득하고 임용권자는 이에 대응하는 법률상의 의무를 부담한다고 할 것이며, 또한 교육공무원법상 시보임용에 의한 교육공무원으로서의 지위를 누리면서 그 조건부채용기간 중 면직 등의 처분이나 징계처분과 같은 신분상의 불이익한 처분을 받거나 또는 시보임용기간 종료 후 정규공무원 내지 교원으로서의 임용이 거부된 경우에는 행정소송 제기를 위한 전치절차로서의 교육공무원법 제52조에 의한 소청심사청구권도 가진다고 보아야 한다.[66)]

---

65) 대법원 2009. 12. 24. 선고 2007두18475 판결.
66) 대법원 1990. 9. 25. 선고 89누4758 판결.

4. 학교법인의 정관에 근거한 교원인사규정도 사립학교법 제53조의2 제7항의 '학칙'에 해당하는지 여부

2005. 1. 27. 법률 제7352호로 개정된 사립학교법의 전체적 입법 경과, 대학교원 재임용의 법적 성격과 사립학교법이 규정한 대학 내 재임용심의의 구조, 재임용거부결정에 대한 사후구제절차와 사법심사의 범위 등의 사정을 종합하면, 사립학교법 제53조의2 제7항 전문에서 재임용심의사유를 학칙이 정하는 객관적인 사유에 근거하도록 규정한 취지는, 대학교원으로서의 재임용 자격 내지 적격성의 유무가 임용권자의 자의가 아니라 학생교육에 관한 사항, 학문연구에 관한 사항과 학생지도에 관한 사항에 대한 평가 등 객관적인 사유에 의하여 심의되어야 할 뿐만 아니라 해당 교원에게 사전에 심사방법의 예측가능성을 제공하고 사후에는 재임용거부결정이 합리적인 기준에 의하여 공정하게 이루어졌는지를 심사할 수 있도록 재임용심사기준이 사전에 객관적인 규정으로 마련되어 있어야 함을 요구하는 것으로 해석된다. 따라서 대학이 이러한 재임용심의사유에 관하여 위와 같은 요구에 부합되게 사전에 객관적인 규정을 마련하는 것으로 그 규정 목적은 충분히 달성되고, 그러한 재임용심의사유의 규정형식은 학교법인의 자율적 선택에 맡겨져 있다. 그렇다면 학교법인이 고등교육법 시행령 제4조가 정한 제 · 개정절차나 사립학교법 제26조의2 제1항에 따른 대학평의원회의 심의를 거쳐야 하는 고등교육법 제6조의 학교규칙(사립학교법 제26조의2 제1항에서 규정한 '학칙'은 고등교육법상의 학교규칙과 같은 의미로 해석된다) 이 아니라 학교법인의 정관에 근거를 두고 교원인사규정 내지 그 시행세칙 등과 같은 다른 규정형식으로 재임용심의사유를 마련하였더라도 이러한 규정 역시 사립학교법 제53조의2 제7항이 규정한 학칙에 포함되며, 그 규정형식에 따른 제 · 개정절차에서 다른 흠이 없다면 이를 적용한 재임용거부결정이 사립학교법 제53조의2 제7항을 위반하여 무효라고 할 수는 없다.[67)]

67) 대법원 2011. 1. 13. 선고 2010두1835 판결.

5. 사립대학이 학급·학과를 폐지하는 과정에서 폐직·과원이 생겼다는 이유로 교원을 직권면직하기 위해 거쳐야 할 심사절차 및 이를 거치지 않고 바로 직권면직할 수 있는 경우

헌법 제31조 제6항, 사립학교법 제56조 제1항, 교육공무원법 제43조 제2항, 제53조 제3항, 제57조 제3항 및 교원지위향상을 위한 특별법 제6조 제1항, 국가공무원법 제70조 제1항 제3호, 제3항, 구 지방공무원법(2008. 12. 31. 법률 제9301호로 개정되기 전의 것, 이하 '구 지방공무원법'이라 한다) 제62조 제1항 제3호, 제3항 등에 의하면, 사립대학이 학급 · 학과를 폐지하고 그에 따라 폐직 · 과원이 되었음을 이유로 교원을 직권면직할 때에, 학교법인 산하 다른 사립학교나 해당 학교의 다른 학과 등으로 교원을 전직발령 내지 배치전환함으로써 면직을 회피하거나 면직대상자를 최소화할 여지가 있는 경우에는 국가공무원법 제70조 제3항, 구 지방공무원법 제62조 제3항을 유추하여 임용형태 · 업무실적 · 직무수행능력 · 징계처분사실 등을 고려한 면직기준을 정하고 그 기준에 의한 심사결과에 따라 면직 여부를 결정하여야 하는 제한을 받는 것이고, 사립대학 사정상 전직발령 내지 배치전환 등에 의한 교원의 면직회피 가능성이 전혀 없는 경우에 한하여 그와 같은 심사절차를 거치지 않고 바로 직권면직할 수 있는 것이라고 보아야 한다.[68)]

6. 교사가 법률상 허용되지 아니하는 목적을 위한 집회에 참석하지 말라는 학교장의 명령에 복종하지 아니한 것이 같은 법 제57조 소정의 복종의 의무를 위반한 것인지 여부

교육과 교원의 특수성을 감안하더라도 법률상 허용되지 아니하는 목적을 위한 집회에 참석하지 말라는 학교장의 교사에 대한 명령은 감독자의 지위에서 교육에 전심전력하여야 할 교원에게 발하여지는 정당한 직무상의 명령이라 할 것이므로 교사가 이에 복종하지 아니하였음은 같은 법 제57조 소정의 복종의 의무를 위반한 것이다.[69)]

68) 대법원 2011. 7. 14. 선고 2011두2217 판결.
69) 대법원 1992. 6. 26. 선고 91누11780 판결.

7. 기간임용제로 임용된 대학교원이 임용기간 만료로 면직된 후 임용주체가 변경된 경우, 재임용 재심사청구를 할 수 있는 상대방

대학교원 기간임용제 탈락자 구제를 위한 특별법 제2조 제2호, 제9조 제2항 등 관계 법령의 규정 내용과 취지에 비추어 보면, 기간임용제로 임용된 교원이 임용기간 만료로 면직된 후 임용주체가 변경되었다고 하더라도 변경된 임용주체가 변경 전의 임용주체의 모든 재산과 권리 · 의무를 포괄승계하기로 하는 약정이 있었던 경우에는 그 교원은 변경 전의 임용권자의 권한을 포괄승계한 자를 상대로 재임용 재심사청구를 할 수 있고, 사립학교에서 공립학교로 설립자가 변경된 경우라고 하여 달리 볼 것은 아니다.[70]

8. 불륜 관계가 있는 것으로 의심할 만한 행위를 한 교사에 대한 해임처분이 정당하다고 본 사례

교사인 '갑'이 학교에서 물의가 빚어질 정도로 동료교사이며 기혼자인 '을'과 가깝게 지냈고, 둘 사이에 불륜관계가 있는 것으로 의심할 만한 행위를 하였으며, 급기야는 이러한 행동으로 인해 '을'의 가정이 파탄에 이르게 되었고, '갑'은 처인 '병'과 이 문제로 계속 불화하여 오다가 '병'을 상대로 이혼소송을 제기하였으나, 법원에서 위 청구가 받아들여지지 아니하였고 오히려 '병'이 제기한 반소청구(부정행위를 원인으로 한 이혼 및 위자료, 재산분할청구)가 받아들여져 이혼판결이 선고되었다면, 항상 사표가 될 품성과 자질의 향상에 힘써야 할 교원의 의무(교육법 제74조)에 비추어 '갑'의 이와 같은 행위는 교원으로서의 품위를 손상시킨 것으로서 국가공무원법 제63조 소정의 품위유지의무 위반행위가 된다고 할 것이므로 '갑'의 근무경력 등 사정을 참작하더라도 '갑'에 대한 해임처분이 '갑'의 비위 정도에 비추어 재량권의 범위를 일탈하였거나 남용한 위법한 것이라고는 할 수 없다는 이유로 이와 다른 견해에서 교육청의 해임처분이 위법하다고 본 원심판결을 파기한 사례.[71]

---

70) 대법원 2008. 6. 26. 선고 2007두22252 판결.
71) 대법원 1996. 4. 26. 선고 95누18727 판결.

9. 구 지방교육자치에 관한 법률 제60조 제3항 제1호에 정한 '교육경력'의 인정 요건 및 교육위원 후보자의 '노조전임 휴직기간'이 구 지방교육자치에 관한 법률 제60조 제3항 제1호의 '교육경력'에 포함되는지 여부

구 지방교육자치에 관한 법률(2006. 12. 20. 법률 제8069호로 전문 개정되기 전의 것) 제60조 제3항 제1호의 해석상 교육위원 후보자의 자격과 관련된 '교육경력'은 다음의 두 가지 요건을 모두 갖출 경우에 인정된다. 첫째, 유아교육법 제2조 제2호의 규정에 의한 유치원, 초 · 중등교육법 제2조 및 고등교육법 제2조에 규정된 교육기관의 교원이어야 한다. 즉, 위 각 법률이 규정하고 있는 교육기관 이외의 교육기관의 교원으로 근무한 경력은 위 '교육경력'에 산입되지 않는다. 둘째, 교원의 신분으로 그 직무에 종사하여야 한다. 따라서 교원이 교원으로서의 직무가 아닌 다른 직무에 종사하는 경우에는 '교육경력'이 인정되지 않는다. 다만, 교원의 직무는 반드시 학교에서 학생들을 가르치는 것에 제한되는 것이 아니므로, 교원이 교원대나 청소년수련원 등 학교 이외의 장소에 파견되어 교육과 관련된 직무를 행하는 경우에도 교원의 직무에 종사한 것으로 보아야 한다. 따라서 국가공무원법 제73조 제1항이 "휴직중인 공무원은 신분은 보유하나 직무에 종사하지 못한다"고 명백하게 규정하고 있는 점, 교원노동조합의 설립은 교원의 근로조건의 유지 · 개선 및 교사의 경제적 · 사회적 지위향상을 도모하는 데 그 목적이 있으므로 교원노동조합의 활동을 교원 본래의 직무라고 할 수 없는 점 등을 종합하여 보면, 교원이 휴직을 한 후 노조사무실에서 노조전임자로서 근무한 것을 교원의 직무에 종사한 것으로 보기 어렵다.[72]

10. 사립학교법 제53조의2 제7항에서 정한 '객관적인 사유로서 학칙이 정하는 사유'인 재임용 심사기준이 되기 위한 요건

사립학교법 제53조의2 제7항 전문에서 재임용 심사사유를 학칙으로 정하는 객관적인 사유에 근거하도록 규정한 취지에 헌법 제31조 제6항이 교원의 지위에 관한 기본적인 사항을 법률로 정하도록 규정하고 있는 점을 고려하면, 비록 임용기간이 만료된 대학교원을 다시 임용할 것인지는 임용권자의 판단에 따른 재량행위에 속하는 것이나 이러한 재량은

---

72) 광주고등법원 2008. 8. 22. 선고 2008수10 판결 : 상고.

자의적으로 행사되지 않아야 하는 내재적 한계를 지니므로, 대학교원에 대한 재임용 심사기준은 규정의 형식적 면보다는 실체적 내용 면, 즉 평정자의 자의적인 평가가 개입되지 않을 정도의 구체적인 평가요소로 구성되어 있고 객관적인 평가항목과 평가방법이 제시되어 있을 뿐만 아니라, 평가 결과 어느 정도에 도달하면 재임용이 가능한지 사전에 예측할 수 있으며, 재임용 거부결정이 있었다면 기준에서 얼마만큼 미달한 것인지를 사후에 확인할 수 있는, 재임용이 가능한 객관적인 기준을 포함하고 있는지가 중요하고, 그러한 예측 가능성 등이 보장되는 재임용 심사기준이라야 '객관적인 사유로서 학칙이 정하는 사유'인 재임용 심사기준이라 할 것이다.[73)]

11. 교육부교원징계재심위원회의 징계재심회의록이 공공기관의정보공개에관한법률 제7조 제1항 제5호 소정의 비공개대상정보에 해당하는지 여부

교육부교원징계재심위원회의 징계재심회의록은 이미 종료된 징계재심의 심사 · 결정절차를 사후적으로 기록한 것으로서 비록 공공기관의정보공개에관한법률 제7조 제1항 제5호 소정의 의사형성 과정 '중에 있는' 사항 그 자체는 아니지만 이에 준하는 이른바 의사결정 과정 정보에 해당하고, 위 회의록은 징계재심사건의 심사 · 결정절차에서 위원이 발언한 내용이 기재된 문서로서 그것이 공개될 경우 징계재심사건 처리 업무의 공정한 수행에 현저한 지장을 초래한다고 인정할 만한 상당한 이유가 있다고 인정되므로 같은 법 제7조 제1항 제5호 소정의 비공개대상정보에 해당한다.[74)]

12. 사립학교법에 따라 징계처분된 자가 재심위원회의 재심을 거치지 아니하고 바로 법원에 제소할 수 있는지 여부

사립학교법 제67조, 동법시행령 제27조에 의하면 사립학교의 교원징계에 관하여 재심청구에 관한 규정이 있음을 엿볼 수 있으나 이는 재심위원회로 하여금 불복 있는 징계처분에 대하여 신속한 재심의 기회를 주어 재심청구가 이유 있다고 인정되는 경우 임면권자 스스로에게 그 처분을 시정시키자는데 뜻이 있다고 해석될 뿐 그 전치요건이 되는 것은 아니다.[75)]

---

73) 서울고등법원 2014. 6. 13. 선고 2013누26509 판결 : 상고.
74) 서울고등법원 1999. 9. 29. 선고 99누1481 판결 : 상고기각.

13. 기간제로 임용된 교수에게 임용기간 종료시 재임용 여부에 관하여 합리적인 기준에 따른 공정한 심사를 구할 법규상 또는 조리상의 신청권이 인정되는지 여부

기간제로 임용된 교수는 임용기간 종료시에 법률상 보호가치가 있는 재임용기대를 가지므로 '자신을 재임용해 줄 것을 요구할 권리'는 없다고 하더라도 '재임용 여부에 대하여 합리적인 기준에 따른 공정한 심사를 구할 법규상 또는 조리상의 신청권'을 가지게 되고, 임용권자는 임용기간이 만료된 교수를 당연히 재임용하여야 할 의무는 없다 할지라도 재임용 여부에 관하여 합리적인 기준에 따른 공정한 심사를 할 의무가 있다.[76)]

14. 교육인적자원부 교원소청심사특별위원회가 학교법인의 교원재임용거부처분을 취소하는 결정을 한 경우, 학교법인이 교원에 대한 새로운 재임용 심사절차를 이행할 의무를 지는지 여부

학교법인이 교원에 대하여 재임용거부결정을 하였고 교육인적자원부 교원소청심사특별위원회가 재임용거부처분을 취소하는 결정을 한 경우, 대학교원 기간임용제 탈락자구제를 위한 특별법이 교육인적자원부 교원소청심사특별위원회의 재임용 재심사 결정에 학교법인을 구속하는 소급적 · 형성적 효력을 부여하고 있지 않은 이상, 위 특별위원회의 재임용거부처분 취소결정이 있었다는 사유만으로는 재임용거부결정의 효력이 소급적으로 실효되어 학교법인이 새로운 재임용 심사절차 이행의무를 부담하게 되었다고 보기 어렵다.[77)]

15. 구 사립학교법하에서 기간제로 임용되어 임용기간이 만료한 사립학교 교원에 대한 학교법인의 교원재임용거부처분이 부당한 경우에 그 교원이 학교법인에 불법행위로 인한 손해배상을 청구할 수 있는지 여부

구 사립학교법(1999. 8. 31. 법률 제6004호로 개정되기 전의 것)하에서 기간제로 임용된 사립대학 교원은 재임용에 관하여 개정 사립학교법(2005. 12. 29. 법률 제7802호로 개정

---

75) 대구고등법원 1966. 10. 5. 선고 66나157 제1민사부판결 : 상고.
76) 서울고등법원 2006. 11. 3. 선고 2005누22533 판결 : 상고.
77) 청주지방법원 2006. 12. 15. 선고 2006가합1487 판결 : 항소.

되기 전의 것)이 인정하는 것과 같은 정도의 강력한 재임용 여부에 관하여 합리적인 기준에 의한 공정한 심사를 요구할 권리를 가진다고 할 수 없으므로, 재임용을 거부당한 것이 부당하다고 인정되는 경우에도 그것이 더 나아가 위법한 것으로서 불법행위에 해당한다고 보기는 어렵고, 따라서 구 사립학교법하에서 재임용거부처분을 당한 사립학교 교원은 학교법인에 불법행위로 인한 손해배상을 청구할 수 없다.[78)]

16. 사립학교의 교원이 임용기간 만료로 면직되었다는 사실만으로 법률상의 이익이 침해되었다고 볼 수 있는지 여부

재임용에서 탈락한 때부터 정년에 이르기까지의 급여청구와 명예회복은 교수지위의 확인을 구하는 소송을 통하지 않더라도 급여청구소송이나 명예침해 등으로 인한 손해배상청구소송을 제기한 뒤 그 소송의 전제로서 재임용거부조치의 무효 및 대학교 교원의 지위를 유지함을 주장함으로써 구제받을 수 있으므로, 교수지위의 유지를 확인받는 것이 급여청구소송, 명예침해 등으로 인한 손해배상청구소송에 유효적절한 수단이 될 수 없어 이를 따로 독립하여 소로 다툴 실익이 없다.[79)]

17. 기간을 정하여 임용된 사립학교 교원에게 재임용에 관한 기대권과 신청권이 인정된다고 할지라도 단지 그것만으로 사립학교 재단 측에 계약을 체결할 의무를 부담시키는 것은 사적자치의 제한의 한계를 벗어날 소지가 있는지 여부

사립대학 교원의 임용은 그 법적 성질상 사법상의 고용계약이므로 재임용은 새로운 계약의 체결이라고 할 것인데, 기간을 정하여 임용된 사립학교 교원에게 재임용에 관한 기대권과 신청권이 인정된다고 할지라도 단지 그것만으로 사립학교 재단 측에 계약을 체결할 의무를 부담시키는 것은 사적자치의 제한의 한계를 벗어날 소지가 있다.[80)]

---

78) 청주지방법원 2006. 12. 15. 선고 2006가합1487 판결 : 항소.
79) 대구지방법원 2005. 5. 24. 선고 2003가합5348 판결: 항소.
80) 대구지방법원 2005. 5. 24. 선고 2003가합5348 판결: 항소.

18. 학교법인의 정관과 교원인사규정의 승진임용 자격요건을 충족한 조교수에 대한 부교수 승진임용 탈락 또는 거부가 교원지위향상을 위한 특별법 제9조 제1항에서 정한 '처분'에 해당하는지 여부

사립대학을 경영하는 학교법인의 정관과 교원인사규정에서 승진임용 자격의 요건을 정하고 있을 뿐 일정한 자격요건을 충족한 교원이 학교법인에 대하여 승진임용신청을 할 수 있거나 또 이에 대하여 승진임용의무를 규정하고 있지 아니한 점, 승진임용 여부는 교원의 지위를 박탈하는 재임용거부와 달리 교원정원, 보직교수의 수, 학부조직, 학생수와 학교법인의 재정을 비롯한 학교법인에 대한 경영적 평가 등 여러 가지 사정에 의해 해마다 기준이 달라질 수 있는 것이고, 승진임용이 되지 아니한다고 하더라도 그 자체로 교원으로서의 지위에는 아무런 변동이 없다는 점 등을 이유로, 학교법인의 정관과 교원인사규정의 승진임용 자격요건을 충족한 조교수에 대한 부교수 승진임용 탈락 또는 거부가 교원지위향상을 위한 특별조치법 제9조 제1항에서 정한, 교육인적자원부 교원소청심사위원회의 소청심사대상인 '처분'에 해당하지 않는다.[81]

19. '대학교원 기간임용제 탈락자 구제를 위한 특별법'에 따른 교원소청심사특별위원회의 재심청구인용 결정이 소급적·형성적 효력을 갖는지 여부(소극)

기간임용제도의 취지, 대학교원 기간임용제 탈락자 구제를 위한 특별법의 입법과정 및 입법목적 등을 종합하여 볼 때, 교원소청심사특별위원회의 재심청구인용 결정에 소급적 · 형성적 효력이 인정되어 바로 국 · 공립대학 또는 학교법인과 재임용이 거부되었던 당해 교원 사이에 임용기간이 만료될 당시의 교원 신분이 소급적으로 회복된다거나 혹은 대학측이 당해 교원의 신분을 소급적으로 회복하는 조치를 취하여야 할 의무가 있다고 보기는 어렵고, 오히려 재심청구를 인용하는 결정에는 과거의 재임용거부 조치가 부당하였음을 확인하는 효력만 있다고 해석함이 상당하다.[82]

---

81) 서울행정법원 2006. 5. 9. 선고 2005구합28478 판결 : 항소.
82) 제주지방법원 2008. 1. 23. 선고 2007구합379 판결 : 항소.

20. 기간제 교원의 재임용에 관한 규정을 두지 않았던 구 사립학교법하에서 기간제로 임용되어 임기가 만료된 사립학교 교원이 합리적인 재임용 심사 기준에 따라 적법한 재임용 심사를 받았더라면 재임용을 받을 수 있었음에도 위법하게 재임용을 거부당한 경우, 그 거부결정이 불법행위에 해당함을 이유로 손해배상을 구할 수 있는지 여부

현행 사립학교법과 달리 구 사립학교법(1997. 1. 13. 법률 제5274호로 개정되기 전의 것)에는 기간제 교원의 재임용에 관한 규정이 없으나, 기간제로 임용되어 임용기간이 만료된 대학교원은 교원으로서의 능력과 자질에 관하여 합리적인 기준에 의한 공정한 심사를 받아 위 기준에 부합하면 특별한 사정이 없는 한 재임용되리라는 기대를 가지고 재임용 여부에 관하여 합리적인 기준에 의한 공정한 심사를 요구할 법규상 또는 조리상 신청권을 가지므로, 구 사립학교법하에서도 임기가 만료된 사립학교 교원은 합리적인 기준과 정당한 평가에 의한 재임용 심사를 받을 권리를 가지므로, 재임용 심사 기준에 따라 적법한 재임용 심사를 받았더라면 재임용을 받을 수 있었던 사립대학 교원이 위법하게 재임용을 거부당하였다면, 그러한 재임용 거부결정이 불법행위에 해당함을 이유로 임금 상당의 손해배상을 구할 수 있다.[83)]

21. 사립대학의 기간제 교원에 대한 재임용 거부행위의 법적 성질 및 그 한계

사립대학의 기간제 교원에 대한 재임용 여부는 임용권자가 교육 관계 법령상 대학교원에게 요구되는 고도의 전문적인 학식과 교수능력 및 인격 등의 사정을 고려하여 합목적적으로 판단할 자유재량의 범위 내에 속하는 것이나, 임용권자의 재임용거부가 합리적인 기준에 의한 공정한 심사를 거치지 않는 등의 사유로 사회통념상 현저히 타당성을 잃었다고 볼 만한 특별한 사정이 있는 경우에는 재량권을 남용 또는 일탈하였다고 볼 것이다.[84)]

22. 사립대학의 기간제 교원에 대한 재임용 심사를 위한 평가 기준이 갖추어야 할 요건

사립대학의 기간제 교원에 대한 재임용 심사를 위한 평가 기준은 교원의 연구실적, 교수

83) 부산지방법원 2007. 12. 21. 선고 2007가합5338 판결 : 확정.
84) 서울행정법원 2007. 4. 4. 선고 2006구합44286 판결 : 항소.

능력과 같은 객관적인 기준에 의하여야 하고, 또한 주관적이고 자의적인 평가가 개입되지 아니하도록 최소한 기준별로 구체적인 평가요소를 마련하고 있어야 한다.[85)]

23. 학습지 지도교사로 근무한 경력도 '기타 직업에 종사한 경력'에 해당하므로 일정 비율로 환산한 경력연수를 합산하여 정정하여야 하는지 여부

중등학교 교사가 교원으로 신규채용되기 전 학습지 지도교사로 근무한 경력을 합산하여 초임호봉을 정정해 달라는 내용의 호봉정정신청을 하였으나 학교장이 위 근무경력은 공무원보수규정 [별표 22] 교육공무원 등의 경력환산율표에서 정하는 경력에 해당하지 않는다는 이유로 이를 거부한 사안에서, 교육공무원의 경우 그 직무의 특수성을 고려하여 사회에서의 다양한 경력을 초임호봉 획정시 호봉에 합산되는 경력으로 폭넓게 인정하고 있는 관련 법규정의 취지 등에 비추어, 경력환산율표상의 '기타 직업에 종사한 경력'이 반드시 유급 · 상근의 근로자일 필요는 없다고 보아 학습지 지도교사로 근무한 경력도 위 규정의 '기타 직업에 종사한 경력'에 해당하므로 일정 비율로 환산한 경력연수를 합산하여 정정하여야 한다.[86)]

24. 국립대학교 총장이 임용기간이 만료되는 조교수 원고에 대한 재계약 임용심사 결과, 연구실적이 연구부문에 관한 재계약 임용기준을 충족하지 못했다는 이유로 원고를 재계약 임용대상에서 제외하는 결정을 한 사안에서, 재임용거부처분이 재량권을 일탈·남용하여 위법한 것인지 여부

국립대학교 총장이 임용기간이 만료되는 조교수 원고에 대한 재계약 임용심사 결과 연구실적이 연구부문에 관한 재계약 임용기준을 충족하지 못했다는 이유로 원고를 재계약 임용대상에서 제외하는 결정을 한 사안에서, 문제가 된 논문이 연구실적물로 인정 될 수 있는지 여부에 관하여 심사위원 및 해당 전문가들 사이에서도 의견이 엇갈리고 있었고, 당사자인 원고는 물론 일부 인사위원들까지도 해당 논문심사의 공정성에 대하여 의문을 제기하고 있었던 점 등에 비추어, 임용권자로서는 해당 논문의 적정성과 심사의 공정성 여

85) 서울행정법원 2007. 4. 4. 선고 2006구합44286 판결 : 항소.
86) 수원지방법원 2009. 11. 26. 선고 2009구합7210 판결.

부를 좀 더 면밀하고 신중하게 판단하기 위하여 그에 대한 재심사 내지 외부의 해당 전문가에게의 심사의뢰 등 세부적 조치를 취하고 난 후 그 결과와 원고의 자질, 능력, 비전 등의 여러 모든 사항을 종합적이고 합목적적으로 판단하여 재임용 여부를 결정하였어야 함에도, 위와 같은 조치 없이 이루어진 위 재임용거부처분은 재임용 가부 결정에서 임용권자가 고려해야 할 사항에 대한 진지하고 신중한 판단 없이 이루어진 것으로서 사회통념상 현저히 타당성 내지 객관성을 잃은 것이므로, 재량권을 일탈 · 남용하여 위법하다.[87]

25. 국립대학교 교수가 수강생들에게 수차례에 걸쳐 돈을 빌리고 수강생의 개인정보를 금전 차용 등 사적인 목적을 위해 활용하는 등 비위행위를 저질러 국가공무원법 제63조에서 정한 품위유지의무 등을 위반하였다는 이유로 해임처분을 받은 사안에서, 그 처분이 적법한지의 여부

국립대학교 교수 갑이 수강생들에게 수차례에 걸쳐 돈을 빌리고 수강생의 개인정보를 금전 차용 등 사적인 목적을 위해 활용하는 등 비위행위를 저질러 국가공무원법 제63조에서 정한 품위유지의무 등을 위반하였다는 이유로 해임처분을 받은 사안에서, 대학교수는 일반 직업인보다 높은 진실성 · 도덕성 · 윤리성이 요구되고, 보다 엄격한 품위유지의무를 부담하는 점, 갑이 교수 지위에 있으면서 본인이 담당하는 교과목을 수강한 여러 학생들에게 의도적으로 접근하여 수차례 금전 차용을 요구하여 차용금을 지급받은 것은 학생들에게 영향력을 행사할 수 있는 교수 신분으로서 학생들의 심리적 부담감을 이용한 매우 부적절한 행동인 점 등에 비추어 보면, 처분이 비위행위에 대한 징계로서 객관적으로 부당하거나 사회통념상 현저하게 타당성을 잃을 정도로 지나치게 가혹하여 재량권의 범위를 일탈 · 남용한 것이라고 할 수 없어, 적법하다.[88]

26. 고시가 항고소송의 대상이 되는 행정처분에 해당하지는지 여부

갑 교육감이 교육공무원의 도서벽지 근무 등 가산점의 합산상한점을 '1.80'으로 정하는 내용으로 도교육청 고시 '교육공무원가산점평정규정(중등)'을 개정 · 공고하였는데, 도서벽지

87) 부산지방법원 2011. 1. 13. 선고 2008구합1376 판결 : 항소.
88) 광주지방법원 2015. 11. 26. 선고 2014구합12024 판결 : 항소.

에 근무하였거나 근무하고 있는 교사 을 등이 고시의 개정으로 승진후보자명부에 등재되거나 명부 내에서 선순위로 지명될 기회가 침해되었다며 고시의 취소를 구하는 소를 제기한 사안에서, 공무원의 근무경력에 관한 평정과 관련된 규정은 일반 · 추상적인 법령 또는 행정규칙으로서 그 자체가 다른 집행행위의 매개 없이 공무원의 구체적인 권리 · 의무에 직접적으로 변동을 초래하게 하는 것이 아니고, 그 규정에 따른 평정점을 기초로 관할 행정청의 인사조치(승진후보자명부 등재행위 및 승진임용조치) 등을 통하여 신분상 변동이 발생한 경우에 비로소 공무원의 법률상 지위에 영향을 미치는 행정처분이 있으므로, 고시는 그 자체로 을 등의 구체적인 권리 내지 법률상 지위에 직접 영향을 미치지 아니하여 항고소송의 대상이 되는 행정처분에 해당하지 않아 고시의 취소를 구하는 소는 부적법하다.[89)]

27. 2008년도 국가수준학업성취도평가에 응시하는 대신 일부 학생들에게 현장체험학습을 하도록 허가한 학교장에게 초·중등교육법 제9조 등의 위반을 이유로 3월의 정직처분을 한 사안에서, 그 징계처분이 사회통념상 현저하게 타당성을 잃어 재량권을 일탈·남용한 것으로 볼 수 있는지 여부

2008년도 국가수준학업성취도평가에 응시하는 대신 일부 학생들에게 현장체험학습을 하도록 허가한 학교장에게 초 · 중등교육법 제9조 등의 위반을 이유로 3월의 정직처분을 한 사안에서, 공립중학교 학교장은 국가가 형성한 교육에 관한 법질서를 따르고 존중해야 하므로 초 · 중등교육법 제9조 등에 따라 특별한 사유가 있는 경우를 제외하고는 학업성취도평가에 응해야 할 의무가 있음에도, 개인적 소신에 따라 현장체험학습을 허가함으로써 관련 법령을 우회적으로 회피한 것으로 보이는 점 등에 비추어, 그 징계처분이 사회통념상 현저하게 타당성을 잃어 재량권을 일탈 · 남용한 것으로 볼 수 없다.[90)]

89) 창원지방법원 2016. 6. 21. 선고 2015구합22316 판결 : 확정.
90) 전주지방법원 2009. 6. 30. 선고 2009구합307 판결 : 항소.

28. 서울대학교 총장이 허위의 학술논문을 발표한 서울대 교수에 대하여 성실의무 및 품위유지의 의무를 위반하였다는 이유로 파면처분을 한 사안에서, 그 처분의 적법성 여부

서울대학교 총장이 허위의 학술논문을 발표한 서울대 교수에 대하여 교육공무원으로서 국가공무원법 제56조 및 제63조에서 정한 성실의무 및 품위유지의 의무를 위반하였다는 이유로 파면처분을 한 사안에서, 서울대학교 조사위원회의 구성이나 조사기간, 조사방법 등에 징계의 효력에 영향을 미칠 만한 어떠한 하자가 있다고 볼 수 없고, 위 교수가 조작된 유전자(DNA)지문분석결과와 미즈메디 병원 의과학연구소의 수정란줄기세포주의 테라토마 사진을 데이터로 하여 2004년 논문을 제1저자 및 공동교신저자로서 발표하고, 2005. 3.경 환자 맞춤형 줄기세포주로 추정한 줄기세포주는 2개만 존재하였던 상태에서 2005년 논문에 마치 11개의 환자 맞춤형 체세포 복제 줄기세포주가 실험에 의하여 수립된 것인 양 각종 실험결과를 조작하고 난자의 취득과정 등을 거짓으로 서술함으로써 허위의 학술논문을 발표한 사실이 인정되며, 그러한 행위는 교육공무원으로서의 체면과 위신을 손상시키고 성실의무도 위반한 행위로서 교육공무원법 제51조 제1항, 국가공무원법 제78조 제1항 제1 내지 3호, 제56조, 제63조에서 정한 징계사유에 해당하여, 위 처분이 징계재량권의 범위를 일탈하거나 남용하였다고 볼 수 없어 적법하다.[91]

29. 국립대학교의 학칙 자체가 항고소송의 대상이 되는 행정처분에 해당하는지 여부

국립대학교는 국가가 설립 · 운영하는 공법상의 영조물이므로 공권력행사의 주체가 될 수 있고, 국립대학교의 학칙이 그 자체로 구성원의 구체적인 권리 · 의무에 직접적인 변동을 가져오는 것이 아닌 일반적 · 추상적인 학교 운영에 관한 원칙과 계획 또는 구성원들에 대한 규율을 규정한 것에 불과한 경우라면 이는 행정처분이라고 볼 수 없지만, 그 학칙에 기초한 별도의 집행행위의 개입 없이도 그 자체로 구성원의 구체적인 권리나 법적 이익에 영향을 미치는 등 법률상의 효과를 발생시키는 경우라면 이는 항고소송의 대상이 되는 행정처분에 해당한다.[92]

---

91) 서울행정법원 2010. 7. 22. 선고 2006구합40369 판결 : 항소.
92) 대전지방법원 2008. 3. 26. 선고 2007구합4683,4850 판결 : 항소.

30. 교사가 정당에 당원으로 가입하고 정치자금을 제공하였다는 이유가 징계사유가 되는지 여부

교육감이, 중학교 교사 갑이 을 정당에 당원으로 가입하고 정치자금을 제공하였다는 이유로 감봉 3월의 징계처분을 한 사안에서, 갑이 을 정당 계좌로 돈을 이체한 사실만으로 을 정당 당원이었다는 사실을 추인하기 어려워 갑이 을 정당 당원으로 가입하였다는 사실은 갑에 대한 징계사유가 될 수 없고, 갑이 을 정당에 정치자금을 기부한 행위는 국가공무원법 제65조 등을 위반한 징계사유에 해당하지만, 정치자금 기부사실이 50,000원에 한해서만 인정되는 점, 교육감 표창을 두 차례나 받는 등 교육공무원으로서 대체로 우수한 평가를 받은 점 등 제반 사정에 비추어 위 처분은 징계내용이 객관적으로 명백히 부당하여 사회통념상 현저하게 타당성을 잃은 처분으로서 징계재량권을 일탈·남용하여 위법하다.[93]

31. 징계방법으로서 체벌의 허용 여부 및 교사의 학생에 대한 체벌이 징계권의 행사로서 정당행위에 해당하기 위한 요건

교육기본법, 초·중등교육법 및 그 시행령 등의 내용과 입법 취지 등에 비추어 볼 때, 징계방법으로서 체벌은 허용되지 않으며, 기타 '지도'의 방법으로서도 훈육·훈계가 원칙이다. 학생에게 신체적 고통을 가하는 체벌은 교육상 불가피한 경우에 예외적으로만 허용되는 것으로서, 교사의 체벌은 교육적 목적이 있다는 등의 일정한 요건을 갖추면 당연히 행사될 수 있는 것이 아니라, 원칙적으로 학생에 대한 체벌은 금지하되, 교육상 불가피한 예외적인 경우에 한해 학교장의 위임을 받아 학생의 기본적 인권이 존중되고 보호될 수 있는 한도 내에서만 허용되는 것이다. 따라서 다른 교육적 수단으로는 도저히 학생의 잘못을 교정하기 불가능한 경우로서 그 방법과 정도에서도 사회통념상 용인될 수 있을 만한 객관적 타당성을 갖춘 경우에만 학교장의 위임을 받아 교사의 체벌이 예외적으로 허용된다.[94]

---

93) 부산지방법원 2012. 12. 20. 선고 2012구합3751 판결 : 항소.
94) 인천지방법원 2009. 4. 23. 선고 2009고단1010 판결 : 항소.

Ⅳ. 소청심판작성례

1. 소청취지

피청구인이 20○○. ○. ○. 결정한 청구인에 대한 파면처분은 이를 취소한다.
라는 재결을 구합니다.

2. 서식례 - 소청심사청구서(파면)

소 장

원 고 홍 길 동(000000-0000000)
○○시 ○○구 ○○동 ○○○

소송대리인 변호사 ○ ○ ○
○○시 ○○구 ○○동 ○○○ (우 :)

(전화 : ,팩스 :)

피 고 교육징계재심위원회

해임처분취소청구의 소

청 구 취 지

1. 피고가 20○○. ○. ○. 원고에 대하여 한 해임처분은 이를 취소한다.
2. 소송비용은 피고의 부담으로 한다.

라는 판결을 구합니다.

청 구 원 인

1. 원고는 20○○. 2. 15. 소외 학교법인 ○○학원(이하 '소외 학원'이라 한다) 산하 ○○대학교 조교수로 임명되고 20○○. 10. 1. 부교수로 승진하여 재직 중이었습니다.

2. 그런데 위 ○○대학교의 징계위원회는 20○○. 12. 2○. 원고가 ① ○○학원정상화 추진위원회(이하 '○○○'라 한다)라는 불법단체를 조직하고, 각종 유인물을 작성, 소외 학원의 임원, 그 산하 각급 학교 및 그 교직원의 명예를 실추시키는 행위를 하였으며, ② 소외 학원 산하 각 고등학교장의 명예를 훼손하여 명예훼손죄로 약식명령을 받는 등 교수로서의 손상시키는 행위를 하였으며, ③ ○○대학교 교무처장 재직시인 20○○ 대리시험에 의한 부정입학 및 자격 없는 자가 전임강사로 임용됨에 있어 그 사실을 확인하지 못한 직무상의 태만 등 사립학교법 제55조, 국가공무원법 제63조, 제66조 위반행위가 있다는 사유로 파면의 징계의결을 하였습니다.

3. 이 파면결의에 따라 소외 학원의 이사장은 20○○. 1. 1. 원고를 파면하는 처분(이하 '이 사건 파면처분'이라 한다)을 하였고, 이에 원고는 위 징계처분이 그 징계 사유없이 행하여진 것이며, 재량권 일탈 내지 남용에 의한 것이어서 위법하다는 이유로 교원지위향상을위한특별법에 의거하여 피고에게 재심청구를 하였습니다.

4. 위 재심청구에 따라 피고는 20○○. 4. 6. 원고에 대하여 "① 집단행위 및 품위손상의 점에 관하여는, 그 징계의결서 기재의 일련의 유인물작성, 배포 및 광고 등의 행위는 그 내용에 있어서 소외 법인의 임원의 퇴진을 요구하고 학원문제에 관하여 사회적 연대를 도모하는 것이며, 교수협의회 회원이 아닌 소외 학원 산하 11개 초, 중, 고등학교 교사로 구성된 ○○학원교사 정상화 추진위원회와 제휴하여 '○○○'를 결성한 것은 교수협의회 설립목적인 교수의 권익보호 등과도 무관한 것이므로,

그 일련의 행위는 청원권 행사의 범위를 벗어나는 것이고, 사립학교법 제55조에 의하여 준용되는 국가공무원법 제66조 제1항 소정의 집단행위금지에 위반되는 것인 한편 교권옹호의 자구적 행동의 한계를 벗어나는 것으로서 교수로서의 품위를 크게 손상시켰습니다. ② 명예훼손의 점에 관하여는, '○○○'명의의 ○○학원 현재단을 전면개편, 정상화하여야 할 10가지 이유, 100가지 사례라는 유인물에 의하여 그 각 교장들의 명예를 훼손하여 약식명령을 받았으므로 이에 대하여 정식재판청구를 하였다 하더라도 그 책임을 면할 수 없다."는 등의 사유로 그 징계처분은 적법하다고 판시(다만 직무태만의 점에 관하여는, 그 징계의결요구시 이미 그 사유 발생일로부터 2년이 경과되어 징계시효가 완성된 것이어서 이를 사유로 함은 위법한 것으로 판시)하였습니다. 그러나 원고의 위 각 행위는 그 방법의 선택에 있어 잘못이 있다고 하더라도 동기에 있어서 교수협의회 회장으로서 학교발전을 위한 충정에서 비롯된 점, 그 동안 쌓아 온 연구업적 및 교무처장 등 보직자로서 학교발전에 기여한 점 등에 비추어 위 파면처분이 너무 가혹하다 하여 위 파면을 해임의 징계처분으로 변경하는 결정(이하 "이 사건 해임처분"이라 한다)을 하였습니다.

5. 그런데 소외 학원은 20○○년 원고에 대한 이 사건 파면처분이 무효라는 이유로 이를 취소하였고, 원고의 임용기간이 20○○. 2. 28. 만료됨에 따라 20○○. 6. 29. 임용기간을 20○○. 3. 1.부터 20○○. 2. 28.까지로 하여 소외 학원의 부교수로 임용하였습니다.

6. 원고의 주장

원고는 첫째 이 사건 파면처분 및 해임처분은 사립학교법상의 징계사유 없이 행하여진 것이고 가사 일부 징계사유가 있다 하더라도 재량권 일탈 내지 남용으로 위법한 것이며, 둘째 피고는 이 사건 파면처분이 그 사유가 없으면 이를 취소, 환송하여야 함에도 피고가 직접 해임처분을 한 것은 무효이거나 취소를 면치 못한다는 것이며, 셋째 이 사건 파면처분은 후에 취소되었으므로 이를 전제로 한 이 사건 해임처분 또는 자동적으로 실효되는 것인 그 실효확인을 구하는 의미에서 이 사건 해임처분이 취소되어야 마땅합니다.

7. 위와 같이 제반사항을 볼 때 피고의 이건 처분은 앞뒤를 살펴보지 않고 원고의 공무담임권을 박탈한 위법이 있고, 임용권자가 재량권을 남용한 것으로 마땅히 취소되어야 할 것이므로 본 소 청구에 이르렀습니다.

입 증 방 법

1. 갑 제1호증 인사발령통지서
1. 갑 제2호증의 1 소청사건 결정통지서
1. 갑 제1호증의 2 동 결정문

그 밖의 입증서류는 변론시 제출하겠습니다.

첨 부 서 류

1. 위 입증서류 사본 각 1통
1. 주민등록초본 1통
1. 소장부본 1통
1. 위임장 1통

20○○. ○. .

위 원고 소송대리인

변호사 ○ ○ ○ (인)

○○지방법원 귀중

제5장 소청심판절차의 개관

Ⅰ. 소청심사제도의 의의

1. 개념 등

가. 개념

소청심사제도는 공무원이 징계처분, 그 밖에 그 의사에 반하는 불리한 처분이나 부작위에 대하여 이의를 제기하는 경우 이를 심사·결정하는 특별행정심판제도이다. 이는 위법·부당한 인사상 불이익 처분에 대한 구제라는 사법보완적 기능을 통하여 직접적으로는 공무원의 신분을 보장함으로써 직업공무원제도의 확립에 기여하고, 간접적으로는 행정의 자기통제 효과를 도모하는데 그 목적이 있다.

나. 성격 - 준사법적작용

소청심사제도는 의사에 반하는 불리한 처분이나 부작위에 불복하는 당사자로부터 소청제기가 있을 경우, 구체적인 사실관계에 대해 심리하고 법령을 해석·적용하여 이를 판단한다는 점에서 준사법작용의 성격을 가지고 있다.
또한 행정청의 의사의 표현으로서 그 자체가 행정작용이라는 이중적 성격을 가지고 있다는 점에 그 특징이 있다.

2. 행정심판 및 행정소송과의 관계

가. 행정심판과의 관계

다른 법률에서 특별한 불복절차를 규정하고 있을 경우에는 행정심판법에 의한 행정심판을 제기할 수 없다(행정심판법 제3조 제1항[95]). 따라서 국가공무원법 및 지방공무원법 등에 따라 소청심사대항이 되는 사건에 대해서는 행정심판을 청구할 수 없는 것이다. 한편, 청구인이 소청심사절차와 행정심판절차를 혼동하여 당해 소청심사위원회에 심판청구서를 제출한 경우에는 행정심판절차를 혼동하여 당해 소청심사위원회에 심판청구서를 제출한

95) 제3조(행정심판의 대상) ① 행정청의 처분 또는 부작위에 대하여는 다른 법률에 특별한 규정이 있는 경우 외에는 이 법에 따라 행정심판을 청구할 수 있다.

경우에는 심판청구서를 관계기관에 송부하여 청구인으로 하여금 올바른 절차를 밟을 수 있게 하는 것이 타당할 것이다. 그러나 청구인이 끝까지 소청심사절차를 고집하는 경우에는 소청심사위원회의 심리 · 의결을 거쳐 이를 각하할 수밖에 없다.

나. 행정소송과의 관계 – 필요적 전치

행정소송법은 제18조 제1항[96]에서 행정소송은 법령의 규정에 의하여 당해 처분에 대한 행정심판을 제기할 수 있는 경우에도 이를 거치지 아니하고 제기할 수 있다고 규정하여 행정심판을 임의적 절차로 하였다. 그러나 단서에서 법률에 당해 처분에 대한 행정심판의 재결을 거치지 아니하면 취소소송을 제기할 수 없다는 규정이 있는 때에는 예외로 한다는 규정을 두고 있는 바, 국가공무원법은 제16조 제1항[97]에서 소청심사위원회의 심사 · 결정을 거치지 아니하면 행정소송을 제기할 수 없다는 규정을 두고 있으므로 소청심사는 행정소송을 제기하기 전에 반드시 거쳐야 하는 필요적 전심절차임

• **Q&A**

Q

행정소송을 제기하기 전에 행정심판을 꼭 거쳐야 하는지

A

종전에는 행정소송을 제기하려면 반드시 먼저 행정심판을 거치도록 되어 있었으나(필요적 전치주의) 1998년 3월 1일부터(개정 1994.7.27.)는 개정된 행정소송법에 따라 원칙적으로 당해 법률에 다른 규정이 있는 경우를 제외하고는 행정심판제기의 유 · 무 및 그 전 · 후에 관계없이 행정소송을 제기할 수 있습니다(행정소송법 제18조 제1항 : 임의적 전치주의).
그러므로 당사자의 선택에 따라 행정심판을 청구한 후에 그 결과를 보고 행정소송을 제기하거나 또는 행정심판과 행정소송을 동시에 청구할 수 있으며, 아니면 처음부터 아예 행정심판을 거치지 않고 바로 행정소송을 제기할 수도 있습니다.

---

96) 제18조(행정심판과의 관계) ①취소소송은 법령의 규정에 의하여 당해 처분에 대한 행정심판을 제기할 수 있는 경우에도 이를 거치지 아니하고 제기할 수 있다. 다만, 다른 법률에 당해 처분에 대한 행정심판의 재결을 거치지 아니하면 취소소송을 제기할 수 없다는 규정이 있는 때에는 그러하지 아니하다.

97) 제16조(행정소송과의 관계) ① 제75조에 따른 처분, 그 밖에 본인의 의사에 반한 불리한 처분이나 부작위(不作爲)에 관한 행정소송은 소청심사위원회의 심사 · 결정을 거치지 아니하면 제기할 수 없다.

또한, 필요적으로 행정심판을 거치도록 되어 있는 종류의 소송이라도 변론종결 시까지 전치의 요건을 충족하면 그 하자는 치유됩니다.
여기서 말하는 행정심판은 실정법상 행정심판, 이의신청, 심사청구, 심판청구 등으로 불리는 모든 경우를 포괄하는 개념입니다.
임의적 전치주의 하에서 굳이 행정심판을 거칠 실익이 있는지 의문을 가질 수도 있으나, 행정심판에서는 행정처분의 위법뿐만 아니라 부당을 주장할 수도 있고, 그 절차가 비교적 간편하며 설사 행정심판으로 권리의 구제를 받지 못하더라도 이후 소송에서 행정심판기록 제출명령제도를 이용하여 간편하게 소송자료를 얻을 수 있는 장점이 있습니다.
현행법상 반드시 선행적으로 행정심판을 거쳐야 하는 대표적인 경우로는 크게 네 가지 경우가 있습니다. 다만 이 경우에도 취소소송 및 부작위위법확인소송이 아닌 무효확인소송이나 당사자소송의 경우에는 애당초 전치절차를 거칠 필요가 없습니다.
첫째, 「국세기본법」, 「관세법」은 '행정소송법' 제18조 제1항 본문의 적용을 배제하고 행정소송의 제기에 앞서 필요적으로 각 해당 법률이 정한 특별행정심판절차를 거칠 것을 요구하고 있습니다(국세기본법 제56조 제2항, 관세법 제120조 제2항).
이에는 세 가지 방법이 있는바, 임의적 이의신청절차를 거쳐 세무서장(세관장)을 거쳐 국세청장(관세청장)에게 심사청구를 하거나, 국세심판원장에게 심판청구를 하여 결정을 받거나, 또는 별도로 「감사원법」 제3장에 규정된 심사청구절차를 이용할 수 있습니다. 다만, 이와 같은 행정심판 절차는 중복적으로 진행할 수는 없습니다.
둘째, 공무원에 대한 징계 기타 불이익처분의 경우가 있는바, 일반 공무원의 경우 30일 이내에 소청심사위원회에 심사청구를 하여 이를 거친 후 90일 이내에 행정소송을 제기할 수 있고(국가공무원법 제16조 제1항, 지방공무원법 제20조의2), 교원인 공무원의 경우는 30일 이내에 교원징계재심위원회에 재심청구를 하여 이를 거친 후 90일 이내에 행정소송을 제기할 수 있습니다(교육공무원법 제53조 제1항, 제57조 제1항).
셋째, 노동위원회의 결정에 대한 불복의 경우가 있는바, 이 경우는 10일 이내에 중앙노동위원회에 재심신청을 거친 후 15일 이내에 행정소송을 제기할 수 있습니다(노동위원회법 제26조, 제27조, 노동조합및노동관계조정법 제85조).
넷째, 도로교통법상의 처분(운전면허정지, 운전면허의 취소 등)에 대한 불복으로서 행정소송을 제기하기 위해서는 행정심판재결을 거치지 아니하면 이를 제기할 수 없습니다(도로교통법 제142조).

3. 관계법령

○ 국가공무원법(법률 제12844호, '14.11.19.)⇒ 이하 "법"이라 함

○ 지방공무원법(법률 제12844호, '14.11.19.)

○ 외무공무원법(법률 제12844호, '14.11.19.)

○ 경찰공무원법(법률 제12844호, '14.11.19.)

○ 소방공무원법(법률 제12844호, '14.11.19.)

○ 국가정보원직원법(법률 제12223호, '14.1.7.)

○ 대통령 등의 경호에 관한 법률(법률 제11530호, '12.12.11.)

○ 교원지위향상을 위한 특별법(법률 제11690호, '13.3.23.)

○ 군인사법(법률 제12747호, '14.6.11.)

Ⅱ. 소청심사기관 및 대상 등

1. 개요

국가공무원법은 공정한 소청심사를 위하여 독립성과 합의성이 보장되는 위원회의 형식으로 소청심사기관을 설치할 것을 규정하고 있다(국가공무원법 제9조). 형식적으로는 중앙인사기관의 장 소속하에 설치되어 있으나 소청심사에 관한 업무는 어떠한 감독이나 지시도 받지 않으며, 소청심사위원회의 상임위원은 금고 이상의 형벌 또는 장기의 심신쇠약으로 직무를 수행할 수 없게 된 때를 제외하고는 그의 의사에 반하여 면직되지 않는 등 강한 신분보장을 받고 있다(국가공무원법 제11조).

2. 공무원 구분 및 소청심사기관

소청심사는 공무원의 신분과 소속 등에 따라 소청심사를 담당하는 기관도 서로 다르게 정해져 있다.

가. 공무원의 구분기준 및 분류에 따른 소청심사기관

<table>
<tr><th>구 분</th><th colspan="6">소 청 심 사 기 관</th></tr>
<tr><td rowspan="16">행정부</td><td rowspan="13">국가공무원</td><td rowspan="12">경력직</td><td>일반직</td><td colspan="3">인사혁신처 소청심사위원회</td></tr>
<tr><td rowspan="11">특정직</td><td>외무공무원</td><td colspan="2">인사혁신처 소청심사위원회</td></tr>
<tr><td rowspan="2">경찰공무원</td><td colspan="2">인사혁신처 소청심사위원회</td></tr>
<tr><td colspan="2">※ 단, 전투경찰대의 경사, 경장, 순경은 당해 전투경찰대가 소속된 기관에 설치된 경찰공무원징계위원회</td></tr>
<tr><td>소방공무원</td><td colspan="2">인사혁신처 소청심사위원회</td></tr>
<tr><td>검사</td><td colspan="2">소청제도 없음</td></tr>
<tr><td>교원</td><td colspan="2">교원소청심사위원회</td></tr>
<tr><td rowspan="2">군인</td><td>장교 및 준사관</td><td>· 국방부 중앙군인사소청심사위원회(징계처분 외)
· 항고심사위원회(징계처분)</td></tr>
<tr><td>부사관</td><td>· 각군 본부의 군인사소청 심사위원회(징계처분 외)
· 항고심사위원회(징계처분)</td></tr>
<tr><td>군무원</td><td colspan="2">· 국방부 군무원인사소청심사위원회(징계처분 외)
· 항고심사위원회(징계처분)</td></tr>
<tr><td>국가정보원</td><td colspan="2">인사혁신처 소청심사위원회</td></tr>
<tr><td>대통령경호실</td><td colspan="2">인사혁신처 소청심사위원회</td></tr>
<tr><td colspan="2">특수경력직</td><td colspan="3">원칙적으로 소청대상에 포함되지 않음</td></tr>
<tr><td rowspan="2">지방공무원</td><td rowspan="2">경력직</td><td>일반직</td><td colspan="3">· 각 시 · 도 지방소청심사위원회
· 교육소청심사위원회(지방교육청 소속 공무원)</td></tr>
<tr><td>특정직</td><td>지방소방공무원</td><td colspan="2">지방공무원 소청심사위원회</td></tr>
<tr><td></td><td colspan="2">특수경력직</td><td colspan="3">원칙적으로 소청대상에 포함되지 않음</td></tr>
<tr><td>입법부</td><td colspan="6">국회사무처 소청심사위원회</td></tr>
<tr><td>사법부</td><td colspan="6">법원행정처 소청심사위원회</td></tr>
<tr><td>헌재소</td><td colspan="6">헌법재판소사무처 소청심사위원회</td></tr>
<tr><td>중선위</td><td colspan="6">중앙선거관리위원회사무처 소청심사위원회</td></tr>
</table>

나. 특수한 경우의 소청관할

(1) 별정직공무원

별정직공무원은 국가공무원법 제3조에 따라 소청제도의 적용이 배제된다. 따라서 행정심판법에 의한 행정심판을 청구하여야 한다. 그러나 대통령의 처분 등에 대하여는 다른 법률에 특별한 규정이 있는 경우를 제외하고는 행정심판을 제기할 수 없으므로(행정심판법 제3조[98]), 대통령이 임용하는 별정직 고위공무원은 행정소송을 직접 제기할 수밖에 없고, 3급 상당 이하의 공무원은 행정심판법에 의한 행정심판을 제기하거나 행정소송을 제기하여야 한다.

(2) 법관의 소청 관할

법관이 징계처분에 대해 불복하는 경우 법관징계법 제27조[99]에 따라 징계처분이 있음을 안날부터 14일 이내에 전심 절차를 거치지 아니하고 대법원에 징계처분의 취소를 청구하여야 한다.

(3) 징계처분 이후 전직시의 소청 관할

징계처분 시 교육연구직으로 있다가 소청심사위원회에 소청을 제기한 이후 교원(교사)으로 전직되었을 경우, 처분 당시의 신분을 기준으로 하여 소청심사위원회에서 관할하는 것이 타당함

(4) 징계처분 이후 국가직에서 지방직 전환시 소청 관할

국가공무원 신분을 가진 공무원을 징계처분 함과 동시에 지방공무원으로 임명하였을 경우, 즉 징계처분 후 동일자를 국가직에서 지방직으로 전환시에도 국가공무원을 관할하는 소청심사위원회의 관할에 속한다(제106회 행정회의, 사건 70-299, 70-325).

---

98) 제3조(적용 범위) ① 이 법의 규정은 제33조, 제43조제1항, 제44조부터 제59조, 제59조의2, 제60조부터 제67조까지, 제69조 및 제84조 외에는 이 법이나 그 밖의 법률에 특별한 규정이 없으면 특수경력직공무원에게 적용하지 아니한다. 다만, 제33조와 제69조는 제2조제3항제1호의 정무직공무원에게 적용하지 아니한다.

② 제26조의2와 제26조의3은 국회규칙, 대법원규칙, 헌법재판소규칙, 중앙선거관리위원회규칙 또는 대통령령으로 정하는 공무원에게만 적용한다.

③ 제65조와 제66조는 제1항에도 불구하고 대통령령으로 정하는 특수경력직공무원에게 적용하지 아니한다.

99) 제27조(불복절차) ① 피청구인이 징계처분에 대하여 불복하려는 경우에는 징계처분이 있음을 안 날부터 14일 이내에 전심(前審) 절차를 거치지 아니하고 대법원에 징계처분의 취소를 청구하여야 한다.

② 대법원은 제1항의 취소청구사건을 단심(單審)으로 재판한다

(5) 검사의 소청관할 - 소청대상이 아니다.

국가공무원법 제9조 제4항에서는 '인사혁신처 소청심사위원회는 다른 법률로 정하는 바에 따라 특정직공무원의 소청을 심사 · 결정할 수 있다'고 규정하고 있는바, 각 개별 법률에서 인사혁신처 소청심사위원회에 소청을 청구할 수 있는 근거규정을 두고 있는 특정직 공무원의 경우 인사혁신처 소청심사위원회가 이를 심사 · 결정할 수 있다.

검사는 국가공무원법 제2조 제2호에서 정하고 있는 특정직공무원으로서, 검사의 신분관계를 규율하는 검찰청법 및 검사징계법 등 관계법령에서 검사의 소청심사청구에 관하여 어떠한 근거규정을 두고 있지 아니할 뿐만 아니라, 국가공무원법에 대한 준용규정 또한 마련되어 있지 아니하므로 검사에 대한 소청심사는 인사혁신처 소청심사위원회의 정당한 관할 사항에 해당하지 아니한다(사건 1999-229, 2004-230, 2007-75, 2013-168).

3. 소청심사의 대상

가. 개설

소청심사 대상에 대하여 국가공무원법 제9조는 '행정기관 소속 공무원의 징계처분, 그 밖에 그 의사에 반하는 불리한 처분이나 부작위'라고 규정하고 있다.

- 참고

> '그 의사에 반하는 불리한 처분'의 의미(사건 1998-864, 변상명령 청구 → 각하)
> 국가공무원법 제9조 제1항[100]의 '그 의사에 반하는 불리한 처분'이라 함은 인사행정의 근본기준을 확립하고자 하는 국가공무원법의 제정목적과 징계처분, 강임, 직위해제, 직권면직 등 신분상 불리한 처분을 소청심사 대상으로 하고 있는 위 규정의 제정취지에 비추어 볼 때, 공무원이 신분과 관련하여 받은 불리한 처분으로 보는 것이 타당하다.

(1) 징계처분

소청심사 대상인 i) 징계처분에는 파면 · 해임 · 강등 · 정직 · 감봉 · 견책(징계부과금 포함)의 6종류가 있고, ii) 그 밖에 그 의사에 반하는 불리한 처분{강임, 휴직, 직위해제, 면직, 전보, (기각)계고, (불문)경고, 면직처분 등}이나 iii) 부작위{복직 청구 등(당사자의

100) 제9조 (소청심사위원회의 설치) ① 행정기관 소속 공무원의 징계처분, 그 밖에 그 의사에 반하는 불리한 처분이나 부작위에 대한 소청을 심사·결정하게 하기 위하여 인사혁신처에 소청심사위원회를 둔다

신청에 대하여 행정청이 상당한 기간내 일정한 처분을 하여야 할 법률적 의무가 있는데도 처분을 하지 않는 경우) 등이 있다. 다만, 구체적으로 어떠한 것들이 포함되는지는 행위의 성질, 효과 등에 따라 결정된다.

• 관련판례

부작위위법 확인을 구할 법률상 이익이 없다고 판결한 사례(전주지방법원 2008. 7. 17. 선고 2008구합171 판결)

행정소송법 제4조 제3호가 정하는 부작위법확인의 소는 행정청이 당사자의 법규상 또는 조리상 권에 기한 신청에 대하여 상당한 기간 내에 그 신청을 인용하는 적극적 처분 또는 각하하거나 기각하는 등의 소극적 처분을 하여야 할 법률상의 응답의무가 있음에도 불구하고 이를 하지 아니하는 경우에는 그 부작위가 위법하다는 것을 확인함으로써 행정청의 응답을 신속하게 하여 부작위 또는 무응답이라고 하는 소극적인 위법상태를 제거하는 것을 목적으로 하는 제도이다. 따라서 부작위위법확인소송은 처분의 신청을 한 자로서 부작위의 위법을 구할 법률상의 이익 있는 자만이 제기할 수 있으므로 당사자가 행정청에 대하여 특정한 행정행위를 하여 줄 것을 요구할 수 있는 법규상 또는 조리상의 권리를 갖고 있지 아니한 경우에는 위법한 부작위가 있다고 볼 수 있으므로 그 부작위위법확인의 소는 부적법하다(대법원 1992. 6. 9. 선고 91누11278판결, 대법원 2000. 2. 25. 선고 99두1145판결 등 참조). 그런데 본 건의 경우는 원고가 피고(행정청)에 대하여 원고를 6급으로 승진심사위원회의 승진심사결과를 수용하지 않은 행위를 피고의 부작위로 보고 그 부작위의 위법확인을 구하여도 그 확인을 구할 법률상 이익이 없다할 것이므로 원고가 청구한 승진임용부작위 위법확인청구는 부적법하여 각하한다.

• 참고

소청심사의 대상이 되지 아니하는 것

▶ 공무원의 신분변동에 해당되지 않는 처분(변상명령 등)

▶ 일반적 · 추상적 행정법령 개정요구

▶ 행정청 내부의 의사결정 단계의 행위

▶ 행정청의 알선, 권고, 견해표명 등과 같이 법적효과가 발생하지 않는 행위는 소청심사의 대상이 되지 아니한다.

(2) 소청결정례에서 인정한 소청심사의 대상

(가) 심사대상이라고 본 사례

1) 불문경고

국가공무원법에 명시된 징계처분의 종류인 파면 · 해임 · 강등 · 정직 · 감봉 · 견책 외에도, 공무원징계령 시행규칙 제6조 제2항[101]에 따라 징계위원회에서 견책에 해당하는 비위를 불문으로 의결하고 경고할 것을 권고하는 사안에 있어서의 불문경고도 소청심사의 대상이 된다는 것이 위원회의 일관된 견해이며, 대법원에서도 처분성을 인정하고 있다.[102]

- 관련판례

【판시사항】 어떠한 처분의 근거나 법적인 효과가 행정규칙에 규정되어 있는 경우, 그 처분이 항고소송의 대상이 되는 행정처분에 해당하기 위한 요건 및 행정규칙에 의한 징계처분이 항고소송의 대상이 되는 행정처분에 해당한다고 한 사례(대법원2002. 7. 26. 선고 2001두3532 판결) 【판결요지】 항고소송의 대상이 되는 행정처분이라 함은 원칙적으로 행정청의 공법상 행위로서 특정 사항에 대하여 법규에 의한 권리의 설정 또는 의무의 부담을 명하거나 기타 법률상 효과를 발생하게 하는 등으로 일반 국민의 권리 의무에 직접 영향을 미치는 행위를 가리키는 것이지만, 어떠한 처분의 근거나 법적인 효과가 행정규칙에 규정되어 있다고 하더라도, 그 처분이 행정규칙의 내부적 구속력에 의하여 상대방에게 권리의 설정 또는 의무의 부담을 명하거나 기타 법적인 효과를 발생하게 하는 등으로 그 상대방의 권리 의무에 직접 영향을 미치는 행위라면, 이 경우에도 항고소송의 대상이 되는 행정처분에 해당한다. 따라서 행정규칙에 의한 '불문경고조치'가 비록 법률상의 징계처분은 아니지만 위 처분을 받지 아니하였다면 차후 다른 징계처분이나 경고를 받게 될 경우 징계감경사유로 사용될 수 있었던 표창공적의 사용가능성을 소멸시키는 효과와 1년 동안 인사기록카드에 등재됨으로써 그 동안은 장관표창이나 도지사표창 대상자에서 제외시키는 효과 등이 있다는 이유로 항고소송의 대상이 되는 행정처분에 해당한다.

---

101) 제6조(의결서의 작성 요령) ① 징계위원회가 제4조와 제5조에 따라 징계를 감경하거나 가중하여 의결하였을 때에는 「공무원징계령」 제12조제2항에 따른 징계등 의결서(이하 이 조에서 "징계등 의결서"라 한다)의 이유란에 그 사실을 구체적으로 밝혀야 한다.
② 제1항의 경우 견책에 해당하는 비위를 불문(不問)으로 의결하였을 때에는 징계등 의결서의 의결주문란에 "불문으로 의결한다. 다만, 경고할 것을 권고한다"라고 적는다.

102) 실제로 불문경고를 받게 되면, 처분 전의 공적은 감경대상 공적에서 제외되고(공무원 징계령 시행규칙 제4조 제1항), 인사기록카드에 등재되며, 포상추천 대상에서 제외되고(정부포상업무처리지침), 근무성적평정 시 감점이 되는 등의 신분상 불이익이 있다.

2) 그 밖에 그 의사에 반하는 불리한 처분

그 밖에 그 의사에 반하는 불리한 처분이란 강임 · 휴직 · 직위해제 · 면직(직권면직 및 의원면직)처분 등과 같이 공무원의 의사에 반하는 불리한 처분이 이에 해당된다. 그러나 이 때의 불이익은 단순한 사실상의 불이익이 아니라 법적으로 보호되어야 하는 구체적인 신분상 불이익이어야 한다.

(나) 심사대상이 아니라고 본 사례

1) 대외직명 심사신청 거부

대외직명 거부는 처분의 형식을 갖추지 아니한 것으로 거부처분으로 볼 수 없고, 대외직명부여 심사위원회의 부적합 결정 역시 행정권의 내부행위로서 그 처분성을 인정할 수 없다. 나아가 소청인은 대외직명 부여 거부를 취소를 구할 어떠한 법률상 이익이 없기 때문에 소청심사의 대상이 되지 아니한다.

대외직명 심사 신청 거부
이 사건 국립외교원장의 소청인에 대한 대외직명 거부는 처분의 형식을 갖추지 아니한 것으로 거부처분으로 볼 수 없고, 대외직명부여 심사위원회의 부적합 결정 역시 행정권의 내부행위로서 그 처분성을 인정할 수 없으며, 나아가 소청인은 대외직명 부여 거부를 취소를 구할 어떠한 법률상 이익이 없는 바, 여러 관점에서 살펴보더라도 소청인의 이 사건 소청심사청구는 부적합하다(사건 2014-411).

2) 정기전보대상 제외

정기전보 대상에서 제외하였다 하더라도 그와 같은 행위는 내부적인 의사결정에 불과하고, 그 자체가 어떠한 권리나 의무를 설정하거나 법률상 이익에 직접적인 변동을 초래하는 별도의 행정처분에 해당하지 아니하기 때문에 소청심사의 대상이 되지 아니한다.

정기전보대상 제외
소청인의 경우 2011. 1. 17. 고충(특정 관서 전보 희망)이 수용되어 희망 관서로의 전보를 기다리던 중, 같은 해 11. 향응수수로 감봉 1월의 징계처분을 받아 2012년도 정기정보 시00세무서에서

00세무서로 하향 전보되었고, 당해 관서에서 2년 이상 근무하지 않아 2013년도 정기전보 대상에서 제외되었으며, 피소청인이 소청인을 정기전보 대상에서 제외하였다 하더라도 그와 같은 행위는 소속 직원들에 대한 전보를 하기에 앞서 진행하는 절차 중의 하나로 내부적인 의사결정에 불과하다 할 것이고, 그 자체가 어떠한 권리나 의무를 설정하거나 법률상 이익에 직접적인 변동을 초래하는 별도의 행정처분에 해당하지 아니한다고 보아야 할 것이다(대법원 1997. 11. 14. 선고 97누7325판결 참조)(사건 2013-192).

3) 승진후보자명부 삭제

승진후보자명부에서의 삭제행위는 승진여부를 결정하기 위한 행정청 내부의 준비과정에 불과하고, 그 자체가 어떠한 권리나 의무를 설정하거나 법률상 이익에 직접적인 변동을 초래하는 별도의 처분이 아니다. 따라서 소청심사의 대상이 되지 아니한다.

승진후보자명부 삭제

대법원 판례에 의하면, 승진후보자명부에 등재되어 있던 자가 그 명부에서 삭제됨으로써 승진임용의 대상에서 제외되었다 하더라도, 그와 같은 승진후보자명부에서의 삭제행위는 결국 그 명부에 등재된 자에 대한 승진여부를 결정하기 위한 행정청 내부의 준비과정에 불과하고, 그 자체가 어떠한 권리나 의무를 설정하거나 법률상 이익에 직접적인 변동을 초래하는 별도의 처분이 된다고 할 수 없다고 판시하고 있는바(대법원 1997. 11. 14. 선고 97누7325 판결), 피신청인이 관계 법령 등에 따라 대리사격 비위가 적발된 사결점수를 0점 처리하고, 근무성적평점을 재산정하여 소청인을 승진후보자명부에서 삭제한 행위는 행정청 내부의 준비과정에 불과하고 그 처분성을 인정하기 어려우므로 소청심사의 대상에 해당하지 않는다고 판단된다(사건 2013-18).

4) 근무성적평정조정

근무성적평정조정은 처분청의 내부적 의사결정단계의 행위에 불과하고, 공무원평정규칙에 근무성적평정결과는 공개하지 않도록 되어있으며, 그것이 구체적인 처분이 있다고 볼 수 없기 때문에 소청심사의 대상이 되지 아니한다.

근무성적평정조정

행정청의 알선, 권고, 견해표명 등과 같이 법적효과를 발생하지 않는 행위나 행정청의 내부적 의사결정단계의 행위, 그리고 행정기관 상호간의 행위는 대외적으로 법적효력을 발휘하는 행정처분으로 볼 수 없는 바, 근무성적평정조정은 처분청의 내부적 의사결정단계의 행위로 보여지고, 공무원평정규칙에 근무성적평정결과는 공개하지 않도록 되어 있으며, 소청인에 대한 구체적인 처분이 있다고 볼 수 없으므로 소청심사의 대상이 아니다(사건 1993-329).

5) 시험합격결정취소요구

행정기간 상호간 시험합격결정을 취소토록 요구한 것은 행정기관 상호간의 행위로서 소청인에 대한 구체적인 행정처분이 없는 한 처분을 전제로 한 소청심사의 대상이 될 수 없다.

시험합격결정취소요구(총무처장관→국방부장관) 무효확인

총무처장관이 국방부장관에게 지적직 공무원을 특별채용함에 있어 응시자격이 없는 자격증 미소지자인 소청인 등 2명에 대한 시험합격결정을 취소토록 요구한 것은 행정기관 상호간의 행위로서 소청인에게 구체적인 행정처분이 없는 한 처분을 전제로 한 소청심사의 대상이 될 수 없다(사건 1993-381).

6) 봉급체계 개선요구

봉급체계 개선요구 등과 같이 일반적 · 추상적 행정법령의 개정(제도개선) 요구는 직접적인 법적효과가 발생하지 않는 행위이기 때문에 소청심사의 대상이 되지 아니한다.

봉급체계 개선요구

소청심사의 대상이 되기 위해서는 징계처분이나 불리한 처분 또는 부작위가 있고 이에 불복하여 소청심사청구를 하여야 하는데 이 건은 일반적 · 추상적 행정법령의 개정(제도개선)을 요구하고 있는 것이므로 소청심사의 대상이 될 수 없음(사건 1996-437).

Ⅲ. 소청당사자 및 관계인

가. 개설

소청심사는 소청인과 피소청인 사이의 대심구조로 편성하고, 구술심리의 기회를 보장하는 등 행정심판에 준사법적 절차를 준용하도록 규정한 헌법 제107조 제3항[103]의 취지를 구체화하고 있다. 여기서 말하는 "사법절차"를 특징짓는 요소로는 판단기관의 독립성 · 공정성, 대심적(對審的) 심리구조, 당사자의 절차적 권리보장 등을 들 수 있으나, 위 헌법조항은 행정심판에 사법절차가 "준용"될 것만을 요구하고 있으므로 위와 같은 사법절차적 요소를 엄격히 갖춰야 할 필요는 없다고 할지라도, 적어도 사법절차의 본질적 요소를 전혀 구비하지 아니하고 있다면 '준용'의 요구에 마저 위반된다.

• 관련판례

> **【판시사항】**
>
> 행정심판에 관한 헌법 제107조 제3항에서 규정하고 있는 '사법절차의 준용'의 의미(헌재 2000. 6. 1. 98헌바8 전원재판부
>
> **【결정요지】**
>
> 헌법 제107조 제3항은 "재판의 전심절차로서 행정심판을 할 수 있다. 행정심판의 절차는 법률로 정하되, 사법절차가 준용되어야 한다"고 규정하고 있으므로, 입법자가 행정심판을 전심절차가 아니라 종심절차로 규정함으로써 정식재판의 기회를 배제하거나, 어떤 행정심판을 필요적 전심절차로 규정하면서도 그 절차에 사법절차가 준용되지 않는다면 이는 헌법 제107조 제3항, 나아가 재판청구권을 보장하고 있는 헌법 제27조에도 위반된다. 여기서 말하는 "사법절차"를 특징지우는 요소로는 판단기관의 독립성 · 공정성, 대심적(對審的) 심리구조, 당사자의 절차적 권리보장 등을 들 수 있으나, 위 헌법조항은 행정심판에 사법절차가 "준용"될 것만을 요구하고 있으므로 위와 같은 사법절차적 요소를 엄격히 갖춰야 할 필요는 없다고 할지라도, 적어도 사법절차의 본질적 요소를 전혀 구비하지 아니하고 있다면 "준용"의 요구에 마저 위반된다.

103) ③ 재판의 전심절차로서 행정심판을 할 수 있다. 행정심판의 절차는 법률로 정하되, 사법절차가 준용되어야 한다.

나. 소청인

(1) 의의

소청인이란 징계처분 등 기타 신분상 불리한 처분이나 부작위 등에 불복하여 소청심사를 청구한 자를 지칭한다.

(2) 소청인 적격

(가) 취소청구의 청구인 적격

1) 법률상 이익

취소청구는 행정심판법 제13조 제1항에 의거하여 처분의 취소 또는 변경을 구할 법률상 이익이 있는 자가 제기할 수 있으며, 여기서 법률상 이익에는 권리뿐만 아니라 관계 규정에 의하여 보호되고 있는 이익도 포함된다.

2) 협의의 소익

가) 원칙

처분의 취소 · 변경과 무관하게 이미 처분의 실질적 존재 내지 효력이 상실된 경우에는 당해 청구는 목적이 없는 것으로서 각하대상이다. 따라서 취소청구의 제기 당시에는 청구인 적격이 인정되었던 경우라도, 그 심사 전에 청구대상인 처분의 효과가 소멸되면, 당해 취소청구는 각하되는 것이 원칙이다.

나) 예외

다만, 취소청구에 대한 심사의 목적이 보다 널리 현실적으로 발생하고 있는 권익침해를 구제하는데 있다고 볼 때, 처분이 소멸 또는 실효된 뒤에도 그 취소를 구하지 않으면 회복될 수 없는 권리 · 이익이 잔존하는 경우에는 청구인 적격을 인정하여야 할 것이다,

- 관련법규

행정심판법 제13조(청구인 적격) ① 취소심판은 처분의 취소 또는 변경을 구할 법률상 이익이 있는 자가 청구할 수 있다. 처분의 효과가 기간의 경과, 처분의 집행, 그 밖의 사유로 소멸된 뒤에도 그 처분의 취소로 회복되는 법률상 이익이 있는 자의 경우에도 또한 같다.

(나) 무효등확인청구의 청구인 적격

무효등확인청구는 처분의 효력 유무 또는 존재 여부에 대한 확인을 구할 법률상 이익이 있는 자가 제기할 수 있다.

• 관련법규

> 제13조(청구인 적격) ② 무효등확인심판은 처분의 효력 유무 또는 존재 여부의 확인을 구할 법률상 이익이 있는 자가 청구할 수 있다.

(다) 의무이행청구의 청구인 적격

의무이행청구는 처분을 신청한 자로서 행정청의 거부처분 또는 부작위에 대하여 일정한 처분을 구할 법률상 이익이 있는 자가 제기할 수 있다.

• 관련법규

> 제13조(청구인 적격) ③ 의무이행심판은 처분을 신청한 자로서 행정청의 거부처분 또는 부작위에 대하여 일정한 처분을 구할 법률상 이익이 있는 자가 청구할 수 있다.

(라) 청구인의 지위승계

1) 원칙

소청심사청구권은 공무원의 신분에 따른 일신전속적인 권리이다. 따라서 소청인이 사망한 경우 소청절차는 종료되고, 상속인 등에게 그 지위가 상속되지 아니하는 것이 원칙이다.

• 관련판례

> 【판시사항】
> 의원면직처분에 대한 무효확인소송 계속 중 당사자가 사망한 경우 소송이 종료되는지 여부(출처 : 대법원 2007. 7. 26. 선고 2005두15748 판결).
>
> 【판결요지】
> 공무원으로서의 지위는 일신전속권으로서 상속의 대상이 되지 않으므로, 의원면직처분에 대한 무효확인을 구하는 소송은 당해 공무원이 사망함으로써 중단됨이 없이 종료된다.

2) 예외

그러나 소청심사를 청구한 후 소청인이 사망한 경우 소청심사의 실익이 인정되면 소청절차를 계속 진행할 수 있다.

소청제기 후 소청인이 사망한 경우 소청절차를 계속 진행한 사례
비록 소청인의 사망으로 당사자적격이 상실되었다 하더라도 소청인이 소청을 제기할 당시에는 소청심사 청구 당사자로서의 정당한 권리가 있었고, 소청당사자인 공무원의 신분은 일신전속적인 것으로서 여타 권리와 같이 이전되거나 상속될 수 없기 때문에 본 사건의 원처분인 해임처분에 대한 본안심리 결과 발생할 수 있는 신분회복과 같은 기본적인 권리회복은 불가능하다 하더라도, 해임처분부터 사망시점까지 약 1개월여 기간 상당의 보수청구권 등 부수적 이익의 회복이 가능하다면 소청절차를 진행시킬 법률상 이익에 합치된다고 보이므로, 헌법재판소 전원재판부(89헌마240)에서도 청구인이 비록 사건 심판절차 계속 중에 사망하였다고 하더라도 이 사건 헌법소원을 인용한다면 그 배우자나 직계친족 등에 대하여 여타 권리 등 권리보호의 이익이 있다고 판시한 점, 대법원 85누39 판결에서도 파면처분취소소송의 사실심 변론종결 전에 동 원고가 형을 선고받아 확정되었다면 원고는 위 판결이 확정된 날 당연퇴직되어 그 공무원의 신분을 상실하고, 당연퇴직이나 파면이 퇴직급여에 관한 불이익의 점에 있어 동일하다 하더라도 취소한도 이 사건 파면처분이 있은 때부터 당연퇴직일까지의 기간에 있어서는 파면처분의 취소를 구하여 그로 인해 박탈당한 이익의 회복을 구할 소의 이익이 있다고 판시한 점 등을 참고하여 소청절차를 계속 수행하기로 결정한다(사건 2006-35).

(3) 피소청인

피소청인은 소속 공무원에 대하여 징계처분 · 그 밖에 그 의사에 반한 불리한 처분을 한 기관의 장 또는 부작위청(대통령이 행한 처분 또는 부작위의 경우에는 소속장관, 행정심판법 제16조 제2항)으로서 소청인의 소청제기에 따라 당사자로서 소청심사에 대응하는 상대방을 말한다. 만일, 임용권이 위임되어 있는 경우에는 위임받은 자가 그 위임된 임용권의 범위 내에서 피소청인이 된다.

• 관련법규

> **국가공무원법 제16조(행정소송과의 관계)** ① 제75조에 따른 처분, 그 밖에 본인의 의사에 반한 불리한 처분이나 부작위(不作爲)에 관한 행정소송은 소청심사위원회의 심사·결정을 거치지 아니하면 제기할 수 없다.
> ② 제1항에 따른 행정소송을 제기할 때에는 대통령의 처분 또는 부작위의 경우에는 소속 장관(대통령령으로 정하는 기관의 장을 포함한다. 이하 같다)을, 중앙선거관리위원회위원장의 처분 또는 부작위의 경우에는 중앙선거관리위원회사무총장을 각각 피고로 한다.

다. 관계인

(1) 소청인의 대리인

소청인은 대리인을 선임하여 해당 소청사건에 관한 행위를 하게 할 수 있으며, 그 행위의 효과는 직접 소청인에게 귀속된다. 대리인 선임에 관하여, 소청인은 변호사를 대리인으로 선임할 수 있으며(국가공무원법 제76조 제1항), 그 위임장은 소청심사위원회에 제출하여야 하며, 변호사를 대리인으로 선임한 경우에도 소청인은 심사회의에 참석할 수 있다(소청업무처리지침 제12조 제2항).

(2) 피소청인의 대리인

피소청인은 관계공무원[104] 또는 변호사를 대리인으로 지정 또는 선임하여 소청에 응하게 할 수 있다. 이 경우 대리인 지정서나 위임장을 심사회의 기일 이전에 당해 소청심사위원회에 제출하여야 하는데, 피소청인 대리인은 소청 심사회의에서 참석하여 징계 처분의 경위, 사실관계 등에 대해 충실한 답변을 할 수 있는 자이어야 한다.

(3) 참고인

소청의 결과에 대하여 이해관계가 있는 제3자 또는 행정청은 위원회의 허가를 받아 심사에 참가할 수 있고, 위원회도 필요하다고 인정하는 경우에는 참가할 것을 요구할 수 있다(행정심판법 제20조, 제21조).

104) 피소청인의 대리인은 심사회의에서 공정하고 책임 있는 답변을 하여야 하므로 특별한 사유가 있는 경우를 제외하고는 소청인보다 상위계급(경찰공무원의 경우 경위 이상)인 자를 지정하여야 한다(소청업무처리지침 제12조 제3항).

• 관련법규

행정심판법 제20조(심판참가) ① 행정심판의 결과에 이해관계가 있는 제3자나 행정청은 해당 심판청구에 대한 제7조제6항 또는 제8조제7항에 따른 위원회나 소위원회의 의결이 있기 전까지 그 사건에 대하여 심판참가를 할 수 있다.
② 제1항에 따른 심판참가를 하려는 자는 참가의 취지와 이유를 적은 참가신청서를 위원회에 제출하여야 한다. 이 경우 당사자의 수만큼 참가신청서 부본을 함께 제출하여야 한다.
③ 위원회는 제2항에 따라 참가신청서를 받으면 참가신청서 부본을 당사자에게 송달하여야 한다.
④ 제3항의 경우 위원회는 기간을 정하여 당사자와 다른 참가인에게 제3자의 참가신청에 대한 의견을 제출하도록 할 수 있으며, 당사자와 다른 참가인이 그 기간에 의견을 제출하지 아니하면 의견이 없는 것으로 본다.
⑤ 위원회는 제2항에 따라 참가신청을 받으면 허가 여부를 결정하고, 지체 없이 신청인에게는 결정서 정본을, 당사자와 다른 참가인에게는 결정서 등본을 송달하여야 한다.
⑥ 신청인은 제5항에 따라 송달을 받은 날부터 7일 이내에 위원회에 이의신청을 할 수 있다.

제21조(심판참가의 요구) ① 위원회는 필요하다고 인정하면 그 행정심판 결과에 이해관계가 있는 제3자나 행정청에 그 사건 심판에 참가할 것을 요구할 수 있다.
② 제1항의 요구를 받은 제3자나 행정청은 지체 없이 그 사건 심판에 참가할 것인지 여부를 위원회에 통지하여야 한다.

(4) 증인

위원회는 소청심사를 할 때 필요하면 증인을 소환하여 질문할 수 있다. 이러한 경우 일당과 여비를 지급하여야 하고, 징계요구기관이나 관계기관의 소속공무원을 증인으로 소환할 경우에는 당해 기관의 장은 이에 따라야 한다(국가공무원법 법 제12조 제2항, 제3항, 제5항).

• 관련법규

국가공무원법 제12조(소청심사위원회의 심사) ② 소청심사위원회는 제1항에 따른 심사를 할 때 필요하면 검증(檢證) · 감정(鑑定), 그 밖의 사실조사를 하거나 증인을 소환하여 질문하거나 관계 서류를 제출하도록 명할 수 있다.
③ 소청심사위원회가 소청 사건을 심사하기 위하여 징계 요구 기관이나 관계 기관의 소속 공무원을 증인으로 소환하면 해당 기관의 장은 이에 따라야 한다.
⑤ 소청심사위원회가 증인을 소환하여 질문할 때에는 국회규칙, 대법원규칙, 헌법재판소규칙, 중앙선거관리위원회규칙 또는 대통령령으로 정하는 바에 따라 일당과 여비를 지급하여야 한다.

또한, 소청당사자도 증인의 소환 · 질문을 신청할 수 있으나, 이때 증인채택 여부는 위원회의 결정사항이고, 채택된 증인의 여비는 신청인의 부담으로 함. 채택된 증인이 공무원인 경우에는 그 소속기관의 장은 그 증인에게 공가를 허가하여야 한다.

Ⅳ. 소청심사 청구

1. 청구 방법

공무원이 징계처분, 그 밖에 그 의사에 반하는 불리한 처분이나 부작위나 부작위에 대하여 소청심사를 청구할 때에는 소청심사청구서를 위원회에 제출하여야 한다.

2. 소첨심사청구서 기재사항

소청심사청구서에는 다음의 사항을 기재하여야 한다.

가. 주소, 성명, 주민등록번호 및 전화번호

나. 소속기관명 또는 전 소속관명과 직위 또는 전 직위

다. 피소청인(대통령의 처분 또는 부작위에 대하여는 제청권자)

라. 소청의 취지

마. 소청의 이유 및 입증방법

바. 처분사유설명서 또는 인사발령통지서의 수령지연으로 인하여 처분사유설명서에 기재된 일자로부터 소청심사기간을 초과하여 소청심사를 청구하는 경우에는 그 수령지연 사실의 입증자료

[예시] 소청심사청구서

[별지 제1호서식] 〈개정 2013.3.24., 2014.11.19., 2015.8.24., 2017.3.24.〉

소청심사청구서

1. 사건명 : 감봉1월 처분 취소 청구,
감봉1월 및 징계부가금 1배 처분 취소 청구

※ 사건명은 ○○ 처분 취소, 감경, 취소 또는 감경, 무효확인 중 선택

예시) 감봉1월 처분 취소 또는 감경 청구, 견책 처분 감경 청구,
○○ 처분 취소 청구, ○○ 처분 무효확인 청구,
○○ 및 징계부가금 ○배 처분 취소 청구

2. 소청인

성 명	홍 길 동 (한자 : 洪吉童)
주민등록번호	800101 – 1234567 (37 세)
소 속	○○지방경찰청 ○○경찰서
직(계)급	경 위
주 소	○○시 ○구 ○○로 0, 101동 101호(○동, ○○아파트) (우편번호 : 12345)
전자우편(e-mail)	abcdefg@korea.kr
전화번호	– 자택 또는 직장 : 02-123-1234 – 휴대전화 : 010-1234-5678 ※ 휴대전화 문자메시지(SMS)수신 동의 여부 : 동의함( ), 동의안함( )
대리인 (선임시 기재)	변호사 홍길순

3. 피소청인 :

※ 처분사유설명서의 처분권자(대통령인 경우 제청권자)

예시) ○○장관, ○○처장, ○○청장, ○○지방경찰청장, ○○경찰서장 등

4. 소청의 취지 : 피소청인이 2017년 1월 1일 소청인에게 한 감봉1월 처분의 취소 또는 감경 을(를) 구함.

※ 징계부가금 처분도 함께 소청심사을 청구 경우

예시) 피소청인이 2017년 1월 1일 소청인에게 한 감봉1월 및 징계부가금 1배 처분의 취소 또는 감경 을(를) 구함.

5. 처분사유설명서 수령일 : 년 월 일

6. 희망 심사시기 : 빨리( ), 늦게*( ), 의견 없음( )

* '늦게'로 표기한 경우 구체적인 희망시기와 사유 기재(법원명 사건번호, 희망시기, 사유)

7. 소청이유 : 별지로 작성

8. 입증자료 :

가. 인사발령통지서

나. 처분사유설명서(징계의결서 포함)

다. 소청 이유에 대한 입증서류(있을 경우)

라.

위와 같이 청구합니다.

2017년 1월 1일

위 청구인 홍 길 동 (서명 또는 인)

인사혁신처 소청심사위원회 위원장 귀하

[예시] 고충심사청구서

고충심사청구서

1. 청구인

성　명	홍 길 동　(한자 : 洪 吉 童)
생년월일	123456　　　(00 세)
소　속	○○부
직　급	○○(○급)
전화번호	- 자택 또는 직장 : 123-1234-1234 - 휴대전화 : 123-1234-1234 ※ 휴대전화 문자메시지(SMS)수신 동의 여부 : 동의함(　), 동의안함(　)
주　소	○시 ○구 ○○로 0, 101동 101호(○동, ○○아파트) (우편번호 : 123-1234-1234)
대리인 (선임시 기재)	변호사 홍길순

※ 개인정보보호법 제15조제1항제3호에 따라 법령에서 정한 소관업무 수행을 위하여 동의를 받지 않음

- 관련근거 : 국가공무원법 제76조의2 및 제76조의3, 경찰공무원법 제25조, 소방공무원법 제22조 및 교육공무원법 제49조, 공무원고충처리규정(대통령령)

2. 피청구인 : ○○부장관
3. 청구취지 : ○○고충 해결을 원함
4. 보통고충심사결정서 수령일 : 20○○년 ○월 ○일
5. 청구이유 : 별지로 작성
6. 입증자료 : 1. 재직증명서 1부,

2. 가족관계증명서 1부,

위와 같이 청구합니다.

2017년 1월 1일
위 청구인 홍길동 (서명 또는 인)

인사혁신처 중앙고충심사위원회 위원장 귀하

[별지]

고충이유

청구인 2000. 1. 1. 행정서기보로 임용되어 ○○청 ○○사무소에서 근무를 시작하여, 2010. 12. 31. 행정주사보로 승진한 뒤, 2013. 1. 1.부터 ○○청에서 근무 중인 공무원입니다.

청구인은 부모님 봉양을 위하여 ○○도 ○○시로 이사를 하여 살던 중, 현재 아무런 연고도 없는 서울 ○○청으로 2013. 1. 1. 전보되어 가족과 떨어져 지내고 있으며, 자녀 2명(만8세, 만6세)은 연로하신 부모님께서 돌보고 있습니다. 남편은 집에서 약 30km 떨어진 ○○시로 출·퇴근(왕복 60km)하고 있으나 민간 중소기업에 다니고 있어 야근은 물론 주말에도 출근을 해야 할 때가 많아 부모님께서 자녀들을 양육하고 있는 실정입니다.

청구인이 2013. 1. 1.자로 ○○청으로 전보된 후, 두자녀의 양육하기 위해 2014. 1. 1. ~ 2014. 12. 31.까지 육아휴직 및 복직 후 월요일부터 목요일까지만 근무(주4일, 1일 8시간씩 주 32시간)하는 유연근무를 하고 있으나, 야근에 주말 특근까지 항상 하고 있는 동료직원들에게 미안한 마음뿐입니다.

청구인의 건강 검사 결과 허리디스크(진단서 참고, 요추 추간판 탈출증) 초기로 건강에도 문제가 있어 지속적인 재활치료가 필요한 실정으로 혼자 고시원에서 생활을 하면서 매주 서울과 지방을 오가는데 무리가 있는 실정입니다.

청구인이 가족과 함께 자녀를 양육할 수 있는 주소지 관할 ○○청으로 전보를 희망하는 보통고충심사를 청구하였으나, ○○부 보통고충심사위원회는「공무원임용령」 제45조(필수보직기간의 준수 등)에 다른 소속으로의 전보는 임용일로부터 최소한 2년이 지나야 할 수 있도록 규정하고 있는 바, 청구인의 현 소속기관 실 근무기간이 2년 미만으로서 고충해소를 위한 전보 시 법령에 위반되므로 청구인의 고충청구를 2016. 2. 25. 기각결정 하였다.

이에, 청구인은「공무원임용령」제45조의 필수보직기간은 직위를 기준으로 산정하여야 하며 이에 비추어 볼 때, 청구인은 ○○청에서 ○○관 직위로 총 3년 간 근무하여 필수보직기간(3년)이 지났으며 아울러, 육아휴직 기간도 근속기간으로 인정해 주어야 하므로 법령 위반이 아니기 때문에 청구인의 위 고충을 감안하여 ○○청으로 전보해 달라는 것입니다.

2017 년 1 월 1 일

청구인 홍 길 동 (서명 또는 인)

3. 소청의 제기

가. 제기기간

• 관련법규

> **국가공무원법 제76조(심사청구와 후임자 보충 발령)** ① 제75조에 따른 처분사유 설명서를 받은 공무원이 그 처분에 불복할 때에는 그 설명서를 받은 날부터, 공무원이 제75조에서 정한 처분 외에 본인의 의사에 반한 불리한 처분을 받았을 때에는 그 처분이 있은 것을 안 날부터 각각 30일 이내에 소청심사위원회에 이에 대한 심사를 청구할 수 있다.

(1) 원칙

소청을 제기할 때는 징계, 강임, 휴직, 직위해제, 면직처분의 경우에는 처분사유 설명서[105]를 받은 날부터 30일 이내에, 처분사유설명서가 교부되지 아니하는 본인의 원에 따른 강임 · 휴직 또는 면직처분 등 기타 그 의사에 반한 불리한 처분을 받았을 때에는 그 처분이 있은 것을 안 날로부터 30일 이내에 관할 소청심사위원회에 소청을 제기하여야 한다. 이때 소청심사의 청구는 소청심사청구서가 위원회에 도달된 날에 제기한 것으로 본다(도달주의).

(2) 예외

• 관련법규

행정심판법 제27조(심판청구의 기간) ⑦ 제1항부터 제6항까지의 규정은 무효등확인심판청구와 부작위에 대한 의무이행심판청구에는 적용하지 아니한다.

다만, 행정처분의 당연무효사유에 해당하는 중대하고도 명백한 하자가 있음을 이유로 제기하는 무효확인심사청구와 행정청의 부작위에 대한 의무이행심사청구는 소청심사청구 제기기간의 제한을 받지 않는다(행정심판법 제27조). 다만, 무효사유를 이유로 취소청구 형식으로 제기할 경우에는 제기기간의 제한을 받는다.

(가) 처분사유설명서 수령을 거절한 경우 수령시기

징계처분사유설명서는 당해 공무원이 처분사유설서의 수령을 거절한 경우에도 동인이 볼 수 있는 상태에 놓임으로써 교부된 것으로 본다.

105) 법 제75조의 규정에 따른 처분사유설명서에는 "이 처분에 대한 불복이 있을 때에는 제76조제1항의 규정에 의하여 이 설명서를 받은 날부터 30일 이내에 소청심사위원회에 소청을 청구할 수 있다."는 사실을 고지하여야 하며, 법 제75조에서 정한 처분 이외의 본인의 의사에 반한 처분을 행할 때에는 "이 처분에 대한 불복이 있을 때에는 법 제76조제1항의 규정에 의하여 처분이 있은 것을 안 날부터 30일 이내에 소청심사위원회에 소청을 청구할 수 있다." 사실을 고지하여야 한다(소청업무처리지침 제24조).

처분사유설명서 수령을 거절한 경우 수령시기

상대방 있는 의사표시에 있어서는 그 상대방이 수령을 거절하더라도 정당한 이유가 없는 한 도달은 이었던 것으로 보아야 함이 상당하며, 그렇지 아니하고 소청인과 같이 원하는 시기에 징계처분사유설명서를 수령하여 소청심사를 청구할 수 있도록 한다면 국가공무원법에서 정한 소청청구제한기간을 심히 불안정하게 하여 법적 안정성이 저해될 우려가 있는바, 대법원 판례(대법원 1982. 3. 23. 선고 81누348 판결) 역시 징계처분사유설명서는 당해 공무원이 볼 수 있는 상태에 놓여짐으로써 교부된 것으로 보아야 한다고 하면서 원고가 전달받은 발령통지서를 되돌려주고 나서 추후 이를 다시 수령하여 소청을 청구한 것이 소청심사 청구기간을 경과하였다면 원고의 소청심사 청구는 소청제기의 불변기간으로 도과한 것이라도 판시하고 있는 점 등에 비추어 볼 때 소청인의 이 건 징계처분사유설명서의 수령시기는 00경찰서 00교도소장을 통하여 소청인에게 징계처분사유설명서를 전달하려고 한 2002. 5. 18.인 것으로 보아야 하므로 같은 해 6. 28. 제기한 소청인이 소청심사청구는 청구기간(30일)을 도과한 것이다(사건 2002-311).

(나) 무효확인청구의 소청제기기간

취소청구의 형식으로 제기되었을 때는 소청제기기간의 제한을 받으나, 그 무효사유를 들어 무효확인청구를 한다면 소청제기기간에 있어 제한을 받지 않는다.

무효확인 청구의 소청제기기간

소청인이 주장하는 위법원이 무효사유에 해당된다 할지라도 취소청구의 형식으로 제기되었을 때는 소청제기기간의 제한을 받으나, 그 무효사유를 들어 무효확인청구를 한다면 소청제기기간에 있어 제한을 받지 않으므로, 철도청이 한국철도공사로 전환되면서 공무원신불을 종료하게 되고 이에 따라 공무원연금 등에서 각 소청인이 1983년 당시 의원면직이 무효임을 확인받게 되면 연금 수령액이 증가하게 되어(소청 2004-617, 648), 2004. 7. 25.자로 벌금형으로 형이 확정되었으므로 소청인의 의원면직이 무효임을 확인받게 되면 복직할 수 있으므로(소청 2004-681) 소청청구의 이익이 있다 할 것이므로 각각의 소청청구는 소청제기기간 도과로 인한 각하사유에 해당되지 아니한다.

(다) 소청심사청구에 대하여 고지하지 않은 경우 소청심사제기 기간

소청심사청구기간을 알리지 아니하였다면 행정심판법 제18조 제6항, 제3항의 규정에 의하여 해임처분이 있은 날로부터 180일 이내에 소청심사청구를 할 수 있고 정당한 사유가 있을 경우에는 그 이후에도 심사청구를 할 수 있다.

소청심사청구에 대하여 고지하지 않은 경우 소청심사제기 기간
고지를 하지 않은 경우에도 그것이 당해 처분의 위법사유로 되지 않으나, 대법원은 "교육공무원에게 해임처분사실을 통지하면서 소청심사청구기간을 알리지 아니하였다면 행정심판법 제18조 제6항, 제3항의 규정에 의하여 해임처분이 있은 날로부터 180일 이내에 소청심사청구를 할 수 있고 정당한 사유가 있을 경우에는 그 이후에도 심사청구를 할 수 있다"(대법원 1992. 5. 26. 선고 92누206판결)라고 판시하고 있는바, 비록 처분청이 소청인에게 국가정보원직원법시행령에 정해진 서식에 의해 징계처분사유설명서를 교부하였다고 주장하고 있으나, 당해 징계처분사유설명서에 소청심사청구에 관한 고지가 없었던 점은 사실로 보이므로, 소청인의 소청심사청구는 소청심사 제기기간을 도과하지는 않은 것으로 판단된다(사건 2004-355)

(라) 무효확인 행정소송에 대한 전치요건 구비적용 여부

무효확인을 구하는 행정소송을 제기 하기에 앞서 전치요건을 구비하지 아니 하였다고 하더라도 무효인 처분이 유효로 확정될 위치도 아니라 할 것이니 무효확인 청구 소에 대하여 그 전치요건의 구비 여부에 관한 심리를 하지 아니한 채 처분이 무효라고 판시하였다 한들 이는 정당하다.

무효확인 행정소송에 대한 전치요건 구비적용 여부(대법원 1980. 9. 30. 선고 79누65 판결)
행정처분이 무효인 경우에는 권한있는 기관에 의한 무효선언을 기다릴 것도 없이 누구든지 그 무효를 주장할 수 있는 것이고, 따라서 무효확인을 구하는 행정소송을 제기 하기에 앞서 전치요건을 구비하지 아니 하였다고 하더라도 무효인 처분이 유효로 확정될 위치도 아니라 할 것이니 원심이 이와 같은 법리 아래에서 본건 직위해제 처분의 무효확인 청구 소에 대하여 그 전치요건의 구비 여부에 관한 심리를 하지 아니한 채 동 직위해제 처분이 무효라고 판시하였다 한들 이는 정당한 것이다.

(마) 당연무효를 선언하는 의미의 취소를 구하는 청구의 경우 전심절차

처분의 당연무효를 선언하는 의미에서의 취소를 구하는 청구도 외관상 존재하고 있는 행정처분에 관하여 권한 있는 기관에 의한 취소를 구하는 것인 점에서 하나의 항고소송이라 할 것이므로 제소요건으로서의 전심절차를 거쳐야 한다.

• 관련판례

> **당연무효를 선언하는 의미의 취소를 구하는 청구의 경우 전심절차(대법원 1982. 12. 28. 선고 81누72 판결)**
> 행정처분의 당연무효를 선언하는 의미에서의 취소를 구하는 청구도 외관상 존재하고 있는 행정처분에 관하여 권한 있는 기관에 의한 취소를 구하는 것인 점에서 하나의 항고소송이라 할 것이므로 제소요건으로서의 전심절차를 거쳐야 하는 것이고(당원 1976.2.24. 선고 75누128 전원합의체 판결 참조) 또한 원고가 계고처분의 취소를 구한 내용에 그 무효확인을 구하는 취지가 포함되어 있다고 볼 수는 없다(당원 1982.6.22. 선고 81누424 판결; 1970.5.26. 선고 70누30 판결 참조).

나. 제기기간 계산방법 - 초일불산입의 원칙

(1) 계산방법

기간계산은 민법의 기간계산 규정에 의하여 처분사유설명서를 받은 날인 초일은 산입하지 않고, 도달주의에 의거하여 소청심사청구서가 위원회에 도달한 날을 제기일로 본다. 만일, 기간의 말일이 토요일 또는 공휴일에 해당하는 때에는 그 기간은 그 익일로 만료함이 원칙이다.

(2) 성격

소청제기기간은 법률에 규정된 불변기간이다. 따라서 제기기간을 도과하여 접수한 경우 그에 대한 본안심사를 하지 아니하고 각하결정을 한다. 다만, 소청인에게 책임이 없는 사유로 소청제기기간이 도과된 경우에는 그 기간을 소청제기기간에 산입하지 아니하며, 책임 없는 사유의 여부는 위원회에서 결정한다.

다. 심사청구의 내용변경, 보완 및 취하

(1) 청구의 보완 및 취하 등

소청인은 심사 전까지는 당초 제출한 소청심사청구서의 내용을 추가로 변경하거나 보완

할 수 있으며, 청구의 일부 또는 전부를 취하할 수 있다. 만약, 소청인으로부터 취하서가 제출된 경우, 위원회는 소청 취하의 의사표시에 하자가 없는지를 확인하여 접수한 후 취하되었음을 소청당사자에게 알려야 한다.

(2) 강박에 의한 소청취하

강박으로 인하여 소청을 취하한 경우에는 그 취하는 무효이다. 따라서 무효인 소청취하의 의사표시를 다시 취소할 필요는 없으며 원래의 소청은 적법하게 존속하게 된다.

• 관련판례

【판시사항】
강박에 의한 소청취하의 효력(대법원 1978. 11. 14. 선고 78누367 판결)

【판결요지】
강박으로 인하여 소청을 취하한 경우에는 그 취하는 무효라 할 것이므로 그 무효인 소청취하의 의사표시를 다시 취소할 필요는 없으며 원래의 소청은 적법하게 존속한다.

4. 심사청구의 효과

가. 소청심사위원회에 대한 효과

소청심사위원회는 적법한 소청을 접수하였을 때에는 지체 없이 이를 심사하여야 하며, 접수한 날로부터 60일 이내에 이에 대한 결정을 하여야 한다. 다만, 불가피하다고 인정되는 경우에는 위원회의 의결을 30일을 연장할 수 있다.

나. 처분에 대한 효과(집행부정지 원칙)

• 관련법규

행정심판법 제30조(집행정지) ① 심판청구는 처분의 효력이나 그 집행 또는 절차의 속행(續行)에 영향을 주지 아니한다.
② 위원회는 처분, 처분의 집행 또는 절차의 속행 때문에 중대한 손해가 생기는 것을 예방할 필

요성이 긴급하다고 인정할 때에는 직권으로 또는 당사자의 신청에 의하여 처분의 효력, 처분의 집행 또는 절차의 속행의 전부 또는 일부의 정지(이하 "집행정지"라 한다)를 결정할 수 있다. 다만, 처분의 효력정지는 처분의 집행 또는 절차의 속행을 정지함으로써 그 목적을 달성할 수 있을 때에는 허용되지 아니한다.
③ 집행정지는 공공복리에 중대한 영향을 미칠 우려가 있을 때에는 허용되지 아니한다.
④ 위원회는 집행정지를 결정한 후에 집행정지가 공공복리에 중대한 영향을 미치거나 그 정지사유가 없어진 경우에는 직권으로 또는 당사자의 신청에 의하여 집행정지 결정을 취소할 수 있다.
⑤ 집행정지 신청은 심판청구와 동시에 또는 심판청구에 대한 제7조제6항 또는 제8조제7항에 따른 위원회나 소위원회의 의결이 있기 전까지, 집행정지 결정의 취소신청은 심판청구에 대한 제7조제6항 또는 제8조제7항에 따른 위원회나 소위원회의 의결이 있기 전까지 신청의 취지와 원인을 적은 서면을 위원회에 제출하여야 한다. 다만, 심판청구서를 피청구인에게 제출한 경우로서 심판청구와 동시에 집행정지 신청을 할 때에는 심판청구서 사본과 접수증명서를 함께 제출하여야 한다.
⑥ 제2항과 제4항에도 불구하고 위원회의 심리 · 결정을 기다릴 경우 중대한 손해가 생길 우려가 있다고 인정되면 위원장은 직권으로 위원회의 심리 · 결정을 갈음하는 결정을 할 수 있다. 이 경우 위원장은 지체 없이 위원회에 그 사실을 보고하고 추인(追認)을 받아야 하며, 위원회의 추인을 받지 못하면 위원장은 집행정지 또는 집행정지 취소에 관한 결정을 취소하여야 한다.
⑦ 위원회는 집행정지 또는 집행정지의 취소에 관하여 심리 · 결정하면 지체 없이 당사자에게 결정서 정본을 송달하여야 한다.

소청이 제기되어도 처분의 효력이나 집행 또는 절차의 속행에 영향을 주지 아니한다. 다만, 예외적으로 위원회는 처분, 처분의 집행 또는 절차의 속행 때문에 중대한 손해가 생기는 것을 예방할 필요성이 긴급하다고 인정할 때에는 당사자의 신청 또는 직권으로 처분의 효력 등을 정지하는 결정을 할 수 있지만, 이러한 집행정지는 공공복리에 중대한 영향을 미칠 우려가 있을 때에는 허용되지 아니한다.

Ⅴ. 소청사건의 심사

1. 심사의 내용

가. 요건심사

요건심사란 당해 심사청구가 그 제기요건을 갖추고 있는지 여부를 심사하는 것을 말하며, 심사결과 제기요건을 갖추지 못하였다고 판단될 경우 이를 각하한다. 그러나 요건불비가 보정될 수 있는 것인 때에는 위원회는 청구서를 접수한 날로부터 7일 이내에 상당한 기간을 정하여 그 보정을 요구하거나, 경미한 사안은 직권으로 보정할 수 있으며, 위 보정기간 내에 보정하지 아니할 때에는 소청심사청구를 취하한 것으로 간주한다.

나. 소청제기기간 검토

소청제기기간은 처분사유설명서를 받은 경우에는 그 설명서를 받은 날부터, 그 밖에 그 의사에 반하는 불리한 처분을 받았을 때에는 그 처분이 있은 것을 안 날부터 각각 30일 이내에 제기하여야 한다.[106] 소청제기기간을 도과한 경우에는 각하결정을 하며, 이와 같이 기간도과로 각하결정을 받게 되면 행정소송을 제기하더라도 적법한 소청심사를 거치지 않았다 하여 각하판결을 한다.

(1) 수감중인 소청인의 소청기간

소청절차규정 제3조의 규정에 의하면 소청인에게 책임없는 사유로 소청심사의 청구를 할 수 없는 기간은 소청제기 기간에 산입하지 않도록 하고 있으며, 그 책임없는 사유의 여부는 위원회에서 결정토록 하고 있다.

구치소 수감 중인 소청인의 소청제기기간 도과
소청인은 처분사유설명서를 받을 당시 수감 중이었고, 인사계 직원에게 확인한 결과 소청은 본인만이 청구할 수 있다고 하여 포기하고 있다가 뒤늦게 소청을 제기하게 되었다고 주장하고 있는바, 소청절차규정 제3조의 규정에 의하면 소청인에게 책임 없는 사유로 소청심사의 청구를 할

106) 다만, 소청인에게 책임이 없는 사유로 소청심사의 청구를 할 수 없는 기간은 소청제기 기간에 산입하지 아니하며, 이 경우 책임 없는 사유의 여부는 위원회가 결정한다.

수 없는 기간은 소청제기 기간에 산입하지 않도록 하고 있으며, 그 책임 없는 사유의 여부는 위원회에서 결정토록 하고 있으나, 이 건 소청인이 구치소 수감 중이라도 본인이 작성하여 우편 또는 인편으로 소청을 제기하거나 대리인을 통해서도 소청을 제기할 수 있음에도 이를 잘못 알고 소청제기기간을 도과한 것은 이른바 법의 무지에서 기인한 것으로 이를 위 규정에서 정한 "소청인에게 책임 없는 사유"로 보기는 어려우므로 소청인의 청구를 각하한다(사건 2001-225).

(2) 기간도과한 심사청구를 행정관청이 본안심사한 경우 전치요건 충족 여부

심사청구기간을 도과한 뒤에 제기된 부적법한 심사청구를 각하하지 아니하고 본안에 들어가서 심사결정을 하였다 할지라도 이는 행정소송의 전제가 되는 전심절차주의의 요건을 충족시킨 것이라고 볼 수 없다.

- 관련판례

【판시사항】
심사청구기간 도과후에 제기된 부적법한 심사청구를 각하하지 아니하고 받여들여 본안 심사결정을 한 경우에 소원전치주의의 요건을 충족시킨 것이라고 볼 수 있는지 여부(대법원 1975. 11. 25. 선고 74누214 판결)

【판결요지】
내무부장관이 심사청구기간을 도과한 뒤에 제기된 부적법한 심사청구를 각하하지 아니하고 그것을 받아들여 본안에 들어가서 심사결정을 하였다 할지라도 이러한 심사청구는 행정소송의 전제가 되는 전심절차주의의 요건을 충족시킨 것이라고 볼 수 없다.

【판시사항】
기간도과한 심시청구를 행정관청의 본안심사한 경우와 전치요건 충족여부(대법원 1983. 4. 26. 선고 83누36 판결)

【판결요지】
심사청구기간을 도과한 뒤에 제기된 부적법한 심사청구를 각하하지 아니하고 내무부장관이 그것을 받아 들여 본안에 들어가서 심사결정을 하였다 하더라도 이러한 심사청구는 행정소송의 전제가 되는 전심절차의 요건을 충족시킨 것이라고 볼 수 없다.

【판시사항】
소청제기기간이 도과한 이후에 소청을 거쳐 행정소송을 제기한 경우, 적법한 전심절차를 거치지 아니한 것으로 보아 각하한 사례(서울행정법원 2006. 5. 16. 선고 2006구합248 판결)

【판결요지】
국가공무원법 제76조 제1항은 징계처분을 받은 공무원이 그 처분에 불복이 있을 때에는 그 설명서를 받은 날부터 30일 이내에 소청심사위원회에 심사를 청구할 수 있다고 규정하고 있고, 같은 법 제16조에는 징계 등에 대한 행정소송은 소청심사위원회의 심사 · 결정을 거치지 아니하면 이를 제기할 수 없다고 규정하고 있는 바, 원고는 이 사건 파면에 대한 처분사유설명서를 2005. 6. 24. 수령하였으면서도, 그로부터 30일이 경과하였음이 역수상 명백한 2005. 10. 28. 비로소 이 사건 파면에 불복하는 소청을 제기하였으므로, 그 소청은 소청제기가간을 도과한 부적법한 청구라 할 것이고(소청에서 각하 결정을 받았음), 따라서 이 사건 파면의 취소를 구하는 이 사건 소는 적법한 전심절차를 거치지 아니하였으므로 부적법하다.

2. 소청인 적격에 대한 검토

가. 공무원

• 관련법규

국가공무원법 제3조(적용 범위) ① 이 법의 규정은 제33조, 제43조제1항, 제44조부터 제59조, 제59조의2, 제60조부터 제67조까지, 제69조 및 제84조 외에는 이 법이나 그 밖의 법률에 특별한 규정이 없으면 특수경력직공무원에게 적용하지 아니한다. 다만, 제33조와 제69조는 제2조 제3항제1호의 정무직공무원에게 적용하지 아니한다.
② 제26조의2와 제26조의3은 국회규칙, 대법원규칙, 헌법재판소규칙, 중앙선거관리위원회규칙 또는 대통령령으로 정하는 공무원에게만 적용한다.
③ 제65조와 제66조는 제1항에도 불구하고 대통령령으로 정하는 특수경력직공무원에게 적용하지 아니한다.

소청심사는 공무원이 재직 중 받은 징계 등 불리한 처분에 대하여 불복청구를 하는 것이며, 공무원 중에서 특수경력직 공무원(정무직, 별정직 공무원)에게는 소청심사제도가 적용되지 않는다(국가공무원법 제3조).

특별채용 거부처분에 대하여 응시자가 소청심사를 청구할 수 있는지
소청심사 청구는 공무원이 징계 등 불리한 처분을 받은 데 대하여 제기하는 불복청구이므로 청구인 적격으로 공무원이라는 신분을 전제로 하고 있는 것인바, 소청인이 과거에 공무원의 신분을 취득한 사실이 있었다 하더라도 이미 그 신분관계는 종료되었으므로 그 종료원인에 대한 소청심사를 청구함은 별론으로 하고(이 경우 소청제기기간의 문제가 있음은 별론) 그와는 별도로 새로이 공무원의 신분설정을 요구하는 특별채용청구를 한 데에 대하여 피소청인이 내린 거부처분은 공무원에 대한 불이익처분이라 할 수 없어 본건은 청구인 부적격으로 각하대상이다(사건 1991-226).

나. 법률상 이익

소청심사청구는 처분의 취소, 변경이나 무효 등의 확인 또는 일정한 처분을 구할 법률상 이익이 있는 자가 제기할 수 있다. 따라서 소청인이 제기한 청구가 법률상 이익이 없다고 판단된 경우, 즉 처분청의 처분에 의하여 공무원으로서의 권리나 법적으로 보호되고 있는 이익이 침해당하지 아니한 것으로 판단된 경우에는 각하결정을 하여야 한다.

(1) 권리구제가 실현될 수 없는 경우

소청인에게 유리한 결정을 하여도 소청인의 권익구제가 실현될 수 없는 경우에는 소청심사의 실익이 없다고 판단하여 각하결정을 한다.

(2) 당연퇴직

금고 이상의 형의 확정으로 인해 당연퇴직된 경우 당연퇴직 자체는 소청심사의 대상이 아니다. 하지만, 당연퇴직에 선행되는 징계처분 등의 불이익 처분에 대하여는 선행 처분일로부터 당연퇴직 시점까지 공무원 신분을 유지함으로써 얻을 수 있는 보수 등의 이익이 있으므로 소청심사청구의 이익이 있다고 보고 있다. 즉, 징계벌과 형사벌은 별개이다.

• 관련판례

> 【판시사항】
> 파면처분이 있은 후에 금고 이상의 형을 선고받아 당연퇴직된 경우에도 위 파면처분의 취소를 구할 이익이 있는지 여부(대법원 1985. 6. 25. 선고 85누39 판결)
>
> 【판결요지】
> 파면처분취소소송의 사실심변론종결전에 동원고가 허위공문서등작성 죄로 징역 8월에 2년간 집행유예의 형을 선고받아 확정되었다면 원고는 지방공무원법 제61조의 규정에 따라 위 판결이 확정된 날 당연퇴직되어 그 공무원의 신문을 상실하고, 당연퇴직이나 파면이 퇴직급여에 관한 불이익의 점에 있어 동일하다 하더라도 최소한도 이 사건 파면처분이 있은 때부터 위 법규정에 의한 당연퇴직일자까지의 기간에 있어서는 파면처분의 취소를 구하여 그로 인해 박탈당한 이익의 회복을 구할 소의 이익이 있다 할 것이다.

(3) 전출의무이행요청(타인에 대한 전보신청)이 소청심사 대상인지

소청심사청구는 본인에 대한 징계 등 불리한 처분에 한정된다. 따라서 다른 동료직원까지 포함하여 타부서로 전출을 해달라는 것은 심사대상이 되지 아니한다(사건 1992-377).

(4) 전보 후 의원면직한 경우 전보처분 취소를 구할 실익유무

전보 후 의원면직 하였을 경우, 이미 의원면직 처분된 상태이므로 소청의 실익은 없다(사건 2008-546).

(5) 징계처분 공무원의 자진퇴직

징계처분을 받은 공무원이 자진퇴직 되어 그 신분이 상실된 경우에도 위법한 감봉처분의 취소가 필요한 경우에는 위 감봉처분의 취소를 구할 소의 이익이 있다.

• 관련판례

【판시사항】
징계처분을 받은 공무원이 자진 퇴직한 경우 징계처분취소 소송의 이익(대법원 1977. 7. 12. 선고 74누147 판결)

【판결요지】
징계처분으로서 감봉처분이 있은 후 공무원의 신분이 상실된 경우에도 위법한 감봉처분의 취소가 필요한 경우에는 위 감봉처분의 취소를 구할 소의 이익이 있다.

(6) 근무정년이 초과된 직원이 제기한 징계해직처분 및 의원해직처분의 무효확인, 취소청구의 소

징계해직처분 및 의원해직처분이 무효임이 확인되거나 또는 취소된다고 할지라도 이미 근무정년을 초과하여 직원으로서의 신분을 회복할 수 없다면 위 처분의 무효확인이나 취소청구에 관한 소는 확인의 이익 또는 권리보호의 요건을 갖추지 못하였다 할 것이다.

• 관련판례

【판시사항】
근무정년이 초과된 직원이 제기한 징계해직처분 및 의원해직처분의 무효확인, 취소청구의 소의 이익유무(대법원 1984. 6. 12. 선고 82다카139 판결)

【판결요지】
원고들에 대한 조건부 징계해직처분 및 의원해직처분이 무효임이 확인되거나 또는 취소된다고 할지라도 원고들이 이미 근무정년을 초과하여 피고(농업협동조합중앙회)의 직원으로서의 신분을 회복할 수 없다면 위 처분의 무효확인이나 취소청구에 관한 소는 확인의 이익 또는 권리보호의 요건을 갖추지 못하였다 할 것이고 원고들은 피고에 대한 급료청구소송이나 명예침해 등으로 인한 손해배상청구소송에서는 그 전제로서 위 처분의 무효 또는 취소를 주장하여 구제를 받을 수 있다 할 것이므로 그 전제 문제가 되는 위 처분의 무효확인 또는 취소판결을 받는 것이 급료청구소송, 명예침해 등으로 인한 손해배상청구소송에 유효적절한 수단이 될 수 없어 위 처분의 무효 또는 취소만을 따로 독립하여 소로 다툴 실익이 없다.

(7) 상고심 계속중에 이미 국가공무원법 소정의 정년이 지난 경우

상고심 계속중에 이미 국가공무원법 소정의 정년이 지났으므로 면직처분이 무효로 확인된다 하더라도 공무원의 신분을 다시 회복할 수 없기 때문에, 권리 또는 법률상 지위에 현존하는 불안, 위험을 제거하는 데 필요하고도 적절한 것이라 할 수 없으므로 확인의 이익이 없다.

- 관련판례

> 【판시사항】
> 공무원면직처분무효확인의 소의 원고들이 상고심 계속중에 이미 국가공무원법 소정의 정년이 지난 경우 확인의 이익 유무(대법원 1993. 1. 15. 선고 91누5747 판결)
>
> 【판결요지】
> 원고들은 상고심 계속중에 이미 국가공무원법 소정의 정년이 지났으므로 면직처분이 무효로 확인된다 하더라도 공무원의 신분을 다시 회복할 수 없기 때문에, 비록 면직으로 인한 퇴직기간을 재직기간으로 인정받지 못함으로써 퇴직급여, 승진소요연수의 계산 및 호봉승급에 과거의 불이익이 남아 있긴하나 이러한 불이익이 현재는 계속되고 있지 아니하고, 면직처분으로 인한 급료청구소송 또는 명예침해 등을 이유로 한 손해배상청구소송에서 위 처분의 무효를 주장하여 과거에 입은 권익의 침해를 구제받을 수 있는 이상, 소로써 면직처분의 무효확인을 받는 것이 원고들의 권리 또는 법률상 지위에 현존하는 불안, 위험을 제거하는 데 필요하고도 적절한 것이라 할 수 없으므로 확인의 이익이 없다.

(8) 효력기간이 경과한 처분

제재적 행정처분이 그 처분에서 정한 제재기간의 경과로 인하여 그 효과가 소멸되었으나, 부령인 시행규칙 또는 지방자치단체의 규칙의 형식으로 정한 처분기준에서 제재적 행정처분을 받은 것을 가중사유나 전제요건으로 삼아 장래의 제재적 행정처분을 하도록 정하고 있는 경우, 선행처분인 제재적 행정처분을 받은 상대방이 그 처분에서 정한 제재기간이 경과하였다 하더라도 그 처분의 취소를 구할 법률상 이익이 있다.

(9) 복직은 되었으나 면직처분의 무효 여부에 관하여 다툼이 있고, 그로 인하여 퇴직급여, 호봉승급 등에 있어서 현재에도 불이익한 대우를 받고 있는 경우 면직처분무효확인의 소는 확인의 이익

복직은 되었으나 면직처분의 무효 여부에 관하여 다툼이 있고, 현재에도 계속하여 불이익한 대우를 받고 있다면 그 법률상의 지위의 불안, 위험을 제거할 필요가 있고 다른 소송수단(국가배상소송이나 민사소송)으로는 위와 같은 권리 또는 법률상의 지위의 불안, 위험을 제거하기에 미흡하여 면직처분무효확인의 소가 필요하고도 적절한 것이므로 면직처분무효확인의 소는 확인의 이익이 있다고 할 것이다.

- 관련판례

【판시사항】
효력기간이 경과한 처분의 취소를 구할 법률상의 이익 유무(대법원 2006. 6. 22. 선고 2003두1684 전원합의체 판결)

【판결요지】
제재적 행정처분이 그 처분에서 정한 제재기간의 경과로 인하여 그 효과가 소멸되었으나, 부령인 시행규칙 또는 지방자치단체의 규칙의 형식으로 정한 처분기준에서 제재적 행정처분을 받은 것을 가중사유나 전제요건으로 삼아 장래의 제재적 행정처분을 하도록 정하고 있는 경우, 선행처분인 제재적 행정처분을 받은 상대방이 그 처분에서 정한 제재기간이 경과하였다 하더라도 그 처분의 취소를 구할 법률상 이익이 있다.

- 관련판례

【판시사항】
국회해직공무원인 원고가 복직은 되었으나 원 · 피고사이에 원고의 면직처분의 무효 여부에 관하여 다툼이 있고 원고가 그로 인하여 퇴직급여, 호봉승급 등에 있어서 현재에도 불이익한 대우를 받고 있는 경우, 면직처분무효확인의 소의 확인의 이익 유무(대법원 1991. 6. 28. 선고 90누9346 판결)

【판결요지】
국회해직공무원인 원고가 복직은 되었으나 원 · 피고 사이에 원고의 면직처분의 무효 여부에 관하여 다툼이 있고 원고가 면직으로 인한 퇴직기간을 재직기간으로 인정받지 못하고 있어 퇴직급여, 승진소요년수의 계산 및 호봉승급 등에 있어서 현재에도 계속하여 불이익한 대우를 받고 있다면 그 법률상의 지위의 불안, 위험을 제거할 필요가 있고 다른 소송수단(국가배상소송이나 민사소송)으로는 위와 같은 원고들의 권리 또는 법률상의 지위의 불안, 위험을 제거하기에 미흡하여 면직처분무효확인의 소가 필요하고도 적절한 것이므로 면직처분무효확인의 소는 확인의 이익이 있다고 할 것이다.

3. 소청심사 대상 검토

소청심사대상은 징계처분, 그 밖에 그 의사에 반하는 신분상 불리한 처분, 거부처분 및 부작위이므로 처분성이 인정되지 않거나 공무원 신분에 관계된 처분이 아니거나 부작위의 요건을 갖추지 않은 이행청구의 경우에는 각하결정을 한다.

공무원 보수업무처리지침의 시정요구가 소청심사 대상인지 여부
10(라)등급에서 11(다)등급으로 승격했음에도 불구하고 연봉이 감액된 2008년 공무원보수업무처리지침의 시정 요구는 국가공무원법과 행정심판법에서 정한 소청심사의 대상으로서의 처분에 해당하지 않는다(사건 2009-288).

4. 소청관할 검토

소청심사청구는 관할 소청심사위원회에 제기하여야 하며, 관할을 위반하여 제기된 소청을 접수받은 경우에는 지체 없이 해당 관할소청심사위원회에 이송시켜야 하고, 그 사실을 소청인에게 통지하여야 한다(소청절차규정 제2조 제2항). 만일 소청제도가 없어 이송할 기관이 없는 경우에는 각하처리 한다.

5. 본안심사

본안심사는 요건심사의 결과 당해 소청심사청구가 적법한 것으로 인정되어 청구의 내용에 관하여 실질적으로 심리하는 것을 의미한다.

가. 징계절차 검토

(1) 징계의결 등 요구

(가) 징계의결 요구 및 대상

공무원에게 징계사유가 있다고 인정할 때에는, 고위공무원단에 속하는 공무원, 5급 이상 공무원, 전문경력관 가군, 연구관 · 지도관, 우정2급 이상 공무원, 나급 이상 전문임기제 공무원(시간선택제전문임기제공무원 포함), 5급 이상 일반직공무원의 보수에 상당하는 보수를 받는 별정직공무원에 대해서는 소속 장관이, 6급 이하 공무원, 전문경력관 나군 ·

다군, 연구사 · 지도사, 우정3급 이하 공무원, 다급 이하 전문임기제공무원(시간선택제전문임기제공무원 포함), 6급 이하 일반직공무원의 보수에 상당하는 보수를 별정직공무원에 대해서는 해당 공무원의 소속 기관의 장 또는 소속 상급기관의 장이 관할 징계위원회에 징계의결등을 요구하여야 함(공무원 징계령 제2조 제항, 제7조 제1항).

(나) 징계요구 철회 후 재징계요구

징계의결등 요구권자가 소속공무원에 대하여 징계의결등을 요구하였다가 이를 철회한 경우에도 징계사유가 인정되는 한 다시 징계의결등을 요구할 수 있으나, 철회로 인하여 징계시효기간이 도과되는 경우가 없도록 해야 한다.

- 관련판례

> 【판시사항】
> 징계요구를 철회한 후 다시 징계요구를 할 수 있는지 여부(대법원 1980. 5. 13. 선고 79누388 판결)
>
> 【판결요지】
> 징계권자가 경찰관에 대하여 징계요구를 하였다가 이를 철회하고 다시 징계요구를 하여 파면결의를 한 경우 경찰공무원징계령에 이를 금지한 조문이 없으므로 그 징계절차는 적법하다.

(2) 징계의결 요구기간

징계위원회는 징계의결등 요구서를 접수한 날로부터 30일(중앙징계위원회의 경우는 60일) 이내에 징계에 관한 의결을 하여야 하고, 단 부득이한 사유가 있을 때에는 해당 징계위원회의 의결로 30일(중앙징계위원회의 경우는 60일)에 한하여 연장이 가능하다(공무원 징계령 제9조).

• 관련판례

【판시사항】

징계의결의 기한을 규정한 같은 령 제7조가 훈시적 규정인지 여부(대법원 1993. 2. 23. 선고 92누16096 판결)

【판결요지】

가. 교육공무원징계령 제8조 제1항의 규정에 의한 징계혐의자에 대한 출석통지는 징계혐의자로 하여금 징계위원회가 언제 개최되는가를 알게 함과 동시에 자기에게 이익되는 사실을 진술하게 하거나 증거자료를 제출할 기회를 부여하기 위한 조치에서 나온 강행규정이라 할 것이므로 위 출석통지 없이 한 징계심의절차는 위법하다.

나. 징계의결의 기한을 규정한 같은 령 제7조는 징계비행자가 무한정의 신분적 불안정 상태에 빠져 있게 하는 것으로부터 벗어나게 하려는 취지에서 규정한 국가공무원법 제83조의2의 징계사유의 시효와는 달리 신속한 징계의결을 도모하고 그에 따른 후임자의 충원 등에 의해 행정작용이 계속적으로 원활히 행해지도록 하는 등으로 행정법관계의 장기간에 걸친 불안정 상태를 방지하려는 것을 주안으로 하는 훈시적 규정이고 징계의결기한이 지나서 징계의결을하였다 하여 관계자의 책임문제는 별문제로 하고 징계의결이 위법한 것은 아니다.

(3) 징계절차상 하자의 효과

징계는 공무원의 신분상 이익의 일부 또는 전부를 박탈하는 것을 그 내용으로 하기 때문에 공무원 징계령 등 관계법령에서 상세한 절차를 정하고 있다. 따라서 징계절차상의 하자가 있는 경우에는 그 하자의 내용 · 정도에 따라 무효 또는 취소사유가 된다.

(4) 공적사항의 제시 등

공무원 징계령 제7조 제6항 제3호에 따라 징계의결 등을 요구할 때에는 '감경대상 공적 유무'등이 기재된 확인서 등의 관계 자료를 징계위원회에 제출하여야 하므로, 징계위원회의 심의과정에 반드시 제출되어야 하는 공적사항이 제시되지 않은 상태에서 결정한 징계처분은 법령이 정한 징계절차를 지키지 않은 것으로 위법한다.

• 관련판례

【판시사항】
경찰공무원인 갑이 관내 단란주점내에서 술에 취해 소란을 피우는 등 유흥업소 등 출입을 자제하라는 지시명령을 위반하고 경찰공무원으로서 품위유지의무를 위반하였다는 이유로 경찰서장이 징계위원회 징계 의결에 따라 갑에 대하여 견책처분을 한 사안에서, 징계처분이 위법하다고 본 원심판단을 정당하다고 한 사례(대법원 2012. 6. 28. 선고 2011두20505 판결)

【판결요지】
경찰공무원인 갑이 관내 단란주점내에서 술에 취해 소란을 피우는 등 유흥업소 등 출입을 자제하라는 지시명령을 위반하고 경찰공무원으로서 품위유지의무를 위반하였다는 이유로 경찰서장이 징계위원회 징계 의결에 따라 갑에 대하여 견책처분을 한 사안에서, 위 징계처분은 징계위원회 심의과정에서 반드시 제출되어야 하는 공적(공적) 사항인 경찰총장 표창을 받은 공적이 기재된 확인서가 제시되지 않은 상태에서 결정한 것이므로, 징계양정이 결과적으로 적정한지와 상관없이 법령이 정한 절차를 지키지 않은 것으로서 위법하고 이와 같은 취지의 원심판단은 정당하다.

나. 징계위원회 구성 및 관할

(1) 징계위원회의 구성 등

징계위원회에는 국가공무원의 징계의결을 하기 위한 중앙징계위원회와 보통징계위원회, 그리고 지방공무원의 징계의결을 하기 위한 지방인사위원회 등이 있으며, 징계위원회의 징계관할과 해당 징계위원의 구성 등은 징계대상 공무원의 구분에 따라 다르게 각 법령에 규정되어 있다.

(2) 관할권을 위반한 징계의결의 효력

관할권의 위반은 절차상 중대하고 명백한 하자이다. 따라서 이를 위반한 징계의결의 효력은 무효이다.

관할권을 위반한 징계의결은 무효임

경찰공무원징계령 제4조 제2항의 규정에 의하면 경사 이하의 경찰공무원에 대한 징계의 심의 · 의결은 경찰서에 설치된 보통징계위원회에서 한다고 규정되어 있고, 위 규정에 대한 예외적인 경우로 경찰서에서 경위 이상으로 보통징계위원회의 구성이 불가능한 중징계사건, 상 · 하급의 경찰공무원이 관련된 징계사건, 소속을 달리하는 동일계급의 경찰공무원이 관련된 징계사건으로서 그 징계관할이 대등할 때, 전시 등의 비상사태 및 집단살상의 긴급사태와 관련된 징계사건 등으로 한정하고 있다. 따라서 이 사건 소청인에 대한 징계관할은 위 예외적인 어느 경우에도 해당되지 아니하므로 이를 직근 상급기관인 00지방경찰청 보통징계위원회에서 징계심의 · 의결한 것은 위 경찰공무원징계령 제4조 제2항의 관할 규정을 위반한 것으로 이는 절차상의 중대하고 명백한 하자로 무효이다(사건 2001-300).

(나) 징계등 혐의자에 대한 출석통지

1) 원칙

징계위원회가 징계의결을 하고자 할 때에는 징계등 혐의자에게 출석통지를 하여야 하며, 이는 서면에 의하여야 한다(공무원 징계령 제10조 제1항, 경찰공무원 징계령 제12조).

2) 예외

다만, 판례는 출석통지는 소정의 서면에 의하지 아니하더라도 구두나 전화 또는 전언 등의 방법에 의하여 징계혐의자에게 전달되고 혐의자가 징계위원회에 출석하여 진술하였다면 출석통지로서 족하다는 입장이다. 이러한 출석통지는 징계등 혐의자에게 진술권을 부여하기 위한 조치에서 나온 강행규정이므로 출석통지 없이 한 징계의결은 위법하고 이를 근거로 한 징계처분 역시 위법하다.

다. 징계등 혐의자에 대한 진술권 부여

징계혐의자에 대한 징계의결을 하고자 할 때에는 징계등 혐의자를 출석시켜 충분한 진술기회를 부여하여야 하며, 징계등 혐의자가 그 징계위원회에서의 진술을 위한 출석을 원하지 아니할 때에는 진술권포기서를 제출하게 하여 기록에 첨부하고 정당한 사유서를 제출하지 아니한 때에는 출석을 원하지 아니하는 것으로 보아 그 사실을 기록에 명기하고 서면심사에 따라 징계의결등을 할 수 있다(공무원 징계령 제10조).

• 관련판례

【판시사항】
소속기관의 장에게 통보함이 없이 경찰공무원을 징계한 것이 위 공무원에게 보장된 진술의 기회를 침해한 것이라고 볼 수 있는지 여부(대법원 1985. 3. 26. 선고 84누725 판결)

【판결요지】
국가공무원법 제83조 제3항의 규정에 의하면 수사기관은 조사나 수사를 개시한 때와 이를 종료한 때는 공무원의 소속기관의 장에게 당해사실을 통보하도록 되어 있으나 그 통보 없이 징계절차를 진행하였다고 하여도 경찰공무원징계령 제12조 및 제13조에 의하여 보장된 진술기회를 침해한 것이라고는 볼 수 없다.

[서식] 출석통지서

■ 공무원 징계령 [별지 제2호서식] 〈개정 2012.9.5〉

출석통지서

<table>
<tr><td rowspan="3">인적사항</td><td rowspan="2">성
명</td><td rowspan="2"></td><td>소속</td></tr>
<tr><td>직위(직급)</td></tr>
<tr><td colspan="3">주소</td></tr>
</table>

출석 이유	
출석 일시	년 월 일 시 분
출석 장소	

유 의 사 항

1. 출석하여 진술하기를 원하지 않을 때에는 아래의 진술권 포기서를 즉시 제출하시기 바랍니다.
2. 사정이 있어 서면진술을 원할 때에는 징계위원회 개최일 전날까지 도착하도록 진술서를 제출하시기 바랍니다.
3. 정당한 사유서를 제출하지 않고 지정된 일시에 출석하지 않거나 서면진술서를 제출

하지 않으면 진술할 의사가 없는 것으로 보아 처리합니다.

「공무원 징계령」 제10조에 따라 위와 같이 귀하의 출석을 통지합니다.

년 월 일

징 계 위 원 회 청인

귀하

- - - - - - - - - - - - - - - - - 자르는 선 - - - - - - - - - - - - - - - - -

진술권 포기서

인적사항	성명		소속	
			직위(직급)	
	주소			

본인은 귀 징계위원회에 출석하여 진술하는 것을 포기합니다.

년 월 일

성명 (서명 또는 인)

징계위원회 귀중

210mm×297mm[백상지 80g/㎡]

라. 징계위원 제척 및 기피

징계위원회 위원 중 징계 등 혐의자의 친족이나 그 징계사유와 관계가 있는 자는 그 징계사건의 심의에 관여하지 못한다. 징계 등 혐의자는 징계위원회의 위원장이나 위원 중에서 불공정한 의결을 할 우려가 있다고 인정할 만한 사유가 있을 때에는 그 사실을 서면으로 제출하여 그 위원을 징계의결에 참여하지 못하도록 기피신청을 할 수 있으며, 기피신청이 있을 때에는 위원회의 의결로 당해 위원장 또는 위원의 기피여부를 결정하여야 한다. 이 경우에 기피신청을 받은 자는 그 의결에 참여하지 못한다(공무원징계령 제15조).

• 관련판례

【판시사항】
다른 당사자간에서 동일내용의 분쟁을 판결한 법관과 제척기피사유(대법원 1984. 5. 15. 선고 83다카2009 판결)

【판결요지】
원심재판장이 본건 소유권이전등기말소청구소송과 동일내용의 다른 사건에 관하여 그 사건의 피고들에게 패소판결을 하였다 하여도 그것만으로 법관제척이나 기피사유가 있다고 할 수 없다.

【판시사항】
기피의결에 참여할 자격이 없는 위원이 기피의결에 참여하였으나 그 무자격 위원을 제외하고도 의결정족수가 충족되는 경우, 그 기피의결의 효력(무효)(대법원 1999. 4. 27. 선고 98다42547 판결)

【판결요지】
사립학교법시행령 제24조의6 소정의 징계위원에 대한 기피제도는 징계의결의 공정성을 해칠 만한 우려가 있는 징계위원을 배제함으로써 징계절차와 의결 과정에 있어서 중립성, 객관성, 공정성을 최대한 유지하고자 하는 데 그 목적이 있고, 징계대상자로서도 기피신청권은 징계위원회의 편파적인 구성에 대하여 대항할 수 있는 유일한 권리라 할 것이므로, 같은법시행령 제24조의6 제2항 후문의 해석에 있어서는 그와 같은 제도의 목적과 취지를 충분히 고려하여야 할 것인데, 일반적으로 기피신청은 원래 징계위원 개개인에 대한 것으로서 기피의결은 그 기피신청에 대하여 개별적으로 하는 것이므로 수인의 징계위원에 대한 기피신청이 있는 경우라도 기피신청을 당한 각 징계위원은 같은법시행령 제24조의6 제2항 후문에 의하여 자신에 대한 기피의결에만 참여할 수 없을 뿐 다른 사람에 대한 기피의결에는 참여할 수 있다고 할 것이나, 그들에 대한 기피사유가 공통의 원인에 기인하는 경우에는 자신에 대한 기피의결뿐만 아니라 다른 사람에 대한 기피의결에도 참여할 수 없다고 해석하는 것이 위와 같은 제도의 취지와 목적에 부합한다.

[별지 제19호서식] 〈개정 2013.3.24., 2014.11.19.〉

<table>
<tr><td>

소청심사위원 기피신청서

사 건 명 :   –   ○○처분 △△청구
소 청 인 :
피소청인 :

위 사건에 관하여 (피)소청인은 소청심사위원회 위원 중 아래 위원에 대하여 기피를 신청합니다.

가. 기피 위원
나. 기피 이유

첨부 : 기피이유에 대한 입증자료 1부

년   월   일
신 청 인   (서명 또는 인)

인사혁신처 소청심사위원회 위원장 귀하

</td></tr>
</table>

마. 징계위원회의 징계의결

징계위원회의 의결은 위원 5명 이상의 출석과 출석위원 과반수의 찬성으로 의결하되, 의견이 분립하여 출석위원 과반수의 찬성을 얻지 못한 경우에는 출석위원 과반수가 될 때까지 징계등 혐의자에게 가장 불리한 의견에 차례로 유리한 의견을 더하여 가장 유리한 의견을 합의된 의견으로 본다(공무원 징계령 제 12조 1항).

[서식] 징계의결서

■ 공무원 징계령 [별지 제3호서식] 〈개정 2012.9.5〉

징계 또는 징계부가금 의결서

징계등 혐의자 인적사항	소속	직위(직급)	성명

의결 주문	징계 종류, 징계부가금 대상금액 및 부과 배수 등을 기재

이유	

년 월 일

징계위원회 청인

210mm×297mm[백상지 80g/㎡]

바. 징계의 집행

(1) 통보

징계위원회가 징계의결 등을 하였을 때에는 지체 없이 징계 등 의결서의 정본을 첨부하여 징계의결 등의 요구자에게 이를 통보하여야 하며, 징계처분 등의 처분권자는 징계 등 의결서 또는 징계부가금 감면 의결서를 받은 날로부터 15일 이내에 이를 징계처분 등을 하여야 한다.

(2) 징계처분등 사유설명서 교부

징계처분 등을 할 때에는 징계처분등의 사유설명서에 징계 등 의결서 또는 징계부가금 감면의결서 사본을 첨부하여 징계처분 등의 대상자에게 교부하여야 한다(공무원징계령 제18조, 제19조).

• 관련판례

【판시사항】

징계권자가 징계의결대로 징계처분을 집행한 다음에 징계권자 자신이 그 징계처분을 취소 또는 변경을 할 수 있는지 여부(대구고등법원 1979. 6. 5. 선고 78구92 특별부판결 : 확정

【판결요지】

징계권자로서는 징계의결대로 징계처분을 집행한 다음에는 특단의 사정이 없는 한 그 스스로 이를 취소하거나 변경할 수 없다할 것이고 이는 징계위원회의 의결내용에 하자가 있는 경우에도 마찬가지라 할 것이다.

법원의 조정 권고를 징계처분권자가 수용하여야 하는지 여부

징계위원회의 의결은 준사법적 행정행위로서 불가변력이 발생하므로 징계위원회에서 이미 의결하여 처분한 내용에 대해 징계위원회 스스로도 나중에 이를 변경할 수 없으며, 또한 현행 법령상 소청결정이나 법원의 취소 판결로 인한 재징계에 의하지 아니하고는 징계처분을 변경할 수 없도록 되어 있으므로, 징계처분권자가 법원의 조정권고안을 받아들여 임의로 원 징계처분을 변경할 수 없다(제2중앙징계위원회-28, 2005. 4. 11.)

[서식] 징계사유설명서

■ 공무원 징계령 [별지 제4호서식] 〈개정 2012.9.5〉

[ ]징계처분 [ ]징계부가금 부과처분 [ ]징계부가금 감면처분	사유설명서

※ [ ]에는 해당하는 곳에 √표를 합니다.

소속	직위(직급)	성명

주문	징계 종류, 징계부가금 대상금액 및 부과 배수 등을 기재
이유	붙임의 징계 의결서, 징계부가금 부과 의결서 또는 징계부가금 감면 의결서 사본과 같음

「공무원 징계령」 제19조에 따라 위와 같이 처분하였음을 통지합니다.

년 월 일

처분권자(처분제청권자) 직인

붙임: 징계 의결서, 징계부가금 의결서 또는 징계부가금 감면 의결서

유의사항

이 처분에 불복할 때에는 「국가공무원법」 제76조제1항에 따라 이 사유설명서를 받은 날부터 30일 이내에 소청심사위원회에 심사를 청구할 수 있습니다.

210mm×297mm[백상지 80g/㎡]

사. 징계시효 검토

(1) 개요

징계시효제도는 공무원에게 징계 등의 사유가 있다 하더라도 징계 등의 사유가 발생한 날로부터 3년(금품 및 향응수수, 공금의 횡령 · 유용의 경우에는 5년)이 경과한 경우에는 징계의결요구를 할 수 없는 제도이다(국가공무원법 제83조의2 제1항, 지방공무원법 제73조의2 제1항). 따라서 징계시효가 만료된 비위에 대하여 행한 징계처분은 무효 또는 취소사유가 된다.

- 관련판례

【판시사항】

징계처분권자의 재징계기한을 규정한 교원징계처분등의재심에관한규정 제16조 제3항의 법적 성질(=훈시 규정)(대법원 1999. 2. 5. 선고 97누19335 판결)

【판결요지】

사립학교법 제66조의2에서 징계사유의 시효에 관하여, 징계사유가 발생한 날로부터 2년 내에 징계의결을 요구하여야 하되(제1항), 징계위원회의 구성 · 징계의결 기타 절차상의 하자나 징계양정의 과다를 이유로 재심위원회 또는 법원에서 징계처분의 무효 또는 취소의 결정을 한 때에는 제1항의 기간이 경과하거나 그 잔여기간이 3개월 미만인 경우에도 그 결정 또는 판결이 확정된 날로부터 3개월 이내에는 다시 징계의결을 요구할 수 있다(제2항)고 규정한 것은 징계비행자가 무한정의 신분적 불안정 상태로부터 벗어나게 하려는 취지에서 나온 것인 반면, 교원징계처분등의재심에관한규정(1991. 6. 19. 대통령령 제13389호) 제16조 제3항에서 징계처분권자의 재징계기한에 관하여, 그 징계처분의 실체상 또는 절차상 흠을 이유로 재심위원회에서 취소 또는 변경하는 결정을 한 경우에 징계처분권자는 다시 당해 징계사건에 대한 징계절차를 밟되, 결정서를 받은 날로부터 3개월 이내에 이를 끝내어야 한다고 규정한 것은 사립학교법 제66조의2 규정의 제한 내에서 신속한 재징계절차의 진행을 도모하고 그에 따른 후임자의 충원 등 행정작용이 원활히 행해지도록 함으로써 행정법관계의 장기간에 걸친 불안정상태를 방지하려는 것을 그 주안으로 하는 훈시적 규정이라고 보아야 할 것이므로, 그에 정한 기한이 지나서 재징계의결을 하였다고 하더라도 징계시효기간 내에 징계의결을 요구한 이상, 재징계처분이 위법하게 되는 것은 아니다.

(2) 징계사유가 발생한 날의 의미

징계사유가 발생한 날이란 비위행위가 종료된 때를 의미한다. 징계사유가 발생한 초일은 징계요구기간 계산에 산입하지 아니하며 비위행위가 계속적으로 행하여진 일련의 행위라면 징계의결요구사유 중에 징계시효기간이 경과한 것이 일부 있다 하더라도 징계시효 기산점은 일련의 행위 중 최종의 것을 기준하여야 한다.

(3) 징계시효의 기산점

(가) 부작위에 대한 징계시효

부작위에 대한 징계시효는 업무를 정당하게 처리하여야 할 기한을 넘긴 때로부터 기산하여야 한다.

(나) 수사 등의 사유로 징계절차가 중단된 경우의 징계시효

감사원에서 조사 중임을 사유로 검찰, 경찰 등 수사기관에서 수사 중임을 사유로 징계절차를 진행하지 못하여 3년(금품 및 향응수수, 공금의 횡령 · 유용의 경우에는 5년)이 경과하거나, 그 남은 기간이 1개월 미만인 경우에는 징계시효기간은 그 조사나 수사의 종료 통보를 받은 날부터 1개월이 지난날에 끝나는 것으로 본다(법 제83조의2 제2항)

징계절차 중지로 인하여 징계시효도 중단되는지

징계절차 진행중지 근거조항인 국가공무원법 제83조에서는 징계절차의 진행중지에 관해서만 규정하고 있을 뿐 징계시효에 대해서는 아무런 규정을 두고 있지 아니한 점, 징계사유의 시효근거조항인 국가공무원법 제83조의2에서는 징계절차 진행중지로 인하여 시효가 지나거나 1개월 미만이된 경우를 대비하여 시효적용의 특례(1개월 유예)를 규정하고 있는 점, 대법원에서 '검철에서 수사결과를 통보하지 않은 그 결과를 기다리면서 징계절차를 진행하지 않음으로써 시효가 지난 경우 추후 결과를 통보받고 1개월 내에 한 징계요구는 적법하다고 판시(대법원 1981. 7. 28. 선고 80누515 사건)한 경우를 종합하여 볼 때, 감사원의 조사개시 통보 또는 검찰, 결찰 등 수사기관으로부터 수사개시 통보(수사개시 통보를 받고 징계절차의 진행을 중지하는 경우에는 문서에 의한 명시적 의사표시가 있어야 함)를 받고 징계절차의 진행을 중지하였다 하더라도 징계사유의 시효는 중단되지 않고 계속 진행되며, 다만 징계시효가 지나거나 1개월 미만 남은 경우 징계시효의 특례에 의해 1개월간 시효가 유예되는 것이다.

(다) 일련의 행위인 경우 징계시효 기산점

비위행위가 계속적으로 행하여진 일련의 행위라 할지라도 징계시효의 기산점은 일련의 행위 중 최종행위를 기준으로 한다.

일련의 행위인 경우 징계시효의 기산점
소청인이 민간인 포상금을 받기 위하여 밀수신고서를 허위로 작성하도록 교사한 것으로 볼 수 있으므로 양 행위의 일련의 행위로 보아야 하며, 비위행위가 계속적으로 행하여진 일련의 행위라면 설사 그 중에 징계시효가 경과된 부분(이 건의 경우 밀수신고서 허위 작성 교사)이 있다고 할지라도 징계시효의 기산점은 일련의 행위 중 최종행위(이 건의 경우 포상금을 전달받은 행위)를 기준으로 하여야 한다(사건 2001-126).

(라) 수사개시 통보를 받고 내부결재에 의한 징계절차 중지조치를 취하지 않은 경우 징계시효

시효제도는 기본권과 관련된 것으로서 법률에 명확한 근거가 없는 한 징계혐의자에게 유리하게 해석되어야 한다. 이러한 취지에서 징계업무를 담당하고 있는 주무부서에서는 수사개시를 이유로 징계절차를 중지하는 경우에는 반드시 징계의결요구권자가 동 사건에 대한 징계절차를 중단한다는 문서에 의한 명시적 의사표시가 있어야 하며, 이 경우 징계절차 중지의 효력은 징계절차 중단의 명시적 의사표시가 있는 때로부터 발생한다.

수사개시 통보를 받고 내부결재에 의한 징계절차 중지조치를 취하지 않은 경우 징계시효 문제
처분청에서는 국가공무원법 제83조 제2항과 같은 법 제83조의2 제2항의 규정에 의거 일상감사 결과보고 지시를 수사개시 통보일로 보고 징계의결을 요구하였으므로 징계시효가 도과하지 않았다고 주장하나, 일상감사는 국가공무원법 제83조의 수사개시와는 다르고, 범죄수사통보는 경찰관이라 할지라도 별도의 공문으로 통보하는 것이 원칙이며, 설령 일상감사결과보고 지시를 수사개시 통보일로 본다고 하더라도 징계절차의 중지를 위해서는 동 사건에 대해 징계절차를 중지한다는 징계의결요구권자의 내부결재를 받아두어야 함(징계제도 운용에 대한 강조, 복부 01152-1131, 1990. 12. 12.)에도 징계절차 중지절차를 취하지 아니하였으므로 징계시효가 도과한 것이 분명하다 할 것이다(사건 2005-334).

시효제도는 기본권과 관련된 것으로서 법률에 명확한 근거가 없는 한 징계혐의자에게 유리하게 해석되어야 하며 이러한 취지에서 징계업무를 담당하고 있는 주무부서에서는 수사개시를 이유로 징계절차를 중지하는 경우에는 반드시 징계의결유구권자가 동 사건에 대한 징계절차를 중단한다는 문서에 의한 명시적 의사표시가 있어야 하며, 이 경우 징계절차 중지의 효력은 징계절차 중단의 명시적 의사표시가 있는 때로부터 발생하는 것이므로 징계절차를 중지하기 위한 어떠한 절차도 취하지 아니한 이 건은 징계시효가 도과한 것이 분명하다 할 것이다(사건 2008-465).

(마) 포괄징계사유의 기산일

비위가 포괄하여 하나의 징계사유를 구성하는 경우에는 그 징계사유의 시효기간은 그 비위가 행하여진 최종일을 기산일로 한다.

- 관련판례

【판시사항】
포괄징계사유와 시효기간의 기산일(서울고등법원 1980. 1. 15. 선고 77구40 제1특별부판결 : 상고)

【판결요지】
일정기간 동안에 행하여진 비위가 포괄하여 하나의 징계사유를 구성하는 경우에는 그 징계사유의 시효기간은 그 비위가 행하여진 최종일을 기산일로 하여 진행한다.

【판시사항】
비위사실이 계속적으로 행하여진 일련의 행위인 경우의 징계시효의 기산점(대법원 1986. 1. 21. 선고 85누841 판결)

【판결요지】
원고의 비위가 모두 소송사건에 관련하여 계속적으로 행하여진 일련의 행위라면 설사 그 중에 본 건 징계의결시 2년이 경과한 것이 있다 할지라도 그 징계시효의 기산점은 위 일련의 행위 중 최종의 것을 기준하여야 한다.

(바) 국고금을 횡령한 자가 이를 변상하지 않고 있는 경우 징계권의 소멸시효의 기산일

국고금을 횡령한 자가 이를 변상하지 아니하고 있더라도 이는 횡령의 결과인 위법상태가 지속되고 있는 것에 불과하므로 국가공무원법 제83조의2 제1항의 규정에 의하여 징계사유의 시효의 기산일이 되는 "징계사유가 발생한 날"은 횡령행위가 있은 날

• 관련판례

【판시사항】
국고금을 횡령한 자가 이를 변상하지 않고 있는 경우 징계권의 소멸시효의 기산일(대법원 1990. 4. 10. 선고 90누264 판결)

【판결요지】
국고금을 횡령한 자가 이를 변상하지 아니하고 있더라도 이는 횡령의 결과인 위법상태가 지속되고 있는 것에 불과하므로 국가공무원법 제83조의2 제1항의 규정에 의하여 징계사유의 시효의 기산일이 되는 "징계사유가 발생한 날"은 횡령행위가 있은 날이라고 할 것이고, 횡령한 금원을 변상한 날이라고 볼 수 없다.

(사) 임용과 관련된 비위행위에 의하여 교원으로 임명된 경우 징계시효의 기산점

임용과 관련된 비위행위에 의하여 교원으로 임용되었다면 그 신분을 취득하기까지의 일련의 행위가 사립학교법상의 징계사유에 해당하므로, 징계시효의 기산점도 임용된 때로부터 기산하여야 한다.

• 관련판례

【판시사항】
사립학교 교원이 그 임용과 관련된 비위행위에 의하여 사립학교 교원으로 임용된 경우 징계시효의 기산점(대법원 1996. 3. 8. 선고 95누18536 판결)

【판결요지】
사립학교 교원이 그 임용과 관련된 비위행위에 의하여 사립학교 교원으로 임용되었다면 그 신분을 취득하기까지의 일련의 행위가 사립학교법상의 징계사유에 해당하므로, 사립학교법 제66조의2 제1항에서 정하는 징계시효의 기산점도 임용 전의 비위행위시가 아니라 교원으로 임용된 때로부터 기산하여야 한다.

(아) 판결의 확정 후 같은 사유를 들어 재차 정직처분을 한 경우, 확정판결의 기판력에 저촉되는지 여부

직위해제 및 면직처분의 무효확인판결의 기판력은 판결 주문에 포함된 각 처분의 무효 여부에 관한 법률적 판단의 내용에 미친다. 따라서 위 판결의 확정 후에 동일한 사유를 들어 다시 당해 정직처분을 하였다고 하여 위 확정판결의 기판력에 저촉된다고 할 수 없다.

- 관련판례

> **【판시사항】**
> 직위해제 및 면직처분의 무효확인판결의 기판력의 객관적 범위 및 지방의료공사가 위 판결의 확정 후 같은 사유를 들어 재차 정직처분을 한 경우, 확정판결의 기판력에 저촉되는지 여부(소극)(대법원 1998. 6. 12. 선고 97누16084 판결)
>
> **【판결요지】**
> 직위해제 및 면직처분의 무효확인판결의 기판력은 판결 주문에 포함된 위 각 처분의 무효 여부에 관한 법률적 판단의 내용에 미치는 것으로, 지방의료공사가 위 판결의 확정 후에 직위해제 등 처분의 사유와 동일한 사유를 들어 다시 당해 정직처분을 하였다고 하여 위 확정판결의 기판력에 저촉된다고 할 수 없다.

(자) 감사원의 징계사유 적발사실만으로 징계사유의 시효기간이 중단되는지 여부

감사에 의한 징계사유 적발사실 만으로서는 징계사유의 시효진행기간이 중단된다고 볼 수 없다.

- 관련판례

> **【판시사항】**
> 감사원의 징계사유 적발사실만으로 징계사유의 시효기간이 중단되는지 여부(대법원 1978. 9. 12. 선고 78누231 판결)
>
> **【판결요지】**
> 국가공무원의 징계사유가 되는 비위사실이 그 소속청 자체에 의하여 각지된 것이 아니고 감사에 의하여 비로소 적발된 경우에는 국가공무원법 제83조 제1항의 경우와 같이 볼 수 없어서 위 징계사유 적발사실만으로서는 징계사유의 시효진행기간이 중단된다고 볼 수 없다.

(차) 징계의결 취소 후 새로운 징계의결 요구의 성질

이는 징계의결의 새로운 요구가 아니라 이미 적법하게 징계의결이 요구된 징계처분의 내용을 일부 수정하는 것에 불과하다.

- 관련판례

> **【판시사항】**
> 행정소송에 의하여 징계처분이 취소된 후에 하는 새로운 징계의결의 요구의 성질(대법원 1980. 8. 19. 선고 80누189 판결)
>
> **【판결요지】**
> 적법한 시효기간내에 파면처분을 하였으나 행정소송에서 징계양정의 과다를 이유로 그 처분이 취소되자 다시 그 징계종류을 경감하여 징계의결의 요구를 하였다면 이는 징계의결의 새로운 요구가 아니라 이미 적법하게 징계의결이 요구된 징계처분의 내용을 일부 수정하는 것에 불과한 것이므로 징계사유가 발생한 날로부터 2년이 경과된 후에도 이를 할 수 있다.

아. 재 징계의결 요구 및 기한

징계위원회의 구성 · 징계의결 등, 그 밖에 절차상의 흠이나 징계양정 및 징계부가금의 과다를 이유로 소청심사위원회 또는 법원에서 징계처분 등의 무효 또는 취소의 결정이나 판결을 한 경우에는 징계시효가 지나거나 그 남은 기간이 3개월 미만인 경우에도 그 결정 또는 판결이 확정된 날부터 3개월 이내에는 다시 징계의결 등을 요구할 수 있다(국가공무원법 제83조의2 제3항).

자. 사실관계 검토

처분청에서 소청인에 대하여 한 처분사유의 사실여부를 확인하는 단계로 소청인이 제출한 소청심사청구서와 증거, 처분청이 제출한 답변서(변명서)와 증거 등을 토대로 양 당사자 중 어느 쪽 주장이 사실인가를 확인하여야 한다.

• 관련판례

【판시사항】

가. 공무원이 상급기관의 자체조사과정에서 비위사실을 자인한 내용의 확인서 및 그 내용에 관해 조사관과의 문답내용을 기재한 진술서의 증거가치

나. '가'항과 같은 확인서 및 진술서가 강요에 의해 작성된 것으로 볼 수 없다면 심리적 위축상태에서 작성되었다 하여 바로 그 내용의 신빙성이 없다고 할 수 없다는 이유로, 그 확인서 및 진술서를 배척한 원심판결을 파기한 사례(대법원 1994. 9. 23. 선고 94누3421 판결)

【판결요지】

가. 공무원이 소속한 상급기관의 자체조사과정에서 그 공무원이 자신의 업무와 관련하여 금원을 수수한 사실을 자인하는 내용의 확인서를 작성하고 그 내용에 관하여 조사관과의 문답내용을 기재한 진술서가 작성되었다면, 그 확인서와 진술서는 그 공무원의 의사에 반하여 강제로 작성되었거나 그 내용이 허위임을 인정할 수 있는 객관적인 사유가 있는 등의 특단의 사정이 없는 한 그 증거가치는 쉽게 부인할 수 없다.

나. '가'항과 같은 확인서 및 진술서가 강요에 의해 작성된 것으로 볼 수 없다면 심리적 위축상태에서 작성되었다 하여 바로 그 내용의 신빙성이 없다고 할 수 없다는 이유로, 그 확인서 및 진술서를 배척한 원심판결을 파기한 사례.

【판시사항】

징계사유로 문제된 동일한 사실로 기소되어 1심법원에서 유죄판결까지 선고받았지만 그 후 그 사실에 관하여 무죄판결이 확정되었다면 징계처분의 당연무효사유로 되는지 여부(소극)(대법원 1992. 5. 22. 선고 91누12196 판결)

【판결요지】

행정처분은 그 하자가 중대할 뿐만 아니라 객관적으로도 명백한 경우에 한하여 당연무효라고 보게 되는 것이고, 한편 징계사유로 문제된 동일한 사실로 기소되어 1심법원에서 유죄판결까지 선고받았다면, 비록 그 후 그 사실에 관하여 무죄판결이 확정됨으로써 위 징계처분이 결과적으로 증거 없이 이루어진 셈이 되었다고 하더라도 이는 결국 증거판단을 잘못하여 사실을 오인한 경우에 불과하고 이러한 위법사유는 취소사유에는 해당될지언정 당연무효사유로는 되지 않는다.

【판시사항】
징계처분 후 징계사유에 대한 형사사건에서 무죄가 확정된 경우 그 징계처분이 당연무효인지 여부(대법원 1994. 1. 11. 선고 93누14752 판결)

【판결요지】
징계처분 후 징계사유에 대한 형사사건으로 1심에서 유죄판결이 선고되었으나 그 후 항소심에서 무죄판결이 선고되고 이 판결이 대법원에서 확정되었다면 그 징계처분이 근거 없는 사실을 징계사유로 삼은 것이 되어 위법하다고는 할 수 있으나 그 하자가 객관적으로 명백하다고는 할 수 없으므로 징계처분이 당연무효가 되는 것은 아니다.

차. 법령적용 검토

처분사유에 대한 사실확인 작업이 끝나면, 법령적용이 제대로 행해졌는지를 검토한다.

카. 징계양정 검토

징계양정 검토란 징계사유가 된 사실의 구체적인 내용이나 그 주변정황 등과 해당 공무원의 평소의 근무상태 · 소행 등을 구체적으로 검토하여 징계사유와 징계처분 사이의 합리적인 비례가 이루어졌는가를 파악하는 것을 의미한다.

(1) 정상참작

징계위원회에서 징계등 혐의자에 대한 징계를 심의할 때, 그 비위의 유형, 비위의 정도 및 과실의 경중과 평소의 행실, 근무성적, 공적, 규제개혁 및 국정과제 등 관련 업무처리의 적극성, 뉘우치는 정도 또는 그 밖의 정상 등을 참작하여 징계양정을 하였는가를 검토하여야 한다.

(2) 상훈참작

(가) 참작대상

징계의결시 징계대상자의 과거 공적으로 받은 표창을 참작하여 징계요구양정을 감경할 수 있는데, 그 대상이 되는 공적으로는 상훈법에 따른 훈 · 포장을 받은 공적, 정부표창규정에 따라 국무총리이상의 표창을 받은 공적(다만, 비위행위당시 공무원 징계령 제2조 제2항에 따른 "6급이하공무원등"은 차관급상당 기관장을 포함한 중앙행정기관인 청장 이상의 표창을 받은 공적), 모범공무원규정에 의하여 모범공무원으로 선발된 공적 등이 이에 해당된다.

(나) 제외 사유

그러나 해당 공무원이 징계처분이나 공무원 징계령 시행규칙에 따른 경고(불문 경고)를 받은 사실이 있는 경우에는 그 징계처분이나 경고처분전의 공적은 감경대상공적에서 제외하며, 국가공무원법 제83조의2 제1항에 따른 징계사유의 시효가 5년인 비위, 성폭력범죄의 처벌 등에 관한 특례법에 따른 성폭력범죄, 성매매알선 등 행위의 처벌에 관한 법률에 따른 성매매, 국가인권위원회법 제2조 제3호 라목에 따른 성희롱 및 도로교통법 제44조 제1항에 따른 음주운전에 대한 징계와 공직자윤리법 제8조의2제1항제4호 또는 제22조에 따라 등록의무자에 대하여 재산등록 및 주식의 매각 · 신탁과 관련한 의무 위반으로 징계의결이 요구된 경우에는 감경할 수 없다(공무원징계령 시행규칙 제4조 제1항).

➔ 표창감경규정은 임의적 감경 규정이다. 그러므로 징계위원회에서 징계감경을 하지 않았다고 하여 위법한 사항은 아니다. 그러나 징계위원회 심의과정에 반드시 제출되어야 하는 공적사항이 제시되지 않은 상태에서 결정한 징계처분은 법령이 정한 징계절차를 지키지 않은 것으로 위법하다.

- 관련판례

> 【판시사항】
> 면책합의되었거나 징계시효가 지난 비위행위를 해고처분의 정당성을 판단하는 자료로 삼을 수 있는지 여부(대법원 1995. 9. 5. 선고 94다52294 판결)
>
> 【판결요지】
> 면책합의되었거나 징계시효가 지난 비위행위라 하더라도 그러한 비위행위가 있었던 점을 징계양정의 판단자료로 삼는 것까지 금하는 것은 아니므로, 그러한 근무내력도 해고처분의 정당성을 판단하는 자료로 삼을 수 있다.

【판시사항】

가. 징계양정에 있어서의 참작자료

나. 준공검사과정에서 위반사항의 시정여부에 대한 확인없이 적법 건축으로 상사에게 보고한 구청 건축과 공무원에 대하여 위 징계사유 발생 이후에 받은 징계처분까지 참작하여 한 해임처분이 재량권남용에 해당하지 않는다고 본 사례(대법원 1991. 2. 12. 선고 90누5627 판결)

【판결요지】

가. 징계권자가 법정의 징계종류 중 어느것을 선택하느냐 하는 것은 구체적인 그 징계사유의 내용과 성질이 그 표준이 됨은 물론이나 그전에 어떠한 사유로 어떠한 종류의 징계처분을 몇번이나 받은 사실이 있는가의 점도 그 징계종류 선택에 있어서의 자료가 되며, 징계종류선택의 자료로서 피징계자인 공무원의 평소의 소행과 근무성적 등도 참작하여야 하므로 당해 징계양정에 있어서의 참작자료가 될수 있다.

나. 구청 건축과의 준공검사업무 담당공무원인 원고가 신축건물에 무단 용도변경 등 위반사항이 있어 2회에 걸쳐 준공검사신청을 반려하였음에도 불구하고 관계법령에 따른 시정명령 등 필요한 조치를 하지도 아니하고, 준공검사를 하는 과정에서 위반사항의 시정여부를 제대로 확인하지도 아니한 채 실효성 없는 건축주의 각서만 받고 건물이 적법하게 건축된 것으로 상사에게 보고한 소위는 성실의무 위반의 정도나 직무태만의 정도에 있어서 결코 가볍지 아니하며, 원고가 전에 받은 견책처분이나 이 사건 징계사유 발생 후에 받은 감봉 1월의 처분도 준공검사등에 관련한 비위를 사유로 한것으로서 이 사건 징계사유까지 3회의 동종의 비위행위가 단기간 내에 이루어졌으니 원고의 근무경력등 제반사유를 감안하더라도 원고에 대한 해임처분이 사회통념상 현저히 타당성을 잃어 그 재량권의 범위를 넘어 이를 남용한 것이라고 할 수 없다.

【판시사항】

징계처분사유 전후에 저지른 징계사유로 되지 아니한 비위사실이 징계양정의 참고자료로 될 수 있는지 여부(적극)(대법원 2004. 6. 25. 선고 2002다51555 판결)

【판결요지】

징계처분이 재량권의 한계를 벗어난 것인지 여부를 판단함에 있어서는 피징계자의 평소의 소행, 근무성적, 징계처분 전력 이외에도 당해 징계처분사유 전후에 저지른 징계사유로 되지 아니한 비위사실도 징계양정에 있어서의 참고자료가 될 수 있다.

【판시사항】

징계처분 이후의 비위행위도 징계양정의 판단자료로 삼을 수 있는지 여부(적극)(대법원 1997. 12. 9. 선고 97누9161 판결)

【판결요지】

징계처분 이후의 비위행위라 하더라도 징계양정의 판단자료로 삼을 수 있다.

【판시사항】

경찰공무원인 갑이 관내 단란주점내에서 술에 취해 소란을 피우는 등 유흥업소 등 출입을 자제하라는 지시명령을 위반하고 경찰공무원으로서 품위유지의무를 위반하였다는 이유로 경찰서장이 징계위원회 징계 의결에 따라 갑에 대하여 견책처분을 한 사안에서, 징계처분이 위법하다고 본 원심판단을 정당하다고 한 사례(대법원 2012. 6. 28. 선고 2011두20505 판결)

【판결요지】

경찰공무원인 갑이 관내 단란주점 내에서 술에 취해 소란을 피우는 등 유흥업소 등 출입을 자제하라는 지시명령을 위반하고 경찰공무원으로서 품위유지의무를 위반하였다는 이유로 경찰서장이 징계위원회 징계 의결에 따라 갑에 대하여 견책처분을 한 사안에서, 위 징계처분은 징계위원회 심의과정에서 반드시 제출되어야 하는 공적사항인 경찰총장 표창을 받은 공적이 기재된 확인서가 제시되지 않은 상태에서 결정한 것이므로, 징계양정이 결과적으로 적정한지와 상관없이 법령이 정한 절차를 지키지 않은 것으로서 위법하고 이와 같은 취지의 원심판단은 정당하다.

【판시사항】

수개의 징계사유 중 일부가 인정되지 않으나 인정되는 다른 일부 징계사유만으로도 당해 징계처분의 타당성을 인정하기에 충분한 경우, 그 징계처분을 유지함의 적부(적극)(대법원 1991. 11. 22. 선고 91누4102 판결)

【판결요지】

수개의 징계사유 중 일부가 인정되지 않더라도 인정되는 다른 일부 징계사유만으로도 당해 징계처분의 타당성을 인정하기에 충분한 경우에는 그 징계처분을 유지하여도 위법하지 아니하다.

6. 심사의 범위

위원회는 징계 또는 소청의 원인이 된 사실 이외의 사실에 대하여 심사하지 못한다(소청절차규정 제14조).

Ⅵ. 소청처리절차

1. 개요

소청심사청구서가 접수되면 위원회는 소청 관할, 심사대상, 기타 적법한 소청심사청구 여부 등을 확인한 후 피소청인에게 소청심사청구서 사본 1부를 송부하면서 피소청인의 답변서(변명서)를 요구한다. 그 후 피소청인으로부터 답변서(변명서)가 제출되면 검토를 거쳐 필요한 사실조사와 자료수집을 실시하는 한편 이것이 완료되면 심사기일을 지정하여 당사자인 소청인과 피소청인(또는 소청당사자의 대리인)에게 출석통지를 한 다음 해당 심사일시에 심사· 결정하는 일련의 처리과정을 거치게 된다.

2. 소청결정에 대한 불복 – 행정소송

(1) 불복의 대상

소청인은 소청심사결정에 불복하는 경우에는 원처분이나 부작위를 대상으로 하여 관할 행정법원(또는 관할 지방법원본원 행정합의부)에 행정소송을 제기할 수 있다(국가공무원법 제16조). 이때 피고는 다른 법률에 특별한 규정이 없는 한 그 처분 등을 행한 행정청으로 한다(행정소송법 제13조 제1항). 단, 소청결정 자체의 고유한 위법을 주장하는 경우에는 소청심사위원회의 결정을 대상으로 소송을 제기할 수 있다.

(2) 제기기간

행정소송의 제기기간은 결정서의 정본을 송달받은 날로부터 90일 이내에 제기하여야 하며, 동 기간은 불변기간이다. 소청인이 행정소송을 제기한 경우에는 당해 소청사건의 피소청인은 소송을 제기한 사실 및 결과를 소청심사위원회에 통보하여 한다(소청절차규정 제18조).

소청처리절차 체계도

소 청 제 기

- 징계 · 강임 · 휴직 · 직위해제 · 면직 (처분사유설명서를 교부하는 처분)
- 불문경고 등 기타 불리한 처분

- 접수방법 : 방문, 우편, FAX, 인터넷 등
- 처분사유설명서 수령일 또는 처분이 있은 것을 안 날부터 30일 이내

↓

접 수

- 보완
  - 즉시보완
  - 보정요구(7일 이내)

↓

소청서 접수 통지 및 답변서(변명서) 제출요구(처분청)

- 답변서(변명서) 제출기한 : 20일

↓

답변서(변명서) 접수 및 검토

- 답변(변명)자료 검토

↓ ↓

처분청 답변서(변명서) 부본 송부

소청인

↓

심사기일 지정통지

- 소청인(대리인)
- 피소청인(처분청)

사실조사

서류 · 현지조사 · 기타

↓

조사보고서 작성

- 원처분, 소청이유
- 증거 및 조사

- 작성 · 검토 · 결재
- 심사일정은 4주단위 작성 (월 · 수 · 금 각 오전 · 오후 탄력적 배정)

↓ ↓

심 사

- 소청인(대리인)
- 피소청인(처분청)

- 심사조서 작성

취하 → 〈종결〉

- 심사결정 전까지 소청취하 가능

↓

결 정

- 취소 • 변경 • 무효확인
- 기각 • 각하 • 인용결정

- 접수일로부터 60일 이내 결정
- 재적위원 2/3이상 출석 출석위원 과반수 합의

↓

결정서 작성 및 송부

- 소청당사자 표시
- 결정주문
- 결정이유 명시
- 결정이유 구성 : 처분사유요지 · 소청이유요지 · 증거 · 판단 · 결정

- 송부 : 소청인(대리인) 피소청인(처분청)
- 결정일로부터 10일 이내 송부
- 감사원에서 파면요구한 사건은 감사원에도 송부

• 관련판례

【판시사항】

소청결정이 재량권남용 또는 일탈로서 위법하다는 주장이 소청결정 취소사유가 되는지 여부(대법원 1993. 8. 24. 선고 93누5673 판결)

【판결요지】

항고소송은 원칙적으로 당해 처분을 대상으로 하나, 당해 처분에 대한 재결 자체에 고유한 주체, 절차, 형식 또는 내용상의 위법이 있는 경우에 한하여 그 재결을 대상으로 할 수 있다고 해석되므로, 징계혐의자에 대한 감봉 1월의 징계처분을 견책으로 변경한 소청결정 중 그를 견책에 처한 조치는 재량권의 남용 또는 일탈로서 위법하다는 사유는 소청결정 자체에 고유한 위법을 주장하는 것으로 볼 수 없어 소청결정의 취소사유가 될 수 없다.

제6장 징계제도

Ⅰ. 개요

1. 징계의 의의

가. 징계의 개념

징계란 공무원의 의무위반에 대하여 공무원 관계의 목적을 달성하기 위하여 공무원법상 과해지는 제재를 말한다.

나. 법적성질

(1) 징계벌과 형사벌

징계벌은 공무원을 대상으로 행정조직 내부의 질서유지를 목적으로 하는 반면, 형벌은 국가통치권에 근거하여 일반국민을 대상으로 국가와 사회의 질서유지를 목적으로 한다. 또한, 징계벌은 고의, 과실을 요구하지 아니하는 반면, 형벌은 고의, 과실을 요구한다. 그 외 징계벌은 공무원의 신분상 이익의 박탈을 내용으로 하는 반면, 형벌은 신분상 이익 외에 재산적 이익이나 신체의 자유에 대한 박탈을 그 냉용으로 한다는 점 등에 차이가 있다.

(2) 병과 및 이중처벌 여부

징계벌과 형사벌은 권력의 기초, 목적(공무원 관계의 질서유지 vs 일반법익 보호), 내용(주로 신분적 이익의 박탈 vs 주로 신체적 자유 및 개산적 이익의 제한), 대상(공무원법상의 의무위반 vs 형사법상 법익위반) 등을 달리하기 때문에 동일 비위에 대하여 징계벌과 형사벌을 병과하더라도 일사부재리 원칙°에 저촉되지 않는다.

다만, 형자재판의 결과 금고이상의 형이 확정(집행유예 포함)되어 당연퇴직이 되면(국가공무원법 제69조) 공무원 신분관계가 소멸되기 때문에 공무원 신분관계를 전제로 한 징계벌은 과할 수 없다. 또한, 징계 요구된 사건이 형사 입건되어 재판이 계속 중인 때와 수사기관에 의하여 수사가 진행 중인 경우 유죄여부 또는 기소여부가 판명될 때까지 기다려야 하는 형사소추선행의 원칙을 인정하지 아니하고, 예외적으로 징계절차를 중지 할 수 있도록 임의적 조항을 두고 있다(국가공무원법 제83조제2항).

따라서 공무원에게 징계사유가 인정되는 이상 관계된 형사사건이 수사 중이거나 유죄로 인정되지 아니하였더라도 징계처분을 할 수 있으며, 형사사건에 대해 무죄판결을 받았다 할지라도 징계처분을 할 수 있다.[107)]

(3) 징계벌과 일사부재리

일사부재리원칙은 징계벌에도 적용되어 동일한 징계원인으로 거듭하여 징계할 수는 없다. 다만 직위해제와 징계처분은 성질을 달리하는 것이므로 직위해제 후 징계처분을 하여도 일사부재리의 원칙에 반하지 않는다.

Ⅱ. 징계업무처리 흐름도

비위사실의 적발 → 징계 등 의결요구 → 징계 등 의결→ 징계 등 의결통보 → 징계처분 등 → 소청 및 행정소송 → 심사·재심사 청구

1. 비위사실 적발

감사원, 검찰, 경찰, 국무총리실, 인사혁신처, 자체조사 등을 통해 비위사실을 적발하면 조사 등을 행한 기관에서는 혐의공무원에 대해 징계의결 등 요구권을 갖는 행정기관의 장에게 관계자료 등을 첨부하여 해당 내용을 통보하여야 한다.

2. 징계 등 의결요구

해당 행정기관의 장은 감사 및 조사결과를 통보받은 날로부터 1개월 이내에 징계혐의자에 대해 중징계, 경징계로 구분하여 관할 징계위원회에 징계의결을 요구하여야 한다. 이때 징계혐의자에게도 징계의결유구서 사본을 통보하여야 한다.

---

107) 예) 증거불충분으로 무죄판결을 받은 경우
1) 위법하게 수집한 증거는 증거능력이 없어 형사처벌을 받지 않더라도 국가공무원법상 의무(품위 유지의 의무)를 위반하였다면 징계 처분하여야 한다.
2) 직무관련자에게 금전을 빌린 경우는 공무원이 직무와 관련하여 수수하는 불법한 금품이 아니므로 뇌물죄에 해당되지 않아 형사처벌을 할 수 없으나 공무원 행동강령 제16조 위반으로 징계처분 가능하다.

3. 징계 등 의결

관할 징계위원회가 해당기관의 장으로부터 받은 징계의결요구서를 접수함으로써 징계의결요구의 효력이 발생하며, 혐의자의 주장서를 접수하고 사실 조사를 한 뒤 혐의자에 대해서 징계위원회 개최3일 전까지 출석통지를 하여야 한다. 의결은 징계의결요구서 접수일로부터 30일(중앙징계위원회는 60일) 이내에 하여야 하며 징계혐의자에 대해 심문 및 진술권을 부여하여야 한다.

4. 징계 등의 통보

징계위원회는 징계의결등을 하였을 때에는 지체없이 징계 등 의결서를 징계의결등 요구권자에게 통보하여야 한다(처분권자가 다를 경우에는 처분권자에게도 통보).

5. 징계처분 등

징계등 처분권자는 징계의결서를 통보받은 날로부터 15일 이내 징계처분등을 하여야 하며 징계처분등의 대상자에게 처분사유설명서를 교부하여야 한다.

6. 소청 및 행정소송

처분을 받은 혐의자가 징계처분등에 불복할 경우 징계처분등의 사유설명서를 받은 날로부터 30일 이내 소청심사위원회에 심사를 청구할 수 있다. 소청심사위원회의 결정에도 불복할 경우 결정을 받은 날로부터 90일 이내에 행정소송을 제기할 수 있다.

7. 심사 · 재심사 청구

징계의결요구권자가 징계위원회의 의결에 불복할 경우 징계의결서를 통보받은 날로부터 15일 이내 직근 상급기관에 설치된 징계위원회(직근 상급기관이 없는 징계위원회 의결에 대해서는 그 징계위원회)에 심사 또는 재심사를 청구할 수 있다.

재징계 의결 요구

소청 또는 행정소송에서 징계처분에 대해 무효 · 취소 결정 또는 판결이 있었던 경우 처분권자가 청구한다. 그 청구는 소청심사위원회의 결정 또는 법원의 판결이 확정된 날로부터 3개월 이내에 하여야 하며, 징계양정이 과다하다는 이유로 무효 · 취소 결정 또는 판결을 받은 견책 · 감봉처분에 대해서는 징계의결을 요구하지 않을 수 있다.

Ⅲ. 징계의 사유

• 관련법규

국가공무원법 제78조(징계 사유) ① 공무원이 다음 각 호의 어느 하나에 해당하면 징계 의결을 요구하여야 하고 그 징계 의결의 결과에 따라 징계처분을 하여야 한다.

1. 이 법 및 이 법에 따른 명령을 위반한 경우
2. 직무상의 의무(다른 법령에서 공무원의 신분으로 인하여 부과된 의무를 포함한다)를 위반하거나 직무를 태만히 한 때
3. 직무의 내외를 불문하고 그 체면 또는 위신을 손상하는 행위를 한 때

② 징계에 관하여 다른 법률의 적용을 받는 공무원이 이 법의 징계에 관한 규정을 적용받는 공무원으로 임용된 경우에 임용 이전의 다른 법률에 따른 징계 사유는 그 사유가 발생한 날부터 이 법에 따른 징계 사유가 발생한 것으로 본다.

③ 특수경력직공무원이 경력직공무원으로 임용된 경우에 임용 전의 해당 특수경력직공무원의 징계를 규율하는 법령상의 징계 사유는 그 사유가 발생한 날부터 이 장(章)에 따른 징계 사유가 발생한 것으로 본다.

④ 제1항의 징계 의결 요구는 5급 이상 공무원 및 고위공무원단에 속하는 일반직공무원은 소속 장관이, 6급 이하 공무원 및 기능직공무원은 소속 기관의 장 또는 소속 상급기관의 장이 한다. 다만, 국무총리 · 행정안전부장관 및 국회규칙, 대법원규칙, 헌법재판소규칙, 중앙선거관리위원회규칙 또는 대통령령으로 정하는 각급 기관의 장은 다른 기관 소속 공무원이 징계 사유가 있다고 인정하면 관계 공무원에 대하여 관할 징계위원회에 직접 징계를 요구할 수 있다.

1. 징계사유의 의의

징계사유란 공무원이 징계처분을 받지 않으면 안 될 의무위반 행위를 말한다. 즉, 국가공무원법과 동법에 따른 명령 위반, 직무상 의무의 위반 또는 직무태만, 직무의 내외를 불문하고 그 체면 또는 위신을 손상하는 행위 등이 징계의 원인이 된다. 한편, 의무위반행위로 인해 징계 등 처분을 받고도 또다시 의무를 위반하는 경우 다시 징계할 수 있다.[108]

2. 징계사유의 내용

가. 법령위반 행위

국가공무원법 등의 제 규정과 동 법에서 위임한 바에 따라 제정된 일반적 · 추상적 행정명령(대통령령 · 총리령 · 부령 등)과 개별적 · 구체적 집행명령(훈령 · 지침 · 유권해석 등)에 위반한 경우를 말한다.

나. 직무상 의무 위반 및 직무태만 행위

공무원이 담당업무와 관련된 각종법령이나 훈령에서 부과되어 있는 의무를 공공이익과 복리증진에 기여하도록 적극 · 타당하게 수행하지 않은 경우와 당연히 해야 할 직무를 성실하게 수행하지 않은 경우를 말한다. 이 경우 본인의 고의 · 과실 유무와 관계없이 성립하며, 행위자뿐만 아니라 감독자에게도 감독의무를 태만히 한 구체적 사실이 인정되면 징계책임을 물을 수 있다.

• 국가공무원법상 공무원의 의무

- 8대 의무 : ① 선서 의무 ② 성실 의무 ③ 복종의 의무 ④ 친절 · 공정의 의무 ⑤ 종교 중립의 의무 ⑥ 비밀 엄수의 의무 ⑦ 청렴의 의무 ⑧ 품위 유지의 의무
- 4대 금지 : ① 직장이탈 금지 ② 영리 업무 및 겸직 금지 ③ 정치 운동의 금지 ④ 집단 행위의 금지

다. 직무의 내외를 불문한 체면 또는 위신 손상행위

공무원의 외부행위가 공직의 체면 · 위신을 손상하는데 직접적인 영향이 있는 행위(음주

108) 예) 징계부가금 부과 처분을 받고 납부의무를 이행하지 않은 경우 다시 징계 가능

운전, 성매매, 간통, 폭행 등)로써 사회일반 통념상 비난 가능성을 갖고 있는 경우에는 형사책임 유무에 불구하고 징계사유에 해당된다.

Ⅳ. 징계의 종류 및 효력

1. 징계의 종류

징계의 종류에는 법률에 따라 상이하나, 국가공무원법(제79조)은 일반직공무원에 대한 징계로 파면, 해임, 강등, 정직, 감봉, 견책의 여섯 가지를 규정하고 있다. 그리고 실무상 행해지는 불문경고[109]조치는 법률상의 징계처분은 아니다. 다만 불이익처분으로 항고소송이 대상인 처분이다.

2. 징계의 효력

징계의 종류 및 효력은 아래 표와 같다.

종류		기간	인사 · 신분(공무원임용령)	보수 · 퇴직급여 (공무원보수 · 수당규정)	비고
중징계	파면	–	* 공무원 신분 배제 * 5년간 공무원임용 결격사유	* 퇴직급여(수당)의 1/2 감액 * 5년 미만 재직자는 퇴직급여의 1/4 감액	
	해임	–	* 공무원 신분 배제 * 3년간 공무원 임용결격사유	* 퇴직급여(수당) 전액지급 * 금품 비리자는 퇴직급여의 1/4 감액 * 5년 미만 재직자는 퇴직급여(수당)의 1/8 감액	
	강등	3월	* 1계급 내림+정직3월 * 처분기간(3월) 신분은 보유, 직무에 종사하지 못함 * 처분기간(3월)+18월+(금품 · 향응 수수, 공금횡령 · 유용, 성폭력, 성희롱, 성매매는 3월 추가)은 승진제한 · 승진소요 최저	* 3월간 보수의 2/3 감액(연봉적용자는 연봉월액 7할 감액) * 승급제한 * 처분기간(3월)+18월+(금품 · 향응 수수, 공금횡령 · 유용, 성폭력, 성희롱, 성매매는 3월 추가). 3월간 각종 수당 감액	9년 경과 후 승급 제한 기간 산입

109) 불문경고란 징계양정은 견책에 해당되나 감경대상 공적이 있거나 혐의자의 비위행위가 성실 · 능동적 업무처리과정에서 발생한 과실에 해당하여 감경한 것으로 법률상의 징계처분은 아니나, 1년 동안 인사기록카드에 등재됨으로써 그 기간 동안 표창 내상사에서 제외되는 등 사실상 징계에 준하는 불이익이 따르는 행정처분이다.

			연수에서 제외	* 대우공무원수당, 정근수당가산금, 가족수당(가산금) · 자녀 학비보조수당 및 주택수당의 2/3 감액	
	정직	1~3월	* 신분은 보유, 직무에 종사하지 못함 * 정직처분기간+18월+(금품 · 향응 수수, 공급횡령 · 유용, 성폭력, 성희롱, 성매매는 3월 추가)은 승진제한 · 승진소요 최저연수에서 제외	* 보수의 2/3 감액(연봉적용자는 연봉월액 7할 감액) * 승급제한 * 정직기간+18월+(금품 · 향응 수수, 공급횡령 · 유용, 성폭력, 성희롱, 성매매는 3월 추가). 처분기간 동안 각종 수당 감액 * 대우공무원수당, 정근수당가산금, 가족수당(가산금) · 자녀학비보조수당 및 주택수당의 2/3 감액	7년 경과 후 승급 제한 기간 산입
경징계	감봉	1~3월	* 감봉처분기간+12월+(금품 · 향응 수수, 공급횡령 · 유용, 성폭력, 성희롱, 성매매는 3월 추가)은 승진제한 · 승진소요 최저연수에서 제외	* 보수의 1/3 감액(연봉적용자는 연봉월액 4할 감액) * 승급제한 * 감봉처분기간+12월+(금품 · 향응 수수, 공급횡령 · 유용, 성폭력, 성희롱, 성매매는 3월 추가) * 처분기간 동안 각종 수당 감액 * 대우공무원수당 · 정근수당가산금 · 가족수당(가산금) · 자녀학비보조수당 · 주택수당의 1/3 감액	5년 경과 후 승급 제한 기간 산입
	견책		* 6월+(금품 · 향응 수수, 공급횡령 · 유용, 성폭력, 성희롱, 성매매는 3월 추가)은 승진제한 · 승진소요 최저연수에서 제외 · ·	* 승급제한 * 6월+(금품 · 향응 수수, 공급횡령 · 유용, 성폭력, 성희롱, 성매매는 3월 추가)	3년 경과 후 승급 제한 기간 산입

Ⅴ. 징계부가금 제도

• 관련법규

국가공무원법 제78조의2 (징계부가금) ① 제78조에 따라 공무원의 징계 의결을 요구하는 경우 그 징계 사유가 다음 각 호의 어느 하나에 해당하는 경우에는 해당 징계 외에 다음 각 호의 행위로 취득하거나 제공한 금전 또는 재산상 이득(금전이 아닌 재산상 이득의 경우에는 금전으로 환산한 금액을 말한다)의 5배 내의 징계부가금 부과 의결을 징계위원회에 요구하여야 한다.〈개정 2015.5.18.〉

1. 금전, 물품, 부동산, 향응 또는 그 밖에 대통령령으로 정하는 재산상 이익을 취득하거나 제공한 경우
2. 다음 각 목에 해당하는 것을 횡령, 배임, 절도, 사기 또는 유용한 경우

가. 「국가재정법」에 따른 예산 및 기금
나. 「지방재정법」에 따른 예산 및 「지방자치단체 기금관리기본법」에 따른 기금
다. 「국고금관리법」 제2조제1호에 따른 국고금
라. 「보조금 관리에 관한 법률」 제2조제1호에 따른 보조금
마. 「국유재산법」 제2조제1호에 따른 국유재산 및 물품관리법 제2조제1항에 따른 물품
바. 「공유재산 및 물품 관리법」 제2조제1호 및 제2호에 따른 공유재산 및 물품
사. 그 밖에 가목부터 바목까지 준하는 것으로서 대통령령으로 정하는 것

공무원 징계령 제17조의2 (징계부가금) ① 법 제78조의2 제1항제1호에서 "대통령령으로 정하는 재산상 이익"이란 다음 각 호의 어느 하나에 해당하는 것을 말한다.

1. 유기증권, 숙박권, 회원권, 입장권, 할인권, 초대권, 관람권, 부동산 등의 사용권 등 일체의 재산상 이익
2. 골프 등의 접대 또는 교통 · 숙박 등의 편의 제공
3. 채무면제, 취업제공, 이권부여 등 유형무형의 경제적 이익

1. 의의

징계부가금이란 금품 및 향응수수, 공금횡령 · 유용의 경우 징계처분 외에 금품 및 향응 수

수액, 공급 횡령액 · 유용액의 5배 내의 징계부가금을 병과하는 것을 말한다.

2. 대상

징계부가금은 직무관련성 유무와 상관없이 금품 · 향응 수수, 공급 횡령 · 유용 비위는 징계 부가금 부과대상이 된다. 또한, 금품 · 향응 수수 후 반환한 경우에도 징계부가금 부과대상이 되지만 징계 부가금 부과 · 감면 의결 시 고려하여야 된다.

3. 징계부가금 대상 비위확대(시행 15.11.19)

가. 비위유형

(1) (기존) 금품 및 향응수수 ⇒ (변경) 「국가공무원법」 제78조의2 제1항 제1호의 금품, 물품, 부동산, 향응 및 「공무원 징계령」 제17조의2 제1항의 각 호에 해당하는 재산상 이익을 취득하거나 제공한 경우

(2) (기존) 공금 횡령 · 유용 ⇒ (변경) 「국가공무원법」 제78조의2 제1항 제2호의 각 목에 해당하는 것을 횡령, 배임, 절도, 사기 또는 유용한 경우

나. 부과기준

(1) (기존) 금품 및 향응수수액 ⇒ (변경) 금전 또는 재산상 이득

(2) (기존) 공급횡령 · 유용액 ⇒ (변경) 금전 또는 재산상 이득

Ⅵ. 징계위원회의 의결

1. 징계 등 의결

가. 징계 등 의결의 성질 및 범위

징계위원회의 의결 등은 일종의 형식적 쟁송을 거친 준사법적 행정행위로서 징계 등 처분권자는 징계위원회의 의결에 기속되어 징계의결 등 양정을 변경할 수 없다. 나아가 징계위원회는 일종의 준독립적 행정기관이므로 징계의결 등 요구권자의 경징계 · 중징계요구의견에 기속받지 않고 징계의결 등을 할 수 있다.

나. 징계의결 등의 정족수

징계위원회는 위원 5인 이상의 출석과 출석위원 과반수의 찬성으로 의결하되, 의견이 분립하여 출석위원 과반수에 달하지 못하는 때에는 출석위원 과반수에 이르기까지 징계등 혐의자에게 가장 불리한 의견에 차례로 유리한 의견을 더하여 가장 유리한 의견을 합의된 의견으로 하여야 한다(공무원 징계령 제12조제1항).

2. 징계등의 양정

가. 징계등 양정의 의의

징계양정 등은 징계 등의 대상이 되는 비위사실(징계사유 등)에 대하여 징계 등의 종류를 선정하는 것을 말하고, 이는 재량적 행위라 할 수 있으나 징계 등의 양정에 있어서는 재량권의 한계가 준수되어야 하며 각급 징계위원회간에 징계 등 양정의 형평을 유지하고 징계 등의 공정성을 확보하기 위하여 일정한 판단기준[110]이 필요하다.

나. 징계의결 등의 기한

징계위원회는 징계의결요구서를 접수한 날로부터 30일(중앙징계위원회는 60일) 이내에 의결을 하여야 하나, 부득이한 사유가 있을 때에는 당해 징계위원회의 의결로 30일(중앙징계위원회는 60일)에 한하여 그 간을 연장할 수 있다(공무원징계령 제9조제1항).

다. 징계의 감경

- 관련법규

> **공무원징계령 시행규칙 제4조(징계의 감경)** ① 징계위원회는 징계의결이 요구된 사람에게 다음 각 호의 어느 하나에 해당하는 공적이 있는 경우에는 별표 3의 징계의 감경기준에 따라 징계를 감경할 수 있다. 다만, 그 공무원이 징계처분이나 이 규칙에 따른 경고를 받은 사실이 있는 경우에는 그 징계처분이나 경고처분 전의 공적은 감경 대상 공적에서 제외한다.

110) 공무원 비위사건 처리규정(요구기준), 공무원징계령 시행규칙(양정기준)
징계 등의 양정에 있어서는 징계양정기준 외에 징계사유의 내용 · 성질 및 그 사실이 있게 된 관련 사정과 당해 공무원의 평소의 근무행태 및 수행 등을 종합적으로 고려하여 그 징계사유 등과 징계 등 종류와의 사이에 비례의 원칙이 유지되도록 하여야 할 것이다(공무원징계령 제17조).

1. 「상훈법」에 따른 훈장 또는 포장을 받은 공적
2. 「정부표창규정」에 따라 국무총리 이상의 표창(공적상 및 창안상만 해당한다. 이하 이 호에서 같다)을 받은 공적. 다만, 비위행위 당시 6급 이하 공무원, 연구사, 지도사와 기능직공무원은 중앙행정기관장인 청장(차관급 상당 기관장을 포함한다) 이상의 표창을 받은 공적
3. 「모범공무원규정」에 따라 모범공무원으로 선발된 공적

② 제1항에도 불구하고 징계사유가 다음 각 호의 어느 하나에 해당하는 경우에는 해당 징계를 감경할 수 없다.

1. 「국가공무원법」 제83조의2제1항에 따른 징계 사유의 시효가 5년인 비위
2. 「성폭력범죄의 처벌 등에 관한 특례법」 제2조에 따른 성폭력범죄
3. 「성매매알선 등 행위의 처벌에 관한 법률」 제2조제1항제1호에 따른 성매매
4. 「국가인권위원회법」 제2조제3호라목에 따른 성희롱
5. 「도로교통법」 제44조제1항에 따른 음주운전 또는 같은 조 제2항에 따른 음주측정에 대한 불응
6. 「공직자윤리법」 제8조의2제1항 또는 제22조에 따른 등록의무자에 대한 재산등록 및 주식의 매각 · 신탁과 관련한 의무 위반
7. 부작위 또는 직무태만

③ 징계위원회는 징계의결이 요구된 사람의 비위가 성실하고 능동적인 업무처리 과정에서 과실로 인하여 생긴 것으로 인정되거나, 제2항에 따른 감경 제외 대상이 아닌 비위 중 직무와 관련이 없는 사고로 인한 비위라고 인정될 때에는 그 정상을 참작하여 별표 3의 징계의 감경기준에 따라 징계를 감경할 수 있다.

(1) 공적에 의한 감경

(가) 대상

징계위원회는 징계의결이 요구된 자가 다음 사항에 해당하는 공적이 있는 경우에는 징계양정감경기준에 따라 징계를 감경할 수 있다(공무원 징계령 시행규칙 제4조제1항).

(나) 감경제외 비위

국가공무원법 제83조의2제1항에 따라 징계사유의 시효가 5년인 비위, 성폭력범죄, 성희롱, 성매매, 음주운전, 재산등록 및 주식의 매각 · 신탁 비위 등의 사유는 감경제외 비위에 속한다.

(2) 성실 능동적 업무에 대한 감경

징계의결이 요구된 자의 비위가 성실하고 능동적인 업무처리 과정에서 과실로 인하여 생긴 것으로 인정될 때에는 그 정상을 참작하여 징계를 감경할 수 있다(공무원징계령 시행규칙 제4조제2항)

(3) 직무와 무관한 사고 관련 비위에 대한 징계감경 등

감경 제외 대상이 아닌 비위 중 직무와 관련이 없는 사고로 인한 비위로서 사회통념에 비추어 공무원의 품위를 손상하지 아니하였다고 인정되는 경우 이를 참작하여 징계를 감경할 수 있다(공무원징계령 시행규칙 제2조제3항, 제4조제2항).

(4) 징계양정 감경기준

징계양정의 감경기준은 아래 표와 같다.

징계양정	감경된 징계양정
파 면	해 임
해 임	강 등
강 등	정 직
정 직	감 봉
감 봉	견 책
견 책	불문(경고)

(5) 징계의 가중

- 관련법규

공무원징계령 시행규칙 제5조(징계의 가중) ① 징계위원회는 서로 관련 없는 둘 이상의 비위가 경합될 경우에는 그 중 책임이 무거운 비위에 해당하는 징계보다 1단계 위의 징계로 의결할 수 있다.

② 징계위원회는 징계처분을 받은 사람에 대하여 「공무원임용령」 제32조에 따른 승진임용 제한기간 중에 발생한 비위로 다시 징계의결이 요구된 경우에는 그 비위에 해당하는 징계보다 2단계 위의 징계로 의결할 수 있고, 승진임용 제한기간이 끝난 후부터 1년 이내에 발생한 비위로 징계의결이 요구된 경우에는 1단계 위의 징계로 의결할 수 있다.

(가) 비위의 경합

징계위원회는 서로 관련이 없는 2이상의 비위가 경합될 경우에는 그 중 책임이 무거운 비위에 해당하는 징계보다 1단계 위의 징계로 의결할 수 있다(공무원징계령 시행규칙 제5조제1항). 또한, 서로 관련이 없는 2이상의 비위가 경합될 경우 수개의 비위를 1건으로 보아 종합하여 징계심의를 하여 양정을 정할 것이 아니라 징계심의 시 각 비위별로 개별적으로 심의하여 그중 가장 무거운 비위의 문책기준을 그 양정으로 하되, 수개의 비위가 경합된 다른 비위들의 양정 정도를 고려하여 가장 무거운 비위에 대한 양정보다 1단계 높은 양정으로 의결하여야 한다.

(나) 징계처분 또는 승진임용제한 기간 중 발생한 비위

징계위원회는 징계처분을 받은 사람이 징계처분기간 중에 있거나 「공무원임용령」 제32조의 규정에 의한 승진임용 제한기간 중에 발생한 비위[111]로 다시 징계의결이 요구된 경우에는 당해 비위에 해당하는 징계보다 2단계 위의 징계로 의결할 수 있다(공무원징계령 시행규칙 제5조제2항).

(다) 승진임용 제한기간 종료 후 1년 이내에 발생한 비위로 다시 징계의결

승진임용 제한기간 종료 후 1년 이내에 발생한 비위로 다시 징계의결이 요구된 경우에는 당해 비위에 해당하는 징계보다 1단계 위의 징계로 의결할 수 있다(공무원징계령 시행규칙 제5조제2항).

Ⅶ. 징계 등의 집행

1. 징계 등 집행의 의의

징계위원회의 의결 자체는 행정부 내부의 의사표시에 불과한 것으로 징계 등 처분권자가 징계의결 등 결과에 따라 징계처분 등을 함으로써 비로소 대외적인 징계 등 효력이 발생하게 된다.

111) 견책 : 6개월, 감봉 : 처분기간(1~3월)+ 12개월, 정직 : 처분기간(1~3월)+18월, 강등 : 3월+18월
※ (국가공무원법 제83조의2제1항에 따라) 징계시효가 5년인 비위, 성폭력, 성희롱 및 성매매에 따른 징계처분의 경우에는 각각3개월을 더한 기간

2. 징계 등 처분권자

• 관련법규

국가공무원법 제82조(징계 등 절차) ① 공무원의 징계처분 등은 징계위원회의 의결을 거쳐 징계위원회가 설치된 소속 기관의 장이 하되, 국무총리 소속으로 설치된 징계위원회(국회 · 법원 · 헌법재판소 · 선거관리위원회에 있어서는 해당 중앙인사관장기관에 설치된 상급 징계위원회를 말한다. 이하 같다)에서 한 징계의결 등에 대하여는 중앙행정기관의 장이 한다. 다만, 파면과 해임은 징계위원회의 의결을 거쳐 각 임용권자 또는 임용권을 위임한 상급 감독기관의 장이 한다.
② 징계의결 등을 요구한 기관의 장은 징계위원회의 의결이 가볍다고 인정하면 그 처분을 하기 전에 직근 상급기관에 설치된 징계위원회(국무총리 소속으로 설치된 징계위원회의 의결에 대하여는 그 징계위원회)에 심사나 재심사를 청구할 수 있다. 이 경우 소속 공무원을 대리인으로 지정할 수 있다

국가공무원에 대한 징계 등 처분은 징계 등을 의결한 징계위원회가 설치된 소속기관의 장이 행하되, 중앙징계위원회에서 행한 징계의결 등에 대하여는 중앙행정기관의 장이 집행한다(국가공무원법 제82조제1항).

3. 징계 등 집행 기한

• 관련법규

공무원징계령 제19조(징계처분등) ① 징계처분등의 처분권자는 징계등 의결서 또는 징계부가금 감면 의결서를 받은 날부터 15일 이내에 징계처분등을 하여야 한다.
② 징계처분등의 처분권자는 제1항에 따라 징계처분등을 할 때에는 별지 제4호 서식에 따른 징계처분등의 사유설명서에 징계등 의결서 또는 징계부가금 감면 의결서 사본을 첨부하여 징계처분등의 대상자에게 교부하여야 한다. 다만, 5급이상공무원등(고위공무원단에 속하는 공무원을 포함한다)을 파면하거나 해임한 경우에는 임용제청권자가 징계처분등의 사유설명서를 교부한다.

징계 등 처분권자는 징계의결서 또는 징계부가금 감면 의결서를 받은 날로부터 15일 이내에 이를 집행하여야 한다(공무원징계령 제19조제1항).

4. 징계처분등의 사유설명서 교부

징계 등 처분권자는 징계의결 등을 집행한 때는 지체 없이 징계처분 등의 사유설명서(공무원징계령 별지 제4호 서식)에 징계 등 의결서 또는 징계부가금 감면의결서 사본을 첨부하여 징계처분 등의 대상자에게 교부하여야 한다. 다만, 국가공무원인 경우 5급 이상 공무원등(고위공무원단에 속하는 공무원 포함)에 대한 파면 또는 해임의 경우에는 임용제청권자가 징계처분 등의 사유설명서를 교부하여야 한다(공무원징계령 제19조제2항).

■ 공무원 징계령 [별지 제4호서식] 〈개정 2012.9.5〉

[ ]징계처분
[ ]징계부가금 부과처분　　　　　　　　　　**사유설명서**
[ ]징계부가금 감면처분

※ [ ]에는 해당하는 곳에 √표를 합니다.

소속	직위(직급)	성명

주문	징계 종류, 징계부가금 대상금액 및 부과 배수 등을 기재

이유	붙임의 징계 의결서, 징계부가금 부과 의결서 또는 징계부가금 감면 의결서 사본과 같음

「공무원 징계령」 제19조에 따라 위와 같이 처분하였음을 통지합니다.

년　　월　　일

처분권자(처분제청권자)　직인

붙임: 징계 의결서, 징계부가금 의결서 또는 징계부가금 감면 의결서

유의사항

이 처분에 불복할 때에는 「국가공무원법」 제76조제1항에 따라 이 사유설명서를 받은 날부터 30일 이내에 소청심사위원회에 심사를 청구할 수 있습니다.

210mm×297mm[백상지 80g/㎡]

5. 징계부가금 납부고지서의 교부 등

• 관련법규

> 공무원징계령 제19조의2(징계부가금 납부고지서의 교부 등) ① 제18조에 따라 의결 통보를 받은 징계처분등의 처분권자가 제19조제2항에 따라 징계처분등의 대상자에게 징계처분등의 사유설명서를 교부할 때에는 징계부가금 금액을 분명하게 적은 납부고지서 또는 감면된 징계부가금 금액을 분명하게 적은 감면 납부고지서를 함께 교부하여야 한다.
> ② 징계처분등의 처분권자는 징계처분등의 대상자가 제1항의 납부고지서를 교부받은 날부터 60일 이내에 징계부가금 또는 감면된 징계부가금을 납부하지 아니하면 법 제78조의2제3항에 따른 징수를 관할 세무서장에게 의뢰하여야 한다. 이 경우 관할 세무서장은 특별한 사정이 없는 한 이에 응하여야 한다.
> ③ 징계처분등의 대상자가 징계부가금을 납부한 후에 제1항의 감면 납부고지서를 받은 경우에는 징계처분등의 처분권자는 그 차액을 징계처분등의 대상자에게 환급하여야 한다.
> ④ 징계처분등의 대상자가 징계부가금을 납부하기 전에 제1항의 감면 납부고지서를 받은 경우에는 징계처분 등의 대상자는 감면된 징계부가금을 납부하여야 한다.

가. 납부고지서의 교부

의결 통보를 받은 징계처분 등의 처분권자가 징계처분 등의 대상자에게 징계처분 등의 사유설명서를 교부할 때에는 징계부가금 금액을 분명하게 명시한 납부고지서 또는 감면된 징계부가금 금액을 명시한 감면 납부고지서를 함께 교부하여야 한다.

나. 징수 등

징계처분 등의 대상자가 납부고지서를 교부받은 날부터 60일 내에 징계부가금 또는 감면된 징계부가금을 납부하지 않으면 징계처분 등의 처분권자가 국가공무원법 제78조의제2 제3항에 따른 징수를 관할 세무서장에게 의뢰하여야 합니다.

6. 소청심사위원회의 변경 또는 취소에 대한 집행

원징계처분 등이 소청심사위원회에서 변경 또는 취소되었을 경우 징계 등의 집행은 소청의 결정이 있은 후 다시 집행하는 것이 아니라 원처분일로 소급하여 변경 또는 취소된다.

7. "불문경고" 의결에 대한 인사처리

· 징계위원회에서 견책으로 인정되는 징계양정을 감경하여 "불문으로 의결한다. 다만, 경고할 것을 권고한다"로 의결하였을 경우 징계 등 처분권자는 징계의결서 사본을 첨부하여 소속기관장 명의로 당해 공무원을 서면경고 조치하고 인사기록카드 비고란에 그 사실을 기재하여야 한다.

8. 징계처분기간중인 자에 대한 징계 등 처분의 집행

징계처분기간 중에 있는 자가 다시 징계의결을 받은 경우에도 의결서를 받은 날로부터 15일 이내에 징계처분을 하여야 하는 것이지만 그 집행은 다음과 같이 한다.

가. 정직집행중에 정직, 감봉처분을 받은 경우	선행 정직처분의 집행이 만료한 익일부터 후행 징계집행을 함
나. 감봉집행중에 정직처분을 받은 경우	선행 감봉처분의 집행이 만료한 익일부터 후행 정직집행을 함

9. 직위해제중인 자에 대한 징계처분의 집행

직위해제 중인 자에 대하여 중징계처분을 하고자 할 경우에는 징계의결요구와 동시에 직위해제사유를 파면 · 해임 또는 강등 · 정직에 해당하는 징계의결이 요구중인 자로 변경한 후 징계처분을 하여야 하며, 이 경우 징계처분과 동시에 직위해제조치의 효력이 상실하므로 복직조치 등 별도의 조치 없이 바로 징계처분할 수 있다.

10. 휴직자에 대한 징계 등 처분의 집행

휴직자도 공무원의 신분이 계속되므로 징계의결 등 및 처분이 가능하고, 휴직자에 대하여 감봉처분을 한 경우에는 의결서를 받은 날로부터 15일 이내에 감봉처분을 하되, 휴직기간 중 보수가 지급되지 아니하는 경우에는 보수감액조치는 복직한 후로부터 지급되는 보수액을 기준으로 하여야 한다.

Ⅷ. 불복신청

1. 징계의결 등 요구권자의 불복신청

• 관련법규

> 공무원징계령 제24조(심사 또는 재심사 청구) 징계의결등을 요구한 기관의 장은 법 제82조제2항에 따라 심사 또는 재심사를 청구하려면 징계의결등을 통보받은 날부터 15일 이내에 다음 각 호의 사항을 적은 징계의결등 심사(재심사)청구서에 사건 관계 기록을 첨부하여 관할 징계위원회에 제출하여야 한다.
>
> 1. 심사 또는 재심사 청구의 취지
> 2. 심사 또는 재심사 청구의 이유 및 증명 방법
> 3. 징계등 의결서 사본 또는 징계부가금 감면 의결서 사본
> 4. 제17조에 따른 여러 정상
>
> 국가공무원법 제82조(징계 등 절차) ① 공무원의 징계처분등은 징계위원회의 의결을 거쳐 징계위원회가 설치된 소속 기관의 장이 하되, 국무총리 소속으로 설치된 징계위원회(국회 · 법원 · 헌법재판소 · 선거관리위원회에 있어서는 해당 중앙인사관장기관에 설치된 상급 징계위원회를 말한다. 이하 같다)에서 한 징계의결등에 대하여는 중앙행정기관의 장이 한다. 다만, 파면과 해임은 징계위원회의 의결을 거쳐 각 임용권자 또는 임용권을 위임한 상급 감독기관의 장이 한다.
> ② 징계의결등을 요구한 기관의 장은 징계위원회의 의결이 가볍다고 인정하면 그 처분을 하기 전에 직근 상급기관에 설치된 징계위원회(국무총리 소속으로 설치된 징계위원회의 의결에 대하여는 그 징계위원회)에 심사나 재심사를 청구할 수 있다. 이 경우 소속 공무원을 대리인으로 지정할 수 있다.

심사 또는 재심사청구: 징계의결 등을 통보 받은 날로부터 15일 이내에 직근 상급기관에 설치된 징계위원회(직근 상급기관이 없는 징계위원회의 의결에 대하여는 그 징계위원회)에 심사 또는 재심사를 청구할 수 있다(국가공무원법 제82조 및 공무원징계령 제24조). 다만, 징계처분 등이 있은 후에는 재심사 청구가 불가능 하다.

2. 징계처분 등을 받은 자의 불복신청

• 관련법규

> **국가공무원법 제76조(심사청구와 후임자 보충 발령)** ① 제75조에 따른 처분사유설명서를 받은 공무원이 그 처분에 불복할 때에는 그 설명서를 받은 날부터, 공무원이 제75조에서 정한 처분 외에 본인의 의사에 반한 불리한 처분을 받았을 때에는 그 처분이 있은 것을 안 날부터 각각 30일 이내에 소청심사위원회에 이에 대한 심사를 청구할 수 있다. 이 경우 변호사를 대리인으로 선임할 수 있다.

징계처분 등을 받은 공무원이 처분에 불복이 있을 때에는 징계처분 등 사유설명서를 교부받은 때로부터 30일 이내에 소청심사위원회에 심사를 청구할 수 있다(국가공무원법 제76조제1항).

Ⅸ. 서식례

1. 소청

가. 교원관련

(1) 신청취지

[해임처분취소]

> 피청구인이 20○○. ○. ○. 청구인에 대하여 한 해임처분은 이를 취소한다.
> 라는 재결을 구합니다.

[정직처분취소]

> 피고가 2010. 10. 16. 원고들에 대하여 한 각 3월의 정직처분 결정은 이를 취소한다.
> 라는 재결을 구합니다.

[파면처분취소]

> 피고가 원고에 대하여 한 ○○○○. 8. 29.자 파면징계처분을 취소한다.
> 라는 재결을 구합니다.

(2) 서식례

[서식] 해임처분취소심판

심판청구서

청 구 인　　　　홍　길　동 (000000-0000000)

ㅇㅇ시 ㅇㅇ구 ㅇㅇ동 ㅇㅇㅇ

소송대리인 변호사 ㅇ ㅇ ㅇ

ㅇㅇ시 ㅇㅇ구 ㅇㅇ동 ㅇㅇㅇ　　　　(우 :　　　)

(전화 :　　　,팩스 :　　　)

피청구인　　　　학교법인 00학원

서울 000 000 00

이사장 김 0 0

해임처분취소청구의 소

신 청 취 지

피신청인이 20ㅇㅇ. ㅇ. ㅇ. 청구인에 대하여 한 해임처분은 이를 취소한다.

라는 재결을 구합니다.

신청청구 이유인

1. 청구인은 20ㅇㅇ. 2. 15. 피청구인 학교법인 ㅇㅇ학원(이하 '소외 학원'이라 한다) 산하 ㅇㅇ대학교 조교수로 임명되고 20ㅇㅇ. 10. 1. 부교수로 승진하여 재직 중이

었습니다.

2. 그런데 위 ○○대학교의 징계위원회는 20○○. 12. 2○. 청구인이 ① ○○학원정상화 추진위원회(이하 '○○○'라 한다)라는 불법단체를 조직하고, 각종 유인물을 작성, 소외 학원의 임원, 그 산하 각급 학교 및 그 교직원의 명예를 실추시키는 행위를 하였으며, ② 소외 학원 산하 각 고등학교장의 명예를 훼손하여 명예훼손죄로 약식명령을 받는 등 교수로서의 손상시키는 행위를 하였으며, ③ ○○대학교 교무처장 재직시인 20○○ 대리시험에 의한 부정입학 및 자격 없는 자가 전임강사로 임용됨에 있어 그 사실을 확인하지 못한 직무상의 태만 등 사립학교법 제55조, 국가공무원법 제63조, 제66조 위반행위가 있다는 사유로 파면의 징계의결을 하였습니다.

3. 이 파면결의에 따라 피청구인인 학원의 이사장은 20○○. 1. 1. 원고를 파면하는 처분(이하 '이 사건 파면처분'이라 한다)을 하였고, 이에 청구인은 위 징계처분이 그 징계 사유없이 행하여진 것이며, 재량권 일탈 내지 남용에 의한 것이어서 위법하다는 이유로 교원지위향상을위한특별법에 의거하여 피청고에게 재심청구를 하였습니다.

4. 위 재심청구에 따라 피청구인은 20○○. 4. 6. 원고에 대하여 "① 집단행위 및 품위손상의 점에 관하여는, 그 징계의결서 기재의 일련의 유인물작성, 배포 및 광고 등의 행위는 그 내용에 있어서 소외 법인의 임원의 퇴진을 요구하고 학원문제에 관하여 사회적 연대를 도모하는 것이며, 교수협의회 회원이 아닌 소외 학원 산하 11개 초, 중, 고등학교 교사로 구성된 ○○학원교사 정상화 추진위원회와 제휴하여 '○○○'를 결성한 것은 교수협의회 설립목적인 교수의 권익보호 등과도 무관한 것이므로, 그 일련의 행위는 청원권 행사의 범위를 벗어나는 것이고, 사립학교법 제55조에 의하여 준용되는 국가공무원법 제66조 제1항 소정의 집단행위금지에 위반되는 것인 한편 교권옹호의 자구적 행동의 한계를 벗어나는 것으로서 교

수로서의 품위를 크게 손상시켰습니다. ② 명예훼손의 점에 관하여는, '○○○'명의의 ○○학원 현재단을 전면개편, 정상화하여야 할 10가지 이유, 100가지 사례라는 유인물에 의하여 그 각 교장들의 명예를 훼손하여 약식명령을 받았으므로 이에 대하여 정식재판청구를 하였다 하더라도 그 책임을 면할 수 없다."는 등의 사유로 그 징계처분은 적법하다고 판시(다만 직무태만의 점에 관하여는, 그 징계의결요구시 이미 그 사유 발생일로부터 2년이 경과되어 징계시효가 완성된 것이어서 이를 사유로 함은 위법한 것으로 판시)하였습니다. 그러나 원고의 위 각 행위는 그 방법의 선택에 있어 잘못이 있다고 하더라도 동기에 있어서 교수협의회 회장으로서 학교발전을 위한 충정에서 비롯된 점, 그 동안 쌓아 온 연구업적 및 교무처장 등 보직자로서 학교발전에 기여한 점 등에 비추어 위 파면처분이 너무 가혹하다 하여 위 파면을 해임의 징계처분으로 변경하는 결정(이하 "이 사건 해임처분"이라 한다)을 하였습니다.

5. 그런데 피청구인 학원은 20○○년 원고에 대한 이 사건 파면처분이 무효라는 이유로 이를 취소하였고, 청구인의 임용기간이 20○○. 2. 28. 만료됨에 따라 20○○. 6. 29. 임용기간을 20○○. 3. 1.부터 20○○. 2. 28.까지로 하여 소외 학원의 부교수로 임용하였습니다.

6. 청구인의 주장

청구인은 첫째 이 사건 파면처분 및 해임처분은 사립학교법상의 징계사유 없이 행하여진 것이고 가사 일부 징계사유가 있다 하더라도 재량권 일탈 내지 남용으로 위법한 것이며, 둘째 피고는 이 사건 파면처분이 그 사유가 없으면 이를 취소, 환송하여야 함에도 피고가 직접 해임처분을 한 것은 무효이거나 취소를 면치 못한다는 것이며, 셋째 이 사건 파면처분은 후에 취소되었으므로 이를 전제로 한 이 사건 해임처분 또는 자동적으로 실효되는 것인 그 실효확인을 구하는 의미에서 이 사건 해임처분이 취소되어야 마땅합니다.

7. 위와 같이 제반사항을 볼 때 피고의 이건 처분은 앞뒤를 살펴보지 않고 청구인의 공무담임권을 박탈한 위법이 있고, 임용권자가 재량권을 남용한 것으로 마땅히 취소되어야 할 것이므로 본 소 청구에 이르렀습니다.

입 증 방 법

1. 인사발령통지서

그 밖의 입증서류는 변론시 제출하겠습니다.

첨 부 서 류

1. 위 입증서류 사본 각 1통
1. 위임장 1통

20○○. ○. .

위 청구인의 심판대리인
변호사 ○ ○ ○ (인)

교원소청심사위원회

[서식] 파면징계처분무효확인의 소

소 장

사 건 파면징계처분무효확인 청구의 소

원 고 ○ ○ ○
부산광역시 동래구 온천1동 164-18
소송 대리인 변호사 ○ ○ ○
부산광역시 연제구 거제동 1208

피 고 ○ ○ ○
부산광역시 부산진구 가야1동 50-1
대표이사 ○ ○ ○

청 구 취 지

1. 피고가 원고에 대하여 한 ○○○○. 8. 29.자 파면징계처분은 무효임을 확인한다.
2. 소송비용은 피고의 부담으로 한다.

라는 판결을 구함.

청 구 원 인

1. 원고는 피고법인 산하 소외 ○○전문대학 체육학부 무도과 조교수로 위 대학징계심사위원회의 결의에 따라 ○○○○. 8. 29. 파면징계처분을 받았습니다.

2. 그 징계처분 사유는 ○○학년도 교재 채택과 관련하여 학내 외 물의를 야기하여 1차 경고 처분을 받고서도 계속적으로 공사를 구별하지 못하고 직무 수행에 공정을 기하지 못해 결국 교수로서의 품위를 손상하였다는데 있습니다.

3. 그러나 원고는 학생들을 가르치는 교수로서 학생들이 사용할 교재 및 부교재를 선정할 수 있을 뿐더러 학생들에게 참고자료를 소개 내지 알선할 수 있는 것으로, 학생들의 요구에 따라 교재를 소개한 것은 교수로서의 직분에 부응한 것으

로 결코 교수로서의 품위유지 의무를 해태하였다고 볼 수 없습니다.

4. 그럼에도 불구하고 위 대학은 구체적 사실을 적시하지 않은 채 막연히 추상적인 징계 처분 사유를 나열하면서 위 대학 복무규정 징계처분 중 가장 무거운 파면으로 다스린 것은, 사실오인 내지는 재량권을 남용하여 정당한 사유 없이 한 해고 처분으로 당연무효라 할 것입니다.

5. 그러므로 원고는 청구취지 기재와 같은 판결을 받고자 이 사건 소 제기에 이르게 된 것입니다.

입 증 방 법

1. 갑제1호증	징계처분통고
2. 갑제2호증	진정서

기타 필요한 것은 별론에 따라 수시로 제출하겠습니다.

첨 부 서 류

1. 위 입증방법	각1통
2. 학교법인 등기부	1통
3. 소송위임장	1통
4. 소장부본	1통

○○○○. 1. 22.
원고 소송 대리인
변호사 ○ ○ ○

○○ 지방법원 귀중

나. 경찰공무원관련

(1) 신청취지

[감봉처분 취소심판]

피소청인이 20○○. ○. ○. 소청인에 대하여 한 감봉 3월의 징계처분을 취소한다. 라는 재결을 구합니다.

[해임처분취소심판]

피소청인 2011년 8월 20일 소청인에 대하여 한 해임처분은 이를 취소한다. 라는 재결을 구합니다.

[파면처분취소심판청구서(소청)]

피청구인이 20○○. ○. ○.결정한 청구인에 대한 파면처분은 이를 취소한다. 라는 재결을 구합니다.

[견책처분취소심판]

피청구인이 20○○. ○. ○. 청구인에 대하여 한 견책처분은 이를 취소한다. 라는 재결을 구합니다.

[감봉처분취소]

피소청인이 2010. 9. 20. 소청인에 대하여 한 감봉 3월의 징계처분을 취소한다. 라는 재결을 구합니다.

(2) 서식례

[서식] 감봉처분 취소심판 청구서

소 청 심 사 청 구 서

소 청 인　　ㅇ ㅇ ㅇ(주민등록번호)

ㅇㅇ시 ㅇㅇ구 ㅇㅇ길 ㅇㅇ (우편번호 ㅇㅇㅇ - ㅇㅇㅇ)

소　속　ㅇㅇ 경찰서

직　명　ㅇ ㅇ

생년월일　19ㅇㅇ. ㅇ. ㅇ.

피 소 청 인　　ㅇㅇ지방경찰청장

소 청 취 지

피소청인이 20ㅇㅇ. ㅇ. ㅇ. 소청인에 대하여 한 감봉 3월의 징계처분을 취소한다.
라는 재결을 구합니다.

소 청 이 유

1. 처분의 경위

(1) 소청인은 19ㅇㅇ. ㅇ. ㅇ.부터 ㅇㅇ경찰서 ㅇㅇ과 ㅇㅇ계에 근무하는 자　로서, 20ㅇㅇ. ㅇ. ㅇ. 23 : 20 경 서울 ㅇㅇ구 ㅇㅇ길 소재 ㅇㅇ사거리 부근에서 음주단속을 피하기 위하여 신호위반을 하고 도주하다가 순찰차에 검거된 김ㅁㅁ를 순찰차로부터 인수하여 후에 사례를 하겠다고 하면서 연락처를 알려주자 단속을 하지 않고 훈방한 후 선처의 대가로 금100,000원을 받았으며,

(2) 부하 경찰관 이ㅁㅁ가 위 같은 날 22:10 경 관할구역 내 소재 ☆☆교통주식회사 전무로부터 식사비 명목으로 금7만원을 직무와 관련하여 수수한 비위로 감봉 1

월의 징계처분을 받은 데 대한 감독자로서 평소 부하 경찰관에 대한 교양감독을 소홀히 한 잘못이 있다하여,

(3) 국가공무원법 제56조, 동법 제61조 제1항에 위배되어 동법 제78조 제1항 제1호, 제2호에 해당하는 징계사유라 하여 20○○. ○. ○. 감봉 3월의 징계처분을 하였습니다.

2. 이 사건 처분의 위법, 부당성

(1) 소청인은 위 김□□로부터 위 금100,000원을 받은 사실이 없음에도 부당하게 이 건 징계를 하였으므로 이를 밝히기 위해 위 김□□와 대질심문을 요구하였으나 거부되었으며,

(2) 소청인이 금품수수사실을 시인하지 않았음에도 위 김□□에게는 소청인이 금품을 수수한 사실을 시인하였으므로 이를 시인하지 않으면 좋지 못할 것이라고 협박·회유하여 김□□로 하여금 허위의 진술을 하게 하였으며,

(3) 위 김□□에 대하여 음주측정을 한 결과 혈중 알콜수치가 0.02%로 단속수치에 미치지 않아 금품을 수수할 이유가 없으며,

(4) 위 김□□가 금품을 지급했다고 진술하는 경찰관에 대한 인상착의 등이 소청인의 인상착의와는 전혀 다르고,

(5) 부하 경찰관 이□□의 금품수수행위에 대해서는 소청인이 책임질 사안이 아니라고 할 것이며,

(6) 그럼에도 불구하고 소청인을 감봉 3월의 처분을 한 것은 사실을 오인하거나 재량권을 일탈한 것으로서 위법하다 할 것입니다.

입 증 방 법

1. 소갑 제1호증　　증인 ○○○의 진술서
1. 소갑 제2호증　　증인 ○○○의 대화내용 녹취서
1. 소갑 제3호증　　차량사진

첨 부 서 류

1. 위 입증방법 각 1통
1. 심판청구서부본 1통

20○○년 ○월 ○일

위 소청인 ○ ○ ○ (인)

안전행정부 소청심사위원회 귀중

[서식] 해임처분취소 등

소청심사청구서

1. 사 건 : 해임처분취소 또는 감경청구

2. 소 청 인 : 성명 홍 길 동
소 속 경기 ○○경찰서 경무과
직 급 경정
주 소 경기도 ○○시 ○○동 ○○○
주민등록번호 OOOOOO-OOOOOOO

3. 피소청인 : 행정자치부장관

4. 소청의 취지 : 피소청인 2011년 8월 20일 소청인에 대하여 한 해임처분에 대하여 이의 취소를 구함

5. 소청 이유

가. 본건 징계의결서에는 소청인이 복무규율을 담당하는 경무과장으로서 청렴한 공직풍토조성과 품위유지에 솔선수범해야 할 의무가 있음에도 ㅇㅇ파출소장 경위 김갑동 외 3명의 부하직원으로부터 4회에 걸쳐 6,400,000원 상당의 금품을 수수하였다고 인정한 부분과

나. 3년여 전부터 우연히 알게 된 ㅇㅇ시 ㅇㅇ동 ㅇㅇㅇ주 성춘향 여인과 불륜관계를 지속하고 있다는 의혹과 비난을 받는 등 품위를 손상했다는 비위에 대하여는

다. 평소 금품수수와 여자관계에 있어서 아무런 물의와 잡음이 없었던 소청인을 허무맹랑한 무기명 투서를 근거로 하여 경찰청 감찰과 경감 ㅇㅇㅇ외 4명이 2011년 7. 26.부터 ㅇㅇ경찰서 관내에 상주하면서 소청인과 관련된 업무의 부서는 물론 각과 및 지구대, 치안센터, 파출소에 대하여 집중감찰을 실시, 비위를 적발한 다음 적발당한 당사자에게 경무과장 홍길동의 비위를 진술하면 적발된 비위를 봐주고 그렇지 않으면 면직 또는 인사조치 시키겠다고 위협함은 물론, 당사자들이 현지에서 졸도하여 병원에 입원하는 등의 강압적인 방법으로 진실 내용과는 전혀 다른 왜곡된 진술조서를 작성하여 소청인의 비위가 진실인 것처럼 하여 일반적으로 처리된 부당한 징계처분임으로 이 사실에 대하여 다음과 같이 소명코져 합니다.

(1). ㅇㅇ파출소장 경위 김갑동 외 3명의 부하직원들로부터 4회에 걸쳐 6,400,000원 상당의 금품을 수수하였다고 인정하고 있는 점에 대하여

– 이하 생략 –

라. 소청인을 공무원의 신분을 박탈케 하는 무거운 징계인 해임처분을 하여 놓고도

징계의결이유서에 25년간 징계처분없이 성실히 근무한 정상을 참작한다고 하고도 경찰공무원징계양정규정에 감경 사유로 되어 있는 옥조근정훈장을 받은 사실조차 누락시켜 의도적으로 무거운 징계처분을 받도록 한 것은 부당하며

이상과 같은 사유로 해임처분에 대하여 취소 또는 감경을 요구합니다.

입 증 자 료

1. 증 제1호 증 자술서 1통

– 생 략 –

위와 같이 청구합니다.

20○○. ○. ○.
위 청구인 홍 길 동 (인)

소청심사위원회 위원장 귀하

[서식] 파면처분취소

행 정 심 판 청 구

1. 사　건 :　파면처분취소청구

2. 소 청 인 :　김 0 0
　소 속　경기 ○○경찰서 경무과
　직 급　경정
　주 소　경기도 ○○시 ○○동 ○○○
　주민등록번호　000000-0000000

3. 피청구인 : 행정자치부장관

4. 소청의 취지 : 「청구인을 파면에 처한다.」라는 처분의 내용

5. 징계처분 사유 설명서를 통지받은 날 : 20○○. ○. ○.

심판청구의 취지

피청구인이 20○○. ○. ○. 결정한 청구인에 대한 파면처분은 이를 취소한다.

라는 재결을 구합니다.

심판청구의 이유

1. 본건 징계의결 이유서에서 심판청구인 김00은 20○○년 ○월경 ○○○○에서 ○○단란주점 업주 "○○○"로부터 식사비 명목으로 ○○○원을 20○○. ○.

ㅇ. 등 총 3회에 걸쳐 합계 금 ㅇㅇㅇ원을 직무에 관하여 금품을 수수하였다고 하는바, 이는 사실과 전혀 다른 내용이며 또한 의결내용도 청구인에게는 심히 과다하여 재량권을 일탈한 행위라 아니할 수 없습니다.

2. 청구인은 본건 금품수수에 관하여는 위 ㅇㅇㅇ로부터 직무와 관련하여 직, 간접적으로 어떠한 대가도 요구받은 사실이 없으며, 단지 ㅇㅇ단란주점 업주 ㅇㅇㅇ은 청구인과 평소 친하게 지내는 사이로 같이 서너차례 식사를 하였는데 청구인과 번갈아 가면서 식사비를 냈을 뿐 직무와 관련하여서는 어떠한 향응이나 대가를 받은 적이 없습니다.

입 증 자 료

1. 자술서 1통
1. 사실확인서 1통

첨 부 서 류

1. 행정심판청구서 1통
1. 징계사유설명서 1통
1. 주민등록초본 1통

위와 같이 심판청구합니다.

20ㅇㅇ. ㅇ. ㅇ.

위 청구인 홍 길 동 (인)

소청심사위원회 귀하

다. 일반공무원관련

(1) 신청취지

[파면처분취소심판청구]

> 피청구인이 20○○. ○. ○.결정한 청구인에 대한 파면처분은 이를 취소한다.
> 라는 재결을 구합니다.

[감봉처분 취소청구의 소]

> 1. 피고가 20○○. ○. ○. 원고에 대하여 한 감봉 2월의 징계처분을 취소한다.
> 2. 소송비용은 피고의 부담으로 한다.
> 라는 판결을 구합니다.

[해임심판청구]

> 피청구인이 2010. 6. 28. 결정한 청구인에 대한 해임처분은 이를 취소한다.
> 라는 재결을 구합니다.

[견책처분취소]

> 피청구인이 20○○. ○. ○. 청구인에 대하여 한 견책처분은 이를 취소한다.
> 라는 재결을 구합니다.

(2) 서식례

[서식] 파면처분취소심판청구

파 면 처 분 취 소 심 판 청 구

청 구 인 ○ ○ ○(주민등록번호)
소 속 : ○○시청 ○○과
○○시 ○○구 ○○길 ○○ (우편번호 ○○○ – ○○○)

피청구인 △△시장

파면처분취소심판청구

심판청구의 내용 : 「청구인을 파면에 처한다.」라는 처분의 내용
(징계처분 사유설명서를 통지받은 날 : 20○○. ○. ○.)

신 청 취 지

피청구인이 20○○. ○. ○.결정한 청구인에 대한 파면처분은 이를 취소한다.
라는 재결을 구합니다.

심판청구의 이유

1. 이건 징계의결 이유서에서 심판청구인 ○○○은 20○○. ○. ○.경 ○○에서 ☆☆건설회사 과장 김□□으로부터 식사비 명목으로 ○○○원을 받은 등 총 ○회에 걸쳐 합계 금 ○○○만원을 직무와 관련하여 금품을 수수하였다고 하였는바, 이는 사실과 전혀 다른 내용임과 동시에 의결내용도 청구인에게는 심히 과다하여 재량

권을 일탈한 행위라 아니할 수 없습니다.

2. 청구인은 이건 금품수수에 관하여는 위 김ㅁㅁ으로부터 직무와 관련하여 직、간접적으로 어떠한 대가도 요구받은 사실이 없으며, 단지 ☆☆건설회사 과장 김ㅁㅁ은 청구인과 평소 친하게 지내는 사이로 같이 서너 차례 식사를 하였던 것이며, 청구인이 금품을 수수한 사실은 전혀 사실과 다릅니다.

3. 이는 ☆☆건설회사 과장 김ㅁㅁ의 사실확인서 및 함께 같은 장소에서 식사를 자주 해왔던 청구외 이ㅁㅁ의 사실확인서가 이를 입증해 주고 있듯이 직무와 관련하여서는 어떠한 향응이나 대가를 받은 적이 없습니다.

4. 따라서 청구인은 피청구인이 결정한 파면처분에 대하여 심히 부당하므로 신청취지와 같은 심판을 구하고자 본 청구에 이르게 된 것입니다.

입 증 방 법

1. 소갑 제1호증	자술서
1. 소갑 제2호증	사실확인서
1. 소갑 제3호증	징계사유설명서
1. 소갑 제4호증	주민등록증

첨 부 서 류

1. 위 입증방법	각 1부
1. 심판청구서부본	1통

20ㅇㅇ년 ㅇ월 ㅇ일

위 청구인 ㅇ ㅇ ㅇ (인)

△△시 ㅇㅇ공무원 소청심사위원회 귀 중

[서식] 파면처분취소청구

행 정 심 판 청 구

1. 사 건 : 파면처분취소청구

2. 청 구 인 : 성 명 홍 길 동
소 속 ○○시청 ○○과
주 소 ○○시 ○○구 ○○동 ○○○
주민등록번호 000000-0000000

3. 피청구인 : ○○시장

4. 소청의 취지 : 「청구인을 파면에 처한다.」라는 처분의 내용

5. 징계처분 사유 설명서를 통지받은 날 : 20○○. ○. ○.

심판청구의 취지

피청구인이 20○○. ○. ○. 결정한 청구인에 대한 파면처분은 이를 취소한다.

라는 재결을 구합니다.

심판청구의 이유

1. 본건 징계의결 이유서에서 심판청구인 홍길동은 20○○년 ○월경 ○○○○에서 ○○단란주점 업주 "○○○"로부터 식사비 명목으로 ○○○원을 20○○. ○. ○. 등 총 3회에 걸쳐 합계 금 ○○○원을 직무에 관하여 금품을 수수하였다고 하는

바, 이는 사실과 전혀 다른 내용이며 또한 의결내용도 청구인에게는 심히 과다하여 재량권을 일탈한 행위라 아니할 수 없습니다.

2. 청구인은 본건 금품수수에 관하여는 위 ○○○로부터 직무와 관련하여 직, 간접적으로 어떠한 대가도 요구받은 사실이 없으며, 단지 ○○단란주점 업주 ○○○은 청구인과 평소 친하게 지내는 사이로 같이 서너차례 식사를 하였는데 청구인과 번갈아 가면서 식사비를 냈을 뿐 직무와 관련하여서는 어떠한 향응이나 대가를 받은 적이 없습니다.

입 증 자 료

1. 자술서 1통
1. 사실확인서 1통

첨 부 서 류

1. 행정심판청구서 1통
1. 징계사유설명서 1통
1. 주민등록초본 1통

위와 같이 심판청구합니다.

20○○. ○. ○.
위 청구인 홍 길 동 (인)

○○시장 귀하

[서식] 해임처분취소

행 정 심 판 청 구

1. 사　　건 :　　해임처분취소 또는 감경청구

2. 청 구 인 :　　성 명 홍　길　동
　　소 속　고용노동부 목포지청 ㅇㅇ과
　　주 소　ㅇㅇ시 ㅇㅇ구 ㅇㅇ동 ㅇㅇㅇ
　　주민등록번호　000000-0000000

3. 피청구인 :　　고용노동부장관

4. 소청의 취지 :「청구인을 해임에 처한다.」라는 처분의 내용

5. 징계처분 사유 설명서를 통지받은 날 : 2010. 12. 30.

심판청구의 취지

피청구인이 2010. 6. 28. 결정한 청구인에 대한 해임처분은 이를 취소한다.
라는 재결을 구합니다.

심판청구의 이유

1. 본건 징계의결 이유서에서 심판청구인 홍길동은 2010년 3월경 고용노동부 ㅇㅇ지청 사무소에서 (주)대한직업훈련 담당직원 "김갑동"으로부터 식사비로 500,000원을 받고, 2010년 4월경 같은 장소에서 같은 "김갑동"으로부터 책속에 600,000원을 두고 가 이를 받고, 2010년 5월경 같은 장소에서 위 "김갑동"으로부터 식사비로 500,000원을 주어 받는 등 총 3회에 걸쳐 합계 1,600,000원을 직무에 관하여 금품을 수수하였다고 하는바, 이는 사실과 전혀 다른 내용이

며 또한 의결내용도 청구인에게는 심히 과다하여 재량권을 일탈한 행위라 아니할 수 없습니다.

2. 청구인이 이건과 관련하여 ㅇㅇ지방검찰청에서 조사받을 당시는 금품수수에 관하여만 진술토록 요구받아, 그에 대한 경위만을 진술하였던 것입니다. 그러나 청구인은 이건 금품수수에 관하여는 위 김갑동으로부터 직무와 관련하여 직·간접적으로 어떠한 대가도 요구받은 사실이 없으며, 또한 동 금원에 대하여 식사대접만을 받은 것이며, 개인적으로 이를 유용할 목적으로 동 금원을 수수한 사실이 전혀 없었던 것입니다.

입 증 자 료

1. 자술서 1통
1. 사실확인서 1통

첨 부 서 류

1. 행정심판청구서 1통
1. 징계사유설명서 1통
1. 주민등록초본 1통

위와 같이 심판청구합니다.

20ㅇㅇ. ㅇ. ㅇ.
위 청구인 홍 길 동 (인)

고용노동부장관 귀하

[서식] 견책처분취소심판

심판청구서

청 구 인　　　　○ ○ ○(주민등록번호)

○○시 ○○구 ○○길 ○○ (우편번호 ○○○-○○○)

피청구인　　　　△ △ 시장

○○시 ○○구 ○○길 ○○ (우편번호 ○○○-○○○)

견책처분 취소심판

심판청구의 내용 :「청구인에 대한 견책처분을 한다.」라는 처분의 내용
(징계처분 사유설명서를 통지받은 날 : 20○○. ○. ○.)

심 판 취 지

피고가 20○○. ○. ○. 원고에 대하여 한 견책처분은 이를 취소한다.
라는 판결을 구합니다.

심판청구 이유

1. 당사자의 관계
청구인은 공무원 경력 10년의 ○○시 소속 7급 직원으로 민원담당 부서에서 근무하고 있으며 피청구인은 청구인에게 견책처분이라는 징계를 한 행정청입니다.
2. 청구인은 평소 공무원으로서 긍지와 사명감을 가지고 그 직분을 충실히 수행해온 성실한 직원입니다. 그러나 민원부서에서 각양, 각색의 민원들을 접하다보니 나름대로의 원칙과 소신을 견지할 필요가 있었고 이로 인해 차가운 사람이라는 평을 듣는 경우도 있었습니다.

3. 20○○. ○월경 ○○시의 지방세 부과처분에 대해 이의를 가지고 있던 납세의무자 소외 정□□이 청구인에게 찾아와 잘 부탁한다면서 제3의 장소에서 한번 만나줄 것을 거듭 요구하였습니다. 평소 성실하며 업무처리 면에서 만큼은 소신을 뚜렷이 하던 청구인에게 민원인의 요구는 청탁을 하겠다는 의사로 비추어졌기에 그 자리에서 단호한 거절의 의사표시를 하였습니다. 청구인의 단호한 거절에 당황한 민원인은 청구인의 민원처리 태도에 불만을 토로하기 시작했으며 급기야 시장에게 청구인을 징계해달라는 취지의 민원을 내기에 이르렀습니다. 당시 민원인은 숙박업소 협의회 회장이라는 감투를 가지고 있었으며 이러한 그의 배경이 민선자치단체장에게는 암암리에 압력으로 작용했는지 다음날 즉시 청구인에게 질책이 내려졌습니다. 누구보다 친절해야할 민원부서 공무원이 오히려 민원을 야기했다는 이유였습니다.
4. 이 일로 인해 청구인은 견책처분을 받았고, 소청까지 했으나 받아들여지지 않았습니다. 비록 청구인이 본의 아니게 민원인에게 고지식하게 굴어 불친절한 인상을 주었다고 하나 이는 민원인 측에서 업무에 관한 청탁을 하겠다는 인상을 주었기에 발단이 된 것이고, 민원서의 내용도 진위파악이 되지 않은 상태이기에 평소 청구인의 성실함을 고려한다면 단순한 주의 조치로도 시정이 가능했으리라 판단되는데 공무원으로서 승진 및 승급에 제한이 따르는 견책처분은 사회통념상 현저하게 타당성을 잃어 징계권자에게 주어진 재량권을 남용했다고 판단됩니다.
5. 따라서 청구인은 청구취지와 같은 재결을 구하고자 이건 청구에 이른 것입니다.

입 증 방 법

1. 견책처분통고서

첨 부 서 류

1. 행정심판청구서	1통
1. 징계사유설명서	1통
1. 납부서	1통

20○○. ○. ○.

원고 ○ ○ ○ (인)

○ ○ 행 정 법 원 귀 중

라. 기타 소청관련 서식 - 소청심사기일연기신청서

[별지 제10호서식] 〈개정 2013.3.24., 2014.11.19.〉

소청심사기일연기신청서

사 건 : - ○○처분 △△청구

소 청 인 : 소속 및 직급 :

피소청인 :

위 소청사건의 심사기일 통지를 받았으나 다음과 같이 사유로 심사의 연기를 신청하오니 처리하여 주시기 바랍니다.

○ 당초심사기일 : 년 월 일

○ 연기신청사유 :

○ 희망 심사시기 :

(입증서 첨부)

년 월 일

소 청 인 (서명 또는 인)

인사혁신처 소청심사위원회 위원장 귀하

2. 행정소송

소장은 일반적으로 당사자표시와 청구취지, 청구원인 등을 기재하고 증거서류를 첨부한 다음, 정부수입인지 첩부(또는 현금납부)와 송달료를 예납하고 관할법원에 제출하여야 한다. 특히 "청구취지"는 원고의 청구가 받아들여질 경우에 판결의 주문에 해당되기 때문에 기재에 신중을 기해야 한다.

소장에 첨부한 증거서류는 그 부본을 소장접수시 제출하거나 변론기일에 상대방에게 교부하여야 한다.

공무원 신분에 관련된 소송이나 조세소송 등은 행정소송을 제기하기 전에 반드시 먼저 행정심판을 거치도록 되어 있으므로 행정심판 제기일자, 행정청의 심판 또는 재결일자, 위 결정 송달일자 등과 같은 전심과 관련된 내용의 주장을 하여야 하고 그에 대한 증거도 제출하여야 한다.

가. 당사자 표시방법

(1) 원고의 표시

원고의 표시방법은 원칙적으로 민사소송의 경우와 같다.

[예] 원고 홍 길 동 (550816-1553710)
서울 서초구 서초동 1701-1
(우편번호 137-744, 전화 530-1737, FAX 530-1736)

(2) 피고의 표시

(가) 처분행정청인 경우 – 당해 행정청만 표시
(예 : 서초세무서장, 법무부장관, 서울특별시장)

(나) 보통지방행정기관인 경우 – 당해 행정청의 소속 시·도·군 명을 기재
(예 : 서울특별시 서초구청장, 충주시장, 예천군수, 강원도 고성군수, 서산시 지곡면장, 영암군 미암면장)

(다) 특별지방행정기관인 경우 – 당해 행정청의 고유명칭을 기재
(예 : 예산세무서장, 동해경찰서장, 서울남부보훈지청장, 용인교육청 교육장, 강릉영림서 양양관리소장)

(라) 공·사법인인 경우 – 대표자 또는 대리인을 기재
(예 : 대한주택공사 사장 홍 길 동)

(마) 합의제 기관인 경우 – 대표자 또는 대리인을 기재
(예 : 중앙토지수용위원회 대표자 홍 길 동)

(바) 중앙노동위원회인 경우

(예 : 중앙노동위원회위원장 홍 길 동)

(사) 의회인 경우

(예 : 대전광역시 대덕구의회 의장 홍 길 동)

(아) 소송참가의 경우 - 행정소송법 제16조, 제17조

(예 : 「제3자 참가인」, 「참가행정인」)

나. 청구취지의 표시 방법

(1) 공무원의 신분에 관한 것

「대통령이 1998. 1. 10. 원고에 대하여 한 파면처분을 취소한다.」

(* 처분청과 피고가 다른 경우임)

(2) 공무원연금법상의 처분에 관한 것

「피고가 1998. 1. 10. 원고에 대하여 한 공무원요양신청부결처분을 취소한다.」

(3) 국가유공자등록에 관한 것

「피고가 1998. 10. 16. 원고에 대하여 한 국가유공자유족등록거부처분을 취소한다.」

(4) 산업재해보상보험법상의 청구에 관한 것

「피고가 1998. 6. 19. 원고에 대하여 유족보상일시금 및 장의비 지급을 거부한 처분을 취소한다.」

「피고가 1998. 11. 20. 원고에 대하여 한 제4, 5 요추수핵탈출증의 추가상병불승인처분을 취소한다.」

(5) 각종의 불허가, 반려처분에 관한 것

「피고가 1998. 1. 10. 원고에 대하여 한 건축허가를 거부한 처분(도시 444.1-1753)을 취소한다.」

「피고가 1998. 1. 10. 원고에 대하여 한 문학박사학위신청기각처분을 취소한다.」

「피고가 1998. 10. 31. 원고의 경기 연천군 신서면 대관리 1035 전 21,454㎡에 관한 토지형질변경허가를 불허한 처분을 취소한다.」

「피고가 1998. 9. 5. 원고들에 대하여 시내버스 한정면허(마을버스)운송사업조합인가를 거부한 처분은 이를 취소한다.」

(6) 노동관계 행정소송에 관한 것 :

「피고가 1998. 4. 13. 원고와 피고보조참가인 사이의 93부해55 부당해고구제재심신청사건에 관하여 한 재심판정을 취소한다.」

(7) 각종 면허취소나 영업정지 등 소위 제재처분에 관한 것 :

「피고가 1998. 1. 10. 원고에 대하여 유흥주점 "○○"의 영업정지를 명한 처분을 취소한다.」

「피고가 1998. 1. 10. 원고에 대하여 같은 해 1. 11.부터 같은 해 2. 2. 까지 의료업정지를 명한 처분을 취소한다.」

「피고가 1998. 1. 30. 원고에 대하여 한 별지기재와 같은 내용의 시정명령은 이를 취소한다.」

「피고가 1998. 2. 20. 원고에 대하여 한 자동차운전면허(서울 제1종 대형 1183-045810-10호)의 취소처분을 취소한다.」

「피고가 1998. 12. 17. 원고에 대하여 한 비디오물 대여업자등록 취소처분을 취소한다.」

(8) 철거나 계고처분에 관한 것 :

「피고가 1998. 1. 10. 원고에 대하여 한 ○○○산 1 임야 내에 있는 분묘 1기에 관한 개장명령 및 행정대집행계고처분을 각 취소한다.」

(9) 부담금이나 조세 등의 부과처분에 관한 것 :

「피고가 1998. 9. 1. 원고에 대하여 한 종합토지세 금10,000,000원의 부과처분 중 금 5,000,000원을 초과하는 부분을 취소한다.」

「피고가 원고에 대하여 한 별지목록 (1) 기재의 법인세부과처분 중 같은 목록 (2) 기재부분을 취소한다.」

「피고가 1998. 8. 11. 원고에게 한 개발부담금 400,000,000원의 부과처분을 취소한다.」

다. 청구원인 기재방법

청구원인의 기재는 소송상의 청구를 다른 청구와 구별할 수 있을 정도로 주장 책임의 범위 내에서 간결·명료하게 기재하여야 한다.

라. 첨부서류

(1) 소가산정에 필요한 서류

(2) 소송수행권을 증명하는 서면

법인의 경우 법인등기부등·초본, 미성년자의 법정대리인인 경우 가족관계증명서 등 가족관계등록사항에 관한 증명서, 선정당사자 증명서, 법무부장관의 지정서 등

(3) 인지 및 송달료의 예납을 증명하는 서류

소정의 인지를 첨부하거나 납부하고 송달료를 예납한 후 그에 대한 서류를 소장에 첨부하여야 한다.

(4) 소장의 부본

피고의 수에 따른 소장부본 첨부(민사소송규칙 제43조의4)

마. 소가의 산정

(1) 원 칙

(가) 조세 기타 공법상의 금전, 유가증권 또는 물건의 납부를 명한 처분의 무효 확인 또는 취소를 구하는 소송 — 청구가 인용됨으로써 원고가 납부의무를 면하게 되거나 환급 받게 될 금전, 유가증권 또는 물건가액의 3분의 1(다만, 그 가액이 30억원을 초과하는 경우 이를 30억원으로 본다)

(나) 체납처분취소의 소송 — 체납처분의 근거가 된 세액을 한도로 한 목적물건가액의 3분의 1. 다만, 그 가액이 30억원을 초과하는 경우 이를 30억원으로 본다.

(다) 금전지급 청구의 소 — 청구금액

(라) 위 1 내지 3호에 규정된 것 이외의 소송 — 20,000,100원(비재산권을 목적으로 하는 소송으로 간주)

※ 토지의 가액은 개별공시지가에 100분의 30을 곱하여 산정한 금액

(2) 부동산에 관련한 처분

환지예정지 지정처분이나 토지수용에 관한 사업인정처분과 같은 부동산에관련한 처분은 비재산권을 목적으로 하는 소송으로 보아 2천만 100원으로 한다.

(3) 특수한 소송

부작위위법확인을 구하는 소도 비재산권상의 소로 보아 2천만 100원으로 한다.

(4) 수개의 청구

(가) 수개 청구의 주장 이익이 독립한 별개의 것인 때

— 합산하여 소가 산정(민사소송법 제24조 제1항, 민사소송등인지규칙 제19조)

(나) 수개 청구의 주장 이익이 동일 또는 중복될 때

— 그 중 다액을 소가로 함

(다) 과실, 손해배상, 위약금 또는 비용의 청구가 소송의 부대목적인 때

— 그 가액은 산입 안함(민사소송법 제24조 제2항)

바. 인지 및 송달료

(1) 인지액 계산

(가) 소장

소 송 가 액	산 정 내 역
소가 1천만원 미만	소가×(50÷10,000)
소가 1천만원 이상 1억원 미만	소가×(45÷10,000)+5,000
소가 1억원 이상 10억원 미만	소가×(40÷10,000)+55,000
소가 10억원 이상	소가×(35÷10,000)+555,000
{예: (소가가 1천만원인 경우) 10,000,000×(45÷1,000)+5,000=50,000원}	

(나) 항소장 및 상고장

항소장에는 소장 첩부액의 1.5배, 상고장에는 소장 첩부액의 2배

(다) 인지액 납부방법

① 인지액이 1만원 초과 — 전액 현금 또는 신용카드로 납부

② 인지액이 1만원 이하 — 현금 또는 수입인지로 납부

(인지액이 1,000원 미만인 때에는 1,000원으로 하고, 1,000원 이상인 경우에 100원 미만의 단수가 있을 때에는 그 단수는 절사하며, 전자소송으로 소송을 진행할 경우 인지액이 10% 절감됨)

※ 현금납부절차

원 고 상소인	→	인 지 액 현금납부	→	송 달 료 수납은행	→	영수필확인서 및 동 통지서	→	법원접수

(2) 송달료

당사자 1인당 1회 기준 송달료 4,500원

(송달료 = 당사자수 × 4,500원 × 회분)

(가) 송달료 납부방법

소장 및 항소장을 제출할 때에는 반드시 송달료를 수납은행에 납부하고 그 은행으로부터 교부받은 송달료납부서 및 사건번호등록표 각 1통을 소장 등과 함께 제출하여야 한다.

(나) 적용대상사건 및 당사자 1인당 송달료납부기준

적용대상사건	당사자 1인당 납부기준	수송달자
행정제1심사건(구)	10회	원고, 피고 등
행정항소사건(누)	10회	항소인, 피항소인 등
행정상고사건(두)	8회	상고인, 피상고인
행정신청사건(아)	2회	신청인, 상대방
행정항고사건(루)	3회	항고인, 상대방
행정재항고사건(무)	5회	재항고인, 상대방
행정특별항고사건(부)	3회	특별항고인, 상대방
행정준항고사건(사)	3회	항고인, 상대방

사. 소장의 접수·심사·배당 및 부본의 송달

소장의 접수·심사·배당 및 부본의 송달절차 등은 기본적으로 민사소송과 동일하다.

가. 교원관련

(1) 청구취지

[교원소청심사위원회결정취소 청구의 소]

1. 피고가 2008. ○. ○. 원고와 피고 보조참가인 사이의 2008-○○○ 승진 및 재임용탈락 처분 취소청구에 관하여 한 결정을 취소한다.
2. 소송비용은 피고의 부담으로 한다.

라는 판결을 구합니다.

[재임용거부처분취소결정취소 청구의 소]

1. 피고가 2009. 4. 6. 원고와 피고보조참가인(이하 '참가인'이라고 한다) 사이의 2009-○호 재임용거부처분취소청구사건에 관하여 한 재임용거부처분취소결정을 취소한다.
2. 소송비용중 피고로 인한 부분은 피고가, 피고보조참가로 인한 부분은 보조참가인이 부담한다.

라는 판결을 구합니다.

[재임용재심사인용결정취소 청구의 소]

1. 피고가 2006. 8. 30. 원고와 피고보조참가인 사이의 2006-XX호 재임용탈락처분취소청구에 관하여 한 재임용거부처분취소결정을 취소한다. 2. 소송비용은 피고의 부담으로 한다. 라는 판결을 구합니다.

[교사임용시험불합격처분취소 청구의 소]

1. 피고가 2006. 1. 27. 원고에 대하여 한 2006학년도 서울특별시 공립중등학교교사 임용 후보자 선정경쟁시험 불합격처분을 취소한다. 2. 소송비용은 피고가 부담한다. 라는 판결을 구합니다.

[유치원 임용고사 수정공고 처분취소 등 청구의 소]

1. 2012. 11. 16.자 '누리과정 3-4 세 확대 대비 공립유치원 신·증설에 따른 2013학년도 유치원 교사 추가 선발 협조' 요청을 취소한다. 2. 원고 김 ㅇㅇ에 대한 피고 전라남도교육감의 2012. 11. 17.자 '2013학년도 전라남도 공립유치원 초등학교 특수학교 -(초등)교사 임용후보자 선정경쟁시험 시행계획 변경공고'와 피고 경상남도교육감의 2012. 11. 17.자 '2013학년도 경상남도 공립유치원· 초등학교·특수학교(유치원·초등)교사 임용후보자 선정경쟁시험 시행계획 변경공고'를 취소한다. 3. 소송비용은 피고가 부담한다. 라는 판결을 구합니다.

[정직처분취소 청구의 소]

1. 피고가 2009. 1. 19. 원고에 대하여 한 1월의 정직처분결정을 취소한다. 2. 소송비용은 피고가 부담한다. 라는 판결을 구합니다.

[불합격처분취소 청구의 소]

1. 주위적으로, 피고가 2008. 1. 31. 원고에 대하여 한 2008학년도 서울특별시 공립 중등 학교교사 임용후보자 선정경쟁시험 불합격처분을 취소한다.
2. 예비적으로, 피고가 2008. 1. 31. 원고에 대하여 한 2008학년도 서울특별시 공립 중등학교교사 임용후보자 선정경쟁시험 불합격처분이 무효임을 확인한다.
3. 소송비용은 피고의 부담으로 한다.

라는 판결을 구합니다.

(2) 소장작성례

[서식] 교원소청심사위원회결정취소 청구의 소

소 장

원고 김 길 동(주민등록번호)
서울시 ○○구 ○○동 ○번지

피고 교원소청심사위원회

보조참가인 ○○○

교원소청심사위원회결정취소

청구취지

1. 피고가 2008. ○. ○. 원고와 피고 보조참가인 사이의 2008-○○○ 승진 및 재임용탈락 처분 취소청구에 관하여 한 결정을 취소한다.
2. 소송비용은 피고의 부담으로 한다.

라는 판결을 구합니다.

청구원인

1. 결정의 경위

(1) 피고 보조참가인(이하 "참가인"이라 한다)은 199○. ○. ○. 원고가 설립·운영하는 ○○대학교의 ○○대학원 조교수로 임용되었다가 199○. ○. ○.부터 부교수로 승진하여 근무하던 중, 2008. 5. 13. 원고로부터 교원인사위원회의 심의를 거쳐 총장의 제청으로 이사회에서 2008. 5. 1. 종합 심의한 결과 "교수자질 등 승진자격요건이 미비(이하 '원고의 처분사유'라고 한다)"한 것으로 판단하여 정관 제43조의4 제1항에 의하여 교수 승진 및 재임용에서 탈락시키기로 결정함에 따라 2008. 2. 29. 임용기간 만료로 해임 처리하여야 하나, 사정에 의하여 2009. 8. 31.까지 특별임용기간을 부여하고 2009. 8. 31. 임용기간 만료로 해임 처리하게 된다는 통지(이하 "원고의 처분"이라 한다)를 받았습니다.

(2) 참가인은 피고에게 원고의 처분의 취소를 구하는 소청심사를 청구하였고, 피고는 2008. 9. 8. 그 중 승진탈락처분의 취소를 구하는 부분은 승진탈락처분이 소청심사 청구대상인 처분에 해당하지 않아 부적법하다는 이유로 각하하고, 나머지 부분에 관하여는 먼저 원고의 처분사유의 내용에 구체적이고 명확한 사실(평가결과 등 객관적인 사유)의 적시가 없어 사립학교법 제53조의2 제6항을 위반한 절차상 중대하고 명백한 하자가 있고, 다음으로 교원인사위원회가 학생교육, 학문연구, 학생지도에 관한 사항에 관한 평가 등 객관적인 사유로서 학칙이 정하는 사유에 근거하여 합리적이고 공정한 심사를 하였다고 볼 수 없어 위법.부당하다는 이유로 청구를 인용하여 재임용탈락처분을 취소하는 청구취지 기재 결정(이하 "이 사건 결정"이라 한다)을 하였다.

2. 결정의 위법성

피고의 결정은 아래와 같은 사유로 인해 위법합니다.

(1) 원고는 참가인에 대한 심사를 거쳐 교수 승진 및 (승진된 지위로의) 재임용에서 탈락시켰을 뿐 종전의 지위, 즉 부교수 재임용 여부에 관하여는 아무런 처분을 한 바 없고, 참가인 또한 이러한 성격의 교수 승진 및 재임용 탈락처분에 관하여 소청심사를 청구하였을 뿐인데, 피고는 부교수 재임용탈락처분의 적법 여부에 관하여 판단함으로써 심판범위를 넘어 원고의 방어권을 침해하였습니다.

(2) 원고의 처분사유는 그 자체로 구체적이고 명확한 사실의 적시이고, 가사 그렇지 않다하더라도 참가인이 교원인사위원회 심사 당시 소명자료를 제출하는 등으로 원고의 처분사유가 구체적으로 참가인의 임용기간 중 발생한 ○○○ 사건 등을 의미한다는 사실을 알고 있었으므로, 원고의 처분은 처분사유가 명시되었다고 보아야 합니다.

(3) 원고의 교원인사위원회에서는 참가인의 임용기간 중 발생한 ○○○ 사건 등에 관하여 객관적이고 합리적인 기준에 따라 심의를 하여 참가인의 교수자질이 부족하다고 판단하였습다.

3. 결론

이상과 같이 이 사건 결정은 위법하므로 이의 취소를 구하는 본 건 소송에 이르게 되었습니다.

입증방법

1. 갑 제1호증
2. 갑 제2호증

첨부서류

1. 위 각 입증방법 각 1부
2. 송달료 납부서

3. 소장부본

20 . . .

위 원고 (날인 또는 서명)

서울행정법원 귀중

[서식] 재임용거부처분취소결정취소 청구의 소

소 장

원고 학교법인 ㅇㅇ
서울시 동작구 동 ㅇㅇ번지
(전화 000-000, 팩스 000-000)
피고 교육과학기술부 교원소청심사위원회
보조 ㅇ ㅇ ㅇ(주민등록번호)
참가인

재임용거부처분취소결정취소

청구취지

1. 피고가 2009. 4. 6. 원고와 피고보조참가인(이하 '참가인'이라고 한다) 사이의 2009-ㅇ호 재임용거부처분취소청구사건에 관하여 한 재임용거부처분취소결정을 취소한다.
2. 소송비용중 피고로 인한 부분은 피고가, 피고보조참가로 인한 부분은 보조참가인이 부담한다.

라는 판결을 구합니다.

청구원인

1. 결정의 경위

(1) 참가인은 원고 법인이 운영하고 있는 ○○대학 ○○과 전임교원으로 1996. 3. 1. 신규 임용되어 1999. 10. 1. 조교수로 승진한 후 2002. 9. 1.자로 계약제 교원으로 근무하여 왔습니다.

(2) 참가인은 2009. 2. 28. 임용기간 만료를 앞두고 원고에게 재임용신청을 하였으나, 원고는 교원인사위원회의 심의를 거쳐 '참가인이 교원임용계약서 제5조 제4항(교원 업적평가점수 312점 이상일 경우 재임용한다)에 정한 재임용 기준에 미달하였다'는 이유로 2008. 12. 30. 참가인을 2009. 3. 1.자로 재임용하지 아니하기로 하는 처분(이하 '이 사건 재임용거부처분'이라고 한다)을 하였습니다.

(3) 참가인은 2009. 1. 22. 피고에게 이 사건 재임용거부처분의 취소를 구하는 소청심사청구를 하였고, 피고는 2009. 4. 6. '원고와 참가인 사이의 계약에 의해 재임용 기준점수를 정하고 이러한 기준도 합의로 변경할 수 있도록 한 후 참가인의 점수가 이에 미달하였다는 이유로 이 사건 재임용거부처분을 함으로써 합리적이고 객관적인 재임용 기준을 학칙 등에 정하여 그에 따라 심의하도록 한 사립학교법 제53조의2 제7항의 규정을 위반하였다'는 이유로 이 사건 재임용거부처분을 취소하는 결정(이하 '이 사건 결정'이라고 한다)을 하였습니다.

2. 처분의 위법성

사립학교법 제53조의2 제3항은 학교법인 교원과의 임용계약을 체결함에 있어서 개별적인 계약조건을 정할 수 있도록 명시적으로 허용하고 있고 원고 법인은 참가인으로부터 성취가 가능한 조건으로 변경하여 달라는 요청을 받고 이를 적극적으로 수용하여 계약조건을 변경해주기까지 하였음에도 불구하고 피고가 이러한 계약의 효력을 부인하여 단순히 재임용 세부평가기준이 학칙 등에 마련되어 있지 아니하다는 이유로 이 사건 재임용거부처분을 취소한 이 사건 결정은 위법합니다.

3. 결론
이상과 같이 피고의 처분은 위법한 행정처분이므로, 이의 취소를 구하는 행정소송에 이르게 되었습니다.

입증방법

1. 갑 제1호증
2. 갑 제2호증
3. 갑 제4호증
4. 갑 제5호증

첨부서류

1. 위 각 입증방법 각 1부
2. 송달료 납부서
3. 소장부본

20 . . .
위 원고 (날인 또는 서명)

서울행정법원 귀중

[서식] 재임용재심사인용결정취소 청구의 소

소 장

원고	학교법인 A 서울시 강남구 역삼동 ○번지
피고	교육인적자원부 교원소청심사특별위원회
보조참가인	B

재임용재심사인용결정취소

청구취지

1. 피고가 2006. 8. 30. 원고와 피고보조참가인 사이의 2006-XX호 재임용탈락처분취소청구에 관하여 한 재임용거부처분취소결정을 취소한다.
2. 소송비용은 피고의 부담으로 한다.
라는 판결을 구합니다.

청구원인

1. 결정의 경위

(1) 원고는 대한민국의 교육이념에 입각하여 유아교육과 중등교육 및 중견 직업인 양성을 위한 고등교육을 실시함을 목적으로 설립된 학교법인이고, 피고보조참가인(이하 '참가인'이라고 한다)은 2001. 3. 1. 원고 산하 XX대학(이하 '원고 대학'이라고 한다) 관광서비스계열 전임강사로 신규임용되어 2003. 2. 28.까지 근무하였습니다.

(2) 원고는 2003. 2. 28. 참가인에 대하여 재임용 심사 결과 재임용평정기준에 미달

됨을 이유로 참가인을 재임용하지 아니하기로 하는 처분을 하였습니다(이하 '이 사건 재임용거부처분'이라고 한다).

(3) 참가인은 기간임용제가 도입된 이후 위법·부당하게 재임용에서 탈락된 대학교원에 대한 재임용 탈락결정이 정당한 기준에 의해서 이루어졌는지 여부에 대하여 재심사기회를 부여하기 위한 '대학교원 기간임용제 탈락자 구제를 위한 특별법'이 2005. 7. 13. 법률 제7583호로 제정되어 같은 해 10. 14.부터 시행되자, 2006. 3. 14. 피고에게 이 사건 재임용거부처분의 취소를 구하는 청구를 하였고, 이에 피고는 2006. 8. 30. 원고의 전임교원 재임용 평정 산정의 기준이 객관화되거나 구체적이지 못하여 평가자의 자의가 개입될 소지가 있고, 참가인에 대한 일부 평정이 부당하다는 이유로(구체적으로는 아래 〈전임교원 재임용 평정표〉상의 피고 조정 점수란 참조) 참가인의 청구를 받아들여 원고가 2003. 2. 28.자로 참가인에게 한 재임용거부처분을 취소한다는 결정을 하였다(이하 '이 사건 결정처분'이라고 한다).

(4) 한편, 이 사건 법률 제9조 제1항은 피고의 결정에 대하여 학교법인의 제소금지를 규정하고 있었는데, 헌법재판소는 2006. 4. 27. 위 조항에 대하여 헌법 제27조 제1항의 재판청구권을 침해하는 규정으로서 헌법 제11조의 평등원칙, 일체의 법률적 쟁송에 대한 재판권능을 법원에 부여한 헌법 제101조 제1항에 위배된다는 등의 이유로 위헌결정을 하였다(헌법재판소 2006. 4. 27.자 2005헌마1119 결정).

2. 처분의 위법성
원고 대학은 재임용평정기준과 관련하여 교원(재)임용 평정시행지침을 마련하고 그 세부시행계획으로 '교수(강의) 영역', '교육영역', 학생지도 능력과 실적', 근무상황', '기타' 등 5개 평가영역으로 구분한 후 평가영역별로 각각 4개씩 평가항목을 나누어 세부적인 기준(각 평가항목별로 0~8점씩 배정, 150점 만점, 재임용 심사기준 90점 이상)을 자체적으로 마련한 다음 학사지원처장과 관련계열 교수 등 7명이 평가자가 되어 재임용 대상자가 작성·제출한 교원업적보고서 등을 토대로 공정하게 재임용평정을 하였습니다. 그런데 참가인의 경우 '교육' 영역 중 '국내외 학술활동' 항목에서, '학생지도 능력과 실적' 영역 중 '분담(개인 및 집단) 지도 실적' 항목에서, '근무상황' 영역 중 '타 대학 출강상황' 항목에서, '기타' 영역 중 '대학, 전공계열의 발전에 대한 기여도' 항목에 서 낮은 평점을 받는 등 총평점 87.4.점을 받아 재임용 심사기준 90점에 2.6점 미달할 뿐만 아니라, 교수학습개발센터장으로 근무하면서 그 업무를 소홀히하여 원고 대학으로부터 경고장을 받았고, 학생들에 대한 지도력과 취업에 관한 인식부족과 동료교수 간의 원만하지 못한 관계 및 대학행정에의 비협조도 문제가 되었다. 따라서 이 사건 재임용거부처분은 합리적인 기준에 따라 공정한 심사를 거친 것이고, 이에 반하는 이 사건 결정처분은 위법합니다.

3. 결론
이상과 같이 피고의 이 사건 재심결정처분은 위법하므로 이의 취소를 구하는 본 건 소송에 이르게 되었습니다.

입증방법

1. 갑 제1호증
2. 갑 제2호증

첨부서류

1. 위 각 입증방법 각 1부
2. 송달료 납부서
3. 소장부본

20 . . .
위 원고 (날인 또는 서명)

서울행정법원 귀중

[서식] 교사임용시험불합격처분취소 청구의 소

소　　장

원고　　　　김 길 동(주민등록번호)
　　　　　　서울시 은평구 ○○동 ○-○
　　　　　　(전화 000-000, 팩스 000-000)
피고　　　　서울특별시 교육감

교사임용시험불합격처분취소

청구취지

1. 피고가 2006. 1. 27. 원고에 대하여 한 2006학년도 서울특별시 공립중등학교교사 임용 후보자 선정경쟁시험 불합격처분을 취소한다.
2. 소송비용은 피고가 부담한다.
라는 판결을 구합니다.

청구원인

1. 처분의 경위

(1) 원고는 0000대학교 수학과를 졸업하여 중등학교 2급 정교사(수학) 자격을 취득하고 2005. 12. 4.부터 2006. 1. 19.까지 실시한 피고의 2006학년도 서울특별시 공립 중등교사 임용후보자 선정경쟁시험("이 사건 임용시험")의 수학과에 응시하였습니다.

(2) 피고는 이 사건 임용시험과 관련하여 2005. 11. 3.에 2006학년도 서울특별시 공립 중등학교교사(특수·보건 및 사서교사 포함) 임용후보자 선정경쟁시험 시행요강을 공고하였는데, 그 내용은 다음과 같습니다.

1) 전형방법

이 사건 임용시험은 제1차 시험과 제2차 시험의 두 단계로 나누어 실시되는데, 제1차 시험은 교육학(또는 특수교육학)과 전공의 2과목에 대한 필기시험으로 치러지고, 제1차 시험 합격자에 한해 논술시험, 면접시험, 수업실기능력평가 등으로 구성된 제2차 시험이 치러진다.

2) 가산점

지역가산점 : 서울특별시 소재 사범계대학 졸업자로서 교원경력이 없는 자 및 2006. 2월 졸업예정자와 서울특별시 소재 고등학교 졸업자 또는 서울특별시에서 고졸 검정고시에 합격한 자 중 한국교원대 졸업자로서 교원경력이 없는 자 및 2006. 2월 졸업예정자에 대해서 가산점 2점을 부여

3) 합격자의 결정

제1차 시험 합격자는 제1차 필기시험(교육학 및 전공)에서 각각 배점의 40% 이상을 득점한 자 중 과목별 모집인원수의 각각 1.3배수 범위 내에서 제1차 필기시험 점수, 대학성적(또는 제1차 시험 성적 환산점수), 가산점을 모두 합산한 점수의 고득점자순으로 결정한다.

제2차 시험 합격자는 논술시험, 면접시험, 수업실기능력평가 과목별로 배점의 40% 이상을 득점한 자로서 제1차 필기시험 성적, 가산점, 대학성적(또는 제1차 시험성적) 환산점수 및 제2차 시험 성적을 합산한 점수의 고득점자 순으로 결정한다.

(3) 피고는 원고의 점수가 이 사건 임용시험의 수학과 제2차 시험 합격자 중 최저 점수인 152.93에 0.9점 미달(원고의 점수는 152.03)한다는 이유로, 2006. 1. 27. 이 사건 임용시험 제2차 합격자발표 공고시 원고를 제외함으로써 불합격처분("이 사건 처분")을 하였습니다.

(4) 지역가산점을 제외하고 이 사건 임용시험에 수학과로 응시한 사람들에 대한 시험성적을 계산할 경우에 원고의 성적은 제1차 시험과 제2차 시험에 모두 합격할 수

있었습니다.

2. 처분의 위법성

이 사건 지역가산점 조항은 당해 지역 사범계대학 출신자와 타 지역 사범계대학 출신자 사이, 사범계대학 출신자와 비 사범계대학 출신자 사이, 교원경력자와 비경력자 사이를 합리적 이유 없이 차별함으로써 헌법상의 평등권, 공무담임권, 직업선택의 자유, 행복추구권 등을 침해하는 위헌적인 조항으로 이에 기초한 피고의 이 사건 처분은 취소되어야 합니다.

3. 결론

이와 같이 피고의 처분은 위법한 행정처분이 아닐 수 없으므로, 상기와 같이 원고의 행정처분의 취소를 구하는 행정소송에 이르게 되었습니다.

입증방법

1. 갑 제1호증
2. 갑 제2호증

첨부서류

1. 위 각 입증방법 각 1부
2. 송달료 납부서
3. 소장부본

20 . . .

위 원고 (날인 또는 서명)

서울행정법원 귀중

[서식] 교사임용시험불합격처분취소 청구의 소

소 장

원고 김 길 동(주민등록번호)
서울시 노원구 ㅇㅇ동 ㅇ-ㅇ
(전화 000-000, 팩스 000-000)
피고 서울특별시 교육감

교사임용시험불합격처분취소

청구취지

1. 피고가 2006. 1. 27. 원고에 대하여 한 2006학년도 서울특별시 공립중등학교 교사임용후보자 선정경쟁시험 불합격처분을 취소한다.
2. 소송비용은 피고가 부담한다.

라는 판결을 구합니다.

청구원인

1. 처분의 경위

(1) 원고는 OO대학교 OO대학원 OOOOO과 영어전공을 졸업하여 중등학교 2급 정교사 외국어(영어) 자격을 취득하고 2005. 12. 4.부터 2006. 1. 19.까지 실시한 피고의 2006학년도 서울특별시 공립 중등학교교사 임용후보자 선정경쟁시험(이하 '이 사건 임용시험'이라 한다)의 영어과에 응시하였습니다.

(2) 피고는 이 사건 임용시험과 관련하여 2005. 11. 3.에 2006학년도 서울특별시 공립 중등학교교사(특수·보건 및 사서교사 포함) 임용후보자 선정경쟁시험 시행요강을 공고하였는데, 그 내용은 다음과 같습니다.

1) 전형방법

이 사건 임용시험은 제1차 시험과 제2차 시험의 두 단계로 나누어 실시되는데, 제1차 시험은 교육학(또는 특수교육학)과 전공의 2과목에 대한 필기시험으로 치러지고(각 배점은 20점, 80점으로 합계 100점 만점이다), 제1차 시험 합격자에 한해 논술시험, 면접시험, 수업실기능력평가 등으로 구성된 제2차 시험이 치러진다.

2) 가산점

영어과의 경우 다음과 같이 TSE 취득점수 및 PELT(2차 1급) 취득점수에 따라 가산점을 최대 30점까지 부여받을 수 있고, 그밖에 지역가산점, 정보처리/사무분야 국가기술자격증 가산점, PELT, TOEFL, TEPS, TOEIC 가산점 각 최대 2점까지 부여받을 수 있다.

구분	TSE 점수				PELT(2차 1급) 성적			
취득점수	45	50	55	60	120-139	140-159	160-179	180 이상
부여점수	1	2	3	4	1	2	3	4

3) 합격자의 결정

제1차 시험 합격자는 제1차 필기시험(교육학 및 전공)에서 각각 해당 배점의 40% 이상을 득점한 자 중 과목별 모집인원수의 각각 1.3배수 범위 내에서 제1차 필기시험 점수, 대학 성적(또는 제1차 시험 성적 환산점수), 가산점을 모두 합산한 점수의 고득점자순으로 결정한다.

제2차 시험 합격자는 논술시험, 면접시험, 수업실기능력평가 과목별로 배점의 40% 이상을 득점한 자로서 제1차 필기시험 성적, 가산점, 대학성적(또는 제1차 시험 성적) 환산점수 및 제2차 시험 성적을 합산한 점수의 고득점자 순으로 결정한다.

(3) 피고는 원고의 점수가 이 사건 임용시험의 영어과 제2차 시험 합격자 중 최저점수인 182.92에 0.62점 미달(원고의 점수는 182.30)한다는 이유로, 2006. 1. 27.

이 사건 임용시험 제2차 합격자발표 공고시 원고를 제외함으로써 불합격처분(이하 '이 사건 불합격처분'이라 한다)을 하였습니다.

(4) 한편, 피고는 2007년도 서울특별시 공립 중등학교교사 임용후보자 선정경쟁시험에도 이 사건 임용시험과 마찬가지로 최대 30점까지 TSE 및 PELT(2차 1급) 취득점수에 따른 가산점을 부여하였고, 2008년도 서울특별시 공립 중등학교교사 임용후보자 선정경쟁시험에서도 마찬가지로 최대 30점까지 가산점을 부여하는 것으로 공고하였다가 '교육공무원법 제11조의2 규정 준수'를 변경 사유로 하여 다음과 같이 최대 4점까지 가산점을 부여하는 것으로 변경하여 다시 공고한 바 있습니다.

(5) 1차 시험성적 만점의 100분의 10 이내의 범위에서 가산점을 부여할 수 있도록 규정한 교육공무원법 제11조의2에 따라 10%를 초과하는 가산점을 부여하지 않고 이 사건 임용시험에 영어과로 응시한 사람들에 대한 시험성적을 재산정할 경우에 원고의 성적은 제1차 시험과 제2차 시험에 모두 합격할 수 있었습니다.

2. 처분의 위법성

(1) 교육공무원법 제11조의2는 제1차 시험성적 만점의 100분의 10 이내의 범위에서 가산점을 부여할 수 있도록 규정하고 있으므로, 이 사건 임용시험의 1차 시험성적 만점인 100점의 100분의 10, 즉 10점 이내의 범위에서 가산점이 허용된다 할 것임에도, 피고가 이 사건 임용시험의 영어과 시험에서 가산점을 최대 36점까지 부여한 것은 위 법률의 위임 범위를 벗어난 것으로서 위법합니다.

(2) 또한, 피고가 이 사건 임용시험의 영어과 시험에서 위와 같이 위법한 가산점

을 부여하지 않았다면 원고는 합격권 내에 포함될 수 있었다 할 것이므로, 이 사건 불합격처분은 위법합니다.

3. 결론

이와 같이 피고의 처분은 위법한 행정처분이 아닐 수 없으므로, 상기와 같이 원고의 행정처분의 취소를 구하는 행정소송에 이르게 되었습니다.

입증방법

1. 갑 제1호증
2. 갑 제2호증

첨부서류

1. 위 각 입증방법 각 1부
2. 송달료 납부서
3. 소장부본

20 . . .

위 원고 (날인 또는 서명)

서울행정법원 귀중

[서식] 정직처분취소 청구의 소

소　　장

원고　　　김 길 동(주민등록번호)
　　　　　서울시 강남구 역삼동 ○번지
피고　　　교원소청심사위원회

정직처분취소

청구취지

1. 피고가 2009. 1. 19. 원고에 대하여 한 1월의 정직처분결정을 취소한다.
2. 소송비용은 피고가 부담한다.

라는 판결을 구합니다.

청구원인

1. 처분의 경위

(1) 원고는 19○○. 3. 1. ○○○대학교 조교수로 신규 임용되어 20○○. 4. 1. 교수로 승진하여 근무하던 중, 2008학년도 1학기 교양과목인 '○○○'를 강의하면서 위 강의를 듣는 피해 여학생에게 지극히 사적인 느낌을 불러일으키는 문자메세지를 보내어 심리적 부담감과 불쾌감을 주었다는 등의 사유로 2008. 9. 1. ○○○대학교 총장으로부터 정직 3월의 처분을 받았습니다.

(2) 이에 원고가 2008. 9. 29. 교원지위향상을 위한 특별법 제9조 제1항에 의하여 피고에게 위 정직 3월 처분의 취소를 구하는 소청심사를 청구하자, 피고는 2009. 1. 19. 징계사유 중 일부가 인정되지 않을 뿐만 아니라 정상에 참작할 점이 있다는 이유로 위 정직 3월의 처분을 정직 1월로 변경하는 내용의 소청심사결정(이하 '이 사건 결정'이라 한다)을 하였습니다.

2. 처분의 위법성

원고는 교육적 이유와 목적에 따라 학생들에게 수업참여를 독려하였을 뿐, 학생들에게 성희롱을 하거나 사적인 감정을 가지고 부적절한 언행을 한 바가 전혀 없으므로, 이와 달리 징계처분의 사유가 존재함을 전제로 한 피고의 이 사건 결정은 위법합니다. 가사 피고의 사실인정 및 징계처분사유에 대한 판단이 옳다 하더라도 피고가 원고에 대하여 정직 1월의 처분결정을 한 것은 지나치게 무거워 재량권을 일탈, 남용하였다 할 것이므로, 이 사건 결정은 취소되어야 합니다.

3. 결론

위와 같이 피고의 처분은 위법하므로 이의 취소를 구하는 본 건 행정소송에 이르게 되었습니다.

입증방법

1. 갑 제1호증
2. 갑 제2호증

첨부서류

1. 위 각 입증방법 각 1부
2. 송달료 납부서
3. 소장부본

20 . . .

위 원고 (날인 또는 서명)

서울행정법원 귀중

[서식] 불합격처분취소 청구의 소

소　　장

원고　　　　김 길 동(주민등록번호)
　　　　　　서울시 ○○구 ○○동 ○번지
피고　　　　서울특별시 교육감

불합격처분취소등

청구취지

1. 주위적으로, 피고가 2008. 1. 31. 원고에 대하여 한 2008학년도 서울특별시 공립 중등 학교교사 임용후보자 선정경쟁시험 불합격처분을 취소한다.
2. 예비적으로, 피고가 2008. 1. 31. 원고에 대하여 한 2008학년도 서울특별시 공립 중등학교교사 임용후보자 선정경쟁시험 불합격처분이 무효임을 확인한다.
3. 소송비용은 피고의 부담으로 한다.

라는 판결을 구합니다.

청구원인

1. 처분의 경위와 기초사실

(1) 피고는 2007. 10. 31. 아래와 같이 2008학년도 서울특별시 공립 중등학교교사 등 임용후보자 선정경쟁시험(이하 '이 사건 시험'이라 한다) 시행계획을 공고하였습니다.

1) 선발과목 및 모집인원 : 미술과목의 경우 9명 모집(일반 8명, 장애인 1명)
2) 시험별 일정 : ① 1차 시험 : 2007. 12. 2., ② 2차 시험 : 2008. 1. 17.(논술 및 면접시험) 및 2008. 1. 19.(실기시험), 단 2차 시험계획 및 장소는 2008. 1. 7. 공

고

3) 배점 : ① 1차 시험 100점(교육학 20점, 전공 80점), ② 2차 시험 100점(논술 20점, 면접 30점, 실기 50점)

4) 2차 시험 합격자결정 원칙 : 논술시험, 면접시험, 실기시험 시험과목별로 배점의 40% 이상을 득점한 자로서 1차 필기시험 성적, 가산점, 대학성적 및 2차 시험 성적을 합산한 점수의 다득점자 순으로 결정한다.

5) 시험시행의 일반원칙

- 공고된 사항의 불이행 등으로 인하여 발생된 불이익은 응시자의 귀책사유이며, 그에 따른 결과 처리는 서울특별시 교육청의 결정에 따라야 합니다.
- 부정행위로 처분을 받은 경우 당사자의 시험을 무효로 하며, 교육공무원 임용령 제11조의4의 규정에 의거 그 처분이 있은 날로부터 2년간 응시를 제한합니다.

6) 최종합격의 취소 : 최종합격자로 결정된 자라도 다음 각 호의 1에 해당하는 경우에는 최종합격을 취소합니다(나. 부정행위자, 나머지 호 생략).

7) 부정행위자 처리 지침 : 다음 사항에 해당하는 자는 부정행위자로 처리되오니 각별히 유의하시기 바랍니다. (가. 시험장 내에서 수정액, 전자계산기, 전자수첩, 휴대폰, 무선호출기, 이어폰, 녹음기 등 시험에 불필요한 물품을 사용하는 경우, 나항 이하 생략)

(2) 피고는 2008. 1. 7. 아래와 같이 2008학년도 서울특별시 공립 중등교사 등 임용후 보자 선정경쟁시험 2차 시험 시행계획, 장소 및 유의사항을 공고하였다.

1) 시험 일자 및 과목 : ① 2008. 1. 17. 논술 및 면접, ② 2008. 1. 19. 실기시험 2) 실기시험 영역 및 배점 : ① 실기 I : 과제명 인체소묘, 배점 25점, 소요시간 09:00 ~ 12:30, ② 실기

II : 과제명 주제가 있는 다양한 표현, 배점 25점, 소요시간 13:30 ~ 17:00

3) 실기 II 수험생 준비물(예시 품목 중 선택) : ① 기본용구 : 연필, 지우개, 붓, 파레트, ② 선택용구 : 수채물감, 아크릴물감, 먹, 포스터 칼라, 색연필, 콩테, 지점토 중에서 자유롭게 선택(2007학년도 임용시험에서는 '파스텔'도 선택용구 중 하

나로 지정되었는데, 금번 시험에서 제외되었다)

(3) 원고는 2007. 12. 2. 위 1차 시험에 합격한 후, 2008. 1. 17., 2008. 1. 19. 실시된 2차 시험에 응시하여 아래와 같은 성적으로 상위 9등(장애인 구분모집자 1명을 포함) 안에 들지 못하였고, 이에 피고는 2008. 1. 31. 원고에 대하여 불합격처분(이하 '이 사건 처분'이라 한다)을 하였습니다.

1차 시험	교육학 16점	전공 65점	내신성적 20점	가산점 2점	총점 103점
2차 시험	논술 16점	면접 26.33점	실기 20점 (실기 I 9.67 + 실기 II 10.33)		총점 62.33점
	합계				165.33점

(4) 한편, 실기 II 시험의 평가는 25점 만점 중 ① 주제표현과 발상 10점, ② 재료의 수를 모두 0점으로 처리한 경우, 원고는 상위 8등으로 합격 처리되어야 할 점수에 있다.

특성을 살린 표현효과 5점, ③ 형태와 색채의 조화 및 조형 원리 5점, ④ 화면구성 및 완성도 5점의 4개 영역으로 구분하여 평가되었습니다.
1차 시험 합격자 18명 중 7명이 선택용구로 지정 · 공고되지 아니한 '파스텔'을 사용하여 작품을 완성한 사실이 뒤늦게 드러나 문제가 되자, 피고는 이를 부정행위로 처리하지 않고 3점을 감점하는 것으로 최종합격자를 선정하였습니다.

(5) 실기 II 시험에서 파스텔을 사용한 응시자는 7명으로, 이들을 불합격 처리하거나 실기 II 시험 점수를 모두 0점으로 처리한 경우, 원고는 상위 8등으로 합격 처리되어야 할 점수에 있습니다.

2. 처분의 위법성

(1) 주위적 청구

피고는 이 사건 실기 II 시험의 재료사용에 관한 처리지침을 위반하여 선택용구가 아닌 파스텔을 사용한 응시자들을 부정행위자로 불합격 처리하여야 함에도, 이들을 불합격 처리하지 않음으로써 위와 같은 재료사용에 관한 처리지침을 준수한 원고를 불합격 처리하였습니다. 따라서 이 사건 처분은 피고가 재량권의 한계를 일탈하거나 그 행사를 남용한 것으로서 위법합니다.

(2) 예비적 청구

위와 같은 이유로 피고의 이 사건 처분은 그 재량권의 한계를 넘어선 것으로 그 하자가 중대、명백하여 무효입니다.

3. 결론

위와 같이 피고의 이 사건 처분은 위법하므로 그 취소를 구함과 동시에 그 하자의 중대·명백함을 이유로 무효임을 확인하고자 합니다.

입증방법

1. 갑 제1호증
2. 갑 제2호증
3. 갑 제3호증
4. 갑 제4호증

첨부서류

1. 위 각 입증방법　　　　각 1부
2. 송달료 납부서
3. 소장부본

20 .　.　.

위 원고 (날인 또는 서명)

서울행정법원 귀중

나. 경찰공무원관련

(1) 청구원인

[해임처분취소 청구의 소]

1. 피고가 2008. 5. 27. 원고에 대하여 한 해임처분을 취소한다.
2. 소송비용은 피고의 부담으로 한다.

라는 판결을 구합니다.

[징계영창처분취소 청구의 소]

1. 피고가 원고들에 2012. 9. 7. 대하여 한 각 징계 영창 5일의 처분을 취소한다.
2. 소송비용은 피고가 부담한다.

라는 판결을 구합니다.

[정직처분취소 청구의 소]

1. 피고가 2008. 4. 28. 원고에 대하여 한 정직 3월의 처분을 취소한다.
2. 소송비용은 피고의 부담으로 한다.

라는 판결을 구합니다.

[파면처분 취소청구의 소]

> 1. 피고가 20○○. ○. ○. 원고에 대하여 한 파면처분을 취소한다.
> 2. 소송비용은 피고의 부담으로 한다.
> 라는 판결을 구합니다.

[감봉처분 취소심판청구의 소]

> 피소청인이 20○○. ○. ○. 소청인에 대하여 한 감봉 3월의 징계처분을 취소한다.
> 라는 재결을 구합니다.

(2) 소장작성례

[서식]해임처분취소 청구의 소

소 장

원고	김 길 동(주민등록번호) 서울시 은평구 ○○동 ○번지
피고	서울특별시지방경찰청장

해임처분취소

청구취지

1. 피고가 2008. 5. 27. 원고에 대하여 한 해임처분을 취소한다.
2. 소송비용은 피고의 부담으로 한다.

라는 판결을 구합니다.

청구원인

1. 처분의 경위

(1) 원고는 1989. 순경으로 임용된 후, 1995. 경장으로, 2000. 경사로, 2006. 경위로 각 승진된 이후 2008. ○. ○.부터 서울 ○○경찰서에서 근무하던 자입니다.

(2) 피고는 '서울 ○○○경찰서에서 풍속업무를 담당하던 원고가 2006. 경부터 2007. 경까지 4회에 걸쳐 서울 ○○○동에서 유흥주점을 운영하는 ○○○에게 ○○○호텔인수자금 명목으로 금 160,000,000원을 투자한 후 이자 및 수익금 배당 명목으로 합계 금 12,500,000원을 수수함으로써 구 국가공무원법(2008. 12. 31. 법률 제9296호로 개정되기 전의 것) 제56조, 제61조, 제63조를 위반하였다'는 사유로 같은 법 제78조 제1항 제 1, 2, 3호를 적용하여 2008. 5. 27. 원고에 대하여 해임처분을 하였습니다(이하 '이 사건 처분'이라 한다).

(3) 원고는 이 사건 처분에 불복하여 행정안전부 소청심사위원회에 소청심사를 청구하였으나, 2008. 10. 8. 기각결정을 받았습니다.

2. 처분의 위법성

(1) 처분사유의 부존재

○○○는 '경찰공무원 채권·채무·보증행위에 관한 처리지침'상의 직무관련 대상업소 업주가 아닙니다. 또한 원고가 ○○○에게 금 160,000,000원을 빌려준 후 12,500,000원을 수수한 것은 사실이나, 원고는 ○○○와 고교동창 사이로, 친구인 ○○○가 급전이 필요하다고 하여 금원을 대여한 것일 뿐, 높은 이자수익을 목적으로 금원을 대여한 것도 아닙니다.

(2) 재량권의 일탈·남용

원고가 이 사건과 동일한 내용의 뇌물수수 피의사건에 관하여 서울중앙지방검찰청에서 혐의없음(증거불충분) 처분을 받은 점, 원고가 18년 9개월의 근무 기간 동안 경찰청장 표창 등 총 25회의 표창을 수상할 정도로 모범적인 근무를 해 온 점, ○○○에게 금전을 대여하고 이자를 수수했다는 이유로 함께 징계절차에 회부되어 해임처분을 받은 다른 경찰관들과 비교해보면 원고는 금전 대여의 경위, 수령한 이자액수 등에 비추어 비위내용이 훨씬 경미하다고 할 것임에도 이들과 동일한 해임 처분을 받은 점 등에 비추어 볼 때, 이 사건 처분은 지나치게 과중하여 징계재량권을 일탈·남용하였으므로 위법합니다.

3. 결론
이상과 같이 피고의 이 사건 처분은 위법하므로 이의 취소를 제기하는 본 건 소송에 이르게 되었습니다.

입증방법

1. 갑 제1호증
2. 갑 제2호증
3. 갑 제3호증
4. 갑 제4호증
5. 갑 제5호증

첨부서류

1. 위 각 입증방법 각 1부
2. 송달료 납부서
3. 소장부본

20　.　.　.
위 원고　　　(날인 또는 서명)

서울행정법원　　귀중

[서식] 징계영창처분취소 청구의 소

소　　장

원고	김 ○ ○
	서울시 구로구 ○○동 ○-○번지
	(전화 000-000, 팩스 000-000)
	강 ○ ○
	서울시 강서구 ○○동 ○-○번지
	(전화 000-000, 팩스 000-000)
피고	서울지방경찰청 2기동단장

징계영창처분취소

청구취지

1. 피고가 원고들에 2012. 9. 7. 대하여 한 각 징계 영창 5일의 처분을 취소한다.
2. 소송비용은 피고가 부담한다.

라는 판결을 구합니다.

청구원인

1. 처분의 경위

(1) 원고 김○은 2011. 8. 4., 원고 강○○는 2011. 3. 31., 원고 지○○은 2011. 7.14. 각 전투경찰대 설치법 (이하 '전투경찰대법'이라 한다) 제2조의3 제2항에 따라 치안업무의 보조를 임무로 하는 전투경찰순경(이하 '전경'이라 한다)으로 서울지방경찰청2기동단 소속 의무경찰로 입대하여 복무중이었습니다.

(2) 서울지방경찰청은 전경이 부대 내로 반입하는 휴대전화 등 인터넷 접속 가능한 정보통신 장비의 경우 회수 후 부대에서 보관하였다가 영외활동 시 내어 주고 복귀 시 다시 회수하도록 하고, 무단사용 적발 시에는 '주요 복무규율 위반'으로 조치하도록 하고 있습니다.

그런데 원고 김○○은 2012. 7. 28., 원고 강○○는 2012. 7. 10. 허가 없이 휴대

전화를 부대로 반입하여 이를 계속 소지·사용하다가 2012. 8. 21. 적발되었습니다.

(3) 서울지방경찰청 2기동단 경찰공무원 보통징계위원회는 2012. 9. 7. '원고들이 허가받지 않은 휴대전화를 부대로 반입하여 사용하던 중 2012. 8. 20. 정보통신장비 일제점검 기간을 통해 자진 신고하도록 지시하였으나 이에 응하지 않고 2012. 8. 21.까지 휴대전화를 소지·사용하였고(이하 '이 사건 비위행위'라 한다), 이는 전투경찰순경 등 관리규칙 (이하 '관리규칙'이라 한다) 제94조 제1호(법령 위반), 제5호(명령 불복종), 제12호(기타 복무규율 위반)에 해당한다.'는 이유로 원고들에 대하여 각 영창 5일의 징계를 의결하였고 그에 따라 피고는, 원고들에게 각 영창 5일의 징계 처분(이하 '이 사건 처분'이라 한다)을 하였습니다.

2. 처분의 위법성

(1) 전투경찰대법 제5조, 제6조(이하 통틀어 '이 사건 법률조항'이라 한다)에서 정하는 징계 영창 제도 및 소청 제도는 헌법 제12조 제1항의 적법절차원칙, 제3항의 영장주의, 제6항의 법원에 의한 적부심사 규정에 위배되고, 전투경찰대법 제5조는 전경에 대한 징계의 종류를 "영창 및 근신"의 2가지로만 정하고 징계의 종류를 세분화하지 않아 징계권자의 징계 재량을 과도하게 제한하면서, 영창 처분사유를 전혀 제한하지 않고 있으므로 헌법 제37조 제2항에서 정한 비례의 원칙에 위배된다. 따라서 위헌인 이 사건 법률조항에 근거하여 이루어진 이 사건 처분은 취소되어야 합니다.

(2) 피고는 이 사건 처분의 사유로 관리규칙 제94조 제1호(법령 위반), 제5호(명령불복종), 제12호(기타 복무규율 위반)를 제시하고 있으나, 휴대전화 소지행위는 어떠한 법령 위반에도 해당되지 아니하므로, 위 관리규칙 제94조 제1호는 적법한 징계사유가 될 수 없습니다.

또한, 위 규칙 제84조 및 별표 12는 복무규율 위반과 관련하여 명령 불복종을 주요 복무규율 위반 유형으로 규정하고 주요 복무규율 위반자에 대하여는 징계 또는 기율교육대 입교를 규정하고 있는데, 원고들의 각 휴대전화 보관사용이 최초 1회 위반인점 이 사건 처분 전에 징계처분이나 , 주의·경고 등을 받은 사실이 없고 성실하게 복무하였던 점, 원고들이 근무시간에 휴대전화를 사용하거나 보안 정보를 유출하는 등의 행위를 하지 아니한 점, 결국 원고들의 경우 휴대전화의 부대 반입 자체가 금지되지는 않는 상황에서 부대에 보관한 후 영외활동 시 반출해가도록 하는 규정을 어긴 것에 불과한 점, 원고들의 의무위반행위에 대하여는 신체의 자유를 제한하는 징계 영창처분이 아니라 '근신'의 처분과 영외활동 2개월 정지와 같은 복무규율상의 공적 제재를 부과하는 것으로도 책임에 비례할 뿐만 아니라 징계처분에 의하여 달성하려는 제재 효과나 교육 개선 효과를 충분히 달성할 수 있는 점 등을 고려하면, 이 사건 처분은 사회 통념상 현저하게 타당성을 잃은 것으로서 재량의 범위를 일탈하였거나 재량권을 남용한 것으로서 취소되어야 합니다.

3. 결론
이와 같이 피고의 처분은 위법한 행정처분이 아닐 수 없으므로, 상기와 같이 원고의 행정처분의 취소를 구하는 행정소송에 이르게 되었습니다.

입증방법

1. 갑 제1호증
2. 갑 제2호증

첨부서류

1. 위 각 입증방법 각 1부
2. 송달료 납부서
3. 소장부본

20 . . .
위 원고 (날인 또는 서명)

서울행정법원 귀중

[서식] 정직처분취소 청구의 소

소 장

원고 김 길 동(주민등록번호)
서울시 은평구 ○○동 ○번지
피고 서울특별시지방경찰청장

정직처분취소

청구취지

1. 피고가 2008. 4. 28. 원고에 대하여 한 정직 3월의 처분을 취소한다.
2. 소송비용은 피고의 부담으로 한다.

라는 판결을 구합니다.

청구원인

1. 처분의 경위

(1) 가. 원고는 19○○. ○. ○. 순경으로 임용된 이후 19○○. ○. ○. 경위로 승진하여 20○○. ○. ○.부터 서울○○경찰서 수사과에서 근무해 왔습니다.

(2) 피고는 서울특별시지방경찰청 경찰공무원 보통징계위원회의 의결을 거쳐 2008. 4. 28. 원고에 대하여 아래와 같은 징계사유로 국가공무원법 제56조, 제78조 제1항 각 호를 적용하여 파면에 처하였습니다.

징계사유

경찰공무원으로 제반 법령을 준수하여 성실하게 근무해야 할 직무상 의무가 있음에도 불구하고 2008. 2. 28. 12:50경 총선에 서울 ○○구 선거구 ○○○당 후보로 출마한 ○○○으로부터 본인의 범죄경력자료 조회를 의뢰받고 공직선거법상 범죄경력에 해당하는 사기, 뇌물공여 등 금고 이상의 형 4건을 발견하고도 범죄경력조회 회부시에는 '해당사실 없음'으로 허위기재하여 전과기록을 누락하고, 팀장(과장)의 사전 결재도 득하지 않고 회보서를 발급하는 등 직무를 태만히 하였다.

(3) 원고는 이에 불복하여 행정안전부 소청심사위원회에 소청심사를 청구하였고, 위 소청심사위원회는 2008. 7. 11. 전항의 징계사유를 인정하면서 징계양정이 과중하다는 이유로 정직 3월로 변경·결정하였습니다(이하 이와 같이 감경된 정직 3월의 처분을 '이 사건 처분'이라 한다).

2. 처분의 위법성

원고가 이 사건 범죄경력조회서의 내용을 허위로 발급한 것은 ○○○에게 일반 범죄경력·수사경력조회 회보서도 함께 발급하는 과정에서 업무착오에 따른 단순 과실에 기한 것임에도 고의에 기한 것으로 잘못 판단하여 이 사건 처분에 이르게 된 점, 이 사건 처분은 공직선거 범죄경력조회 회보서 관련하여 이루어진 다른 징계와 비교하여 볼 때 형평에 어긋나는 점, 원고는 28년간 청렴하게 경찰 생활을 하여 온 점 등을 고려할 때, 이 사건 처분은 지나치게 가혹하여 재량권을 남용하거나 그 한계를 일탈한 위법한 처분이므로 취소되어야 합니다.

3. 결론

이상과 같이 이 사건 처분은 위법하므로 이의 취소를 구하는 본 건 소송에 이르게 되었습니다.

입증방법

1. 갑 제1호증
2. 갑 제2호증

첨부서류

1. 위 각 입증방법 각 1부

2. 송달료 납부서

3. 소장부본

20 . . .

위 원고　　　(날인 또는 서명)

서울행정법원　　귀중

[서식] 파면처분 취소청구의 소

소　　장

원 고　　　○○ ○(주민등록번호)

○○시 ○○구 ○○길 ○○ (우편번호 ○○○-○○○)

피 고　　　△△지방경찰청장

○○시 ○○구 ○○길 ○○ (우편번호 ○○○-○○○)

파면처분 취소청구의 소

청 구 취 지

1. 피고가 20○○. ○. ○. 원고에 대하여 한 파면처분을 취소한다.
2. 소송비용은 피고의 부담으로 한다.

라는 판결을 구합니다.

청 구 원 인

1. 원고는 19○○. ○. ○. 순경으로 임용되어 경찰공무원으로 재직한 이래 19○○. ○. ○. 부터는 ◎◎파출소에서 파출소장으로 재직하고 있던 중 19○○. ○. ○. 12:00 위 경찰청 앞 ☆☆식당에서 어떠한 명목으로든지 관내 유지나 업소로부터 금품을 수수하지 말라는 국무총리 지시사항을 어기고 방범자문위원회 위원장인 전□□에게서 자율방범대원의 야식비 명목으로 금 500,000원을 받았다는 혐의로 피고로부터 20○○. ○. ○. 자로 파면처분을 받았습니다.

2. 파면처분의 위법성

가. 원고가 위와 같이 위 전□□으로부터 금 500,000원을 받은 사실은 이를 인정합니다.

나. 원고가 받은 위 금원은 원고가 사적으로 사용하기 위하여 받은 것이 아니며, 관내 유지나 업소로부터 금품을 수수하지 말라는 국무총리의 지시 역시 뇌물을 수수하지 말라는 취지인 것이지, 이 사건과 같이 방범자문위원을 대신하여 파출소장이 자율방범대원에게 야식을 사주라고 주는 금품을 수수하지 말라는 것은 아니므로 피고의 원고에 대한 파면처분은 그 징계이유가 없는 처분으로써 위법하다 할 것입니다.

다. 설혹 원고의 위 금품 수수가 국무총리의 지시에 위반된 것이라고 하더라도, 원고가 받은 금원은 자율방범대원의 야식비로 모두 지출하였지 원고의 사적인 용도로 사용한 것이 아니고, 원고는 경찰로 재직한 30여년간 한 번도 징계처분을 받은 바 없이 모범적인 경찰공무원 생활을 하였으며, 오히려 국무총리 표창을 한 번 받은 외에 총 20여회의 표창을 받은 사실에 비추어 볼 때, 피고의 원고에 대한 위 파면처분은 그 재량을 일탈한 위법한 처분이라 할 것입니다.

3. 결론

피고의 원고에 대한 위 파면처분은 원고에게 파면의 사유가 없음에도 이루어진 처분으로써 위법하므로 이는 취소되어야 할 것이며, 설혹 형식적으로는 징계의 사유가 있다고 하더라도, 원고가 수수한 금원의 액수, 원고의 30여년간의 모범적인 경찰로서의 생활, 금원의 소비용도 등에 비추어 볼 때 피고의 위 파면처분은 그 재량을 일탈한 위법한 처분이므로 이는 취소되어야 합니다.

입 증 방 법

1. 갑 제1호증	행정처분서
1. 갑 제2호증의 1~21	각 표창장 사본
1. 갑 제3호증	진술서(○○○)

첨 부 서 류

1. 위 입증서류	각 1통
1. 소장부본	1통
1. 납부서	1통

200○. ○. ○.

원 고 ○○○ (인)

○○행정법원 귀중

[서식] 파면처분취소 청구의 소

소 장

원 고 홍 길 동 (000000-0000000)

○○시 ○○구 ○○동 ○○○

소송대리인 변호사 ○ ○ ○

○○시 ○○구 ○○동 ○○○ (우 :)

(전화 : ,팩스 :)

피 고 서울지방경찰청장

파면처분취소 청구의 소

청 구 취 지

1. 피고가 2011. 3. 20. 원고에 대하여 한 파면처분(행정안전부 소청심사위원회에서 해임처분으로 변경)은 이를 취소한다.
2. 소송비용은 피고의 부담으로 한다.

라는 판결을 구합니다.

전 심 절 차

가. 2011. 3. 15. 서울지방경찰청 경찰공무원 보통징계위원회에서 파면처분의결

나. 2011. 3. 19. 파면처분

다. 2011. 7. 25. 행정안전부 소청심사위원회에서 해임처분으로 변경

라. 2011. 7. 27. 위 해임처분의 결정통지서 수령

청 구 원 인

피고는 원고에게 국가공무원법 제78조 제1항 제1호, 제2호, 제3호에 해당하는 사유가 있다하여 2011. 3. 25. 서울지방경찰청 경찰공무원 보통징계위원회의 의결을 거쳐 같은 해 3. 19.지에 원고를 파면처분하였습니다.

1. 피고가 원고에게 위 각 징계사유로 내세운 비위는 다음과 같습니다.
   가. 원고는 ○○경찰서 경비과 교통지도계 팀장으로 보직을 받아 근무중이던 2011. 6. 12.부터 2011. 1. 20.까지 사이에 부하직원들인 같은 교통지도계 소속 수석교통초소장 경장 홍○운과 같은 소속 순경 정○우 등 8개의 등 교통초소장들이 관내 업체들로부터 공과금명목으로 매월 9,000,000원씩을 갹출한 9,000,000원 중 금 6,000,000원씩을 같은 초소장들로부터 제공받아 매월 서울경찰청 교통안전과장에게 금 1,000,000원, 교통관리과장에게 금 800,000원, 소속 경찰서장에게 금 1,000,000원, 합계금 2,800,000원을 상납하고 나머지 금 3,200,000원은 동 교통계 소속의무경찰의 회식비 등에 사용하였고,

   나. 또 원고는 매월 위 홍○운으로부터 금 500,000원씩, 위 정○우 등 초소장 8명으로부터 금 300,000원씩을 상납받아 사비로 사용하였다는 것입니다.

2. 가. 그러나 원고는 부하직원들이 위 홍○운이나 위 정○우 등 초소장으로부터 금품을 수수하여 상납하거나 의경 회식비 등에 사용한 사실도 없거니와 또 이들로부터 금품을 상납받아 사비로 사용한 사실이 없습니다.

   나. 교통지도계 팀장들은 주야없이 근무합니다. 모처럼 밤늦게 집에 갈 때에는 동료직원이나 부하직원들 중 한두 사람이 돈을 거두어 5만원내지 10만원을 모다주어 받은 적은 있습니다. 원고도 다른 동료 직원이나 부하직원들이 모처럼 밤늦게 집에 들어갈 때 본인이 받은 것보다 더 많은 금액을 거두어 5, 6만원씩을 호주머니에 넣어 준적이 있습니다.

3. 원고는 중고등학교를 거쳐 ○○대학교 경찰행정학과를 우수한 성적으로 졸업하고 일생을 경찰에 헌신하려고 경찰에 투신하였습니다. 그간 한 번도 어떠한 징계도 받은 바 없이 성심성의껏 국가에 봉사하여 왔습니다.

4. 이렇게 보면 피고의 원고에 대한 파면처분은 위법부당한 것임이 명백하므로 이를 바로 잡기 위하여 이 사건 청구에 이르렀습니다.

입 증 방 법

1. 갑 제1호증의 1 결정통지서
1. 갑 제1호증의 2 결정

첨 부 서 류

1. 위 입증서류 사본 각 1통
1. 주민등록초본 1통
1. 소장부본 1통
1. 위임장 1통

20○○. ○. .

위 원고 소송대리인 변호사 ○ ○ ○ (인)

○○지방법원 귀중

[서식] 감봉처분 취소청구의 소

소 장

원 고 ○○ ○(주민등록번호)
○○시 ○○구 ○○길 ○○ (우편번호 ○○○-○○○)

피 고 △△시장
○○시 ○○구 ○○길 ○○ (우편번호 ○○○-○○○)

감봉처분 취소청구의 소

청 구 취 지

1. 피고가 20○○. ○. ○. 원고에 대하여 한 감봉 2월의 징계처분을 취소한다.
2. 소송비용은 피고의 부담으로 한다.

라는 판결을 구합니다.

청 구 원 인

1. 처분의 경위

가. 원고는 지방직 8급 공무원으로 △△시 회계과에서 근무하면서 퇴직자에 대한 퇴직금지급등의 업무를 수행하고 있습니다.

나. 그런데 소외 윤□□이 20○○. ○. ○.에 일용직 영양사로 고용되어 시청식당에서 노무를 제공하던 중 같은 해 ○. ○.에 퇴사하게 되었는데 1년 미만 근무하였으므로 퇴직금 지급규정이 적용되지 않음에도 원고가 퇴직금지급 규정을 잘못 알고 20○○. ○. ○.에 퇴직금 금500,000원을 지급하였습니다.

다. 이후 20○○. ○. ○.에 원고는 소외 윤□□에 대한 퇴직금지급이 잘못된 것임을 알고 소외 윤□□에게 조속한 시일내에 퇴직금을 반환해줄 것을 전화상으로 수차례에 걸쳐 요구하였으나 윤ㅁㅁ이 차일피일 미루며 퇴직금을 반환하지 않았습니다.

라. 그러던 중 20○○. ○. ○.에 △△시청의 자체 감사에서 윤ㅁㅁ에 대한 퇴직금이 잘못 지급되었음이 지적되었습니다.

마. 감사실에서는 원고가 윤ㅁㅁ과 고등학교 동기로 절친한 친구사이로서 근무 기간이 1년 미만이므로 퇴직금이 지급되지 않음에도 불구하고 퇴직금을 지급하였고, 원고가 소외 윤ㅁㅁ에 대한 퇴직금환수 노력을 태만히 하였다는사유로 인사위원회에 징계의결을 요구하였고 인사위원회는 20○○. ○. ○. 지방공무원법 제69조 제1항 제2호에 해당한다고 보아 원고에 대하여 감봉 2월의 징계처분을 하였습니다.

2. 징계처분의 위법

가. 원고는 19○○. ○. ○.에 △△시청 9급 공무원으로 채용된 이래 교통과에서 근무하여 오던중 20○○. ○. ○.에 회계과로 발령 받아 퇴직자에 대한 퇴직금지급업무를 맡게 되었으며 소외 윤ㅁㅁ에 대한 퇴직금을 지급할 당시에는 업무 파악이 되지 않아 단순 실수로 인하여 윤ㅁㅁ에게 퇴직금을 지급하게 된 것입니다.

나. 원고는 20○○. ○. ○.에 소외 윤ㅁㅁ에 대한 퇴직금이 잘못 지급된 것임을 알았고 이후 소외 윤ㅁㅁ에게 전화상으로 퇴직금을 조속히 반환하도록 요구하였으나 소외 윤ㅁㅁ이 사정이 어렵다며 차일피일 미루곤 하였습니다.

다. 원고는 소외 윤ㅁㅁ이 고등학교 동기로 친구사이여서 법적 조치를 취하지는못하였으나 퇴직금을 환수받기 위해서 수십차례에 걸쳐 전화로 독촉하고 소외 윤ㅁㅁ의 집에까지 찾아가 독촉한 바가 있습니다.

라. 원고가 소외 윤ㅁㅁ에게 퇴직금을 지급한 것은 원고와 소외 윤ㅁㅁ이 친구사이여서 이득을 주기 위해서 한 것이 아니라 퇴직금 규정을 미처 파악하지 못한 상태에서 단순 실수로 인하여 퇴직금을 지급한 것입니다.

마. 소외 윤ㅁㅁ은 원고가 자신의 일로 감봉처분을 받은 것을 알고는 퇴직금을 즉시 반납하였습니다.

3. 결론

원고가 규정을 잘못 알고 퇴직금을 지급한 것은 시실이나 이는 오로지 단순 실수로 인한 것이고 소외 윤□□과의 친분에 의하여 이득을 주기 위한 것이 아니었고, 소외 윤□□이 퇴직금을 반납하였으므로 원고에 대한 징계처분은 징계권의 범위에서 벗어난 남용에 해당한다 할 것이므로 원고에 대한 감봉처분은 취소되어야 할 것입니다.

입 증 방 법

1. 갑 제 1호증 퇴직금반납확인서

첨 부 서 류

1. 위 입증방법 1부
1. 소장부본 1부
1. 납 부 서 1부

20○○. ○. ○.
원 고 ○○○ (인)

○ ○ 행 정 법 원 귀 중

다. 일반공무원 관련

(1) 청구취지

[직권면직처분무효 확인의 소]

1. 피고가 2009. 7. 17. 원고에 대하여 한 직권면직처분은 무효임을 확인한다.
2. 소송비용은 피고가 부담한다.

라는 판결을 구합니다.

[명예퇴직수당지급제외처분취소 청구의 소]

1. 피고가 2008. 8. 26. 망 ○○○에 대하여 한 명예퇴직수당지급제외처분을 취소한다.
2. 소송비용은 피고의 부담으로 한다.
라는 판결을 구합니다.

[파면처분등취소 청구의소]

1. 원고 지○○에 대하여, 피고 육군참모총장이 2009. 3. 18. 한 파면처분 및 피고 국방부장관이 2009. 3. 20. 한 제적처분을 각 취소한다.
2. 원고 지○○에 대하여, 피고 국방부장관이 2009. 3. 20. 한 보충역편입 명령과 피고 육군참모총장이 2009. 3. 20. 한 교육기간 변경 및 원복 명령, 2009. 3. 24. 한 제적 및 보충역편입 명령을 각 취소한다.
3. 피고 육군참모총장이 2009. 3. 18. 원고 박00에 대하여 한 파면, 원고 한00에 대하여 한 감봉 1월, 원고 이○○에 대하여 한 근신 5일, 원고 신●●에 대하여 한 견책의 징계유예의 각 처분 및 피고 국방시설본부장이 2009. 3. 19. 원고 신00에 대하여 한 근신 5일의 처분을 모두 취소한다.
4. 소송비용은 피고가 부담한다.
라는 판결을 구합니다.

[견책처분 취소청구의 소]

1. 피고가 20○○. ○. ○. 원고에 대하여 한 견책처분은 이를 취소한다.
2. 소송비용은 피고의 부담으로 한다.
라는 판결을 구합니다.

(2) 소장작성례

[서식] 직권면직처분무효 확인의 소

소 장

원고	김 길 동(주민등록번호) 서울시 강남구 ○○동 ○○번지 (전화 000-000, 팩스 000-000)
피고	서울 북부지법원장

직권면직처분무효

청구취지

1. 피고가 2009. 7. 17. 원고에 대하여 한 직권면직처분은 무효임을 확인한다.
2. 소송비용은 피고가 부담한다.

라는 판결을 구합니다.

청구원인

1. 처분의 경위

(1) 원고는 2003. 3. 16. 실시된 법원서기보 공개경쟁채용시험에서 합격하여 2004. 2. 18. 00지방법원 법원서기보로 임용된 후, 2004. 10. 1. ~ 2006. 9. 10. 학업을 위한 연수휴직, 2007. 3. 1. ~ 2009. 2. 28. 사법연수원 수료를 위한 연수휴직, 2009. 3. 1.부터 1년간 대학학업을 위한 연수휴직을 신청하여 연수휴직 중이던 2009. 4. 1. 육군법무관으로 임용되었습니다.

(2) 피고는 2009. 7. 17. 원고에 대하여 국가공무원법 제70조 제1항 제4호의 규정에 의하여 휴직사유가 2009. 4. 1. 소멸하고, 휴직사유가 소멸한 후 30일 이내에 직

무에 복귀하지 아니하였다는 이유로 직권면직 처분을 하였습니다(이하, 이 사건 처분이라 한다).

(3) 한편, 원고는 육군법무관으로 임용되기 이전에 현역병으로 입대하여 만기제대한 사실이 있습니다.

2. 처분의 위법성

이 사건 처분은 다음과 같은 사유로 위법하고, 그 하자가 중대、명백하므로 무효입니다.

(1) 원고는 2009. 4. 1. 육군법무관으로 임용되었으므로, 국가공무원법 제71조 제2항 제3호의 '병역법에 따른 병역복무를 마치기 위하여 징집 또는 소집된 때'에 해당하거나 같은 항 제5호의 '그 밖에 법률의 규정에 따른 의무를 수행하기 위하여 직무를 이탈하게 된 때'에 해당하게 되어 필요적 휴직사유가 발생한 것입니다. 따라서 휴직사유가 소멸되어 복귀하지 않았음을 전제로 하는 이 사건 처분은 위법합니다.

(2) 원고의 군법무관 복무는 병역의무 이행에 해당하므로, 이를 이유로 한 면직처분은 헌법 제39조에 반하여 위법합니다.

(3) 원고는 2009. 5. 6. 피고에게 고충심사를 청구하였음에도 이에 대한 판단을 하지 않은 채 이 사건 처분을 한 것은 재량권을 일탈、남용하여 위법합니다.

3. 결론

상기와 같이 피고의 처분은 위법하며 그 하자가 중대하고 명백함에 따라 무효임을 확인하고자 합니다.

입증방법

1. 갑 제1호증

2. 갑 제2호증

3. 갑 제3호증

4. 갑 제4호증

첨부서류

1. 위 각 입증방법 각 1부
2. 송달료 납부서
3. 소장부본

20 . . .

위 원고 (날인 또는 서명)

서울행정법원 귀중

[서식] 명예퇴직수당지급제외처분취소 청구의 소

소 장

원고 박 길 자(주민등록번호)
서울시 강북구 ○○동 ○번지

피고 서울특별시장

명예퇴직수당지급제외처분취소

청구취지

1. 피고가 2008. 8. 26. 망 ○○○에 대하여 한 명예퇴직수당지급제외처분을 취소한다.

2. 소송비용은 피고의 부담으로 한다.

라는 판결을 구합니다.

청구원인

1. 처분의 경위

(1) 원고의 남편인 망 ○○○은 1981. 10. 6. 서울특별시 공무원으로 임용된 후 2007. 4. 24.경부터 서울특별시 ○○○부에서 근무하던 중 2008. 2. 21. 간암 판정을 받았고, 2008. 5. 16. 중국으로 출국하여 치료를 받기 위하여 당시 치료를 받던 병원에서 퇴원하면서, 같은 부에서 근무하던 ○○○ 등에게 명예퇴직원과 명예퇴직수당지급 신청서 등 명예퇴직수당의 지급신청에 필요한 서류(이하 "명예퇴직 등 신청서"라고 한다)를 작성, 교부함과 아울러, 중국에서의 치료 경과에 따라 명예퇴직을 원할 경우 명예퇴직 등 신청서를 ○○○부에 대신 제출하여 달라고 부탁한 다음, 2008. 5. 19. 중국으로 출국하였습니다.

(2) 원고는 2008. 5. 25. 09:34경 ○○○부에 근무하던 ○○○에게 전화로 명예퇴직을 신청하고자 하는 ○○○의 의사를 전달한 다음, 같은 날 15:00경 아들인 ○○○를 통하여 ○○○에게 명예퇴직 등 신청서를 제출하여 달라고 요청하였고, 그에 따라 2008. 5. 26. 15:43경 명예퇴직예정일을 2008. 6. 30.로 한 ○○○의 명예퇴직 등 신청서가 제출되었습니다.

(3) ○○○은 2008. 5. 26. 18:00경 사망하였고, 피고는 2008. 8. 26. ○○○에 대한 명예퇴직수당지급제외처분(이하 "이 사건 처분"이라 한다)을 하였습니다.

2. 처분의 위법성

○○○이 사망사실을 예견하여서가 아니라 스스로의 의사에 따라 명예퇴직 등 신청을 하였고, 한편 ○○○의 사망을 이유로 한 이 사건 처분은 명예퇴직수당 지급신청자가 사망한 경우 명예퇴직수당 수령권을 유족이 승계하도록 규정한 서울특별시 지방공무

원 명예퇴직수당 등 지급에 관한 규칙의 취지에 부합하지 않으므로, 이 사건 처분은 위법합니다.

3. 결론

이상과 같이 피고의 이 사건 처분은 위법하므로 이의 취소를 제기하는 본 건 소송에 이르게 되었습니다.

입증방법

1. 갑 제1호증
2. 갑 제2호증

첨부서류

1. 위 각 입증방법 각 1부
2. 송달료 납부서
3. 소장부본

20 . . .

위 원고 (날인 또는 서명)

서울행정법원 귀중

[서식] 파면처분등취소 청구의소

소 장

원고 1. 지ㅇㅇ
2. 박ㅇㅇ
3. 한ㅇㅇ
4. 신ㅇㅇ
5. 이ㅇㅇ
6. 신●●

피고 1. 육군참모총장
2. 국방부장관
3. 국방시설본부장

파면처분등취소

청구취지

1. 원고 지○○에 대하여, 피고 육군참모총장이 2009. 3. 18. 한 파면처분 및 피고 국방부장관이 2009. 3. 20. 한 제적처분을 각 취소한다.
2. 원고 지○○에 대하여, 피고 국방부장관이 2009. 3. 20. 한 보충역편입 명령과 피고 육군참모총장이 2009. 3. 20. 한 교육기간 변경 및 원복 명령, 2009. 3. 24. 한 제적 및 보충역편입 명령을 각 취소한다.
3. 피고 육군참모총장이 2009. 3. 18. 원고 박00에 대하여 한 파면, 원고 한00에 대하여 한 감봉 1월, 원고 이○○에 대하여 한 근신 5일, 원고 신●●에 대하여 한 견책의 징계유예의 각 처분 및 피고 국방시설본부장이 2009. 3. 19. 원고 신00에 대하여 한 근신 5일의 처분을 모두 취소한다.
4. 소송비용은 피고가 부담한다.

라는 판결을 구합니다.

청구원인

1. 처분의 경위

(1) 피고 국방부장관(이하 '피고 장관'이라고만 한다)은 2008. 7. 22. '북한의 우리식 문화' 등 23종의 도서를 장병들의 정신전력에 부정적인 영향을 줄 수 있다는 이

유로 '불온서적'으로 지정하고, 위 도서의 부대 내 반입을 금지하도록 하는 「군내 불온서적 차단대책 강구지시」(이하 '이 사건 지시'라 한다)를 각급 부대에 하달하였습니다.

(2) 이 사건 지시가 내려질 당시 원고 지○○은 소령으로 육군본부 법무실, 원고 박00은 대위로 육군본부 군사법원, 원고 신00은 대위로 국방시설본부, 원고 신△△은 소령 진급예정자로 육군 종합행정학교, 원고 한○○은 대위로 육군 교육사령부, 원고 이00은 중위로 육군 특수전사령부에서 각 군법무관으로 근무하고 있었는데, 원고들은 2008. 10. 22. "이 사건 지시와 그 근거법령인 군인사법(2008. 12. 31. 법률 제9293호로 개정 되기 전의 것, 이하 같다) 제47조의2, 군인복무규율(2009. 9. 29. 대통령령 21750호로 개정되기 전의 것, 이하 같다) 제16조의2가 원고들의 기본권을 침해하여 위헌이다"라는 이유로, 원고들을 공동청구인으로 하여 헌법소원을 제기하였습니다(이하 '이 사건 헌법 소원'이라 한다).

(3) 피고 육군참모총장(이하 '피고 총장'이라고만 한다)은 2009. 3. 18. 원고 지○○에 대하여 아래 징계혐의사실 ① 내지 ④를, 원고 박○○에 대하여 아래 징계혐의사실 ① 내지 ⑤를 각 징계사유로 하여 군인사법 제56조 제1, 2, 3호, 제57조 제1항, 제58조 제 3항에 따라 피고 장관의 승인을 얻어 각 파면처분을, 같은 날 원고 한○○, 이○○, 신●●에 대하여 각 아래 징계혐의사실 ①, ②를 징계사유로 하여 군인사법 제56조 제3호, 제57조 제1항에 의하여 원고 한00에게 감봉 1월, 원고 이00에게 근신 5일, 원고 신●●에게 견책의 징계유예 처분을 하였고, 피고 국방시설본부장은 2009. 3. 19. 원고 신 00에 대하여 아래 징계혐의사실 ①, ②를 징계사유로 하여 군인사법 제56조 제3호, 제57조 제1항에 의하여 근신 5일의 처분을 하였습니다(이하 원고들에 대한 각 징계처분을 '이 사건 각 징계처분'이라 한다).

[징계혐의사실]

① 원고들은 피고 장관의 이 사건 지시를 따르지 않을 의사로 지휘계통을 통한 건의 절차를 경유하지 않고 곧바로 헌법소원을 제기하였다.

② 원고들은 이 사건 지시에 불복종할 목적으로 전화, 인터넷, 이메일 및 직접 접촉을 통하여 동참자를 모아 집단으로 헌법소원을 청구하였다.

③ 원고 지○○, 박○○은 피고 장관의 허가를 받지 아니하고 직접 또는 대리인을 통하여 언론매체에 이 사건 지시를 폄하하는 의견을 발표하였고, 군 수뇌부를 비방 · 모욕하거나 자신의 의견 · 주장을 군 외부에 공표하였다.

④ 원고 박○○은 국선변호자료수집 명목의 허위 출장을 신청하여 헌법소원심판청구를 대리할 변호사를 만나고 인사소청서를 접수하는 등 사적인 용무를 수행하였고, 원고 지○○은 원고 박○○에게 이를 지시하였다.

⑤ 원고 박○○은 신문기자를 직접 접촉하거나 법무병과 홈페이지에 글을 올려 이 사건 지시를 비방하는 등 피고 장관의 명예를 훼손하고 특정 정당 소속 국회의원의 발언을 비난하는 글을 게재하였다.

(4) 피고 장관은 2009. 3. 20. 피고 총장의 파면처분에 따라 원고 지○○에 대하여 2009. 3. 18.자로 제적 및 보충역편입을 명하였고, 피고 총장은 같은 날 위 원고에 대하여 육군정보학교에서의 교육기간을 '2008. 10. 2.부터 2009. 5. 31.까지'에서 '2008.10. 2.부터 2009. 3. 16.까지'로 변경함과 동시에 2009. 3. 17.자로 원복을 명하는 한편, 같은 달 24. 피고 장관의 위 원고에 대한 제적 및 보충역편입 명령을 확인하는 인사명령을 하였습니다.

2. 처분의 위법성

이 사건 각 징계처분과 원고 지○○에 대한 피고 장관의 제적 처분은 다음과 같은 사유로 위법하므로 전부 취소되어야 합니다.

(1) 징계사유의 부존재

① 징계혐의사실 : 원고들은 이 사건 지시가 원고들의 기본권을 침해하였다고 판단

하여 이 사건 헌법소원을 제기함으로써 헌법상 기본권인 재판청구권을 행사한 것인데, 이는 지휘계통에 있는 상관에게 건의할 사항이 아닐 뿐 아니라 건의하여야 할 의무도 없고, 그로써 군인의 법규 · 명령에 대한 준수 · 복종의무를 위반한 것이라 볼 수 없으므로, 이 부분 사실은 군인사법 제56조 제3호의 징계사유에 해당하지 않습니다.

② 징계혐의사실 : 원고들은 단지 공동명의로 이 사건 헌법소원을 제기하였을 뿐 집단으로 헌법소원을 제기하기 위해 회합을 가진 일이 없고, 공익에 반하는 목적을 하여 군무외의 일을 위한 집단행위를 한 바 없으므로, 이 부분 사실은 군인사법 제56조 제3호의 징계사유에 해당하지 않습니다.

③ 징계혐의사실 : 원고들의 헌법소원을 대리한 소송대리인이 언론매체와 직접 인터뷰하거나 방송에 출연하였을 뿐 원고 지○○, 박○○은 이 사건 지시에 관하여 언론매체와 직접 인터뷰하거나 방송에 출연한 바 없고, 군 외부에 이 사건 지시를 폄하하는 의견 · 주장을 발표하거나 군 수뇌부를 비방 · 모욕한 바 없어, 법령에 정한 명령 · 의무를 위반하거나 군의 위신 또는 군인으로서의 명예 · 품위를 손상하지 아니하였다 할 것이므로, 이 부분 사실은 군인사법 제56조 제2, 3호의 징계사유에 해당하지 않습니다.

④ 징계혐의사실 : 원고 박○○은 업무상 필요에 의하여 적법한 허가를 받아 출장을 다녀왔을 뿐 허위로 출장명령을 신청하여 헌법소원 제기를 위한 소송대리인을 만나고 인사소청서를 접수하는 등 사적인 용무를 본 것이 아니고, 원고 지○○은 원고 박○○에게 허위의 출장명령을 지시하여 사적인 용무를 보도록 한 바 없으므로, 성실의무를 위반한 것이 아니어서 이 부분 사실은 군인사법 제56조 제3호의 징계사유에 해당하지 않습니다.

⑤ 징계혐의사실 : 원고 박00이 육군 내부통신망 법무병과 홈페이지(JAGC-NET)에 이 사건 지시 및 피고 장관의 방침을 비판하거나 특정 정당 소속 국회의원들의 발언을 비판하는 내용의 글을 게재한 것은 명예훼손, 품위유지의무 내지 복종의무 위반, 특정 정당 반대행위 금지의무위반에 해당하지 않으므로, 이 부분 사실은 군인사법 제56조 제2, 3호의 징계사유에 해당하지 않는다. 따라서, 원고들에 대

한 징계사유는 존재하지 않습니다.

(2) 징계절차 위법

① 원고 지○○, 박○○, 한○○, 이○○, 신●●에 대한 징계심의를 위해 개최된 육군본부 중앙징계위원회에 군법무관이 아닌 군인이 징계간사로 참여하였고,

② 원고 박00은 위 징계위원회에 출석하여 진술할 수 있는 기회를 박탈당하였을 뿐 아니라 징계위원회 개최 전에 제출한 소명자료가 위 징계위원회 심의과정에 현출되지 않는 등 징계절차에 위법이 있습니다.

(3) 재량권 일탈 · 남용

원고들이 이 사건 헌법소원을 제기한 목적이 이 사건 지시를 무력화하거나 피고 장관을 비하하기 위함에 있지 아니하고 이 사건 지시와 그 근거법령의 위헌 여부에 대한 법률적 판단을 받아보고자 함에 있는 점, 원고들은 군법무관으로서 직무를 성실히 수행하여 온 점 등에 비추어 원고들에 대한 이 사건 각 징계처분은 지나치게 가혹합니다.

3. 결론

위와 같이 피고의 처분은 위법한 행정처분에 해당하므로 이의 취소를 구하는 본 건 행정소송에 이르게 되었습니다.

입증방법

1. 갑 제1호증
2. 갑 제2호증
3. 갑 제3호증

첨부서류

1. 위 각 입증방법 각 1부

2. 송달료 납부서

3. 소장부본

20 . . .

위 원고 (날인 또는 서명)

서울행정법원 귀중

[서식] 퇴직수당청구의 소

소 장

원고 김 길 동(주민등록번호)(선정당사자)
서울시 ㅇㅇ구 ㅇㅇ동 ㅇ번지

피고 공무원연금관리공단

퇴직수당청구

청구취지

1. 피고는 원고(선정당사자, 이하 원고라 한다) 및 별지 선정자목록 기재 선정자들에게 각 20,000원과 위 각 돈에 대한 이 사건 소장부본 송달 다음날부터 다 갚는 날까지 연 20%의 비율에 의한 돈을 각 지급하라.
2. 소송비용은 피고의 부담으로 한다.

라는 판결을 구합니다.

청구원인

1. 기초사실

(1) 원고 및 별지 선정자목록 기재 선정자들은 국가공무원으로 임용되어 철도청, 한국고속철도건설공단 등에서 국가공무원 신분으로 근무하다가, 철도청 산하의 건설본부와 한국고속철도건설공단이 통합되어 2004. 1. 1. 한국철도시설공단이 출범하고 철도청의 잔여 부분이 2005. 1. 1. 한국철도공사로 전환되면서, 2004. 1. 1. 및 2005. 1. 1.자로 각각 국가공무원의 신분에서 퇴직하였습니다.

(2) 원고 및 별지 선정자목록 기재 선정자들은 피고에게 각각 퇴직당시의 소속기관장의 확인을 얻어 퇴직수당을 신청하였고, 피고는 원고 및 별지 선정자목록 기재 선정자들을 공무원연금법 제61조의2 제1항에 의한 퇴직수당의 수급권자로 결정한 다음 공무원연금법 제61조의2 제2항, 같은 법 시행령 제52조의3에 따라 계산한 퇴직수당을 지급하였습니다.

2. 피고의 지급의무 존재

(1) 피고가 퇴직수당액 산정의 근거로 삼은 공무원연금법 제61조의2 제2항 중 '대통령령이 정하는 비율을 곱한 금액' 부분(이하 '이 사건 법률조항'이라 한다)은 그 산정비율에 대하여 구체적인 내용을 정하지 아니한 채 대통령령으로 위임하고 있고, 그에 따라 공무원연금법 시행령 제52조의3은 퇴직수당의 비율을 10% 내지 60%로 정하고 있는바, 이 사건 법률조항과 공무원연금법 시행령 제52조의3의 규정은 헌법 제75조에서 정한 포괄위임금지의 원칙에 위배되는 규정이고, 결과적으로 퇴직수당의 40%를 감액하고 60%만을 지급하게 함으로써 헌법상 비례의 원칙 및 명확성의 원칙에 반하고 재산권인 후불임금 청구권의 본질적인 내용을 침해하여 헌법 제37조 제2항에 위반되며, 헌법 제11조에 정한 평등의 원칙에 위반되는 규정입니다.

(2) 또한 공무원연금법 시행령 제52조의3 중 '재직연수는 33년을 초과하지 못한다'는 부분은 어떠한 법률의 위임도 없는 것으로서 헌법 제75조와 공무원연금법 제61조의 2 제2항 및 같은 법 부칙(제4334호, 1991. 1. 14.) 제3항을 위반하는 것으로서

무효입니다.

(3) 한편, 이 사건 법률조항에 대하여는 이미 전직 공무원인 제3자가 위헌법률심판제청을 하여 둔 상태이므로, 헌법재판소에서 이에 대한 위헌결정을 내릴 경우 원고 및 별지 선정자목록 기재 선정자들은 합헌적인 공무원연금법에 따른 정당한 퇴직수당에서 이미 지급받은 퇴직수당과의 차액을 정산받을 것이므로, 피고는 원고 및 별지 선정자 목록 기재 선정자들에게 정산받을 퇴직수당 중의 일부로서 각 20,000원과 그에 대한 지연손해금을 우선 지급할 의무가 있습니다.

3. 결론

이상과 같이 피고의 이 사건 처분은 위법하므로 이의 취소를 구하는 본 건 소송에 이르게 되었습니다.

입증방법

1. 갑 제1호증
2. 갑 제2호증

첨부서류

1. 위 각 입증방법 각 1부
2. 송달료 납부서
3. 소장부본

20 . . .

위 원고 (날인 또는 서명)

서울행정법원 귀중

[서식] 견책처분 취소청구의 소

소 장

원 고 ○ ○ ○(주민등록번호)
○○시 ○○구 ○○길 ○○ (우편번호 ○○○-○○○)

피 고 △ △ 시장
○○시 ○○구 ○○길 ○○ (우편번호 ○○○-○○○)

견책처분 취소청구의 소

청 구 취 지

1. 피고가 20○○. ○. ○. 원고에 대하여 한 견책처분은 이를 취소한다.
2. 소송비용은 피고의 부담으로 한다.

라는 판결을 구합니다.

청 구 원 인

1. 당사자의 관계
   원고는 공무원 경력 10년의 ○○시 소속 7급 직원으로 민원담당 부서에서 근무하고 있으며 피고는 원고에게 견책처분이라는 징계를 한 행정청입니다.
2. 원고는 평소 공무원으로서 긍지와 사명감을 가지고 그 직분을 충실히 수행해온 성실한 직원입니다. 그러나 민원부서에서 각양, 각색의 민원들을 접하다보니 나름대로의 원칙과 소신을 견지할 필요가 있었고 이로 인해 차가운 사람이라는 평을 듣는 경우도 있었습니다.
3. 20○○. ○월경 ○○시의 지방세 부과처분에 대해 이의를 가지고 있던 납세의무자 소외 정□□이 원고에게 찾아와 잘 부탁한다면서 제3의 장소에서 한번 만나줄 것을 거듭 요구하였습니다. 평소 성실하며 업무처리 면에서 만큼은 소신을 뚜렷이 하던 원고에게 민원인의 요구는 청탁을 하겠다는 의사로 비추어졌기에 그 자

리에서 단호한 거절의 의사표시를 하였습니다. 원고의 단호한 거절에 당황한 민원인은 원고의 민원처리 태도에 불만을 토로하기 시작했으며 급기야 시장에게 원고를 징계해달라는 취지의 민원을 내기에 이르렀습니다. 당시 민원인은 숙박업소협의회 회장이라는 감투를 가지고 있었으며 이러한 그의 배경이 민선자치단체장에게는 암암리에 압력으로 작용했는지 다음날 즉시 원고에게 질책이 내려졌습니다. 누구보다 친절해야할 민원부서 공무원이 오히려 민원을 야기했다는 이유였습니다.

4. 이 일로 인해 원고는 견책처분을 받았고, 소청까지 했으나 받아들여지지 않았습니다. 비록 원고가 본의 아니게 민원인에게 고지식하게 굴어 불친절한 인상을 주었다고 하나 이는 민원인 측에서 업무에 관한 청탁을 하겠다는 인상을 주었기에 발단이 된 것이고, 민원서의 내용도 진위파악이 되지 않은 상태이기에 평소 원고의 성실함을 고려한다면 단순한 주의 조치로도 시정이 가능했으리라 판단되는데 공무원으로서 승진 및 승급에 제한이 따르는 견책처분은 사회통념상 현저하게 타당성을 잃어 징계권자에게 주어진 재량권을 남용했다고 판단됩니다.
5. 따라서 원고는 청구취지와 같은 판결을 구하고자 이건 청구에 이른 것입니다.

입 증 방 법

1. 갑 제1호증 견책처분통고서

첨 부 서 류

1. 위 입증방법 사본 1통
1. 소장부본 1통
1. 납부서 1통

20○○. ○. ○.

원고 ○ ○ ○ (인)

○ ○ 행 정 법 원 귀 중

[서식] 견책처분취소 청구의 소]

소 장

원 고 홍 길 동(000000-0000000)
○○시 ○○구 ○○동 123

소송대리인 변호사 ○ ○ ○
○○시 ○○구 ○○동 ○○○ (우 :)
(전화 : ,팩스 :)

피 고 고용노동부장관

견책처분취소 청구의 소

청 구 취 지

1. 피고가 20○○. 12. 29. 원고에 대하여 한 견책처분은 이를 취소한다.
2. 소송비용은 피고의 부담으로 한다.

라는 판결을 구합니다.

청 구 원 인

1. 처분의 경위

가. 원고는 19○○. 11. 1. 고용노동부 사무관으로 임용되어 노동연수원, 감사관실 등을 거쳐 20○○. 2. 3. 서기관으로 승진되면서 그 날부터 20○○. 5. 2.까지 ○○지방노동사무소장으로 재직하였습니다.

나. 피고는 20○○. 6. 8. 원고가 ○○지방노동사무소장으로 근무하던 중 산재의료관리원 산하 ○○병원 간호사들에 대한 성희롱사건과 관련하여 별지 사유서 기재와 같은 징계사유가 있음을 전제로 제2중앙징계위원회에 징계의결을 요구하였고, 같은 달 9. 원고의 직위를 해제하였으며, 위 징계위원회는 같은 해 9. 6. 원고에게 별지 사유서의 징계사유(이하 "이 사건 징계사유"라 한다)가 인정되고 이는 국가공무원법 제78조 제1항 제3호의 징계사유에 해당한다고 보아 원고에 대하여 감봉 2월의 징계의결을 하였고 이에 따라 피고가 같은 달 20. 원고에 대하여 감봉 2월의 징계처분을 하였습니다.

다. 원고가 이에 불복하여 제기한 소청심사에서 소청심사위원회는 같은 해 12. 1. 원고가 위 징계사유서에 기재된 바와 같이 위 ○○병원 간호사들과 공식적인 행사 및 사사로운 모임에 5차례에 걸쳐 참석한 사실 등을 종합하여 원고가 일선기관장으로서 산하관련기관의 직원을 상대로 처신을 잘못하여 물의를 야기한 것으로 그 책임을 면하기 어렵다고 보고 다만 원고가 대통령표창을 수상하는 등 12년 11개월간 성실히 근무한 점 등 제반 정상을 참작하여 감봉 2월의 처분을 견책처분으로 변경하는 징계의결을 하였고 이에 따라 피고가 같은 달 19. 원고에 대하여 견책으로 징계를 변경(이하 "이 사건 처분"이라 한다)하였습니다.

2. 처분의 위법

이 사건 처분은 다음과 같은 점에서 위법합니다.

(1) 별지 징계사유서 1항 기재와 같이 간호사를 놀린 바는 없고, (2) 그 밖에 별지 징계사유서 기재와 같이 ○○병원 간호사와 5회에 걸쳐 회식을 함께 하거나 노래방에서 어울렸으나 이는 관련기관 근무자로서 유대를 튼튼히 하고 노사화합 분위기조성 등 일련의 업무처리 연장선상에서 간호사들을 격려하기 위한 것으로 원고가 강제로 동원한 것도 아니고 노래방출입이 국민 대다수가 건전한 문화공간으로 이용되고 있는 점에 비추어 그것이 공무원으로서의 처신을 잘못하

여 품위유지의무를 위반한 것으로 보기 어렵고, (3) 위 회식이나 노래방 동행이 언론에 보도된 것은 사실이나, 이는 ○○병원 간호사들이 수간호사승진문제 등 간호부장에 대하여 불만을 가져 서명운동을 하고 이에 대하여 병원 측에서 보복움직임이 있자 이를 두려워하여 언론을 끌어들여 왜곡된 보도를 하게 한 것이어서 언론에 왜곡보도된 사실만으로 징계사유로 삼을 수 없으며, (4) 원고는 위 ○○지방노동사무소장으로 재직하면서 대민친절봉사행정을 구현하였고 노사화합분위기를 조성하여 관할구역을 노사분규 없는 지역으로 만드는 토대를 구축하고 체납보험료징수질서를 재확립 하였으며, 진폐사망자보상관련 부조리를 척결하고 위장장기요양환자 300여명을 정리하는 등 적극적으로 업무에 임하여 ○○공사로부터 감사패를 받은 점에 받은 점 등에 비추어 원고에 대한 징계처분은 너무 무거워 징계권의 남용에 해당한다 할 것입니다.

따라서 위 처분은 위법하여 취소되어야 할 것이므로 본 소 청구에 이르렀습니다.

입 증 방 법

추후 변론시 제출하겠습니다.

첨 부 서 류

1. 주민등록초본 1통
1. 소장부본 1통
1. 위임장 1통

20○○. ○. .

위 원고 소송대리인 변호사 ○ ○ ○ (인)

○○행정법원 귀중

제7장 국가유공자

Ⅰ. 국가유공자의 개념

1. 개념

국가유공자란 국가를 위해 공헌하거나 희생한 사람을 통칭하는 말로써, 국가유공자와 그 유족에게는 국가가 생활안전과 복지향상을 위해 그 공헌과 희생의 정도에 따라 연금 · 생활조정수당 · 간호수당 · 보철구(補綴具)수당 및 사망일시금 등을 지급한다. 또한 국가유공자와 유족 등이 건전한 사회인으로 자립할 수 있도록 학자금 지급 등의 교육보호, 취업알선 등의 취업보호, 의료비보조 등의 의료보호 및 양로 · 양육보호와, 자립 및 생활안정을 위한 농토 · 주택구입자금의 대부, 생활안정자금의 대부 등을 하고 있다.

2. 국가유공자와 지원대상자의 보훈수혜 차이

국가유공자인 공상공무원과 순직공무원, 지원대상자인 지원공상공무원과 지원순직공무원의 유족은 교육지원, 취업지원, 의료지원, 대부지원 등 보훈혜택은 동일하나, 지원대상자는 양로보호, 수송시설 이용, 고궁 무료 이용, 국립묘지 안장 등에 대한 혜택은 받을 수 없다(지원대상자에 관한 규정은 2012.7.1.법 개정 이후 삭제됨). 또한, 지원대상자에게는 "국가유공자" 칭호를 부여하지 아니하고 대통령명의의 "국가유공자증서"를 수여하지 아니하는 등 차이를 두고 있다.

Ⅱ. 적용대상 국가유공자

1. 적용대상

다음 각 호의 어느 하나에 해당하는 국가유공자, 그 유족 또는 가족(다른 법률에서 이 법에 규정된 예우 등을 받도록 규정된 사람을 포함한다)은 이 법에 따른 예우를 받는다(국가유공자 등 예우 및 지원에 관한 법률 제4조 1항).

제1호 순국선열: 「독립유공자예우에 관한 법률」 제4조제1호에 따른 순국선열

제2호 애국지사: 「독립유공자예우에 관한 법률」 제4조제2호에 따른 애국지사

제3호 전몰군경(戰歿軍警): 군인이나 경찰공무원으로서 전투 또는 이에 준하는 직무수행 중 사망한 사람(군무원으로서 1959년 12월 31일 이전에 전투 또는 이에 준하는 직무수행 중 사망한 사람을 포함한다)

제4호 전상군경(戰傷軍警): 군인이나 경찰공무원으로서 전투 또는 이에 준하는 직무수행 중 상이를 입고 전역(퇴역 · 면역 또는 상근예비역 소집해제를 포함한다. 이하 같다)하거나 퇴직(면직을 포함한다. 이하 같다)한 사람(군무원으로서 1959년 12월 31일 이전에 전투 또는 이에 준하는 직무수행 중 상이를 입고 퇴직한 사람을 포함한다)으로서 그 상이정도가 국가보훈처장이 실시하는 신체검사에서 제6조의4에 따른 상이등급(이하 "상이등급"이라 한다)으로 판정된 사람

제5호 순직군경(殉職軍警): 군인이나 경찰 · 소방 공무원으로서 국가의 수호 · 안전보장 또는 국민의 생명 · 재산 보호와 직접적인 관련이 있는 직무수행이나 교육훈련 중 사망한 사람(질병으로 사망한 사람을 포함한다)

제6호 공상군경(公傷軍警): 군인이나 경찰 · 소방 공무원으로서 국가의 수호 · 안전보장 또는 국민의 생명 · 재산 보호와 직접적인 관련이 있는 직무수행이나 교육훈련 중 상이(질병을 포함한다)를 입고 전역하거나 퇴직한 사람으로서 그 상이정도가 국가보훈처장이 실시하는 신체검사에서 상이등급으로 판정된 사람

제7호 무공수훈자(武功受勳者): 무공훈장(武功勳章)을 받은 사람. 다만, 「국가공무원법」 제2조 및 「지방공무원법」 제2조에 따른 공무원과 국가나 지방자치단체에서 일상적으로 공무에 종사하는 대통령령으로 정하는 직원이 무공훈장을 받은 경우에는 전역하거나 퇴직한 사람만 해당한다.

제8호 보국수훈자(保國受勳者): 다음 각 목의 어느 하나에 해당하는 사람

가. 군인으로서 보국훈장을 받고 전역한 사람

나. 군인 외의 사람으로서 간첩체포, 무기개발 및 그 밖에 대통령령으로 정하는 사유(이하 "간첩체포등의 사유"라 한다)로 보국훈장을 받은 사람. 다만, 「국가공무원법」 제2조 및 「지방공무원법」 제2조에 따른 공무원(군인은 제외한다)과 국가나 지방자치단체에서 일상적으로 공무에 종사하는 대통령령으로 정하는 직원이 간첩체포등의 사유로 보국훈장을 받은 경우에는 퇴직한 사람만 해당한다.

제9호 6 · 25참전 재일학도의용군인(在日學徒義勇軍人)(이하 "재일학도의용군인"이라 한

다): 대한민국 국민으로서 일본에 거주하던 사람으로서 1950년 6월 25일부터 1953년 7월 27일까지의 사이에 국군이나 유엔군에 지원 입대하여 6 · 25전쟁에 참전하고 제대한 사람(파면된 사람이나 형을 선고받고 제대된 사람은 제외한다)

제10호 참전유공자: 「참전유공자 예우 및 단체설립에 관한 법률」 제2조제2호에 해당하는 사람 중 다음 각 목의 어느 하나에 해당하는 사람

가. 「참전유공자 예우 및 단체설립에 관한 법률」 제5조에 따라 등록된 사람

나. 「고엽제후유의증 등 환자지원 및 단체설립에 관한 법률」 제4조 또는 제7조에 따라 등록된 사람

제11호 4 · 19혁명사망자: 1960년 4월 19일을 전후한 혁명에 참가하여 사망한 사람

제12호 4 · 19혁명부상자: 1960년 4월 19일을 전후한 혁명에 참가하여 상이를 입은 사람으로서 그 상이정도가 국가보훈처장이 실시하는 신체검사에서 상이등급으로 판정된 사람

제13호 4 · 19혁명공로자: 1960년 4월 19일을 전후한 혁명에 참가한 사람 중 제11호와 제12호에 해당하지 아니하는 사람으로서 건국포장(建國褒章)을 받은 사람

제14호 순직공무원: 「국가공무원법」 제2조 및 「지방공무원법」 제2조에 따른 공무원(군인과 경찰공무원은 제외한다)과 국가나 지방자치단체에서 일상적으로 공무에 종사하는 대통령령으로 정하는 직원으로서 국민의 생명 · 재산 보호와 직접적인 관련이 있는 직무수행이나 교육훈련 중 사망한 사람(질병으로 사망한 사람을 포함한다)

제15호 공상공무원: 「국가공무원법」 제2조 및 「지방공무원법」 제2조에 따른 공무원(군인과 경찰공무원은 제외한다)과 국가나 지방자치단체에서 일상적으로 공무에 종사하는 대통령령으로 정하는 직원으로서 국민의 생명 · 재산 보호와 직접적인 관련이 있는 직무수행이나 교육훈련 중 상이(질병을 포함한다)를 입고 퇴직한 사람으로서 그 상이정도가 국가보훈처장이 실시하는 신체검사에서 상이등급으로 판정된 사람

제16호 국가사회발전 특별공로순직자(이하 "특별공로순직자"라 한다): 국가사회발전에 현저한 공이 있는 사람 중 그 공로와 관련되어 순직한 사람으로서 국무회의에서 이 법의 적용 대상자로 의결된 사람

제17호 국가사회발전 특별공로상이자(이하 "특별공로상이자"라 한다): 국가사회발전에 현

저한 공이 있는 사람 중 그 공로와 관련되어 상이를 입은 사람으로서 그 상이정도가 국가보훈처장이 실시하는 신체검사에서 상이등급으로 판정되어 국무회의에서 이 법의 적용 대상자로 의결된 사람

제18호 국가사회발전 특별공로자(이하 "특별공로자"라 한다): 국가사회발전에 현저한 공이 있는 사람 중 제16호와 제17호에 해당하지 아니하는 사람으로서 국무회의에서 이 법의 적용 대상자로 의결된 사람

2. 구체적인 기준과 범위

가. 일반적인 기준

국가유공자의 요건에 해당되는지에 대한 구체적인 기준과 범위는 다음 각 호의 사항 등을 종합적으로 고려하여 대통령령으로 정한다.

제1호 전투 또는 이에 준하는 직무수행의 범위

제2호 직무수행이나 교육훈련과 국가의 수호 · 안전보장 또는 국민의 생명 · 재산 보호와의 관련 정도

제3호 사망하거나 상이(질병을 포함한다)를 입게 된 경위 및 본인 과실의 유무와 정도

나. 다른 법률에 따른 기준

제4조 제1항 제1호 및 제2호에 따른 순국선열 · 애국지사의 예우에 관하여는 「독립유공자예우에 관한 법률」에서 정하며, 제1항 제10호 가목에 해당하는 사람의 예우에 관하여는 「참전유공자 예우 및 단체설립에 관한 법률」에서 정하고, 제1항 제10호 나목에 해당하는 사람의 지원에 관하여는 「고엽제후유의증 등 환자지원 및 단체설립에 관한 법률」에서 정한다.

다. 제외 대상

제4조 제1항 제3호부터 제6호까지, 제14호 또는 제15호에 따른 요건에 해당되는 사람이 다음 각 호의 어느 하나에 해당되는 원인으로 사망하거나 상이(질병을 포함한다)를 입으면 국가유공자, 그 유족 또는 가족에서 제외한다.

제1호 불가피한 사유 없이 본인의 고의 또는 중대한 과실로 인한 것이거나 관련 법령 또는 소속 상관의 명령을 현저히 위반하여 발생한 경우
제2호 공무를 이탈한 상태에서의 사고나 재해로 인한 경우
제3호 장난 · 싸움 등 직무수행으로 볼 수 없는 사적(私的)인 행위가 원인이 된 경우

라. 국가유공자요건해당사실 여부 결정방법

국가유공자 등 요건 해당여부는 보훈심사위원회에서 보훈(지)청의 요청에 의하여 각군본부 등 소속기관의 장이 확인하여 통보한 요건관련 사실확인서와 관련 입증서류, 관할 보훈(지)청에 등록신청 시 제출된 관련 입증자료와 행정심판 재결 및 법원 판례, 의학적 연구발표 사례, 복무기간 및 근무환경 등을 종합적으로 검토하여 국가유공자 등 요건해당여부를 심의의결하게 되며, 주소지 관할 보훈(지)청장이 최종 결정하게 된다.

3. 유족 또는 가족의 범위

가. 국가유공자로 등록신청을 한 이후 사망한 경우

국가유공자 요건으로 인정받은 상이는 서면 신체검사를 실시하여 상이등급(1-7급)판정 시 국가유공자 본인이 사망한 달까지 그 유족에게 보상금이 지급된다(보상금은 사망자에 대한 서면 신체검사에서 6급 이상의 상이등급 판정받은 경우에 한하여 '배우자'에게 승계). 서면 신체검사는 재심신체검사까지 가능하고, 등급기준미달 판정 시에는 유족이 재확인신체검사를 신청할 수 없다. 다만, 사망자의 새로운 상이가 인정되는 경우에 제한적으로 서면 신체검사 실시는 가능하다. 한편 등록신청 후 사망자의 요건비해당 시에는 그 유족이 이의신청이나 행정소송은 당사자 적격문제로 할 수 없으며, 보훈관서장이 직권으로 아래 사유에 해당할 시에 재심의를 의뢰할 수 있다.

- 해당 처분이 법령적용의 착오에 기초하였다고 판단되는 경우
- 해당 처분을 할 때 중요한 증거자료를 검토하지 아니하였다고 판단되는 경우
- 해당 처분이 있은 후 그와 관련된 새로운 증거자료가 발견된 경우

유족이 처분취소를 구하는 소송청구 또한 당사자 적격문제로 각하될 수 있음을 안내하고 소송의 의사가 있는 경우에는 그 유족이 다시 등록신청을 할 수 있도록 안내하여야 하고,

유족의 등록신청으로 인한 권리는 유족이 등록신청한 날이 속하는 달부터 발생함을 유의하여야 한다.

나. 유족 또는 가족의 범위

보상을 받는 국가유공자의 유족이나 가족의 범위는 다음 각 호와 같다(국가유공자 등 예우에 관한 법률 제5조).

제1호 배우자 - 배우자의 경우, 사실혼 관계에 있는 사람을 포함한다. 다만, 배우자 및 사실혼 관계에 있는 사람이 국가유공자와 혼인 또는 사실혼 후 그 국가유공자가 아닌 다른 사람과 사실혼 관계에 있거나 있었던 경우는 제외한다.

제2호 자녀 - 자녀의 경우, 양자(養子)는 국가유공자가 직계비속이 없어 입양한 사람 1명만을 자녀로 본다.

제3호 부모 - 부모의 경우, 생부 또는 생모 외에 국가유공자를 양육하거나 부양한 사실이 있는 부 또는 모의 배우자가 있는 때에는 국가유공자를 주로 양육하거나 부양한 사람 1명을 부 또는 모로 본다.

제4호 성년인 직계비속(直系卑屬)이 없는 조부모 - 조부모의 경우, 성년인 직계비속이 대통령령으로 정하는 생활능력이 없는 정도의 장애인이거나 다음 각 호의 어느 하나에 해당하는 사람으로서 의무복무 중인 경우에는 성년인 직계비속이 없는 것으로 본다.

1. 「병역법」 제16조 또는 제20조에 따라 입영된 현역병(본인이 지원하지 아니하고 임용된 부사관을 포함한다)
2. 「병역법」 제22조에 따라 소집된 상근예비역
3. 「병역법」 제25조에 따라 전환복무된 의무경찰 및 의무소방원
4. 「병역법」 제2조에 따른 사회복무요원으로 소집된 사람

제5호 60세 미만의 직계존속(直系尊屬)과 성년인 형제자매가 없는 미성년 제매(弟妹) - 미성년 제매의 경우, 60세 미만의 직계존속과 성년인 형제자매가 있더라도 대통령령으로 정하는 생활능력이 없는 정도의 장애인이거나 제5항 각 호의 어느 하나에 해당하는 사람으로서 의무복무 중인 경우에는 60세 미만의 직계존속과 성년인 형

제자매가 없는 것으로 본다.

Ⅲ. 등록 및 결정

1. 등록절차

국가유공자, 그 유족 또는 가족이 되려는 사람(이하 이 조에서 "신청 대상자"라 한다)은 대통령령으로 정하는 바에 따라 국가보훈처장에게 등록을 신청하여야 한다. 다만, 신청 대상자가 다음 각 호의 어느 하나에 해당하는 경우에는 대통령령으로 정하는 바에 따라 국가보훈처 소속 공무원이 신청 대상자의 동의를 받아 등록을 신청할 수 있고, 그 동의를 받은 경우에는 신청 대상자가 등록을 신청한 것으로 본다(국가유공자 등 예우 및 지원에 관한 법률 제6조).

제1호 「국가보훈 기본법」 제23조제1항제3호의2에 따라 발굴된 희생 · 공헌자의 경우
제2호 전투 또는 이에 준하는 직무수행 중 상이를 입거나 사망한 경우
제3호 그 밖에 대통령령으로 정하는 사유로 직접 등록을 신청할 수 없는 경우

2. 보훈보상대상자 지원에 관한 법률에 따른 특례

「보훈보상대상자 지원에 관한 법률」 따라 등록을 신청하는 사람에 대하여는 그 등록신청을 한 날에 등록을 신청한 것으로 본다. 〈신설 2011.9.15.〉

3. 결정 및 통지 절차

국가보훈처장은 등록신청을 받으면 그 요건을 확인한 후 국가유공자, 그 유족 또는 가족에 해당하는지를 결정한다. 이 경우 제4조제1항제3호부터 제6호까지, 제8호, 제14호 및 제15호의 국가유공자(이하 "전몰군경등"이라 한다)가 되기 위하여 등록을 신청하는 경우에는 그 소속하였던 기관의 장에게 그 요건과 관련된 사실의 확인을 요청하여야 하며, 그 소속하였던 기관의 장은 관련 사실을 조사한 후 대통령령으로 정하는 바에 따라 그 요건과 관련된 사실을 확인하여 국가보훈처장에게 통보하여야 한다.

4. 국가유공자, 그 유족 또는 가족에 해당하는 사람으로 결정

가. 보훈심사위원회의 심의, 의결

국가보훈처장은 국가유공자, 그 유족 또는 가족에 해당하는 사람으로 결정할 때에는 보훈심사위원회의 심의 · 의결을 거쳐야 한다. 다만, 국가유공자, 그 유족 또는 가족의 요건이 객관적인 사실에 의하여 확인된 경우로서 대통령령으로 정하는 경우에는 보훈심사위원회의 심의 · 의결을 거치지 아니할 수 있다.

나. 불신청자에 대한 예우 및 관리

국가보훈처장은 제4조 제1항 각 호(제1호, 제2호 및 제10호는 제외한다)의 어느 하나에 해당하는 적용 대상 국가유공자임에도 불구하고 신청 대상자가 없어 등록신청을 할 수 없는 사람에 대해서는 보훈심사위원회의 심의 · 의결을 거쳐 국가유공자로 기록하고 예우 및 관리를 할 수 있다.

5. 국가유공자로 등록신청 후 결정되기까지 소요기간

국가유공자로 등록신청을 하고 결정되기까지의 주요 대상별 소요 기간은 대략 다음과 같다(사실확인 및 심사기간 제외). 무공수훈자, 보국수훈자 : 20일, 순국선열, 애국지사 : 6개월–1년, 전 · 공상군경, 재해부상군경 : 6개월, 전몰 · 순직군경, 재해사망군경 : 4개월, 순직(공상)공무원, 재해부상(사망)공무원 : 4개월 등이다.

6. 국가유공자 등록신청시 근거자료가 없을 경우

병상일지 등 객관적 관련 자료가 없는 경우에는 상이기장 명부, 종군자명부, 입원명령서, 전역명령서, 군복무관련 기록표, 신청인이 등록신청시 제출한 상이관련 자료인 인우보증서, 파편 잔유물 Xray, 상이기장증, 명예전역증, 의사소견서 · 진단서등 전문가 의견, 상이당시의 복무환경 · 교육훈련 · 직무내용, 상이당시 사진, 질병의 경우 학술적 연구결과자료, 행정심판 재결사례, 법원 판결례 등을 종합적으로 판단하여 국가유공자요건해당 상이인지 여부를 판단하고 있다.

7. 국가유공자 등의 등록신청 기한

국가유공자 등 등록신청은 신청기한에 제한이 없다. 다만, 전공사상의 사유가 발생한 이후에 군 또는 경찰에서 전역(또는 퇴직)한 이후에 등록신청을 할 수 있다. 보상시점은 등록신청을 한 날이 속하는 달부터 발생함을 유의하여야 한다.

8. 재직중 상이를 입은 군인(경찰)의 국가유공자 등 등록신청

현역 군인 또는 재직중인 경찰은 전역이나 퇴직을 하지 않고는 국가유공자 등 등록신청이 불가능하다. 따라서 교육훈련 또는 직무수행 중에 상이를 입은 군인 또는 경찰은 전역 또는 퇴직하여야 국가유공자 등 예우 및 지원에 관한 법률 적용대상 국가유공자인 공상군경 또는 보훈보상대상자 지원에 관한 법률 적용대상인 재해부상군경으로 등록신청을 할 수 있을 뿐이다.

• 국가유공자 등 등록신청시 구비서류

- 등록신청서 1부
- 전공상확인신청서 1부(군인용)
- 국가유공자등요건관련사실확인서 발급신청서 1부(경찰공무원용 또는 공무원용)
- 사망 또는 상이(질병) 발생경위서 1부
- 요양급여내역 및 의무기록열람 사본 발급동의서 1부
- 국가유공자 등 등록신청자 의료지원 안내 1부
- 개인정보이용제공동의서 1부
- 병적증명서(군인용), 경력증명서(공무원용) 1부
- 사진(3.5×4.5㎝) 1매, 신분증
- 공상 입증서류(공무상요양승인 통보서 사본 등)

9. 병상일지가 소실된 경우 증거자료

국가유공자요건해당 상이인지 여부는 등록신청시 보훈청의 요청에 의하여 소속하였던 기관이 통보한 관련서류와 신청인이 등록신청시 제출한 관련자료를 종합하여 판단한다. 그런데 병상일지 등 객관적 관련 자료가 없는 경우에는 상이기장 명부, 종군자명부, 입원명령서, 전역명령서, 군복무관련 기록표, 신청인이 등록신청시 제출한 상이관련 자료인 인우보증서, 파편 잔유물 Xray, 상이기장증, 명예전역증, 의사소견서 · 진단서등 전문가 의견, 상이당시의 복무환경 · 교육훈련 · 직무내용, 상이당시 사진, 질병의 경우 학술적 연구결과 자료, 행정심판 재결사례, 법원 판결례 등을 종합적으로 판단하여 국가유공자요건해당 상이인지 여부를 판단한다.

Ⅳ. 국가유공자 등의 변동신고 등

1. 변동신고

등록신청 대상자는 국가유공자, 그 유족 또는 가족이 다음 각 호의 어느 하나에 해당하면 총리령으로 정하는 바에 따라 지체 없이 국가보훈처장에게 신고하여야 한다(국가유공자 등 예우 및 지원에 관한 법률 제6조의2).

제1호 사망한 경우

제2호 국적을 상실한 경우

제3호 제5조에 따른 유족 또는 가족에 해당하지 아니하게 된 경우

제4호 제5조에 따른 유족 또는 가족에 해당하게 된 경우

제5호 제78조제2항에 해당하는 사람이 된 경우

제6호 제79조제1항제1호부터 제4호까지 또는 같은 조 제2항의 어느 하나에 해당하는 사람이 된 경우

제7호 1년 이상 계속하여 행방불명이거나 그 행방불명 사유가 소멸된 경우

제8호 성명, 주소 또는 생년월일이 변동된 경우

제9호 그 밖에 총리령으로 정하는 신상(身上) 변동이 있는 경우

2. 국가보훈처장의 조치 및 통보

국가보훈처장은 신고를 받으면 유족의 순위변경, 등록결정의 취소, 추가등록결정 등의 조치 사항을 그 신고인에게 통보하여야 한다.

V. 신체검사

1. 신체검사

국가보훈처장은 제4조제1항제4호 · 제6호 · 제12호 · 제15호 및 제17호에 따라 이 법의 적용 대상자로 될 상이를 입은 사람의 판정과 그가 입은 상이정도 또는 상이처의 변경 등으로 인한 상이등급을 판정하기 위하여 신체검사를 실시한다. 이 경우 대통령령으로 정하는 사유가 있는 사람의 상이등급 판정을 위한 신체검사는 서면심사(書面審査)로 할 수 있다(국가유공자 등 예우 및 지원에 관한 법률 제6조의3).

1. 상이등급 심사

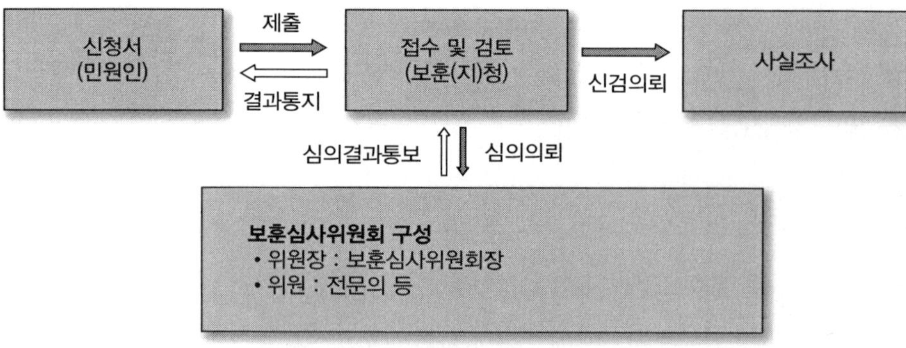

2. 장애등급 심사

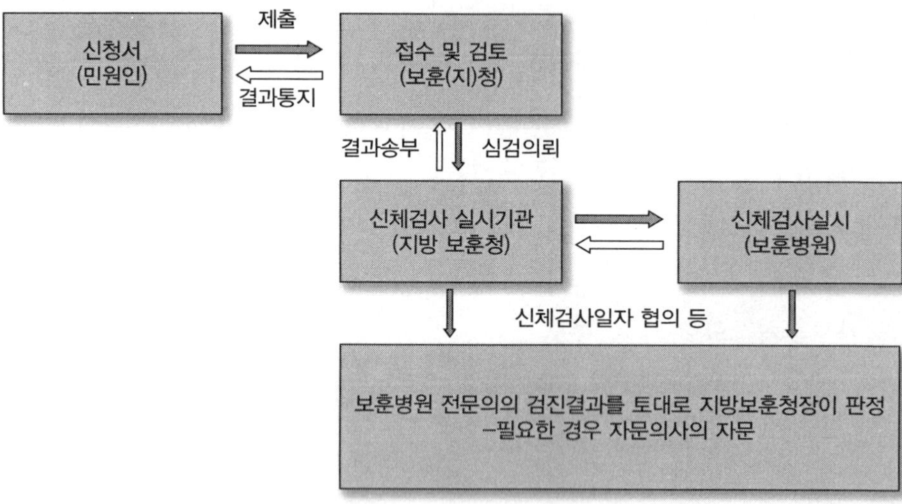

2. 신체검사의 구분

위 1항에 따라 실시하는 신체검사는 다음 각 호의 구분에 따른다.

제1호 신규신체검사: 제6조제1항에 따라 등록을 신청한 사람에 대하여 보훈심사위원회가 심의 · 의결한 경우에 실시하는 신체검사

제2호 재심신체검사: 신규신체검사의 판정에 이의가 있는 사람에 대하여 실시하는 신체검사

제3호 재확인신체검사: 신규신체검사나 재심신체검사에서 상이등급의 판정을 받지 못한 사람에 대하여 실시하는 신체검사

제4호 재판정(再判定)신체검사: 신규신체검사, 재심신체검사 또는 재확인신체검사에서 상이등급의 판정을 받아 이 법의 적용 대상이 된 사람 중 본인의 신청 또는 국가보훈처장의 직권에 의하여 상이등급을 재판정할 필요가 있다고 인정되는 사람에 대하여 실시하는 신체검사

3. 신체검사의 기각 등

가. 기각

위 2항에 따른 신체검사에서 다음 각 호의 어느 하나에 해당하는 경우에는 그 등록신청이나 신체검사신청은 기각된 것으로 본다.

제1호 신규신체검사 · 재심신체검사 또는 재확인신체검사에서 상이등급의 판정을 받지 못한 경우

제2호 재심신체검사나 재판정신체검사의 결과 상이등급의 변동이 없는 경우

제3호 대통령령으로 정하는 특별한 사유 없이 본인이 신청한 신체검사를 받지 아니하는 경우

나. 신체검사결과 상이등급 판정을 받지 못한 이유

상이등급분류제도는 전투 또는 공무수행 중에 상이를 입고 전.퇴역한 군인 등에게 일상생활에 있어서 활동기능의 장애정도를 고려하여 신체의 각 부위별로 일정한 기준을 정해 상이등급(1급1항~7급)을 분류하고, 그 기준(상이등급구분표, 신체부위별 상이등급 결정)에 따라 국가유공자 등록여부를 결정하며, 국가유공자로 결정된 분에게는 신체적 희생의 정

도에 상응하는 보상을 하는 제도이며, 또한 상이등급은 일상생활에 지장이 없는 외상적인 신체의 결손이나 일시적으로 나타날 수 있는 통증까지 수용하는데는 한계가 있으므로 상이가 고정된 상태에서 일상생활에 지장을 초래하는 영구적인 장애가 남아 있어야만 판정이 가능하다. 따라서 상이부위의 장애상태가 신체검사에서 최저 상이등급인 7급기준에 미달되는 경우에는 등급을 판정받을 수 없다.

4. 직권에 의한 신체검사

가. 사유

국가보훈처장은 다음 각 호의 어느 하나에 해당하는 경우 직권으로 재판정신체검사를 실시할 수 있으며, 직권에 의한 재판정신체검사의 실시를 통보받은 사람은 대통령령으로 정하는 특별한 사유가 없으면 이를 받아야 한다.

제1호 상이(질병을 포함한다)의 특성상 일정한 기간이 지난 후 상이등급을 재판정할 필요가 있다고 인정되는 경우

제2호 그 밖에 상이등급을 재판정할 필요가 있다고 국가보훈처장이 인정하는 경우

나. 고려사항

직권으로 실시하는 재판정신체검사는 1회에 한하여 실시하되 상이(질병을 포함한다)가 호전되거나 악화된 정도 등을 고려하여 이를 달리할 수 있다.

5. 재판정의 효력발생 시기 등

가. 재심신체검사 신청요건과 제출장소

재심신체검사신청서는 신규신체검사 결과 상이등급 판정에 이의가 있는 경우, 신체검사 결과통지서를 받은 날로부터 60일 이내에 누구나 신청 할 수 있으며, 제출처는 주소지를 관할하는 보훈(지)청이다. 재심신체검사 시 본인의 상이정도를 자세하게 판단할 수 있는 검사결과 또는 진단서 등을 제출하는 경우에는 상이등급 판정에 도움이 된다.

나. 재판정의 효력발생 시기

재판정신체검사에서 상이등급 재판정의 효력은 본인이 신청하거나 국가보훈처장이 직권

에 의하여 재판정신체검사를 받도록 통지한 날이 속하는 달부터 발생한다. 다만, 상이등급이 하락(下落)한 경우에는 다음 각 호의 구분에 따른다.

제1호 본인의 신청에 의한 재판정신체검사의 경우: 상이등급의 판정을 받은 날이 속하는 달의 다음 달

제2호 직권에 의한 재판정신체검사의 경우: 재판정신체검사를 받도록 통지한 날이 속하는 달의 다음 달

6. 유공자로 등록한 후 상이처가 재발된 경우 재신체검사 절차

상이등급을 판정받아 국가유공자로 등록되어 보훈혜택을 받고 있는 분들은 재판정신체검사를 통하여 상이등급을 재조정 받을 수 있다. 재판정신체검사는 최종신체검사를 받은 날로부터 2년이 지나거나, 상이처의 악화 또는 재발 등으로 상이처에 변동이 있는 경우에는 주소지 관할 보훈(지)청장에게 재판정신체검사신청서를 제출하여 다시 신체검사를 받을 수 있으며, 상이처의 악화 및 재발 사유로 재판정신체검사를 신청하는 경우에는 수술, 입원 등 상이처의 악화 및 재발을 입증할 수 있는 서류를 제출하여야 한다.

7. 재심신체검사에서 상이등급을 판정받지 못한 경우 다시 신체검사를 받을수 있는지

재심신체검사에서 상이등급을 판정받지 못한 경우에는 재심신체검사를 받은 날로부터 2년이 경과하거나 2년이 경과하지 아니하여도 상이처의 재발 또는 악화 시에 주소지관할보훈(지)청장에게 재확인신체검사신청서를 제출하여 다시 신체검사를 받을 수 있으며, 상이처 악화 등의 사유로 재확인신체검사를 신청하는 경우에는 수술·입원 등 상이처 악화를 입증할 수 있는 서류를 제출하여야 한다.

Ⅵ. 상이등급의 구분

상이등급							장애등급		
1급	2급	3급	4급	5급	6급	7급	고도	중등도	경도

1. 등급의 구분

신체검사 대상자의 상이등급은 그 상이정도에 따라 1급 · 2급 · 3급 · 4급 · 5급 · 6급 및 7급으로 구분하여 판정한다. 이 경우 보훈심사위원회의 심의 · 의결을 거쳐야 한다(국가유공자 등 예우 및 지원에 관한 법률 제6조의4).

[별표 3]

상이등급 구분표(제14조제3항 관련)

1. 눈의 장애

상이등급	분류번호	신 체 상 이 정 도
1급 1항	1101	두 눈이 실명되고 언어 및 청각기능을 모두 잃어 항상 다른 사람의 도움과 보호가 필요한 사람
1급 2항	1102	두 눈이 실명된 사람
2급	1103	한 눈이 실명되고 다른 눈의 교정시력이 0.04 이하인 사람
	1104	두 눈의 교정시력이 각각 0.02 이하인 사람
3급	1105	한 눈이 실명되고 다른 눈의 교정시력이 0.1 이하인 사람
	1106	두 눈의 교정시력이 각각 0.06 이하인 사람
4급	1107	한 눈이 실명되고, 다른 눈의 교정시력이 0.3 이하이며, 시야위축이 중심 15도 이하이거나 반맹성(半盲性) 시야협착이 있는 사람
	1108	두 눈의 교정시력이 각각 0.08 이하인 사람
5급	1109	한 눈이 실명되고 다른 눈의 교정시력이 0.3 이하인 사람
	1110	두 눈의 교정시력이 각각 0.1 이하인 사람
6급 1항	1111	한 눈의 교정시력이 0.02 이하이고, 다른 눈의 교정시력이 0.4 이하인 사람
	1112	한 눈이 실명된 사람

6급 2항	1113	한 눈의 교정시력이 0.02 이하인 사람
	1114	한 눈의 교정시력이 0.05 이하이고, 다른 눈의 교정시력이 0.5 이하인 사람
	1201	두 눈의 시야협착이 중심 30도 이내이거나 두 눈에 반맹증이 있는 사람
	1301	두 눈의 눈꺼풀에 고도의 결손이 남은 사람
6급 3항	1202	두 눈 안구의 운동이 통상의 2분의 1 이하로 감소된 사람
7급	1115	한 눈의 교정시력이 0.06 이하인 사람
	1116	두 눈의 교정시력이 각각 0.6 이하인 사람
	1117	당뇨병성 망막 합병증이 있는 사람
	1203	한 눈 안구의 운동이 통상의 2분의 1이하로 감소된 사람
	1204	사시로 인하여 정면 및 하방 20도 이내 주시 시 프리즘으로도 교정되지 아니하여 한쪽 눈을 가려야 하는 심한 복시가 있는 사람
	1205	한 눈 또는 두 눈의 동공의 대광반사(對光反射)기능이 완전 상실된 사람
	1302	한 눈의 눈꺼풀에 고도의 결손이 남은 사람

2. 귀, 코 및 입의 장애

상이등급	분류번호	신 체 상 이 정 도
2급	2401	음식물 씹는 기관과 음성기관의 기능을 모두 잃은 사람
3급	2101	두 귀의 청력을 모두 잃은 사람
	2402	음식물 씹는 기관의 기능을 모두 잃은 사람
	2501	음성기관의 기능을 모두 잃은 사람
4급	2102	두 귀의 청력에 최고도의 기능장애가 있는 사람
	2403	음식물 씹는 기관과 음성기관에 고도의 기능장애가 있는 사람
5급	2103	두 귀의 청력에 고도의 기능장애가 있는 사람
	2404	음식물 씹는 기관에 고도의 기능장애가 있는 사람
	2502	음성기관에 고도의 기능장애가 있는 사람
6급 1항	2104	두 귀의 청력에 중등도의 기능장애가 있는 사람
	2301	외부 코의 70퍼센드 이상을 잃어 호흡에 고도의 기능 장애가 있는 사람

	2405	음식물 씹는 기관에 중등도의 기능장애가 있는 사람
	2406	상악(上顎)·하악(下顎) 치아 중 21개 이상 상실되어 보철을 하거나 보철을 필요로 하는 사람
	2503	음성기관에 중등도의 기능장애가 있는 사람
6급 2항	2105	두 귀의 청력에 경도의 기능장애가 있는 사람
	2201	두 귀가 70퍼센트 이상 상실되거나 변형된 사람
	2302	외부 코의 50퍼센트 이상을 잃어 호흡에 중등도의 기능장애가 있는 사람
	2407	음식물 씹는 기관에 경도의 기능장애가 있는 사람
	2408	상악·하악 치아 중 15개 이상 상실되어 보철을 하거나 보철을 필요로 하는 사람
	2504	음성기관에 경도의 기능장애가 있는 사람
6급 3항	2303	외부 코의 40퍼센트 이상을 잃어 호흡에 중등도의 기능장애가 있는 사람
	2409	상악·하악 치아 중 10개 이상 상실되어 보철을 하거나 보철을 필요로 하는 사람
7급	2106	두 귀의 청력에 완고한 기능장애가 있는 사람
	2107	한 귀의 청력에 고도의 기능장애가 있는 사람
	2202	한 귀가 70퍼센트 이상 상실되거나 변형된 사람
	2304	외부 코의 30퍼센트 이상을 잃어 호흡에 경도의 기능장애가 있는 사람
	2410	상악·하악 치아 중 5개 이상 상실되어 보철을 하거나 보철을 필요로 하는 사람
	2411	치아외상, 악안면(顎顔面) 파편 잔사(殘渣) 및 반흔조직(瘢痕組織) 등으로 치아의 기능에 경도의 장애가 남은 사람

3. 흉터의 장애

상이등급	분류번호	신 체 상 이 정 도
2급	3101	전체 체표면의 60퍼센트 이상 또는 전체 안면부(顔面部)에 3도 화상으로 인한 고도의 추상(醜相)으로 통상적인 사회생활이 불가능한 사람
3급	3102	안면부에 고도의 추상이 남아있고 두 귀와 코가 변형되거나 상실된 사람

	3103	전체 체표면의 40퍼센트 이상에 화상이나 이에 준하는 손상을 입은 사람
5급	3104	전체 체표면의 30퍼센트 이상에 화상이나 이에 준하는 손상을 입은 사람
6급 2항	3105	전체 체표면의 20퍼센트 이상에 화상이나 이에 준하는 손상을 입은 사람
	3107	외모에 고도의 흉터가 남아 있는 사람
7급	3106	전체 체표면의 10퍼센트 이상에 화상이나 이에 준하는 손상을 입은 사람
	3108	외모에 경도의 흉터가 남아 있는 사람

4. 신경 및 정신계통의 장애

상이등급	분류번호	신 체 상 이 정 도
1급 1항	4101	최고도의 신경계통의 기능장애로 다른 사람의 도움과 보호 없이는 자력으로 일상생활을 전혀 할 수 없는 사람
	4102	척추 손상 또는 신경계통의 기능장애로 양쪽 팔다리의 기능을 모두 잃은 사람
	4103	뇌골(腦骨) 부상으로 반신불수가 되어 보행기능을 모두 잃은 사람으로 언어 및 청각기능도 모두 잃은 사람
	4201	최고도의 정신장애로 다른 사람의 도움과 보호 없이는 자력으로 일상생활을 전혀 할 수 없는 사람
1급 2항	4104	하반신 불수로 보행능력을 완전히 상실한 사람으로서 배변 및 배뇨기능에 장애가 있어 항상 다른 사람의 도움과 보호가 필요한 사람
	4105	하반신 불수로 보행능력을 완전히 상실한 사람으로서 언어 또는 청각기능을 모두 잃어 다른 사람의 도움과 보호가 필요한 사람
	4106	두부(頭部) 손상으로 반신불수가 된 사람이 뇌파검사상 고도의 이상소견이 있고 월 1회 이상의 중증의 뇌전증발작 또는 주 1회 이상의 경증의 뇌전증발작이 있는 사람
1급 3항	4202	최고도의 정신장애로 항상 다른 사람의 도움과 보호가 필요한 사람

2급	4107	좌반신 또는 우반신 불수가 된 사람이 보행기능과 언어기능 또는 보행기능과 청각기능에 고도의 장애가 있는 사람
	4108	고도의 신경계통의 기능장애로 수시로 다른 사람의 도움과 보호가 필요한 사람
	4203	고도의 정신장애로 수시로 다른 사람의 도움과 보호가 필요한 사람
3급	4109	좌반신 또는 우반신 불수가 된 사람이 보행기능, 언어기능 또는 청각기능에 장애가 있는 사람
	4110	신경계통의 기능장애로 일생동안 노무에 종사할 수 없는 사람
	4204	정신장애로 일생동안 노무에 종사할 수 없는 사람
4급	4111	신경계통의 기능장애로 특별히 손쉬운 노무 외에는 종사할 수 없는 사람
	4205	정신계통의 기능장애로 특별히 손쉬운 노무 외에는 종사할 수 없는 사람
5급	4112	신경계통의 기능장애로 취업상 상당한 제한을 받는 사람
	4206	정신장애로 취업상 상당한 제한을 받는 사람
6급 1항	4113	신경계통의 기능장애로 손쉬운 노무 외에는 종사할 수 없는 사람
	4207	정신장애로 손쉬운 노무 외에는 종사할 수 없는 사람
6급 2항	4114	신경계통의 기능장애로 취업상 부분적으로 제한을 받는 사람
	4208	정신장애로 취업상 부분적으로 제한을 받는 사람
7급	4115	신경계통 기능장애로 취업상 경도의 제한을 받는 사람

5. 흉복부장기 등의 장애

상이등급	분류번호	신 체 상 이 정 도
1급 1항	5101	흉복부장기 등의 장애로 항상 침상에서 생활해야 하는 사람
1급 3항	5102	흉복부장기 등에 최고도의 기능장애가 있어 항상 다른 사람의 도움과 보호가 필요한 사람

2급	5103	흉복부장기 등의 장애로 수시로 다른 사람의 도움과 보호가 필요한 사람
3급	5104	흉복부장기 등의 장애로 일생 동안 노무에 종사할 수 없는 사람
	5201	생식기의 기능을 모두 잃고 방광에 고도의 기능장애가 있는 사람
4급	5105	흉복부장기 등의 장애로 인하여 노동능력을 일반 평균인의 3분의 2 이상 잃은 사람
5급	5106	흉복부장기 등의 장애로 인하여 노동능력을 일반 평균인의 2분의 1 이상 잃은 사람
	5202	생식기를 완전히 상실한 사람
6급 1항	5107	흉복부장기 등의 장애로 인하여 노동능력을 일반 평균인의 5분의 2 이상 잃은 사람
	5203	생식기의 기능에 고도의 장애가 있는 사람
6급 2항	5108	흉복부장기 등의 장애로 인하여 노동능력을 일반 평균인의 3분의 1 이상 잃은 사람
	5109	비장 또는 한쪽 신장의 적출(摘出)로 기능장애가 있는 사람
6급 3항	5110	흉복부장기 등을 부분 절제하거나 적출하여 기능장애가 있는 사람
7급	5111	흉복부장기 등의 장애로 인하여 노동능력을 일반 평균인의 4분의 1 이상 잃은 사람
	5204	생식기 기능에 경도의 장애가 남은 사람

6. 체간(體幹)의 장애

상이등급	분류번호	신 체 상 이 정 도
3급	6101	척추에 최고도의 기능장애와 고도의 신경근 장애가 있는 사람
4급	6102	척추에 최고도의 기능장애가 있는 사람
5급	6103	척추에 고도의 기능장애가 있는 사람
	6104	척추에 고도의 변형장애가 있는 사람
6급 1항	6105	척추에 중등도의 기능장애가 있는 사람
	6106	척추에 중등도의 변형장애가 있는 사람

6급 2항	6107	척추에 경도의 기능장애가 있는 사람
	6108	척추에 경도의 변형장애가 있는 사람
	6201	쇄골, 흉골 및 견갑골의 골절 등으로 한쪽 어깨운동에 50퍼센트 이상 제한을 받는 사람
	6202	늑골 6개 이상이 제거된 사람
7급	6109	척추에 경미한 기능장애 또는 변형장애가 있는 사람
	6203	쇄골, 흉골, 늑골, 견갑골, 골반골에 부정유합(不整癒合)으로 인한 외관상 기형이 남은 사람

7. 팔 및 손가락의 장애

상이등급	분류번호	신 체 상 이 정 도
1급 1항	7101	양쪽 팔다리(두 발목관절 및 두 손목관절 이상의 부위)를 잃은 사람
1급 2항	7102	두 팔을 팔꿈치관절 이상의 부위에서 잃은 사람
	7103	두 팔과 한 다리 또는 한 팔과 두 다리가 손목관절이나 발목관절 이상의 부위에서 잃은 사람
	7104	두 팔과 한 다리 또는 한 팔과 두 다리가 신경계통의 고도의 장애로 그 기능을 모두 잃은 사람
1급 3항	7105	두 팔을 팔꿈치관절 미만 손목관절 이상의 부위에서 잃은 사람
	7106	두 팔의 팔꿈치관절 이하에서 기능을 모두 잃은 사람
	7107	양쪽 손가락이 중수수지관절에서 모두 상실되고 한 다리의 발목관절 이상이 상실된 사람
2급	7108	한쪽 팔을 어깨관절 이상의 부위에서 잃은 사람[상박의지(上膊義肢)의 착용이 불가능한 사람을 포함한다]
3급	7109	한쪽 팔을 어깨관절 미만 팔꿈치관절 이상의 부위에서 잃은 사람
4급	7110	한 팔을 팔꿈치관절에 근접해서 잃어 전박의지(前膊義肢) 착용이 불가능한 사람
	7111	한 팔의 3대 관절에 고도의 기능장애가 있는 사람
5급	7112	한쪽 팔을 팔꿈치관절 미만 손목관절 이상의 부위에서 잃은 사람

	7113	한 팔이 신경마비, 혈행장애 등으로 고도의 기능장애가 있는 사람
	7114	한 팔의 3대 관절 중 2개 관절에 고도의 기능장애가 있는 사람
6급 1항	7115	한 팔이 팔꿈치관절 이하에서 신경마비, 가관절, 뼈 손상, 반흔 변형 등으로 고도의 기능장애가 있는 사람
	7116	한 팔의 손목관절 미만 부위를 모두 잃은 사람
	7117	한 팔의 팔꿈치관절 부위에서 신경마비에 의한 고도의 근위축이 있는 사람
	7118	한 팔의 3대 관절 중 2개 관절에 중등도의 기능장애가 있는 사람
	7119	한 팔의 3대 관절 중 1개 관절에 고도의 기능장애가 있는 사람
	7201	한 팔에 가관절이 남아 있어 고도의 기능장애가 있는 사람
	7301	한 손의 엄지손가락과 둘째손가락을 포함하여 네 손가락 이상을 잃은 사람
	7302	열 손가락 중 엄지손가락 및 둘째손가락을 포함하여 다섯 손가락 이상을 잃은 사람
	7303	두 손의 엄지손가락이 중수수지관절에서 잃은 사람
6급 2항	7120	한 팔의 팔꿈치관절 부위에서 신경마비에 의한 중등도의 근위축이 있는 사람
	7121	한 팔의 3대 관절 중 2개 관절에 경도의 기능장애가 있는 사람
	7122	신경손상에 의한 손바닥의 마비 또는 뼈 손상 등으로 집는 운동이 불가능한 사람
	7123	한 팔의 3대 관절 중 1개 관절에 중등도의 기능장애가 있는 사람
	7202	한 팔이 5센티미터 이상 짧아진 사람
	7203	한 팔의 요골 또는 척골 중 한쪽에 가관절이 남아 있는 사람
	7304	열 손가락 중 엄지 및 둘째손가락을 제외한 다섯 손가락 이상을 잃거나 강직(强直)된 사람

	7305	두 손의 엄지손가락을 지관절 이상에서 잃은 사람
	7306	두 손의 엄지손가락의 기능을 모두 잃은 사람
	7307	한 손의 다섯 손가락의 기능을 잃은 사람
	7308	한 손의 엄지손가락과 둘째손가락을 잃은 사람
	7309	한 손의 둘째손가락을 포함하여 세 손가락을 잃은 사람
6급 3항	7310	한 손의 둘째손가락을 포함하여 2개의 손가락을 잃은 사람
7급	7124	한 팔의 3대 관절 중 1개 관절에 경도의 기능장애가 있는 사람
	7204	팔의 장관골에 명백한 기형이 남은 사람
	7311	한 손의 새끼손가락을 제외한 1개 이상의 손가락을 잃은 사람
	7312	한 손의 엄지손가락이나 둘째손가락의 기능을 잃은 사람
	7313	한 손의 엄지손가락과 둘째손가락을 제외한 2개의 손가락의 기능을 잃은 사람

8. 다리 및 발가락의 장애

상이등급	분류번호	신 체 상 이 정 도
1급 2항	8101	두 다리를 무릎관절 이상의 부위에서 잃은 사람
1급 3항	8102	두 다리를 무릎관절 미만 발목관절 이상의 부위에서 잃은 사람
	8103	두 다리의 무릎관절 이하에서 기능을 모두 잃은 사람
2급	8104	한 다리를 엉덩이관절 이상의 부위에서 잃은 사람(대퇴의지(大腿義肢) 착용이 불가능한 사람을 포함한다.)
3급	8105	한 다리를 엉덩이관절 미만 무릎관절 이상의 부위에서 잃은 사람
	8106	두 다리가 무릎관절 이하에서 고도의 기능장애가 있는 사람
	8107	한 다리의 고도기능장애와 같은 쪽 둔부결손, 뼈의 손상, 고관절, 무릎관절의 강직으로 정상적으로 앉는 것이 불가능한 사람

4급	8108	한 다리를 무릎관절에 근접해서 잃어 하퇴의지(下腿義肢) 착용이 불가능한 사람
	8109	한 다리의 3대 관절에 고도의 기능장애가 있는 사람
5급	8110	한 다리를 무릎관절 미만 발목관절 이상의 부위에서 잃은 사람
	8111	한 다리가 신경마비, 혈행장애 등으로 고도의 기능장애가 있는 사람
	8112	한 다리의 3대 관절 중 2개 관절에 고도의 기능장애가 있는 사람
	8301	두 발의 뒤꿈치 뼈 또는 중족골 이상을 잃은 사람
6급 1항	8113	한 다리의 발목관절 미만 부위를 모두 잃은 사람
	8114	한 다리가 무릎관절 이하에서 신경마비, 가관절, 뼈 손상, 반흔 변형 등으로 고도의 기능장애가 있는 사람
	8115	한 다리의 무릎관절 부위에서 신경마비에 의한 고도의 근위축이 있는 사람
	8116	한 다리의 3대 관절 중 2개 관절에 중등도 기능장애가 있는 사람
	8117	한 다리의 3대 관절 중 1개 관절에 고도의 기능장애가 있는 사람
	8201	한 다리가 5센티미터 이상 짧아진 사람
	8202	한 다리에 가관절이 남아있어 고도의 기능장애가 있는 사람
	8302	양 쪽 발가락 모두를 중족지절관절 이상에서 잃은 사람
6급 2항	8118	한 다리의 무릎관절 부위에서 신경마비에 의한 중등도의 근위축이 있는 사람
	8119	한 다리의 3대 관절 중 2개 관절에 경도의 기능장애가 있는 사람
	8120	신경손상으로 발이 마비되거나 중족부 또는 후족부 뼈 손상으로 보행에 지장이 있는 사람
	8121	한 다리의 3대 관절 중 1개 관절에 중등도의 기능장애가 있는 사람

	8203	한 다리가 3센티미터 이상 짧아진 사람
	8204	한 다리의 경골에 가관절이 남은 사람
	8303	양 쪽 발가락 모두를 근위지절간관절 이상에서 잃은 사람
	8304	양쪽 발가락 중 다섯 발가락을 중족지절관절 이상에서 잃은 사람
	8305	한 발의 다섯 발가락의 기능을 잃은 사람
6급 3항	8306	한 발의 엄지발가락을 포함하여 2개의 발가락을 잃은 사람
7급	8122	한 다리의 3대 관절 중 1개 관절에 경도의 기능장애가 있는 사람
	8205	다리의 장관골에 명백한 기형이 남은 사람
	8307	한 발의 엄지발가락을 중족지절관절 이상에서 잃은 사람
	8308	한 발의 엄지발가락을 제외한 모든 발가락의 근위지절간관절을 잃은 사람
	8309	한 발의 엄지발가락을 포함하여 2개 이상의 발가락 기능을 잃은 사람

9. 2개 이상 상이처의 장애

상이등급	분류번호	신 체 상 이 정 도
1급 1항	9011	1급 2항 또는 1급 3항에 해당하는 상이처가 둘 이상인 사람으로서 항상 다른 사람의 도움과 보호를 필요로 하는 사람
1급 2항	9012	1급 3항에 해당하는 상이자 중 2급 이상의 상이처가 복합되어 1급 2항에 상당하는 기능장애가 있는 사람
1급 3항	9013	2개 부위 이상의 상이처가 총리령으로 정하는 상이처 종합판정 기준에 따라 1급 3항에 해당되는 사람
2급	9020	2개 부위 이상의 상이처가 총리령으로 정하는 상이처 종합판정 기준에 따라 2급에 해당하는 사람
3급	9030	2개 부위 이상의 상이처가 총리령으로 정하는 상이처 종합판정 기준에 따라 3급에 해당하는 사람

4급	9040	2개 부위 이상의 상이처가 총리령으로 정하는 상이처 종합판정기준에 따라 4급에 해당하는 사람
5급	9050	2개 부위 이상의 상이처가 총리령으로 정하는 상이처 종합판정 기준에 따라 5급에 해당하는 사람
6급 1항	9061	2개 부위 이상의 상이처가 총리령으로 정하는 상이처 종합판정 기준에 따라 6급 1항에 해당하는 사람
6급 2항	9062	3개 부위 이상의 상이처가 총리령으로 정하는 상이처 종합판정 기준에 따라 6급 2항에 해당하는 사람
6급 3항	9063	3개 부위 이상의 상이처가 총리령으로 정하는 상이처 종합판정 기준에 따라 6급 3항에 해당하는 사람
7급	9070	2개 부위 이상의 상이처가 총리령으로 정하는 상이처 종합판정 기준에 따라 7급에 해당하는 사람

신체부위별 상이등급 결정

[별표 4] 〈개정 2016.2.29.〉

신체부위별 상이등급 결정(제8조의3 관련)

1. 눈의 장애

가. 시력의 측정

1) 시력의 측정은 국제시력표를 사용한다. 다만, 국제시력표만으로 시력의 정확한 측정이 곤란한 경우에는 문자도형 등의 시표를 사용하는 시력표 등에 따른 시력 측정 방법을 함께 사용할 수 있다.
2) 굴절 이상이 있는 사람에 대한 시력은 안경 · 콘택트렌즈 등 굴절 이상의 교정법을 이용한 최대 교정시력을 기준으로 한다.
3) 시야검사는 시야장애가 있거나 예상되는 경우에 표준화된 시야장비로 검사하며 객관적인 검사 결과일 경우에만 인정한다.
4) 시력과 10. 시야 등의 상이정도는 안과적 검사소견 및 현재의 의학적 지식으로 설명이 가능한 경우에만 인정한다.
5) 시력은 원칙적으로 원거리 시력에 의해 결정되며, 시력손실과 시야감소가 각각 독립적이지 않은 경우에는 상이가 심한 쪽의 장애만을 반영한다.

나. 상이등급 내용

영 별표 3의 신체상이 정도	상이등급 및 분류번호	장애내용
실명	1급 1항 1101 1급 2항 1102 2급 1103 3급 1105 4급 1107 5급 1109 6급 1항 1112	· 안구(眼球)를 잃거나 명암을 가리지 못하는 사람
당뇨병성 망막 합병증이 있는 사람	7급 1117	· 당뇨병성 망막합병증으로 안저검사(眼底檢査)상 중등도 이상 소견을 보이는 사람
눈꺼풀에 고도의 결손이 남은 사람	6급 2항 1301 7급 1302	· 눈꺼풀이 30퍼센트 이상 결손되고 보통으로 눈을 감았을 경우 각막이 완전히 덮이지 아니하는 사람

2. 귀, 코 및 입의 장애

가. 귀의 장애

1) 청력의 측정

가) 청력은 24시간 이상 소음작업을 중단한 후 500(a) · 1,000(b) 및 2,000(c) 및 4,000(d)헤르쯔의 주파수음에 대한 청력역치(聽力域値)를 측정하여 6분법[(a+2b+2c+d)/6]으로 판정한다. 이 경우 순음청력계기는 국제표준화기구(ISO) 기준으로 보정된 계기를 사용하여야 한다.

나) 청력검사는 순음청력검사 2회와 뇌간유발반응(腦幹誘發反應)청력검사를 함께 실시한 후 그 중 최소 가청력치를 청력장애로 인정한다.

2) 상이등급 내용

영 별표 3의 신체상이 정도	상이등급 및 분류번호	장애내용
두 귀의 청력을 모두 잃은 사람	3급 2101	· 두 귀의 청력장애가 공기전도 90dB 이상 골전도 40dB 이상인 사람 · 한쪽 귀의 청력장애가 공기전도 100dB 이상 골전도 50dB 이상이고, 다른 쪽 귀의 청력장애가 공기전도 80dB 이상 골전도 40dB 이상인 사람
두 귀의 청력에 최고도의	4급 2102	· 두 귀의 청력장애가 공기전도 80dB 이상 골전도 40dB 이상인 사람

기능장애가 있는 사람		· 한쪽 귀의 청력장애가 공기전도 90dB 이상 골전도 50dB 이상이고, 다른 쪽 귀가 공기전도 70dB 이상 골전도 40dB 이상인 사람
두 귀의 청력에 고도의 기능장애가 있는 사람	5급 2103	· 두 귀의 청력장애가 공기전도 70dB 이상 골전도 40dB 이상인 사람 · 한쪽 귀의 청력장애가 공기전도 90dB 이상 골전도 50dB 이상이고, 다른 쪽 귀의 청력장애가 공기전도 60dB 이상 골전도 30dB 이상인 사람
두 귀의 청력에 중등도의 기능장애가 있는 사람	6급 1항 2104	· 두 귀의 청력장애가 각각 공기전도 60dB 이상 인 사람
두 귀의 청력에 경도의 기능장애가 있는 사람	6급 2항 2105	· 두 귀의 청력장애가 각각 공기전도 50dB 이상인 사람
두 귀의 청력에 완고한 기능장애가 있는 사람	7급 2106	· 두 귀의 청력장애가 각각 공기전도 40dB 이상인 사람
한 귀의 청력에 고도의 기능장애가 있는 사람	7급 2107	· 공기전도 80dB 이상, 골전도 40dB 이상인 사람

3) 준용등급 결정

가) 고막의 외상성 천공(穿孔)과 그에 따른 이루(耳漏)는 수술적 처치 후 청력장애가 남으면 해당 상이의 정도에 따라 등급을 결정하여야 한다.

나) 이명은 3회 이상의 이명검사(tinnitogram)에서 모두 이명이 있고, 최소한 한쪽 귀의 청력장애가 공기전도 50데시벨(dB) 이상인 난청을 동반하여야 7급(2107)을 인정한다.

다) 내이의 손상으로 인한 평형기능(平衡機能)장애에 대해서는 신경계통의 기능장애에 준하여 등급을 결정하되, 좌 · 우를 동일한 상이부위로 본다.

나. 코의 장애

1) 상이등급 내용

영 별표 3의 신체상이 정도	상이등급 및 분류번호	장 애 내 용
외부 코가 결손된	6급 1항 2301	· 비골(鼻骨) · 비연골(鼻軟骨)과 이를 덮고 있는 피부 및

사람	6급 2항 2302 6급 3항 2303 7급 2304	피하조직을 잃은 사람

다. 입의 장애

1) 저작 기능장애의 측정

가) 저작기능은 악관절, 치열과 교합의 장애 및 개구장애가 포함되며, 평가를 위해 부정교합, 치아상태, 개구(開口)장애 등을 검사한다.

나) 망실 또는 뚜렷하게 결손된 치아에 대한 보철을 한 사람은 유상의치(有床疑齒) 또는 가교의치(架橋疑齒) 등을 보철한 경우에 지대관(支臺冠) 또는 구(鉤)의 장착 치아와 포스트 · 인레이만을 하게 된 치아는 보철한 치아 수에 산입하지 아니하고, 망실된 치아가 크거나 치아와 치아 사이의 간격으로 인하여 망실된 치아의 수와 의치의 수가 다른 경우에는 망실된 치아의 수에 따라 상이등급을 판정한다.

다) 기능 회복이 불가능한 치근을 가진 치아는 상실된 것으로 간주한다.

라) 외상을 받아 치아가 결손된 후 그 후유증으로 결손된 치아의 좌 · 우측 치아가 상실된 경우에는 이를 포함하여 상이등급을 판정한다.

2) 상이등급 내용

영 별표 3의 신체상이 정도	상이등급 및 분류번호	장애내용
음식물 씹는 기관과 음성기관의 기능을 모두 잃은 사람	2급 2401	· 혀유착 및 혀신경 마비로 발음과 저작기능이 완전 상실된 사람 · 상악골(上顎骨) 또는 하악골(下顎骨)이 70퍼센트 이상 결손되고, 반흔조직으로 인하여 수술로써 기능회복이 불가능한 사람 · 상악기저부 및 비강의 완전 상실로 기능 회복이 불가능하며 극심한 추형인 사람 · 악관절 유착, 근육강직, 신경마비 및 화상으로 인하여 극심한 안면추형을 보이며 개구 및 저작이 불가능한 사람 · 후두 전체가 적출된 사람 · 후두협착으로 기관삽관을 지속적으로 필요로 하는 사람 · 영구적으로 비위관(nasogastric tube)을 사용하거나 위루관(gastrostomy tube)을 사용하여 음식물을 섭취하는 사람

음식물 씹는 기관의 기능을 모두 잃은 사람	3급 2402	· 유동식(流動食)외에는 섭취할 수 없는 사람 · 악관절을 포함하여 하악골이 50퍼센트 이상 결손되어 수술로써 기능 회복이 불가능한 사람 · 상 · 하악골의 부정유합으로 고도의 전이가 되어 수술 및 보철로써 저작기능 회복이 불가능 한 사람 · 상악골 또는 비골을 포함해서 상악기저골(上顎基底骨)이 상실된 사람 · 상악구개부와 협점막을 포함해서 직경 3센티미터 이상의 천공이 있는 사람 · 구강점막 또는 악관절 유착으로 개구가 0.6센티미터 이하인 사람 · 상 · 하악 무치악으로 치조골이 완전 상실되어 보철로써 기능 회복이 불가능한 사람 · 혀가 50퍼센트 이상 상실되어 저작 및 발음보조 기능이 상실된 사람
음식물 씹는 기관과 음성기관에 고도의 기능장애가 있는 사람	4급 2403	· 상악구개부와 협점막을 포함해서 2.5센티미터 이상 3.0센티미터 이하의 천공이 있는 사람 · 구강점막 또는 악관절 유착으로 개구가 1센티미터 이하인 사람 · 후두손상으로 성문상부(聲門上部) 후두절제술을 받거나 상윤상 후두 부분 절제술을 받은 사람 · 하악골이 30퍼센트 이상 상실되어 수술로서 기능 회복이 불가능 한 사람 · 악관절 장애로 기능회복이 불가능한 진구성 탈구가 있는 사람
음식물 씹는 기관에 고도의 기능장애가 있는 사람	5급 2404	· 미음 또는 이에 준하는 정도의 음식물 외에는 섭취할 수 없는 사람 · 상악구개부에 직경 1.5센티미터 이상 2센티미터 이하의 천공이 있는 사람 · 중증의 악관절 내장증 등으로 개구가 1센티미터 이하인 사람 · 하악 과두돌기 결손으로 저작 시 편측으로 하악골이 개폐구 시 2센티미터 이상 3센티미터 이하로 전이된 사람 · 상악 경구개에 1.5센티미터 이하의 천공이 있는 사람
음식물 씹는 기관에 중등도의 기능장애가 있는 사람	6급 1항 2405	· 상악 또는 하악이 무치악으로 치조돌기가 흡수되어 보철장착에 불편을 초래하는 사람 · 하악 관상돌기 결손으로 저작 및 발음 시 편측으로 하악골이 2센티미터 이상 3센티미터 이하의 전이가 되는 사람 · 하악 협점막과 경구개를 포함하여 직경 1.5센티미터의 천공이 있어 보철 장착 후 발음이 새는 사람 · 안면 연조직의 심한 결손과 함께 경조직의 결손으로 2센티미터 이하의 개구 장애가 있는 사람
음식물 씹는 기관에	6급 2항 2407	· 하악 과두돌기 또는 관상돌기가 상실되어 발음 및 저작

경도의 기능장애가 있는 사람		시 추형을 보이는 사람 · 악안면 반흔조직으로 추형 및 치아의 부정교합을 초래하는 사람 · 2센티미터 이상의 상 · 하악골의 결손에 의하여 골이식을 꼭 필요로 하는 사람 · 악관절 내장증 등으로 개구가 2센티미터 이하인 사람 · 음식물 씹는 기능 및 발음기능에 경도의 장애를 초래하는 상 · 하악골의 부정교합이 있는 사람
치아 외상, 악안면 파편잔사 및 반흔조직 등으로 치아의 기능에 경도의 장애가 남은 사람	7급 2411	· 악안면 부위에 파편잔사가 매입된 경우로서 다음의 어느 하나에 해당하는 사람 가) 파편잔사가 매입되어 있는 부위의 치아가 3개 이상 상실된 경우 나) 파편잔사가 매입되어 있는 저작근의 신경마비로 저작(교합)에 이상이 있는 경우(해당 장애에 대하여 등급평가를 하되, 다른 장애에 의하여 평가되면 제외한다) · 악안면 부위에 반흔조직이 존재하는 사람으로서 다음의 어느 하나에 해당하는 사람 가) 반흔조직 형성으로 개구가 2.5센티미터 이하인 사람 나) 상 · 하악골의 부정유합이 있어 음식물 씹는 기능에 장애가 있는 사람 다) 악관절 내장증이 존재하여 개구가 2.5센티미터 이하인 사람
음성기관의 기능을 모두 잃은 사람	3급 2501	· 구순음 · 치설음 · 구개음 · 후두음 중 3종 이상의 발음을 할 수 없게 된 사람 · 후두손상으로 인한 성대의 완전 기능 상실로 발성이 불가능한 사람
음성기관에 고도의 기능장애가 있는 사람	5급 2502	· 구순음 · 치설음 · 구개음 · 후두음 중 2종의 발음을 할 수 없는 사람 또는 철음(綴音)기능의 장애로 인하여 언어만으로는 의사소통을 할 수 없게 된 사람 · 후두손상으로 수직후두 부분 절제술을 받은 상태인 사람
음성기관에 중등도의 기능장애가 있는 사람	6급 1항 2503	· 발음이 50퍼센트 이상 불명확한 사람
음성기관에 경도의 기능장애가 있는 사람	6급 2항 2504	· 구순음 · 치설음 · 구개음 · 후두음 중 1종의 발음을 할 수 없는 사람 · 신경손상으로 발음에 지장을 초래하는 사람 · 성대 절제술을 받은 상태인 사람 · 음성이 작아서 40센티미터 이상에서 말소리를 알아듣기 곤란한 사람

3) 준용등급 결정

가) 식도의 협착, 혀의 이상, 인후지배신경의 마비 등으로 생기는 연하(嚥下)장애에 대하여는 그 상이의 정도에 따라 음식물을 씹는 기관의 기능에 준하여 상이등급을 인정한다.

나) 미각(味覺) 상실

(1) 두부 외상이나 그 밖에 턱 주위 조직의 손상과 혀의 손상으로 생긴 미각 상실에 대해서는 7급(2411)을 인정한다.

(2) 미각장애는 테스트페퍼와 각종 약물에 의한 검사결과가 전부 무반응일 경우에만 미각 상실로 인정한다.

3. 흉터의 장애

가. 흉터장애의 측정

1) 흉터는 첨단의 치료를 마친 후 판정하며, 센티미터 자와 함께 찍은 무수정 칼라사진을 이용하여 평가한다.

2) 흉터는 질병이나 손상에 의해 진피와 심부의 구조적 변화가 생겨 주변의 정상피부와 달리 경화, 융기, 함몰 등이 보이는 경우를 말한다.

3) 외모는 두부, 안면부(이마, 눈, 코, 귀, 입 포함), 경부를 말한다.

4) 추상은 색조의 변화나 함몰, 융기를 동반하거나 켈로이드성의 흉터로 사람의 눈에 띄는 정도 이상의 '보기 흉한 흉터'를 말한다.

5) 2개 이상의 반흔 또는 선상흔이 인접하여 있거나 모여 있어 1개의 반흔 또는 선상흔과 같이 보이는 경우에는 그것의 면적과 길이 등을 합산하여 상이등급을 결정한다.

6) 외모의 흉터 중 반흔 · 선상흔과 조직함몰의 경우에는 눈썹 · 두발 등으로 감추어지는 흉터는 상이등급의 대상에서 제외한다.

7) 안면신경마비로 인하여 나타나는 입 비뚤어짐은 외모에 흉터로 인정하며, 보통으로 눈을 감을 수 없는 경우에는 눈꺼풀의 장애로 인정한다.

나. 상이등급 내용

영 별표 3의 신체상이 정도	상이등급 및 분류번호	장애내용
안면부에 고도의 추상이 남아 있고 두 귀와 코가 변형되거나 상실된	3급 3102	· 얼굴 50퍼센트 이상에 반흔성추상(瘢痕性醜相)이 있고 두 귀 및 코가 70퍼센트 이상 변형된 사람 · 얼굴 30퍼센트 이상에 반흔성추상이 있고 두 귀 및 코가 70퍼센트 이상 상실된 사람

사람		· 얼굴 전체의 반흔성추상으로 귀 및 코가 30퍼센트 이상 변형된 사람
전체 체표면의 40퍼센트 이상에 화상이나 이에 준하는 손상을 입은 사람	3급 3103	· 만발성 피부포르피린증으로 인한 물집, 흉터, 좁쌀종, 색소변화, 털과다증, 경피증모양 피부소견 등이 항말라리아제나 정맥절개술 등의 치료를 받아도 호전을 보이지 않는 사람
전체 체표면의 30퍼센트 이상에 화상이나 이에 준하는 손상을 입은 사람	5급 3104	· 만발성 피부포르피린증으로 인한 물집, 흉터, 좁쌀종, 색소변화, 털과다증, 경피증모양 피부소견 등이 항말라리아제나 정맥절개술 등의 치료를 받아 호전을 보이는 사람
전체 체표면의 20퍼센트 이상에 화상이나 이에 준하는 손상을 입은 사람	6급 2항 3105	· 만발성 피부포르피린증으로 인한 물집, 흉터, 좁쌀종, 색소변화, 털과다증, 경피증모양 피부소견 등이 자외선 차단과 금주, 약물주의, 철분제 사용 등으로 호전을 보이는 사람 · 염소성 여드름으로 인하여 연노랑의 낭종, 면포, 색소변화가 관자놀이, 귀 뒤, 하악, 액와부, 음낭에 있으며, 눈, 신경, 간과 관련된 전신증상이 있는 사람
전체 체표면의 10퍼센트 이상에 화상이나 이에 준하는 손상을 입은 사람	7급 3106	· 염소성 여드름으로 인하여 연노랑의 낭종, 면포, 색소변화가 관자놀이 · 귀 뒤 · 하악 · 액와부 · 음낭에 있는 사람
외모에 고도의 흉터가 남아있는 사람	6급 2항 3107	· 다음의 어느 하나에 해당하여 사람의 눈에 띄는 정도 이상의 흉터가 남아 있는 사람 1) 두부에 있어서는 가장 긴 쪽의 길이가 10센티미터 이상인 반흔 또는 두개골 손상 2) 안면부에 있어서는 가장 긴 쪽의 길이가 5센티미터 이상인 반흔 또는 선상흔, 가장 긴 쪽의 길이가 3센티미터 이상인 조직함몰, 관골 · 하악골 등의 손상으로 타인에게 심한 불쾌감을 주는 추상 3) 경부에 있어서는 가장 긴 쪽의 길이가 10센티미터 이상의 반흔
외모에 경도의 흉터가 남아 있는 사람	7급 3108	· 다음의 어느 하나에 해당하여 사람의 눈에 띄는 정도 이상의 흉터가 남아 있는 사람 1) 두부에 있어서는 가장 긴 쪽의 길이가 5센티미터 이상인 반흔 또는 두개골 손상 2) 안면부에 있어서는 가장 긴 쪽의 길이가 3센티미터 이상인 반흔 또는 선상흔, 관골 · 하악골의 손상으로 인한 추상 또는 코 및 입술의 변형으로 인한 추상 3) 경부에 있어서는 가장 긴 쪽의 길이가 5센티미터 이상인 반흔

4. 정신장애 또는 신경계통의 기능장애

가. 중추신경계(뇌)의 상이등급 내용

영 별표 3의 신체상이 정도	상이등급 및 분류번호	장애내용
최고도의 정신장애 또는 신경계통의 기능장애로 다른 사람의 도움과 보호 없이는 자력으로 일상생활을 전혀 할 수 없는 사람	1급 1항 4101 1급 1항 4201	· 정신장애로 인한 자학, 광폭한 행위 또는 식사거부나 이물질 섭취행위 등으로 자제력이 완전 상실되어 항상 감시상태에서 보호가 필요한 사람 · 뇌전증중첩상태 또는 주 2회 이상의 중증의 뇌전증발작이 있는 사람(뇌파검사상 최고도의 이상소견 병행)으로서 발작 시 유발된 호흡장애, 흡인성 폐렴, 심한 탈진, 두통, 구역, 인지기능 장애 등으로 심각한 요양관리가 필요하며, 항상 침상생활을 필요로 하는 사람 · 뇌손상으로 인한 고도의 편마비와 실어증의 합병, 뇌간손상으로 인하여 폐용에 준하는 사지마비와 구음장해 합병 등 식물인간 상태에 있는 사람
고도의 정신장애 또는 신경계통의 기능장애로 수시로 다른 사람의 도움과 보호가 필요한 사람	2급 4108 2급 4203	· 고도의 정신장애 또는 신경계통의 기능장애로 인하여 생명유지에 필요한 일상생활의 처리동작에 수시로 다른 사람의 도움과 보호를 필요로 하거나 치매 · 환각망상 · 발작성의식장애의 다발 등으로 인하여 수시로 타인의 감시가 필요한 사람 · 월 5회 이상의 중증의 뇌전증발작 또는 10회 이상의 경증의 뇌전증발작이 있는 사람(뇌파검사상 고도의 이상소견 병행)으로서 발작 시 유발된 호흡장애, 흡인성 폐렴, 심한 탈진, 두통, 구역, 인지기능 장애 등으로 요양관리가 필요하며, 수시로 다른 사람의 도움과 보호가 필요한 사람
정신장애 또는 신경계통의 기능장애로 일생 동안 노무에 종사할 수 없는 사람	3급 4110 3급 4204	· 월 2회 이상의 중증의 뇌전증발작, 주 1회 이상의 경증의 뇌전증발작이 있는 사람으로서 뇌파검사상 고도의 이상소견이 나타나는 사람 · 두부손상을 입은 사람으로서 평형신조, 이상운동 수반 또는 언어 및 청각장애가 있는 사람 · 파킨슨병에 의한 임상증상이 고도로 양측성 침범을 보이며 심한 자세 불안정을 보이는 사람
정신장애 또는 신경계통의 기능장애로 특별히 손쉬운 노무 외에는 종사할 수 없는 사람	4급 4111 4급 4205	· 정신장애 또는 신경계통의 기능장애로 노동능력을 일반 평균인의 3분의 2 이상 잃어 일생 동안 특별히 손쉬운 노무 외에는 종사할 수 없는 사람
정신장애 또는 신경	5급 4112	· 정신장애 또는 신경계통의 기능장애로 노동능력을 일반

계통의 기능장애로 취업상 상당한 제한을 받는 사람	5급 4206	평균인의 2분의 1 이상 상실한 사람 · 외상성 인격장애로 취업상 제한을 받는 사람 · 월 1회 이상의 중증의 뇌전증발작이 있고 뇌파검사상 중등도의 이상소견이 나타나는 사람 · 뇌좌상 또는 척추수술 후유증으로 노동능력을 일반평균인의 2분의 1 이상 상실한 사람 · 전신성 말초신경병으로 양팔 전체 또는 양다리 전체에 뚜렷한 근위축 및 근약증이 있는 사람 · 파킨슨병에 의한 임상증상이 중등도로 양측성 침범을 보이며 자세 불안정으로 균형잡기가 어려운 사람
정신장애 또는 신경계통의 기능장애로 손쉬운 노무 외에는 종사할 수 없는 사람	6급 1항 4113 6급 1항 4207	· 정신장애 또는 신경계통의 기능장애로 노동능력을 일반평균인의 5분의 2 이상 상실하여 일생 동안 손쉬운 노무 외에는 종사할 수 없는 사람 · 전신성 말초신경병으로 양쪽 수부 및 족부에 뚜렷한 근위축 및 근약증이 있는 사람 · 파킨슨병에 의한 임상증상이 경도로 양측성 침범을 보이며 자세 불안정은 있으나 균형잡기가 크게 어렵지 않은 사람
정신장애 또는 신경계통의 기능장애로 취업상 부분적으로 제한을 받는 사람	6급 2항 4114 6급2항 4208	· 정신장애 또는 신경계통의 기능장애로 노동능력을 일반평균인의 3분의 1 이상 상실하여 손쉬운 노무 외에는 종사하지 못하는 사람 · 외상으로 인하여 고도의 1측 안면 신경마비가 있는 사람 · 두개 내 이물잔류로 인하여 두통 또는 불면증이 있는 사람 · 1측 횡경막 신경이 외상으로 인하여 마비된 사람 · 전신성 말초신경병으로 양쪽 수부 또는 양쪽 족부에 뚜렷한 근위축 및 근약증이 있는 사람 · 복합성 부위 통증 증후군에 해당하는 골다공증, 관절 구축, 근위축과 같은 소견이 객관적으로 확인되는 사람 · 중증의 뇌전증발작과 경증의 뇌전증발작이 각각 3개월에 1회 이상 나타나며, 뇌파검사상 경도의 이상소견이 나타나는 사람 · 파킨슨병에 의한 임상증상이 경도로 양측성 침범은 보이나 균형잡기에는 이상이 없는 사람
신경계통의 기능장애로 취업상 경도의 제한을 받는 사람	7급 4115	· 국소부위에 완고한 신경장애가 있는 사람 · 파편 또는 총탄 등의 잔유물로 인하여 동통 및 신경증상이 지속되는 사람 · 전신성 말초신경병증으로 양쪽의 손가락 전체 또는 양쪽 발의 발가락 전체에 뚜렷한 감각신경 이상 및 근약증이 있는 사람 · 복합성 부위 통증 증후군에 해당하는 이학적 소견 및 객관적 검사 소견에서 이상 소견이 관찰되는 사람

비고

1. 중증의 뇌전증발작은 전신 경련을 동반하는 발작 또는 신체의 균형을 유지하지 못하고 쓰러지는 발작으로 의식장애가 3분 이상 지속되는 발작을 말한다.
2. 경증의 뇌전증발작은 운동장애가 발생하나 스스로 신체의 균형을 유지할 수 있는 발작으로 3분 이내에 의식이 정상으로 회복되는 경우를 말한다.

나. 준용등급 결정

1) 척수의 장애

가) 생명유지에 필요한 일상생활의 처리 동작에 대하여 항상 다른 사람의 도움과 보호를 받아야 하는 사람은 1급 1항(4101)을 인정한다.

나) 생명유지에 필요한 일상생활의 처리 동작에 대하여 수시로 다른 사람의 도움과 보호를 받아야 하는 사람은 2급(4108)을 인정한다.

다) 생명유지에 필요한 일상생활의 처리 동작은 가능하나 일생 동안 노무에 종사할 수 없는 사람은 3급(4110)을 인정한다.

라) 마비나 그 밖의 뚜렷한 척수증상으로 인하여 노동능력을 일반평균인의 3분의 2 이상 잃은 사람은 4급(4111)을 인정한다.

마) 명백한 척수증상으로 인하여 노동능력을 일반평균인의 2분의 1 이상 잃은 사람은 5급(4112)을 인정한다.

바) 명백한 척수증상으로 인하여 노동능력을 일반 평균인의 3분의 1 이상 잃은 사람은 6급 2항(4114)을 인정한다.

사) 노동능력은 있으나 의학적으로 증명할 수 있는 척수증상이 남은 사람은 7급(4115)을 인정한다.

2) 근성(根性)과 말초신경에 대한 장애는 손상을 입은 신경이 지배하는 신체 각 부위의 기관에서의 기능장애에 대한 등급을 준용한다.

3) 실조(失調) · 현기증 및 평형기능장애

가) 고도의 실조 또는 평형기능장애로 인하여 생명유지에 필요한 일상생활의 처리동작 외에는 일생 동안 노무에 종사할 수 없는 사람은 3급(4110)을 인정한다.

나) 뚜렷한 실조 또는 평형기능장애로 인하여 노동능력이 일반평균인의 3분의 2 이상 잃은 사람은 4급(4111)을 인정한다.

다) 중등도의 실조 또는 평형기능 장애로 인하여 노동능력을 명백하게 일반평균인의 2분의 1 이상 잃은 사람은 5급(4112)을 인정한다.

라) 노동능력이 어느 정도 남아 있으나 현기증의 자각증상이 강하거나 타각적으로 안구진탕증 그 밖에 평형기능 검사결과 명백한 이상소견이 인정된 사람은 6급 2항(4114)을 인정한다.

마) 노동능력은 있으나 안구진탕증 그 밖에 평형기능검사결과 이상소견이 인정된 사람은 7급(4115)을 인정한다.

4) 동통 등 감각이상

가) 뇌신경과 척추신경의 외상 그 밖의 원인으로 인한 신경통의 경우에 손쉬운 노무외의 노동에 항상 지장이 있는 정도의 동통이 있는 사람은 5급(4112)을 인정하고, 노동능력이 어느 정도 남아 있으나 동통으로 인하여 취업가능한 직종의 범위가 부분적으로 제한된 사람은 6급 2항(4114)을 인정한다.

나) 작열통(灼熱痛, Causalgia)에 대하여는 가)의 규정에 준하여 결정한다.

다) 통상적으로 노동능력은 있지만 때로는 강한 동통이 지속되어 노동에 지장이 있는 사람은 7급(4115)을 인정한다.

5) 척추의 골절로 인하여 척추에 기형 또는 기능장애가 남은 동시에 척수손상으로 인하여 다른 부위에 기능장애가 남은 경우에는 이를 종합하여 등급을 결정한다.

6) 그 밖의 특징적인 장애: 외상성 전간의 치유 시기는 치료 효과를 기대할 수 없다고 인정되는 때 또는 요양으로 증상이 안정된 때로 하고, 상이등급은 발작 횟수, 발작이 노동능력에 미치는 영향의 정도, 비발작 시의 정신 증상 등을 종합 판단하여 다음과 같이 결정한다.

가) 충분한 치료에도 불구하고 매주 1회 이상 발작 또는 고도의 정신기능의 장애로 인하여 일생 동안 노무에 종사할 수 없는 사람은 3급(4110)을 인정한다.

나) 충분한 치료에도 불구하고 발작의 빈도 또는 발작형의 특징으로 인하여 노동능력을 일반평균인의 3분의 2 이상 잃은 사람 또는 전간의 특수성으로 보아 취업가능한 직종이 극도로 제한된 사람은 4급(4111)을 인정한다.

다) 충분한 치료에도 불구하고 월 1회 이상의 의식장애가 수반되는 발작이 있거나 발작형의 특징으로 인하여 노동능력을 일반평균인의 2분의 1 정도를 잃은 사람 또는 전간의 특수성으로 보아 취업가능한 직종이 뚜렷하게 제한된 사람은 5급(4112)을 인정한다.

라) 지속적인 약물복용을 하여야만 수개월에 1회 정도 또는 완전하게 발작을 억제할 수 있는 경우로서 발작이 나타나지는 아니하나 뇌파상 명백하게 전간성 극파를 인정할 수 있는 사람 또는 노동능력이 어느 정도 남아 있으나 취업 가능한 직종이 부분적으로 제한된 사람은 6급 2항(4114)을 인정한다.

7) 신경마비가 타각적으로 증명되는 경우에는 상이등급 구분표에 해당 부위의 기능장애에 대한 등급이 없는 경우 7급(4115)을 인정한다.

8) 파편 또는 총탄 등 전 · 공상 상이처가 여러 개 있는 경우에는 그 증상을 종합적으로 고려하여 상이등급을 결정한다.

5. 흉복부장기 등의 장애

가. 장애 측정기준

1) "흉복부장기 등의 장애"란 흉강과 복강 내 장기 등에 타각적으로 증명될 수 있는 변화가 인정되고 그 기능에도 장애가 증명되는 것을 말한다.
2) 폐기능 검사는 1회 검사시 2차례 시행된 검사결과 중 가장 좋은 검사결과를 기준으로 평가한다.
3) 신장질환은 혈청크레아티닌, 사구체 여과율(청소율), 신장 기능 및 이식, 요관 상이(수신증) 중 가장 심한 상이로 평가하며, 원인질환 발생일부터 최소 3개월 이상 치료 또는 관찰 후 평가한다. 이 경우 신장이식을 시행한 경우에는 신기능이 안정화되면 바로 평가할 수 있으며, 급성신부전일 경우에는 평가에서 제외한다.
4) 종양은 크게 근치된 경우와 전이 또는 재발한 경우로 나누어 평가한다.
 가) 근치 후 일시적 또는 영구적으로 손상된 장기별 기능에 대해 평가하며, 근치 후 기능 손상이 영구장애로 판단될 경우에는 다시 평가하지 않는다.
 나) 근치 후 무병상태이나 치료에 의한 신체장애는 기존 장기별 상이등급 기준에 따라 평가한다(예, 방광암으로 방광을 완전 적출하여 완치되었다면 상이는 방광 완전소실에 상응하는 장애로 평가)
 다) 전이성 또는 재발성 종양은 완치를 기대할 수 없으므로 기대되는 평균여명, 치료시기, 그리고 신체활동도에 따라 평가한다.
5) 허혈성심장질환의 경우 변이형 협심증, 미세혈관 협심증 및 심근교는 상이등급 평가에서 제외한다.

나. 상이등급 내용

영 별표 3의 신체상이 정도	상이등급 및 분류번호	장애내용
흉복부장기 등에	1급 3항 5102	· 고도의 흉복부장기의 장애로 인하여 생명유지에 필요한

최고도의 기능장애가 있어 항상 다른 사람의 도움과 보호가 필요한 사람		일상생활의 처리동작에 항상 다른 사람의 도움과 보호를 받아야 하는 사람으로서 다음의 어느 하나에 해당하는 사람 1) 외상으로 인하여 폐나 심장의 기능장애를 초래하여 안정 시에도 호흡곤란 · 현훈 · 청색증 하지 또는 전신부종이 있는 사람 2) 당뇨합병에 의한 신장 손상 등으로 평생 혈액투석과 항상 침상생활을 필요로 하는 사람 3) 간장 및 담도계통의 손상으로 진행성인 불치의 간기능장애를 초래한 사람으로 심한 전신쇠약으로 침상생활을 필요로 하는 사람 4) 흉복강 내 맥관계통의 장애로 인한 심한 순환장애로 체강 내 액체정류를 일으켜 항상 침상생활이 필요한 사람 5) 말기 악성종양으로 더 이상 항암치료와 수술 등으로 치료효과를 기대할 수 없어 항상 침상생활이 필요한 사람
흉복부장기 등의 장애로 수시로 다른 사람의 도움과 보호가 필요한 사람	2급 5103	· 고도의 흉복부장기 등의 장애로 인하여 생명유지에 필요한 일상생활의 처리 동작에 수시로 다른 사람의 도움과 보호를 받아야 하는 사람으로서 다음의 어느 하나에 해당하는 사람 1) 한쪽 폐를 적출하고 다른 폐에도 고도의 기능장애가 있어 수시 개호가 필요한 사람 2) 난치성 지속성 상부위장관, 담도, 췌장의 루로서 그 분출량이 1일 200cc 이상의 대량이고 고도의 국소 및 전신합병증이 초래된 사람 3) 당뇨합병에 의한 신장 손상 등으로 평생 혈액투석과 수시 개호가 필요한 사람 4) 악성종양으로 수술 및 치료 후 재발되었거나 다른 장기로 전이되어 수시로 침상생활이 필요한 사람 5) 허혈성심장질환으로 심부전 증상이 있는 경우로서 최소 6개월 이상의 치료 이후에 실시한 심장초음파 검사에서 심구출율(EF)이 30퍼센트 이하이고 항상 침상생활이 필요한 사람 6) 간경화증에 의한 고도의 합병증으로 수시로 개호를 받아야 하는 사람 7) 방광이 전부 적출되고 심한 합병증이 있는 사람 8) 영구적인 식도의 통과장애로 통관영양을 요하는 사람
흉복부장기 등의 장애로 일생 동안 노무에 종사할 수 없는 사람	3급 5104	· 생명유지에 필요한 일상생활의 처리 동작은 가능하나 일생 동안 노무에 종사할 수 없는 사람으로서 다음의 어느 하나에 해당하는 사람 1) 고도의 식도 협착으로 유동식만 섭취하는 사람 2) 간장 및 담도 계통의 손상으로 간기능 장애를 초래하여 단순한 노무에 의해서도 복수나 전신부종을 일으

		키는 사람 3) 난치성이거나 폐쇄수술을 하여도 지속되는 장루가 있는 사람 4) 직장 및 항문괄약근의 장애로 대량의 변실금이 있는 사람 5) 장절제가 광범위한 유착으로 통관 장애가 있어서 항상 유동식을 섭취하여야 하는 사람 6) 방광루가 있는 사람 7) 방광기능 소실로 항상 도뇨를 요하거나 요실금이 있는 사람 8) 흉복강 내 맥관 계통의 장애로서 단순노무에 의하여도 체강 내 액체정류를 일으키거나 중요한 대동맥의 동맥루의 파열 가능성이 있는 사람 9) 당뇨합병에 의한 말기 신부전으로 평생 혈액 및 복막투석을 필요로 하는 사람 10) 허혈성심장질환으로 심부전 증상이 있는 경우로서 최소 6개월 이상의 치료 이후에 실시한 심장초음파 검사에서 심구출율(EF)이 30퍼센트 이하이고, 신체주위의 일은 간신히 할 수 있지만 그 이상의 활동에는 심부전 또는 협심증 증상이 있어 수시로 침상생활이 필요한 사람 11) 반복적인 복수와 식도정맥류 출혈 또는 간성혼수 등의 합병증을 동반한 불안정 상태의 간병변증 Child C에 준하는 사람 12) 만성 폐질환으로 1초당 노력성 호기량(FEV1)이 25퍼센트 이하인 사람 13) 소장의 대부분(70퍼센트 이상)이 절제되어 그로 인한 장단축증후군이 초래된 사람 14) 직장 및 회음부의 손상으로 인공항문을 조성하였으나 난치성 다발성의 회음부루 및 농양이 남아 있는 사람 15) 악성종양으로 수술 및 치료 후 재발되거나 다른 장기로 전이된 상태로 항암치료를 필요로 하는 사람
흉복부장기 등의 장애로 인하여 노동능력을 일반평균인의 3분의 2 이상 잃은 사람	4급 5105	· 흉복부장기 등의 장애로 인하여 노동능력을 일반평균인의 3분의 2 이상 잃은 사람으로서 다음의 어느 하나에 해당하는 사람 1) 당뇨 합병증에 의한 만성 신부전으로 신장이식을 받고 후유증이 있는 사람 2) 허혈성심장질환으로 심부전 증상이 있는 경우로서 최소 6개월 이상의 치료 이후에 실시한 심장초음파 검사에서 심구출율(EF)이 40퍼센트 이하이고, 가정 내에서 극히 쉬운 활동은 가능하나 그 이외의 활동에는 심부전 또는 협심증 증상이 있어 약물치료가 필요한 사람

		3) 내시경검사에서 식도정맥류가 있거나 간경변이 있는 Child B에 준하는 사람 4) 만성 폐질환으로 1초당 노력성 호기량(FEV1)이 30퍼센트 이하인 사람 5) 신장 등 흉복부 장기 등을 이식받은 사람 6) 부신에 손상을 입어 부전으로 인하여 평생 치료를 필요로 하는 사람 7) 수술 후 복벽 헤르니아로서 재수술이 불가능한 정도로 고도이며 복벽에 심한 지장이 있는 사람 8) 인공항문 조성을 필요로 하는 사람 9) 위를 전부 적출하였으나 그 합병증으로 지속적인 대량의 역류성 담즙구토로 인한 식도 및 전신합병증이 있거나 통관영양이 필요한 사람 10) 대장의 대부분(70퍼센트 이상)이 절제되어 그로 인한 장단축증후군이 초래되었거나 영구적 소장조루술의 조성이 필요한 사람
흉복부장기 등의 장애로 인하여 노동능력을 일반평균인의 2분의1 이상 잃은 사람	5급 5106	· 흉복부장기 등의 장애로 인하여 노동능력을 일반평균인의 2분의 1이상을 잃은 사람으로서 다음의 어느 하나에 해당하는 사람 1) 흉강 내 부상 또는 전공상 잔유물로 심한 늑막유착 · 동통 또는 그 밖의 장애가 있어 단순 노무도 감당하기 어려운 사람 2) 반복된 장절제로 인한 심한 유착으로 가벼운 노무도 감당하기 어려운 사람 3) 방광 · 직장 또는 항문괄약근의 기능장애로 무의식적인 배뇨 또는 배변이 있는 사람 4) 당뇨 합병에 의한 만성 신부전으로 혈중 크레아틴 농도가 2회 이상 3.0㎎/㎗ 이상인 사람 5) 재생불량성 빈혈이 있는 사람 6) 합병증이 있는 간경화증이 있는 사람 7) 만성 폐질환으로 1초당 노력성 호기량(FEV1)이 40퍼센트 이하인 사람 8) 허혈성심장질환으로 다음의 어느 하나에 해당하는 사람 가) 관상동맥중재술이나 관상동맥우회술이 필요하지만 수술이 불가능한 경우로서 최소 6개월 이상의 치료 이후에 실시한 심장초음파 검사에서 심구출율(EF)이 40퍼센트 이하인 사람 나) 관상동맥중재술이나 관상동맥우회술을 받은 경우로서 최소 6개월 이상의 치료 이후에 실시한 심장초음파 검사에서 심구출율(EF)이 40퍼센트 이하인 사람 9) 위를 전부 적출한 사람 10) 요로(尿路) 변경술 후 신루(腎瘻) · 요관피부문합 ·

		요관장문합(尿管藏吻合)을 남긴 채로 치유의 상태에 달한 사람 11) 상이처로 인한 만성 신장염 · 수신증이 있는 사람
흉복부장기 등의 장애로 인하여 노동능력을 일반평균인의 3분의 1 이상 잃은 사람	6급 2항 5108	· 흉복부장기 등의 장애로 인하여 노동능력을 일반평균인의 3분의 1 이상 잃은 사람으로서 다음의 어느 하나에 해당하는 사람 1) 식도의 손상으로 중등도의 식도협착이 있는 사람 2) 간 손상으로 후유증이 있는 사람 3) 방광의 손상 또는 부분 절제로서 배뇨기능에 지장이 있거나 빈뇨가 있는 사람 4) 복부수술로 복벽 헤르니아가 있어 일상생활에 지장이 있는 사람 5) 방광괄약근에 이상이 있고 요도루가 있는 사람 6) 직장 및 항문괄약근의 장애로 변실금이 있는 사람 7) 당뇨 합병증에 의한 신장기능의 손상으로 혈중 크레아틴 농도가 2회 이상 1.8㎎/㎗이상인 사람 8) 허혈성심장질환으로 다음의 어느 하나에 해당하는 사람 가) 관상동맥조영술 검사 결과 좌주간지관상동맥이나 좌전하행관상동맥 근위부에 70퍼센트 이상의 협착 병변이 있는 사람 나) 관상동맥조영술 검사 결과 좌주간지관상동맥이나 좌전하행관상동맥 외의 혈관에 70퍼센트 이상의 협착 병변이 있고, 기능 검사 결과 심근허혈이 있는 사람 다) 영상검사 및 기능검사 결과 허혈성심장질환으로 인한 심근경색증으로 진단되어 관상동맥우회술 또는 내과적 중재술을 받았거나 약물치료 중인 사람 9) 궤양성 대장염이 있는 사람으로서 지속적인 투약을 받는 사람 10) 만성 폐질환으로 1초당 노력성 호기량(FEV1)이 60퍼센트 이하인 사람 11) 한쪽 폐를 전부 절제한 사람
흉복부장기 등을 부분 절제하거나 적출하여 기능장애가 있는 사람	6급 3항 5110	· 위 부분절제로 심한 소화기능 장애가 있는 사람 · 폐의 부분절제로 늑막유착이 심한 사람 · 장의 절제로 유착증상이 심한 사람
흉복부장기 등의 장애로 인하여 노동능력을 일반평균인의 4분의 1	7급5111	· 흉복부장기 등의 장애로 인하여 노동능력을 일반평균인의 4분의 1 이상 상실한 사람으로서 다음의 어느 하나에 해당하는 사람 1) 당뇨 합병증에 의한 신장기능 장애로 신체검사 시 최

이상 잃은 사람		소 2주 이상의 간격으로 실시한 2회 이상의 소변검사에서 현증(1+)의 단백뇨 소견이 보이거나, 혈중 크레아티닌의 농도가 1.5mg/dl 이상 1.8mg/dl 미만인 사람 2) 만성 폐질환으로 1초당 노력성 호기량(FEV1)이 80퍼센트 이하인 사람 3) 흉강 내 부상 또는 전공상 잔유물로 경도의 늑막유착 증상이 있는 사람 4) 장의 절제로 경도의 유착증상이 있는 사람 5) 위의 부분절제로 유착이 있는 사람 6) 폐의 부분절제로 늑막유착이 있는 사람 7) 방광 · 직장 또는 항문괄약근의 기능장애로 간헐적으로 무의식적인 배뇨 또는 배변이 있는 사람 8) 관상동맥조영술 검사 또는 관상동맥 전산화 단층 촬영결과 관상동맥에 상당한 협착 병변으로 인한 협심증 증상이 있어 지속적으로 약물치료가 필요한 사람 9) 갑상샘 손상으로 평생 동안 약제를 복용해야하는 사람 10) 사상(絲狀) 부지(Bougie)를 필요로 하거나 주기적인 요도확장술을 받는 사람
생식기의 기능을 모두 잃고 방광에 고도의 기능장애가 있는 사람	3급 5201	· 생식기의 기능이 완전 상실되고 배뇨장애로 인하여 때때로 도뇨가 필요한 사람 · 음경이 50퍼센트 이상 상실되고, 요실금이 있는 사람 · 생식기능이 완전 상실되고 수술 불가능한 요도협착이 있는 사람
생식기를 완전히 상실한 사람	5급 5202	· 음경의 50퍼센트 이상이 상실된 사람 · 두 쪽 고환이 상실된 사람 · 생식기능이 완전 상실되고 지속적인 요도확장술을 요하는 사람 · 생식기능이 완전 상실되고 배뇨통 또는 심한 합병증이 있는 사람 · 수술 불가능한 질부결손으로 성교가 불가능한 사람 · 두 쪽 고환의 기능을 상실하거나 한쪽 고환이 상실되고 다른 쪽 고환의 기능이 상실된 사람
생식기의 기능에 고도의 장애가 있는 사람	6급 1항 5203	· 음경의 40퍼센트 이상이 상실된 사람 · 신경손상으로 음경 발기력이 상실된 사람 · 사정관 또는 두 쪽 수정관 손상으로 사정 불능자 또는 요도루가 있는 사람 · 자궁 또는 두 쪽 난소의 상실 또는 기능이 완전 상실된 사람 · 두 쪽 난관 손상으로 인한 수란불가능한 사람 · 질부 전결손으로 성기능 장애가 있는 사람 · 두 쪽 유선이 상실된 사람
생식기 기능에	7급 5204	· 한 쪽 유선이 상실된 사람

경도의 장애가 남은 사람		· 한 쪽 고환이 상실된 사람

다. 준용등급 결정

1) 신장장애 치료의 종결 단계에서 요도루(尿道瘻) · 방광루공(膀胱瘻孔)과 수회의 수술에도 불구하고 그대로 루공이 남아 일정한 기간 후 다시 수술이 필요하다고 인정되나 그 상태에서 일단 치유한 사람은 7급(5111)을 인정한다.

2) 방광장애

가) 방광의 기능이 완전히 없어진 사람은 2급(5103)을 인정한다.

나) 위축방광(용량 50cc 이하)인 사람은 5급(5106)을 인정한다.

다) 항상 요류를 동반하는 경도의 방광기능부전 또는 방광 경련으로 인한 지속성의 배뇨통은 7급(5111)을 인정한다.

3) 요도협착

가) 요도협착으로 배뇨기능에 장애가 남은 사람은 방광의 장애로 간주하여 등급을 결정한다.

나) 요도협착으로 신기능에 장애가 남은 사람은 신장의 장애로 간주하여 등급을 결정한다.

4) 폐결핵, 폐결핵성 늑막염으로 인한 기능장애는 영상의학적 소견과 일치해야 한다.

6. 체간의 장애

가. 상이등급 내용

영 별표 3의 신체상이 정도	상이등급 및 분류번호	장애내용
척추에 최고도의 기능장애와 고도의 신경근 장애가 있는 사람	3급 6101	· 경부운동 및 흉요부운동이 정상 운동범위의 3분의 1 미만이고 뚜렷한 근위축이 있는 사람 · 척추분절 골유합술 등으로 고정되어 정상 운동범위의 3분의 1 미만이고 뚜렷한 근위축이 있는 사람
척추에 최고도의 기능장애가 있는 사람	4급 6102	· 경부운동 및 흉요부운동이 정상 운동범위의 2분의 1 미만인 사람 · 척추분절 골유합술 등으로 고정되어 정상 운동범위의 2분의 1 미만인 사람
척추에 고도의 기능장애 또는 변형장애가 있는 사람	5급 6103 5급 6104	· 엑스선 사진에 명백한 척추의 골절로 인하여 35도 이상의 후만변형 또는 20도 이상의 측만변형이 있는 사람으로 후유신경증상이 지속되는 사람 · 엑스선 사진에 척추의 골절로 인하여 2개 이상의 척추분절에 골유합술을 받은 사람으로서 후유신경증상이

		지속되는 사람
척추에 중등도의 기능장애 또는 변형장애가 있는 사람	6급 1항 6105 6급 1항 6106	· 엑스선 사진에 척추의 골절로 인하여 15도 이상의 후만변형 또는 10도 이상의 측만변형이 있고 후유증상이 지속되는 사람 · 엑스선 사진에 척추의 골절로 인하여 압박골절이 추체(椎體)높이 50퍼센트 이상이고 후유증상이 지속되는 사람 · 엑스선 사진에 척추의 골절로 인하여 1개의 척추분절에 골유합술을 받은 사람으로서 후유신경증상이 지속되는 사람
척추에 경도의 기능장애 또는 변형장애가 있는 사람	6급 2항 6107 6급 2항 6108	· 엑스선 사진에 척추의 골절로 인하여 경미한 후만변형 또는 측만변형이 있고 후유증상이 지속되는 사람 · 안정방출성 골절, 챤스씨 골절이 있고 후유증상이 지속되는 사람 · 엑스선 사진에 척추의 골절로 인하여 압박골절이 추체(椎體)높이 30퍼센트 이상 50퍼센트 미만이고 후유증상이 지속되는 사람 · 척추분절 골유합술 등으로 고정되어 정상 운동범위의 10퍼센트 이상 30퍼센트 미만으로 제한되고 근전도 검사 · 특수검사 등에서 의학적으로 명백히 입증될 수 있는 신경증상이 남아 있음이 확인되는 사람
척추에 경미한 기능장애 또는 변형장애가 있는 사람	7급 6109	· 엑스선 사진 촬영 등의 검사에서 명백한 기형(금속물 삽입으로 인한 융합 등)이 있는 사람으로서 통증이나 기능장애를 동반하는 사람 · 엑스선 사진 촬영 등의 검사에서 추체 높이 10퍼센트 이상 30퍼센트 미만의 압박골절이 있고 통증이나 기능장애를 동반하는 사람
쇄골 · 흉골 · 늑골 · 견갑골 · 골반골에 부정유합으로 인한 외관상 기형이 남은 사람	7급 6203	· 나체가 되었을 때 그 변형(결손을 포함한다)을 명백하게 알 수 있는 사람. 이 경우 늑골의 변형은 그 개수 · 정도 · 부위 등에 관계없이 늑골 전체를 일괄하여 하나의 장애로 인정한다.

나. 추간판탈출증

1) 추간판탈출증은 의학적 임상증상과 특수검사(CT · MRI · 근전도 등) 소견이 일치하는 경우에는 그 증상을 인정한다.

2) 추간판탈출증에 대한 상이등급은 수술을 포함한 모든 치료에도 불구하고 후유증상이 지속되는 경우에 그 후유신경증상에 따라 결정한다. 다만, 수술 등으로도 치료효과를 기대하기 어렵다고 인정되는 경우에는 그 후유증상에 따라 상이등급을 결정할 수 있다.

가) 특수검사(CT, MRI) 소견이 뚜렷한 재발이 있으며 감각 이상 · 요통 · 방사통 등의 자각증상이 있고 하지직거상 검사에 의한 양성소견이 있는 경우에는 상이등급 7급(6109)을 인정한다.

나) 근위축 또는 근력약화와 같은 임상소견이 뚜렷하고 특수보조검사에서 이상이 있으며, 척추신경근의 불완전마비가 인정되는 경우에는 상이등급 7급(6109)을 인정한다.

다) 신경마비로 인하여 사지에 경도의 단마비(單痲痺)가 있을 경우에는 상이등급 6급2항(6107)을 인정한다. 이 경우 복합된 척추신경근의 완전마비가 있는 경우에는 신경계통의 기능장애 정도에 따라 등급을 결정한다.

라) 2개 이상의 추체 간에 추간판탈출증에 대한 수술을 하고 연속적인 2개 이상의 추체간 융합술을 시행한 경우 후유증상이 뚜렷한 경우에는 상이등급 6급2항(6108)을 인정한다.

마) 1회의 내시경 수핵제거술은 시술로 인정하며 잔존증상이 있어도 수술적 치료가 가능한 상태로 판단한다. 수술적 치료란 관혈적 방법만 인정한다.

바) 인공 디스크 삽입술의 경우 기존의 상이등급 정도에 따라 판정하며 최고 등급은 융합술을 한 경우에 준한다.

7. 팔 및 손가락의 장애

가. 상이등급 내용

영 별표 3의 신체상이 정도	상이등급 및 분류번호	장애내용
팔을 팔꿈치관절 이상의 부위에서 잃은 사람	1급 2항 7102 3급 7109	· 어깨관절에서 견갑골과 상완골이 서로 떨어져 탈락된 사람 · 어깨관절과 팔꿈치관절 사이에서 상완골이 절단된 사람 · 팔꿈치관절에서 상완골과 요골 및 척골이 서로 떨어져 탈락된 사람
팔을 손목관절 이상의 부위에서 잃은 사람	1급 1항 7101 1급 2항 7103 1급 3항 7105 5급 7112	· 팔꿈치관절과 손목관절 사이에서 절단된 사람 · 손목관절에서 요골 및 척골과 수근골이 서로 떨어져 탈락된 사람
두 팔의 팔꿈치 관절 이하에서 기능을 모두 잃은 사람	1급 3항 7106	· 한 팔의 어깨관절 이하의 기능을 모두 잃고, 다른 팔의 손목관절 이하에서 기능을 모두 잃은 사람
한 팔의 3대 관절에 고도의 기능장애가 있는 사람	4급 7111	· 팔의 3대관절(어깨관절, 팔꿈치관절 및 손목관절)이 완전 강직 된 사람 · 팔의 3대관절의 운동가능 영역이 4분의 3 이상 제한되고 손가락 모두를 제대로 쓸 수 없게 된 사람 · 상완신경총이 완전 마비된 사람
한 팔이 신경마비, 혈행장애 등으로	5급 7113	· 인공관절 재치환술을 받았음에도 신경마비 및 고도의 근위축 등으로 항상 보조기를 착용해야 하는 사람

고도의 기능장애가 있는 사람		
관절에 고도의 기능장애가 있는 사람	5급 7114 6급 1항 7119	· 관절의 완전강직 또는 운동가능영역이 4분의 3 이상 제한된 사람 · 인공관절 재치환술을 받은 사람
한 팔의 팔꿈치관절 부위에서 신경마비에 의한 고도의 근위축이 있는 사람	6급 1항 7117	· 상박신경총(상신경근군)이 마비되어 어깨와 팔꿈치관절의 운동기능에 고도의 장애가 있는 사람 · 상박신경총(중신경근군)이 마비되어 팔의 내전 · 외전 및 회전기능, 팔꿈치관절의 굴곡 및 회전기능과 손목관절의 신전기능에 고도의 장애가 있는 사람 · 상박신경총(하신경근군)이 마비되어 손목관절 및 손가락이 고도장애가 있거나 완전 마비된 사람 · 요골신경이 마비되어 손목관절 및 손가락의 신전굴곡, 손의 회외, 팔꿈치관절의 신전 · 굴곡과 파지력 등의 기능에 고도장애가 있거나 완전 마비된 사람 · 척골신경이 마비되어 넷째와 새끼손가락의 굴곡근수축, 손바닥의 고도의 위축, 손가락운동과 손목관절의 기능이 완전 마비된 사람
한 팔의 팔꿈치관절 부위에서 신경마비에 의한 중등도의 근위축이 있는 사람	6급 2항 7120	· 정중신경이 마비되어 척골신경측으로 기울어지는 손가락근육의 위축이 있고, 손가락운동 및 손목관절의 기능장애가 있는 사람 · 한 팔의 팔꿈치관절 이하에서 근위축된 사람 · 한 팔의 어깨관절 이하에서 신경이 마비된 사람 · 한 팔의 팔꿈치관절 이하에서 신경이 마비된 사람
관절에 중등도의 기능장애가 있는 사람	6급 1항 7118 6급 2항 7123	· 관절의 운동가능영역이 2분의 1이상 제한된 사람 · 인공관절을 삽입 · 치환한 사람
관절에 경도의 기능장애가 있는 사람	6급 2항 7121 7급 7124	· 관절의 운동가능영역이 4분의 1 이상 제한된 사람
팔에 가관절이 남아 있어 고도의 기능장애가 있는 사람	6급 1항 7201	· 상완골에 가관절이 남은 사람 · 요골과 척골의 양쪽에 가관절이 남은 사람
장관골에 명백한 기형이 남은 사람	7급 7204	· 상완골의 변형 또는 요골과 척골의 양쪽의 변형으로 외부에서 보아 알 수 있는 정도(15도 이상 활처럼 굽어 부정 유합된 것) 이상인 사람을 말하며, 장관골의 골절부가 양방향에 단축 없이 유착되어 있는 사람은 제외한다. 다만, 요골 또는 척골 중 한쪽만의 변형이라 하더라도 정도가 뚜렷한 사람을 포함한다.
한 팔의 손목관절 미만 부위를 모두 잃은 사람	6급 1항 7116	· 한 손의 엄지와 둘째손가락을 중수지절관절 이상에서 잃은 사람 · 한 손의 엄지손가락을 포함하고 둘째손가락을 제외한

		세 손가락 이상을 중수지절관절 이상에서 잃은 사람 · 한 손의 엄지손가락을 제외한 네 손가락을 중수지절관절 이상에서 잃은 사람 · 한 쪽 손바닥을 잃은 사람
손가락을 잃은 사람	6급 1항 7301 6급 1항 7302 6급 2항 7304 6급 2항 7308 6급 2항 7309 6급 3항 7310 7급 7311	· 엄지손가락에 있어서는 지관절, 그 밖의 손가락에 있어서는 근위지절관절 이상을 잃은 사람
한손의 다섯 손가락의 기능을 잃은 사람	6급 2항 7307	· 한손의 다섯 손가락이 중수지절관절 또는 근위지절간관절(엄지손가락에 있어서는 지관절)의 운동 가능영역이 2분의 1 이상으로 제한된 사람
손가락의 기능을 잃은 사람	6급 2항 7306 7급 7312 7급 7313	· 손가락의 2개 관절 이상에서 운동가능영역이 2분의 1 이상으로 제한된 상태이거나 강직된 사람

나. 준용등급 결정

1) 관절의 동요는 타동적이거나 자동적이거나의 여부에 관계없이 일상생활에 지장이 있어 항상 고정장구의 장착이 필요한 사람은 6급2항(7123)을 인정하며, 일상생활에는 지장이 없으나 노동에 있어 고정장구의 장착이 필요한 사람은 7급(7124)을 인정한다.

2) 습관성 탈구(선천성 제외)가 있는 사람은 7급(7124)을 인정한다.

8. 다리 및 발가락의 장애

가. 상이등급 내용

영 별표 3의 신체상이 정도	상이등급 및 분류번호	장애내용
두 다리를 무릎관절 미만 발목관절 이상의 부위에서 잃은 사람	1급 3항 8102	· 두 다리를 무릎관절과 발목관절의 사이(하퇴부)에서 절단된 사람 · 두 다리를 발목관절에서 하퇴골과 거골이 서로 떨어져 탈락된 사람 · 한 다리를 무릎관절 이상의 부위에서 잃고 다른 쪽은 발목관절 이하 전부를 잃은 사람
두 다리를 무릎관절이하에서 기능을 모두 잃은 사람	1급 3항 8103	· 한 다리의 고관절 이하의 기능을 모두 잃고, 다른 다리의 발목관절 이하에서 기능을 모두 잃은 사람
엉덩이관절 이상의	2급 8104	· 천장골 하지가 절단된 사람

부위에서 잃은 사람		· 관골과 대퇴골이 서로 떨어져 탈락된 사람
무릎관절 이상의 부위에서 잃은 사람	1급 2항 8101 3급 8105	· 엉덩이관절과 무릎관절과의 사이(대퇴부)에서 절단된 사람 · 무릎관절에서 대퇴골과 하퇴골이 서로 떨어져 탈락된 사람
무릎관절 미만 발목관절 이상의 부위에서 잃은 사람	5급 8110	· 무릎관절과 발목관절의 사이(하퇴부)에서 절단된 사람 · 발목관절에서 하퇴골과 거골이 서로 떨어져 탈락된 사람
한다리의 발목관절 미만 부위를 모두 잃은 사람	6급 1항 8113	· 한 발의 엄지발가락을 포함하여 세 발가락을 중족골 이상의 부위에서 잃은 사람 · 한 발의 엄지발가락을 제외한 네 발가락을 중족골 이상의 부위에서 잃은 사람 · 한 발의 뒤꿈치뼈 또는 중족골 이하를 잃은 사람 · 한 발의 중족지절관절이 3분의 2 이상 상실되거나 계상골 이하 모두가 상실된 사람
한 다리의 3대 관절에 고도의 기능장애가 있는 사람	4급 8109	· 3대 관절(고관절, 무릎관절 및 발목관절)이 완전 강직된 사람 · 다리의 3대 관절의 운동가능영역이 4분의 3 이상 제한된 상태가 되고 발가락 모두의 기능을 잃은 사람
한 다리가 신경마비, 혈행장애 등으로 고도의 기능장애가 있는 사람	5급 8111	· 인공관절 재치환술을 받았음에도 신경마비 및 고도의 근위축 등으로 항상 보조기를 착용해야 하는 사람
두 발의 뒤꿈치 뼈 또는 중족골 이상을 잃은 사람	5급 8301	· 두 발의 엄지발가락을 포함하여 두 발에서 각각 두 발가락 이상을 중족골 이상에서 잃은 사람 · 두 발의 엄지발가락을 중족골 이상에서 잃은 사람 · 두 발의 엄지발가락을 제외하고 두 발에서 각각 세 발가락을 중족골 이상에서 잃은 사람
관절에 고도의 기능장애가 있는 사람	3급 8106 4급 8109 5급 8112 6급 1항 8117	· 관절의 완전 강직 또는 운동가능영역이 4분의 3 이상 제한된 사람 · 인공관절 재치환술을 받은 사람
관절에 중등도의 기능장애가 있는 사람	6급 1항 8116 6급 2항 8121	· 관절의 운동가능영역이 2분의 1 이상 제한된 사람 · 인공관절을 삽입 · 치환한 사람
관절에 경도의 기능장애가 있는 사람	6급 2항 8119 7급 8122	· 관절의 운동가능영역이 4분의 1이상 제한된 사람 · 적절한 치료에도 불구하고 관절인대 손상에 의한 불안전성이 10밀리미터(mm) 이상인 사람 · 적절한 치료에도 불구하고 연골판 손상에 의한 외상 후 변화가 엑스선 촬영 등의 검사에서 퇴행성이 명백히 나타나는 사람

다리에 가관절이 남아있어 고도의 기능장애가 있는 사람	6급 1항 8202	· 대퇴골에 가관절이 남은 사람 · 경골과 비골의 양쪽에 가관절이 남은 사람
장관골에 명백한 기형이 남은 사람	7급 8205	· 대퇴골의 변형 또는 경골과 비골의 변형으로 외부에서 보아 알 수 있는 정도(15도 이상 활처럼 굽어 부정유합된 것) 이상인 사람
발가락의 기능을 잃은 사람	6급 2항 8305 7급 8309	· 엄지발가락과 둘째발가락에 있어서는 중족지절관절 · 근위지절간관절의 운동가능영역이 2분의 1 이상으로 제한된 사람 · 셋째발가락 · 넷째발가락 · 새끼발가락이 완전 강직된 사람
한 발의 엄지발가락을 포함하여 2개의 발가락을 잃은 사람	6급3항 8306	· 엄지발가락은 중족지절관절 이상에서, 다른 발가락은 근위지절관절 이상에서 잃은 사람

[별표 5]

상이처의 종합판정기준(제8조의4 관련)

Ⅰ. 일반기준

1. 6급2항 이상의 신체상이가 둘인 사람에 대한 상이등급의 판정은 Ⅱ의 기준에 따른다.
2. 신체상이가 셋 이상인 사람에 대한 상이등급의 판정은 Ⅲ의 기준에 따른다.
3. 상이계열을 달리하는 상이가 둘 이상인 사람이 다음 각목의 어느 하나에 해당되는 경우에는 제1호 및 제2호의 기준에 따르지 아니하고 그 중 상위의 등급을 인정한다.
   가. 하나의 상이가 영 별표 3의 상이등급구분표에 의하여 둘 이상의 등급에 해당되더라도 하나의 상이를 각각 다른 관점에서 평가하는데 지나지 아니한 경우
   나. 하나의 상이가 원인이 되어 다른 상이가 파생되는 경우

Ⅱ. 6급 2항 이상의 신체상이가 둘인 사람에 대한 상이처 종합판정기준

1. 2급에 해당하는 상이가 둘인 경우의 종합판정기준표

상이등급		2급									
분류번호		1103	1104	2401	3101	4107	4108	4203	5103	7108	8104
2급	1103			1급3항	1급3항	1급3항	1급3항	1급3항	1급3항	1급3항	1급3항
	1104			1급3항	1급3항	1급3항	1급3항	1급3항	1급3항	1급3항	1급3항
	2401	1급3항	1급3항		1급3항		1급3항	1급3항	1급3항	1급3항	1급3항
	3101	1급3항	1급3항	1급3항		1급3항	1급3항	1급3항		1급2항	1급3항
	4107	1급3항	1급3항		1급3항				1급3항	1급2항	1급2항
	4108	1급3항	1급3항	1급3항	1급3항				1급3항	1급3항	1급3항
	4203	1급3항	1급3항	1급3항	1급3항				1급3항	1급3항	1급3항
	5103	1급3항	1급3항	1급3항		1급3항	1급3항	1급3항		1급2항	1급3항
	7108	1급3항	1급3항	1급3항	1급2항	1급3항	1급3항	1급3항	1급2항	1급2항	1급2항
	8104	1급3항	1급3항	1급3항	1급3항	1급3항	1급3항	1급3항	1급3항	1급2항	1급2항

2. 2급과 3급에 해당하는 상이의 종합판정기준표

상이등급 분류번호		3급																
		1105	1106	2101	2402	2501	3102	3103	4109	4110	4204	5104	5201	6101	7109	8105	8106	8107
2급	1103			1급 3항	1급 3항	1급 3항	1급 3항	1급 3항	1급 3항	1급 3항	1급 3항	1급 3항	1급 3항	1급 3항	1급 3항	1급 3항	1급 3항	1급 3항
	1104			1급 3항	1급 3항	1급 3항	1급 3항	1급 3항	1급 3항	1급 3항	1급 3항	1급 3항	1급 3항	1급 3항	1급 3항	1급 3항	1급 3항	1급 3항
	2401	1급 3항	1급 3항	1급 3항			1급 3항	1급 3항		1급 3항	1급 3항	1급 3항	1급 3항	1급 3항	1급 3항	1급 3항	1급 3항	1급 3항
	3101	1급 3항	1급 3항	1급 3항	1급 3항	1급 3항	1급 3항	1급 3항	1급 3항	1급 3항	1급 3항		1급 3항	1급 3항	1급 3항	1급 3항	1급 3항	1급 3항
	4107	1급 3항	1급 3항				1급 3항	1급 3항				1급 3항	1급 3항	1급 3항	1급 2항	1급 2항	1급 3항	1급 3항
	4108	1급 3항	1급 3항	1급 3항	1급 3항	1급 3항	1급 3항	1급 3항	1급 3항			1급 3항	1급 3항	1급 3항	1급 3항	1급 3항	1급 3항	1급 3항
	4203	1급 3항	1급 3항	1급 3항	1급 3항	1급 3항	1급 3항	1급 3항	1급 3항			1급 3항	1급 3항	1급 3항	1급 3항	1급 3항	1급 3항	1급 3항
	5103	1급 3항	1급 3항	1급 3항	1급 3항	1급 3항	1급 3항	1급 3항	1급 3항	1급 3항	1급 3항		1급 3항	1급 3항	1급 3항	1급 3항	1급 3항	1급 3항
	7108	1급 3항	1급 3항	1급 3항	1급 3항	1급 3항	1급 3항	1급 3항	1급 3항	1급 3항	1급 3항	1급 3항	1급 3항	1급 3항	1급 2항	1급 2항	1급 3항	1급 3항
	8104	1급 3항	1급 3항	1급 3항	1급 3항	1급 3항	1급 3항	1급 3항	1급 2항	1급 3항	1급 3항	1급 3항	1급 3항	1급 3항	1급 2항	1급 2항		1급 3항

3. 2급과 4급에 해당하는 상이의 종합판정기준표

상이등급 분류번호		4급											
		1107	1108	2102	2403	4111	4205	5105	6102	7110	7111	8108	8109
2급	1103							1급3항					
	1104							1급3항					
	2401												
	3101												
	4107	1급3항	1급3항					1급3항		1급2항	1급2항	1급2항	1급2항
	4108							1급3항					
	4203							1급3항					
	5103												
	7108							1급3항		1급2항	1급3항	1급2항	1급3항
	8104							1급3항	1급3항	1급3항	1급3항	1급2항	1급3항

4. 3급에 해당하는 상이가 둘인 경우의 종합판정기준표

상이등급 분류번호		3급																
		1105	1106	2101	2402	2501	3102	3103	4109	4110	4204	5104	5201	6101	7109	8105	8106	8107
3급	1105			2급	2급	2급	2급	2급	1급 3항	2급	2급	2급	2급	2급	2급	2급	2급	2급
	1106			2급	2급	2급	2급	2급	1급 3항	2급	2급	2급	2급	2급	2급	2급	2급	2급
	2101	2급	2급		2급	2급	2급	2급	2급	2급	2급	2급	2급	2급	2급	2급	2급	2급
	2402	2급	2급	2급					2급	2급	2급	2급	2급	2급	2급	2급	2급	2급
	2501	2급	2급	2급					2급	2급	2급	2급	2급	2급	2급	2급	2급	2급
	3102	2급	2급	2급					2급	2급	2급	2급	2급	2급	2급	2급	2급	2급
	3103	2급	2급	2급					2급	2급	2급	2급	2급	2급	2급	2급	2급	2급
	4109	1급 3항	1급 3항	2급	2급	2급	2급	2급			1급 3항	2급	2급	1급 3항	1급 3항	1급 3항	1급 3항	1급 3항
	4110	2급	2급	2급	2급	2급	2급	2급				2급	2급	2급	2급	2급	2급	2급
	4204	2급	2급	2급	2급	2급	2급	2급	1급 3항			2급	2급	2급	2급	1급 3항	1급 3항	2급
	5104	2급	2급	2급	2급	2급	2급	2급	2급	2급	2급		2급	2급	2급	2급	2급	2급
	5201	2급	2급	2급	2급	2급	2급	2급	2급	2급	2급	2급		2급	2급	2급	2급	2급
	6101	2급	2급	2급	2급	2급	2급	2급	1급 3항	2급	2급	2급	2급		2급	2급	1급 3항	1급 3항
	7109	2급	2급	2급	2급	2급	2급	2급	1급 3항	2급	2급	2급	2급	2급	1급 2항	1급 2항	1급 3항	2급
	8105	2급	2급	2급	2급	2급	2급	2급	1급 3항	2급	1급 3항	2급	2급	2급	1급 2항	1급 2항		1급 3항
	8106	2급	2급	2급	2급	2급	2급	2급	1급 3항	2급	1급 3항	2급	2급	1급 3항	1급 3항			
	8107	2급	2급	2급	2급	2급	2급	2급	1급 3항	2급	2급	2급	2급	1급 3항	2급	1급 3항		1급 3항

5. 3급과 4급에 해당하는 상이의 종합판정기준표

상이등급 분류번호		4급											
		1107	1108	2102	2403	4111	4205	5105	6102	7110	7111	8108	8109
3급	1105			2급	2급	2급	2급	2급	2급	2급	2급	2급	2급
	1106			2급	2급	2급	2급	2급	2급	2급	2급	2급	2급
	2101	2급	2급	2급	2급	2급	2급	2급	2급	2급	2급	2급	2급
	2402	2급	2급			2급	2급	2급	2급	2급	2급	1급 3항	2급
	2501	2급	2급			2급	2급	2급	2급	2급	2급	1급 3항	2급
	3102	2급	2급	2급	2급	2급	2급	2급	2급	2급	2급	2급	2급
	3103	2급	2급	2급	2급	2급	2급	2급	2급	2급	2급	2급	2급
	4109	2급	2급	2급	2급	2급	2급	2급	2급	1급3 항	1급3 항	1급 3항	1급 3항
	4110	2급	2급	2급	2급			2급	2급	2급	2급	2급	2급
	420 4	2급	2급	2급	2급			2급	2급	2급	2급	2급	2급
	5104	2급	2급	2급	2급	2급	2급		2급	2급	2급	2급	2급
	5201	2급	2급	2급	2급	2급	2급	2급	2급	2급	2급	2급	2급
	6101	2급	2급	2급	2급	2급	2급	2급		2급	2급	2급	2급
	7109	2급	2급	2급	2급	2급	2급	2급	2급	1급 2항	1급 3항	1급 2항	1급 3항
	8105	2급	2급	2급	2급	2급	2급	2급	2급	1급 2항	1급 3항	1급 3항	1급 3항
	8106	2급	2급	2급	2급	2급	2급	2급	2급	1급 3항	1급 3항		
	8107	2급	2급	2급	2급	2급	2급	2급	2급	2급	2급	1급 3항	1급 3항

6. 3급과 5급에 해당하는 상이의 종합판정기준표

상이등급 분류번호		5급																		
		1109	1110	2103	2404	2502	3104	4112	4206	5106	5202	6103	6104	7112	7113	7114	8110	8111	8112	8301
3급	1105			2급	2급	2급	2급	2급	2급	2급	2급	2급	2급	2급	2급	2급	2급	2급	2급	2급
	1106			2급	2급	2급	2급	2급	2급	2급	2급	2급	2급	2급	2급	2급	2급	2급	2급	2급
	2101	2급	2급		2급	2급	2급	2급	2급	2급	2급	2급	2급	2급	2급	2급	2급	2급	2급	2급
	2402	2급	2급	2급				2급	2급	2급	2급	2급	2급	2급	2급	2급	2급	2급	2급	2급
	2501	2급	2급	2급				2급	2급	2급	2급	2급	2급	2급	2급	2급	2급	2급	2급	2급
	3102	2급	2급	2급	2급	2급		2급	2급	2급	2급	2급	2급	2급	2급	2급	2급	2급		2급
	3103	2급	2급	2급	2급	2급		2급	2급	2급	2급	2급	2급	2급	2급	2급	2급	2급		2급
	4109	2급	2급	2급	2급	2급	2급			2급	2급	2급	2급	1급 3항	1급 3항	1급 3항	1급 3항	1급 3항	1급 3항	2급
	4110	2급	2급	2급	2급	2급	2급			2급	2급	2급	2급	2급	2급	2급	2급	2급	2급	2급
	4204	2급	2급	2급	2급	2급	2급			2급	2급	2급	2급	2급	2급	2급	2급	2급	2급	2급
	5104	2급	2급	2급	2급	2급	2급	2급	2급		2급	2급	2급	2급	2급	2급	2급	2급	2급	2급
	5201	2급	2급	2급	2급	2급	2급	2급	2급	2급		2급	2급	2급	2급	2급	2급	2급	2급	2급
	6101	2급	2급	2급	2급	2급	2급	2급	2급	2급	2급			2급	2급	2급	2급	2급		2급
	7109	2급	2급	2급	2급	2급	2급	2급	2급	2급	2급	2급	2급	1급 2항	1급 3항	1급 3항	1급 2항	2급	2급	2급
	8105	2급	2급	2급	2급	2급	2급	2급	2급	2급	2급	2급	2급	1급 2항	2급	2급	1급 3항	1급 3항	1급 3항	
	8106	2급	2급	2급	2급	2급	2급	2급	2급	2급	2급	2급	2급	1급 3항	1급 3항	1급 3항				
	8107	2급	2급	2급	2급	2급	2급	2급	2급	2급	2급	2급	2급	2급	2급	2급	2급	1급 3항	2급	1급 3항

7. 4급에 해당하는 상이가 둘인 경우의 종합판정기준표

상이등급 분류번호		4급											
		1107	1108	2102	2403	4111	4205	5105	6102	7110	7111	8108	8109
4 급	1107			2급	2급	2급	2급	2급	2급	2급	2급	2급	2급
	1108			2급	2급	2급	2급	2급	2급	2급	2급	2급	2급
	2102	2급	2급			2급	2급	2급	2급	2급	2급	2급	2급
	240 3	2급	2급			2급	2급	2급	2급	2급	2급	2급	2급
	4111	2급	2급	2급	2급			2급	2급	2급	2급	2급	2급
	420 5	2급	2급	2급	2급			2급	2급	2급	2급	2급	2급
	5105	2급	2급	2급	2급	2급	2급		2급	2급	2급	2급	2급
	6102	2급	2급	2급	2급	2급	2급	2급		2급	2급	2급	2급
	7110	2급	2급	2급	2급	2급	2급	2급	2급	1급 2항	1급 3항	1급 3항	2급
	7111	2급	2급	2급	2급	2급	2급	2급	2급	1급 3항	1급 3항	2급	2급
	8108	2급	2급	2급	2급	2급	2급	2급	2급	1급 3항	2급	1급 3항	1급 3항
	8109	2급	2급	2급	2급	2급	2급	2급	2급	2급	2급	1급 3항	1급 3항

8. 4급과 5급에 해당하는 상이의 종합판정기준표

상이등급 분류번호		5급																		
		1109	1110	2103	2404	2502	3104	4112	4206	5106	5202	6103	6104	7112	7113	7114	8110	8111	8112	8301
4급	1107			3급	3급	3급	3급	3급	3급	3급	3급	3급	3급	3급	3급	3급	3급	3급	3급	3급
	1108			3급	3급	3급	3급	3급	3급	3급	3급	3급	3급	3급	3급	3급	3급	3급	3급	3급
	2102	3급	3급	3급			3급	3급	3급	3급	3급	3급	3급	3급	3급	3급	3급	3급	3급	3급
	2403	3급	3급	3급			3급	3급	3급	3급	3급	3급	3급	3급	3급	3급	3급	3급	3급	3급
	4111	3급	3급	3급	3급	3급	3급			3급	3급	3급	3급	3급	3급	3급	3급	3급	3급	3급
	4205	3급	3급	3급	3급	3급	3급			3급	3급	3급	3급	3급	3급	3급	3급	3급	3급	3급
	5105	3급	3급	3급	3급	3급	3급	3급	3급		3급	3급	3급	3급	3급	3급	3급	3급	3급	3급
	6102	3급	3급	3급	3급	3급	3급	3급	3급	3급	3급			3급	3급	3급	3급	3급	3급	3급
	7110	3급	3급	3급	3급	3급	3급	3급	3급	3급	3급	3급	3급	1급 2항	1급 3항	1급 3항	1급 3항	2급	2급	2급
	7111	3급	3급	3급	3급	3급	3급	3급	3급	3급	3급	3급	3급	1급 3항	1급 3항		2급	2급	2급	2급
	8108	3급	3급	3급	3급	3급	3급	3급	3급	3급	3급	3급	3급	1급 3항	2급	2급	1급 3항	1급 3항	1급 3항	
	8109	3급	3급	3급	3급	3급	3급	3급	3급	3급	3급	3급	3급	2급	2급	2급	1급 3항	2급		

9. 4급과 6급1항에 해당하는 상이의 종합판정기준표

상이등급 분류번호		6급1항																													
		1111	1112	210	230	240	240	250	411	420	510	520	610	610	711	7116	7117	7118	7119	720	730	730	730	811	8114	8115	8116	8117	820	820	830
4급	1107			3급	3급				3급	3급	3급	3급			3급	3급	3급	3급	3급	3급	3급	3급	3급	3급	3급	3급	3급	3급	3급	3급	3급
	1108			3급	3급				3급	3급	3급	3급			3급	3급	3급	3급	3급	3급	3급	3급	3급	3급	3급	3급	3급	3급	3급	3급	3급
	2102	3급	3급		3급						3급	3급																			
	2403	3급	3급		3급						3급	3급																			
	4111	3급	3급	3급					3급	3급	3급	3급			3급	3급	3급	3급			3급			3급	3급	3급	3급				3급
	4205	3급	3급	3급					3급	3급	3급	3급			3급	3급	3급	3급			3급			3급	3급	3급	3급				3급
	5105	3급	3급	3급	3급	3급	3급	3급	3급	3급		3급	3급	3급	3급	3급	3급	3급	3급	3급	3급	3급	3급	3급	3급	3급	3급	3급	3급	3급	3급
	6102	3급	3급						3급	3급	3급				3급	3급		3급		3급				3급	3급		3급			3급	
	7110	3급	3급	3급					3급	3급	3급	3급	3급	3급	3급	2급	3급	3급	3급	3급	3급	3급		3급	3급	3급	3급	3급	3급	3급	2급
	7111	3급	3급	3급					3급	3급	3급	3급	3급	3급	3급	3급	3급	3급	3급	3급	3급	3급	3급	3급	3급	3급	3급	3급	3급	3급	3급
	8108	3급	3급	3급					3급	3급	3급	3급	3급	3급	3급	3급	3급	3급	3급	3급	3급	3급	3급	2급	3급	3급	3급	3급	3급	3급	
	8109	3급	3급	3급					3급	3급	3급	3급	3급	3급	3급	3급	3급	3급	3급	3급	3급	3급	3급	3급	3급	3급	3급	3급	3급	3급	3급

10. 5급에 해당하는 상이가 둘인 경우의 종합판정기준표

상이등급 분류번호		5급																		
		1109	1110	2103	2404	2502	3104	4112	4206	5106	5202	6103	6104	7112	7113	7114	8110	8111	8112	8301
5급	1109			3급	3급	3급	3급	3급	3급	3급	3급	3급	3급	3급	3급	3급	3급	3급	3급	3급
	1110			3급	3급	3급	3급	3급	3급	3급	3급	3급	3급	3급	3급	3급	3급	3급	3급	3급
	2103	3급	3급		3급	3급	3급	3급	3급	3급	3급	3급	3급	3급	3급	3급	3급	3급	3급	3급
	2404	3급	3급	3급			3급	3급	3급	3급	3급	3급	3급	3급	3급	3급	3급	3급	3급	3급
	2502	3급	3급	3급			3급	3급	3급	3급	3급	3급	3급	3급	3급	3급	3급	3급	3급	3급
	3104	3급	3급	3급	3급	3급		3급	3급	3급	3급	3급	3급	3급	3급	3급	3급	3급	3급	3급
	4112	3급	3급	3급	3급	3급	3급			3급	3급	3급	3급	3급	3급	3급	3급	3급	3급	3급
	4206	3급	3급	3급	3급	3급	3급			3급	3급	3급	3급	3급	3급	3급	3급	3급	3급	3급
	5106	3급	3급	3급	3급	3급	3급	3급	3급		3급	3급	3급	3급	3급	3급	3급	3급	3급	3급
	5202	3급	3급	3급	3급	3급	3급	3급	3급	3급		3급	3급	3급	3급	3급	3급	3급	3급	3급
	6103	3급	3급	3급	3급	3급	3급	3급	3급	3급	3급			3급	3급	3급	3급	3급	3급	3급
	6104	3급	3급	3급	3급	3급	3급	3급	3급	3급	3급			3급	3급	3급	3급	3급	3급	3급
	7112	3급	3급	3급	3급	3급	3급	3급	3급	3급	3급	3급	3급	1급 2항	1급 3항	1급 3항	1급 3항	3급	3급	3급
	7113	3급	3급	3급	3급	3급	3급	3급	3급	3급	3급	3급	3급	1급 3항	1급 3항	1급 3항	3급	3급	3급	3급
	7114	3급	3급	3급	3급	3급	3급	3급	3급	3급	3급	3급	3급	1급 3항	1급 3항	1급 3항	3급	3급	3급	3급
	8110	3급	3급	3급	3급	3급	3급	3급	3급	3급	3급	3급	3급	1급 3항	3급	3급	1급 3항	3급	3급	
	8111	3급	3급	3급	3급	3급	3급	3급	3급	3급	3급	3급	3급	3급	3급	3급	3급	1급 3항	1급 3항	3급
	8112	3급	3급	3급	3급	3급	3급	3급	3급	3급	3급	3급	3급	3급	3급	3급	3급	1급 3항	1급 3항	3급
	8301	3급	3급	3급	3급	3급	3급	3급	3급	3급	3급	3급	3급	3급	3급	3급		3급	3급	

11. 5급과 6급 1항에 해당하는 상이의 종합판정기준표

상이등급 분류번호		6급1항																													
		1111	1112	2104	2301	2405	2406	2503	4113	4207	5107	5203	6105	6106	7115	7116	7117	7118	7119	7201	7301	7302	7303	8113	8114	8115	8116	8117	8201	8202	8302
5급	1109			3급	4급	4급	4급	4급	4급	4급	4급	4급	4급	4급	4급	4급	4급	3급	4급	4급	4급	4급	4급	4급	4급	4급	4급	4급	4급	4급	4급
	1110			3급	4급	4급	4급	4급	4급	4급	4급	4급	4급	4급	4급	4급	4급	3급	4급	4급	4급	4급	4급	4급	4급	4급	4급	4급	4급	4급	4급
	2103	3급	3급		4급	4급	4급	4급	4급	4급	4급	4급	4급	4급	4급	4급	4급	4급	4급	4급	4급	4급	4급	4급	4급	4급	4급	4급	4급	4급	4급
	2404	4급	4급	4급	4급				4급	4급	4급	4급	4급	4급	4급	4급	4급	4급	4급	4급	4급	4급	4급	4급	4급	4급	4급	4급	4급	4급	4급
	2502	4급	4급	4급	4급				4급	4급	4급	4급	4급	4급	4급	4급	4급	4급	4급	4급	4급	4급	4급	4급	4급	4급	4급	4급	4급	4급	4급
	3104	4급	4급	4급	4급	4급	4급	4급	4급	4급	4급	4급	4급	4급	4급	4급	4급	4급	4급	4급	4급	4급	4급	4급	4급	4급	4급	4급	4급	4급	4급
	4112	4급	4급	4급	4급	4급	4급	4급			4급	4급	4급	4급	4급	4급	4급	4급	4급	4급	4급	4급	4급	4급	4급	4급	4급	4급	4급	4급	4급
	4206	4급	4급	4급	4급	4급	4급	4급			4급	4급	4급	4급	4급	4급	4급	4급	4급	4급	4급	4급	4급	4급	4급	4급	4급	4급	4급	4급	4급
	5106	4급	4급	4급	4급	4급	4급	4급	4급	4급		4급	4급	4급	4급	4급	4급	4급	4급	4급	4급	4급	4급	4급	4급	4급	4급	4급	4급	4급	4급
	5202	4급	4급	4급	4급	4급	4급	4급	4급	4급	4급		4급	4급	4급	4급	4급	4급	4급	4급	4급	4급	4급	4급	4급	4급	4급	4급	4급	4급	4급
	6103	4급	4급	4급	4급	4급	4급	4급	4급	4급	4급	4급			4급	4급	4급	4급	4급	4급	4급	4급	4급	4급	4급	4급	4급	4급	4급	4급	4급
	6104	4급	4급	4급	4급	4급	4급	4급	4급	4급	4급	4급			4급	4급	4급	4급	4급	4급	4급	4급	4급	4급	4급	4급	4급	4급	4급	4급	4급
	7112	4급	4급	4급	4급	4급	4급	4급	4급	4급	4급	4급	4급	4급	3급	3급	3급	3급	3급	4급	3급	3급		4급	4급	4급	4급	4급	4급	4급	4급
	7113	4급	4급	4급	4급	4급	4급	4급	4급	4급	4급	4급	4급	4급	3급	3급	3급	3급	3급	4급	3급	3급	4급	4급	4급	4급	4급	4급	4급	4급	4급
	7114	4급	4급	4급	4급	4급	4급	4급	4급	4급	4급	4급	4급	4급	3급	3급	3급	3급	4급	4급	3급	3급	4급	4급	4급	4급	4급	4급	4급	4급	4급
	8110	4급	4급	4급	4급	4급	4급	4급	4급	4급	4급	4급	4급	4급	4급	4급	4급	4급	4급	4급	4급	4급	4급	3급	3급	3급	3급	3급	3급	4급	
	8111	4급	4급	4급	4급	4급	4급	4급	4급	4급	4급	4급	4급	4급	4급	4급	4급	4급	4급	4급	4급	4급	4급	3급	3급	3급	3급	3급	3급	4급	3급
	8112	4급	4급	4급	4급	4급	4급	4급	4급	4급	4급	4급	4급	4급	4급	4급	4급	4급	4급	4급	4급	4급	4급	3급	3급	3급	3급	4급	3급	4급	3급
	8301	4급	4급	4급	4급	4급	4급	4급	4급	4급	4급	4급	4급	4급	4급	4급	4급	4급	4급	4급	4급	4급	4급		3급	3급	3급	4급	3급	4급	

12. 5급과 6급 2항에 해당하는 상이의 종합판정기준표

상이등급	분류번호	6급2항																																							
		1113	1114	1201	1301	2105	2201	2302	2407	2408	2504	3105	3107	4114	4208	5108	5109	6107	6108	6201	6202	7120	7121	7122	7123	7202	7203	7304	7305	7306	7307	7308	7309	8118	8119	8120	8121	8203	8204	8303	8304	8305
5급	1109						4급				4급						4급				4급		4급												4급					4급		
	1110						4급				4급						4급				4급		4급												4급					4급		
	2103	4급	4급				4급				4급						4급				4급																					
	2404	4급	4급														4급				4급																					
	2502	4급	4급														4급				4급																					
	3104	4급															4급				4급																					
	4112	4급															4급				4급		4급												4급					4급		
	4206	4급															4급				4급		4급												4급					4급		
	5106	4급																																								
	5202	4급															4급				4급																					
	6103	4급															4급				4급														4급							
	6104	4급															4급				4급														4급							
	7112	4급															4급				4급	4급	4급	3급	4급	4급	4급	3급			4급	3급	3급		4급					4급	4급	
	7113	4급															4급				4급	4급	4급	4급	4급	4급	4급	4급	4급	4급	4급	4급	4급		4급					4급	4급	
	7114	4급															4급				4급	4급	4급	4급	4급	4급	4급	4급	4급	4급	4급	4급	4급		4급					4급	4급	
	8110	4급															4급				4급		4급								4급	4급	4급	4급	4급	4급	4급	4급	4급			4급
	8111	4급															4급				4급		4급								4급	4급	4급	4급	4급	4급	4급	4급	4급	4급	4급	4급
	8112	4급															4급				4급		4급								4급	4급	4급	4급	4급	4급	4급	4급	4급	4급	4급	4급
	8301	4급															4급				4급		4급								4급	4급	4급	4급	4급		4급	4급	4급			

13. 6급 1항에 해당하는 상이의 종합판정기준표

상이등급 분류번호		6급1항																													
		1111	1112	2104	2301	2405	2406	2503	4113	4207	5107	5203	6105	6106	7115	7116	7117	7118	7119	7201	7301	7302	7303	8113	8114	8115	8116	8117	8201	8202	8302
6급 1항	1111			5급	5급	5급	5급	5급	5급	5급	5급	5급	5급	5급	5급	5급	5급	5급	5급	5급	5급	5급	5급	5급	5급	5급	5급	5급	5급	5급	5급
	1112		1급 2항	5급	5급	5급	5급	5급	5급	5급	5급	5급	5급	5급	5급	5급	5급	5급	5급	5급	5급	5급	5급	5급	5급	5급	5급	5급	5급	5급	5급
	2104	5급	5급		5급	5급	5급	5급	5급	5급	5급	5급	5급	5급	5급	5급	5급	5급	5급	5급	5급	5급	5급	5급	5급	5급	5급	5급	5급	5급	5급
	2301	5급	5급	5급		5급	5급	5급	5급	5급	5급	5급	5급	5급	5급	5급	5급	5급	5급	5급	5급	5급	5급	5급	5급	5급	5급	5급	5급	5급	5급
	2405	5급	5급	5급	5급				5급	5급	5급	5급	5급	5급	5급	5급	5급	5급	5급	5급	5급	5급	5급	5급	5급	5급	5급	5급	5급	5급	5급
	2406	5급	5급	5급	5급				5급	5급	5급	5급	5급	5급	5급	5급	5급	5급	5급	5급	5급	5급	5급	5급	5급	5급	5급	5급	5급	5급	5급
	2503	5급	5급	5급	5급				5급	5급	5급	5급	5급	5급	5급	5급	5급	5급	5급	5급	5급	5급	5급	5급	5급	5급	5급	5급	5급	5급	5급
	4113	5급	5급	5급	5급	5급	5급	5급			5급	5급	5급	5급	5급	5급	5급	5급	5급	5급	5급	5급	5급	5급	5급	5급	5급	5급	5급	5급	5급
	4207	5급	5급	5급	5급	5급	5급	5급			5급	5급	5급	5급	5급	5급	5급	5급	5급	5급	5급	5급	5급	5급	5급	5급	5급	5급	5급	5급	5급
	5107	5급	5급	5급	5급	5급	5급	5급	5급	5급		5급	5급	5급	5급	5급	5급	5급	5급	5급	5급	5급	5급	5급	5급	5급	5급	5급	5급	5급	5급
	5203	5급	5급	5급	5급	5급	5급	5급	5급	5급	5급		5급	5급	5급	5급	5급	5급	5급	5급	5급	5급	5급	5급	5급	5급	5급	5급	5급	5급	5급
	6105	5급	5급	5급	5급	5급	5급	5급	5급	5급	5급	5급			5급	5급	5급	5급	5급	5급	5급	5급	5급	5급	5급	5급	5급	5급	5급	5급	5급
	6106	5급	5급	5급	5급	5급	5급	5급	5급	5급	5급	5급			5급	5급	5급	5급	5급	5급	5급	5급	5급	5급	5급	5급	5급	5급	5급	5급	5급
	7115	5급	5급	5급	5급	5급	5급	5급	5급	5급	5급	5급	5급	5급	3급	4급	4급	3급	4급	4급	4급	4급	4급	5급	4급	5급	4급	5급	5급	5급	5급
	7116	5급	5급	5급	5급	5급	5급	5급	5급	5급	5급	5급	5급	5급	4급	3급	4급	4급	5급	4급	3급	3급	4급	5급	5급	5급	5급	5급	5급	5급	5급
	7117	5급	5급	5급	5급	5급	5급	5급	5급	5급	5급	5급	5급	5급	4급	4급	5급	4급	5급	5급	5급	5급	4급	5급	5급	5급	5급	5급	5급	5급	5급
	7118	5급	5급	5급	5급	5급	5급	5급	5급	5급	5급	5급	5급	5급	3급	4급	4급	4급	5급	4급	5급	5급	4급	5급	4급	5급	4급	5급	5급	5급	5급
	7119	5급	5급	5급	5급	5급	5급	5급	5급	5급	5급	5급	5급	5급	4급	5급	5급	5급	5급	5급	5급	5급	5급	5급	5급	5급	5급	5급	5급	5급	5급
	7201	5급	5급	5급	5급	5급	5급	5급	5급	5급	5급	5급	5급	5급	4급	4급	5급	4급	5급	4급	4급	4급	4급	5급	5급	5급	5급	5급	5급	5급	5급
	7301	5급	5급	5급	5급	5급	5급	5급	5급	5급	5급	5급	5급	5급	4급	3급	5급	5급	5급	4급	3급	3급	4급	5급	5급	5급	5급	5급	5급	5급	5급
	7302	5급	5급	5급	5급	5급	5급	5급	5급	5급	5급	5급	5급	5급	4급	3급	5급	5급	5급	4급	3급	3급	4급	5급	5급	5급	5급	5급	5급	5급	5급

	7303	5급	5급	5급	5급	5급	5급	5급	5급	5급	5급	5급	5급	5급	4급	4급	4급	4급	5급	4급	4급	4급		5급	5급	5급	5급	5급	5급	5급	5급
	8113	5급	5급	5급	5급	5급	5급	5급	5급	5급	5급	5급	5급	5급	5급	5급	5급	5급	5급	5급	5급	5급	5급	4급	4급	4급	4급	5급	4급	4급	5급
	8114	5급	5급	5급	5급	5급	5급	5급	5급	5급	5급	5급	5급	5급	4급	5급	5급	4급	5급	5급	5급	5급	5급	4급	3급	4급	3급	4급	4급	4급	4급
	8115	5급	5급	5급	5급	5급	5급	5급	5급	5급	5급	5급	5급	5급	5급	5급	5급	5급	5급	5급	5급	5급	5급	4급	4급	5급	4급	5급	5급	5급	5급
	8116	5급	5급	5급	5급	5급	5급	5급	5급	5급	5급	5급	5급	5급	4급	5급	5급	4급	5급	5급	5급	5급	5급	4급	3급	4급	4급	5급	4급	4급	4급
	8117	5급	5급	5급	5급	5급	5급	5급	5급	5급	5급	5급	5급	5급	5급	5급	5급	5급	5급	5급	5급	5급	5급	5급	4급	5급	5급	5급	5급	5급	5급
	8201	5급	5급	5급	5급	5급	5급	5급	5급	5급	5급	5급	5급	5급	5급	5급	5급	5급	5급	5급	5급	5급	5급	4급	4급	5급	4급	5급		5급	5급
	8202	5급	5급	5급	5급	5급	5급	5급	5급	5급	5급	5급	5급	5급	5급	5급	5급	5급	5급	5급	5급	5급	5급	4급	4급	5급	4급	5급	5급	4급	4급
	8302	5급	5급	5급	5급	5급	5급	5급	5급	5급	5급	5급	5급	5급	5급	5급	5급	5급	5급	5급	5급	5급	5급	5급	4급	5급	4급	5급	5급	4급	

14. 6급 1항과 6급 2항에 해당하는 상이의 종합판정기준표

상이등급	분류번호	6급2항																																								
		1113	1114	1201	1301	2105	2201	2302	2407	2408	2504	3105	3107	4114	4208	5108	5109	6107	6108	6201	6202	7120	7121	7122	7123	7202	7203	7304	7305	7306	7307	7308	7309	8118	8119	8120	8121	8203	8204	8303	8304	8305
6급 1항	1111							5급			5급						5급																									
	1112	2급			5급		5급	5급			5급	5급	5급				5급				5급		5급		5급	5급	5급	5급	5급	5급	5급	5급	5급		5급		5급		5급		5급	
	2104	5급	5급				5급				5급						5급				5급		5급			5급	5급	5급	5급	5급		5급	5급		5급				5급			
	2301	5급	5급		5급	5급	5급		5급	5급		5급	5급																													
	2405										5급					5급																										
	2406										5급					5급																										
	2503										5급					5급																										
	4113	5급															5급				5급					5급	5급	5급	5급	5급		5급	5급						5급			
	4207	5급															5급				5급					5급	5급	5급	5급	5급		5급	5급						5급			
	5107					5급			5급	5급	5급						5급																									
	5203	5급															5급				5급		5급			5급	5급	5급	5급	5급	5급				5급				5급	5급		
	6105																																							5급		
	6106																																							5급		
	7115	5급															5급				5급	5급	4급	5급	5급	5급	5급	4급	5급	5급	5급	5급	5급		5급	5급			5급	5급		
	7116	5급															5급				5급	5급	5급	4급	5급	5급	5급	4급	5급	5급	4급	4급	4급		5급	5급	5급		5급	5급		
	7117	5급															5급				5급	5급	5급	5급	5급	5급	5급	5급	5급	5급	5급	5급	5급		5급				5급	5급	5급	
	7118	5급															5급				5급	5급	4급	5급	5급	5급	5급	5급	5급	5급	5급	5급	5급		5급	5급	5급		5급	5급	5급	5급
	7119																5급				5급	5급	5급	5급	5급	5급	5급	5급	5급	5급	5급	5급	5급		5급	5급	5급		5급	5급		
	7201																5급				5급	5급	5급	5급	5급	5급	5급	5급	5급	5급	5급	5급	5급		5급	5급			5급	5급	5급	5급

	7301	5급															5급				5급	5급	5급	4급	5급	5급	5급	4급	4급	4급	4급	4급	4급		5급	5급	5급		5급	5급	5급	
	7302																5급				5급	5급	5급	4급	5급	5급	5급	4급	4급	4급	4급	4급	4급		5급	5급			5급	5급	5급	
	7303																5급				5급	5급	5급	4급	5급	5급	5급	4급			4급		4급		5급	5급			5급	5급	5급	5급
	8113	5급															5급	5급	5급		5급		5급	5급	5급	5급	5급	5급	5급	5급	5급	5급	5급	5급	5급	5급	5급	5급	5급		5급	5급
	8114	5급															5급				5급		5급	5급		5급	5급	5급	5급	5급	5급	5급	5급	5급	4급	5급	5급		5급	5급	5급	5급
	8115	5급															5급				5급		5급	5급		5급	5급	5급	5급	5급	5급			5급	5급	5급	5급		5급	5급	5급	5급
	8116	5급															5급	5급	5급		5급		5급	5급	5급	5급	5급	5급	5급	5급	5급	5급	5급	5급	4급	5급	5급		5급	5급	5급	5급
	8117																5급	5급	5급		5급		5급	5급		5급	5급	5급	5급	5급	5급	5급	5급	5급	5급	5급	5급		5급	5급	5급	5급
	8201																5급				5급		5급			5급	5급	5급	5급	5급	5급	5급	5급	5급	5급	5급	5급		5급	5급	5급	5급
	8202																5급	5급	5급		5급		5급	5급			5급				5급	5급	5급	5급	5급	5급	5급		5급	5급	5급	5급
	8302	5급															5급				5급		5급	5급		5급	5급	5급	5급	5급	5급	5급	5급	5급	5급	5급	5급		5급			

15. 6급 2항에 해당하는 상이가 둘인 경우의 종합판정기준표

상이등급		6급2항																																							
	분류번호	1113	1114	1201	1301	2105	2201	2302	2407	2408	2504	3105	3107	4114	4208	5108	5109	6107	6108	6201	6202	7120	7121	7122	7123	7202	7203	7304	7305	7306	7307	7308	7309	8118	8119	8120	8121	8203	8204	8303	8304	8305
6급2항	1113	6급			6급	6급	6급	6급	6급	6급	6급	6급	6급	6급	6급	6급	6급	6급	6급	6급	6급	6급	6급	6급	6급	6급	6급	6급	6급	6급	6급	6급	6급	6급	6급	6급	6급	6급	6급	6급	6급	6급
	1114				6급	6급	6급	6급	6급	6급	6급	6급	6급	6급	6급	6급	6급	6급	6급	6급	6급	6급	6급	6급	6급	6급	6급	6급	6급	6급	6급	6급	6급	6급	6급	6급	6급	6급	6급	6급	6급	6급
	1201				6급	6급	6급	6급	6급	6급	6급	6급	6급	6급	6급	6급	6급	6급	6급	6급	6급	6급	6급	6급	6급	6급	6급	6급	6급	6급	6급	6급	6급	6급	6급	6급	6급	6급	6급	6급	6급	6급
	1301	6급	6급	6급		6급	6급	6급	6급	6급	6급	6급	6급	6급	6급	6급	6급	6급	6급	6급	6급	6급	6급	6급	6급	6급	6급	6급	6급	6급	6급	6급	6급	6급	6급	6급	6급	6급	6급	6급	6급	6급
	2105	6급	6급	6급	6급		6급	6급			6급	6급	6급	6급	6급	6급	6급	6급	6급	6급	6급	6급	6급	6급	6급	6급	6급	6급	6급	6급	6급	6급	6급	6급	6급	6급	6급	6급	6급	6급	6급	6급
	2201	6급	6급	6급	6급	6급		6급	6급	6급	6급	6급	6급	6급	6급	6급	6급	6급	6급	6급	6급	6급	6급	6급	6급	6급	6급	6급	6급	6급	6급	6급	6급	6급	6급	6급	6급	6급	6급	6급	6급	6급
	2302	6급	6급	6급	6급	6급	6급		6급	6급	6급	6급	6급	6급	6급	6급	6급	6급	6급	6급	6급	6급	6급	6급	6급	6급	6급	6급	6급	6급	6급	6급	6급	6급	6급	6급	6급	6급	6급	6급	6급	6급
	2407	6급	6급	6급	6급		6급	6급			6급	6급	6급	6급	6급	6급	6급	6급	6급	6급	6급	6급	6급	6급	6급	6급	6급	6급	6급	6급	6급	6급	6급	6급	6급	6급	6급	6급	6급	6급	6급	6급
	2408	6급	6급	6급	6급		6급	6급			6급	6급	6급	6급	6급	6급	6급	6급	6급	6급	6급	6급	6급	6급	6급	6급	6급	6급	6급	6급	6급	6급	6급	6급	6급	6급	6급	6급	6급	6급	6급	6급
	2504	6급	6급	6급	6급	6급	6급	6급	6급	6급		6급	6급	6급	6급	6급	6급	6급	6급	6급	6급	6급	6급	6급	6급	6급	6급	6급	6급	6급	6급	6급	6급	6급	6급	6급	6급	6급	6급	6급	6급	6급
	3105	6급	6급	6급	6급	6급	6급	6급	6급	6급	6급			6급	6급	6급	6급	6급	6급	6급	6급	6급	6급	6급	6급	6급	6급	6급	6급	6급	6급	6급	6급	6급	6급	6급	6급	6급	6급	6급	6급	6급
	3107	6급	6급	6급	6급	6급	6급	6급	6급	6급	6급			6급	6급	6급	6급	6급	6급	6급	6급	6급	6급	6급	6급	6급	6급	6급	6급	6급	6급	6급	6급	6급	6급	6급	6급	6급	6급	6급	6급	6급
	4114	6급	6급	6급	6급	6급	6급	6급	6급	6급	6급	6급	6급	6급	6급	6급	6급	6급	6급	6급	6급	6급	6급	6급	6급	6급	6급	6급	6급	6급	6급	6급	6급	6급	6급	6급	6급	6급	6급	6급	6급	6급
	4208	6급	6급	6급	6급	6급	6급	6급	6급	6급	6급	6급	6급	6급		6급	6급	6급	6급	6급	6급	6급	6급	6급	6급	6급	6급	6급	6급	6급	6급	6급	6급	6급	6급	6급	6급	6급	6급	6급	6급	6급
	5108	6급	6급	6급	6급	6급	6급	6급	6급	6급	6급	6급	6급	6급	6급		6급	6급	6급	6급	6급	6급	6급	6급	6급	6급	6급	6급	6급	6급	6급	6급	6급	6급	6급	6급	6급	6급	6급	6급	6급	6급
	5109	6급	6급	6급	6급	6급	6급	6급	6급	6급	6급	6급	6급	6급	6급	6급		6급	6급	6급	6급	6급	6급	6급	6급	6급	6급	6급	6급	6급	6급	6급	6급	6급	6급	6급	6급	6급	6급	6급	6급	6급
	6107	6급	6급	6급	6급	6급	6급	6급	6급	6급	6급	6급	6급	6급	6급	6급	6급			6급	6급	6급	6급	6급	6급	6급	6급	6급	6급	6급	6급	6급	6급	6급	6급	6급	6급	6급	6급	6급	6급	6급
	6108	6급	6급	6급	6급	6급	6급	6급	6급	6급	6급	6급	6급	6급	6급	6급	6급			6급	6급	6급	6급	6급	6급	6급	6급	6급	6급	6급	6급	6급	6급	6급	6급	6급	6급	6급	6급	6급	6급	6급
	6201	6급	6급	6급	6급	6급	6급	6급	6급	6급	6급	6급	6급	6급	6급	6급	6급	6급	6급		6급	6급	6급	6급	6급	6급	6급	6급	6급	6급	6급	6급	6급	6급	6급	6급	6급	6급	6급	6급	6급	6급
	6202	6급	6급	6급	6급	6급	6급	6급	6급	6급	6급	6급	6급	6급	6급	6급	6급	6급	6급	6급		6급	6급	6급	6급	6급	6급	6급	6급	6급	6급	6급	6급	6급	6급	6급	6급	6급	6급	6급	6급	6급
	7120	6급	6급	6급	6급	6급	6급	6급	6급	6급	6급	6급	6급	6급	6급	6급	6급	6급	6급	6급	6급	6급	6급	6급	6급	6급	6급	6급	6급	6급	6급	6급	6급	6급	6급	6급	6급	6급	6급	6급	6급	6급
	7121	6급	6급	6급	6급	6급	6급	6급	6급	6급	6급	6급	6급	6급	6급	6급	6급	6급	6급	6급	6급	6급	4급	5급	5급	5급	5급	5급	5급	5급	5급	5급	5급	6급	5급	5급	5급	6급	6급	5급	5급	5급
	7122	6급	6급	6급	6급	6급	6급	6급	6급	6급	6급	6급	6급	6급	6급	6급	6급	6급	6급	6급	6급	6급	5급	4급	5급	5급	5급	4급	5급	5급	4급	4급	4급	6급	5급	5급	6급	6급	6급	5급	6급	6급
	7123	6급	6급	6급	6급	6급	6급	6급	6급	6급	6급	6급	6급	6급	6급	6급	6급	6급	6급	6급	6급	6급	5급	5급	5급	5급	5급	5급	5급	5급	5급	5급	5급	6급	5급	6급	6급	6급	6급	6급	6급	6급
	7202	6급	6급	6급	6급	6급	6급	6급	6급	6급	6급	6급	6급	6급	6급	6급	6급	6급	6급	6급	6급	6급	5급	5급	5급		5급	5급	5급	5급	5급	6급	6급	6급	6급	5급	6급	6급	5급	6급	5급	6급
	7203	6급	6급	6급	6급	6급	6급	6급	6급	6급	6급	6급	6급	6급	6급	6급	6급	6급	6급	6급	6급	6급	5급	5급	5급	5급	5급	5급	5급	5급	5급	5급	5급	6급	6급	6급	6급	6급	6급	6급	6급	6급
	7304	6급	6급	6급	6급	6급	6급	6급	6급	6급	6급	6급	6급	6급	6급	6급	6급	6급	6급	6급	6급	6급	5급	4급	5급	5급	5급		5급	5급	4급	4급	4급	6급	5급	5급	5급	6급	6급	5급	5급	5급
	7305	6급	6급	6급	6급	6급	6급	6급	6급	6급	6급	6급	6급	6급	6급	6급	6급	6급	6급	6급	6급	6급	5급	5급	5급	5급	5급	5급			5급		5급	6급	5급	5급	5급	6급	6급	5급	5급	6급

7306	6급	6급	6급	6급	6급	6급	6급	6급	6급	6급	6급	6급	6급	6급	6급	6급	6급	6급	6급	6급	6급	5급	5급	5급	5급	5급	5급			5급		5급	6급	5급	5급	5급	6급	6급	5급	5급	6급
7307	6급	6급	6급	6급	6급	6급	6급	6급	6급	6급	6급	6급	6급	6급	6급	6급	6급	6급	6급	6급	6급	5급	4급	5급	5급	5급	4급	5급	5급	4급	5급	5급	6급	5급	6급	6급	6급	6급	5급	5급	5급
7308	6급	6급	6급	6급	6급	6급	6급	6급	6급	6급	6급	6급	6급	6급	6급	6급	6급	6급	6급	6급	6급	5급	4급	5급	6급	5급	4급			5급	5급	5급	6급	5급	6급	6급	6급	6급	5급	5급	6급
7309	6급	6급	6급	6급	6급	6급	6급	6급	6급	6급	6급	6급	6급	6급	6급	6급	6급	6급	6급	6급	6급	5급	4급	5급	6급	5급	4급	5급	5급	5급	5급	5급	6급	5급	6급	6급	6급	6급	5급	5급	6급
8118	6급	6급	6급	6급	6급	6급	6급	6급	6급	6급	6급	6급	6급	6급	6급	6급	6급	6급	6급	6급	6급	6급	6급	6급	6급	6급	6급	6급	6급	6급	6급	6급	6급	6급	6급	6급	6급	6급	6급	6급	6급
8119	6급	6급	6급	6급	6급	6급	6급	6급	6급	6급	6급	6급	6급	6급	6급	6급	6급	6급	6급	6급	6급	5급	5급	5급	6급	6급	5급	5급	5급	5급	5급	5급	6급	4급	5급	5급	6급	5급	5급	5급	5급
8120	6급	6급	6급	6급	6급	6급	6급	6급	6급	6급	6급	6급	6급	6급	6급	6급	6급	6급	6급	6급	6급	5급	5급	6급	5급	6급	5급	5급	5급	6급	6급	6급	6급	5급	5급	5급	5급	5급	5급	5급	5급
8121	6급	6급	6급	6급	6급	6급	6급	6급	6급	6급	6급	6급	6급	6급	6급	6급	6급	6급	6급	6급	6급	5급	6급	6급	6급	6급	5급	5급	5급	6급	6급	6급	6급	5급	5급	5급	6급	5급	5급	5급	5급
8203	6급	6급	6급	6급	6급	6급	6급	6급	6급	6급	6급	6급	6급	6급	6급	6급	6급	6급	6급	6급	6급	6급	6급	6급	6급	6급	6급	6급	6급	6급	6급	6급	6급	6급	5급	6급		6급	6급	6급	6급
8204	6급	6급	6급	6급	6급	6급	6급	6급	6급	6급	6급	6급	6급	6급	6급	6급	6급	6급	6급	6급	6급	6급	6급	6급	5급	6급	6급	6급	6급	6급	6급	6급	6급	5급	5급	5급	6급	5급	5급	5급	5급
8303	6급	6급	6급	6급	6급	6급	6급	6급	6급	6급	6급	6급	6급	6급	6급	6급	6급	6급	6급	6급	6급	5급	5급	6급	6급	6급	5급	5급	5급	5급	5급	5급	6급	5급	5급	5급	6급	5급			
8304	6급	6급	6급	6급	6급	6급	6급	6급	6급	6급	6급	6급	6급	6급	6급	6급	6급	6급	6급	6급	6급	5급	6급	6급	5급	6급	5급	5급	5급	5급	5급	5급	6급	5급	5급	5급	6급	5급			6급
8305	6급	6급	6급	6급	6급	6급	6급	6급	6급	6급	6급	6급	6급	6급	6급	6급	6급	6급	6급	6급	6급	5급	6급	6급	6급	6급	5급	6급	6급	5급	6급	6급	6급	5급	5급	5급	6급	5급		6급	6급

* 종합판정결과 6급은 6급1항을 말한다.

Ⅲ. 신체상이가 셋 이상인 사람에 대한 상이처 종합판정기준

1. 6급 2항 이상의 신체상이가 셋 이상인 사람에 대한 종합판정기준표

세번째 상이등급 \ 우선 종합판정 상이등급	2	3	4	5	6급1항
3	1급3항				
4	1급3항	2			
5		2	3		
6급1항			3	4	
6급2항				4	5

비고: 위 표에서 "우선 종합판정 상이등급"이라 함은 셋 이상의 상이처 중 상이정도가 가장 높은 상이등급과 나머지 상이등급 중 하나의 등급을 선택하여 Ⅱ의 기준에 따라 종합판정한 상이등급을 말한다.

2. 상이계열을 달리하는 6급3항 및 7급의 신체상이가 셋 이상인 사람은 각각 6급2항 및 6급3항으로 판정한다.

Ⅳ. 상이등급의 판정을 받지 못한 사람(영 제3조제1항제2호에 해당하는 사람만 해당한다)으로서 신체상이가 둘 이상인 사람에 대한 상이처 종합판정기준

상이계열을 달리 하는 신체상이(질병은 제외한다)가 둘 이상인 사람에 대해서는 각각의 신체상이를 종합하여 상이등급 7급으로 판정할 수 있다. 다만, 하나의 상이를 각각 다른 관점에서 평가하거나 하나의 상이가 원인이 되어 다른 상이가 파생하는 경우는 종합판정하지 아니한다.

2. 상이의 추가인정

국가보훈처장은 국가유공자가 상이의 추가인정을 신청하면 보훈심사위원회의 심의 · 의결을 거쳐 그 인정 여부를 결정하며, 이에 따라 상이를 추가로 인정받은 사람은 그 추가인정을 신청한 날에 재판정신체검사를 신청한 것으로 본다.

3. 상이등급 판정 등에 대한 특례

다음 각 호의 어느 하나에 해당하는 사람에 대한 상이정도는 제6조의4에 따른 상이등급과 「보훈보상대상자 지원에 관한 법률」 제6조에 따른 상이등급을 종합하여 판정한다(국가유공자 등 예우 및 지원에 관한 법률 제6조의5).

제1호 전상군경 또는 공상군경으로서 「보훈보상대상자 지원에 관한 법률」에 따른 재해부상군경에 해당하는 사람

제2호 공상공무원으로서 「보훈보상대상자 지원에 관한 법률」에 따른 재해부상공무원에 해당하는 사람

4. 보상의 원칙

가. 원칙

국가유공자, 그 유족 또는 가족에게는 국가유공자의 희생과 공헌의 정도에 따라 보상하되, 그 생활수준과 연령 등을 고려하여 보상의 정도를 달리할 수 있다.

나. 특례

(1) 상이등급에 따라 등록된 국가유공자 등에 대한 보상 특례

법률 제6011호 국가유공자등예우및지원에관한법률중개정법률 제6조의4의 개정규정에 따른 상이등급에 따라 등록된 전상군경, 공상군경, 4 · 19혁명부상자, 공상공무원, 특별공로상이자, 5 · 18 자유상이자 및 전투종사군무원 등과 그 유족 또는 가족에 대하여는 대통령령으로 정하는 바에 따라 해당 상이등급에 따라 제11조에 따른 보훈급여금을 지급한다.

(2) 외국국적동포 등에 대한 보상 특례

「재외동포의 출입국과 법적 지위에 관한 법률」 제16조에 따라 보훈급여금을 받는 외국국

적동포인 국가유공자가 대한민국 국적을 상실한 상태로 사망한 경우에도 대한민국 국적을 보유하고 있거나 회복한 그 유족에 대하여 보훈급여금을 지급한다.

5. 상이등급 판정을 받은 이후 절차

국가유공자 등 등록신청을 하여 관련 상이요건으로 인정받고 신체검사에서 상이등급 1급 내지 7급 판정을 받으면 국가유공자법 제79조(이 법 적용대상으로부터의 배제)에 의거 범죄경력조회를 한 후 보훈(지)청장은 국가유공자 또는 보훈보상대상자로 등록결정을 한다.

6. 상이등급 기준 미달판정자로 사망한 후 추가상이가 확인된 경우

생존 시 상이등급 기준미달 판정을 받은 상이처는 사망 후에는 서면심사에 의한 상이등급 심사대상이 되지 아니한다. 그러나 기존 인정받은 상이처 외에 추가로 신청한 상이는 등록신청이 가능하다. 기존에 전 · 공상으로 인정한 상이처만 전 · 공상 요건에 해당하는 것으로 의결한 경우에는 상이등급 심사 대상이 되지 않으므로 추가로 신청한 상이를 요건비해당 심사 결과 안내로 종결처리하고, 기존 인정한 상이처 외에 추가로 신청한 상이를 전 · 공상요건으로 인정한 경우에는 인정한 상이처 전부를 상이등급 심사(서면심사)대상에 포함하여 등급심사한다.

Ⅶ. 보상받을 권리의 발생시기 및 소멸시기 등

1. 등록신청을 한 날이 속하는 달

보상을 받을 권리는 제6조제1항에 따른 등록신청을 한 날이 속하는 달부터 발생한다. 다만, 제14조의2제1항, 제22조제4항 및 제63조의2제2항에 따라 생활조정수당 지급, 교육지원 및 보조금 지급을 신청하는 경우에는 그 신청한 날이 속하는 달부터 해당 보상을 받을 권리가 발생한다(국가유공자 등 예우 및 지원에 관한 법률 제9조).

2. 사유가 발생한 날이 속하는 달

국가유공자, 그 유족 또는 가족이 제6조의2제1항제1호부터 제3호까지, 제79조제1항 및 제2항의 어느 하나에 해당하게 되면 그 해당되는 사유가 발생한 날이 속하는 달의 다음 달부터 이 법에 따라 보상을 받을 권리가 소멸된다. 이 경우 국가유공자 본인이 제6조의2 제1항제2호 또는 제79조제1항에 해당하게 되는 경우에는 그 가족이 보상을 받을 권리도 함께 소멸된다.

3. 소급 소멸사유

국가유공자, 그 유족 또는 가족이 다음 각 호의 어느 하나에 해당하면 이 법에 따라 보상을 받을 권리가 발생하였던 날로 소급하여 그 권리가 소멸된다. 이 경우 국가유공자 본인이 보상을 받을 권리가 소멸된 경우에는 그의 유족 또는 가족이 보상을 받을 권리도 함께 소멸된다.

제1호 거짓이나 그 밖의 부정한 방법으로 등록결정을 받은 사실이 밝혀진 경우

제2호 제6조제3항후단에 따라 소속하였던 기관의 장이 통보한 국가유공자 등의 요건 관련 사실에 중대한 흠결(欠缺)이 있어 국가유공자 등의 등록요건에 해당되지 아니하는 것으로 밝혀진 경우

Ⅷ. 관련 서식

1. 청구취지

[국가유공자유족등록신청기각처분취소 청구]

1. 피고가 2010. 10. 12. 원고에 대하여 한 국가유공자유족등록신청 기각처분은 이를 취소한다. 2. 소송비용은 피고의 부담으로 한다.

[국가유공자상이사망인정거부처분취소 청구]

피고가 2010. 10. 21. 청구인에 대하여 한 국가유공자상이사망인정거부처분은 이를 취소한다.

[국가유공자유족순위변경처분취소 청구]

1. 피고가 2010. 9. 14.자로 원고에 대하여 한 애국지사유족순위변경처분은 이를 취소한다. 2. 소송비용은 피고의 부담으로 한다.

[광주민주유공자예우에관한법률적용대상배제처분취소 청구]

피청구인이 2010. 10. 12. 청구인에 대하여 한 광주민주유공자예우에관한법률적용대상배제처분은 이를 취소한다.

[전공상불인정처분취소 청구의 소]

1. 피고가 20○○. ○. ○. 원고에 대하여 한 전공상불인정처분은 이를 취소한다. 2. 소송비용은 피고의 부담으로 한다. 라는 판결을 구합니다.

2. 서식례

[서식] 국가유공자비해당결정처분취소 청구의 소

소 장

원 고 ○ ○ ○ (000000-0000000)
○○시 ○○구 ○○동 ○○○
소송대리인 변호사 ○ ○ ○
○○시 ○○구 ○○동 ○○○ (우 :)
(전화 : ,팩스 :)

피 고 ○○보훈지청장
○○시 ○○구 ○○동 ○○○ (우 :)

국가유공자비해당결정처분취소 청구의 소

청 구 취 지

1. 피고가 20○○. 4. 7.자 원고에 대하여 한 국가유공자비해당결정처분을 취소한다.
2. 소송비용은 피고의 부담으로 한다.

라는 판결을 구합니다.

청 구 원 인

1. 이 사건 처분의 존재 및 경위

가. 원고의 상이 경위

(1) 원고는 19○○. ○. ○. ○○훈련소에 입소하여 훈련을 받는 도중 같은 해 2. 일자불상경 야간훈련 도중 미끄러져 허리를 다치게 되었습니다. 원고는 허리를 다친 이후 요통이 시작되어 약물을 계속 복용하였지만 증상이 더 악화되어 같은 해 4. 7. 국군 ○○병원에 입원을 하여 같은 해 5. 29. 수핵탈출용(L4-5)의 진단을 받고, 같은 해 6. 18. 제4요추 후궁부분절제술 및 수핵제거술을 시행받은 후 같은 해 7. 28. 이등병으로 의가사 제대를 하게 되었습니다.

(2) 그러나 원고는 제대 후에도 계속되는 요통으로 인하여 10분 정도로 서 있기 힘든 상태여서 도저히 생계유지를 위한 활동을 할 수 없는 상태에 있고 20○○. 12. 26. 척추장애 6급 5호의 장애등록을 하였습니다.

나. 피고의 국가유공자 비해당통보

원고는 피고에게 국가유공자 등록신청을 하여 보훈심사위원회에서 19○○. ○. ○.자로 국가유공자등예우및지원에관한법률 제4조 제1항 제6호 전단의 요건에 해당하는 자로 등외 판정을 받았습니다. 그 이후 피고에게 등급상향조정신청을 하여 20○○. ○. ○. 소외 ○○보훈병원에서 재신체검사를 받았으나 종전과 동일한 등외판정을 박게 되었고, 피고로부터 같은 해 4. 7.자로 이러한 결과를 통보받았습니다.

2. 관련 법령

국가유공자등예우및지원에관한법률 제1조(목적) "이 법은 국가를 위하여 희생하거나 공헌한 국가유공자와 그 유족에게 합당한 예우를 하고 국가유공자에 준하는 군경 등을 지원함으로써 이들의 생활환경과 복지향상을 도모하고 국민의 애국정신을 기르는 데에 이바지함을 목적으로 한다."라고 규정하고 있고, 같은 법 제4조 제1항 제6호는 "군인이나 경찰·소방공무원으로서 교육훈련 또는 직무수행 중 상이(공무상의 질병을 포함한다)를 입고 전역하거나 퇴직한 자로서 그 상이정도가 국가보훈처장이 실시하는 신체검사에서 제6조의4에 따른 상이등급에 해당하는 신체의 장애를 입은 것으로 판정된 자를 공상군경이라 칭하고 이를 국가유공자로 인정하고 있습니다.

3. 이 사건 비해당결정처분의 위법성

가. 직무수행과 상이의 인과관계

위 관련법령을 종합하면, 국가유공자등예우및지원에관한법률 제4조 제1항 제6호 소정의 "군인이나 경찰·소방공무원으로서 교육훈련 또는 직무수행 중 상이를 입은 경우"라 함은 군인 또는 경찰·소방공무원이 교육훈련 또는 직무수행 중 사고나 재해를 당하여 부상하거나 질병에 걸리는 것을 의미한다 할 것이고, 이에는 사고나 재해가 공무수행과 직접적인 관련이 있는 경우뿐만 아니라, 기존의 질병이 공무수행 중의 사고나 충격, 과로, 무리 등의 재해로 인하여 재발 또는 악화된 경우도 포함된다 할 것입니다.

나. 원고의 경우

원고는 군에 입대할 당시에는 아무런 질병 없이 입대하였으나 훈련도중 사고로 인하여 위와 같은 수술을 받고 의가사 제대까지 하였으므로 군 복무와 질병과의 사이에는 인과관계가 인정된다고 할 것인 바, 국가유공자등록의무가 있는 피고가 이를 거부한 것은 위법성을 면치 못한다 할 것입니다.

4. 결 어

원고는 허리의 통증으로 10분 이상 걷거나 일을 할 수 없는 상태에 있고, 통증 완화를 위한 약물을 지속적으로 복용하고 있는 상태입니다. 원고는 19○○, 20○○, 20○○.경 세 차례에 걸쳐 등외판정을 번복하여 달라고 신청하였으나 기각당하였고, 20○○.경에는 문답에 의하여 등외판정을 하였을 뿐입니다. 원고는 군입대 전에는 아무런 질병이 없었으나 훈련 중 사고로 인하여 고질적인 요통에 시달리고 있는 바, 원고의 상이와 군복무 사이에 상당인과관계가 인정됨에도 국가유공자등예우및지원에관한법률 제4조 제1항 및 관련법령에 의하여 국가유공자등록의무가 있는 피고가 이를 거부한 것은 위법성을 면치 못한다 할 것입니다.

따라서 피고의 이 사건 처분은 취소되어야 할 것이므로 본 소 청구에 이르렀습니다.

입 증 방 법

1. 갑 제1호증의 1	등록신청서
1. 갑 제1호증의 2	신체검사통지서
1. 갑 제2호증	심의의결서
1. 갑 제3호증	국가유공자 등 요건사실확인서
1. 갑 제4호증의 1	병상일지
1. 갑 제6호증의 2	의무조사보고서
1. 갑 제5호증	의무기록사본증명서
1. 갑 제6호증	신체검사표
1. 갑 제7호증	장애인증명서

그 밖의 입증서류는 변론에 따라 수시 제출하겠습니다.

첨 부 서 류

1. 위 입증서류 사본	각 1통
1. 주민등록초본	1통
1. 소장부본	1통

1. 위임장 1통

20○○. ○. .

위 원고 소송대리인 변호사 ○ ○ ○ (인)

○○행정법원 귀중

[서식] 국가유공자비해당결정처분 취소청구의 소

소 장

원 고 ○○○(주민등록번호)
○○시 ○○구 ○○길 ○○(우편번호 ○○○-○○○)
전화·휴대폰번호:
팩스번호, 전자우편(e-mail)주소:

피 고 ○○지방보훈청장
○○시 ○○구 ○○길 ○○(우편번호 ○○○-○○○)

국가유공자비해당결정처분 취소청구의 소

청 구 취 지

1. 피고가 19○○. ○. ○. 소외 망 ◇◇◇에 대하여 한 국가유공자비해당결정처분을 취소한다.
2. 소송비용은 피고의 부담으로 한다.

라는 판결을 구합니다.

청 구 원 인

1. 소외 망 ◇◇◇은 1945년 해방직후부터 ◎◎경찰서 사찰계에서 '경사'직급으로 근무하다가, 19○○년경에는 ◆◆경찰서 △△지서장으로 근무하였습니다.

2. 1950년 6. 25사변이 일어난 후, 전북 ○○군 ○○읍을 점령하였던 인민군이 후퇴하면서 1950. ○. ○○. ○○군 일대의 사회지도층 인사들을 전북 ○○군 ○○읍 ○○길 소재 ○○산으로 끌고 가서 모두 총살하였습니다. 망 나□□도 인민군에 체포되어 사회지도층 인사들과 같이 위 ○○산으로 끌려가서 총살을 당했습니다.

3. 위 망 나□□의 아들인 원고는 경찰청장의 '국가유공자등록절차 안내'에 따라 20○○. ○. 중순경 ▽▽경찰서장의 '국가유공자등요건관련사실확인서'를 발급 받아 국가보훈처에 국가유공자등록신청을 하였습니다. 그런데 국가보훈처 보훈심사위원회는 위 망 나□□이 경찰관으로 근무한 사실과 1950. ○. ○○. 인민군에 의해 총살되어 순직하였다는 사실을 입증할 자료가 없는 이유로 20○○. ○. ○. 국가유공자등예우및지원에 관한 법률 제4조 제1항 제3호의 요건에 해당되지 아니한다'는 내용의 의결을 하였으며, 피고는 20○○. ○. ○.자로 위 보훈심사위원회의 의결에 따라 위 망 나□□이 국가유공자에 해당하지 아니한다는 결정을 하여 원고에게 송달하였습니다.

4. 국가는 국가공무원에 대한 인사사항, 경력사항 및 상벌사항 등을 기록하는 '인사기록부'를 작성하여 보관 및 보존하여야 할 의무가 있는 것입니다. 위 망 나□□이 소속되어 있던 ◆◆경찰서도 망 나□□이 ◆◆경찰서에서 근무한 사실을 인정하면서도 위 나□□에 대한 인사기록부인 '사령원부'를 보관하고 있던 중, 6. 25사변으로 1950. ○. ○.이후 근무자 들에 대한 기록만 보관하고 있고 이전에 사령원부는 소각하였으므로 위 나□□에 대한 공부상의 기록을 발견할 수 없다는 것입니다.

5. 국가의 인사기록부에 해당하는 '사령원부가 비록 천재지변에 해당하는 6. 25.사변 중에 소실되었다면 그 '사령원부'의 소실에 따르는 불이익은 사령원부의 보관 및 보존의 책임이 있는 국가가 받아야 함이 마땅하다 하겠습니다. 위 망 나□□의 아들인 원고는 위 '사령원부'가 6. 25. 사변 중에 소실되었다는 사실을 확인하고 나□□의

근무사실 및 총살사실을 목격한 사람 및 그 사실을 알고 있는 사람들의 확인서를 수집하여 ▽▽경찰서를 통하여 경찰청에 제출하여 경찰청장 명의의 '국가유공자등요건관련사실확인서'를 발급 받아 국가보훈처에 제출하였던 것입니다. 그럼에도 불구하고, 위 '사령원부' 보관 및 보존의 책임이 있는 국가가 위 '사령원부'를 보관하지 못하였는데 그 '사령원부'가 없음으로 인한 불이익을 국민인 원고에게 돌려 위 망 나□□에 대한 국가유공자비해당결정처분을 하는 것은 위법하다 할 것이므로, 위와 같은 위법처분의 취소를 구하기 위하여 이건 소송에 이르렀습니다.

6. 원고는 20○○. ○. ○.자 국가유공자(요건)비행당 결정통보를 20○○. ○. ○.경 송달 받았으며, 20○○. ○. ○.자 국가유공자요건 재심의 결과통보를 20○○. ○. ○. 송달 받았습니다.

입 증 방 법

1. 갑 제1호증	국가유공자요건 재심의 결과통보
1. 갑 제2호증	국가유공자(요건)비해당 결정통보
1. 갑 제3호증	심의의결서
1. 갑 제4호증	각 사실확인서

첨 부 서 류

1. 위 입증방법	각 1통
1. 소장부본	1통
1. 송달료납부서	1통

20○○. ○. ○.

위 원고 ○○○ (서명 또는 날인)

○○행정법원 귀중

[서식] 전공상불인정처분취소 청구의 소

소 장

원 고 ○ ○ ○ (000000-0000000) (전화 :)
○○시 ○○구 ○○동 ○○ (우 :)

피 고 ○○보훈지청장
○○시 ○○구 ○○동 ○○ (우 :)

전공상불인정처분취소 청구의 소

청 구 취 지

1. 피고가 20○○. ○. ○. 원고에 대하여 한 전공상불인정처분은 이를 취소한다.
2. 소송비용은 피고의 부담으로 한다.

라는 판결을 구합니다.

청 구 원 인

1. 이 사건의 경위에 대하여

가. 원고는 20○○. ○. ○. 육군에 입대하여 ○○훈련소 ○○연대 ○중대 ○ 소재에 편성되어 6주간의 전투훈련을 하던 중 철조망을 통과하고 통나무를 뛰다가 미끄러져 허리를 부딪쳐 허리를 심하게 다쳤습니다.

당시 군대의 군기가 무척 세어서 아프다는 말도 못하고 혼자서 고생을 하면서 훈련을 마치고 수도사단 제○○○○부대에 배치되어 복무하던 중 상급자가 원고의 이러한 상태를 알고서 부대 내 의무대에서 약을 복용하였습니다.

나. 그러나 원고는 허리부상으로 인한 좌골신경통이 더욱 악화되어 경주 18육군병원

으로 후송되어 좌골신경통을 치료하던 중 급성충수염(맹장염)으로 인하여 복막유착수술까지 받게 되었습니다.

다. 한편 위 좌골신경통도 마저 치료를 하다가 완치가 되지 않은 상태에서 군대를 의가사제대하였습니다.

라. 원고는 제대한 후에도 수년 동안 좌골신경통으로 고통을 받으면서 병원생활을 하였으며, 그러던 중 ○○대부속병원에서 좌골신경통수술을 받았으나 완쾌되지 않고 후유증이 남게 되었으며, 그 후에도 여러 병원을 전전하고 많은 약을 복용하였으나 신경통이 여전하였습니다. 원고는 이러한 원인으로 인하여 현재까지 노동에 종사하지 못하고 원고의 처가 일을 하면서 생계를 꾸려오고 있는 형편인 것입니다.

마. 결국 원고는 군대에서 훈련을 받던 중에 다치게 되었고 좌골신경통이 완치되지 않은 상태에서 의병 제대하여 지금까지 장애가 온 것입니다.

바. 이에 원고는 군복무중의 상이를 이유로 20○○. ○. ○. 국가유공자등록신청을 하였으나, 국가보훈처에서는 20○○. ○. ○. 원고의 상이 중 '복막유착'의 상이만 공상으로 인정하고 좌골신경통의 상이는 공상으로 인정하지 않는 전공상불인정처분을 하였던 것입니다.

2. 피고는 원고의 '좌골신경통'에 대해서는 원고가 입대한 후 9개월이 경과한 시점에서 특별한 외상력 없이 발병되어 확인이 불가능하므로 군공무와의 관련성 확인이 불가능하다는 이유로 군복무상의 상이로 인정하기 곤란하다고 판단하여 원상병명으로 인정하지 않았습니다.

가. 그러나 당시 육군병원에서는 원고의 병상일지를 보더라도 최종진단란에 '좌골신경통'도 기재되어 있었던 것으로 원고는 군입대 후 18육군병원에 입원할 때가지 한 번도 휴가 등을 가지 않았던 바, 이로 보건대, 군대에서 생활하던 중에 위 좌

골신경통이 발생되어진 것이 명확한 것입니다.

나. 피고측에서는 입대 후 9개월이 경과되어 발병이 되었다고 판단하였으나, 원고는 당시 신체검사를 받아 갑종으로 판정을 받았으며, 입대하여 신병훈련이 전반기 6주, 후반기 6주의 훈련을 받는 도중에 발병이 되었으나, 당시 군대의 상황에서 원고는 참고 있었던 것이었을 뿐 이미 9개월 경과이전에 발병이 되었던 것입니다.

다. 원고가 치료를 하였던 ○○의원에서 발행한 진단서를 보더라도 '원고가 장기간의 가료 및 관찰이 요구되고 요추부 좌골신경통으로 노동이 불가능한 상태'라고 기재되어 있습니다.

라. 또한 당시 원고와 같이 신병훈련을 받았던 라○○, 천○○ 등의 확인서를 보더라도 원고가 당시 야간각개전투훈련 중에 철조망을 통과하는 등의 훈련을 받다가 허리를 다친 것이 인정되는 것입니다.

3. 사실이 이러함에도 불구하고 피고는 특별한 합리적인 이유 없이 단지 그 이전에 특별한 외상이 없이 발병되어 확인이 불가능하다는 이유만으로 원고의 좌골신경통을 군복무상의 상이로 인정하지 않았으므로 이러한 전공상불인정처분을 취소되어야 할 것입니다.

4. 따라서 원고는 청구취지와 같은 판결을 받고자 이건 청구에 이르게 된 것입니다.

입 증 방 법

1. 갑제1호증의 1	국가유공자비해당결정통보 사본
1. 갑제1호증의 2	신체검사결과통지서
1. 갑제2호증	행정심판청구서 사본
1. 갑제3호증의 1, 2	각 진단서 사본
1. 갑제4호증	심의의결서 사본

1. 갑제5호증의 1	국가유공자등 요건관련 사실확인서 사본
1. 갑제5호증의 2	병상일지 사본
1. 갑제6호증	제대증 사본
1. 갑제7호증	재결서 사본
1. 갑제8호증의 1, 2	각 인우보증서

첨 부 서 류

1. 위 입증서류 사본	각 1통
1. 주민등록초본	1통
1. 소장부본	1통

20○○. ○. ○.

위 원고 ○ ○ ○ (인)

○○지방법원 귀중

3. 기타서식

[서식] 사망보상금청구서

■ 군인연금법 시행규칙 [별지 제18호서식] <개정 2015.11.3.>

군인연금(www.mps.go.kr)에서도 신청할 수 있습니다.

사망보상금청구서

※ 뒤 쪽의 작성방법을 읽고 작성하시기 바랍니다.

<앞 쪽>

접수번호	접수일		처리기간 14일
청구인	성명		주민등록번호
	자택 전화번호	휴대전화번호	휴대전화 문자 수신 여부 [ ] 예 [ ] 아니요

<table>
<tr><td rowspan="2"></td><td colspan="2">주소</td></tr>
<tr><td>급여수령 금융회사 등
은행</td><td>계좌번호</td></tr>
<tr><td rowspan="8">사망한 군인</td><td>성명</td><td>주민등록번호</td></tr>
<tr><td>사망연월일</td><td>청구인과의 관계</td></tr>
<tr><td>사망 당시 계급 · 호봉</td><td>군번</td></tr>
<tr><td colspan="2">사망보상금 지급 구분
[ ] 전사 [ ] 특수직무순직 [ ] 공무상 사망</td></tr>
<tr><td>제3자 가해사실
[ ] 있음 [ ] 없음</td><td>외국파견 기간 중 사망 여부
[ ] 외국근무 중 [ ] 국내근무 중</td></tr>
<tr><td>사망 당시 기준소득월액</td><td>소속 부대</td></tr>
<tr><td colspan="2">복무구분
[ ] 병역의무 [ ] 직업군인</td></tr>
<tr><td colspan="2">급여제한 사유
[ ] 금고 이상의 형 확정 [ ] 국가배상법에 의한 배상금 수령
[ ] 다른 법령에 따른 재해보상금 수령</td></tr>
</table>

「군인연금법」 제31조 및 「군인연금법 시행규칙」 제5조에 따라 위와 같이 청구합니다.

년 월 일

청구인 (서명 또는 인)

( )지방보훈(지)청장 귀하

첨부서류	뒤 쪽 참조	수수료 없음

210㎜×297㎜[백상지(80g/㎡) 또는 중질지(80g/㎡)]

<뒤 쪽>

청구인 첨부서류	1. 군인의 사망사실을 확인할 수 있는 기본증명서 또는 사망진단서 1부 2. 가족관계증명서 1부	수수료 없음
담당 공무원 확인사항	주민등록표 등본 *담당 공무원은 신청인이 행정정보 공동이용을 통한 확인에 동의하지 않는 경우에는 주민등록표 등본을 직접 제출하게 해야 합니다. 이 경우 신청인은 「국가유공자 등 예우 및 지원에 관한 법률」 제6조 및 같은 법 시행령 제8조에 따라 유족등록을 마친 사람이 사망보상금을 청구하는 경우에는 국가유공자증서 사본의 제출로 주민등록표 등본의 제출을 갈음할 수 있습니다.	

행정정보 공동이용 동의서

본인은 이 건 업무처리와 관련하여 담당 공무원이 「전자정부법」 제36조제1항에 따른 행정정보의 공동이용을 통하여 위의 담당 공무원
확인 사항을 확인하는 것에 동의합니다.

청구인 (서명 또는 인)

작성방법

1. 청구인의 주소란에는 우편물을 받을 수 있는 주소(실제 거주하는 주소)를 적으십시오.
2. 급여수령 금융회사 등은 반드시 국내 은행 또는 국내에 지점이 있는 은행 등 금융회사 등이어야 합니다.
3. 청구인의 계좌번호란에는 첨부하신 실명확인통장 사본의 계좌번호를 적으십시오.
4. 사망한 군인의 급여제한사유란에는 해당하는 [ ] 안에 "V" 표시를 하시기 바랍니다.

처리절차

청구인	경유기관	처리기관
	없음	주소지 관할 지방보훈(지)청장

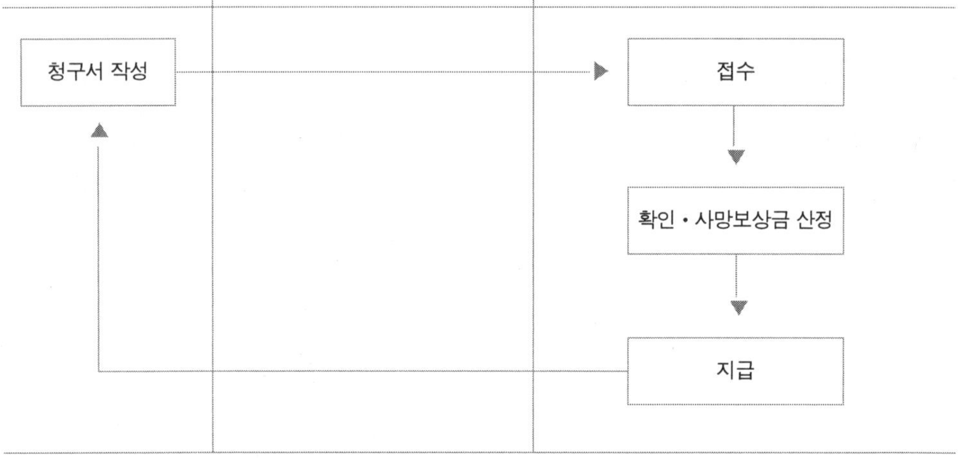

[서식] 국가유공자 의료급여 추천신청서

[별지 제15호서식] <개정 2015.7.1> [1 면]

의료급여 제공(변경) 추천 신청서(국가유공자, 문화재 등)	처리기간
□ 신규(제공)신청 □ 변경신청	별도안내시 까지

신청인	성명		주민등록번호(외국인등록번호)		세대주와의 관계		전화번호	
	주소						휴대전화	
							E-mail	

가족사항	세대주와의 관계	성 명	주민등록번호(외국인등록번호)	동거여부	학력·재학여부(학교명/학년반)	건강상태(장애/질병)	취업상태		전화번호(집/직장)
							직업	직장명	
	※ 배우자 관계 (□ 법률혼 □ 사실혼 □ 사실상 이혼)								

급여계좌	신청인과의 관계	성 명	금융기관명	계좌번호	비고(사유)
					※대표계좌기재
통지방법		□ 서면 □ 전자우편(E-mail) □ 문자메시지서비스(SMS) □ 기타( )			

위와 같이 의료급여의 제공(변경)을 신청합니다.

년 월 일

신청인(대리 신청인) 성명 : (서명 또는 인)

신청인과의 관계 :

배우자: (서명 또는 인)

보훈지(방)청장 귀하

신청시 구비서식	추가제출서류
소득ㆍ재산 신고서(별지 제1호의2서식) 금융정보등제공동의서(별지 제1호의3서식)	1. 신청인(대리신청인)의 신분을 확인할 수 있는 서류(해당자에 한하며, 대리신청의 경우에는 위임장 및 대리신청인, 신청인의 신분을 확인할 수 있는 서류)

	2. 소득재산 등의 확인에 필요한 서류(임대차 계약서, 급여명세서 등) 3. 건강 진단서(해당자에 한함) 4. 통장계좌번호 사본 1부(해당자에 한함) 5. 개인정보 이용 및 제공 사전 동의서 1부
제출하는 곳	관할 보훈지(방)청

[2 면]

유의사항

1. 수급자는 변동사항에 대한 신고 의무가 있으므로 ①거주지역·세대 구성의 변동, ②수급권자의 소득·재산, ③기타 수급권자의 건강상태·가구특성 등 생활실태에 현저한 변동이 있는 경우에는 지체 없이 관할 보훈청 및 문화재청에 신고하여야 합니다.
2. 「의료급여법」 제16조제1항에 의거 수급권자의 소득ㆍ재산에 변동이 있는 경우 급여가 변경되며, 「의료급여법」 제17조제1항에 의거 수급권자에게 급여가 필요 없게 되거나 수급권자가 그 전부 또는 일부를 거부한 경우 급여가 중지됩니다.
3. 「의료급여법」 제23조제1항에 의거 허위 또는 기타 부정한 방법으로 급여를 받거나 타인으로 하여금 급여를 받게 한 경우 보장비용을 지급한 보장기관은 그 비용의 전부 또는 일부를 그 급여를 받은 자 또는 급여를 받게 한 자로부터 징수할 수 있습니다.
4. 부정수급으로 적발된 경우 「의료급여법」 제35조제4항제3호에 의거 1년 이하의 징역, 1천만원 이하의 벌금, 구류 또는 과료에 처합니다.
5. 「의료급여법」 제3조의3 등에 의거 급여의 제공 여부의 결정에 필요한 조사를 거부, 방해, 기피할 경우 신청이 각하되거나 결정이 취소되고, 급여가 정지 또는 중지될 수 있습니다.
6. 복지대상자 선정 및 관련 법령에 따른 확인조사 시 「사회보장급여의 이용ㆍ제공 및 수급권자 발굴에 관한 법률」 제24조에 따른 사회보장정보시스템을 통해 확인된 소득·재산, 인적정보 등을 우선 적용할 수 있습니다.
7. 본인은 이건 업무처리와 관련하여 「전자정부법」 제38조제1항에 따른 행정정보의 공동이용을 통하여 담당공무원의 가족관계에 관한 증명서 등 인적사항에 대한 사항과 별지 제1호의2서식 "소득ㆍ재산 신고서" 기재사항의 확인을 위한 정보조회에 동의합니다.(※ 주민등록등(초)본, 가족관계증명서, 외국인 등록사실 증명서, 토지등기부 등본, 건물등기부 등본 등에 대해 담당공무원의 확인에 동의하지 않을 경우 해당 서류를 직접 제출해야 합니다.)
8. 본인은 보건복지부가 「사회보장급여의 이용ㆍ제공 및 수급권자 발굴에 관한 법률」 제24조에 따른 사회보장정보시스템을 통해 확인한 소득ㆍ재산 정보 등을 국가보훈처 또는 문화재청에 제공하는 것에 동의하며, 동 정보를 활용하여 국가보훈처 또는 문화재청이 의료급여 수급권자 추천 대상자를 선정하는 것에 동의합니다.

9. 의료급여를 제공받기 위해서 본인의 관련 정보를 정부 및 지방자치단체, 기타 정부에 제공하는 것에 동의합니다.

10. 의료급여 제공(변경) 신청을 위해 작성·제출하신 서류는 반환하지 아니합니다.

동 신청서는 **「사회보장급여의 이용·제공 및 수급권자 발굴에 관한 법률」제7조에 따른 지원대상자의 사회보장급여 수급자격 확인을 위한 목적**으로 인적사항 및 가족관계 확인에 관한 정보, 소득·재산·근로능력·취업상태에 관한 정보, 사회보장급여의 수혜이력에 관한 정보, 그밖에 수급권자를 선정하기 위하여 필요한 정보로서 주민등록전산정보·가족관계등록전산정보, 금융·국세·지방세, 토지·건물·건강보험·국민연금·고용보험·산업재해보상보험·출입국·병무·보훈급여·교정 등 관련 **정보를 정기적으로 관계기관에 요청**하거나 관련 정보통신망을 통해 **조회함에 동의하며**, 같은 법 제34에 따라 **5년간 보유**하고(지원대상자 보호에 필요한 사회보장정보는 5년을 초과하여 보유할 수 있음), 그 기간이 경과하면 **파기함을 고지합니다.**

위의 사항을 **확인합니다.**

년 월 일

신청인(대리신청인) : ________(서명 또는 인)
신청인과의 관계 : (대리신청의 경우)

210㎜×297㎜(일반용지 60g/㎡(재활용품))

[별지 제1호의2서식] <개정 2016.1.1>

소득・재산신고서[□신규□변경]

* 아래 소득, 재산, 부채 사항 중 음영부분은 정보시스템을 통한 조회 결과가 적용될 수도 있습니다.

구분						
가구원 성명[1]						
소득사항	근로소득	상시근로	원	원	원	원
		일용근로	원	원	원	원
	사업소득	농업소득 (주재배작물명)	원 ( )	원 ( )	원 ( )	원 ( )
		임업소득	원	원	원	원
		어업소득	원	원	원	원
		기타(자영업)	원	원	원	원
	재산소득	임대소득	원	원	원	원
		이자소득	원	원	원	원
		연금소득	원	원	원	원
	기타소득	정기지원 사적이전소득 (□무료임대)	원	원	원	원
		공적이전소득[2]	원	원	기 타 (지자체 지원금등)	원

재산사항			
건축물 (주택, 건물, 시설물)	원	토 지	원
선 박	원	입목재산	원
항공기	원	어업권	원

재산사항	
자동차	□ 차량명( ) □ 용도 (생업용/장애인용/자가용)
임차보증금	□ 전·월세보증금(원) □ 상가보증금 (원) □ 기타 (원)
금융재산	원

재산사항			
동 산	□ 소 (마리, 원) □ 돼지(마리, 원)	분양권	원
	□ 기타가축(마리, 원) □ 종묘(원)	조합원 입주권	원
	□ 기계·기구류(원) □ 기타(원)	회원권	원
기타 산정되는 재산	소계 (A -(B+C+D))		원
	(A) 일정기간[3] 이내에 증여하거나 처분한 재산가액		원
	(B) 다른 재산의 구입금액		원
	(C) 부채 상환액		원
	(D) 의료비 등 개별가구원이 소비한 금		원

		액		
부채	금융기관 대출금	원	금융기관외 기관 대출금	원
	임대보증금	원		
	개인간 부채	□ 판결문·화해·조정조서에 의한 사채 (원)		
가구특성 지출비용[4)]		□ 6개월 이상 지속적으로 지출한 월평균 의료비 (원) □ 「자동차손해배상 보장법」에 따라 받은 재활보조금·피부양보조금 (원) □ 본인부담분 국민연금보험료의 50%에 해당하는 금액 (원)		

위와 같이 소득·재산 내역을 신고합니다.

년 월 일

신청인(대리신청인): (서명 또는 인)

보훈지(방)청장 귀하

1) 별지 제1호서식 사회보장급여 제공(변경) 신청서에서 작성한 가구원 중 소득이 있는 가구원 성명
2) 공적이전소득 : 법령 등에 의해 정기적으로 지급되는 각종 수당·연금·급여·기타 금품
3) 기초연금, 장애인연금은 2011년 7월 1일 이후 / 기초생활보장은 조사일로부터 5년의 범위 내에서 보건복지부장관이 정한 날
4) 가구특성지출비용 : 소득평가액 산정 시 제외되는 가구특성 지출비용이 되는 금품으로 기초생활보장만 해당됨.

210㎜×297㎜(일반용지 60g/㎡(재활용품))

[별지 제1호의3서식] <개정 2017.1.1> [앞면]

금융정보 등(금융 · 신용 · 보험정보) 제공 동의서

1. 지원대상자 가구 세대주 인적사항

관 계	성 명	주민 (외국인

2. 금융정보 등 제공 동의자(지원대상자 또는 부양의무자)

※ 유의사항 : 인감으로 동의할 경우 인감증명서 제출이 필요합니다. 동의자가 미성년자인 경우 친권자 등 보호자의 자필 한글정자 서명 또는 무인(인감 포함)으로 대신합니다.

세대주와의 관 계	동의자 성 명	주민등록번호 (외국인등록번호 등)	금융정보 등 제공을 동의 1),2) (한글정자 서명 또는 무인·인감)
		–	
		–	
		–	
		–	

1) 지원대상자 선정 및 확인조사에 필요한 금융재산조사를 위하여 금융기관 등이 지원대상자 또는 부양의무자의 금융정보 등을 보건복지부장관·국토교통부장관·교육부장관·여성가족부장관·특별자치시장·특별자치도지사·시장·군수·구청장·특별시교육감·광역시교육감·특별자치시교육감·도교육감·특별자치도교육감(관련법에 따른 위탁업무수행 기관장 포함, 이하 보건복지부장관 등' 이라 한다)에게 제공하는 것에 동의합니다.

2) 보건복지부장관 등이 별지 제1호서식 구비서류로 제출된 통장계좌번호의 진위 여부 확인을 요청하는 경우 금융기관 등이 계좌 명의자의 성명, 주민등록번호, 계좌번호를 제공하는 것에 동의합니다.

3) 금융기관이 금융정보등을 보건복지부장관 등에게 제공한 사실을 동의자에게 통보하지 아니하는 데에 동의합니다.(만일 동의하지 않으면, 금융기관 등이 금융정보 등의 제공사실을 정보제공 동의자 개인에게 우편으로 송부하게 됩니다. 단, 기초연금의 경우는 별첨서식「금융정보 등 제공 사실 통보요구서」를 추가로 제출하여야만 통보됩니다.)

3. **금융정보 등의 제공 범위, 대상 금융기관 등의 명칭** : 뒷면 참조

4. 금융정보 등의 제공 동의 유효기간 : 동의서 제출 후 신청 서비스 자격 결정전까지, 자격 취득한 경우에는 자격상실 전까지

5. 정보제공 목적 : 「사회보장급여의 이용·제공 및 수급권자 발굴에 관한 법률」, 「국민기초생활보장법」, 「기초연금법」, 「장애인연금법」, 「긴급복지지원법」, 「한부모가족지원법」, 「장애인복지법」, 「개발제한구역의 지정 및 관리에 관한 특별조치법」, 「아이돌봄지원법」, 「장애아동복지지원법」, 「초·중등교육법」, 「의료급여법」, 「주거급여법」에 따른 복지대상자 선정·확인조사 지원 및 별지 제1호서식 구비서류로 제출된 통장계좌번호의 진위 여부 확인

년 월 일

금융기관장 · 신용정보집중기관장 귀하

210㎜×297㎜[일반용지 60g/㎡(재활용품)]

금융기관 등의 명칭
1.「금융실명거래 및 비밀보장에 관한 법률」 제2조제1호에 따른 금융회사등 1)「은행법」에 따른 은행 2)「중소기업은행법」에 따른 중소기업은행 3)「한국산업은행법」에 따른 한국산업은행 4)「한국수출입은행법」에 따른 한국수출입은행 5)「한국은행법」에 따른 한국은행 6)「자본시장과 금융투자업에 관한 법률」에 따른 투자매매업자·투자중개업자·집합투자업자·신탁업자·증권금융회사·종합금융회사 및 명의개서대행회사 7)「상호저축은행법」에 따른 상호저축은행 및 상호저축은행중앙회 8)「농업협동조합법」에 따른 조합과 그 중앙회 및 농협은행 9)「수산업협동조합법」에 따른 조합 및 중앙회 10)「신용협동조합법」에 따른 신용협동조합 및 신용협동조합중앙회 11)「새마을금고법」에 따른 금고 및 중앙회 12)「보험업법」에 따른 보험회사 13)「우체국예금·보험에 관한 법률」에 따른 체신관서 11) 「금융실명거래 및 비밀보장에 관한 법률」 시행령 제2조에 따른 기관 2. 「신용정보의 이용 및 보호에 관한 법률」 제25조에 따른 신용정보집중기관: 전국은행연합회 등
금융정보 등의 범위
1. 금융정보 1) 보통예금, 저축예금, 자유저축예금, 외화예금 등 요구불 예금 : 3개월 이내 평균 잔액 2) 정기예금, 정기적금, 정기저축 등 저축성예금 : 예금의 잔액 또는 총 납입액 3) 주식, 수익증권, 출자금, 출자지분, 부동산(연금)신탁 : 최종 시세가액 4) 채권, 어음, 수표, 채무증서, 신주인수권증서, 양도성예금증서 : 액면가액 5) 연금저축 : 정기적으로 지급된 금액 또는 최종 잔액 6) 1)부터 5)까지에 해당하는 금융재산에서 발생하는 이자, 배당 또는 할인액 2. 신용정보 1) 대출 현황 및 연체 내용 2) 신용카드 미결제 금액 3. 보험정보 1) 보험증권 : 해약할 경우 지급받게 될 환급금 또는 최근 1년 이내에 지급된 보험금 2) 연금보험 : 해약할 경우 지급받게 될 환급금 또는 정기적으로 지급되는 금액
유의 사항
○ 지원대상자 또는 부양의무자가 이 **동의서 제출을 2회 이상 거부 • 기피할 경우**「국민기초생활 보장법」 제22조제8항, 「기초연금법」 제11조제4항,「장애인연금법」제9조제8항, 「의료급여법」제3조의3제3항,「주거급여법」제14조,「아이돌봄지원법」제24조제3항에 따라 사회보장급여 신청이 각하될 수 있습니다. ○ 이 동의서는 「사회보장급여의 이용·제공 및 수급권자 발굴에 관한 법률」제5조, 「국민기초생활 보장

법」 제21조, 「기초연금법」 제10조 「장애인연금법」 제8조 및 「한부모가족지원법」 제11조, 「장애인복지법」 제50조의2, 「초·중등교육법」 제60조의5, 「의료급여법」제3조의3제2항, 「주거급여법」제9조에 따라 **사회보장급여를 신청할 때 한 번만 제출하면 됩니다.**

향후 「사회보장급여의 이용·제공 및 수급권자 발굴에 관한 법률」제19조 및 「국민기초생활 보장법」 제23조 및「기초연금법」제11조제2항,「장애인연금법」제11조, 「의료급여법」제3조의3제3항, 「주거급여법」제11조에 따른 확인조사의 경우에는 **동의서를 추가로 제출하지 아니하여도** 보건복지부장관 등이 금융정보 등의 제공을 요청할 수 있습니다.

○ 동의자(지원대상자 또는 부양의무자)의 금융정보등은 「국민기초생활 보장법」 제22조제6항 및 제23조의2제6항, 「기초연금법」 제12조제6항,「긴급복지지원법」제13조제7항 및 「장애인연금법」 제9조 제6항 및 제12조제6항, 「한부모가족지원법」 제12조의3, 「장애인복지법」 제50조의3제6항,「장애아동복지지원법」제15조제6항, 「의료급여법」제3조의3제3항, 「초·중등교육법」제60조의6, 「주거급여법」제15조제6항에 따라 **대상자 선정 및 급여 지급계좌 유효성 확인을 위한 금융재산 등의 조사 목적 외에 다른 용도로 사용하거나 다른 사람 또는 기관에 제공되지 아니하며,** 이를 위반한 경우에는「사회보장급여의 이용·제공 및 수급권자 발굴에 관한 법률」제54조 또는 해당 법률의 벌칙규정을 적용하여 처벌받을 수 있습니다.

210㎜×297㎜(일반용지 60g/㎡(재활용품))

개인정보 이용 및 제공 사전 동의서

1. 처리하는 사무의 명칭 : 의료급여 제공(변경) 추천 신청

2. 수집、이용、제공하는 개인정보

정보의 범위 및 항목	수집·이용 및 제공 목적
주민등록정보(성명, 주민번호, 주소, 세대원, 가족관계), 전화번호, 직업, 학력, E-mail 및 거주실태, 장애등급 등	인적사항 또는 가족관계 확인
「사회복지사업법」 제6조의2에 따른 정보시스템을 통해 확인된 소득·재산 정보	소득·재산 조사 (추천여부 결정 정보)

■ 위 사무와 관련한 자격의 적정성 확인 및 사회보장급여의 적절한 대상자 선정·관리를 위하여 **국가보훈처장(업무의 수탁기관 포함)이**

(개인정보 수집、이용) 본인의 위 개인정보와 공공부조 및 사회서비스 등 사회보장 자격결정정보 및 수혜이력을 행정자치부로부터 관련 정보통신망 또는 전자정부법 제36조 제1항에 따른 행정정보의 공동이용 등을 통하여 제공받아 확인하는 것에

☐ 동의함　☐ 동의하지 않음

(개인정보 제공) 위 사무처리 결과에 대한 본인의 자격결정정보와 수혜이력을 관련 정보통신망 등을 통하여 보건복지부, 사회보장급여를 제공하는 국가 및 지방자치단체에 제공함에

☐ 동의함　☐ 동의하지 않음

■ 위 사무 처리와 관련하여

(개인정보 이용·제공 알림) 위 동의 사항에 대해 「개인정보 보호법」제17조 제2항 및 제18조 제3항에 따른 안내로 갈음하는 것에　☐ 동의함　☐ 동의하지 않음

(민감정보 및 고유식별정보의 처리) 본인은 「개인정보 보호법」 제23조 및 제24조에 따른 민감정보(건강정보) 및 고유식별정보(주민등록번호) 의 처리에 관하여 고지를 받았으며, 이를 충분히 이해하고 처리함에　☐ 동의함　☐ 동의하지 않음

(보유 및 이용기간) 귀하의 위 개인정보는 동 서비스 및 사회보장급여 자격이 중지 또는 탈락 시점으로부터 5년까지 보유 및 이용한 후 폐기됩니다.

※ 귀하는 개인정보의 이용·수집 및 제공, 민감정보 등 처리에 대한 동의를 거부할 수 있습니다. 단, 동의하지 않을 경우에는 본 업무처리를 위하여 관련 증빙자료를 직접 제출하여야 하고, 자료가 불충분할 경우에는 동 서비스 및 사회보장급여 혜택에 불이익을 받을 수 있음을 알려드립니다.

년　월　일

위 동의인 성　명 :　　　(서명 또는 인)

위 동의인 성　명 :　　　(서명 또는 인)

위 동의인 성 명: (서명 또는 인)
위 동의인 성 명: (서명 또는 인)
위 동의인 성 명: (서명 또는 인)
위 동의인 성 명: (서명 또는 인)
위 동의인 성 명: (서명 또는 인)
위 동의인 성 명: (서명 또는 인)
위 동의인 성 명: (서명 또는 인)
위 동의인 성 명: (서명 또는 인)

지방보훈청장
보훈지청장 귀하

[서식] 국가유공자 복지카드발급신청서

[별지 제1호 서식]

복지카드 발급신청서 (□ 신규 □재발급)

※ 해당사항에 √ 표시해주세요

□ LPG할인 □ 통행료감면

<table>
<tr><td rowspan="2">성 명</td><td>한글</td><td></td><td>보훈번호
(등록번호)</td><td></td><td>상이(장애)
등 급</td><td></td></tr>
<tr><td>영문</td><td></td><td>생년월일
(국내거소신고번호)</td><td colspan="3"></td></tr>
<tr><td rowspan="2">주 소</td><td colspan="3" rowspan="2"></td><td>자 택</td><td colspan="2">☎</td></tr>
<tr><td>휴대폰</td><td colspan="2">☎</td></tr>
<tr><td rowspan="2">직 장
※직장이 있는 경우만 기재</td><td>직장명</td><td colspan="2"></td><td>부서명</td><td colspan="2"></td></tr>
<tr><td>주 소</td><td colspan="2"></td><td>사무실</td><td colspan="2">☎</td></tr>
<tr><td>카드수령</td><td colspan="6">□ 주소지 □ 직장</td></tr>
<tr><td>신청구분</td><td colspan="6">□ 신용카드(물품 할부구입, 현금서비스 가능 등 신용기능 있음)
* 신용등급에 따라 신용카드 발급이 제한될 수 있습니다
□ 직불카드(신용카드 기능이 없으며, 신한은행 또는 우체국 계좌만 가능)</td></tr>
<tr><td rowspan="6">재발급 사유
※ 재발급자만 기재</td><td colspan="6">□ 분실(일시: 장소: 사유:)
* 본인은 위와 같이 분실하여 재교부받고자 하며, 분실된 복지카드를 본인이 불법·부당하게 사용하는 경우 그 모든 책임을 본인이 질 것임을 확인합니다. (□ 동의함)
□ 훼손 □ 유효기간도래</td></tr>
<tr><td colspan="6">□ 카드변경 [ ] 신용카드 [ ] 직불카드</td></tr>
<tr><td colspan="6">□ 기능변경 [ ] LPG할인 [ ] 통행료감면 [ ] 무임교통(해당지역 한함)</td></tr>
<tr><td colspan="6">□ 주민등록번호 변경 (변경전 주민등록번호: -)</td></tr>
<tr><td colspan="6">□ 개명 (개명전 성명:)</td></tr>
<tr><td colspan="6">□ 기타 ( )</td></tr>
<tr><td rowspan="2">대금결제</td><td>대금청구지</td><td colspan="5">□ 자택 □ 직장 □ 이메일( )</td></tr>
<tr><td>대금결제일</td><td colspan="5">[ ]일 (1일부터 27일사이 선택가능)</td></tr>
<tr><td>자동이체신청</td><td>은행명</td><td></td><td>계좌번호</td><td></td><td>예금주</td><td></td></tr>
<tr><td colspan="7">※ 신용카드 자동이체를 신한은행으로 선택할 경우 신한은행 현금카드 기능 자동 부여</td></tr>
<tr><td>차종/차명
(배기량)</td><td>/
(CC)</td><td>인승/적재량</td><td>/</td><td>연료</td><td>차량번호</td><td></td></tr>
<tr><td>차량명의</td><td colspan="6">[ ]본인 [ ]공동명의(관계/성명: /) [ ]보호자(관계/성명: /)</td></tr>
</table>

용 도	[ ]출퇴근[ ]생계유지[ ]통학[ ]복지/의료시설 등 이용	감면구분	[ ] 면제 [ ] 할인
자동차표지	장애인전용 주차구역 [ ] 주차가능 [ ] 주차불가	발급번호	

위와 같이 복지카드 발급을 신청합니다.

년 월 일

신청인 (서명 또는 인)

보훈(지)청장 귀하

첨부 : 신분증 · 자동차등록증 · 통장 사본(계좌개설 확인서) 각 1부, 증명사진(3*4cm) 1매

접수일자	접수번호	결재	담당	주무	과장	(지)청장
					전결	

(제3면)

복지카드 발급 동의서

Ⅰ. 복지카드부당사용조치동의

○ LPG할인 기능은 상이자가 보철용차량의 운행을 위하여 구입한 LPG에 부과되는 개별소비세 중 2001년7월1일 이후 세금인상분을 국가에서 보조하기 위해 발급하는 것으로, 아래의 경우 부당 사용에 해당되며, 부당사용시 관련규정에 따라 **부당사용한 금액에 대한 환수 및** 일정기간 **LPG할인 기능이 정지**됨에 동의합니다.

(□ 동의함 □ 동의하지 않음)

부당 사용(예시)

1. 복지카드를 받급받은 상이자가 아닌, 가족 또는 타인이 사용한 경우
2. 공동명의(보호자명의) 차량으로, 공동명의자(보호자)와 세대분리 후 사용한 경우
3. 보철용차량이 아닌 다른 차량에 사용한 경우
4. 상이자 본인 사망 후 가족 또는 타인이 사용한 경우
5. 해외체류기간 중 국내에서 가족 또는 타인이 사용한 경우
6. 입원기간 중 가족 또는 타인이 사용한 경우 등

○ 통행료감면 기능은 상이자의 고속도로통행료 감면이 원활하게 이루어지도록 하기 위해 발급하는 것으로, **자동차표지가부착된보철용차량**에 **상이자본인이 탑승하여**복지카드를 제시하는 경우에 한해 감면이 가능합니다.
「**사망**」,「보철용차량의 **매각 · 폐차 · 양도**」,「차량 **공동(세대원)명의자**의 주민등록 **세대분리**」등으로 유료도로통행료 감면기능 자격상실 시 통행료 감면은 **즉시 정지**됨에 동의하며, 감면 자격이 상실되었음에도 부당사용 시 통행료감면 기능의 사용이 제한됨에 동의합니다. (□ 동의함 □ 동의하지 않음)

○ 통행료감면 기능 및 자동차 표지는 위 · 변조 및 타인에게 양도 또는 대여할 수 없으며, **상이자 본인이 탑승**하였을 때에만 유효하고, 자동차의 소유권변동 시(**사망, 매각, 폐차** 등)에는 **반납**하여야 합니다.. 부당사용 시에는 통행료 감면 기능 정지 및 자동차표지를 회수함과 동시에 관계법에 의한 **과태료 또는 부가통행료**가 부과됩니다.(□ 동의함 □ 동의하지 않음)

○무임교통 기능(해당지역에 한함)은 **타인에게 대여 또는 양도 등의** 부당사용이 발

생하였을 경우 관련규정에 따라 버스·지하철 무임교통 기능의 사용이 제한됨에 동의합니다. (□ 동의함 □ 동의하지 않음)

년 월 일

위 동의인

(서명 또는 인)

Ⅱ.개인정보이용및제공동의

❍(개인정보조회 · 수집 · 이용 · 활용동의)

- 본인은 보훈(지)청에서 복지카드의 발급 및 자격조회를 위해 본인의 개인정보(성명, 주민번호,상이등급, 주소,전화번호,직장,이메일,계좌번호 등)를 조회 · 수집 · 이용 · 활용함에 동의합니다.

(□ 동의함 □ 동의하지 않음)

- 본인은 보훈(지)청에서 복지카드 자격의 적정여부 확인를 위해 본인의 아래 개인정보를 해당기관으로 부터 관련 정보통신망 또는 전자정부법 제36조 1항에 따른 행정정보의 공동이용 등을 통하여 제공 받아 확인함에 동의합니다.

(□ 동의함 □ 동의하지 않음)

정보의 범위 및 항목	조회 · 수집 및 이용목적	해당기관
LPG충전 할인내역(충전일,충전소,충전금액 및 할인금액 등)	LPG충전 할인내역 확인	신한카드주식회사
세대별 주민등록 정보(거주상태,변동일자,현주소,세대원 등)	거주상태 및 가족관계 확인	행정자치부
자동차등록원부(명의,차종,등록일,매각일 등)	차량정보 확인	국토교통부
출입국자료(출입국 내역)	출입국 여부 확인	법무부(출입국관리사무소)
입퇴원자료(입퇴원 내역)	장기입원 실태 확인	보훈병원 등

- 위 개인정보는 복지카드 발급 신청시부터 사업 종료시까지 보유 및 이용한 후 파기됩니다.

❍(개인정보제공동의)

- 본인은 국가보훈처(보훈(지)청 포함)에서 복지카드의 발급을 위해 한국조폐공사/신한카드주식회사에 본인의 개인정보(성명,주민번호,상이등급,주소,전화번호,직장,이메일,계좌번호 등)를 포함한 복지카드 신청정보를 제공하는 것에 동의합니다.

(□ 동의함 □ 동의하지 않음)

❍(민간정보및고유식별정보처리동의)

- 본인은 국가보훈처(보훈(지)청 포함)에서 복지카드의 발급 및 자격조회에 따른 개인정보처리 목적으로 본인의 민감정보(상이/장애등급) 및 고유식별정보(주민등록번호)를 처리하는 것에 동의합니다.

(□ 동의함 □ 동의하지 않음)

※ 개인정보 제공 동의서는 동의하지 않을 권리가 있으며, 동의하지 않을 경우에는 본 업무의 지원대상에서 제외될 수 있음을 알려드립니다.

년 월 일

위 동의인 (서명 또는 인)

210mm×297mm[백상지 80g/㎡

▣ 개인(신용)정보 필수적 동의서

※아래의 동의사항은 카드발급 및 유지를 위한 필수사항입니다.

개인(신용)정보 필수적 수집, 이용에 관한 사항

신한카드(주) 귀중

귀사(신한비싸카드의 경우 비씨카드(주)포함, 이하 같습니다.)와의 (금융)거래와 관련하여 귀사가 본인의 개인(신용)정보를 수집·이용하고자 하는 경우에는 [개인정보 보호법] 제15조 및 제22조, 제24조 [신용정보의 이용 및 보호에 관한 법률]제32조, 제33조 및 제34조에 따라 동의를 얻어야 합니다. 이에 본인은 귀사가 아래의 내용과 같이 본인의 개인(신용)정보를 수집·이용하는 데 동의합니다.

개인(신용)정보의 수집,이용 목적 : 계약의 체결 · 유지 · 이행 · 관리·개선, 신청 상품 서비스 제공, 법령상 의무이행, 신용질서 문란행위 조사, 분쟁처리, 전화상담업무, 민원처리, 본인 여부 확인

수집, 이용할 개인(신용)정보의 내용

① 개인식별정보 : 성명, 주민등록번호, 주민등록증 발급일, 연락처(휴대폰, 자택, 직장), 주소(자택,직장), 이메일, 직장명, 부서, 직위, 성별, 국적, 운전면허번호, 여권번호, 외국인등록번호, 음성data,CI

② 신용거래정보 : 귀사 및 타 금융사의 본 거래 이전 및 이후의 대출, 보증, 담보제공, 신용카드, 할부금융 등 상거래 관련 거래의 종류, 기간, 금액, 이용한도 등 거래 내용을 판단할 수 있는 정보

③ 신용도정보 : 신용등급, 신용조회기록, 채무재조정약정, 연체, 부도, 대위변제, 기타 신용질서 문란행위 관련 금액, 발생 · 해소 시기 등 신용도를 판단할 수 있는 정보

④ 신용능력정보 : 재산 · 채무 · 소득의 총액, 납세실적 등 신용거래능력을 판단할 수 있는 정보

⑤ 공공기관정보 : 개인회생, 파산, 면책, 채무불이행자 등재 등 법원의 재판 · 결정정보,

체납정보, 주민등록관련정보, 사회보험 · 공공요금관련정보, 행정처분에 관한 정보 등 본인 식별 · 신용도 및 거래능력을 판단할 수 있는 공공기관 보유정보

⑥ 자동납부 정보(자동납부 서비스를 신청한 경우에 한함) : 가입자명, 주민번호, 통신회사, 전화번호, 통신요금정보, 전기사용정보, 가스사용정보

⑦ 가족카드 정보(가족카드를 신청한 경우에 한함) : 카드명, 희망한도, 성명, 주민번호, 전화번호, 주소, 본인회원과의 관계

⑧ 기타 계약 및 서비스의 체결 · 유지 · 이행 · 관리·개선 등과 관련하여 본인이 제공한 정보

※ 이하에서는 개인식별정보, 신용거래정보, 신용도정보, 신용능력정보, 공공기관정보에 해당하는 각각의 개별정보 명칭은 생략합니다.

개인(신용)정보의 보유,이용 기간 : 거래 종료(회원 탈회 또는 채권·채무 분쟁 종료)일로부터 5년 (단, 관련법령의 별도 규정이 명시되어 있는 경우 그 기간을 따름)

본인은 귀사가 상기 목적으로 다음과 같은 본인의 고유식별정보를 □ 동의 □ 미동의 처리하는 것에 동의합니다.

■ 고유식별정보 : 주민등록번호, 운전면허번호, 여권번호, 외국인등록번호

본인 성명 (서명/인)

개인 (신용) 정보 조회 에 관한 사항

신한카드 ㈜귀중

[신용정보의 이용 및 보호에 관한 법률] 제32조제2항 및 [개인정보 보호법] 제24조에 따라 귀사가 아래와 같은 내용으로 신용조회회사, 신용정보집중기관으로부터 본인의 신용정보를 조회하거나, 공공기관을 통해 본인임을 확인하는 것에 대하여 동의합니다. 신용카드의 추가·교체·갱신발급의 경우에도 본 동의의 효력은 유효합니다.

조회할 개인(신용)정보 :개인식별정보(CI), 신용거래정보, 신용도정보, 신용능력정보, 공공기관정보

조회 목적 : 계약의 체결 · 유지 · 이행 · 관리·개선

조회동의 효력기간 : 귀하가 상기 동의서를 제출한 시점부터 당해 거래 종료일까지 상기

동의의 효력이 유지됩니다. 다만, 이 계약이 성립되지 않는 경우에는 그 시점부터 동의의 효력은 소멸합니다.

본인은 귀사가 상기 목적으로 다음과 같은 본인의 고유식별정보를 □ 동의 □ 미동의 처리하는 것에 동의합니다.

■ 고유식별정보: 주민등록번호,운전면허번호,여권번호 ,외국인등록번호

본인 성명 (서명/인)

개인(신용)정보 필수적 제공에 관한 사항

신한카드(주) 귀중

이 계약과 관련하여 귀사가 본인으로부터 취득한 개인(신용)정보는 [개인정보보호법] 제17조 및 제22조, 제24조 [신용정보의 이용 및 보호에 관한 법률] 제32조에 따라 제3자에게 제공할 경우 본인의 사전 동의를 얻어야 합니다. 이에 본인은 귀사가 본인의 개인(신용)정보를 아래와 같이 제3자에게 제공하는 것에 동의합니다.

(1) 신용정보집중기관 및 신용조회회사에 개인(신용)정보 제공

① 개인(신용)정보를 제공받는 자

- 신용정보집중기관 : 전국은행연합회, 여신금융협회 (신용정보의 이용 및 보호에 관한 법률 제25조)
- 신용조회회사 : 나이스평가정보(주), 코리아크레딧뷰로(주) (신용정보의 이용 및 보호에 관한 법률 제4조)

② 개인(신용)정보 제공 목적

- 본인의 신용도 평가, 실명확인 등 신용조회업무, 본 계약 및 본 계약 이전 발생 계약의 유지 또는 사후관리 등
- 신용정보의 집중관리 및 활용 등 신용정보집중기관또는 신용조회회사의 업무

③ 제공대상 개인(신용)정보 : 개인식별정보, 신용거래정보, 신용도정보, 신용능력정보, 공공기관 정보

④ 제공받는자의 개인(신용)정보 보유 및 이용기간
- 신용정보집중기관, 신용조회회사 : 신용정보의 이용 및 보호에 관한 법률 및 관련 규약에 근거한 기간까지

(2) 거래목적 달성을 위한 개인(신용)정보 제공(업무처리 수탁업체 제공 등)
① 개인(신용)정보를 제공받는 자
- 본인인증업체, 신청서 등 문서 관리 업체(입력·스캔·보관·폐기), 카드배송업체, 우편물(명세서 등) 배송 및 반송업체, 회원관리 업체(은행,비씨카드), 전화상담 업체, 전산처리 및 개발·유지·보수 업체, 이메일·문자메시지·모바일 쿠폰 발송업체, 가맹점업무 관련(중계·전표관리·거래·보관·전자지급결제 대행) 업체, ATM 서비스 업체, 결제대금출금업체, 채권추심업체, 유동화자산 실사업체, 사은품·판촉물 발송업체, 쇼핑몰(복지몰) 운영업체, 여행서비스 업체, 법무사, 법무법인, 녹취록 작성업체, 녹취서버 운영업체, 고객서비스 품질관리(통화품질 모니터링) 업체, 가상전화번호 서비스 업체, 백업데이터 보관 업체, 통신단말기 대금 청구 및 회수업체, 카드사로부터 업무 위탁을 받은 금융기관
- 본인 재직기관, 가맹점, 본인회원
② 개인(신용)정보 제공 목적
- 본인인증, 신청서 등 문서 관리(입력·스캔·보관·폐기), 카드배송, 우편물(명세서 등) 배송 및 반송, 회원관리, 전화상담, 전산처리 및 개발·유지·보수, 이메일·문자메시지·모바일 쿠폰 발송, 가맹점업무(중계·전표관리·거래·보관·전자지급결제 대행), ATM 서비스, 결제대금출금, 채권추심, 유동화자산 실사, 사은품·판촉물 발송, 쇼핑몰(복지몰) 운영, 여행서비스, 법조치 업무, 법률자문, 녹취록작성, 녹취서버 운영, 고객서비스 품질관리(통화품질 모니터링), 가상전화번호 서비스, 백업데이터 보관, 통신단말기 대금 청구 및 회수,카드회원 및 가맹점 모집 · 관리
- 본인 재직확인, 가맹점 분쟁해결, 가족카드 사용내역 통지
③ 제공대상 개인(신용)정보 : 필수적 수집, 이용에 동의한 개인(신용)정보
④ 제공받는 자의 개인(신용)정보 보유 및 이용기간 : 위탁계약 종료 시 또는 위탁업무 완료 시(단, 관련법령의 별도 규정이 명시되어 있는 경우 그 기간을 따름)

(3) 고객이 요청한 서비스의 이행 유지를 위한 개인(신용)정보 제공(고객이 신청한 서비스에 한함)

① 개인(신용)정보를 제공받는 자 : 고객이 신청한 서비스 제공 업체
(교통·하이패스, 휴대폰요금·가스요금·전기요금 등 카드 자동납부 서비스, 모바일카드 발급·이용 서비스)

② 개인(신용)정보 제공 목적 : 고객이 요청한 서비스의 이행·유지업무

③ 제공대상 개인(신용)정보 : 필수적 수집,이용에 동의한 정보 중 제공목적 달성을 위한 최소한의 정보 (서비스별로 상이하게 제공하며, 모바일카드 발급·이용 서비스의 경우 개인식별정보)

④ 제공받는 자의 개인(신용)정보 보유 및 이용기간 : 고객이 서비스 이행 중단을 요청하여 서비스가 중단된 시점

본인은 귀사가 상기 목적으로 다음과 같은 본인의 고유식별정보를 □ 동의 □ 미동의 처리하는 것에 동의합니다.

■ 고유식별정보 : 주민등록번호, 운전면허번호, 여권번호, 외국인등록번호

본인 성명 (서명/인)

※ 상기 내용이 변동되는 경우 인터넷 홈페이지 게시 등을 통해 그 내용을 안내해드리며, 본 동의서는 이 계약이 성립되지 않는 경우 그 시점으로부터 효력을 상실합니다.

※ 귀하는 동의를 거부할 권리가 있으나, 위 사항에 동의하지 않으실 경우 거래관계의 설정 또는 유지가 불가능 할 수 있음을 알려드립니다.

개인(신용)정보 필수적 제공에 관한 사항

■ 복지카드 서비스 제공을 위한 개인(신용)정보 제공 □ 동의 □ 미동의

① 제공업체: 국가보훈처, 보건복지부, 한국조폐공사, 신한은행, 각 시도 지자체 및 지역교통사업자

※ 지역교통사업자 : ㈜한국스마트카드, ㈜ 마이비, 유페이먼트(주),이비카드(주), 대구도시철도공사

② 제공목적 : 복지카드발급및 운영관리,상품서비스제공,부정사용방지

③ 제공항목 : 주민등록번호, 카드번호, 성명

④ 보유 및 이용기간 :거래종료(회원탈회또는 채권 · 채무 분쟁 종료)일로부터 6개월 이내

※ 각 시도 지자체 및 지역교통 사업자로 제공되는 내용은 〈무임교통카드〉 발급시에 제공됩니다.

본인은 귀사가 상기 목적으로 다음과 같은 본인의 고유식별정보를 □ 동의 □ 미동의 처리하는 것에 동의합니다.

■ 고유식별정보 : 주민등록번호, 운전면허번호, 여권번호, 외국인등록번호

본인 성명 (서명/인)

▣ 개인(신용)정보 선택적 동의서

귀하는 개인(신용)정보의 선택적인 수집이용, 제공에 대한 동의를 거부할 수 있습니다. 다만, 동의하지 않을 경우에는 편의제공(사은품,할인쿠폰 등), 신상품(서비스)소개, 사은행사(할인,포인트적립,무이자할부 등) 안내, 보험상품 안내 등 이용목적에 따른 혜택의 제한이 있을 수 있습니다. 그 밖의 금융거래와 관련된 불이익은 없습니다.

개인(신용)정보 선택적 수집,이용에 관한 사항

(1) 카드 및 금융상품 · 서비스 안내 및 이용권유를 위한 수집,이용 □ 동의 □ 미동의

① 개인(신용)정보의 수집,이용 목적 : 귀사 및 제휴사의 카드 및 금융상품·서비스 안내 및 이용권유, 시장조사 및 상품·서비스 연구개발, 판촉활동

② 수집, 이용할 개인(신용)정보의 내용 : 필수적 수집, 이용에 동의한 개인(신용)정보

③ 개인(신용)정보의 보유, 이용기간 : 계약 종료시까지

(2) 카드 및 금융상품 · 서비스이외의 부수서비스 안내 등을 위한 수집,이용

□ 동의 □ 미동의

① 개인(신용)정보의 수집, 이용 목적

- 여행, 통신판매 등 신용카드회사의 부수업무와 관련한 안내 및 이용권유, 시장조사 및 상품 · 서비스 연구개발 판촉활동

- 귀사가 보험 대리점 자격으로 행하는 위탁 보험상품 소개, 판매, 보험서비스 제공에 활용하거나 보험개발원 전산망의 보험 정보 조회 등의 목적으로 활용

② 수집, 이용할 개인(신용)정보의 내용 : 필수적 수집, 이용에 동의한 개인(신용)정보

③ 개인(신용)정보의 보유, 이용기간 : 계약 종료시까지

이용권유 방법에 관한 ㅁ전부동의 (ㅁ전화 ㅁ문자메세지 ㅁ이메일 ㅁ서면) ㅁ동의하지 않음 고객님께서 동의하시면 당사가 제공하는 유익한 서비스나 제휴혜택, 마케팅 등을 전화, 휴대폰 문자메시지, 서면, 이메일 등으로 받아보실 수 있습니다. ※ 카드이용 안내에 동의하셨더라도 신용정보의 이용 및 보호에 관한 법률에 따라 이용권유 목적의 연락에 대한 중단을 언제라도 카드사에 요청할 수 있습니다.(대표전화:1544-7000/ 홈페이지:www.shinhancard.com) ※ 갱신 및 상품서비스 변경 안내 등 필수 고지사항은 상기 동의 대상에서 제외됩니다.

본인은 귀사가 상기 목적으로 다음과 같은 본인의 고유식별정보를 □ 동의 □ 미동의 처리하는 것에 동의합니다.

■ 고유식별정보 : 주민등록번호, 운전면허번호, 여권번호, 외국인등록번호

본인 성명 (서명/인)

신한은행 거래 정보 제공 동의서

주식회사 신한은행 귀중

본인은 귀사가 아래와 같이 본인의 정보를 신한카드(주) 에 제공하는 것에 대하여 동의합니다.

■ 제공(이용)목적 :신용카드(소액한도 포함) 발급 심사, 한도 증감 심사등 신한카드와 본

인과의 금융거래의 설정,유지 판단 목적

■ 제공할 정보 : 식별정보, 여수신 거래실적, 연체정보, Tops 등급, 급여이체 실적 등

■ 제공받는 자의 개인(신용)정보 보유 및 이용기간 : 본인과 신한카드(주)와의 금융거래 소멸시까지

본인은 귀사가 제공 목적으로 본인의 고유식별정보(주민등록번호, 운전면허번호,

□ 동의 □ 미동의

여권번호 , 외국인등록번호)를 신한카드(주)에 제공하는 것에 동의합니다.

※ 상기 정보의 제공 동의여부는 고객님의 선택사항입니다. 다만 상기 내용에 미동의시 신한은행 거래실적을 반영하지 않고 신용카드 발급 및 한도심사를 진행합니다.

본인 성명 (서명/인)

개인(신용)정보의 선택적 제공에 관한 사항

(1) 신한은행등 신한금융그룹 내 자회사에 제공

□ 동의 □ 미동의

① 개인(신용)정보를 제공받는 자 : 신한금융지주회사, 신한생명, 신한금융투자, 신한생명보험, 신한 BNP Paribas 자산운용, 신한캐피탈, 제주은행, 신한저축은행, 신한데이타시스템, 신한아이타스, 신한신용정보, 신한PE

② 개인(신용)정보 이용목적 : 신한금융그룹 자회사의 상품권유 및 판매 등의 마케팅 및 영업활동과 내부 관리 목적

③ 제공대상 개인(신용)정보 : 필수적 수집, 이용 동의서에서 정하는 개인(신용)정보

④ 제공받는 자의 개인(신용)정보 보유 및 이용기간 : 계약 종료시까지

(2) 부정사용 방지 등의 목적달성을 위해 개인(신용)정보 제공 □ 동의 □ 미동의

① 개인(신용)정보를 제공받는 자: 출입국 관리사무소

② 개인(신용)정보 제공 목적 : 해외 부정사용 방지

③ 제공대상 개인(신용)정보 : 성명, 주민등록번호

④ 제공받는 자의 개인(신용)정보 보유 및 이용기간 : 출입국 정보 확인시까지

본인은 귀사가 상기 목적으로 다음과 같은 본인의 고유식별정보를 □ 동의 □ 미동의 처리하는 것에 동의합니다.

■ 고유식별정보 : 주민등록번호, 운전면허번호, 여권번호, 외국인등록번호

본인 성명 (서명/인)

[서식] 국가유공자 등 등록신청서

■ 국가유공자 등 예우 및 지원에 관한 법률 시행규칙 [별지 제2호서식]

민원24(www.minwon.go.kr)
에서도 신청할 수 있습니다.

등록신청서

※ [ ]에는 해당되는 곳에 √표를 합니다. (앞 쪽)

접수번호	접수일	처리기간 20일 (사실확인 및 심사기간 제외)

보훈보상대상자			
	성명 홍 길 동	주민등록번호 000000-0000000	군별(소속) 육군
	군번 1234567	계급(직급) 병장	입대일(임용일) 0000년 00월 00일
	전공사상·포상일 0000년 00월 00일	전공사상·포상훈격 [ ]전상 [√]공상 [ ]전사 [ ]순직 [ ]포상(훈격 :)	전역일(퇴직일) 0000년 00월 00일

신청인			
	보훈보상대상자와의 관계 본인	성명 홍 길 동	주민등록번호 000000-0000000
	주 소 우편물 수령 가능한 주소 (전화번호 :000-000-0000, e-mail :)		

유족 및 가족사항 (신청인 포함)	보훈보상대상자와의 관계	성명	주민등록번호	학력	직업	월 소득
	본인	홍 길 동	471001-1234567	고졸	자영업	300만원
	처	○○○	-	고졸	가사	
	1남	○○○	-	대재	학생	
			-			
			-			

「국가유공자 등 예우 및 지원에 관한 법률」 제6조제1항, 같은 법 시행령 제8조제1항 및 같은 법 시행규칙 제3조·제7조제1항에 따라 국가유공자 등록을 신청합니다.

년 월 일

신청인 홍 길 동 (서명 또는 인)

지방보훈청장
보훈지청장 귀하

신청인 제출서류	1. 가족관계기록사항에 관한 증명서 1통 2. 제적등본(가족관계기록사항에 관한 증명서를 통해 유공자와의 관계를 확인할 수 없는 경우에만 제출합니다) 1통 3. 신청인의 사진(3센티미터 × 4센티미터) 1매	수수료 없음

	4. 4・19혁명부상자 및 사망자 유족: 소속단체나 학교의 장이 발행한 4・19참가확인서와 4・19혁명으로 인하여 사망하였거나 상이를 입었음을 증명할 수 있는 서류 각 1통 5. 국가유공자와 사실혼 관계에 있는 사람: 그 사실을 증명할 수 있는 서류 1통 6. 국가유공자를 주로 부양하거나 양육한 사람: 그 사실을 증명할 수 있는 서류 1통 7. 같은 순위 유족간 협의에 따라 보상금 수급자나 선순위 유족으로 지정된 사람: 보상금 수급자 지정서 또는 선순위 유족 지정서 1통	음
담당 공무원 확인사항	1. 주민등록표 등본 2. 무공수훈자, 보국수훈자 및 4・19혁명공로자의 경우 행정안전부장관이 발급하는 상훈수여증명서	

행정정보 공동이용 동의

본인은 이 업무처리와 관련하여 담당 공무원이 「전자정부법」제36조제1항에 따른 행정정보의 공동이용을 통하여 위의 담당 공무원 확인사항을 확인하는 것에 동의합니다. *동의하지 않는 경우에는 직접 관련 서류를 제출하여야 합니다.

신청인 홍 길 동 (서명 또는 인)

210mm×297mm(백상지 80g/㎡ 또는 중질지 80g/㎡)

(뒤 쪽)

개인정보 수집 및 이용 동의

이 업무처리와 관련하여 보훈병원의 전자의무기록을 해당 병원으로부터 제공받아 상이등급 판정을 위한 신체검사 및 심사업무에 이용하는 것에 동의합니다.

* 동의하지 않는 경우 직접 관련 자료를 제출하셔야 함을 알려드립니다.

신청인 홍 길 동 (서명 또는 인)

처 리 절 차

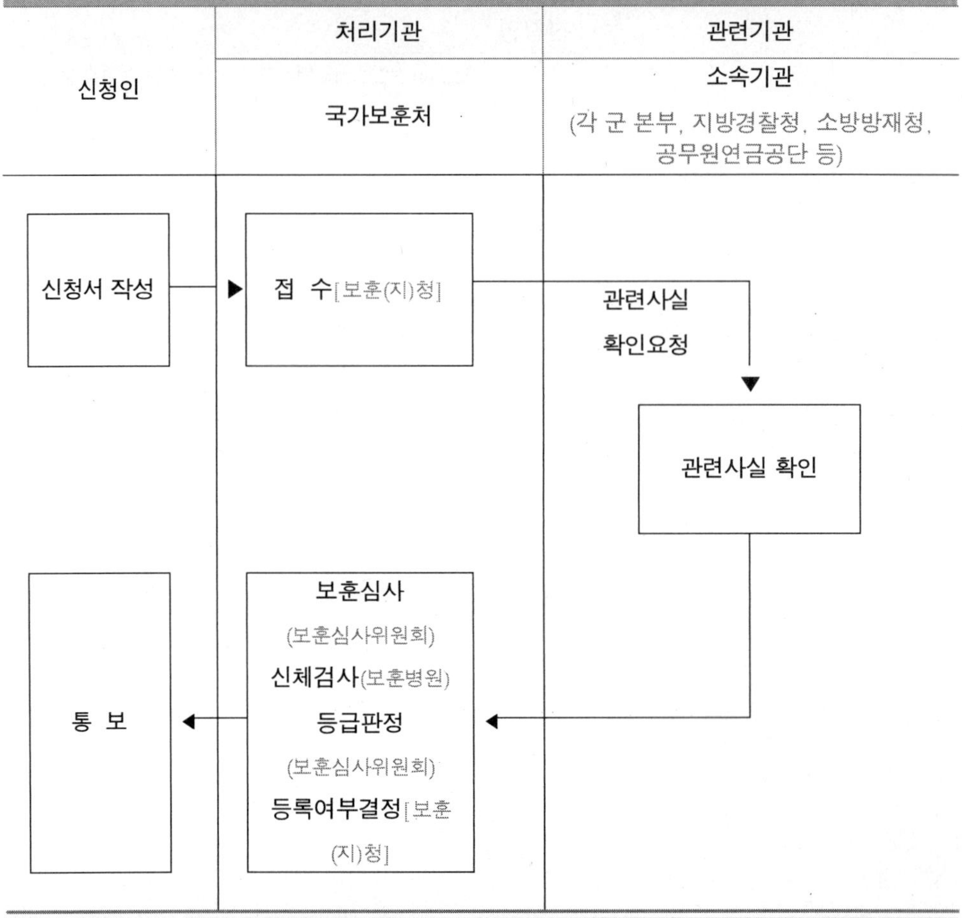

확 인						
담당	주무	과장	(지)청장	재확인 신체검사	소견	승인 [ ] 불승인 [ ]
					사유	

[붙임 #6] : 군인용

접수번호 : 제 호 접수일자 : . . .	전·공	☐ 사망 ☐ 상이	**확인신청서**	안내사항

성 명	홍 길 동	계 급	병장	군 번	123456	주민등록 번 호	000000-0000000
주 소	우편물 수령 가능한 주소					전 화	000-000-0000

입대년월일	00.00.00	입 대 부 대	승리부대	입대장소	00훈련소
사망(상이) 년월일	00.00.00	사망(상이)당시 소속 및 직책	○○연대 ○○대대 ○○중대 / 소총수	사망(상이) 장 소	연병장
사망(상이) 원 인	군대축구 중 무릎 부상으로 전방십자인대 파열				

상이부위	1. 우측 무릎 2. 3.	최초진단 년 월 일	1971. 11. 28
치료병원	1.연대의무대대 2. 국군수도병원 3.	사망(상이) 구 분	

전역년월일	72.3.30	전역당시소속	승리부대	전역구분 및 역종	의병전역/제2국민역
전상또는 공상으로확인된자로서 전·공상을 다시 확인신청하는 경우	최초확인신청 년 월 일		최종신체검사 년 월 일		

상이자본인 진술기록(사망확인시는 신청인 기록)

* 상이(사망)당시 임무상황 및 발생원인이나 사유, 기타참고사항을 6하원칙에 의거 상세히 기록

0000년 00월 00일 대대 연병장에서 중대간 축구경기중 공을 드리블하며 상대골문으로 질주 중 상대 수비수의 태클에 넘어져 오른쪽 무릎 부상을 입음.
다음 날(11.1) 심한 부종과 통증으로 연대의무대대에서 X-ray촬영과 약물처방을 받았으나 지속적인 통증으로 0000년 00월 00일 국군수도병원으로 후송되어 MRI촬영, 전방십자인대 파열 진단하에 동년 12월 2일 재건술 시행함.
0000년 00월 00일 국군수도병원 의무심사에서 심신장애 5급으로 판정받아 0000년 00월 00일 의병전역하였고, 전역 후 민간병원 재활치료를 받았으나 지속적 통증으로 사회생활에 어려움 겪고 있음

* 진술기록란 부족시 별지 첨부 진술인 : 홍 길 동 (인)

신청인	성 명	홍 길 동	주민등록번호	000000-0000000	사망(상이)자와의 관계	본인
	주 소	주민등록상 주소지 기재			전 화	000-000-0000

		(다를 경우 연락 가능한 거주지 주소)		

위와 같이 전공사망(상이) 확인을 신청합니다.

년 월 일

신청인 : 홍 길 동 ㉧

( )**참모총장 귀하**

구비서류	1. 제적등본(사유란기재) 1부 (사망확인신청에 한함) 2. 진단서 1부(1962년이전 전역자에 한하여 해당전문의 진단서)	수수료 없 음

[별지 제2호의2 서식] (앞쪽)

사망 또는 상이(질병 포함) 발생 경위서

국가유공자	성 명	홍 길 동		주민등록번호	000000-0000000	
	신 분	☑ 군인 □ 경찰 □ 전투경찰 □ 공무원 □ 기타( )				
	소 속	육군	계급(직급)	병장	군 번	*군인만 기재 123456
	입대일자 (임용일자)	0000.00.00.	직책(직위)	소총수	전역일자 (퇴직일자)	0000.00.00
	주 소	우편물 수령 가능한 주소 기재 (다를 경우 연락 가능한 거주지 주소) (전화 : 000-000-0000)				
	생활습관	음주	□ 여(주 회, 1회 2홉 병) ☑ 부	금주	□ 여(년부터) □ 부	
		흡연	☑ 여(1일 10개피) □ 부	금연	□ 여(년부터) □ 부	
	기존질병 여 부	* 사망 또는 상이 이전에 치료를 받은 질병이나 부상 내용을 기재 없 음				
① 사망 · ② 상이	구 분	□ 사망 ☑ 부상 □ 질병 □ 부상질병		사망·상이발생일	0000.00.00	
	사망원인, 부상부위 (질병명)	군대 축구 중 심한 태클에 우측 무릎 부상 (우측 전방십자인대 파열)				

(질병)발생경위	* 사망, 부상 또는 질병 발생 당시 수행 중이던 업무내용, 장소, 근무환경, 이동경로, 직무와 관련하여 발생하였다고 주장하는 근거 등을 자세히 기재(부족시 별지 첨부) 0000년 00월 00일 대대 연병장에서 중대간 축구경기중 공을 드리블하며 상대골문으로 질주 중 상대 수비수의 태클에 넘어져 오른쪽 무릎 부상을 입음. 다음 날(11.1) 심한 부종과 통증으로 연대의무대대에서 X-ray촬영과 약물처방을 받았으나 지속적인 통증으로 0000년 00월 00일 국군수도병원으로 후송되어 MRI촬영, 전방십자인대 파열 진단하에 동년 00월 00일 재건술 시행함. 0000년 00월 00일 국군수도병원 의무심사에서 심신장애 5급으로 판정받아 0000년 00월 00일 의병전역하였고, 의병전역 후 민간병원 재활치료중에도 관절운동이 되지 않아 사회생활에 어려움 겪고 있음 (뒤쪽에 계속)

(뒤쪽)

<table>
<tr><td rowspan="6">①사망·②상이(질병)발생경위</td><td colspan="8">(기재란이 부족할 경우 별지로 작성)</td></tr>
<tr><td>목 격 자
(최초 인지자)</td><td>성 명</td><td>임 꺽 정</td><td>연락처</td><td colspan="2">000-0000-0000</td><td>신 청 인
과의관계</td><td>선임병</td></tr>
<tr><td>가 해 자
(있는 경우)</td><td>성 명</td><td></td><td>연락처</td><td colspan="2"></td><td>신 청 인
과의관계</td><td></td></tr>
<tr><td rowspan="2">기타 사망 또는 상이를 입증할 수 있는 증인</td><td>성 명</td><td></td><td>연락처</td><td colspan="2"></td><td>신 청 인
과의관계</td><td></td></tr>
<tr><td>성 명</td><td></td><td>연락처</td><td colspan="2"></td><td>신 청 인
과의관계</td><td></td></tr>
<tr><td>신청상이(질병)
최초 치료기관</td><td>의료기관명</td><td colspan="2">○○연대 의무대대</td><td>소재지</td><td colspan="3">강원도 춘천시 철원군 ○○리
(전화 :)</td></tr>
</table>

위의 진술 내용은 모두 사실이며, 만약 허위임이 확인될 때에는 보훈혜택 취소, 부당이득 반환 및 민·형사상 책임을 감수할 것을 서약합니다.

년 월 일

신청인 홍 길 동 (서명 또는 인)

지방보훈청장
보훈지청장 귀하

(210mm×297mm, 신문용지 54g/㎡)

■ 보훈보상대상자 지원에 관한 법률 시행규칙 [별지 제1호서식] 〈개정 2015.12.30.〉

민원24(www.minwon.go.kr)에서도 신청할 수 있습니다.

보훈보상대상자(유족) 등록신청서

※ [ ]에는 해당하는 곳에 "√"표시를 합니다. (앞쪽)

접수번호	접수일	처리기간	20일(사실확인 및 심사기간 제외)

보훈보상 대상자	성명	주민등록번호 -	군별(소속)
	군번	계급(직급)	입대일(임용일) 년 월 일
	사망·상이날짜 년 월 일	사망·상이 구분 [ ]재해사망 [ ]재해부상	전역일(퇴직일) 년 월 일

신청인	보훈보상대상자와의 관계	성명	주민등록번호 -
	주 소 (전화번호: , 휴대전화번호:)		

유족 및 가족사항 (신청인 포함)	보훈보상대상자와의 관계	성명	주민등록번호	비 고
			-	
			-	
			-	
			-	
			-	

「보훈보상대상자 지원에 관한 법률」 제4조제1항, 같은 법 시행령 제5조제1항 및 같은 법 시행규칙 제3조에 따라 보훈보상대상자(유족) 등록을 신청합니다.

년 월 일

신청인 (서명 또는 인)

지방보훈청장
보훈지청장 귀하

신청인 제출서류	1. 가족관계기록사항에 관한 증명서 1통 2. 제적등본(가족관계기록사항에 관한 증명서를 통하여 보훈보상대상자와의 관계를	수수료

	확인할 수 없는 경우에만 제출합니다) 1통 3. 사진(3센티미터 × 4센티미터) 1장 4. 보훈보상대상자와 사실혼 관계에 있는 사람: 그 사실을 증명할 수 있는 서류 1통 5. 보훈보상대상자를 주로 부양하거나 양육한 사실이 있는 사람: 그 사실을 증명할 수 있는 서류 1통 6. 같은 순위 유족 간 협의에 따라 보상금 수급자나 선순위 유족으로 지정된 사람: 보상금 수급자 지정서 또는 선순위 유족 지정서 1통	없음
담당 공무원 확인사항	주민등록표 등본	

행정정보 공동이용 동의서

본인은 이 건 업무처리와 관련하여 담당 공무원이 「전자정부법」제36조에 따른 행정정보의 공동이용을 통하여 위의 담당 공무원 확인사항을 확인하는 것에 동의합니다. * 동의하지 않는 경우에는 신청인이 직접 관련 서류를 제출하여야 합니다.

신청인 (서명 또는 인)

210mm×297mm[백상지(80g/㎡) 또는 중질지(80g/㎡)]

(뒤쪽)

개인정보 수집 및 이용 동의

이 업무처리와 관련하여 보훈병원의 전자의무기록을 해당 병원으로부터 제공받아 상이등급 판정을 위한 신체검사 및 심사업무에 이용하는 것에 동의합니다.

* 동의하지 않는 경우에는 신청인이 직접 관련 자료를 제출하여야 합니다.

신청인 (서명 또는 인)

처리절차

신청인	처리기관	관련기관
	국가보훈처	소속기관 (각 군 본부, 지방경찰청, 국민안전처, 공무원연금공단 등)

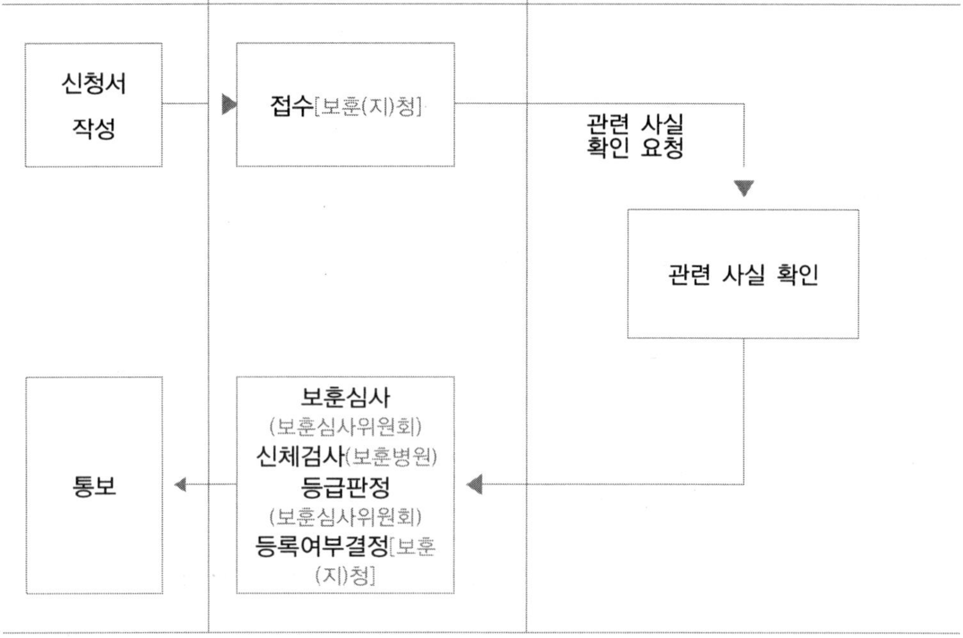

재확인 신체검사

소견 승인[ ] 불승인[ ] 사유

확인

담당	주무	과장	(지)청장

【별지 제4호 서식】 – 군인용

<table>
<tr><td colspan="2">접수번호 : 제 호</td><td colspan="6" rowspan="2">**전 · 공(사망 · 상이)확인신청서**</td><td>안내사항</td></tr>
<tr><td colspan="2">접수일자 : . . .</td><td>이면참조</td></tr>
<tr><td>성명</td><td></td><td>계급</td><td></td><td>군번</td><td></td><td>주민등록번호</td><td colspan="2"></td></tr>
<tr><td>주소</td><td colspan="5"></td><td>전화</td><td colspan="2"></td></tr>
<tr><td>입대년월일</td><td colspan="2"></td><td>입대부대</td><td colspan="2"></td><td>입대장소</td><td colspan="2"></td></tr>
<tr><td>사망(상이)
년 월 일</td><td colspan="2"></td><td>사망(상이)
당시
소속 및
직책</td><td colspan="2"></td><td>사망(상이)
장 소</td><td colspan="2"></td></tr>
<tr><td>사망(상이)
원 인</td><td colspan="8"></td></tr>
<tr><td>상이 부위</td><td>1.</td><td>2.</td><td colspan="2">3.</td><td colspan="2">최초진단년월일</td><td colspan="2"></td></tr>
<tr><td>치료 병원</td><td>1.</td><td>2.</td><td colspan="2">3.</td><td colspan="2">사망(상이)구분</td><td colspan="2"></td></tr>
<tr><td>전역년월일</td><td></td><td>전역당시
소속</td><td colspan="2"></td><td colspan="2">전역구분 및 역종</td><td colspan="2"></td></tr>
<tr><td colspan="2">전상 또는 공상으로
확인된자로서 전·공상을
다시 확인신청하는경우</td><td>최초확인
신청
년 월 일</td><td colspan="2"></td><td colspan="2">최종신체검사
년월일</td><td colspan="2"></td></tr>
<tr><td colspan="9">상이자 본인 진술기록(사망확인 시는 신청인 기록)

* 상이(사망)당시임무, 상황 및 발생원인이나 사유, 기타 참고사항을 6하원칙에 의거 상세히 기록</td></tr>
<tr><td colspan="9">* 진술기록란 부족시 별지 첨부 진술인 :</td></tr>
<tr><td rowspan="2">신 청 인</td><td>성명</td><td></td><td>주민
등록번호</td><td></td><td colspan="2">사망(상이)자와의
관계</td><td colspan="2"></td></tr>
<tr><td>주소</td><td colspan="4"></td><td>전화</td><td colspan="3"></td></tr>
<tr><td colspan="9">위와 같이 전공사망(상이) 확인을 신청합니다.
년 월 일
신청인 :

( ) 참 모 총 장 귀 하</td></tr>
<tr><td>구비
서류</td><td colspan="8">1. 호적등본부(사유란 기재) 1부 (사망확인 신청에 한함)
2. 진단서 1부(1962년 이전 전역자에 한하여 해당 전문의 진단서)</td></tr>
</table>

처리절차 및 유의사항

처리절차 (이면)

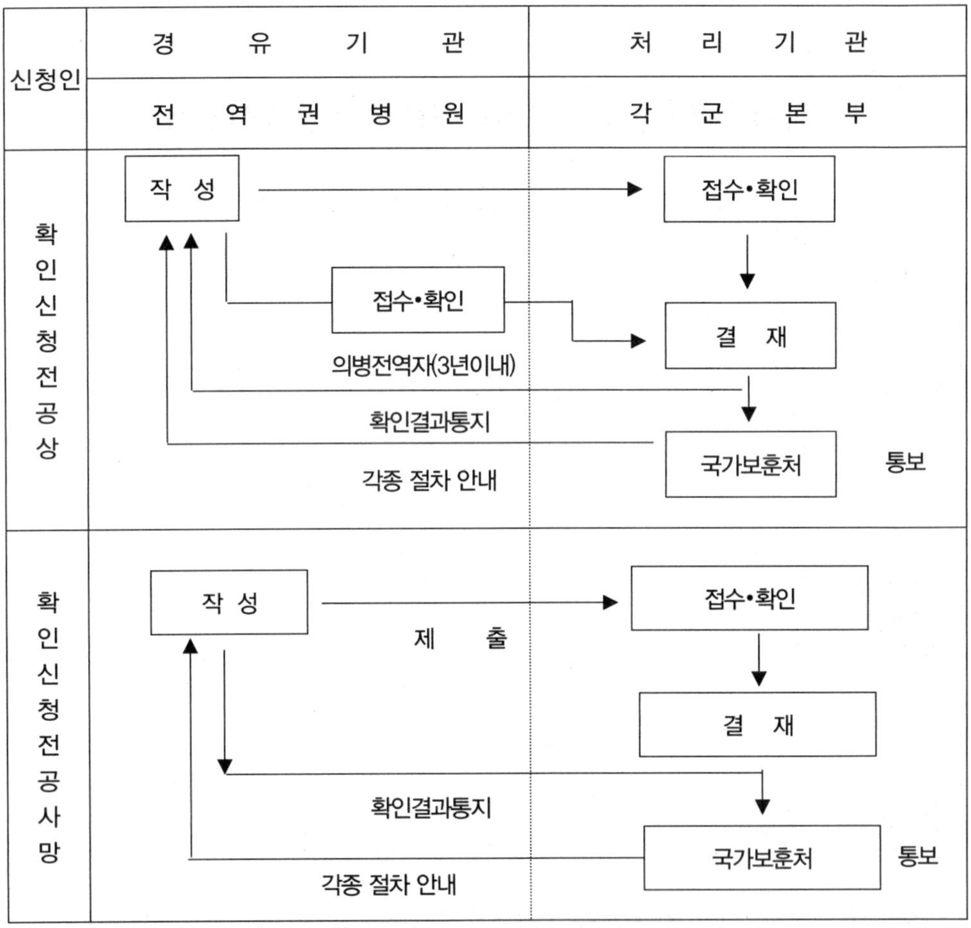

○ 유의사항

- 각 기재사항은 누락없이 정확하게 기록하여야 한다.
  특히 계급·군번·성명·주민등록번호·주소 및 본적지의 기록은 기록착오에 따라 민원이 지연되지 않도록 정확하게 기록하여야 한다.
- 본인진술기록란에는 상이(사망)당시 임무 및 상황·상이(사망)원인·입원치료 경위 기타 참고사항을 6하원칙에 의거 상세하게 기록하고 난이 부족할 때에는 별지를 첨부한다.

- 치료병원란은 진료받은 순서대로 기록한다.
- 전공사항 입증에 도움이 될 자료가 있으면 제출한다.
- 기록할 때에는 흑색 또는 청색볼펜(잉크)을 사용한다.

[경찰공무원용]

국가유공자등요건관련사실확인서 발급신청서

<table>
<tr><td>소 속</td><td colspan="3"></td><td>계 급</td><td></td><td>퇴직년월일</td><td></td></tr>
<tr><td>성 명</td><td colspan="4">( )</td><td>생년월일</td><td colspan="2"></td></tr>
<tr><td>본 적</td><td colspan="7"></td></tr>
<tr><td>주 소</td><td colspan="7"></td></tr>
<tr><td>전사·전상
순직·공상</td><td>일시</td><td></td><td>장소</td><td colspan="2"></td><td>용도</td><td></td></tr>
<tr><td>전사·전상
순직·공상
경위</td><td colspan="7"></td></tr>
<tr><td rowspan="2">신 청 인</td><td>주소</td><td colspan="6"></td></tr>
<tr><td>성명</td><td></td><td>주민등록번호</td><td colspan="2"></td><td>관계</td><td></td></tr>
<tr><td colspan="8">위와 같이 신청하오니 국가유공자등요건관련사실확인서를 발급하여 주시기 바랍니다.
년 월 일
위 신청인 인
경찰청장 귀하</td></tr>
<tr><td>구비서류</td><td colspan="7">1. 제적등본, 주민등록등본, 퇴직증명서, 개가사실여부확인서(전사자)
2. 주민등록표등본, 의료기관진단서(전상자)
3. 유족결정통보서(공무원연금관리공단발행, 순직)
4. 공무상요양승인결정서(공무원연금관리공단발행, 공상)</td></tr>
</table>

[전투경찰(의무경찰 포함)용]

<table>
<tr><td>접수번호</td><td>제 호</td><td rowspan="2">국가유공자등요건관련사실확인요청서</td></tr>
<tr><td>접수일자</td><td>. . .</td></tr>
</table>

<table>
<tr><td rowspan="8">상이(사망)자</td><td>소 속</td><td colspan="5"></td></tr>
<tr><td>계 급</td><td></td><td>군 번</td><td></td><td>퇴직년월일</td><td></td></tr>
<tr><td>성 명</td><td colspan="2"></td><td>주민등록번호</td><td colspan="2"></td></tr>
<tr><td>원상병명
(사망원인)</td><td colspan="2"></td><td>현상병명</td><td colspan="2"></td></tr>
<tr><td>주 소</td><td colspan="3"></td><td>전화</td><td></td></tr>
<tr><td>구 분</td><td colspan="5">전사 순직 상이</td></tr>
<tr><td>상이(사망)
년 월 일</td><td colspan="2"></td><td>상이(사망)
장 소</td><td colspan="2"></td></tr>
<tr><td colspan="6"></td></tr>
<tr><td>상이(사망)사유</td><td colspan="6"><u>상이자는 본인이 기록(사망자는 신청인이 기록)</u>

6하원칙에 의해 상세히 기록(부족시 별지첨부) 진술인 : ㊞</td></tr>
</table>

<table>
<tr><td rowspan="2">신청인</td><td>성 명</td><td></td><td>주민등록번호</td><td></td><td>상이(사망)자
와의관계</td><td></td></tr>
<tr><td>주 소</td><td colspan="3"></td><td>전화</td><td></td></tr>
<tr><td colspan="7">위와 같이 국가유공자등요건관련사실 확인을 요청합니다.</td></tr>
</table>

년 월 일

신청인 : ㉪

경찰청장 귀하

첨부서류	신청인 제출서류	담당 공무원 확인사항
	1. 가족관계등록부(사유란 기재) 2부 (사망자는 사망으로 정리된 등본) 2. 의료기관진단서 2부(국·공립병원장 또는 종합병원장 발행)	주민등록등본

[공무원용]

국가유공자등요건관련사실 □ 공상 □ 순직 확인서 발급신청서

신청인	성 명		주민등록번호		공무원과의 관계	공무원의 ( )
	주 소				전화번호	

공무원(또는 공무원이었던자)	성 명		주민등록번호		직 급	
	소속기관					

승인사항	승인번호		상병 또는 사인	
	급여구분	□요양 □유족 □장해 □공상확인		
	상병(사망) 일자			
	사병(사망)			

	장 소			

국가유공자등예우및지원에관한법률시행령 제9조제2항의 규정에 의거 확인서 발급을 신청합니다. 년 월 일

신청인 ㉾

첨부 : 1.(요양이 종료된 사실에 대한 의사소견 내용이 포함된) 진단서 1부.
2. 승인 또는 결정통보서 사본 1부.
3. 공무상 요양기간 연장승인 신청 및 일시금 청구 포기각서 1부.

위 사항을 확인하여 이송합니다.

년 월 일

(연금취급기관장) 인

공무원연금관리공단 이 사 장 귀하

첨부서류(미승인된 경우)
① 상병[폐질, 사망]경위서 1부 ② 장해[사망]진단서 1부
③ 건강진단카드사본 1부 ④ 기타 입증서류는 재해보상급여 청구서류와 동일

[별지 제2호의2 서식] (앞쪽)

사망 또는 상이(질병 포함) 발생 경위서

국가유공자	성 명		생년월일			
	신 분	□ 군인 □ 경찰 □ 전투경찰 □ 공무원 □ 기타( )				
	소 속		계급(직급)		군 번	*군인만 기재
	입대일자		직책(직위)		전역일자	

<table>
<tr><td rowspan="5"></td><td>(임용일자)</td><td></td><td></td><td></td><td>(퇴직일자)</td><td></td></tr>
<tr><td>주 소</td><td colspan="5">(전화 :)</td></tr>
<tr><td rowspan="2">생활습관</td><td>음주</td><td>□ 여(주 회, 1회 2홉 병) □ 부</td><td>금주</td><td colspan="2">□ 여(년부터) □ 부</td></tr>
<tr><td>흡연</td><td>□ 여(1일 개피) □ 부</td><td>금연</td><td colspan="2">□ 여(년부터) □ 부</td></tr>
<tr><td>기존질병
여 부</td><td colspan="5">* 사망 또는 상이 이전에 치료를 받은 질병이나 부상 내용을 기재</td></tr>
<tr><td rowspan="3">①사망 ②상이(질병) 발생경위</td><td>구 분</td><td colspan="2">□ 사망 □ 부상 □ 질병 □ 부상·질병</td><td>사망·상이발생일</td><td colspan="2"></td></tr>
<tr><td>사망원인,
부상부위
(질병명)</td><td colspan="5"></td></tr>
<tr><td colspan="6">* 사망, 부상 또는 질병 발생 당시 수행 중이던 업무내용, 장소, 근무환경, 이동경로, 직무와 관련하여 발생하였다고 주장하는 근거 등을 자세히 기재(부족시 별지 첨부)

(뒤쪽에 계속)</td></tr>
</table>

(뒤쪽)

<table>
<tr><td rowspan="7">①사망 ②상이(질병) 발생 경위</td><td colspan="7">(기재란이 부족할 경우 별지로 작성)</td></tr>
<tr><td>목 격 자
(최초 인지자)</td><td>성 명</td><td></td><td>연락처</td><td></td><td>신 청 인
과의관계</td><td></td></tr>
<tr><td>가 해 자
(있는 경우)</td><td>성 명</td><td></td><td>연락처</td><td></td><td>신 청 인
과의관계</td><td></td></tr>
<tr><td rowspan="2">기타 사망 또는 상이를 입증할 수 있는 증인</td><td>성 명</td><td></td><td>연락처</td><td></td><td>신 청 인
과의관계</td><td></td></tr>
<tr><td>성 명</td><td></td><td>연락처</td><td></td><td>신 청 인
과의관계</td><td></td></tr>
<tr><td>신청상이(질병)
최초 치료기관</td><td>의료기관명</td><td colspan="2"></td><td>소재지</td><td colspan="2">(전화 :)</td></tr>
</table>

위의 진술 내용은 모두 사실이며, 만약 허위임이 확인될 때에는 보훈혜택 취소, 부당이득 반환 및 민·형사상 책임을 감수할 것을 서약합니다.

년 월 일

신청인 (서명 또는 인)

지방보훈청장
보 훈 지 청 장 귀하

(210mm×297mm, 신문용지 54g/㎡)

〈별표2〉 (앞면)

요양급여내역 및 의무기록 열람·사본 발급 동의서

정보 주체	성명		전화번호	
	생년월일		주소	

■ 개인정보 수집·이용에 관한 동의

「개인정보보호법」제15조에 의거 **국가유공자 등 등록업무**와 관련하여 귀하의 개인정보를 수집·이용하고자 아래와 같이 관련사항을 고지하오니 동의하여 주시기 바랍니다.

1. 개인정보의 수집·이용 목적 : **보훈심사위원회 요건 심의, "요건관련 사실확인서" 발급 참고자료**
2. 수집하려는 개인정보의 항목 : **지난 10년간 요양급여 내역, 진료 중 발생한 모든 행정기록 및 진료기록 일체, 방사선 CD, 외래기록, 입원기록, 수술기록, 영상의학보고서**
3. 개인정보 보유 및 이용 기간 : **준영구**
4. 귀하는 본건 국가유공자 등 등록업무와 관련하여 귀하의 개인정보 수집·이용에 대하여 거부할 권리가 있으며, 동의를 거부할 경우 (**국가유공자 등 요건관련 심의 중 입증자료 부족으로**) 불이익을 받을 수 있습니다.

동의함□ 동의안함□

■ 개인정보 제공에 관한 동의

「개인정보보호법」제17조 및 제18조에 의거 국가유공자 등 등록업무와 관련하여 귀하의 개인정보를 **① 국민건강보험공단, ② 군 의료기관 ③ 민간의료기관**으로부터 제공받기 위하여 아래와 같이 관련사항을 고지하오니 동의하여 주시기 바랍니다.

1. 개인정보를 ①③에서 제공받는 자 : **국가보훈처장(보훈심사위원회위원장), 연락처 ☎1577-0606**

   개인정보를 ②에서 제공받는 자 : **국가보훈처장(보훈심사위원회위원장), 각군 보훈민원담당부서장**
2. 개인정보를 제공받는 자의 개인정보 이용 목적 : **보훈심사위원회 요건 심의, "요건관련 사실확인서" 발급 참고자료**

3. 제공하는 개인정보의 항목 : **지난 10년간 요양급여 내역, 진료 중 발생한 모든 행정기록 및 진료기록 일체, 방사선 CD, 외래기록, 입원기록, 수술기록, 영상의학보고서**
4. 개인정보를 제공받는 자의 개인정보 보유 및 이용 기간 : **준영구**
5. 귀하는 본건 국가유공자 등 등록업무와 관련하여 귀하의 개인정보 수집 · 이용에 대하여 거부할 권리가 있으며, 동의를 거부할 경우 (**국가유공자 등 요건관련 심의 중 입증자료 부족으로**) 불이익을 받을 수 있습니다.

동의함□　동의안함□

(뒷면)

■ **민감정보 처리에 관한 동의**

「개인정보보호법」제23조에 의거 **국가유공자 등 등록업무**와 관련, 위 개인정보의 수집·이용 및 제공에 대하여 아래와 같이 민감정보를 처리하고자 하오니 동의하여 주시기 바랍니다.

1. 민감정보의 수집·이용 목적 : **보훈심사위원회 요건 심의, "요건관련 사실확인서" 발급 참고자료**
2. 수집하려는 민감정보의 항목

① 국민건강보험공단 : **지난 10년간의 요양급여 내역**

– **제공항목 : 상병명, 요양기관명, 요양기관연락처, 입내원일수, 본인부담금, 공단부담금**

* 동 요양급여내역서에 표시된 상병명은 진료비 청구명세서에 기재 된 진찰 등의 상병명으로 확정된 진단명이 아니며, 의증(의심되는 증상) 및 배제상병(최종 확진 이전에 고려하였던 상병)이 포함된 정확한 상병이 아니므로, 동 요양급여내역서를 바탕으로 건강상태 확인을 대신하거나 수사나 재판 등의 증거자료가 될 수 없음

② 군 의료기관 : **진료 중 발생한 모든 행정기록 및 진료기록 일체, 방사선 CD**

③ 민간의료기관 : **외래기록, 입원기록, 수술기록, 영상의학보고서**

3. 민감정보의 보유 및 이용 기간 : **준영구**
4. 귀하는 동의를 거부할 권리가 있으며, 동의를 거부할 경우 (**국가유공자 등 요건관련 심의 중 입증자료 부족으로**) 불이익을 받을 수 있습니다.

동의함□　동의안함□

■ **고유식별정보 처리에 관한 동의**

「개인정보보호법」제24조에 의거 **국가유공자 등 등록업무**와 관련, 위 개인정보의 수집·이용 및 제공에 대하여 아래와 같이 고유식별정보를 처리하고자 하오니 동의하여 주시기 바랍니다.

1. 고유식별정보의 수집·이용 목적 : **보훈심사위원회 요건 심의, "요건관련 사실확인서" 발급 참고자료**
2. 수집하려는 고유식별정보의 항목 : **성명, 주민등록번호, 주소**
3. 고유식별정보의 보유 및 이용 기간 : **준영구**
4. 귀하는 동의를 거부할 권리가 있으며, 동의를 거부할 경우 (**국가유공자 등 요건관련 심의 중 입증자료 부족으로)** 불이익을 받을 수 있습니다.

동의함□ 동의안함□

년 월 일

동의인 (서명 또는 인)

국민건강보험공단 이사장, 민간의료기관장
국방부장관(군의료기관장, 각군 기록물보존부대장) 귀중

※ 본 서식은「의료법 시행규칙」제13조의2 별지9의2 서식에 준함

국가유공자 등 등록신청자 의료지원 안내

국가유공자 등 등록 신청 한 귀하 및 가족에게는 최종등록결정이전까지 다음과 같은 의료지원이 이루어지니 관련사항을 숙지하시어 의료혜택을 받는데 착오 없으시기 바랍니다.

구 분	의 료 지 원 내 용	비 고
대 상 자 격	○국비진료 대상자 – 애국지사, 전·공상군경, 4·19혁명부상자, 공상공무원, 특별공로상이자, 6·18자유상이자, 재해부상군경, 재해부상공무원, 5·18민주부상자, 특수임무부상자, 고엽제후유(의)증환자(고엽제후유증2세환자 포함) 등으로 등록 신청한 본인 ○감면진료 대상자 – 독립·국가·5·18민주유공자법, 특수임무유공자법 등에 의한 신청자 및 감면대상 유가족 – 참전유공자 및 장기복무제대군인, 군복무 중 질환자 등 등록신청자 본인	규칙 제2조 3호 규칙 제2조 4호
지원시기 진료병원	○ 등록 신청 일부터 등록·결정일까지는 보훈병원에 한하여 진료신청 가능	규정 제24조
지 원 내 용	○국비진료 대상자 **·반드시 보훈병원에서 진료하여야 함** **※ 보훈병원에서 해당 상이처(질환)의 보훈병원 진료가 곤란한 경우에는 전문의료기관에 위탁진료를 의뢰하여 실시 (보훈병원장이 판단). 이 경우 상급병실료는 일부 본인부담될 수 있으며, 임의비급여는 전액 환자 본인 부담** ·보훈병원에서는 우선 일반환자로 진료 후 등록결정 여부에 따라 환급 ·최종결정시까지 보훈병원 입원중일 경우 진료비 유예 조치 → 국가유공자 등으로 최종결정시 상이처 포함 전 질환 진료비 환급 → 등외판정시 해당 상이처 진료비 환급(전·공상군인 및 고엽제후유(의)증에 한함) ○감면진료 대상자: 보훈병원 진료에 한하며 등록결정 후 감면율에 따라 환급	관련법령 (등록 신청일 소급)
신 청	○보훈병원 진료신청은 본인 또는 보호자 가능	
유 의 사 항	○ 반드시 보훈병원 진료 원칙 ○ **등록신청시 의료지원 안내를 받으신 분은 가족들에게 전파하여 의료혜택을 받는 데 착오 없도록 하시기 바랍니다.** ○**다음의 경우는 진료비를 지급할 수 없습니다.** – 보훈병원 진료신청을 거치지 않은 일반병원 진료비 일체 – 국가유공자등 등록신청일 이전의 진료비	

중앙보훈병원 02)2225-1111, 부산보훈병원 051)601-6000, 광주보훈병원 062)602-6114, 대구보훈병원 053)630-7000, 대전보훈병원 042)939-0111

〈안내사항 확인〉

ㅇ 안 내 일 시 : 20 년 월 일 ㅇ 안 내 장 소 :

ㅇ 안내 담당자 : 보훈(지)청 관리과 등록담당 ㅇㅇㅇ

ㅇ 등록 신청자 : 본인 (서명) 보호자 (서명)

【서명 날인 후 1부 보관 1부 등록신청자에게 배부】

(뒤 쪽)

국비진료대상자 진료 지원 범위

국가유공자등으로 등록결정된 국비진료대상자에 대한 의료지원은 아래와 같습니다.

지원 사항은 관련규정에 따라 변경될 수 있음을 알려드립니다.

구 분		주요내용	보훈병원 진료	전문위탁 (외부전원)	위탁병원 진료	응급 진료	통원진료 (기관장)
급여	보험급여	행위료,처치료 등	○	○	○	○	○
	본인부담	본인부담금	○	○	○	○	○
비급여	법정 비급여	1. 초음파, MRI, 건위소화제	○	○	○	○	○
		2. 미결정 항목	○	○	×	○	×
		3. 선택진료비	–	○	×	○	×
		4. 상급병실료	◇	◇	×	◇	×
		1~4를 제외한 항목	○	○	×	○	×
	임의 비급여	법령규정외 진료	×	×	×	×	×

* ○ 국고지원, ◇ 일부 국고지원, × 본인부담

- 보험급여 : 국민건강보험법에 의한 요양급여 진료비
- 본인부담 : 국민건강보험공단에서 부담하는 진료비를 제외한 진료비
- 법정비급여 : 국민건강보험법에서 정한 비급여 진료비
- 임의비급여 : 국민건강보험법에서 규정하는 요양급여 및 비급여 대상이 아닌 의료기관에서 임의로 정하여 운영하여 발생되는 진료비

※ 2012년 7월 이후 등록신청하는 상이 7급 유공자(보훈보상대상자 포함) 상이처 외 질환 20% 본인부담(응급진료 제외)

◈ 상급병실료를 지원하는 경우

○ 보훈병원 : 치료목적상 또는 일반병실이 없어 상급병실 이용한 비용

○ 전문위탁 또는 응급진료

- 무균치료 또는 격리치료 목적으로 상급병실 사용하는 경우(특별병실 제외)
- 일반병실이 없어 상급병실을 사용하는 경우(특별병실 제외) 7일 이내의 상급병실료

◈ 전문위탁진료

○ 보훈병원장이 특수질환 등으로 보훈병원 내에서 진료가 곤란하다고 판단되는 경우 전문의료기관 등에 위탁하여 진료 받을 수 있도록 하는 제도

◈ 응급진료

○ 응급진료를 받는 경우에는 **입원한 날로부터 14일이내 관할 보훈(지)청에 통보해야 환급가능**

○ 응급진료기간은 14일, 응급을 회복한 경우에는 보훈병원 또는 위탁병원으로 전원하여 진료를 받아야 함

※ 위탁병원 감면진료

○ 건강보험가입자인 75세 이상 참전유공자, 무공수훈자 등이 위탁병원 진료 시 약국약제비를 제외한 본인 부담액의 60%를 감면받을 수 있음

(앞 면)

개인정보 이용 및 제공 사전 동의서

1. 타 부처에서 관리하는 개인정보를 국가보훈처에서 이용하는 것에 대한 동의

가. 목적 : 국가보훈대상자로 등록되는 경우, 생활정도에 따라 지급여부가 결정되는 생활조정수당·교육지원 등의 지원대상자 선정을 위한 조사

나. 이용목록 : 납세사실증명, 소득금액증명, 자동차등록원부, 토지대장, 건물등기부등본, 토지등기부등본, 건축물관리대장, 국민기초생활수급자증명서, 장애인 증명서, 연금산정용가입내역확인서, 사업자등록증명, 산재보험급여지급 확인원, 세목별과세증명서

다. 동의주체 : 국가보훈대상 신청자 본인 또는 그 유족 및 그의 생활정도를 파악하기 위해 조사가 필요한 사람으로서 보훈(지)청 업무담당자가 동의서 제출을 요청한 사람

※ 납세사실증명 및 소득금액증명은 민원인이 민원24에 접속하여 온라인 제출해야 하고, 위의 내용에 대해 동의(「전자정부법」 제36조 제1항에 따른 행정정보공동이용에 대한 동의)하지 않을 경우는 위 목록 중 보훈관서 업무담당자가 요청하는 자료를 직접 제출해야 하며,「국가유공자 등 예우 및 지원에 관한 법률」 제5조에 따른 유족에 대한 정보이용 동의를 포함합니다.

2. 국가보훈처에서 지원하는 내역을 타 부처에 제공하는 것에 대한 동의

가. 목적 : 타 부처에서 실시하는 복지사업의 대상자 선정 및 관리

나. 제공내용 : 뒷면에 명시된 보훈수혜내역

다. 사용기관 : 법령에 따라 복지사업을 수행하는 국가 또는 지방자치단체

라. 활용분야 : 국가 및 지방자치단체가 실시하는 공공부조, 사회복지사업, 창업지원 또는 보건·의료·주거·교육·고용 등 복지사업

마. 동의주체 : 국가보훈대상자 본인과 대상사업의 지원대상자

※ 위 동의는 대상사업을 지원 받을 미성년 자녀에 대한 법정대리인으로서의 동의를 포함합니다.

위의 내용을 모두 확인하였으며, 국가보훈처가 개인정보를 이용 또는 제공하는 것에 동의합니다.

년 월 일

국가보훈대상자와의 관계 :

이름 (서명) : (인 또는 서명)

지방보훈청장

귀하

보 훈 지 청 장

(뒷 면)

〈표〉 수혜이력정보 이용·제공 대상 사업

사업명	자격요건
6.25자녀수당	1954. 10. 25이전(1950.6.25 이전 전사순직자 포함)에 전사하거나 순직한 전몰군경 또는 순직군경의 자녀와 1954. 10. 25부터 1955. 6. 30까지 사이에 서남지구전투경찰대 소속으로 참전하여 전사하거나 순직한 경찰공무원의 자녀 중에서 '98. 1. 1. 이후 유족이 보상금을 수령하지 않은 경우 국가유공자예우법 제13조의 규정에 의한 보상금 지급순위 선순위인 자 1인
국가유공자등 생활조정수당	1) 일반지원대상 : 생활등급 10등급 이하자 2) 특별지원대상 : 생활등급 6 ~ 9등급자로서 다음요건 해당 자 – 가구원의 불구폐질, 장기질환 등으로 지출이 과다하여 사실상 생활정도가 일반지원대상자 선정기준에 해당되는 경우 – 재해, 재난, 기타 사유로 사실상 생활이 극히 어려워 지원이 긴요하다고 인정되는 자
무공영예수당	60세 이상 무공수훈자
국가유공자 보철구지급	1) 전상군경, 공상군경, 4·19혁명부상자, 공상공무원 및 특별공로상이자로서 신체장애로 보철구가 필요한 자 2) 5·18민주화운동부상자로서 신체장애로 보철구가 필요한 자 3) 특수임무수행자 중 부상자로서 신체장애로 보철구가 필요한 자
국가보훈대상자 학습보조비지급	1) 「국가유공자 등 예우 및 지원에 관한 법률」에 따른 교육지원대상자 2) 「고엽제후유의증 환자지원 등에 관한 법률」에 따른 교육지원대상자 3) 「5·18민주유공자예우에 관한 법률」에 따른 교육지원대상자 4) 「특수임무수행자 지원 및 단체설립에 관한 법률」에 따른 교육지원대상자 ※ 2012학년도부터 학습보조비가 특수교육대상자 및 저소득자 등에게 집중지원될 수 있도록 제도를 개선할 예정
손자녀가계지원비	광복이후에 사망한 독립유공자의 선순위 자녀의 자녀 중 나이가 많은 자 1인('05.1.1 이후 보훈보상금을 받은 사실이 있는 가계는 제외)
애국지사특별예우금	생존애국지사
보상금	1) 전상군경, 공상군경, 재일학도의용군인, 4·19혁명부상자 및 특별공로상이자 2) 전몰군경, 순직군경, 4·19혁명사망자 및 특별공로순직자의 유족과 제1호에 해당하는 자가 사망한 경우 그 유족 중 선순위자(先順位者) 1명
국가유공자등 간호수당	전상군경, 공상군경, 4·19혁명부상자, 공상공무원 및 특별공로상이자로서 상이정도가 심하여 다른 사람의 보호 없이는 활동이 어려운 자
고엽제환자2	「고엽제후유의증 환자지원 등에 관한 법률」에 의해 고엽제후유증2세환

세수당	자로 결정된 자	
고엽제 후유의증수당	「고엽제후유의증 환자지원 등에 관한 법률」에 의해 고엽제후유의증환자로 결정된 자	
재해위로금지급	재해 인정 기준	1) 태풍·강풍, 홍수, 호우, 풍랑, 해일, 대설, 지진, 그 밖에 이에 준하는 자연재해 2) 거주하고 있는 주택의 화재 3) 「재난 및 안전관리기본법」에 의거 선포된 특별 재난지역의 피해
	대상 자	1) 「독립유공자예우에 관한 법률」제4조에 따른 독립유공자 또는 제5조의 유가족 중 선순위자 1명 2) 「국가유공자 등 예우 및 지원에 관한 법률」제4조 적용대상자 또는 제5조의 유가족 중 선순위자 1명 *단, 제4조제1항제9호의2'6·25전쟁 참전유공자'는 제외 3) 「5·18민주유공자예우에 관한 법률」제4조 적용대상자 또는 제5조의 유가족 중 선순위자 1명 4) 「특수임무수행자 지원 및 단체설립에 관한 법률」제3조 적용대상자 또는 제4조의 유가족 중 선순위자 1명

부록 • 첨부자료

1. 소청절차규정

제1조(목적) 이 영은 행정기관 소속공무원의 소청에 관한 절차를 규정함을 목적으로 한다.

제2조(소청심사청구) ① 공무원이 징계처분 · 강임 · 휴직 · 직위해제 · 면직처분 그밖에 그 의사에 반하는 불리한 처분 또는 부작위에 대하여 소청심사위원회(이하 "위원회"라 한다)에 심사를 청구할 때에는 다음 각호의 사항을 기재한 소청심사청구서(이하 "청구서"라 한다)를 위원회에 제출하여야 한다. 〈개정 1972.12.16., 1973.3.30., 2000.11.9., 2007.9.6.〉

1. 주소 · 성명 · 주민등록번호 및 전화번호
2. 소속기관명 또는 전 소속기관명과 직위 또는 전 직위
3. 피소청인(대통령의 처분 또는 부작위에 대하여는 제청권자)
4. 소청의 취지
5. 소청의 이유 및 입증방법
6. 처분사유설명서 또는 인사발령통지서의 수령지연으로 인하여 처분사유설명서에 기재된 일자로부터 소청제기기간을 초과하여 소청심사를 청구하는 경우에는 그 수령지연사실의 입증자료

② 위원회는 제1항에 따른 소청심사청구가 위원회의 관할에 속하지 아니하는 경우에는 지체 없이 이를 관할 위원회에 이송하고 그 사실을 소청심사를 청구한 자(이하 "소청인"이라 한다)에게 통지하여야 한다. 〈신설 2007.9.6.〉

③ 삭제 〈1989.12.30.〉

제3조(청구기간의 진행정지) ①소청인에게 책임이 없는 사유로 소청심사의 청구를 할 수 없는 기간은 「국가공무원법」(이하 "법"이라 한다) 제76조제1항의 소청제기기간(이하 "소청제기기간"이라 한다)에 산입하지 아니한다. 〈개정 2007.9.6.〉

② 제1항의 규정에 의한 책임 없는 사유의 여부는 위원회가 결정한다. 〈개정 1978.10.27.〉

제4조(소청대리인의 지정·선임 등) ① 제2조제1항에 의한 소청심사의 청구가 있을 때에는 그 사건의 피소청인은 관계공무원 또는 변호사를 대리인으로 지정 또는 선임하여 소청에 응하게 할 수 있다. 〈개정 1989.12.30., 2000.11.9.〉

② 변호사가 법 제76조제1항의 규정에 의하여 소청인의 대리인으로 선임되거나 공무원 또는 변호사가 제1항의 규정에 의하여 피소청인의 대리인으로 지정 또는 선임된 때에는 그 위임장 또는 지정서를 위원회에 제출하여야 한다. 〈개정 1978.10.27., 1989.12.30., 2000.11.9., 2007.9.6.〉

제4조의2(피소청인의 변명서 제출) ① 위원회가 법 제12조제2항의 규정에 의하여 피소청인에게 소청이 제기된 징계 기타 처분 또는 부작위에 대한 변명서의 제출을 요구한 때에는 피소청인은 지정된 기일안에 변명서와 소청인의 수에 따른 부본을 제출하여야 한다. 〈개정 1989.12.30., 2000.11.9., 2007.9.6.〉

② 위원회는 제1항에 따라 제출된 변명서의 내용이 충분하지 아니하거나 입증자료가 필요한 때에는 피소청인에게 변명내용의 보충 또는 입증자료의 제출을 요구할 수 있다. 〈신설 2007.9.6.〉

③ 위원회는 제1항 및 제2항에 따라 제출된 변명서부본, 추가 제출된 변명내용 및 입증자료를 지체없이 소청인에게 송달하여야 한다. 〈신설 1989.12.30., 2007.9.6.〉

[본조신설 1972.12.16.]

위임행정규칙

제5조(가결정통보) 위원회가 소청사건에 대하여 법 제76조제3항의 가결정을 한 때에는 지체없이 그 임명권자에게 이를 통보하여야 한다. 이 경우에 긴급한 때에는 서면에 의한 통보에 앞서 전화·모사전송·전자우편 등에 의하여 통보하여야 한다. 〈개정 2007.9.6.〉

제6조(보정요구등) ① 위원회는 청구서에 흠결이 있다고 인정할 때에는 청구서를 접수한 날부터 7일이내에 상당한 기간을 정하여 보정을 요구하여야 한다. 다만, 그 흠결이 경미한 때에는 직권으로 보정할 수 있다. 〈개정 1989.12.30., 2000.11.9.〉

② 제1항의 규정에 의한 보정기간내에 보정하지 아니할 때에는 소청심사의 청구를 취하한 것으로 본다. 〈신설 1989.12.30.〉

③ 소청인의 소재가 분명하지 아니한 경우에는 제1항의 보정요구는 관보에 게재하고 게재한 날부터 10일이 경과하는 날에 그 보정요구는 소청인에게 도달된 것으로 본다. 〈개정 1972.12.16., 1978.10.27., 2000.11.9.〉

④ 위원회가 각 기관에 대하여 심사자료의 제출을 요구하였을 때에는 각 기관은 지정된 기간내에 이를 제출하여야 한다.

⑤ 제1항의 규정에 의하여 보정을 요구한 소청사건에 대한 처리기간은 그 보정이 완료된 날부터 기산한다. 〈개정 2000.11.9.〉

제7조(소청의 취하) 소청인은 위원회의 결정이 있을 때까지는 청구의 일부 또는 전부를 취하할 수 있다.

제7조의2(각하) ① 소청제기기간의 경과와 소청 관할 위반 등 소청의 제기가 부적법한 때에는 위원회는 특별한 사정이 있는 경우를 제외하고는 당사자를 출석시키지 아니하고 각하결정을 할 수 있다. 〈개정 2007.9.6.〉

② 위원회는 제1항에 따라 당사자를 출석시키지 아니하고 각하 결정을 하는 때에는 소청인에게 서면에 의한 진술 기회를 주어야 한다. 〈신설 2007.9.6.〉

[본조신설 2004.6.11.]

제8조(기일지정통지) ① 위원회가 소청사건을 심사할 때에는 소청인과 피소청인 또는 그 대리인(이하 "소청당사자"라 한다)에게 심사일시 · 장소를 통지하여 출석할 수 있도록 하여야 한다. 이 경우 통지를 받은 자가 정당한 사유로 출석할 수 없는 때에는 심사의 연기를 요청할 수 있고, 위원회는 심사기일을 다시 정할 수 있다. 〈개정 2000.11.9.〉

② 제1항의 통지를 받고 출석하는 자가 공무원인 경우에는 그 소속기관의 장은 공가를 허가하여야 한다. 〈개정 1978.10.27.〉

③ 삭제 〈2000.11.9.〉

④ 소청당사자중 소재가 분명하지 아니한 자에 대한 제1항의 통지는 관보에 게재하고

게재한 날부터 10일이 경과하는 날에 그 통지는 당해 소청당사자에게 도달된 것으로 본다. 〈개정 1972.12.16., 2000.11.9.〉

제9조(위원의 기피·회피) ① 소청당사자는 위원회의 위원에게 법 제14조제2항의 규정에 의한 제척사유 또는 심사·결정의 공정을 기대하기 어려운 사정이 있는 경우에는 그 이유를 명시하여 그 위원의 기피를 신청할 수 있으며, 위원은 회피할 수 있다. 〈개정 2000.11.9.〉

② 위원회는 제1항의 기피신청에 대하여 결정을 하여야 한다. 이 경우 기피신청을 받은 위원은 그 의결에 참여하지 못한다. 〈개정 1978.10.27., 2000.11.9.〉

제10조(진술권) ①위원회는 출석한 소청당사자의 진술을 청취하여야 하며, 필요하다고 인정할 때에는 구술로 심문할 수 있다.

② 제8조제1항의 통지를 받고 출석하지 아니한 소청당사자는 서면에 의하여 그 의견을 진술할 수 있다.

③ 소청인이 형사사건으로 구속되거나 기타 사유로 인하여 위원회에 출석할 수 없을 경우에 제8조제1항의 규정에 의하여 지정한 기일 또는 위원회가 특히 서면에 의한 진술을 위하여 지정한 기일안에 서면에 의한 진술도 하지 아니한 때에는 위원회는 진술없이 결정할 수 있다. 〈신설 1972.12.16.〉

제11조(증거제출권) ① 소청당사자는 증인의 소환·질문 또는 증거물 기타 심사자료의 제출명령을 신청하거나, 증거물 기타 심사자료를 제출할 수 있다. 〈개정 2007.9.6.〉

② 위원회는 제1항의 신청에 대한 채택여부를 결정하여야 한다. 〈개정 1978.10.27.〉

③ 소청당사자가 신청한 증인의 여비는 신청인의 부담으로 한다.

④ 위원회가 채택한 증인이 공무원인 경우에는 그 소속기관의 장은 그 증인에게 공가를 허가하여야 한다. 〈신설 1972.12.16.〉

⑤ 위원회는 소청사건이 결정된 후 신청이 있는 때에는 제1항의 규정에 의하여 제출된 증거물 기타 심사자료를 제출자에게 반환할 수 있다. 〈신설 2000.11.9.〉

제12조(조서작성) 위원회는 소청사건의 심사절차에 대한 조서를 작성하여야 한다.

제13조(처분의 취소 등) ① 피소청인은 위원회에 계속중인 사건의 처분을 취소 또는 변경하거나 부작위에 대한 처분을 한 때에는 위원회와 소청인에게 그 사실을 통지하여야 한다. 〈개정 2000.11.9.〉

② 위원회는 제1항의 경우에 그 사건의 심사여부를 결정하여야 한다. 〈개정 1978.10.27.〉

제14조(심사의 범위) 위원회는 징계 또는 소청의 원인이 된 사실 이외의 사실에 대하여 심사하지 못한다.

제15조(결정서의 작성) 위원회가 소청심사청구에 대하여 결정을 할 때에는 다음 각호의 사항을 기재한 소청심사결정서를 작성하고 위원장과 출석한 위원이 이에 서명날인하여야 한다.

1. 소청당사자의 표시.
2. 결정주문.
3. 결정이유의 개요.
4. 증거의 판단.

제16조(결정서의 송부) ① 소청심사결정서는 그 정본을 작성하여 지체없이 소청당사자에게 송부하여야 한다. 〈개정 2004.6.11.〉

② 제1항의 규정에 의하여 소청심사결정서를 송부함에 있어 그 결정서가 위원회의 과실없이 소청인에게 송달되지 아니한 경우에는 소청인의 주소 · 성명과 결정주문을 관보에 게재하고, 게재한 날부터 2주일이 경과하는 날에 결정서는 당해 소청인에게 도달된 것으로 본다. 〈신설 1978.10.27., 2000.11.9.〉

[전문개정 1972.12.16.]

제17조(감사원 요구에 의한 재심) ① 감사원법 제32조제6항의 규정에 의한 재심요구는 그 이유를 명시한 재심요구서에 의하여야 한다. 〈개정 2004.6.11.〉

② 위원회는 제1항의 재심요구서를 접수하면 즉시 그 부본을 첨부하여 소청인에게 송부하고 변명자료의 제출을 요구하여야 한다. 〈개정 1978.10.27.〉

③ 재심사건의 심사는 필요하다고 인정하는 경우를 제외하고는 당사자의 출석없이 결정할 수 있다.

④ 위원회가 재심사건을 심사 · 결정하였을 때에는 재심결정서를 작성하여 그 정본을 지체없이 소청당사자 및 감사원장에게 송부하여야 한다. 이 경우 감사원장에게는 인사혁신처를 경유하여 송부하여야 한다. 〈개정 2000.11.9., 2004.6.11., 2008.12.31., 2013.3.23., 2014.11.19.〉

⑤ 제1항의 재심요구서에 재심이유가 명시되어 있지 아니하거나, 기타 흠결이 있을 경우에는 재심요구서를 접수한 날부터 7일이내에 상당한 기간을 정하여 보정을 요구하여야 하며, 이 경우에 처리기간은 그 보정이 완료된 날부터 기산한다. 〈신설 1973.3.30., 2000.11.9.〉

⑥ 재심요구에 대한 결정은 특별한 사정이 있는 경우를 제외하고는 재심이 요구된 날부터 30일 이내에 하여야 한다. 〈신설 2000.11.9.〉

[전문개정 72.12.16]

[제목개정 2004.6.11.]

제18조(행정소송 결과의 통보) 소청인이 법 제16조의 규정에 의하여 행정소송을 제기한 경우에는 당해 소청사건의 피소청인은 소송을 제기한 사실 및 그 결과를 위원회에 통보하여야 한다.

[본조신설 2000.11.9.]

제19조 삭제 〈1973.3.30.〉

제20조 삭제 〈1973.3.30.〉

제21조(실비변상) 법 제12조제5항의 규정에 의한 증인의 일당은 증인이 공무원이 아닌 경우에만 지급하되, 국가공무원 6급 5호봉 상당의 월봉급액을 일할계산한 금액으로 하고, 여비는 증인이 공무원인 경우에는 공무원여비규정 "별표1"의 소정액으로 하며, 증인이 공무원이 아닌 경우에는 공무원여비규정 "별표1"의 제4호 해당자 소정액으로 한다.

〈개정 1989.12.30., 1998.2.24.〉
[전문개정 1978.10.27.]

부　　칙 〈대통령령 제4420호, 1969.12.6.〉
이 영은 공포한 날로부터 시행한다.

부　　칙 〈대통령령 제5409호, 1970.12.18.〉
이 영은 공포한 날로부터 시행한다.

부　　칙 〈대통령령 제6175호, 1972.5.16.〉 부칙보기
① (시행일) 이 영은 공포한 날로부터 시행한다. 다만, 이 영 시행당시에 재임중인 위원장은 그 임기가 끝날때까지 종전의 예에 의한다.
② (경과조치) 이 영 시행당시의 현원이 이 영에 의한 정원을 초과하는 경우에는 현원이 이영에 의한 정원과 동일하게 될 때까지 그 초과된 현원에 대한 정원이 따로 있는 것으로 본다.

부　　칙 〈대통령령 제6401호, 1972.12.16.〉
이 영은 공포한 날로부터 시행한다.

부　　칙 〈대통령령 제6510호, 1973.2.17.〉
이 영은 공포한 날로부터 시행한다.

부　　칙 〈대통령령 제6614호, 1973.3.30.〉
이 영은 1973년 4월 1일부터 시행한다.

부　　칙 〈대통령령 제9191호, 1978.10.27.〉
이 영은 공포한 날로부터 시행한다.

부　　칙 〈대통령령 제12892호, 1989.12.30.〉

이 영은 공포한 날로부터 시행한다.

부　　칙 〈대통령령 제15680호, 1998.2.24.〉 (공무원여비규정[B1]) 부칙보기

제1조 (시행일) 이 영은 공포한 날부터 시행한다.

제2조 생략

제3조 (다른 법령의 개정) ① 내지 ④ 생략

⑤ 소청절차규정중 다음과 같이 개정한다.

제21조중 "국내여비규정"을 각각 "공무원여비규정"으로 한다.

⑥ 내지 ⑪ 생략

부　　칙 〈대통령령 제16997호, 2000.11.9.〉

이 영은 공포한 날부터 시행한다.

부　　칙 〈대통령령 제18426호, 2004.6.11.〉 부칙보기

① (시행일) 이 영은 2004년 6월 12일부터 시행한다.

② (재심요구에 관한 경과조치) 이 영 시행당시 재심이 진행중인 결정에 대하여는 제16조 및 제17조의 개정규정에 불구하고 종전의 규정에 의한다.

부　　칙 〈대통령령 제20249호, 2007.9.6.〉 부칙보기

제1조 (시행일) 이 영은 공포한 날부터 시행한다.

제2조 (서면 진술에 관한 적용례) 제7조의2제2항의 개정규정은 이 영 시행 후 최초로 각하 결정하는 소청 사건부터 적용한다.

부　　칙 〈대통령령 제21214호, 2008.12.31.〉 (행정안전부와 그 소속기관 직제)

제1조(시행일) 이 영은 공포한 날부터 시행한다. 〈단서 생략〉

제2조부터 제4조까지 생략

제5조(다른 법령의 개정) ①부터 〈64〉까지 생략

〈65〉 소청절차규정 일부를 다음과 같이 개정한다.

제17조제4항 후단 중 "중앙인사위원회"를 "행정안전부"로 한다.

〈66〉부터 〈175〉까지 생략

부　　칙 〈대통령령 제24425호, 2013.3.23.〉 (안전행정부와 그 소속기관 직제)

제1조(시행일) 이 영은 공포한 날부터 시행한다. 다만, 부칙 제6조에 따라 개정되는 대통령령 중 이 영 시행 전에 공포되었으나 시행일이 도래하지 아니한 대통령령을 개정한 부분은 각각 해당 대통령령의 시행일부터 시행한다.

제2조부터 제5조까지 생략

제6조(다른 법령의 개정) ① 부터 〈68〉까지 생략

〈69〉 소청절차규정 일부를 다음과 같이 개정한다.

제17조제4항 후단 중 "행정안전부"를 "안전행정부"로 한다.

〈70〉부터 〈129〉까지 생략

부　　칙 〈대통령령 제25751호, 2014.11.19.〉 (행정자치부와 그 소속기관 직제)

제1조(시행일) 이 영은 공포한 날부터 시행한다. 다만, 부칙 제5조에 따라 개정되는 대통령령 중 이 영 시행 전에 공포되었으나 시행일이 도래하지 아니한 대통령령을 개정한 부분은 각각 해당 대통령령의 시행일부터 시행한다.

제2조부터 제4조까지 생략

제5조(다른 법령의 개정) ①부터 〈178〉까지 생략

〈179〉 소청절차규정 일부를 다음과 같이 개정한다.

제17조제4항 후단 중 "안전행정부"를 "인사혁신처"로 한다.

〈180〉부터 〈418〉까지 생략

2. 소청업무처리지침

제정 2000. 1.12.	소청심사위원회예규 제1호
개정 2004. 6. 4.	소청심사위원회예규 제2호
개정 2006. 7.19.	소청심사위원회예규 제4호
개정 2007. 9. 6.	소청심사위원회예규 제5호
개정 2009. 6.17.	소청심사위원회예규 제6호
개정 2009. 7. 1.	소청심사위원회예규 제7호
개정 2013. 3.24.	소청심사위원회예규 제8호
개정 2014. 4.22.	소청심사위원회예규 제10호
개정 2014.11.19.	소청심사위원회예규 제11호
개정 2015. 8.24.	소청심사위원회예규 제13호
개정 2016. 3. 2.	소청심사위원회예규 제14호
개정 2016. 4. 6.	소청심사위원회예규 제16호
개정 2017. 3.24.	소청심사위원회예규 제17호

제1조(목적) 이 예규는 소청심사위원회(이하 "위원회"라 한다)의 소청업무 처리에 관한 세부사항을 규정함을 목적으로 한다.

제2조(접수) ① 소청인 또는 대리인은 [별지 제1호서식]에 따른 소청심사청구서(이하 "청구서"라 한다) 2부를 작성하여 위원회에 직접 제출하거나 우편·모사전송 또는 인터넷으로 제출할 수 있다. 〈개정 2007.9.6.〉

② 청구서가 제출되면 접수담당 직원은 다음 각호에 의한 필요적 기재사항 및 구비서류를 확인하고 미비한 사항은 보완하도록 요구한다.

1. 소청인의 주소·성명·주민등록번호 및 전화번호
2. 소속기관명·직급 및 직위
3. 피소청인(임용권자 또는 임용권을 위임받은 기관장)
4. 소청의 취지(취소·감경, 무효확인, 의무이행 등)

5. 소청의 이유와 입증방법

③ 접수담당 직원은 청구서를 접수한 때에는 즉시 소청사건처리부에 이를 등재하고 사건번호를 부여한 다음, 소청인에게 [별지 제2호서식]에 따른 접수증을 교부하거나 휴대전화를 이용한 문자전송 등의 방법으로 접수사실을 통지하여야 한다. 〈개정 2007.9.6., 2017.3.24.〉

④ 제3항에 따라 접수된 청구서가 위원회의 관할에 속하지 아니하는 경우에는 행정과장은 이를 관할 위원회에 이송하고 그 사실을 소청심사를 청구한 자에게 통지하여야 한다. 〈신설 2007.9.6.〉

⑤ 행정과장은 청구서를 선람하고, 그 사건의 심사업무를 담당할 직원을 조사관으로 지정한다. 다만, 제4항에 따라 관할 위원회로 이송된 사건은 그러하지 아니하다. 〈개정 2013.3.24.〉

⑥ 소청인이 소청심사청구서를 제출할 때에 희망하였던 심사시기를 위원회의 심사기일 통지 이전에 변경 신청하고자 할 경우에는 별지 제3호서식에 의한다. 〈신설 2017.3.24.〉

제3조(소청사건 처리상황 입력·관리) 제2조제5항의 규정에 따라 사건을 배당받은 담당조사관은 접수, 답변서 제출, 심사기일 통지, 심사 및 결정 등 소청사건의 제반 처리상황을 소청종합관리시스템에 입력·관리하여야 한다. 〈개정 2009.6.17., 2016.4.6.〉

제4조(답변서 요구 등) ① 위원회는 청구서를 접수한 때에는 그 부본을 피소청인에게 송부하고 답변서를 제출하도록 요구하여야 한다. 다만, 제2조제4항에 따라 관할 위원회로 이송된 사건은 그러하지 아니하다. 〈개정 2007.9.6., 2016.4.6.〉

② 제1항에 따른 답변서의 제출기한은 14일 이내로 한다. 〈개정 2007.9.6., 2014.4.22., 2016.4.6〉

③ 제1항의 답변서에는 소청이유에 기재된 각각의 항목에 대한 처분 이유와 근거 또는 입증 방법을 명시하고, 소청 취지에 대한 처분청의 의견을 기재하도록 하여야 한다. 〈개정 2016.4.6.〉

④ 제3항의 답변서의 내용이 충분하지 아니하거나 추가로 입증자료가 필요할 때에는 위원회는 피소청인에게 답변내용을 보충하게 하거나 입증자료를 요구할 수 있다. 〈개정 2016.4.6.〉

⑤ 제4항에 따른 답변내용의 보충 또는 입증자료의 제출기한은 7일 이내로 한다. 〈개정 2016.4.6.〉

제5조(추가 자료의 제출) ① 소청당사자는 청구서, 답변서 등 제출 서류에서 주장한 사항을 보충할 필요가 있거나, 상대방의 주장에 대하여 추가로 소명할 자료가 있을 때에는 그 자료를 제출할 수 있다.

② 위원회는 소청당사자가 제1항에 따른 추가 자료를 제출하는 때에는 2부를 제출받아야 하며, 그 중 1부를 상대방에게 송부하여야 한다. 〈개정 2007.9.6., 2016.4.6.〉

제6조(심사의 병합 또는 분리) ① 위원회는 필요하다고 인정될 때에는 관련되는 사건을 병합하여 심사할 수 있다.

② 소청인 연명으로 제출된 사건이라 하더라도 그 소청 취지가 별개의 것이라고 인정되면 이를 분리하여 심사할 수 있다.

③ 위원회는 사건을 병합 또는 분리하여 심사하기로 결정한 때에는 심사회의 개최 전에 이를 소청당사자에게 통지한다. 〈개정 2007.9.6.〉

제7조(각하) ① 위원회는 소청절차규정 제7조의2의 규정에 따라 당사자를 출석시키지 아니하고 각하결정을 하고자 할 때에는 먼저 [별지 제4호서식]에 의하여 각하대상 사건으로 선정하여야 한다.

② 위원회는 제1항에 따라 선정된 사건을 심사결정하고자 할 때에는 심사회의 개최 전에 별지 제5호서식에 의하여 소청인에게 각하대상 사건으로 선정한 사실과 서면에 의한 진술서의 제출 기회가 있음을 알려야 한다.

③ 위원회는 소청인이 제출한 서면진술서 등을 바탕으로 구술심리를 할 필요가 있다고 인정되는 경우 또는 심사회의에서 각하결정이 아닌 결정을 할 필요가 있다고 인정되는 경우에는 심사기일을 정하여 당사자에게 출석 진술의 기회를 주어야 한다.

[전문개정 2017.3.24.]

제8조(임시결정) ① 「국가공무원법」(이하 "법"이라 한다) 제76조 제3항의 규정에 의한 임시결정은 청구서 접수 5일 이내에 위원회 심의에 회부하여야 한다. 〈개정 2013.3.24.〉

② 제1항의 임시결정은 소청당사자의 참석없이 행할 수 있다.〈개정 2013.3.24.〉

③ 임시결정을 한 경우, 담당조사관은 지체없이 [별지 제6호서식]에 의한 임시결정문을 소청당사자에게 송부하여야 한다. 〈개정 2013.3.24.〉

제9조(심사예정표 및 주심위원 지정) ① 행정과장은 [별지 제7호서식]에 의하여 각 소청사건의 심사기일이 포함된 심사예정표를 작성하여 위원장에게 보고하고, 위원장은 각 사건별로 주심위원을 지정한다. 〈개정 2007.9.6.〉

② 위원장은 소청사건 배당 순서에 따라 주심위원을 지정하되, 사건의 효율적 심사를 위하여 주심위원을 별도로 지정할 수 있다.

제10조(사실조사) 담당조사관은 담당 사건에 대한 사실조사가 필요한 때에는 행정과장의 지시에 의하여 현장에 출장조사를 실시할 수 있다. 〈개정 2007.9.6.〉

제11조(심사기일 통지) ① 심사기일은 소청당사자에게 심사개최 7일전까지 [별지 제8, 9호서식]에 의해 통지하되, 배달사실을 증명할 수 있는 방법에 의한다. 〈개정 2007.9.6.〉

② 소청인이 소청절차규정(이하 "영"이라 한다) 제8조제1항 후단의 규정에 의하여 심사의 연기를 원하는 때에는 [별지 제10호서식]에 의한다. 〈개정 2007.9.6.〉

③ 피소청인에게 심사기일을 통지하는 때에는 [별지 제11호서식]에 의한 대리인 지정서의 제출을 요구한다. 〈개정 2007.9.6.〉

제12조(소청대리인) ① 영 제4조제2항의 규정에 의한 위임장은 [별지 제12호서식]에 의한다. 〈개정 2007.9.6.〉

② 법 제76조제1항의 규정에 의하여 소청인이 변호사를 대리인으로 선임한 경우에도 소청인은 심사회의에 참석할 수 있다.

③ 영 제4조제1항에 의하여 피소청인을 대리하여 심사회의에 참석하는 관계 공무원은 특별한 사유가 있는 경우를 제외하고는 소청인보다 상위계급(경찰공무원의 경우 경위 이상)인 자를 지정하도록 하여야 한다. 이 경우 영 제10조제1항에 따라 위원회에서 심문하는 사항에 대해 구체적이고 명료하게 진술할 수 있는 자가 대리인으로 포함되어야 한다. 〈개정 2014.11.19.〉

제13조(조사보고서) ① 담당조사관은 청구서, 답변서 및 각종 증거서류 등 사건기록을 검토하여 [별지 제13호서식]에 의한 조사보고서를 작성하되, 다음 각 호의 사항이 포함되도록 한다. 〈개정 2007.9.6., 2016.4.6.〉

1. 원 처분사유 요지
2. 소청이유 요지
3. 증거 및 조사

② 제1항의 조사보고서는 심사개최 5일전까지 위원장과 각 위원에게 배부되어야 한다.

제14조(증인의 채택) ① 영 제11조제1항에 의하여 소청당사자가 증인의 소환·질문 또는 증거물 기타 심사자료의 제출명령을 요청하는 때에는 [별지 제14호서식] 또는 [별지 제15호서식]에 의하여 심사회의 개최 3일전까지 신청하여야 한다. 〈개정 2007.9.6.〉

② 위원회는 신청된 증인의 채택여부를 결정하여 소청당사자에게 통보하여야 한다.

제15조(소청의 취하) ① 영 제7조의 규정에 의하여 청구를 취하하고자 할 경우에는 [별지 제16호서식]에 의한다. 〈개정 2007.9.6.〉

② 제1항에 따른 취하서에는 소청인이 서명하거나 날인하여야 하며, 위원회는 취하서를 받으면 지체 없이 [별지 제17, 18호서식]에 의하여 취하사실을 소청당사자에게 알려야 한다. 〈개정 2013.3.24.〉

제16조(심사회의) ① 심사회의는 정례회의와 임시회의로 구분한다.

② 정례회의는 매주 화요일, 목요일에 개최하는 것을 원칙으로 하고, 임시회의는 위원장이 지정하는 일시에 개최한다. 〈개정 2016.3.2.〉

제16조의2(소청심사회의실 입장 시 소지품 제한 등) ① 소청당사자는 다음 각호의 물품을 소지한 채 소청심사회의실(이하 '회의실'이라 한다)에 입실할 수 없으며, 위원회 직원의 안내에 따라 반입금지물품을 대기실에 보관토록 하고 회의실에 입실하여야 한다.

1. 녹음기 등 녹음이 가능한 기기류, 휴대폰, 기타 소청심사와 관계없는 물건

2. 흉기 등 위험한 물건

② 소청당사자는 회의실 내에서 다음 각 호의 행위를 할 수 없다.

1. 녹음, 녹화, 촬영, 중계방송
2. 회의실 내의 질서를 해치는 행위
3. 다른 사람의 생명·신체·재산 등에 위해를 가하려고 하는 행위

③ 위원회는 회의실 반입이 금지된 물품 및 회의실 내에서 금지된 행위에 관한 사항을 소청당사자 대기실에 게시하고 소청당사자에게 안내한다.

[본조신설 2009.6.17.]

제17조 삭제 〈2017.3.24.〉

제18조(위원의 기피) ① 법 제14조제2항제1호의 '위원본인과 관계있는 사항'이라 함은 다음 각 호와 같다.

1. 위원이 당해 소청사건의 대상이 된 처분 또는 부작위에 관여하였을 때
2. 위원이 당해 소청사건에 관하여 증언이나 감정을 하였을 때
3. 위원이 당해 소청사건에 관하여 소청당사자의 대리인으로 관여하였을 때

② 소청당사자는 위원에게 심사의 공정을 기대하기 어려운 사정이 있는 경우에는 [별지 제19호서식]에 의하여 당해 위원의 기피를 신청할 수 있다. 〈개정 2007.9.6.〉

③ 위원장은 심사회의 개최 전 또는 심사회의 개최 중 소청당사자에게 기피신청 여부를 확인하여야 한다.

④ 소청당사자로부터 기피신청이 있는 경우, 위원회는 당해 소청사건을 심의하기 전에 위원의 기피여부를 결정하여야 한다. 이 경우에 기피대상 위원은 의결에 참여하지 못한다.

제18조의2(재적 위원수, 의사정족수, 의결정족수) ① 위원의 일시적 퇴직으로 결원이 발생한 경우에는 결원 발생 당시 재임 중인 재적 위원수의 3분의 2 이상의 출석으로 개의하여 심사·결정을 할 수 있다.

② 소청심사위원회 회의에 출석한 위원 중 법 제14조제2항의 제척사유에 해당하는 위원과 법 제14조제3항 및 제4항에 따라 기피결정을 받은 위원 또는 회피한 위원은 법 제

14조제1항의 의사정족수 산정을 위한 출석 위원의 수에는 산입할 수 있으나, 같은 항의 의결정족수 산정을 위한 출석 위원의 수에는 산입할 수 없다. 〈개정 2013.3.24.〉
[본조신설 2009.6.17.]

제18조의3(소청심사위원회의 결정) 법 제14조제5항제3호에 따른 변경결정을 함에 있어 소청심사위원회는 필요하다고 인정되는 경우 원징계처분을 불문경고 처분으로 변경할 수 있다. 〈개정 2014.4.22., 2017.3.24.〉
[본조신설 2009.7.1.]

제19조(심사조서) 심사조서는 [별지 제20호서식]에 의하며, 구체적이고 정확하게 작성한다. 〈개정 2007.9.6.〉

제20조(결정문의 작성 및 송부) ① 결정문은 결정일로부터 10일 이내에 [별지 제21호서식]에 의해 작성하여 소청당사자에게 각 1부를 송부하여야 한다. 또한, 감사원으로부터 파면요구를 받은 사건에 대하여는 감사원에 결정문 1부를 송부한다. 〈개정 2007.9.6.〉
② 소청인에게는 결정문 수령 후 90일 이내 관할 행정법원(행정법원이 설치되어 있지 아니한 지역은 관할 지방법원 합의부)에 행정소송을 제기할 수 있다는 사실을 고지하여야 한다.

제20조의2(결정연기 사실 통지) 심사회의 결과 특별한 사유로 결정이 연기된 때에는 소청당사자에게 지체없이 그 사실을 통지하여야 한다.

제21조 (감사원 요구에 의한 재심) ① 감사원법 제32조제6항의 규정에 의한 재심의 경우 원심의 주심위원에게는 이를 배정하지 아니한다.
② 재심사건은 재심요구서 접수일로부터 30일 이내에 처리하는 것을 원칙으로 한다.

제22조(사건기록의 정리 및 보관) 소청관련 기록은 사건기록 일체를 순서대로 정리하여 철한 후, 일련번호를 부여하여 위원회 자체 또는 문서 보관 부서에 이관하여 보관한다.

제23조(소청서류의 열람 및 복사) ① 소청당사자가 소청관련 서류에 대해 별지 제24호 서식에 의하여 열람 또는 복사를 요청한 때에는 특별한 경우를 제외하고는 위원회는 이에 응하여야 한다. 이 경우 조사보고서 및 심사조서는 제외한다. 〈개정 2007.9.6., 2014.4.22.〉

② 이해관계가 있는 제3자가 소청관련 서류의 열람 등을 요구하는 경우, 위원회는 결정을 거쳐서 특정부분에 대해서만 열람 또는 복사하게 할 수 있다. 다만, 다음과 같은 사유가 있을 때에는 이를 제한하거나 거부할 수 있다.

1. 소청당사자가 공개를 거부하는 경우
2. 공개로 인해 타인의 명예나 인격, 사생활의 비밀 또는 생활의 평온이나 공익이 침해될 우려가 있는 경우
3. 공개할 경우 소청사건의 공정한 심사에 지장을 초래한다고 인정할 만한 상당한 이유가 있는 경우
4. 필요 이상으로 대량다수의 열람이나 공개를 요구하는 경우 등

③ 심사조서를 소송의 증거로 제출하여 달라는 법관의 요청이 있는 경우에는 심사조서 사본을 당해 법원에 제출할 수 있다.

제23조의2(심사자료의 반환) 소청당사자가 영 제11조제5항에 따라 증거물 기타 심사자료의 반환을 신청하고자할 때에는 별지 제22호서식에 의하여 서면신청을 하여야 한다. [본조신설 2009.6.17.]

제24조(기간 계산) ① 소청심사의 청구에 있어 기간 계산은 처분사유설명서를 받은 날인 초일은 산입하지 아니한다.

② 소청심사의 청구는 청구서가 위원회에 도달된 날에 제기한 것으로 본다.

제25조(불이익처분에 대한 소청 청구 고지) ① 법 제75조의 규정에 의한 처분사유설명서에는 "이 처분에 대한 불복이 있을 때에는 국가공무원법 제76조제1항의 규정에 의하여 이 설명서를 받은 날부터 30일 이내에 소청심사위원회에 소청을 청구할 수 있다."는 사실을 고지하여야 한다.

② 법 제75조에서 정한 처분 이외의 본인의 의사에 반한 처분을 행할 때에는 "이 처분에 대한 불복이 있을 때에는 국가공무원법 제76조제1항의 규정에 의하여 처분이 있은 것을 안 날부터 30일 이내에 소청심사위원회에 소청을 청구할 수 있다."는 사실을 고지하여야 한다.

제26조(소청관련 자료의 직접수령) 소청당사자가 소청심사위원회를 방문하여 소청심사청구서, 답변서, 추가자료, 결정문 등 소청관련 자료를 직접 수령한 경우에는 별지 제23호서식에 의한 수령증을 작성하여 소청심사위원회에 제출하여야 한다. 〈개정 2016.4.6.〉

부 칙

제1조 (시행일) 이 예규는 발령한 날로부터 시행한다.

제2조 (예규의 폐지) 소청심사위원회운영예규('72. 7. 18. 소청심사위원회 위원장훈령 제1호)는 이를 폐지한다.

부 칙 〈2004.6.4.〉

① (시행일) 이 예규는 2004년 6월 12일부터 시행한다.

② (재심요구에 관한 경과조치) 이 예규 시행 당시 재심이 진행중인 결정에 대하여는 제20조의 개정규정에 불구하고 종전의 규정에 의한다.

부 칙 〈2006.7.19.〉

① (시행일) 이 예규는 2006년 7월 19일부터 시행한다.

부 칙 〈2007.9.6.〉

① (시행일) 이 예규는 2007년 9월 6일부터 시행한다.

② (다른 예규의 개정) 「중앙고충업무처리지침」 중 다음과 같이 개정한다.

제8조제1항 중 "환문"을 "소환·질문"으로 한다.

부　칙 〈2009.6.17.〉

① (시행일) 이 예규는 2009년 6월 17일부터 시행한다.

② (다른 예규의 개정) 「중앙고충업무처리지침」 중 다음과 같이 개정한다.

제15조 및 제16조 중 "중앙인사위원회위원장"을 "행정안전부장관"으로 한다.

부　칙 〈2009.7.1.〉

① (시행일) 이 예규는 2009년 7월 1일부터 시행한다.

부　칙 〈2013.3.24.〉

제1조(시행일) 이 예규는 2013년 3월 24일부터 시행한다.

제2조(다른 예규의 개정) 중앙고충업무처리지침을 다음과 같이 개정한다.

제15조 및 제16조 중 "행정안전부장관"을 "안전행정부장관"으로 한다.

부　칙 〈2014.4.22.〉

제1조(시행일) 이 예규는 2014년 4월 22일부터 시행한다.

부　칙 〈2014.11.19.〉

제1조(시행일) 이 예규는 2014년 11월 19일부터 시행한다.

제2조(다른 예규의 개정) 중앙고충업무처리지침을 다음과 같이 개정한다.

제15조 및 제16조 중 "안전행정부장관"을 "인사혁신처장"으로 한다.

부　칙 〈2015.8.24.〉

제1조(시행일) 이 예규는 2015년 8월 24일부터 시행한다.

부　칙 〈2016.3.2.〉

이 예규는 2016년 3월 2일부터 시행한다.

부　칙 〈2016.4.6.〉

이 예규는 2016년 4월 6일부터 시행한다.

부　칙 〈2017.3.24.〉

이 예규는 2017년 3월 24일부터 시행한다.

3. 소청 관련 서식

[별지 제1호서식] 〈개정 2013.3.24., 2014.11.19., 2015.8.24., 2017.3.24.〉

소청심사청구서

1. 사건명 : 청구
2. 소청인

성 명	(한자 :)
주민등록번호	− (세)
소 속	
직(계)급	
주 소	(우편번호 :)
전자우편(e-mail)	
전화번호	− 자택 또는 직장 : − 휴대전화 : ※ 휴대전화 문자메시지(SMS)수신 동의 여부 : 동의함( ), 동의안함( )
대리인(선임시 기재)	

3. 피소청인 :
4. 소청의 취지 :
5. 처분사유설명서 수령일 : 년 월 일
6. 희망 심사시기 : 빨리( ), 늦게*( ), 의견 없음( )
   * '늦게'로 표기한 경우 구체적인 희망시기와 사유 기재( )
7. 소청이유 : 별지로 작성
8. 입증자료 :

위와 같이 청구합니다.

년 월 일

위 청구인 (서명 또는 인)

인사혁신처 소청심사위원회 위원장 귀하

[별지 제2호서식] 〈개정 2013.3.24., 2014.11.19.〉

접 수 증 (보관용)

주 소 :

성 명 : 제출자 :

상기인의 소청심사청구서가 년 월 일 소청심사위원회에 제 - 호로 접수되었음을 확인합니다.

년 월 일

접 수 증 (발급용)

주 소 :

성 명 : 제출자 :

상기인의 소청심사청구서가 년 월 일 소청심사위원회에 제 - 호로 접수되었음을 확인합니다.

년 월 일

인사혁신처 소청심사위원회 위원장

[별지 제3호서식] 〈신설 2017.3.24.〉

소청심사 희망 시기 변경 신청서

사 건 : - ○○처분 △△청구

소 청 인 : 소속 및 직급 :

피소청인 :

본인은 위 사건에 대하여 소청심사청구서를 제출할 때에 신청하였던 '소청심사 희망 시기'를 다음과 같은 사유로 변경하여 신청합니다.

○ 당초 '희망 심사시기' : 빨리( ), 늦게( ), 의견 없음( )

○ '희망 심사시기' 변경 : 빨리( ), 늦게( ), 의견 없음( )

* 구체적인 희망 심사시기와 사유 기재( )

(입증자료가 있을 경우 첨부)

년 월 일

소 청 인 (서명 또는 인)

인사혁신처 소청심사위원회 위원장 귀하

※ 소청심사기일이 지정된 뒤에 기일연기 신청을 하는 경우에는 '별지 제10호서식'을 사용하여 주시기 바랍니다.

[별지 제4호서식] 〈개정 2013.3.24., 2017.3.24.〉

각하대상(소청인 출석 없이 심사) 사건 선정(안)

조사관	행정과장	주심위원	위원장

사건 : 2017-○○○

△△처분 취소 또는 감경 청구

□ **검토근거** : 소청절차규정 제7조의2 및 소청업무처리지침 제7조

○ 소청제기기간의 경과, 소청 관할 위반 등 소청제기가 부적법한 때에는 특별한 사정이 있는 경우를 제외하고는 당사자를 출석시키지 않고 각하결정을 할 수 있음

□ **사건개요**

○ 소 청 인 : 소속, 직급, 성명 기재

○ 처분요지 :

□ **검토결과**

○

○

⇒ 이 사건을 각하대상으로 선정하고, 소청인에게 서면에 의한 진술 기회를 부여한 다음 당사자 출석 없이 심사회의를 개최함이 타당하다고 사료됨

덧붙임 : 각하대상 사건 검토보고서(필요시 작성)

≪각하대상 사건 선정 및 처리절차≫

소청 접수	각하대상 사건으로 선정 (본 서식 활용)	각하대상 사건 선정사실 통지 및 서면진술서 제출 요구 (별지 제5호서식)	조사보고서 작성 (별지 제3호서식)	각하결정 (심사회의) (별지 제21호서식)

※ 위원회는 심사회의에서 소청인이 제출한 서면진술서 등을 바탕으로 각하결정이 아닌 결정을 할 필요가 있다고 인정되는 경우에는 심사기일을 다시 정하여 소청당사자에게 출석 진술의 기회를 주어야 함

[별지 제5호서식] <신설 2017.3.24.>

인사혁신처 소청심사위원회

수 신 자 소청인

(경 유)

제 목 각하대상 사건 선정사실 통지 및 서면진술서 제출 요구

---

1. 귀하께서 청구한 소청사건은 아래와 같은 사유로 부적법한 청구에 해당한다고 사료되어 소청절차규정 제7조의2 및 소청업무처리지침 제7조에 따라 각하대상 사건으로 선정하였으며, 이후 당사자를 출석시키지 않은 상태에서 심사·결정을 위한 심사회의를 개최할 예정입니다.

   ○ 부적법한 사유 :

2. 이에 따라 소청절차규정 제7조의2 제2항의 규정에 의거 귀하에게 서면에 의한 진술기회를 부여하오니, 이에 관하여 진술할 내용이 있으실 경우 이 공문을 받은 날부터 10일 이내에 서면진술서를 우리 위원회로 제출해주시기 바랍니다.(서면진술서를 제출하지 않으시더라도 위 기일이 지난 후에는 심사회의를 개최할 수 있음)

3. 우리 위원회는 귀하께서 제출한 서면진술서 등을 바탕으로 구술심리를 할 필요가 있다고 인정되는 경우 또는 심사회의에서 각하결정이 아닌 결정을 할 필요가 있다고 인정되는 경우에는 심사기일을 정하여 귀하에게 출석 진술의 기회를 드릴 계획임을 알려드립니다. 끝.

인사혁신처 소청심사위원회 위원장

[별지 제6호서식] 〈개정 2013.3.24.〉

====================

임 시 결 정

====================

사건 - ○○처분 △△청구
소청인 성 명 : ( )
소 속 : 직 급 :
주 소 :
피소청인 :

피소청인이 년 월 일 소청인에게 한 ○○처분에 대하여 소청인으로부터 이의 △△을 구하는 소청이 있었으므로 국가공무원법 제76조 제3항에 따라 우리 위원회는 다음과 같이 임시결정한다.

주 문

이 사건 청구에 대한 최종결정이 있을 때까지
후임자의 보충발령을 유예한다.

이 유

[별지 제7호서식] 〈개정 2013.3.24., 2017.3.24.〉

심 사 예 정 표

(0000.00.00~0000.00.00)

심 사 예정일시	사건 번호	소 속	직 급	성 명	원처분	피소청인	처리 기간	주심 위원	담 당 조사관	비위 유형

[별지 제8호서식] 〈개정 2013.3.24., 2014.11.19.〉

인사혁신처 소청심사위원회

수 신 자　소청인

(경　유)

제　　목　소청사건 심사기일 통지

1. 귀하께서 청구한 소청사건을 아래와 같이 심사하고자 소청절차규정 제8조에 따라 그 기일을 통지하오니 출석하여 주시기 바랍니다.

　가. 심사일시 :　　년　월　일(　요일)　:　(　:　까지 도착)

　나. 심사장소 : 인사혁신처 소청심사위원회

　　　　　　(주소 기재)

　다. 위치 및 교통편 : 위원회 홈페이지 약도 참조

　　※ 청사 사정으로 무료주차가 허용되지 않으니, 대중교통을 이용하시기 바랍니다.

　　※ 복장은 정장(넥타이 착용, 하절기 복장 간소화기간 동안은 미착용)차림으로 출석하시기 바랍니다.

2. 소청절차규정 제9조에 따라 소청당사자는 위원회의 위원에게 국가공무원법 제14조2항에 따른 제척사유 또는 심사·결정의 공정을 기대하기 어려운 경우에는 소청업무처리지침 별지 제19호 서식에 따라 위원의 기피를 신청할 수 있습니다. (※ 위원의 명단은 소청심사위원회 홈페이지 참조)

3. 사정상 출석할 수 없게 되어 서면으로 진술하고자 할 때에는 심사기일 전까지 우리 위원회에 도착될 수 있도록 진술서를 보내주시기 바라며, 만일 지정된 심사기일에 불참하고, 서면진술서도 제출하지 않았을 경우 소청인 불참 하에 심사회의를 진행하게 됨을 알려드립니다.　끝.

인사혁신처 소청심사위원회 위원장

[별지 제9호서식] <개정 2013.3.24., 2014.11.19.>

인사혁신처 소청심사위원회

수 신 자 피소청인

(경 유)

제 목 심사기일 통지

---

1. 귀 소속의 ○○○ 소청인이 청구한 소청사건을 심사하고자 소청절차규정 제8조에 따라 그 기일을 통지하오니 출석하여 주시기 바라며, 대리인이 출석하고자 할 때에는 소청업무처리지침(별지 제11호서식)에 따라 대리인지정서를 심사기일 7일전까지 제출하여 주시기 바랍니다.
2. 일시 및 장소
   가. 심사일시 : 년 월 일(요일) : (: 까지 도착)
   나. 심사장소 : 인사혁신처 소청심사위원회 (주소 기재)
   다. 위치 및 교통편 : 위원회 홈페이지 약도 참조
   ※ 청사 사정으로 무료주차가 허용되지 않으니, 대중교통을 이용하시기 바랍니다.
   ※ 복장은 정장(넥타이 착용, 하절기 복장 간소화기간 동안은 미착용)차림으로 출석하시기 바랍니다.
3. 소청절차규정 제9조에 따라 소청당사자는 위원회의 위원에게 국가공무원법 제14조2항에 따른 제척사유 또는 심사·결정의 공정을 기대하기 어려운 경우에는 소청업무처리지침 별지 제19호 서식에 따라 위원의 기피를 신청할 수 있습니다. (※ 위원의 명단은 소청심사위원회 홈페이지 참조)
4. 대리인 유의사항
   가. 대리인 중 1인은 소청인보다 상위 직급자이면서 과장급 또는 계장급 공무원이어야 합니다. 다만 출장·공석 등 부득이한 사유로 과·계장급 공무원이 참석할 수 없을 때에는 그 사유를 미리 제출하여야 하며, 이 경우에도 반드시 소청인보다 상위 직급자(경찰공무원의 경우 상위 계급자로서 경위 이상)가 참석하여야 합니다.
   나. 대리인의 진술은 처분권자의 진술로 간주되어 심사의 중요한 증거가 되므로 대리인은 사전에 내용을 정확히 파악하여 심사회의 시 책임 있는 답변을 하여야 합니다.
   다. 대리인은 해당 소청사건에 필요한 관계 자료를 지참하여야 합니다.

끝.

인사혁신처 소청심사위원회 위원장

[별지 제10호서식] 〈개정 2013.3.24., 2014.11.19.〉

소청심사기일 연기신청서

사　　건 :　　 -　　○○처분 △△청구

소 청 인 :　　　　　　　　소속 및 직급 :

피소청인 :

위 소청사건의 심사기일 통지를 받았으나 다음과 같은 사유로 심사의 연기를 신청하오니 처리하여 주시기 바랍니다.

○ 당초심사기일 :　　　년　　월　　일

○ 연기신청사유 :

○ 희망 심사시기 :

(입증서 첨부)

년　　월　　일

소 청 인　　　　(서명 또는 인)

인사혁신처 소청심사위원회 위원장 귀하

[별지 제11호서식] 〈개정 2009.6.17.〉

피 소 청 인(처 분 기 관)

수 신 자 소청심사위원회위원장 (행정과장)

(경 유)

제 목 대리인 지정서 제출

1. 행정과 – (. . .)과 관련입니다.
2. 소청인 ○○○의 소청사건에 관하여 소청절차규정 제4조에 따라 아래 공무원을 피소청인의 대리인으로 지정합니다.

소 속	직 급	직 위	성 명	담당업무	연락처

끝.

피 소 청 인 (처 분 권 자)

[별지 제12호서식] 〈개정 2013.3.24., 2014.11.19.〉

위 임 장

사　　건 :　　　–　　　○○처분 △△청구

소 청 인 :　　　　　　　　　　　　생년월일 :

피소청인 :

위 소청사건에 대한 소청인의 모든 권한을 아래 수임자에게 위임합니다.

수임자 성 명 :　　　　　　　　　　생년월일 :

주 소 :

년　　월　　일

위임자 성 명 :

주 소 :

인사혁신처 소청심사위원회 위원장 귀하

[별지 제13호서식] 〈개정 2013.3.24.〉

조 사 보 고 서

<table>
<tr><td colspan="5" rowspan="2">사건 -</td><td>주무관</td><td>조사관</td><td>행정과장</td><td>주심위원</td></tr>
<tr><td></td><td></td><td></td><td></td></tr>
<tr><td rowspan="4">소청인</td><td>성 명</td><td></td><td>생년월일</td><td colspan="3">. . . (세)</td><td>성별</td><td></td></tr>
<tr><td>소 속</td><td colspan="2"></td><td colspan="2">직 급</td><td colspan="3"></td></tr>
<tr><td>주 소</td><td colspan="7"></td></tr>
<tr><td>대리인</td><td colspan="7"></td></tr>
<tr><td rowspan="2">피소청인</td><td>본 인</td><td colspan="7"></td></tr>
<tr><td>대리인</td><td colspan="7"></td></tr>
<tr><td colspan="2">처 분 종 류</td><td colspan="2"></td><td colspan="2">소청취지</td><td colspan="3"></td></tr>
<tr><td colspan="2">심 사 기 일</td><td colspan="7"></td></tr>
<tr><td colspan="2">처 분 일 자</td><td></td><td></td><td></td><td colspan="2">접수일자</td><td colspan="2"></td></tr>
<tr><td colspan="9">○ 비위내용 :
○ 적발경위 :
○ 징계위원회 구성 및 징계절차 :
○ 재직경력 :
○ 상 훈 :
○ 징계전력 :
○ 감독자 및 관련자 문책 :
○ 형사처벌전력 :
○ 근무성적 :
○ 평소소행 :
○ 기 타 :</td></tr>
</table>

[별지 제14호 서식] 〈개정 2013.3.24., 2014.11.19.〉

증인소환·질문신청서

사　　건 :　　－　　○○처분 △△청구

소 청 인 :

피소청인 :

위 사건의 (피)소청인은 아래 증인의 증언을 통하여 (피)소청인의 주장이 사실임을 입증하기 위하여 아래와 같이 증인의 소환·질문을 신청합니다.

증인의 표시

증　인　성 명 :

소 속 :　　　　　　직 위 :

주 소 :

첨부 : 증인소환·질문 사항 1부.

년　　월　　일

신청인　　　　　　(서명 또는 인)

인사혁신처 소청심사위원회 위원장　귀하

[별지 제15호 서식] 〈개정 2013.3.24., 2014.11.19.〉

자료제출명령신청서

사　　건 :　　 -　　 ○○처분 △△청구

소 청 인 :

피소청인 :

위 사건에 관하여 ○○○에게 다음 자료의 제출을 명령하여 줄 것을 신청합니다.

가. 자료의 제목

나. 자료의 내용

다. 자료의 소지자

라. 증명할 사실

년　　월　　일

신청인　　　　　　(서명 또는 인)

인사혁신처 소청심사위원회 위원장　귀하

[별지 제16호 서식] <개정 2013.3.24., 2014.11.19.>

소청청구 취하서

1. 사건명 : – ○○처분 △△청구

2. 소청인

 – 성 명 :

 – 소 속 :

 – 주 소 :

3. 피소청인 :

4. 취하 취지 및 사유

 –

소청절차규정 제7조에 따라 위와 같이 소청청구를 취하합니다.

년 월 일

소 청 인 (서명 또는 인)

인사혁신처 소청심사위원회 위원장 귀하

[별지 제17호서식] 〈개정 2013.3.24., 2014.11.19.〉

인사혁신처 소청심사위원회

수 신 자 소청인

(경 유)

제 목 소청사건 취하 사실 통지

귀하가 20 . . . 우리 위원회에 제기한 소청심사청구에 대해 20 . . . 취하서를 제출하였으므로 소청절차규정 제7조에 따라 취하되었음을 알려드립니다. 끝.

인사혁신처 소청심사위원회 위원장

[별지 제18호서식] 〈개정 2013.3.24., 2014.11.19.〉

인사혁신처 소청심사위원회

수 신 자 피소청인

(경 유)

제 목 소청사건 취하 사실 통지

귀 소속으로 근무하는(던) ○○○ 소청인이 우리 위원회에 제기한 소청심사청구(사건번호 기재, 0000-000)에 대해 20 . . . 취하서를 제출하였으므로 소청절차규정 제7조에 따라 취하되었음을 알려드립니다. 끝.

인사혁신처 소청심사위원회 위원장

[별지 제19호서식] 〈개정 2013.3.24., 2014.11.19.〉

소청심사위원 기피신청서

사 건 명 : - ○○처분 △△청구

소 청 인 :

피소청인 :

위 사건에 관하여 (피)소청인은 소청심사위원회 위원 중 아래 위원에 대하여 기피를 신청합니다.

가. 기피 위원

나. 기피 이유

첨부 : 기피이유에 대한 입증자료 1부

년 월 일

신 청 인 (서명 또는 인)

인사혁신처 소청심사위원회 위원장 귀하

[별지 제20호서식] 〈개정 2007.9.6.〉

심 사 조 서

<table>
<tr><td>사건 –
○○처분 △△청구</td><td>소청인</td><td></td><td>피소청인</td><td></td></tr>
<tr><td>일 시</td><td colspan="2"></td><td>장 소</td><td>소청심사회의실</td></tr>
<tr><td>위원회</td><td colspan="4">위 원 장 :
위 원 :
관계직원 :</td></tr>
<tr><td>출석당사자</td><td colspan="4">소 청 인 :
(대리인)
피소청인 :
(대리인)</td></tr>
<tr><td colspan="5">위 원 장 : ○ ○ ○ (서 명)
위 원 : ○ ○ ○ (서 명)
(주 심) 위 원 : ○ ○ ○ (서 명)
위 원 : ○ ○ ○ (서 명)
위 원 : ○ ○ ○ (서 명)
위 원 : ○ ○ ○ (서 명)
위 원 : ○ ○ ○ (서 명)
위 원 : ○ ○ ○ (서 명)
위 원 : ○ ○ ○ (서 명)</td></tr>
</table>

[별지 제21호서식] 〈개정 2009.6.17.〉

====================

결　　정

====================

사 건　 －　　 ○○처분 △△청구

소청인 성 명 :　　　　(　　　)

소 속 :　　　　　　　　직 급 :

주 소 :

피소청인 :

피소청인이　　년　월　일 소청인에게 한 ○○처분에 대하여 소청인으로부터 이의 △△을(를) 구하는 소청이 있었으므로 우리 위원회는 이를 심사하여 다음과 같이 결정한다.

주　　문

―――――――――――――――

"주문은 별지 예시와 같이 작성"

이　　유

―――――――――――――――

※ 이유는 다음 면에 1. 원처분 사유 요지, 2. 소청이유 요지, 3. 증거 및 판단 순으로 기재함.

결정문 주문 예시

결정유형	단 독 사 건	병 합 사 건
각 하	이 청구를 각하한다.	이 청구를 각 각하한다.
기 각	이 청구를 기각한다.	이 청구를 각 기각한다.
취 소	피소청인이 yyyy년 mm월 dd일 소청인에게 한 △△ 처분은 이를 취소한다.	피소청인이 yyyy년 mm월 dd일 소청인 ○○○, ●●● 에게 한 △△ 처분은 이를 각 취소한다.
변 경	피소청인이 yyyy년 mm월 dd일 소청인에게 한 △△ 처분은 이를 ▲▲(으)로 변경한다.	피소청인이 yyyy년 mm월 dd일 소청인 ○○○ 에게 한 △△ 처분은 이를 ▲▲(으)로, 소청인 ●●● 에게 한 △△ 처분은 이를 ▼▼(으)로 각 변경한다. 피소청인이 yyyy년 mm월 dd일 소청인 ○○○ 에게 한 △△ 처분은 이를 취소하고, 소청인 ●●● 에게 한 △△ 처분은 이를 ▲▲(으)로 변경한다.
무효확인	피소청인이 yyyy년 mm월 dd일 소청인에게 한 △△ 처분은 무효임을 확인한다.	피소청인이 yyyy년 mm월 dd일 소청인 ○○○ 에게 한 △△ 처분, 소청인 ●●● 에게 한 △△ 처분은 각 무효임을 확인한다.

[별지 제22호서식] <개정 2013.3.24., 2014.11.19.>

심사자료 반환 신청서

사　　건 :　　　-　　　○○ 처분 △△ 청구

소 청 인 :

피소청인 :

위 사건과 관련하여 귀 위원회에 제출한 증거물 기타 심사자료의 반환을 다음과 같이 신청하오니 처리하여 주시기 바랍니다.

1. 반환 신청 자료목록

가.

나.

다.

라.

2. 받는 곳 :

년　　월　　일

신청인　　　　　　　(서명 또는 인)

인사혁신처 소청심사위원회 위원장 귀하

[별지 제23호서식] <개정 2013.3.24., 2014.11.19.>

수 령 증

사건번호 : – , 처분 청구

성 명 :

연 락 처 :

주소(소속) :

본인은 인사혁신처 소청심사위원회를 방문하여 소청심사위원회의 (직급) (성명) (으)로부터 다음 서류를 수령하였음을 확인합니다.

서류 목록(자필 기재)

년 월 일

인계인 (서명)

수령인 (서명)

인사혁신처 소청심사위원회 위원장 귀하

[별지 제24호서식] 〈신설 2014.4.22.〉. 〈개정 2014.11.19.〉

심사자료 (열람/복사) 신청서

사　　건 :　　 –　　 ○○ 처분 △△ 청구

소 청 인 :

피소청인 :

위 사건과 관련하여 소청관련 서류의 (열람/복사)를 다음과 같이 요청하오니 처리하여 주시기 바랍니다.

1. 요청 자료목록

가.

나.

다.

라.

2. 받는 곳(복사 신청 시) :

년　　월　　일

신청인　　　　　　　(서명 또는 인)

인사혁신처 소청심사위원회 위원장 귀하

4. 공무원고충처리규정

[시행 2009.11.25] [대통령령 제21842호, 2009.11.23, 타법개정]

제1조 (목적) 이 영은 「국가공무원법」 제76조의2 및 제76조의3, 「경찰공무원법」 제25조, 「소방공무원법」 제22조 및 「교육공무원법」제49조에 따라 공무원의 인사상담 및 고충심사에 관한 고충심사위원회의 구성과 심사절차등을 규정함을 목적으로 한다. 〈개정 2007.9.6〉

[전문개정 1983.5.19]

제2조 (고충심사대상) 공무원은 누구나 근무조건 · 인사관리 기타 신상문제에 대하여 인사상담 및 고충심사(이하 "고충심사"라 한다)를 청구할 수 있다.

제3조 (일반공무원 보통고충심사위원회) ① 「국가공무원법」 제76조의2제3항에 따른 보통고충심사위원회는 6급이하 공무원 · 연구사 · 지도사 또는 기능직공무원의 신규채용에 관한 임용권자(신규채용권을 위임받은 자를 포함한다) 단위로 설치한다. 〈개정 1983.5.19, 1984.12.31, 1985.12.31, 2007.9.6〉

② 보통고충심사위원회는 위원장 1인을 포함한 5인이상 7인이하의 위원으로 구성하되, 위원장과 위원은 고충심사청구인(이하 "청구인"이라 한다)보다 상위계급의 소속공무원(지방공무원을 포함한다)중에서 설치기관의 장이 임명한다. 〈개정 1983.5.19〉

③ 삭제 〈1983.5.19〉

제3조의2 (경찰공무원고충심사위원회) ① 「경찰공무원법」 제25조제1항에서 "대통령령이 정하는 경찰기관"이라 함은 경찰대학 · 경찰교육원 · 중앙경찰학교 · 경찰수사연수원 · 경찰서 · 경찰기동대 · 경비함정 기타 경감 이상의 경찰공무원을 장으로 하는 기관중 행정안전부장관 또는 국토해양부장관이 지정하는 경찰기관을 말한다. 〈개정 1996.8.8, 2007.9.6, 2007.9.20, 2008.12.31, 2009.11.23〉

② 경찰공무원고충심사위원회는 위원장 1인을 포함한 5인 이상 7인 이하의 위원으로 구성하되, 위원장과 위원은 청구인보다 상위계급의 소속 경찰공무원중에서 설치기관의 장이 임명한다.

[본조신설 1983.5.19]

제3조의3 (소방공무원고충심사위원회) ①「소방공무원법」 제22조제1항에서 "대통령령이 정하는 소방기관"이라 함은 소방학교 및 소방서를 말한다. 〈개정 2007.9.6〉

②소방공무원고충심사위원회는 위원장 1인을 포함한 5인 이상 7인 이하의 위원으로 구성하되, 위원장과 위원은 청구인보다 상위계급의 소속공무원(지방공무원을 포함한다)중에서 설치기관의 장이 임명한다.

[본조신설 1983.5.19]

제3조의4 (교육공무원고충심사위원회) ①「교육공무원법」 제49조제3항에 따른 교육공무원중앙고충심사위원회는 위원장 1인을 포함한 5인 이상 7인 이하의 위원으로 구성하되, 위원장은 교육과학기술부차관이 되고 위원은 교육과학기술부 소속공무원 및 교직단체의 임직원중에서 교육과학기술부장관이 임명한다. 〈개정 1991.2.1, 2001.1.29, 2007.9.6, 2008.12.31〉

②「교육공무원법」 제49조제3항에 따른 교육공무원보통고충심사위원회는 위원장 1인을 포함한 5인 이상 7인 이하의 위원으로 구성하되, 위원장과 위원은 청구인보다 상위계급의 소속공무원(지방공무원을 포함한다)중에서 설치기관의 장이 임명한다. 〈개정 2007.9.6〉

[본조신설 1983.5.19]

제3조의5 (고충심사위원회의 간사) 고충심사위원회의 서무를 처리하기 위하여 고충심사위원회에 간사 약간인을 두되, 간사는 소속공무원(지방공무원을 포함한다)중에서 설치기관의 장이 임명한다.

[본조신설 1983.5.19]

제3조의6 (고충심사위원회의 관할) ① 중앙고충심사위원회는 보통고충심사위원회의 심사를 거친 재심청구와 5급 이상 공무원(고위공무원단에 속하는 일반직공무원을 포함한다)·연구관 또는 지도관의, 보통고충심사위원회는 소속 6급이하 공무원·연구사·지도사 또는 기능직공무원의 인사상담 및 고충을 각각 심사한다. 〈신설 1984.12.31, 1985.12.31, 2006.6.12, 2007.9.6〉

② 상하직위자가 관련된 고충심사의 청구에 대하여는 그 중 최상위직에 있는 자를 관할하는 고충심사위원회가 이를 심사·결정한다.

③ 고충심사의 청구가 있는 경우 당해 기관의 사정으로 청구인보다 상위직에 있는 자로 고충심사위원회를 구성하기 어려운 때에는 바로 상위의 감독기관에 설치된 고충심사위원회가 이를 심사·결정한다.

④ 「국가공무원법」의 적용을 받는 자와 다른 법률의 적용을 받는 자가 서로 관련되는 고충심사의 청구에 대하여는 중앙고충심사위원회가 이를 심사·결정할 수 있다. 〈개정 2007.9.6〉

[본조신설 1983.5.19]

제4조 (고충심사청구) ① 공무원이 고충심사를 청구할 때에는 설치기관의 장에게 다음 각호의 사항을 기재한 인사상담 및 고충심사청구서(이하 "청구서"라 한다)를 제출하여야 하며, 재심을 청구하는 경우에는 당해 고충심사위원회의 고충심사결정서(이하 "결정서"라 한다) 사본을 첨부하여야 한다. 〈개정 1983.5.19, 2006.6.12〉

1. 주소·성명 및 생년월일
2. 소속기관명 및 직급 또는 직위
3. 고충심사청구의 취지 및 이유

② 고충심사의 청구를 받은 설치기관의 장은 이를 지체없이 소속 고충심사위원회에 부의하여 심사하게 하여야 한다.

제5조 (보완요구) 고충심사위원회는 청구서에 흠이 있다고 인정할 때에는 청구서를 접수한 날로부터 7일이내에 상당한 기간을 정하여 청구인에게 이의 보완을 요구할 수 있으며, 청구인은 동기간내에 이를 보완하여야 한다.

제6조 (회피 및 기피) ① 고충심사위원회의 위원중 청구인의 친족이거나 청구사유와 밀접한 관계가 있는 자는 그 고충심사를 회피할 수 있다.

② 고충심사위원회의 위원에게 고충심사의 공정을 기대하기 어려운 사정이 있을 때에는 청구인은 그 위원의 기피를 신청할 수 있으며, 고충심사위원회는 의결로 그 위원의 기피여부를 결정하여야 한다.

제7조 (고충심사절차) ① 고충심사위원회가 청구서를 접수한 때에는 30일 이내에 고충심사에 대한 결정을 하여야 한다. 다만, 부득이하다고 인정되는 경우에는 설치기관의 장의 승인을 얻어 30일을 연장할 수 있다.
② 고충심사위원회는 고충심사에 필요하다고 인정할 때에는 청구인, 설치기관의 장, 청구인이 소속하는 기관의 장 또는 그 대리인을 출석하게 하여 진술하게 하거나 관계기관에 변명서 또는 심사자료의 제출을 요구할 수 있으며, 검정·감정을 의뢰하거나 소속직원으로 하여금 사실조사를 하게 할 수 있다.
③ 고충심사위원회는 고충심사의 당사자 또는 관계인의 진술을 청취하거나 구두로 문답하는 경우에는 그 청취서 또는 문답서를 작성하여야 한다.

제8조 (심사기일의 지정통지) ① 고충심사위원회는 고충심사시에 제7조제2항의 규정에 의하여 당사자의 출석을 필요로 하는 경우에는 심사일시 및 장소를 통지하여야 한다.
② 제1항의 기일통지는 심사일 5일전까지 당사자에게 도달되도록 하여야 하며, 출석기일통지를 받은 당사자가 심사일에 상당한 이유없이 출석하지 아니한 때에는 고충심사위원회는 진술없이 심사·결정할 수 있다. 다만, 서면으로 진술할 때에는 결정서에 서면진술의 요지를 기재하여야 한다. 〈개정 1983.5.19〉

제9조 (증거제출권) 고충심사당사자는 참고인의 소환·질문 또는 증거물 기타 심사자료의 제출요구를 신청하거나 증거물 기타심사자료를 제출할 수 있다. 〈개정 2007.9.6〉

제10조 (고충심사위원회의 결정) 고충심사의 결정은 재적위원 과반수의 합의에 의한다.

제11조 (결정서작성 및 송부) ① 고충심사위원회가 고충심사청구에 대하여 결정을 한 때에는 결정서를 작성하고, 위원장과 출석한 위원이 서명·날인하여야 한다.
② 결정서가 작성된 경우에는 지체없이 이를 설치기관의 장에게 송부하여야 한다.

제12조 (고충심사결과처리) 제11조제2항의 규정에 의하여 결정서를 송부받은 설치기관의 장은 심사결과를 청구인에게 통보하는 외에 스스로 고충의 해소를 위한 조치를 하거나 관계기관의 장에게 필요한 조치를 요청하여야 한다.

제13조 (재심청구기간) 보통고충심사위원회·경찰공무원고충심사위원회·소방공무원고충심사위원회 또는 교육공무원보통고충심사위원회의 고충심사에 대하여 불복이 있어 중앙고충심사위원회 또는 교육공무원중앙고충심사위원회에 재심을 청구하는 경우에는 그 심사결과를 통보받은 날로부터 30일이내에 청구서를 제출하여야 한다. 〈개정 1983.5.19〉

제13조의2 (특수경력직공무원의 고충처리) 별정직 및 계약직공무원은 이 영의 규정에 의하여 고충심사를 청구할 수 있다. 이 경우 고충심사위원회의 관할과 고충의 처리에 있어서는 그에 상응하는 계급 또는 직위의 경력직 공무원의 예에 의한다. 〈개정 2006.6.12, 2007.9.6〉

[본조신설 1983.5.19]

제14조 (준용규정) 이 영에 규정되지 아니한 사항으로서 고충심사위원회의 심사에 필요한 사항에 대하여는 소청절차규정을 준용한다.

부 칙 〈제21842호, 2009.11.23〉 (경찰청과 그 소속기관 직제)

제1조(시행일) 이 영은 2010년 1월 1일부터 시행한다. 다만, ···〈생략〉··· 부칙 제2조의 개정규정은 2009년 11월 25일부터 시행한다.

제2조(다른 법령의 개정) ① 부터 ⑤ 까지 생략

⑥ 공무원고충처리규정 일부를 다음과 같이 개정한다.

제3조의2제1항 중 "경찰종합학교"를 "경찰교육원"으로 한다.

⑦ 및 ⑧ 생략

5. 경찰공무원 징계령

제1조(목적) 이 영은 「경찰공무원법」 제26조 및 제27조에 따른 경찰공무원의 징계와 「국가공무원법」 제78조의2에 따른 징계부가금 부과에 필요한 사항을 규정함을 목적으로 한다.

제2조(정의) 이 영에서 사용하는 용어의 뜻은 다음과 같다.

1. "중징계"란 파면, 해임, 강등 및 정직을 말한다.
2. "경징계"란 감봉 및 견책을 말한다.

[전문개정 2012.1.26.]

제3조(징계위원회의 종류 및 설치) ① 경찰공무원 징계위원회는 경찰공무원 중앙징계위원회(이하 "중앙징계위원회"라 한다)와 경찰공무원 보통징계위원회(이하 "보통징계위원회"라 한다)로 구분한다.

② 중앙징계위원회는 경찰청 및 해양경찰청에 두고, 보통징계위원회는 경찰청, 해양경찰청, 지방경찰청, 지방해양경찰청, 경찰대학, 경찰교육원, 중앙경찰학교, 경찰수사연수원, 해양경찰교육원, 경찰병원, 경찰서, 경찰기동대, 의무경찰대, 해양경찰서, 해양경찰정비창, 경비함정 및 경찰청장 또는 해양경찰청장이 지정하는 경감 이상의 경찰공무원을 장으로 하는 기관(이하 "경찰기관"이라 한다)에 둔다. 〈개정 2017.7.26.〉

[전문개정 2012.1.26.]

제4조(징계위원회의 관할) ① 중앙징계위원회는 총경 및 경정에 대한 징계 또는 「국가공무원법」 제78조의2에 따른 징계부가금 부과(이하 "징계등"이라 한다) 사건을 심의 · 의결한다.

② 보통징계위원회는 해당 징계위원회가 설치된 경찰기관 소속 경감 이하 경찰공무원에 대한 징계등 사건을 심의 · 의결한다. 다만, 다음 각 호의 기관에 설치된 보통징계위원회는 각 호의 구분에 따른 경찰공무원에 대한 징계등 사건을 심의 · 의결한다. 〈개정 2014.11.19., 2015.11.20., 2017.7.26.〉

1. 경정 이상의 경찰공무원을 장으로 하는 경찰서, 경찰기동대 · 해양경찰서 등 총

경 이상의 경찰공무원을 장으로 하는 경찰기관 및 정비창: 소속 경위 이하의 경찰공무원

2. 의무경찰대 및 경비함정 등 경찰청장 또는 해양경찰청장이 지정하는 경감 이상의 경찰공무원을 장으로 하는 경찰기관: 소속 경사 이하의 경찰공무원

③ 경찰청 및 해양경찰청에 설치된 보통징계위원회는 제2항에도 불구하고 경찰청장 또는 해양경찰청장이 징계 등 의결을 요구하는 경찰공무원에 대한 징계등 사건을 심의·의결한다. 〈개정 2014.11.19., 2017.7.26.〉

④ 제2항단서 또는 제6조제2항단서에 따라 해당 보통징계위원회의 징계 관할에서 제외되는 경찰공무원의 징계 등 사건은 바로 위 상급 경찰기관에 설치된 보통징계위원회에서 심의·의결한다.

제5조(관련 사건의 관할) ① 상위 계급과 하위 계급의 경찰공무원이 관련된 징계등 사건은 제4조에도 불구하고 상위 계급의 경찰공무원을 관할하는 징계위원회에서 심의·의결하고, 상급 경찰기관과 하급 경찰기관에 소속된 경찰공무원이 관련된 징계등 사건은 상급 경찰기관에 설치된 징계위원회에서 심의·의결한다. 다만, 상위 계급의 경찰공무원이 감독상 과실책임만으로 관련된 경우에는 제4조에 따른 관할 징계위원회에서 각각 심의·의결할 수 있다.

② 소속이 다른 2명 이상의 경찰공무원이 관련된 징계등 사건으로서 관할 징계위원회가 서로 다른 경우에는 모두를 관할하는 바로 위 상급 경찰기관에 설치된 징계위원회에서 심의·의결한다.

③ 「경찰공무원법」 제31조제1항 또는 제2항에 따른 위반행위와 관련된 징계등 사건은 제4조제2항에도 불구하고 경찰청·해양경찰청·지방경찰청 또는 지방해양경찰청에 설치된 보통징계위원회에서 심의·의결할 수 있다. 〈개정 2014.11.19., 2017.7.26.〉

④ 제1항과 제2항에 따른 관할 징계위원회는 제1항과 제2항에도 불구하고 관련자에 대한 징계등 사건을 분리하여 심의·의결하는 것이 타당하다고 인정되는 경우에는 해당 징계위원회의 의결로 관련자에 대한 징계등 사건을 제4조에 따른 관할 징계위원회로 이송할 수 있다.

제6조(징계위원회의 구성 등) ① 중앙징계위원회는 위원장 1명을 포함하여 5명 이상 7명

이하의 공무원위원과 민간위원으로 구성하고, 보통징계위원회는 위원장 1명을 포함하여 3명 이상 7명 이하의 공무원위원과 민간위원으로 구성한다. 다만, 해양경찰청에 두는 중앙징계위원회의 경우 징계등 심의 대상자보다 상위 계급인 소속 공무원(해양경찰청장은 제외한다)의 수가 제3항에 따른 민간위원을 제외한 위원 수에 미달되는 등의 사유로 중앙징계위원회를 구성하는 것이 곤란한 경우에는 3명 이상 7명 이하의 위원으로 구성할 수 있다. 〈개정 2014.11.19., 2017.7.26.〉

② 징계위원회가 설치된 경찰기관의 장은 징계 등 심의 대상자보다 상위 계급인 경위 이상의 소속 경찰공무원 또는 상위 직급에 있는 6급 이상의 소속 공무원 중에서 징계위원회의 공무원위원을 임명한다. 다만, 보통징계위원회의 경우 징계 등 심의 대상자보다 상위 계급인 경위 이상의 소속 경찰공무원 또는 상위 직급에 있는 6급 이상의 소속 공무원의 수가 제3항에 따른 민간위원을 제외한 위원 수에 미달되는 등의 사유로 보통징계위원회를 구성하는 것이 곤란한 경우에는 징계 등 심의 대상자보다 상위 계급인 경사 이하의 소속 경찰공무원 또는 상위 직급에 있는 7급 이하의 소속 공무원 중에서 임명할 수 있으며, 이 경우에는 제4조제2항에도 불구하고 3개월 이하의 감봉 또는 견책에 해당하는 징계 등 사건만을 심의 · 의결한다.

③ 징계위원회가 설치된 경찰기관의 장은 위원장을 제외한 제1항에 따른 위원 수의 2분의 1 이상을 다음 각 호의 구분에 따라 다음 각 목의 어느 하나에 해당하는 사람 중에서 민간위원으로 위촉하여야 한다.

1. 중앙징계위원회
   가. 법관 · 검사 또는 변호사로 10년 이상 근무한 사람
   나. 「고등교육법」 제2조에 따른 학교 또는 이에 준하는 교육기관(이하 "대학"이라 한다)에서 경찰 관련 학문을 담당하는 정교수 이상으로 재직 중인 사람
   다. 총경 이상의 경찰공무원으로 근무하고 퇴직한 사람
2. 보통징계위원회
   가. 법관 · 검사 또는 변호사로 5년 이상 근무한 사람
   나. 대학에서 경찰 관련 학문을 담당하는 부교수 이상으로 재직 중인 사람
   다. 경찰공무원으로 20년 이상 근속하고 퇴직한 사람

④ 징계위원회의 위원장은 위원 중 최상위 계급에 있거나 최상위 계급에 먼저 승진임용

된 경찰공무원이 된다.

[전문개정 2013.10.22.]

제6조의2(위원의 임기) 제6조제3항에 따라 위촉되는 민간위원의 임기는 2년으로 하며, 한 차례만 연임할 수 있다.

[본조신설 2013.10.22.]

제7조(징계위원회의 간사) ① 징계위원회에 간사 몇 명을 둔다.

② 간사는 감찰사무를 담당하는 소속 경찰공무원 중에서 해당 경찰기관의 장이 임명한다.

③ 간사는 위원장의 명을 받아 징계등 사건에 관한 기록과 그 밖의 서류를 작성하고 보관한다.

[전문개정 2012.1.26.]

제8조(징계위원회의 회의) ① 징계위원회의 위원장은 위원회의 사무를 총괄하며 위원회를 대표한다.

② 징계위원회의 회의는 위원장이 소집한다.

③ 위원장은 표결권을 가진다.

④ 위원장이 부득이한 사유로 직무를 수행할 수 없을 때에는 출석한 위원 중 최상위 계급에 있거나 최상위 계급에 먼저 승진임용된 경찰공무원이 위원장이 된다.

[전문개정 2012.1.26.]

제9조(징계등 의결의 요구) ① 경찰기관의 장은 소속 경찰공무원이 다음 각 호의 어느 하나에 해당할 때에는 지체 없이 관할 징계위원회를 구성하여 징계등 의결을 요구하여야 한다. 이 경우 별지 제1호서식의 경찰공무원 징계 의결 또는 징계부가금 부과 의결 요구서와 별지 제1호의2서식의 확인서(이하 이 조에서 "징계의결서등"이라 한다)를 관할 징계위원회에 제출하여야 한다.

1. 「국가공무원법」 제78조제1항제1호부터 제3호까지의 어느 하나에 해당하는 사유(이하 "징계 사유"라 한다)가 있다고 인정할 때
2. 제2항에 다른 징계등 의결 요구 신청을 받았을 때

② 경찰기관의 장은 그 소속 경찰공무원에 대한 징계등 사건이 상급 경찰기관에 설치된 징계위원회의 관할에 속한 경우에는 그 상급 경찰기관의 장에게 징계의결서등을 첨부하여 징계등 의결의 요구를 신청하여야 한다.
③ 제1항과 제2항에 따른 징계등 의결 요구 또는 그 신청은 징계 사유에 대한 충분한 조사를 한 후에 하여야 한다.
④ 경찰기관의 장이 제1항과 제2항에 따라 징계등 의결 요구 또는 그 신청을 할 때에는 중징계 또는 경징계로 구분하여 요구하거나 신청하여야 한다. 다만, 「감사원법」 제32조제1항 및 제10항에 따라 감사원장이 「국가공무원법」 제79조에 따른 징계의 종류를 구체적으로 지정하여 징계요구를 한 경우에는 그러하지 아니하다.
⑤ 경찰기관의 장은 제1항에 따라 징계등 의결을 요구할 때에는 제1항에 따른 경찰공무원 징계 의결 또는 징계부가금 부과 의결 요구서 사본을 징계등 심의 대상자에게 보내야 한다. 다만, 징계등 심의 대상자가 그 수령을 거부하는 경우에는 그러하지 아니하다.
[전문개정 2013.10.22.]

제10조(징계등 사건의 통지) ① 경찰기관의 장은 그 소속이 아닌 경찰공무원에게 징계 사유가 있다고 인정될 때에는 해당 경찰기관의 장에게 그 사실을 증명할 만한 충분한 사유를 명확히 밝혀 통지하여야 한다.
② 제1항에 따라 징계 사유를 통지받은 경찰기관의 장은 타당한 이유가 없으면 통지를 받은 날부터 30일 이내에 제9조에 따라 관할 징계위원회에 징계등 의결을 요구하거나 그 상급 경찰기관의 장에게 징계등 의결의 요구를 신청하여야 한다. 〈개정 2013.10.22.〉
③ 제1항에 따라 징계 사유를 통지받은 경찰기관의 장은 해당 사건의 처리 결과를 징계 사유를 통지한 경찰기관의 장에게 회답하여야 한다.
④ 삭제 〈2013.10.22.〉
[전문개정 2012.1.26.]

제11조(징계등 의결 기한) ① 징계등 의결 요구를 받은 징계위원회는 그 요구서를 받은 날부터 30일 이내에 징계등에 관한 의결을 하여야 한다. 다만, 부득이한 사유가 있을 때에는 해당 징계등 의결을 요구한 경찰기관의 장의 승인을 받아 30일 이내의 범위에서 그 기간을 연장할 수 있다.

② 징계등 의결이 요구된 사건에 대한 징계등 절차의 진행이 「국가공무원법」 제83조에 따라 중지되었을 때에는 그 중지된 기간은 제1항의 징계등 의결 기한에서 제외한다.
[전문개정 2012.1.26.]

제12조(징계등 심의 대상자의 출석) ① 징계위원회가 징계등 심의 대상자의 출석을 요구할 때에는 별지 제2호서식의 출석 통지서로 하되, 징계위원회 개최일 3일 전까지 그 징계등 심의 대상자에게 도달되도록 하여야 한다.
② 징계위원회는 징계등 심의 대상자가 그 징계위원회에 출석하여 진술하기를 원하지 아니할 때에는 진술권 포기서를 제출하게 하여 이를 기록에 첨부하고 서면심사로 징계등 의결을 할 수 있다.
③ 징계위원회는 출석 통지를 하였음에도 불구하고 징계등 심의 대상자가 정당한 사유 없이 출석하지 아니하였을 때에는 그 사실을 기록에 분명히 적고 서면심사로 징계등 의결을 할 수 있다. 다만, 징계등 심의 대상자의 소재가 분명하지 아니할 때에는 출석 통지를 관보에 게재하고, 그 게재일부터 10일이 지나면 출석 통지가 송달된 것으로 보며, 징계등 의결을 할 때에는 관보 게재의 사유와 그 사실을 기록에 분명히 적어야 한다. 〈개정 2013.10.22.〉
④ 제3항에도 불구하고 징계위원회는 징계등 심의 대상자가 징계등 사건 또는 형사사건의 사실 조사를 기피할 목적으로 도피하였거나 출석 통지서의 수령을 거부하여 징계등 심의 대상자나 그 가족에게 직접 출석 통지서를 전달하는 것이 곤란하다고 인정될 때에는 징계등 심의 대상자가 소속된 기관의 장에게 출석 통지서를 보내 이를 전달하게 하고, 전달이 불가능하거나 수령을 거부할 때에는 그 사실을 증명하는 서류를 첨부하여 보고하게 한 후 기록에 분명히 적고 서면심사로 징계등 의결을 할 수 있다.
⑤ 징계위원회는 징계등 심의 대상자가 국외 체류 또는 국외 여행 중이거나 그 밖의 부득이한 사유로 징계등 의결 요구서를 받은 날부터 상당한 기간 내에 출석할 수 없다고 인정될 때에는 제11조에도 불구하고 적당한 기간을 정하여 서면으로 진술하게 하여 징계등 의결을 할 수 있다. 이 경우 그 기간 내에 서면으로 진술하지 아니할 때에는 그 진술 없이 징계등 의결을 할 수 있다.
[전문개정 2012.1.26.]

제13조(심문과 진술권) ① 징계위원회는 제12조제1항에 따라 출석한 징계등 심의 대상자에게 징계 사유에 해당하는 사실에 관한 심문을 하고 심사를 위하여 필요하다고 인정될 때에는 관계인을 출석하게 하여 심문할 수 있다.

② 징계위원회는 징계등 심의 대상자에게 진술할 수 있는 기회를 충분히 주어야 하며, 징계등 심의 대상자는 서면 또는 말로 자기에게 이익이 되는 사실을 진술하거나 증거를 제출할 수 있다.

③ 징계등 심의 대상자는 증인의 심문을 신청할 수 있다. 이 경우 징계위원회는 의결로써 그 채택 여부를 결정하여야 한다.

④ 징계등 의결을 요구한 자 또는 징계등 의결의 요구를 신청한 자는 필요하다고 인정할 때에는 징계위원회에 서면을 제출하거나 출석하여 의견을 진술할 수 있다.

⑤ 징계위원회는 필요하다고 인정할 때에는 사실 조사를 하거나 특별한 학식 · 경험이 있는 사람에게 검증 또는 감정을 의뢰할 수 있다.

[전문개정 2012.1.26.]

제14조(징계위원회의 의결) ① 징계위원회의 의결은 위원장을 포함한 위원 과반수(과반수가 3명 미만인 경우에는 3명 이상)의 출석과 출석위원 과반수의 찬성으로 의결하되, 의견이 나뉘어 출석위원 과반수의 찬성을 얻지 못한 경우에는 출석위원 과반수가 될 때까지 징계등 심의 대상자에게 가장 불리한 의견을 제시한 위원의 수를 그 다음으로 불리한 의견을 제시한 위원의 수에 차례로 더하여 그 의견을 합의된 의견으로 본다.

② 제1항의 의결은 별지 제3호서식의 징계 또는 징계부가금 의결서(이하 "의결서"라 한다)로 한다. 이 경우 의결서의 이유란에는 다음 각 호의 사항을 구체적으로 적어야 한다. 〈개정 2013.10.22.〉

1. 징계등의 원인이 된 사실
2. 증거에 대한 판단
3. 관계 법령

③ 징계위원회의 의결 내용은 공개하지 아니한다.

[전문개정 2012.1.26.]

第15條(제척, 기피 및 회피) ① 징계위원회의 위원 중 징계등 심의 대상자의 친족이나 그 징계 사유와 관계가 있는 사람은 그 징계등 사건의 심의에 관여하지 못한다.

② 징계등 심의 대상자는 위원 중에서 불공정한 의결을 할 우려가 있다고 의심할만한 타당한 사유가 있을 때에는 그 사실을 서면으로 소명(疏明)하고 해당 위원의 기피를 신청할 수 있다.

③ 징계위원회는 제2항에 따른 기피 신청을 받았을 때에는 해당 징계등 사건을 심의하기 전에 의결로써 해당 위원의 기피 여부를 결정하여야 한다. 이 경우 기피 신청을 받은 위원은 그 의결에 참여하지 못한다.

④ 징계위원회의 위원장 또는 위원은 제1항이나 제2항의 사유에 해당되면 스스로 해당 징계등 사건의 심의 · 의결을 회피할 수 있다.

⑤ 징계위원회는 제1항부터 제4항까지의 규정에 따른 제척, 기피 또는 회피로 인하여 징계위원회를 구성하지 못하게 되었을 때에는 해당 경찰기관의 장에게 위원의 보충 임명을 요청하여야 한다.

⑥ 제5항의 경우에 해당 경찰기관의 장은 지체 없이 위원을 보충 임명하여야 한다. 다만, 위원의 보충 임명이 곤란할 때에는 그 징계등 의결의 요구를 철회하고, 그 상급 경찰기관의 장에게 징계등 의결의 요구를 신청하여야 한다.

[전문개정 2012.1.26.]

第16條(징계등의 정도) 징계위원회는 징계등 사건을 의결할 때에는 징계등 심의 대상자의 평소 행실, 근무 성적, 공적(功績), 뉘우치는 정도와 징계등 의결을 요구한 자의 의견을 고려하여야 한다.

[전문개정 2012.1.26.]

第17條(징계등 의결의 통지) 징계위원회는 징계등 의결을 하였을 때에는 지체 없이 징계등 의결을 요구한 자에게 의결서 정본(正本)을 보내어 통지하여야 한다.

[전문개정 2012.1.26.]

第18條(경징계 등의 집행) ① 징계등 의결을 요구한 자는 경징계의 징계등 의결을 통지받았을 때에는 통지받은 날부터 15일 이내에 징계등을 집행하여야 한다.

② 징계등 의결을 요구한 자는 제1항에 따라 징계등 의결을 집행할 때에는 의결서 사본에 별지 제4호서식의 징계등 처분 사유 설명서를 첨부하여 징계등 처분 대상자에게 보내야 한다.
[전문개정 2012.1.26.]

제19조(중징계 등의 처분 제청과 집행) ① 징계등 의결을 요구한 자는 중징계의 징계등 의결을 통지받았을 때에는 지체 없이 징계등 처분 대상자의 임용권자에게 의결서 정본을 보내어 해당 징계등 처분을 제청하여야 한다. 다만, 경무관 이상의 강등 및 정직, 경정 이상의 파면 및 해임 처분의 제청, 총경 및 경정의 강등 및 정직의 집행은 경찰청장 또는 해양경찰청장이 한다. 〈개정 2014.11.19., 2017.7.26.〉
② 제1항에 따라 중징계 처분의 제청을 받은 임용권자는 15일 이내에 의결서 사본에 별지 제4호서식의 징계등 처분 사유 설명서를 첨부하여 징계등 처분 대상자에게 보내야 한다.
[전문개정 2012.1.26.]

제20조(보고 및 통지) 징계등 의결을 요구한 경찰기관의 장은 경징계의 징계등 의결을 집행하였을 때에는 지체 없이 그 결과에 의결서의 사본을 첨부하여 해당 임용권자에게 보고하고, 징계등 처분을 받은 사람의 소속 경찰기관의 장에게 통지하여야 한다.
[전문개정 2012.1.26.]

제21조(비밀누설 금지) 징계위원회의 회의에 참석한 사람은 직무상 알게 된 비밀을 누설해서는 아니 된다.
[전문개정 2012.1.26.]

찾아보기

ㅍ

ㅎ

저자 약력

법학박사
행 정 사 **김 동 근**

숭실대학교 법학과 졸업
숭실대학교 대학원 법학과 졸업(행정법박사)

현, 숭실대학교 초빙교수
중앙법률사무교육원 교수
공인행정사협회 기초실무교육 교수
공인행정사협회 법제이사
YMCA병설 월남시민문화연구소 연구위원
내외일보·내외경제 논설위원

저서, 사건유형별 행정소송 이론 및 실무(법률출판사)
사건유형별 행정심판 이론 및 실무(진원사)
한권으로 끝내는 운전면허정지 · 취소 구제 행정심판(법률출판사)
한권으로 끝내는 영업정지 · 취소 구제 행정심판(법률출판사)
한권으로 끝내는 비송사건처리절차법 이론 및 실무(법률출판사)
핵심재개발 · 재건축분쟁실무(진원사)
건축법 이론 및 실무(진원사)
주택법 이론 및 실무(진원사)
국토계획법 이론 및 실무(진원사)
도시개발법 이론 및 실무(진원사)

행정사 권대원(일반, 기술행정사)

한중대학교 대학원(행정학석사)

현, 공인행정사협회 권익위원장

전, 대통령 경호실 근무
경찰청 정보과장 등 역임
동부화재 법률 자문위원

변호사 고정한

경희대학교 법학과 졸업
광운대학교 건설법무대학원 수료
사법연수원 36기

현, 법무법인 현명 대표변호사

저서, 사건유형별 행정소송 이론 및 실무(법률출판사)
한권으로 끝내는 운전면허 취소 · 정지구제 행정심판(법률출판사)
한권으로 끝내는 영업정지 · 취소구제 행정심판(법률출판사)

법률출판사

한권으로 끝내는

공무원 · 교원 소청심사청구

(경찰공무원, 국가유공자등록신청 포함)

2018년 3월 15일 1판 1쇄 인쇄
2018년 3월 20일 1판 1쇄 발행

저 자 김동근 · 권대원 · 고정한
발 행 인 김용성
발 행 처 법률출판사
서울시 동대문구 이문로 58 (휘경동) 오스카빌딩 4층
☎ 02) 962-9154 팩스 02) 962-9156
등록번호 제1-1982호
ISBN 978-89-5821-322-2 13360
e-mail : lawnbook@hanmail.net

정 가 49,000원